JN411438

중국 사법 제도의
기초 이론 문제 연구

上

中國司法制度的基礎理論問題研究 陳光中 等/著

亞洲經典著作互譯計劃
아시아 고전 저작 상호 번역 계획

〈일러두기〉

· 이 책은 중국의 저명한 법학자 천광중(陳光中) 교수가 집필한 법학 저서인『중국 사법 제도의 기초 이론 문제 연구』(경제과학출판사, 2010년)를 한국어로 번역한 것이다. 역자(譯者)는 朱京哲(嘉興大學), 朴大爽(國立木浦大學校), 丁斕斕(嘉興大學)이다.

· 중국의 인명, 지명, 고유명사 혹은 개념은 현지음으로 표기하고 한자(번체자)를 병기했다.

· 개념이 혼동하기 쉬운 법률 용어인 경우 번역문과 한자를 병기했다.

· 단행본, 잡지(간행물), 신문의 부호는『 』를 사용하고 논문, 편명, 법률명의 부호는「 」를 사용했다.

· '역자 주'의 형식을 통해 명사 및 개념에 대한 설명을 추가했으며 원서에 없는 각주를 추가한 경우에는 '역자 주'로 표시하여 원서의 주와 구별했다.

· 역문에서 언급된 인민검찰원은 검찰청에 해당, 최고인민법원은 대법원에 해당한다.

중국학
총 서
17

중국 사법 제도의 기초 이론 문제 연구

上

천광중陳光中 외 지음
주경철朱京哲·박대석朴大奭·정란란丁爛爛 옮김

민속원

차례

5

중국 법원제도

6

중국 검찰제도

7

중국 수사제도

8

중국 변호사제도

서문

사법은 항상 국가의 기본 기능 중 하나이며 현대 국가는 현대 사법이 필요하다. 중국 사회는 중대한 변혁의 역사적 전환기에 처해 있고 인치에서 법치로 나아가고 있으며, 사회주의 법치국가 건설을 가속화하고 있다. 이 중요한 시기에 중국의 사법 제도의 개혁과 개선은 시대의 요구와 대중의 기대로 되었다.

2003년 12월, 본인이 수석 전문가로 있는 연구팀은 교육부의 철학 및 사회과학 분야 주요 연구 과제인 '중국 사법 제도의 기초 이론 문제 연구'를 수주하는 영광을 얻게 되었다. 이 과제는 의미가 크고 광범위한 문제를 다루고 있으며 어려운 작업이다. 팀원들은 어려움을 이겨내고 서로 협력하여 심도 있는 연구를 수행하기 위해 큰 노력을 기울였다. 끊임없는 노력 끝에 많은 단계적 결과를 얻었고, 마침내 이 책을 완성하게 되었다.

본 과제 원래의 입찰 설계는 연구 내용 및 계획의 체계 측면에서 야심적이었다. 그러나 연구 과정에서 큰 것을 탐내고 포괄적인 내용을 다루려고 하면 도달하기 어려울 뿐만 아니라 결과도 좋지 않을 수 있다는 것을 알게 되었다. 따라서 주요한 근본적인 이론적 문제, 개념적으로 혼란스럽고 논란이 있는 문제, 사법 실천에 존재하는 두드러진 문제를 중심으로 연구 범위를 조정하여 사법 제도 개혁과 개선을 위한 강력한 이론적 뒷받침과 적절하고 건설적인 조언을 제공하는 것을 목표로 삼았다. 이 과제의 최종

결과물인 저서는 상편과 하편으로 나뉘어져 있다.

상편은 개요로 거시적 측면에서 중국의 사법 제도 관련 기본 개념을 비교적 체계적으로 설명하는 데 중점을 두었다. 먼저 사법, 사법기관과 사법 제도의 의미와 확장을 정의하고 논쟁의 개념에 대한 우리의 관점을 명확하게 제시했으며 또한 이 책의 이론적 연구의 발전을 위한 토대를 마련했다. 정치 제도는 사법 제도에 결정적인 제약을 가하기 때문에 사법 제도가 정치체제에서 벗어날 수 없으며 정치 제도와 사법 제도의 관계를 탐구하기 위한 특별 장章을 마련했다. 기본이념과 사법 제도의 관계에 있어서 사법 제도의 가장 중요한 이념인 '법치'와 '사회공평정의'를 파악 및 연구하고, 다른 기본이념은 내용이 지나치게 번잡하지 않도록 생략할 수밖에 없다. 이 책에서는 법원제도, 검찰제도, 수사제도 및 변호사제도의 네 가지 주요 구성 요소인 중국 사법 제도에 관해 설명한다. 여기서 '재판제도' 대신 '법원제도'라는 용어를 사용한 것은 법원의 기능, 법원제도의 상하관계, 법관제도 등을 다루고 있으며 기본적으로 재판절차에 대해서는 다루지 않기 때문이다.

하편은 소송론으로 편집되어 소송 제도와 증거제도가 구축한 주요 기본 이론, 즉 '소송민주', '소송의 공정성', '소송의 진실성', '소송구조', '소송 화해' 및 '소송 효율성'에 중점을 둔다. 이러한 이론적 문제에 대한 다차원적 사고, 심층 탐구 및 합리적인 분석은 반드시 중국 사법 제도 개혁과 개선은 물론 3대 소송법 개정에 심대한 영향을 미칠 것이다.

학술 연구는 자신의 혁신, 특성 및 스타일을 보여주는 데 가치가 있다. 이 과제의 최종 결과는 어떤 지도 사상을 구현하고 어떤 특성을 형성할 것인가? 다음과 같은 네 가지 측면으로 요약할 수 있다고 생각한다.

첫째는 중국 특색을 견지한다. 중국 특색의 견지는 중국의 국가 상황에 따라 중국 문맥에서 문제를 연구하고 해결하며, 중국의 우수한 사법 전통을 혁신적으로 계승하고 촉진하며, 공정하고 효율적이며 권위 있는 사회주의 사법 제도를 사법개혁의 목표로 하는 것이다. 이 책에서는 '사법', '사법기관'의 정의에 대하여, 중국 사법 제도의 구축은 반드시 인민대표대회제도에 적합해야 하며, 법원은 위헌 사법심사를 해서는 안 되며, 전통적 화해和諧 문화를 고취하고 소송 화해和解 이념과 제도를 만들 것을 주장하며, 마시우馬錫五 재판방식의 정신을 창조적으로 계승하여 '사실이 명확하고 증거가 확실하며 충분하다'는 중국식 증명 표준언어의 표현을 계속 채택해야 한다는 등 중국 사법 제도의 특징을 강조하고 있다.

둘째는 외국의 법치 경험을 참고한다. 과학적이고 선진적인 사법 이념과 사법 제도와 규칙은 중국의 국정에 부합해야 할 뿐만 아니라 인류 법치 문명의 발전 추세에도 부합해야 하며, 현지화, 현대화되어야 한다. 법률 문화에는 일정한 보편성이 존재하기 때문에 외국 법률 문화를 흡수하는 것은 현대 국가가 다른 국가의 문명 성과를 최대한 활용하고 법제도의 자기 개선을 달성하는 효과적인 방법이 되었다. 탐색과 배회를 줄이고 경험 부족으로 인한 시행착오를 피할 수 있다. 중국 법률제도 건설의 30년 현대화 과정은 외국의 선진 이념 및 경험의 흡수와 불가분의 관계이다. 또한 국제적 시야에서 중국의 사법 제도가 유엔 사법 규범과 연결되거나 거리를 좁힐 수 있도록 해야 한다. 따라서 이 책에서는 무죄추정의 원칙, 자백 강요 금지의 원칙, 불법증거배제 규칙, 변호사의 직업적 자주성 이념 확립 등을 주장한다. 물론 외국의 사법 이론, 특히 대중적인 관점은 그대로 베끼거나 복제하여 이식하는 것은 안되며, 분석 및 감별하고 거부하거나 맹종하지 않으며, 자립과 자신감을 유지하고 역사적으로 검증된 본토성 이론과 민족적 경험을 고수한다. 국제법학계의 전문가와 학자들과 진정한 의미의 학술대화를 전개하여 세계에서 우뚝 설수 있고, 지지를 받고, 독특하고 독자적인 학파를 이루는 학문적 성과를 형성한다.

셋째는 사법 규칙을 존중한다. 모든 사물에는 특정적인 내부 규칙이 있으며, 과학 연구는 객관적인 규칙을 존중하고, 객관적인 규칙을 탐색하고, 객관적인 규칙을 발견하여 비교적 과학적이고 현실에 부합하는 새로운 이론, 새로운 주장 및 새로운 아이디어를 형성하고 과학의 번영을 촉진하며 실천과 발전을 추진한다. 사법 제도 연구도 마찬가지이다. 이 책에서는 중국 헌법이 규정한 사법기관의 법적 독립 권한행사의 원칙이 사회의 공정성을 실현하고 법의 존엄성을 수호하기 위한 사법의 특정 책임에 의해 결정되며, 검찰과 변호인이 동등하게 대결하고 법원이 중립적으로 판결하는 소송 규칙의 구현과 시행을 보장한다고 주장한다. 중국의 특성을 강조하더라도 당의 지도와 사법 독립의 관계를 올바르게 처리해야 한다. 또한 실질적 정의와 절차적 정의의 역동성, 객관적 진실과 법적 진실의 결합, 진실 추구와 실용주의 정신을 어느 정도 반영하는 것도 소송 규칙의 구현이다.

넷째는 실용성을 강조한다. 이념 혁신은 궁극적으로 사회의 특정 측면의 발전을 촉진하기 위해 직접적이고 간접적으로 실천에 기여해야 한다. 연구에서는 이론 탐구와 중국의 사법 실천을 결합하여 현재 사법 제도 개혁과 3대 소송법 개정에서 시급히 해결해야 할 문제에 대해 일련의 합리적이고 실행할 수 있는 해결 방안을 제시하는데, 예를 들어 법원 재판위원회 제도를 개혁하고 법관의 직업보장을 강화하며, 직무 범죄 수사 부서에 특별 수사 기능을 채택할 권리를 부여하고, 자체 수사 사건 내외 권력의 제약 및 감독을 강화하고, 다방면으로 현실적으로 존재하는 심각한 절차 불공정 문제(고문에 의한 자백 강요, 기한 초과 구류, 증인 불출석 등)를 해결하고, 피고인의 국가배상 범위를 확대하고 피해자에 대한 국가 보상 제도를 마련하며, 과학적 소송의 진실관점을 지침으로 삼고 3대 소송의 계층적 입증 기준을 구축하며, 행정소송 조정 절차 및 간이절차 등을 추가한다. 괴테의 말대로 "적극적인 사고와 실용적인 목적을 가지고 가장 현실적인 과제를 수행하는 것이야말로 세상에서 가장 가치 있는 일이다"라고 할 수 있다.

연구팀의 구성원이 많고 서로 다른 교육 및 연구 부서와 실무 부서에서 왔기 때문에 의견이 같지 않다는 점에 유의해야 한다. 이 책는 이념과 관점의 일관성을 보장하기 위하여 연구팀의 구성원은 심도 있는 토론을 바탕으로 수석 전문가의 학문적 이념을 전적으로 존중한다. 그런 의미에서 이 책는 수석 전문가를 대표로 하는 일가언一家言이라고 할 수 있다.

이 책은 교육부 사회과학 부서에서 주관한 전문가 심사 및 평가를 통과한 후, 연구팀은 심사 전문가의 의견을 바탕으로 원고를 최종 수정하고 보완했다.

이 책의 최종 완성은 수많은 전문가 학자와 참여 인원의 심혈을 모아 대량의 자료 수집, 각지 조사연구, 여러 곳의 시범 실증, 반복 토론, 반복적인 수정으로 그중의 어려움은 말로 표현하기 어렵다. 저는 수석 전문가로서 진심으로 감사를 표시한다.

두보의 시에 "문장은 천고에 남을 일, 그 득실은 마음만이 안다.文章千古事, 得失寸心知"라는 구절이 있다. 이 책은 비록 약간의 성과는 있지만 부족함이 불가피하니, 여러분의 아낌없는 가르침을 바란다.

천광중

개요

이 책은 상하 두 편으로 나누어 총 14장이다.

제1장에서는 사법의 성격과 특징, 사법기관, 사법 제도 등 몇 가지 기본 개념과 관념을 '중국식'으로 해석한다. 사법은 국가가 사법권을 행사하는 것으로 간주하며, 사법의 넓은 의미, 소송에 해당하는 정의는 중국의 실제 상황에 더 부합해야 한다. 사법은 재판을 중심으로, 공정을 영혼으로, 엄격한 법정 절차를 표상으로, 판단성을 기본 요구로, 권위를 중요한 지표로 삼는 등 5가지 특징으로 요약할 수 있다. 사법기관이 무엇인지에 대한 세계 각국의 통일된 결론은 없으며, 중국의 헌법, 정치 제도, 법원 및 검찰원의 실제 지위에서 출발하여 보면 중국의 사법기관은 법원, 검찰원을 포함해야 하며, 공안기관은 행정기관에 속하지만, 수사권은 형사사법권에 속한다. 중국 사법 제도는 중국 사법기관의 조직 제도와 사법기관, 기타 관련 기관 및 조직이 법에 따라 소송에 참여하거나 참여하는 활동 제도의 총칭으로, 주로 재판제도, 검찰제도, 수사제도 및 변호사제도를 포함한다. 사법의 기능 문제에 있어서, 주로 사법 기능이 무엇인지를 토론하여, 중국 사법의 임무는 사회 갈등을 해결하고 법률을 올바르게 실시하며, 나아가 민주적 법치를 보장하고, 공평과 정의를 실현하며, 안정과 화해를 촉진하는 기능을 발휘하는 것이라고 본다.

제2장에서는 정치 제도와 사법 제도의 관계에 대해 살펴본다. 정치 제도는 국체와 정체를 포함한다. 사법 제도는 정치 제도의 중요한 부분이며 정치 제도의 정상적인 운영을 보장하는 기능을 가지고 있다. 서방 국가의 삼권분립 정치 제도는 특유의 사법 원칙 및 사법기관과 다른 기관의 상호 관계를 결정한다. 중국의 사법 제도는 서방 국가 삼권분립 체제하의 사법 제도를 어느 정도 받아들이고 있지만, 질적으로 다르며 형식적으로도 확연한 차이가 있다. 사법 제도가 정치 제도에 적합해야 한다는 원리에 따라 중국은 인민대표대회제도의 정체 하에서 중국 특색의 사회주의 사법 제도를 형성했다. 전국인민대표대회와 사법기관의 관계에서 전국인민대표대회는 국가권력 체계에서 가장 높은 위치에 있으며 사법기관의 권력 원천이며 후자는 이에 대해 책임지고 감독을 받지만, 인민대표대회는 직접 사건을 처리할 수 없고 개별적 사건에 대한 감독은 적합하지 않다. 사법기관과 행정기관의 관계에서 양자의 법적 지위는 대등하고 서로 독립

적이며 사법기관은 어느 정도 행정기관의 제약을 받지만 후자에 대한 감독도 한다. 예를 들면, 행정법집행에 대한 사법심사의 경우 법원은 규정 행사에 대한 특정 심사 권한을 행사하고, 검찰원은 행정기관과 공무원의 불법 행위를 감독한다. 한편으로는 기존의 근본적인 정치 제도와 사법 제도를 견지해야 하고, 다른 한편으로는 서방 국가의 성공적인 경험을 바탕으로 정치체제와 사법 제도 개혁을 강화하고, 정치체제와 사법체제의 관계를 바로잡고, 공정하고 효율적이며 권위 있는 사법 제도를 수립해야 한다.

제3장에서는 사회주의 법치와 사법 제도의 관계를 분석한다. 법치는 여러 가지 의미를 가진 국가 또는 사회적 통치 방식이다. 인치와 법치의 근본적인 차이점은 통제할 수 없거나 인간의 자율적이고 능동적인 활동이 있는지가 아니라 민주주의를 전제로 하는지에 차이가 있다. 인치는 결국 독재이며 법은 개인의 독재를 위한 것이고, 법치사회에서 법은 민주주의를 위해 봉사한다. 현대 서방 국가 법치주의의 기본 특징은 법의 우월성, 헌법에 의한 헌정의 확립, 정부 권력의 제한, 인민의 권리에 대한 법적 보호, 법 앞에서 모든 사람의 평등, 법 적용의 일치성과 일관성, 누구나 법을 적용할 수 있는 법의 투명성, 사법부문의 독립성 등이 있다. 중국 사회주의 법치는 인민성, 당의 지도력 견지, 완전한 법률 체계 구축, 법률 적용의 평등성 실현, 법률의 권위성, 인권 존중과 보호, 법의 준수와 집행을 보장하는 사법 구조 등 주요 특징을 가지고 있다. 법치와 사법 제도는 밀접한 관계가 있다. 첫째, 사법은 법의 올바른 시행을 보장해야 한다. 둘째, 사법은 정당한 법률절차를 엄격히 따라야 한다. 셋째, 사법기관은 법에 따라 독립적으로 직권을 행사하고 사법권의 독립적인 행사와 당의 지도력과의 관계를 잘 처리해야 한다. 넷째, 사법은 인권에 대한 확실한 보호 역할을 해야 한다. 다섯째, 사법권은 행정권에 대한 제약 기능을 더욱 발휘해야 한다.

제4장에서는 사회공평정의의 의미와 이론적 발전을 설명하면서 공평은 평등, 정의는 합리성과 정당성에 초점을 맞춘다. 롤스와 같은 학자들의 사회정의 이론에서 실체적 정의와 절차적 정의의 관계를 중점적으로 소개한다. 서방 국가 사회정의 이론은 종합적이고 포괄적이며 역사적이며 경제 정의, 정치 정의 및 법적 정의를 포함한다. 사회주의는 사회의 불공평과 불공정에 대한 깊은 비판을 바탕으로 형성된 이론과 이상이

며, 사회공평정의와 조화를 이루며 통일된다. 사법 제도의 구축, 재구성 및 운영은 사회공평정의의 실현을 보장하는 데 중점을 두어야 하며, 한편으로는 사법과 사법 제도가 입법의 사회공평정의의 내용을 유지하고 법률 규정을 실현해야 하며, 다른 한편으로는 사법과 사법 제도 자체가 공정해야 하고 사법은 정의의 성질을 가져야 한다. 중국에서는 사법 및 사법 제도 자체의 공정성을 강화하기 위해 아래와 같은 측면에서 현행 사법 제도의 개혁에 중점을 두어야 한다. 개인의 자유 권리에 대한 존중과 정부 권력에 대한 제한을 하고, 법의 적용에 있어서 평등성을 구현하고, 사법인원 사이에 강력한 현대 사회정의 관념을 확립하고, 민중의 사법 참여성을 높이고 재판자의 의식 구성에 사회공평정의 관념을 도입한다.

제5장에서는 법원제도를 탐구한다. 법치국가에서 법원은 중요한 지위를 가지고 있다. 중국법원의 기본 기능은 사건의 심사 처리이며, 법원은 사법해석권과 집행권을 계속 유지하고 행정소송의 범위를 확장해야 한다. 그러나 중국의 헌법적 틀에서 인민법원은 중대한 정치적 사건을 재결할 수 없으며, 위헌 사법심사를 실시해서는 안 된다. 법원제도의 개혁과 개선에서는 상하 법원의 지도와 감독 관계를 규범화하고, 통일된 양형 기준 수립, 사건지시, 지도 요청 제도의 폐지, 재판위원회 제도 개혁, 재판조직 독립판결책임제도 강화, 법원 경비經費 보장제도 개혁 등 법률 적용에 대한 통일된 조정 구조를 구축한다. 중국의 법관제도 개혁의 기본 방향은 법관의 전문화, 즉 법관은 국가의 재판권을 행사하는 전문 직업으로 다른 직업과 구별되는 특정 자격과 조건을 갖추어야 한다. 이에 따라 초임 법관의 자격요건 상향, 법관 선발의 경로 확대, 중립적 지위의 법관 선발위원회 설치, 법관 선발의 과학적 절차 마련, 법관 우대 보수제도 시행, 법관 정년 연장, 법관 사법 면책제도 수립 등 현행 법관의 선발 제도와 법관의 보장 제도를 개혁해야 한다. 따라서 법관 직업 진입의 임의화 및 대중화를 배제하며 법관의 직업적 지위를 높일 수 있다.

제6장에서는 검찰제도를 분석한다. 중국의 검찰제도는 레닌의 법률감독 사상을 주요 사상적 원천으로 삼고 있으며, 신민주주의와 사회주의 시기의 검찰업무에서 얻은 긍정적, 부정적 교훈을 종합하여 중국의 국가 체제, 정치 및 상황에 따라 창의적으로

발전해 왔다. 중국의 검찰기관은 본질적으로 사법기관이다. 검찰기관의 기능과 관련하여 헌법적 관점에서 볼 때 행사하는 모든 기능은 법적 감독기능에 속하며, 모두 법제의 통일적 시행을 확보하기 위한 것이다. 넓은 의미에서 법적 감독기능이며, 소추 기능과 좁은 의미의 법적 감독기능을 포함한다. 그중 검찰기관의 공소와 수사는 소추 기능에 속하며, 체포 승인, 입안 감독, 수사 감독, 재판 감독, 집행 감독 및 일부 사법행정기관의 활동에 대한 감독은 좁은 의미의 법적 감독기능에 속한다. 두 가지 주요 기능은 각자의 역할을 할 수 있는 공간이 있으며, 독립적인 가치가 있다. 그러나 동시에 양대 기능은 검찰관 역할의 충돌을 일으키기 쉽고 자체로는 조정하기 어렵다. 그리고 검찰장이 재판위원회에 참여하는 제도를 개혁할 것을 제안한다. 중국 검찰기관의 위치와 기능분석을 바탕으로 현행 검찰기관의 권한 배치를 개선하기 위한 6가지 제안을 제기한다. 공소권 확대, 직무범죄 수사권 최적화, 재판 전 절차에서 검찰기관의 법적 감독기능 개선, 재판 감독의 범위와 방법 조정, 형벌 집행에 대한 감독 강화, 노동교양기관 활동에 대한 법적 감독을 개선한다. 중국 검찰기관의 '검찰 일체화' 지도 구조는 검찰권 운영의 내재적 법칙을 반영하고, 검찰권을 운용할 때 따라야 하는 기본 원리이자 중국 검찰기관 지도체제의 구축을 위한 이론과 실천의 기초이다. 중국 경제사회 발전의 객관적인 수요의 관점에서 수직적 지도체제는 검찰 일체화의 요구에 따라 단계별로 실현되어야 한다.

제7장은 세 부분으로 나누어진다. 첫 번째 부분에서는 중국 수사기관의 성격과 수사권의 속성 등 근본적인 이론적 문제에 대해 심도 있는 논의를 전개하고, 수사기관의 성격은 수사권을 행사하는 기관이 행사하는 기본 권한의 성격에 따라 결정된다는 점을 명확히 밝히고 있다. 이에 따르면 공안기관, 국가안전기관, 해관총서 밀수 단속국은 행정기관, 검찰원은 사법기관, 군 보위부문은 군사기관, 감옥은 사법행정기관에 속한다. 동시에 소송 일체화의 관점에서 중국의 수사권은 행정권이 아닌 사법권에 속한다. 두 번째 부분에서는 중국 수사기관의 설정 및 권력 배분의 정당성과 합리성에 대한 기본 기준을 논의하고 이를 바탕으로 실제 수사권 배분에서 특정 문제를 분석한다. '정당성'은 국가 권력 구성의 기본 원칙을 준수하고 수사권 주체의 기본 요구사항을 충족

해야 함을 의미한다. '합리성'은 주로 수사권 배치의 필요성, 수사활동의 편의성 및 수사 자원 활용의 효과성, 세 가지 측면에서 고려된다. 중국의 감옥 수사권, 검찰 수사권, '산업 공안' 수사권 및 공안기관의 내부 수사권은 어느 정도 정당성과 합리성이 부족하다. 세 번째 부분은 소송의 범위 내에서 수사권 통제 체계의 개선에 대해 살펴본다. 우선 '분산적 권한 부여'를 견지한다는 전제하에 수사기관에 대한 검찰원 감독의 실효성을 높이는 것이다. 다음으로 검찰기관의 자체 수사권 내부 감독을 강화하는 동시에 외부의 소송 감독 구조를 강화한다. 마지막으로는 구속 기능을 전환하고 구속 재심사 제도를 구축한다.

제8장에서는 변호사제도를 살펴본다. 변호사제도는 중국 특색의 사회주의 사법 제도의 중요한 부분이다. 중국 변호사 직업의 위치는 '국가 기반-사회 기반-의뢰인 기반'으로 변화하는 과정을 거쳤다. 변호사의 직업적 속성은 자주성, 직업성 및 적당한 상업성으로 나타난다. 그중 자주성은 변호사 직업의 근본적인 속성이며, 이러한 자주성은 변호사가 업무 활동에 참여할 때 정부, 사법기관, 당사자 및 자신의 종교적 신념, 정치적 이념 및 개인적 감정에 대한 자주自主로 반영된다. 변호사의 사명은 당사자의 합법적 권익을 보호하고 사회정의를 수호하며 인권을 보장하고 법의 올바른 시행을 유지하는 것이다. 중국의 변호사 관리는 사법행정기관의 단일 관리에서 사법행정기관의 행정관리와 변호사협회의 업계관리를 결합한 관리모델로의 전환을 거쳤으며, 현행의 행정관리와 업계관리의 결합모델은 중국 특색에 부합하는 변호사 관리체제다. 자원, 정보 및 권위성을 관리하는 데 있어 사법행정기관의 장점을 기반으로 일정 단계 내에서 정부는 변호사 업계를 감독하고 지도할 필요가 있다. 그러나 장기적으로 보면 중국은 변호사 관리에서 사법행정기관의 역할을 약화해 진정으로 거시적 통제를 달성하고, 변호사협회가 업계 관리 기능을 더 많이 담당하도록 하여 변호사협회가 자율에서 자치로 나아갈 수 있도록 해야 한다. 형사소송에서 변호사의 변호와 대리제도의 문제가 두드러지고 있는데, 본 장에서는 변호사 변호의 헌법화 및 소송대리 강화, 변호사 변호와 대리의 국제표준화, 확대 및 효율화가 세계적 발전 추세라는 점을 감안하여 이에 대한 논의에 전념하고, 제도의 미비점을 고려하여 헌법 규정 개선, 변호사의 변호와 형사 대

리에 관한 권리 강화 및 실행을 위한 일련의 제안을 제시한다.

제9장은 중국 사법 제도를 연구할 때 다루어야 하는 소송민주의 기본 개념과 사법 제도에서의 구체적인 표현에 중점을 둔다. 정치 민주와 소송민주 사이의 관계를 분석한 결과, 소송민주는 정치 민주의 필연적인 요구이며, 소송에서 정치 민주를 반영하는 것이며, 소송민주는 정치 민주에 지표적인 의미가 있다. 소송민주의 의미를 분석하고, 중국에서 사법권이 인민에게 귀속되며, 이는 소송민주의 기본 속성이며, 사법절차는 민주 정신을 반영한다고 지적한다. 그리고 소송민주의 구체적인 기준을 논의한다. 첫 번째는 민중 참여이다. 현대 민중이 소송에 참여하는 주요 형태와 가치를 분석하고 사법 부패의 증대, 사법 공신력의 저하 및 인간성의 약점으로 인해 민중이 소송을 감독할 필요가 있음을 지적하고 중국 인민배심원제도의 기본 방향을 논의한다. 두 번째는 대중 감독이다. 현대 대중 감독 소송의 유형과 방법에 대해 논의하고, 중국 인민감독원제도, 언론감독과 소송 간의 관계를 연구하고, 인민감독원제도를 개선하고 언론감독과 사법 독립의 관계를 조정하는 등 현실적인 문제를 제기한다. 세 번째는 당사자 참여와 인권 보호이다. 당사자 참여의 민주적 가치와 소송구조와의 관계를 요약하고, 3대 소송에서 당사자 인권 보호의 유사점과 차이점 분석을 기반으로 소송 참여에 있어 당사자 권리 문제의 개선을 논의한다.

제10장에서는 소송의 공정에 대해 논의한다. 소송의 공정, 즉 사법의 공정은 사법의 영혼이자 생명선이며, 사회공정의 구성 부분이며, 동시에 사회공정의 실현을 보장하는 중요한 역할을 한다. 소송의 공정에는 실체적 공정과 절차적 공정 두 가지 측면이 포함된다. 실체적 공정의 기준에는 사건의 사실관계를 정확하게 판단하고, 법률을 올바르고 합리적으로 적용하며, 오심 사건은 적시 시정 및 보상할 수 있으며, 효력이 발생한 재판에 대한 공정한 집행 등이 포함된다. 절차적 공정의 기준에는 사법적 독립, 재판자 중립, 소송당사자 간의 평등, 절차적 공개, 당사자의 절차적 권리의 효과적인 보장 및 절차적 결과가 포함된다. 일반적인 상황에서 실체적 공정과 절차적 공정은 서로를 촉진하고 동시에 실현되지만, 경우에 따라 서로 충돌하여 동시 실현이 불가능하기에 가치 선택을 해야 한다. 실체적 공정과 절차적 공정의 관계에서 우리는 절차

본위론과 절차 공정 우선론을 반대하며, 실체적 공정과 절차적 공정의 동태병중動態幷重 견해를 주장한다. 동태병중론이 소송 법칙에 부합하고 중국 국가 상황에 부합하며, 법률 효과와 사회 효과의 통일을 실현하는 데 도움이 된다고 믿는다. 중국의 현행 3대 소송법은 여전히 '실체를 중시하고 절차를 가볍게 한다'는 경향이 있으며, 현행 3대 소송법의 개정은 절차의 가치를 높이고 절차적 법치 원칙과 절차적 제재 제도를 확립하는 데 중점을 두어야 한다. 그러나 제도적 구축 측면에서 절차의 가치를 높일 때 지나치지 말아야 한다.

제11장은 소송의 진실 문제에 관해 설명한다. 인식론과 가치론은 소송의 진실성에 대한 이론적 기초이다. 소송에서의 인식론은 철학적 인식론에 의해 지도되어야 하며, 소송활동의 특수성으로 인해 소송 인식은 기타 유형의 인식과 다르다. 객관적 진실의 추구와 절차적 공정, 질서, 인권, 효율성 등 소송 가치는 서로 일치하기도 하고 때로는 상충하기도 한다. 이러한 모순된 관계는 우리가 객관적 진실을 법적 진실로 대체할 수 없으며, 법적 진실이 소송에 적용될 여지가 있다는 것을 부정할 수 없으며, 합리적인 접근 방식은 객관적 진실과 법적 진실을 서로 결합하고 중국 특색의 소송 진실관을 형성하는 것이다. 소송 가치의 다원화는 증거규칙과 소송진실 사이의 복잡한 관계를 결정한다. 법적 진실을 떠나 일방적으로 객관적 진실을 강조하면 증거규칙을 확립하기 어렵고, 반대로 법적 진실을 지나치게 강조하고 객관적 진실을 포기하면 증거규칙이 단순한 '형식 규칙'으로 전락하여 존재의 기초를 잃게 된다. 증명책임에는 공안사법기관의 직무적 증명책임과 당사자 의미에서의 증명책임이 포함된다. 증명책임에는 추진 책임과 결과 책임의 두 가지 개념이 포함된다. 증명책임과 소송진실 사이에는 밀접한 관계가 있다. 객관적 진실과 법적 진실의 통일을 견지해야만 과학적이고 중국의 현실에 부합되는 증명책임제도를 확립할 수 있다. 중국의 '사실이 명확하고 증거가 확실하며 충분하다'는 소송증명기준은 우연히 제정된 것이 아니라 중국의 언어표현 습관과 소송문화에 부합하는 긴 발전 과정을 거쳤으며, 단순히 외국의 일부 이념과 언어로 대체할 수 없으며, 신중하게 연구한 후 과학적 소송 진실관의 지도하에 다원적이고 계층적인 소송증명 표준을 구축해야 한다.

제12장에서는 소송구조 문제를 논의한다. 국가가 어떤 소송구조를 선택할지는 정치 권력구조와 소송목적, 경제 상황, 법률문화, 시대정신, 정책 등 여러 요인에 의해 결정된다. 소송구조는 주로 소송에서 국가 권력구조를 반영하지만, 권력구조만이 소송구조의 유일한 결정요인은 아니며, 서로 다른 법률제도 및 소송구조에는 고유한 법률문화가 응축되어 있다. 이러한 문화적 요인이 소송구조의 조정이나 선택에 중요한 추진 또는 저해 작용을 하며, 특정 시기의 국가정책도 소송구조의 내용을 결정할 수 있으며, 또한 소송구조의 설계는 반드시 소송비용, 경제발전 수준 등 요소를 고려해야 한다. 형사소송에서 중국은 공소와 재판의 분리, 재판자의 중립성, 공소와 변호의 균형 원칙을 형사소송구조 조정의 기본 원칙으로 삼고, 이를 바탕으로 수사와 공소, 공소와 재판, 공소와 변호의 관계를 재조정하거나 재배치해야 한다. 중국 형사소송구조의 개혁 방향은 직권주의를 구조로 당사자주의 요소를 흡수하는 혼합형 소송이어야 한다. 민사소송에서는 변론원칙과 처분원칙을 기준으로 민사소송권과 재판권의 관계를 재정립해야 한다. 결론적으로 중국의 민사소송구조의 개혁 방향은 당사자가 소송을 주도하는 것을 원칙으로 하고 법원의 능동적 역할을 적절히 수행해야 한다. 행정소송에서 소송구조의 설계는 중국의 실제 상황을 충분히 고려해야 하며, 그 미래 방향은 직권주의 소송구조를 위주로 당사자주의의 일부 내용을 적절히 수용해야 한다.

제13장은 소송 화해에 대해 살펴본다. 소송 화해는 3대 소송 중 사건당사자 및 관련 주체가 전문 기관의 주관하에 평등, 자원, 합법성에 기초하여 관련 사항에 대해 합의하고 일정한 절차 또는 실질적인 효과를 달성하는 행위이다. 소송과정, 삼자 구조, 규범적 요소, 교섭 합의, 이중 효력 등 다섯 가지 기본 특징이 있다. 이론적으로 소송 화해의 정당성은 인적 화합과 법적 겸손, 주체성과 유연한 통제, 사법 비용과 수익, 절차적 법치와 교류 이성 등으로 논증할 수 있으며, 그중 형사화해는 형사사법 이념과 체제의 변화, 민사화해는 당사자 처분주의와 합의 이론의 발전, 행정화해는 행정 자유재량성과 밀접한 관련이 있다. 소송 화해의 법적 기능을 촉진하기 위해서는 자원 원칙, 사법 보장 원칙, 절차 참여 원칙 및 공공이익 보호 원칙을 견지해야 한다. 과도기에 있는 현 사회에서는 임의적이고 맹목적인 소송 화해 확대는 일련의 제도적, 기술적 위험

이 있을 수 있다. 제약요인을 극복하고 소송 화해의 제도화 개혁을 위해서는 형법과 형사소송법에서 형사화해의 원칙적 지위와 기본조건, 기본내용 및 절차 구조를 명확히 하고, 민사화해에서 당사자 처분주의, 법관지도권, 효력 발생 방법 및 문제점에 대한 구제책을 명확히 하고, 행정화해에서 제한된 화해 원칙과 합법성 심사절차를 명확히 해야 한다. 소송과 화해가 원활하게 진행될 수 있도록 사회적 지원과 부설 제도도 마련해야 한다.

제14장에서는 소송 효율성에 대한 일반이론과 소송 효율성을 실현하는 구체적인 방법을 두 가지 측면에 중점을 둔다. 먼저 경제학과 법경제학의 효율 이론을 소개한 다음 소송 효율성을 도출한다. 소송 효율성은 소송주체가 빠른 속도로, 적은 자원 투입으로, 더 많은 분쟁에 대한 효과적 해결을 의미한다. 소송 진행의 속도와 소송과정에서 다양한 자원의 활용 및 절약 정도를 설명한다. 소송절차가 소송 효율성에 부합하는지 판단하는 기준은 소송비용과 소송 시간 두 가지 측면이 모두 포함해야 한다. 소송비용은 절차 주체가 소송행위를 수행하는 과정에서 소비하는 인적, 물적, 재정적 자원의 총합이다. 소송 효율성과 소송 공정성의 관계에서는 먼저 3대 소송에서의 공정성을 우선시하고 효율성을 고려한다는 총체적인 지도 사상을 관철하는 동시에 3대 소송을 차별화하는 원칙을 견지해야 한다. 소송 효율성의 제고는 다섯 가지 원칙을 준수해야 한다. 첫째, 합리적인 한도에서 절차 공정성 보장 원칙, 둘째, 사법기관의 효율과 당사자 효율을 모두 고려하는 원칙, 셋째, 소송자원의 최적화 배치 원칙, 넷째, 사건의 복잡함과 단순함을 분류하는 원칙, 다섯째, 3대 소송의 차별 원칙이다. 민사소송은 재판 전 준비절차 개선, 간이절차 개선, 소액 소송절차 수립, 소송 합병 제도 개선, 집중 심리제도 구축, 소송 주기 규범화, 강제 답변제도 구축, 당사자의 소송비용 절감 등을 통해 소송 효율성을 실현하는 데 중점을 두고 있다. 형사소송에서는 형사책임을 추궁해서는 안 되는 상황을 개선하고, 수사 기한 제도를 확립하며, 조건부 불기소 제도를 확립하고, 간이절차의 적용범위를 확대하고, 2심 및 사형 재심사 단계에서 '환송 재심'의 적용을 제한함으로써 효율성을 달성하는 데 중점을 둔다. 행정소송은 소송 효율성을 높이기 위해 간이절차를 수립해야 한다.

1

개론

1. 사법의 어의, 성질, 특징

1) 사법의 어의

사법 제도를 연구하려면 '사법'이 무엇인지 명확히 해야 한다. 이 가장 기본적인 문제에 대해 법학계와 실무 부서에서 서로 다른 견해가 많고 일치된 결론이 없다.

단어의 의미로 볼 때 중국어의 '사법'이라는 단어는 '사司'와 '법法'이라는 두 글자로 구성되어 있다. 『사해辭海』에서는 '사司'를 관장하는 의미로 해석한다.[1] 「주례周禮·천관총재제일天官冢宰第一·재부宰夫」에서는 "관청의 징발과 명령을 관장하고 관청의 여덟 가지 직책을 분별한다.…… 셋째는 사司급의 직책으로 관청의 법규 제도를 관장하고 매일의 장부를 심사하는 것이다"[2]라고 했다. 여기에서 '사'와 '법'은 앞뒤로 연결되어 있다. '사법'의 전반적인 의미는 법률을 관장, 운용 및 집행하는 것이다. 중국 고대에는 '사법'도 형법을 주관하는 관명이다. 『사원辭源』에서는 '사법'을 "당제唐制, 부에서는 법조참군法曹參軍, 주에서는 사법참군, 현에서는 사법이라고 한다. 송宋에서 사법참군 외에 사리司理참군이 있다"[3]라고 설명한다.

외국어에도 '사법'이라는 한자에 해당하는 단어가 있다. 독일어는 'justiz', 'judikatur', 프랑스어는 'justice', 영어로는 'justice', 'administration of justice' 등이 있다. 출처의 어형은 기본적으로 유사하지만 각자 별도의 중점을 둔다. 일반적으로 사용되는 justice의 의미는 세 가지가 있다. 첫째는 정의(공정), 공평, 정당, 정확 등이 있고, 둘째는 사법, 셋째는 법관이다. 'administration of law'는 '법률의 시행'이다. 서방 국가 세계에서 사법의 가장 중요한 단어는 정의이다. 이는 사법 수호신의 이미지에도 반영되어 있는데, 사법의 여신 유스티티아는 검은 베일로 눈을 가리고, 한 손에는 칼을

---

1 辭海編輯委員會編纂, 『辭海』(상), 上海辭書出版社, 1999, 297쪽.

2 錢玄 외 주注, 『周禮』, 嶽麓書社, 2001, 26쪽.

3 方毅 외 편집 교정, 『辭源』 제1권, 商務印書館 1999년 복사판, 432쪽. 중국 고대 사법관직의 진화에 대해서는 陳光中, 沈國峰, 『中國古代司法制度』, 群衆出版社, 1984, 제1장을 참고할 수도 있다.

들고 다른 한 손에는 저울을 들고 있다. 저울은 '공평', 칼은 '폭력'을 나타낸다. 예링은 이를 다음과 같이 설명한다. "정의의 신은 한 손에는 저울을 들고 법을 측정하며, 다른 한 손에는 칼을 들고 법을 지킨다. 저울이 없는 칼은 적나라한 폭력이다."[4]

'사법'은 국내외 어의 측면에서 첫째, 법률의 시행, 둘째, 소송의 해결, 셋째, 공정의 구현이라는 세 가지 관련 의미가 있음을 알 수 있다.

2) 사법의 성질

사법의 성질에 대해 중국과 외국의 학자들은 견해가 다르며 크게 세 가지 학파로 나뉜다.

첫 번째 유형은 사법을 재판과 동일시한다. 이 학파의 견해는 삼권분립 학설을 바탕으로 하며, 특히 영미법계가 전형적이다. 몽테스키외는 『법의 정신』이라는 책에서 삼권 중 하나인 '사법권력'을 'La Puissance de Juger', 영어로는 'the power of judging'이라고 부른다. "제3의 권력에 따라 그들은 범죄를 처벌하거나 사적인 소송을 판결한다." "우리는 후자를 사법 권력이라 부른다."[5] 이후 서방 국가의 많은 법률 규정과 법리에서는 사법권을 직접 재판권으로 규정했다. 이러한 국가에서는 법률 사전과 같은 권위적 해석에서도 사법을 재판으로 간주하는데, 예를 들어 사법을 "법원 또는 법정은 특정 사건 또는 분쟁에 법률 규칙을 적용한다"라고 설명한다.[6] 사법권judicial power은 "법원과 법관이 법에 따라 사건을 심리 및 판결하고 구속력 있는 판결을 내리는 권리를 말한다. 입법권legislative power, 행정권administrative power과 상대적이다"[7]라

---

4 [독] 예링, 「權力鬪爭論」, 潘漢典 역, 『法學譯叢』, 1985, 제2기.

5 몽테스키외는 "모든 국가에서는 (1) 입법권, (2) 국제법 사항에 관한 행정권, (3) 민정법규 사항에 관한 행정권이라는 세 가지 권한이 있다"라고 주장한다. 그는 국가의 제3권력을 사법권으로 규정했다. [프] 몽테스키외, 張雁深 역, 『論法的精神』(상), 商務印書館, 1963, 155쪽.

6 [영] 데이비드 밀러 외, 鄧正來 외 역, 『布萊克維爾政治學百科全書』, 中國政法大學出版社, 1992, 6쪽.

7 薛波 주편, 『元照英美法詞典』, 法律出版社, 2003, 750쪽.

고 해석한다. 신중국 성립 이전에도 성행했던 말인데, 정징이鄭競毅는 "사법이란 삼권 분립의 국가에서는 행정입법에 상응하여…… 법원은 정해진 법령에 따라 해석하고, 이를 특정 사실에 대해 재판하는 것을 사법이라 한다"[8]라고 사법해석을 했다. 오늘날에도 여전히 이러한 견해를 가진 사람들이 적지 않다.

두 번째 유형은 사법을 국가가 사건을 처리하는 소송활동으로 간주한다. 중국에서도 이런 견해를 가진 학자들이 상당수 있는데, 예를 들어 저명한 법리학 교수인 션쭝링沈宗靈이 편집한 교재에서 "법의 적용은 일반적으로 국가기관이 법적 직권과 법적 절차에 따라 구체적으로 법률을 적용하여 사건을 처리하는 전문적인 활동을 말한다. 이런 행사는 국가의 이름으로 사법권을 행사하기 때문에 보통 '사법'이라고 부른다"[9]라고 설명했다. 이러한 관점은 국가기관이 법을 적용해 사건을 처리하는 것으로 사법을 한정하고, '사건' 처리가 소송활동인 만큼 사법이 곧 소송임을 분명히 한 것이다. 장웬셴張文顯 교수가 편집한 법리학 교재의 사법적 정의도 이와 비슷하다.[10] 이러한 견해에 대해서는 뒷부분에서 자세히 논의한다.

세 번째 유형은 사법을 넓은 의미의 분쟁해결로 이해하는 것이다. 사법의 사회성을 강조하며 소송과 일부 사회조직의 활동을 사법으로 보는 시각이다. 중국의 어떤 학자는 "사법권은 특수한 권력으로 국가권력과 사회권력의 중간에 있는 권력이다"[11]라고 주장하기도 하고, 어떤 학자는 "현대적 의미에서 사법이란 기본 기능이 법원과 같은 중재, 조정, 행정재판, 사법심사, 국제재판 등 분쟁해결 구조를 포함해 법원을 핵심으로 하고 당사자의 합의를 바탕으로 국가의 강제력을 최후로 보장하는 분쟁해결을 기본 기능으로 하는 일종의 법률 활동을 의미한다"[12]라고 보다 명확히 지적했다.

---

8 鄭競毅 주편, 『法律大辭典』, 商務印書館, 1940, 282쪽.

9 沈宗靈 주편, 『法理學』, 高等教育出版社, 2004, 549쪽.

10 이 교재에서 사법적 정의는 국가 사법기관이 법정 직권과 법정 절차에 따라 구체적으로 법률을 적용해 사건을 처리하는 전문 활동이다. 이 정의는 사법이 사건 처리를 위한 전문적인 활동임을 강조하지만 사법의 주체를 국가 사법기관으로 엄격하게 제한한다는 점은 고려해야 한다. 張文顯 주편, 『法理學』(제2판), 高等教育出版社, 2003, 276쪽 참조.

11 黃竹生, 『司法權新探』, 廣西師範大學出版社, 2003, 4쪽.

12 楊一平, 『司法正義論』, 法律出版社, 1999, 26쪽.

현대사회에서 사법은 정치적, 법적, 사회적 속성 등 다양한 속성을 가지고 있지만 근본적으로 사법은 국가의 기능적 활동이며 국가가 사법권을 행사하는 활동이라고 생각한다. 국가는 사법기관 및 관련 기관을 통해 사건을 처리하고 분쟁을 해결하며 범죄를 처벌하고 법률을 시행한다. 국가 권력분립 또는 직권 분업의 관점에서 사법은 입법, 행정 등과 병행하는 국가의 기본 기능이며 사법활동은 국가의 의지를 반영하고 국가의 강제력을 뒷받침한다. 사법권도 국가권력의 중요한 부분으로 그 행사 방법, 구체적인 내용 등에서 행정권, 입법권 등 국가권력과 다르지만, 국가권력의 속성상 다르지 않다. 이는 사법이 무엇인지를 정의하기 위한 전제이다. 다른 모든 활동은 겉모습이 사법과 아무리 비슷하더라도 사법이라고 할 수 없기 때문에 그런 넓은 의미의 사회사법관은 성립하기 어렵다.

물론 법이 국제법과 국내법의 구분이 있듯이 사법도 국내 사법, 국제사법의 구별이 있다. 실제로 국제법과 국제사법은 국내법과 국내 사법의 확장과 확대이다. 세계화의 속도는 나날이 빨라지고 있으며 국제법과 국제사법의 발전도 매우 빠르다. 국제 형사 사법 기구만 하더라도 20세기 90년대부터 구 유고슬라비아 문제 국제형사법정, 르완다 문제 국제형사법정, 국제형사법원이 차례로 설립되었다. 특히 상설 국제형사사법기구인 국제형사법원의 설립은 국제형사사법 발전의 새로운 단계를 의미한다. 그러나 주제를 고려하여 국제사법은 이 책의 연구 범위에 속하지 않는다.

우리는 사법을 국가의 직권 활동으로 간주한다는 전제하에 사법을 좁은 의미의 재판으로 이해하는 것이 합리적이고 세계 여러 나라의 입법 규정과 학계에서도 공감하지만, '사법'을 소송, 즉 국가가 분쟁을 해결하고 범죄를 처벌하는 소송활동으로 규정하는 것은 이론적인 근거가 있을 뿐만 아니라 중국의 실정에 더 부합한다고 본다.

(1) 사법의 발생 관점에서 고찰

역사적 기원으로 볼 때, 인류의 원시사회는 분쟁을 해결하기 위해 관습적인 방법을 사용했는데, 그 당시에는 "군대와 헌병, 경찰, 귀족, 국왕, 지방관과 법관이 없었고, 감옥, 소송도 없었지만, 모든 것이 질서정연했다. 모든 쟁단과 분쟁은 당사자 전체, 즉 씨족이나 부락이 해결하거나, 씨족 간에 해결하는데…… 대부분의 경우 전통적인 관습이 모든 것을 정리한다"[13]라고 할 수 있다. 사회적 분쟁을 관습적으로 해결하는 것은 소송이라 할 수 없고, 당연히 사법이라 할 수 없으며, 이는 소송 전 활동이라고 할 수 있다. 국가의 출현과 함께 사법의 두각이 서서히 드러났다. 사회 위에 군림하는 폭력의 실체로서 국가는 사회적 갈등을 해결하고 사회 질서를 회복하는 데 기반해야 한다. 따라서 국가의 중요한 기능은 사람들이 사적인 구제救濟를 금지하고 충돌이 발생했을 때 추상적인 사회적 공동이익에서 출발하여 사적인 복수를 국가 징벌로 대체한다. 이는 최초의 사법, 즉 국가가 법률의 적용을 통해 사회분쟁해결 분야에서 활동하여 당사자가 무력을 사용하지 않고 분쟁을 해결할 방법을 제공한 것이다. 이런 공력 구제가 바로 소송이다. "소訴는 고告, 송訟은 쟁爭이다"[14]라는 말처럼 소송은 원고가 피고를 상대로 고소를 제기하고 재판 기관이 분쟁을 해결한다. 사법 및 소송의 공통 방향과 공통 기반은 국가기관에 의한 분쟁해결에 있다.

(2) 사법의 구체적인 분류 관점에서 고찰

중국에서는 민사소송, 행정소송, 형사소송을 3대 소송으로 부르며 국가소송제도의 기본 형태이다. 민사소송은 인민법원이 민사사건을 심리하고 해결하는 활동이다. 행정소송은 인민법원이 피소된 행정행위의 합법성을 심사하여 특정 범위 내에서 행정분쟁을 해결하는 활동이다. 따라서 민사소송과 행정소송에서 재판 전 단계가 없으면 소송이 재판으로 표현되거나 소송과 재판은 사실상 동의어라고 할 수 있다.

형사소송은 국가 법정 전문 기관(중국에서는 주로 인민법원, 인민검찰원, 공안기관)이 범죄를 소추하고 피소추인의 형사책임을 해결하는 활동을 말한다. 수사, 기소, 재판 등 국가의 형벌권 행사에 관한 전문 활동이다. 이렇게 보면 소송과 재판의 분야는 주로 형사소송에서 나타난다.

---

13 『馬克思恩格斯選集』제4권, 人民出版社, 1972, 92쪽.

14 許愼, 『說文解字』, 九州出版社, 2006, 212~213쪽.

오늘날 형사소송은 법원의 활동일뿐만 아니라 공안기관, 검찰원, 법원 및 기타 국가전문기관, 예를 들어 안전기관, 감옥 등을 포함한다. 절차상 형사소송활동도 여러 단계로 나눌 수 있는데 크게 재판 전 단계와 재판단계로 나눌 수 있다. 재판 전 단계는 재판 전 절차라고도 하며 입안, 수사, 심사 및 기소의 각 단계를 포함한다. 소송활동을 재판 전과 재판의 두 단계로 분할하는 것은 공소와 재판을 구분하지 않는 규문제도를 폐지하고 소송상 권력분립 원칙을 확립하기 위한 것이지만, 이러한 '이분법'은 재판 전 절차와 재판절차가 함께 불가분의 소송 전체를 구성한다는 전제가 있다. 전체 소송활동의 중심은 재판이지만, 재판 전 절차는 필수적인 부분이며, 이어지는 재판절차에 대비하는 동시에 비교적 독립적인 단계로서 소송활동의 유기적인 구성 부분이다. 사법심사를 시행하는 서방 국가 국가에서도 재판 전 절차의 지위는 매우 중요하며 중국은 더욱 그렇다. 중국의「형사소송법」은 이미 상당한 지면을 들여 재판 전 절차를 규정하고 있다. 따라서 사법을 재판으로 좁게 이해한다면 형사소송에서의 재판 전 활동은 행정활동으로 규정할 수밖에 없으며, 이렇게 되면 재판 전 활동에서 공안기관과 검찰기관의 수사, 기소에 관한 행위의 확인은 합리적으로 해명하기 어려울 뿐만 아니라 실제로 소송활동 진행에 심각한 영향을 미치게 된다. 결국 소송 통합의 관점에서 수사, 기소는 모두 재판을 위한 준비이며 인위적인 분열은 전체 소송활동을 비체계적으로 만들뿐이다. 따라서 일부 학자들은 "형사소송은 국가전문기관 주관으로 진행되는 국가의 사법활동"[15]이라고 지적하기도 한다.

(3) 중국의 법률, 문서 관점에서 고찰

중국의 관련 법률과 중요 문서에서는 사법을 소송활동으로 상당히 명확하게 이해하고 있다. 중국에서 사법과 관련된 법률은 적지 않은데, 예를 들어「형법」제94조는 "본 법에서 말하는 사법 직원은 수사, 검찰, 재판 및 감독 책임이 있는 직원을 말한다"라고 규정하고 있다.「형법」제2편 분칙 제6장 제5절 '사법 방해죄'는 형사소송의 진행

---

15 陳光中,『刑事訴訟法』(제2판), 北京大學出版社, 高等教育出版社, 2005, 1쪽.

과 효력 발생 재판의 집행을 방해하는 등 13개 조항을 규정하고 있다. 예를 들어, 제305조는 "형사소송에서 타인을 모함하거나 유죄 증거를 은닉할 목적으로 사건에 큰 영향을 미치는 상황에 대해 고의로 허위 진술, 감정, 기록 또는 번역한 증인, 감정인, 기록자 또는 번역인은 3년 이하의 유기징역 또는 구류에 처하며, 상황이 중대한 경우 3년 이상 7년 이하의 유기징역에 처한다"라고 규정하고 있다. 「형법」의 이 같은 규정은 소송활동(수사, 기소, 재판 등) 전반에 걸쳐 사법을 규정하고 있을 뿐 아니라 재판의 집행까지 사법을 확장하고 있다. 「중화인민공화국 미성년자보호법」 제5장 '사법보호'의 관련 규정도 매우 전형적이며, 그중 제50조는 "공안기관, 인민검찰원, 인민법원 및 사법행정부서는 법에 따라 직책을 수행하고 사법활동에서 미성년자의 합법적인 권익을 보호해야 한다"라고 규정하고 있다. 제55조는 "공안기관, 인민검찰원, 인민법원은 미성년자 범죄 사건과 미성년자 권익 보호와 관련된 사건을 처리할 때 미성년자의 심신 발달 특성을 배려하고 그들의 인격적 존엄성을 존중하며, 합법적인 권익을 보장하며 필요에 따라 전문 기관을 설립하거나 전담 인력을 지정하여 처리해야 한다"라고 규정하고 있다. 제56조는 "공안기관과 인민검찰원은 미성년 범죄 혐의자를 심문하고 미성년 증인과 피해자에게 문의할 때 보호자에게 출석하도록 통지해야 한다"라고 규정하고 있다. 이런 규정들은 공안 및 검찰기관의 수사 및 기소 활동을 사법활동으로 명확하게 정의하고 있다. 제10기 전국인민대표대회 상무위원회 제14차 회의에서 채택된 「사법 감정 관리 문제에 관한 결정」은 사법이 곧 소송이라는 점을 명시하고 있으며, 제1조는 "사법 감정은 소송활동 중 감정인이 과학기술 또는 전문지식을 운용하여 소송과 관련된 전문적인 문제를 감별, 판단하고 감정 의견을 제공하는 활동을 말한다"[16]라고 규정하고 있다. 위 법률의 규정에 따라 2006년 11월 국무원 상무 회의를 통과한 「공안기관 조직관리 조례」 제2조는 "공안기관은 인민민주독재의 중요한 도구이며, 인민경찰은 무장 성격의 국가 치안 행정력과 형사사법력이다"라고 규정하고 있다. 여기에서 공안기관을

16 학계의 '사법 감정'에 대한 정의는 徐景和, 「論司法鑑定的創新研究」(상), 『中國司法鑑定』 2003, 제3기; 朱芒, 「對現行司法鑑定制度改革的反思與期盼」, 『法學』 2005, 제6기 참조.

형사사법 역량力量으로 보는 것은 형사사건 수사를 담당하기 때문이다. 중국 정치 생활에서의 중요한 문건도 사법이 소송에 해당한다는 점을 긍정하고 있다. 예를 들어 지도적 성격을 가진 제15차 당 대회 보고서는 "사법개혁을 추진하고 사법기관이 법에 따라 독립적이고 공정하게 재판권과 검찰권을 행사할 수 있도록 제도적으로 보장한다"라고 밝혔다. 제16차 당 대회 보고서는 "사법체제개혁을 추진하여 재판기관과 검찰기관이 법에 따라 독립적으로 공정하게 재판권과 검찰권을 행사할 수 있도록 제도적으로 보장한다.…… 소송절차를 완비하고 공민과 법인의 합법적인 권익을 보호한다.…… 사법기관의 업무 구조와 인적, 재적, 물적 관리체제를 개혁하여 사법재판과 검찰이 사법행정 사무와의 분리를 점진적으로 실현한다"라고 지적했다. 여기서 검찰권은 직무범죄에 대한 수사권을 포함한 것이 분명하다.

(4) 유엔 문헌에서 고찰

세계 법률의 창구로서 유엔의 법률 문헌은 중국과 세계에 일정한 지도적 의의가 있다. 유엔의 많은 문헌은 사법을 소송으로 간주한다. 예를 들어 「소년사법 최저한도 기준 규칙」에서 제6.1조는 "소년의 다양한 특수요구와 취할 수 있는 다양한 조치를 고려할 때 소송의 각 단계와 소년사법의 각 급, 즉 조사, 기소, 재판 및 후속 처분에 대한 적절한 처리 권한을 허용해야 한다"라고 규정하고 있다. 제7.1조는 "소송의 각 단계에서 기본적인 절차상의 보호조치를 보장해야 한다"라고 규정하고 있다. 이 「규칙」은 또한 청소년 범죄에 대한 수사와 기소에 대해서도 상당한 분량을 할애하고 있다. 예를 들어 제11.2조는 "소년범 사건을 처리하는 경찰, 검찰 또는 기타 기관에 권한을 부여하여 각 법률 시스템이 이 목적을 위해 정한 기준과 이 규칙에 명시된 원칙에 따라 이러한 사건을 자체 처리하며 정식 심문에 의존할 필요가 없다"라고 규정하고 있다. 문헌은 전반적으로 재판에만 국한되지 않고 수사, 기소를 포함한 소송으로 사법을 해석한 것이 분명하다. 또 유엔 「공민권리와 정치권리 국제공약」 제9조 3항은 "형사 혐의로 체포되거나 구금된 사람은 신속하게 법관 또는 법에 따라 사법권 행사 권한이 부여된 기타 관원을 만나야 한다"라고 규정하고 있다. 「공약」은 '사법 권력'을 언급하면서

'judicial power'라는 용어를 사용했다. 논리적으로 '법에 따라 사법권을 행사할 권한이 부여된 기타 관원'은 분명히 법관을 배제하고 있으며, 이는 법관 외에 다른 사람이 사법권을 행사한다는 것을 의미하며 사법은 단순히 재판으로 볼 수 없다.

3) 사법의 특징

위에서 언급한 사법은 대체로 소송과 동일하다는 맥락에서 중국의 사법은 다음과 같은 주요 특징을 가져야 한다고 생각한다.

(1) 재판을 중심으로 한다

재판이란 법원 또는 법정이 사건을 심리하고 사실을 인정하며 관련 법률을 적용하여 재판하는 활동을 말한다. 앞서 언급한 바와 같이 민사 및 행정소송에서는 소송과 재판이 구별되지 않지만, 형사재판에서는 재판 외에 수사, 기소 등 재판 전 절차가 포함되어 있어 양자에는 차이가 있다. 그럼에도 현대사회에서는 형사소송활동 전체가 재판을 중심으로 이뤄지고 있다. 수사를 시작으로 모든 소송행위는 재판을 준비하며 수사기관의 수사활동, 공소기관의 심사 및 기소 활동 등은 재판을 목표로 재판에 봉사하여 재판을 통해 국가의 형벌권을 실현하기 위한 것이다. 일부 사건은 공안기관이 사건을 철회할 수 있고 검찰기관은 '불기소' 결정을 내릴 수 있는 다른 절차로 분류될 수 있지만, 수사단계에서부터 재판을 방향으로 하기 때문에 여전히 재판의 중심 위치를 반영하고 있다. 실제로 중국의 실제 상황에 비추어 볼 때 형사소송에서 수사 권력이 크고 역할이 중요하며, 검찰기관은 법적 감독의 이름으로 공소권을 행사하여 그 지위가 향상된다. 그럼에도 소송에서 법원 재판의 중심적 위치는 흔들리지 않고, 재판이 없으면 사법 혹은 소송은 존재하지 않는다. 본질적으로 재판은 소송과 같지 않으며 재판이 없으면 소송도 없다.

(2) 공정을 영혼으로 한다

공정(정의)은 사회제도의 최우선 가치이며, 공정사회는 인간이 동경하고 지향하며 추구하는 궁극적인 목표이다. 사회의 정치, 경제, 문화 등에서 불공정이 발생할 때 공정을 회복해야 할 강한 요구가 나올 수밖에 없다. 사회의 공정을 회복하는 수단은 다양하지만, 사법은 대체할 수 없는 독특한 역할을 한다. 사법기관의 특수한 조직구조와 이에 의하여 운영되는 원칙, 규칙, 절차(예: 독립, 중립적 직권 행사 등)를 통해 사법은 최대한 공정을 실현하고 공정을 보장할 수 있기 때문이다. 사법이 공정을 영혼과 생명으로 보는 것은 사법과 공정 자체가 같은 근원이고, 민중은 사법을 통해 자신이 요구하는 구체적인 공정을 바라고 있기 때문이다. 법치사회에서 국가 공권력 구제는 충돌을 해결하는 최후의 방식이며, 그 판결은 물론 국가의 강제력에 의해 뒷받침되지만, 내재적 합리성은 여전히 공정에서 나온다. 사법이 그 효력을 충분히 발휘할 수 있을지, 사람들의 신뢰를 얻을 수 있을지는 기본적으로 사법공정에 달려 있다. 사법이 공정이라는 영혼을 잃으면 자신의 존재 가치도 사라진다.

(3) 엄격한 법정 절차를 표상表象으로 한다

사법은 엄격한 법적 절차를 가지고 있으며 주로 다음 두 가지 점에서 나타난다. 첫째, 사법은 법적 절차를 엄격히 준수해야 한다. 국가적 분쟁해결의 최종 형태로서 소송활동 자체는 법의 테두리 안에서 진행되어야 한다. 법적 주체는 전체 과정에서 형사, 민사, 행정 3대 소송의 절차법을 엄격히 준수해야 한다. 사법권은 공민의 생명, 자유, 재산 등 권익과 관련이 있기 때문에 세계 각국은 이러한 엄격하고 완비한 절차를 통해 사법권을 제한하여 남용되지 않도록 하고 사건의 공평하고 공정한 처리를 보장한다. 둘째, 이러한 엄격하게 준수되는 절차는 무죄추정, 자백 강요 금지, 양측 당사자 혹은 공소와 변호의 동등한 대결, 재판의 중립, 독립 및 공개, 절차적 구제 등 민주적이고 과학적인 의미를 가져야 한다. 그중에서도 평등, 공개, 인권보장 등이 필수적이다. 절차적 평등은 '같은 상황, 같은 취급'을 보장해야 할 뿐만 아니라 국가기관과 공민 간의 평등을 실현해야 한다. 절차적 공개는 절차적 과정이 투명하고, 절차의 결과가 공개됨으로써 눈에 보이는 방법으로 정의가 실현된다. 인권보장은 사람들이 소송에 참여하고, 소송에서 마땅히 가져야 할 권리를 보장하고, 특히 범죄 혐의자와 피고인의 권리를 공권력에서 보호한다.

특별히 지적할 필요가 있는 양조兩造[17]대립과 제삼자 중립 재판의 삼각형 구조는 소송절차의 전형적인 형태이며, 이는 소송절차의 타고난 특성일 뿐만 아니라 소송행위가 행정행위와 구별되는 중요한 표시이다. 이러한 구조의 민주성과 합리성을 고려하여 일부 행정 절차도 참고로 하여 청문절차 등을 채택한다. 물론 이러한 구조는 소송절차의 단계에 따라 강약이 다르게 나타나며, 재판단계에서 가장 뚜렷하고, 심사와 기소단계가 그 뒤를 잇고, 수사단계가 가장 약하다. 그러나 사회의 진보, 사법의 현대화 발전, 사법심사 제도의 건설로 서방 국가에서는 수사단계의 삼각형 구조가 나날이 성숙해지고 있다. 중국에서는 변호사와 검찰기관의 개입으로 수사단계의 삼각형 구조도 모습을 드러내기 시작했으며 중국의 형사사법개혁이 점차 심화함에 따라 수사단계의 소송구조는 더욱 발전되고 개선될 것이다.

요컨대 사법권이 운행되는 과정, 즉 법적 절차가 진행되는 과정에서 절차를 떠나면 사법권은 민주적 법치성을 보여줄 수도 없고 실체적 공정의 실현을 보장할 수도 없다.

(4) 판단성을 기본 요구로 한다

소위 판단성이란 국가 전문 사건처리 기관과 그 직원이 사법절차에서 사건과 관련된 증거와 사실의 진위를 판단하고, 법을 적용한 사건 내용의 시비(범죄 여부 포함) 판단을 말한다. 이는 사법에 대한 기본 요구사항이며, 그렇지 않으면 사법부는 소송을 통해 분쟁을 중지하고 범죄를 처벌하며 공정을 수호하는 국가가 부여한 직책을 이행할 수 없다. 사법의 판단성은 재판절차(1심, 상소심, 재심, 사형 재심사절차 포함)의 재판에서 가장 전형적이고 집중적으로 나타나지만 형사사건의 재판 전 절차인 수사와 기소에서도

17 역자 주: 원고와 피고를 의미한다.

나타난다. 수사절차에서 수사기관은 증거를 수집한 후 범죄 혐의자의 범행 여부를 사실적, 법적으로 판단하여 사건을 철회하거나 검찰기관에 이송하여 심사 기소하여야 한다. 검찰기관은 수사기관의 기소 의견서를 받은 뒤 심사를 거쳐 범죄 혐의자의 범행 여부를 판단해야 하고, 그에 대한 법원의 공소제기 여부를 결정한다. 검찰기관이 공소를 제기한 사건에 한해 법원이 수리하고 재판절차를 진행할 수 있다. 사건의 사실과 적용 법률에 대한 판단은 형사소송의 전 과정을 거치며 최종 재판절차가 완료된다.

(5) 권위성을 중요한 상징으로 한다.

사법의 권위는 법의 권위로부터 비롯된다. 중국을 포함한 현대 법치국가에서는 헌법과 법이 지상至上성을 가지고 있으며, 어떠한 국가기관, 단위, 어떠한 지도자와 일반 공민도 법에 엄격히 복종하고 법을 집행하며, 법률 규칙의 범위 내에서 활동해야 하며, 법을 위반하면 상대적 법적 책임을 져야 한다. 이러한 법적 책임 문제는 대부분 행정적 법집행(행정처분 등) 또는 기타 사회적 경로(예를 들면 민간 조정)를 통해 해결된다. 그러나 사법은 위법 범죄를 처벌하고 사회적 분쟁과 충돌을 해결하는 최후의 구조와 방법이며 강제성이 뚜렷하다. 소송에서 강제조치를 취할 권리가 있는 경우, 즉 이미 효력을 발생한 재판은 이를 강제적으로 집행해야 하며, 이는 법의 엄숙성을 보장하고 사법의 권위를 반영한다.

사법의 권위성은 사법재판의 최종성에도 명확하게 반영된다. 이른바 사법의 최종성이란 법원이 법에 따라 관할하는 사건에 대해 최종 재판권을 갖는다. 법원이 사건에 대해 유효한 재판을 내린 후 사건은 최종 해결되며, 법정 상황을 제외하고 법원을 포함한 어떠한 사회적 세력과 소송 주체도 사법재판을 동요하거나 번복할 수 없다. 사법의 최종성은 사법의 가장 근본적인 특징이며 유엔 최소한도의 사법 준칙 중 하나이다. 유엔「사법기관 독립에 관한 기본원칙」제4조는 "사법절차에 부적절하거나 근거 없는 간섭을 해서는 안 되며 법원의 사법재결도 수정해서는 안 된다"라고 규정하고 있다. 사법재판의 최종성 특성 때문에 사법은 '분分를 정하고 쟁爭을 중지'하는 사회 안정의 기능을 한다. 그러나 이런 최종성도 절대화할 수 없다. 중국에서는 이미 법적 효력이 발생한 판결과 재정에 대해 사실인정이나 법률 적용에 잘못이 있는 경우 인민법원은 사건을 재심할 수 있으며, 특히 무고한 사람이 부당하게 유죄판결을 받은 경우 인권을 수호하기 위해 즉시 시정해야 한다. 그래야만 사법공정의 실현을 보장하고 판결과 재정의 안정성과 권위성을 지킬 수 있다.

한편, 위의 다섯 가지 사법의 특징은 사법을 재판과 구별한다. 사법을 재판으로 보는 학자들은 종종 '재판'을 기준점으로 삼아 사법의 특징을 독립성, 중립성, 수동성 등으로 요약한다. 우리는 사법이 소송이라는 큰 전제하에서 이러한 재판의 전형적인 특징은 단순히 사법의 특징과 동일시될 수 없다고 본다. 수동성을 예로 들면 형사사법에서 사법에는 재판뿐만 아니라 수사, 기소 등 재판 전 활동이 포함된다. 수사기관, 공소기관의 역할은 범죄를 추궁하고 소송을 제기하는 것이기 때문에 이런 활동들은 모두 주동성을 가지고 있다. 한편, 위에서 언급한 사법의 특성은 또한 행정행위와 명확하게 구별된다. 이에 비해 행정행위는 본질적으로 정부의 관리행위로서 국익과 사회공공이익을 수호하는 데 중점을 두고 효율성과 신속한 결단을 중시하며, 광범위한 자유재량권을 가지며, 제약을 적게 받고 권리침해의 성격이 비교적 강하다. 그래서 행정행위는 공정을 최우선의 가치로 보기 어렵고 절차를 엄격히 따르지 않으며, 사법과 같은 권위성도 없다. 행정행위에 가까운 사법 수사행위도 형사소송법이 규정한 소송행위에 속하기 때문에 그 특징은 여전히 순수한 행정행위와 뚜렷하게 구별된다.

2. 사법기관

사법기관은 사법기능을 수행하는 특정 기관을 말하며 국가기관의 중요한 부분이다. 사법기관의 성격, 내용은 사법의 성격 및 내용과 불가분의 관계이다. 사법기관이 무엇인지, 그 외연에는 어떤 기관이 포함되는지 법률문서와 이론해석도 나라마다 다르다.

1) 국외의 규정과 이론

법률 문헌의 관점에서 볼 때 국외의 사법기관 정의는 다음 세 가지 유형이 있다.

첫 번째는 사법기관이 법원이다. 헌법 문헌을 보면 미국, 독일, 일본이 대표적이다. 예를 들어 미국「헌법」3조 1항은 "합중국의 사법권은 최고법원과 국회가 수시로 규정하고 설치하는 하급법원에 속한다"라고 규정하고 있다. 독일「기본법」제9장 92조는 "사법권은 재판관에게 부여되며 연방헌법재판소, 본 기본법에 규정된 연방법원과 각 주 법원이 행사한다"라고 규정하고 있다. 일본「헌법」76조 1항은 "모든 사법권은 최고재판소 및 법률의 규정에 따라 설치된 하급법원에 귀속된다"라고 규정하고, 유엔의「사법기관 독립에 관한 기본원칙」문헌도 법원과 법관만 다루고 검찰기관은 사법기관에서 제외했다.

두 번째는 사법기관에는 법원과 검찰원이 포함된다. 이러한 입법의 대표적인 국가는 이탈리아와 러시아이다. 이탈리아「헌법」제102조는 "사법기능은 사법체제에 관한 법률규범에 의해 창설되고 규범화된 일반 사법관이 행사한다"라고 규정하고 있다. 이탈리아의 사법관에는 법관과 검찰관이 포함되고, 사법기관에는 검찰원과 법원이 포함되며 심검합서제審檢合署制를 시행한다. 1993년「러시아 연방 헌법」은 제7장 사법권 아래에 법원과 검찰원의 권한을 각각 규정하고 있으며,「러시아 연방 검찰기관법」에 따르면 검찰기관은 법적 감독기관이며 러시아 검찰총장은 러시아 연방 위원회(상의원)와 대통령에 책임진다. 특히 유엔「검찰관의 역할에 관한 준칙」은 "검찰관은 사법 업무에서 결정적 역할을 한다." "검찰관은 사법 업무의 중요행위자로서 항상 직업상의 명예와 존엄을 유지해야 한다." "편향 없이 그 기능을 수행해야 한다"라고 규정하고, "검찰관의 직책은 사법기능과 엄격히 분리돼야 한다"라고 규정했지만, 문헌에서는 검찰관이 행정관원으로 시종 언급되지 않았다. 따라서 이 문헌은 사실상 검찰관을 준사법관으로 규정하고 있는 것으로 본다.

세 번째는 법원, 검찰원 외에도 사법기관이 있다. 예를 들면 불가리아, 쿠웨이트의 헌법 규정이다. 1991년「불가리아 공화국 헌법」제6장 '사법기관' 제117조 제2항은 "사법기관은 독립적이다. 법관, 배심원, 수사원은 기능을 수행할 때 법률에만 복종한다"라고 규정했다. 「쿠웨이트 헌법」은 제5장의 사법권에서 법원과 공중검찰청을 규정하고 있으며, 그중 제167조는 "일종의 예외로서 법이 정한 방법에 따라 경범죄에 대한 기소 처리를 공안기관에 위탁할 수 있다"라고 언급하고 있다.

삼권분립 국가의 학자들도 이론적으로 견해가 다른데, 주로 법원 외의 사법기관에 검찰기관이 포함되는지가 쟁점이 되고 있다.[18]

첫째는 검찰기관이 행정 부서라는 관점이다. 미국에서는 연방검찰총장은 사법부장이 겸임하며 "사법부는 연방정부의 법률 부서로 대통령 행정부문의 일부"이며, 연방의 법집행 권력은 "주로 미국 연방 검찰관U.S. Attorney or District Attorney이 집행"하며 "지방 검사는 주의 명의로 그 직무를 수행한다"[19]라는 것이다. 그래서 검찰관은 행정 관원이고 검찰기관은 행정기관이라는 것이 미국 학계의 주류 관점이다. 예를 들어 검찰관의 자유재량권을 논할 때 학자들은 "이 사건은 사법 부서가 아닌 정부 행정 부서의 권한"이라며 "법원이 정부 행정 부서의 재량권 실시에 간섭해서는 안 된다"라고 주장한다.[20] 물론 "지방검찰관은 행정 부서 소속이지만 검찰관은 시장이나 주지사 또는 다른 정부 행정관의 직원이 아니다"[21]라고 주장한다. 독일의 비겐트 교수는 "헌법적 권력의 분립에 의하면 검찰관은 사법부문이 아닌 정부의 행정부문에 속한다"라고 분명히 밝혔다.[22] 프랑스 다비는 "법관 외에 검찰관 또는 대리 검찰관이라고 불리는 법률가들이 있는데 이들은 법관과 비슷한 제복을 입고 사법부가 지도하는 행정관원이다"[23]라고 주장한다.

둘째는 검찰기관이 준사법관원이라는 이중적 성격을 띠고 있다는 관점이다. 예를

---

18 이 장기간의 논쟁에 대한 자세한 내용은 린위숭林鈺雄의 저서『檢察官論』에 자세히 설명되어 있다. 林鈺雄,『檢察官論』, 中國臺灣學林文化事業有限公司, 1999 참조.

19 [미] 윌리엄 버넘,『英美法導論』, 林利芝 역, 元照出版社, 2001, 148, 152쪽.

20 [미] 낸시 J. 킹 외,『刑事訴訟法』, 卞建林 외 역, 中國政法大學出版社, 2003, 749~751쪽.

21 [미] 낸시 프랭크 외,『美國刑事法院訴訟程序』, 陳衛東 외 역, 中國人民大學出版社, 2002, 208쪽.

22 [독] 토마스 위겐트,『德國刑事訴訟程序』, 岳禮玲, 溫小潔 역, 中國政法大學出版社, 2004, 41쪽.

23 [프] 르네 다비,『英國法與法國法: 一種實質性的比較』, 潘華仿 외 역, 清華大學出版社, 2002, 51쪽.

들어 미국의 일부 학자들은 "검찰관의 임무는 쉽게 설명할 수 있지만 검찰관의 역할은 복잡하고 고유적인 스트레스가 많다. 검찰관의 역할은 사건을 심사하고 기소 여부를 결정하는 과정에서 준사법관으로서, 또 항변식 소송절차에서 변호인으로 활동한다. 변호인 역할을 하고 사실상 정부 행정부문에 소속되어 법집행 관원으로 인정받고 있지만 인민의 대표로서 공정하고 공평하게 권한을 행사할 것으로 기대되고 있다"[24]라고 주장한다. 일본에서는 검찰관이 준법관이라는 다구치 모리이치의 주장이 대표적이다. "검찰관이 광범위한 권한을 갖는 것은 검찰관이 한쪽 당사자가 아니라 준법관 지위를 부여받았기 때문이다."[25]

셋째는 검찰관이 사법관원이라는 관점이다. 예를 들어 같은 독일 출신의 로코신은 검찰기관의 지위는 법원과 다르지만 법원과 형사사법의 기능적 배분에서 밀접한 관련이 있고 법적 가치를 근거로 하기 때문에 단순한 행정기관이 아니라 '일종의 계급 조직의 사법단위'이며 '행정체계도 아닌, 제3의 권력 체계도 아닌, 양자 사이의 독립된 사법기관'이라고 주장했다.[26] 프랑스의 스테파니는『프랑스 형사소송법의 정의』라는 책에서 "예심 기능, 소추 기능과 재판 기능을 사법기관인 검찰원의 사법관, 예심법원과 상소법원 기소심사 법정, 형사재판 법원에 부여하지만 경찰기관에 부여한 것은 아니다"[27]라고 명시했다. 동시에 "법이 권한을 부여하여 공소를 진행하는 사법관은 진정한 법관이 아니라 검찰원의 구성원이며, 때로 이들을 '입석立席사법관'이라고 부르기도 하며 '좌석坐席사법관'과 서로 대응한다. 이들을 '입석사법관'이라고 부르는 이유는 법정 심리에서 일어나서 자신의 소송요구와 의견을 제시해야 하기 때문이다"[28]라고 주장했다. 사실, 학문상 원리나 법칙의 정의와 대응하여 많은 국가에서 사법개혁을 언급하거나 수행할 때 검찰기관도 사법기관에 포함하는 경우가 많다.

---

24 [미] 낸시 프랭크 외,『美國刑事法院訴訟程序』, 陳衛東 외 역, 中國人民大學出版社, 2002, 206쪽.

25 [일] 田口守一,『刑事訴訟法』, 劉迪 외 역, 法律出版社, 1999, 106쪽.

26 [독] 클라우스 로코신,『刑事訴訟法』, 吳麗琪 역, 法律出版社, 2003, 65~66쪽.

27 [프] 카스톤 스테파니 외,『法國刑事訴訟法精義』, 羅結珍 역, 中國政法大學出版社, 1998, 57쪽.

28 [프] 카스톤 스테파니 외,『法國刑事訴訟法精義』, 羅結珍 역, 中國政法大學出版社, 1998, 110쪽.

2) 중국의 사법기관 및 관련기관

(1) 사법기관 – 법원과 검찰원

우리는 중국의 국정에서 출발하여 중국의 사법기관에는 법원과 검찰원이 포함되어야 한다고 생각한다. 법원이 사법기관에 속한다는 것에 대해 중국의 학자와 실무계는 이견이 없기 때문에 더 이상 반복하지 않겠다. 검찰원도 사법기관에 포함해야 하는 이유는 다음과 같다.

첫째, 체제의 관점에서 보면 중국은 인민대표대회 아래 일부양원一府兩院 제도를 시행하고 있다. 중국의 「헌법」 문헌에서 '사법기관'이라는 단어를 직접 사용하지 않았지만, 문헌의 내용 배열로 볼 때 제3절은 국무원에 관한 규정으로, 그중 85조는 국무원을 '최고 국가행정기관'이라고 규정하고 있으며, 제7절의 표제는 직접 '인민법원과 인민검찰원'으로 되어 있으며, 그중 제123조는 '중화인민공화국 인민법원은 국가의 재판기관', 제127조는 '중화인민공화국 인민검찰원은 국가의 법률 감독기관'이라고 규정하고 있다. 이는 헌법이 법원과 검찰원을 행정기관이 아닌 사법기관으로 동일시하고 있다는 의미이다. 당중앙의 중요한 문서에서는 헌법에서 규정한 정신에 근거하여 이 기본적인 관점을 거듭 명확히 했다. 2004년 중국공산당 중앙위원회는 「당의 집권 능력 건설에 관한 중국공산당 중앙위원회의 결정」에서 "재판기관과 검찰기관이 법에 따라 독립적으로 공정하게 재판권과 검찰권을 행사하고 사법인원의 소질을 향상하며 사법활동에 대한 감독과 보장을 강화한다"라고 규정했다. 2006년에는 「인민법원과 인민검찰원의 업무를 더욱 강화하기 위한 중국공산당 중앙위원회의 결정」에서 "인민법원과 인민검찰원은 국가 사법기관이며, 인민민주독재 국가 기계의 중요한 구성 부분이며, 의법치국의 기본 전략을 관철하는 중요한 사명을 짊어지고 있다"라고 더욱 명확히 밝혔다. 중국공산당 제17차 전국 대표대회 보고서는 "사법체제개혁을 심화하고 사법권 배치를 최적화하며, 사법행위를 규범화하고, 공정하고 효율적이며 권위 있는 사회주의 사법 제도를 건설하며, 재판기관과 검찰기관이 법에 따라 독립, 공정한 재판권과 검찰권을 행사할 수 있도록 보장한다"라고 재차 강조했다. 이 모든 것은 중국 법원과 검찰원은 사법기관이라는 것을 보여준다.

둘째, 기능적 관점에서 보면 검찰기관도 사법기관으로 간주해야 한다. 3대 소송 중 중국 검찰기관은 주로 형사소송에 참여하고 있다. 형사소송에서 검찰기관이 행사하는 검찰권은 수사권과 공소권, 소송에 대한 법적 감독권이며 이 중 핵심적인 권한은 공소권이다. 민사소송과 행정소송에서 검찰기관은 주로 효력이 발생한 재판에 대한 항소를 통해 소송의 법적 감독을 한다. 이처럼 중국 검찰기관의 기본 기능은 소송활동의 진행과 소송활동에 대한 법적 감독이며, 소송활동 자체가 행정 활동이 아닌 사법활동이기 때문에 검찰기관은 사법활동을 하는 국가기관이다. 또한 소송활동 과정에서 검찰관은 사법관이 수행해야 하는 공정성과 객관성의 의무도 지고 있다. 독일의 19세기 형사사법개혁가 미트마이어Mittermaier는 "검찰관은 진실과 정의를 위해 최선을 다해야 한다. 광기를 나타내는 것(피고인을 일방적으로 타격)은 그의 효용과 위신을 약화하고, 공정하고 적합한 형벌만이 국익에 부합한다는 것을 알고 있다"[29]라고 말한 바 있다. 이 명언은 중국에도 적용된다. 형사소송법 및 검찰관법 등 법률 규정에 따르면 검찰관은 직권을 행사할 때 엄격하게 법을 준수하고, 소송당사자에게 유리하거나 불리한 상황에 대해 모두 주의를 기울이며, 사실과 진실에 충실해야 한다. 이는 검찰원이 행정기관이 아니라 소송에서 중요한 역할을 하는 사법기관임을 보여준다.

(2) 기타 사법 관련 기관

우선은 공안기관이다. 경찰기관은 세계적 범위에서 볼 때 행정기관에 속하는 것이 통례이고 중국도 예외는 아니다. 중국에서 공안기관은 기능이나 기관설립의 관점에서 볼 때 행정기관에 속한다. 기능에서 볼 때 중국 공안의 기본 기능은 치안 행정관리, 형사소송, 군사, 긴급상황 처치의 네 가지 유형으로 나눌 수 있다. 물론 수사는 소송의 유기적인 부분이며 공안기관은 수사 기능을 수행할 때 형사사법권을 행사한다. 그러나

---

29 林鈺雄,『檢察官論』, 中國臺灣學林文化事業有限公司, 1999, 57쪽.

공안기관이 행사하는 기능은 형사사법 기능이 아니라 치안 행정기능이 대부분이다. 기관 설치의 경우 공안기관 부문은 형사수사 부문뿐만 아니라 경제 문화 보위 부문, 경호 부문, 치안 관리 부문, 출입국관리 부문, 소방 부문, 교통관리 부문, 국경 수비 부문과 호구 행정부문 등이 있다. 가장 중요하며 인민군중과 가장 밀접한 기능 부문은 지방사회의 치안을 책임지고 수호하는 부문이다. 철학적으로 볼 때 사물의 성격을 결정하는 것은 사물의 주요 모순일 뿐이며, 이 관점에서 볼 때 공안기관은 당연히 사법기관이 아니라 행정기관이다. 프랑스의 한 학자는 "사법 경찰의 조직과 기능에 관한 연구만이 형사절차를 다룬다. 행정경찰의 조직과 운영에 관한 연구는 행정법의 범주에 속한다"[30]라고 분명히 주장했다. 더 지적해야 할 점은 중국의 정치체제로 볼 때 공안기관은 항상 행정부문에 귀속되어 왔으며, 공안부는 국무원 산하의 부위部委에 속하며 공안 내부의 조직체계도 전형적인 행정 특색을 반영하고 있다. 지금까지 중앙문서 및 정부 보고에는 '공안, 사법기관'이라는 표현이 자주 사용되거나 공안기관을 '법집행 기관'이라고 부른다. 1999년 중국 정부 백서 「중국 인권 발전 50년」에서는 "공안, 사법기관이 법에 따라 범죄를 단속한다"라고 명시했다. 중국 법학계도 대부분 이 표현을 인정하고 있으며, 대표적인 교재는 "공안기관, 인민검찰원, 인민법원은 공안사법기관으로 약칭할 수 있다"[31]라고 명시하고 있다.

다음으로, 중국에서 사법기관과 공안기관 외에도 사법 관련 기관과 조직이 많다. 그중 가장 중요한 것은 사법행정부문으로 감옥관리, 범죄자 개조, 변호사 관리, 공증 업무, 사법시험 조직, 인민조정위원회 업무 지도, 사법 외사 활동 및 기타 사법행정 사무를 담당하고 있다. 그 밖에 변호, 대리제도가 사법 제도에서 차지하는 중요한 위치를 감안할 때 변호사협회 등은 국가기관은 아니지만 이러한 사법 관련 조직도 무시할 수 없다. 따라서 사법체제개혁에 대한 연구도 이러한 부문과 관련되어야 한다.

30 [프] 카스톤 스테파니 외, 『法國刑事訴訟法精義』, 羅結珍 역, 中國政法大學出版社, 1998, 505쪽.
31 陳光中, 『刑事訴訟法』(제2판), 北京大學出版社, 高等教育出版社, 2005, 29쪽.

3. 사법 제도

1) 사법 제도의 개념

(1) 사법 제도

『사해』의 해석에 따르면 '제도'는 (1) 구성원이 공동으로 준수하고 특정 절차에 따라 행동하도록 요구하는 절차 또는 행동 준칙이다. 예를 들면 업무 제도, 학습 제도이다. (2) 특정 역사적 조건에서 형성된 정치, 경제, 문화 등 여러 방면의 체계이다. 예를 들면 사회주의 제도와 같다.[32] 실제 연구에서 학자들은 제도에 대한 해석이 다르며, 그 중 웨버의 견해는 매우 영향력이 있는데, 제도는 어떤 특정 영역에서도 행동 준칙이어야 한다는 주장이다.[33] 그러나 일부 학자들은 제도의 총체적인 측면을 강조하며, 제도는 실체의 활동으로서 구조가 빈틈없고, 조화롭고 일관된 사회적 상호작용의 총체로서 당연히 이 범위 내에서 주로 확립된 모델이라고 주장한다.[34] 중국 학자 린이푸林毅夫는 제도의 의미를 더욱 확장하여 일반적인 의미에서 "제도는 구체적인 제도적 배치 즉 특정 유형의 활동과 관계에 대한 행동 준칙일 뿐만 아니라 사회의 여러 가지 제도의 총합, 즉 제도 구조를 의미할 수 있다"라고 주장한다.[35] 사실 제도라는 용어의 의미는 아직 정설이 없지만 많고 복잡한 관점 중에서 제도가 갖는 기본적인 의미는 여전히 요약할 수 있다. 제도는 보편적으로 준수되는 일련의 규칙 체계 또는 규칙의 총합이어야 하며 넓은 의미에서 제도는 여러 가지 체계의 총합이기도 하다.

사법 제도는 사회제도의 중요한 부분으로서 사회의 상부구조에 속하며 위에서 언급한 제도의 기본적 의미를 포함할 뿐만 아니라 그 자체도 특수한 부분이 있다. 중국 법학계의 사법 제도에 대한 일반적인 정의는 사법 제도란 사법 조직, 사법인원 및 사

---

32 辭海編輯委員會編纂,『辭海』上, 上海辭書出版社, 1999, 523쪽.

33 [독] 막스 웨버,『經濟和社會』上, 林榮遠 역, 商務印書館, 1997, 345쪽.

34 [프] 디벨제,『政治社會學』, 楊祖功 외 역, 華夏出版社, 1987, 200쪽.

35 林毅夫,「論制度和制度變遷」,『發展與改革』,1998, 제4기.

법활동에 관한 제도를 총칭하는 것으로 구체적으로 사법 조직 제도, 사법 인사제도, 사법활동 제도를 포함하며 그중 사법 인사제도도 사법 조직 제도에 포함될 수 있다. 요약하면, 중국의 실제와 결합하여 보면, 중국의 사법 제도는 중국 사법기관의 조직 제도와 사법기관이 다른 관련 기관 및 조직과 함께 법률에 따라 소송을 진행하거나 참여하는 활동 제도의 총체를 의미한다고 볼 수 있다. 사법 제도의 내용에 따라 사람들은 종종 이를 사법 조직 제도와 사법절차 제도로 구분하는데, 전자는 사법기관의 조직 제도로 주로 사법기관이 전체 국가체제에서의 성격과 지위, 사법기관의 조직, 편제, 종류, 사법기관의 직권 등을 다루고, 후자는 소송제도로 구체적으로 사법기관 및 관련 조직이 법정 절차에 따라 각종 실체법, 절차법을 적용하여 소송사건 또는 비소송 사건을 처리하는 데 따라야 할 준칙, 절차와 구체적인 제도를 총합한 것이다. 중국에서 사법기관은 재판기관과 검찰기관을 포함하며 소송활동은 국가법원의 소송 재판활동, 검찰기관이 국가를 대표하여 제기한 공소 및 법률감독의 각종 기능 활동뿐만 아니라 수사기관의 수사활동도 포함되므로 사법의 조직 제도와 소송제도의 두 가지 측면에서 볼 때 재판제도, 검찰제도, 수사제도는 모두 사법 제도에 속한다. 그러나 변호사제도가 사법 제도에 해당하는지는 학계에서도 의견이 엇갈린다. 우리는 사법 제도에서 변호사제도가 포함되어 있다고 본다. 변호사의 업무 활동은 소송활동과 비소송활동으로 구분되지만, 근본적으로는 변호와 대리 활동에 기반하고 있기 때문이다. 사법활동에서 변호사는 양측 당사자 간의 힘의 균형, 특히 공소와 변호 간의 균형을 보장하는 중요한 요소 중 하나이며, 변호사가 배제되면 사법은 현대적 의미의 사법이 될 수 없으므로 변호사제도는 사법 제도의 중요한 부분이다. 사실상 사법 제도를 이론적으로 어떻게 정의하든 각국에서 사법 제도 개혁을 추진할 때 단순히 재판제도의 개혁만을 제기하는 것은 아니다.

(2) 사법 제도와 사법체제

사법 제도를 언급할 때 '사법체제'라는 개념을 피할 수 없다. 『사해辭海』의 해석에 따르면 체제는 "국가기관, 기업사업 단위의 기관 설립, 지도자 예속관계 및 관리 권한의 분할 등에 관한 체계, 제도, 방법 및 형식을 총칭한다”[36]라고 정의했다. 이를 바탕으로 일부 학자들은 사법활동에 참여하는 국가전문기관의 기관설립, 예속관계의 조직, 관리 권한의 분할 등에 관한 체계, 제도, 방법 및 형태의 총칭으로 사법체제를 정의하고 있다.[37]정치 생활에서 사용되는 것보다 간결한 표현은 사법체제는 사법기관의 설치와 사법 권력의 배치를 의미하며, 국가 정치체제의 중요한 구성 부분이다.[38]

위의 정의로 볼 때 사법체제와 사법 제도는 여전히 약간의 차이가 있다. 우선, 사법 제도나 사법체제의 운영 영역이 조금 다르다. 사법 제도나 사법체제는 체계 내부의 여러 요소에 대한 구조적인 배치를 담고 있지만, 사법 제도는 거시적 차원 외에도 배심제도, 회피제도, 심급審級제도 등 미시적 차원에서의 구체적인 제도가 많고, 사법체제는 상대적으로 거시적이며 조직구조, 직권 분담, 관리원칙 등 기본적 제도를 일컫는 경우가 많다. 다음으로, 양자의 범위도 차이가 있다. 사법 제도는 내용이 비교적 광범위하기 때문에 재판규칙, 증거규칙 등 일부 구체적인 규칙을 사법 제도의 범주에 넣을 수 있지만 거시적 차원에서 사용되는 사법체제의 범위는 상대적으로 좁고 사법 실천에서 구체적으로 운영되는 규칙과 제도는 제외된다. 마지막으로, 안정성 측면에서 사법 제도는 많은 구체적인 규칙과 제도를 포함하고 있기 때문에 다양한 객관적인 요인에 의해 쉽게 변화할 수 있으며, 사법체제는 일정한 역사적 단계의 경제, 정치, 문화를 종합적으로 반영하고 안정적이고 규범적인 체계에 직면하기 때문에 사법 제도보다 안정적이다. 쉽게 비유하자면, 사법 제도는 전체 숲과 한 그루 나무에 모두 존재한다고 생각할 수 있는 반면, 사법체제는 전체 숲에만 존재한다고 생각할 수 있다.

물론 상기 구분은 상대적일 뿐이며, 많은 경우 사법체제와 사법 제도는 그 내용 면에서 서로 얽혀 있어 절대적이고 명확한 구분이 어렵고, 사법 제도와 사법체제는 모두

---

36 辭海編輯委員會 편찬, 『辭海』上, 上海辭書出版社, 1999, 644쪽.

37 郭成偉, 宋英輝 주편, 『當代司法體制研究』, 中國政法大學出版社, 2002, 1쪽. ‘사법’은 ‘재판’과 같은 개념에서 사법체제의 주체는 재판기관을 가리키며, 대사법의 개념하에 사법활동에 참여하는 국가별 전문기관이 사법체제 조정 범위에 포함된다.

38 中共中央黨校教務部 편, 『五個當代講稿選編』, 中共中央黨校出版社, 2000, 182쪽.

정치 제도와 밀접한 관련이 있다. 따라서 학술 연구와 실제 적용에서 사람들은 사법체제와 사법 제도를 구별하지 않고 혼용하는 경우가 많다.

2) 사법 제도의 요소 내용

이른바 '요소'는 시스템을 구성하는 필수 요소이다. 사법 제도는 하나의 시스템으로서 필연적으로 여러 기본 요소를 포함한다. 이러한 요소는 사법 제도의 가장 기본적인 단위일 뿐만 아니라 사법 제도의 존재 기반이자 실질적인 매개체이다. 한편으로는 서로 독립적이고 나름의 의미가 있으며, 다른 한편으로는 상호의존하며 상호작용을 한다. 그들은 사법 제도의 구조, 기능, 성질, 속성, 특성 등을 결정하므로 그 본질도 결정한다. 따라서 사법 제도를 파악하려면 그 요소를 나누고 분석할 필요가 있다.

사법 제도의 구체적 요소에 대해서는 학자마다 견해가 다르다. 예를 들면 사법권으로 해석하고 사법권과 사법활동에 관한 관념, 가치지향 등 정신적 특성, 조직체계, 사법관 개인[39] 등으로 해석한다. 우리는 사법 제도의 개념과 결합하여 사법 제도의 요소는 크게 조직 요소, 인적 요소, 규칙 요소, 가치 이념 요소로 나눌 수 있다고 생각한다.

첫째, 조직 요소. 사법 제도에서 조직 요소는 전제적인 요소이다. 조직은 제도의 매개체이며 조직이 있어야 행동 활동을 수행할 수 있고 사회적 기능을 발휘할 수 있다. 사법 조직은 사회적 실체로서 중국에서 법원과 검찰원 두 개의 주요 사법기관이 포함될 뿐만 아니라 공안기관, 사법행정기관 및 기타 기관으로 확장되어 협력 시스템을 구성한다. 사법 조직 요소는 한편으로는 사법기구의 설치, 기능분업, 조직원칙 등 내용을 의미하며, 다른 한편으로는 정치환경, 경제환경, 사회환경 및 문화환경 등 사법 조직의 외부 거시적 환경, 특히 사법기관과 현지 당정黨政 관계, 사법기관과 당사자 관계 등으

---

39 郭成偉, 宋英輝 주편, 『當代司法體制研究』, 中國政法大學出版社, 2002, 23쪽.

로 구성된 구체적인 사법 환경을 의미한다. 사법 제도의 건전성과 개선을 보장하기 위해서는 사법 조직은 내외부 환경이 조화를 이루도록 노력해야 한다.

둘째, 인적 요소. 인적 요소를 조직에서 별도로 나열하는 이유는 사법 제도의 여러 요소 중 인적 요소가 가장 관건이기 때문이다. 사법활동은 물론 사법 조직이 시행해야 하지만 구체적인 조직 행위는 사람이 책임져야 하며, 즉 사법 조직의 구성원인 국가 사법기관의 직원이 책임을 져야 하며, 이를 일반적으로 사법인원이라고 한다. 여기서 주목해야 할 점은 사법기관에서 일하는 모든 인원이 사법인원이 아니며, 사법인원은 수사인원, 검찰관, 법관 등 사법 업무에 종사하는 전문직 종사자를 말하며, 서기 등 보조 인원도 포함하지만, 행정 인원을 포함하지 않고 사법기관 내에서 재무 및 후방 근무 등을 담당하는 인력은 사법인원에 속하지 않는다는 점이다. 중국 「형법」 제94조는 "이 법에서 말하는 사법인원은 수사, 검찰, 재판 및 감독 책임이 있는 직원을 말한다"라고 명시하고 있다. 여기서 감독 책임을 지는 인원은 감옥 및 구치소의 관리 인원을 말하며, 엄밀히 말하면 사법 직원이 아닌 행정 직원이다. 사법 조직에서 사법인원은 특정 법률인 단체에 속하며 조직 절차를 통해 자격 신분을 취득하고 공통적인 속성 특성과 행동 방식을 가지며 조직의 관리 및 제약을 받는다. 사법인원 요소는 국가가 사법인원에 대한 효과적인 관리로 형성된 시험, 채용, 심사, 보상 및 처벌, 교육, 승진, 교류 및 기타 각종 권익 보호에 관한 법률제도뿐만 아니라 보조 인력의 관리도 포함한다. 현대 법치국가는 사법 관원의 임용 자격과 절차를 명확히 규정하고 있으며, 중국은 이와 관련하여 점차 개선하고 완성하고 있다.

셋째, 규칙 요소. 규칙 요소는 사법활동의 규칙, 주로 사법활동과 관련된 관련 법률 법규의 규정을 의미한다. 한편, 이러한 규칙에는 관련 실체적 법률 및 절차적 법률이 포함된다. 민법 민사소송법, 형법, 형사소송법, 상법, 경제법 등 사법활동에 관련된 법률은 모두 사법 제도의 규칙 요소이다. 다른 한편, 사법기관이 사법활동을 효과적으로 수행할 수 있도록 사법기관은 또한 관련 규칙, 즉 규범적인 서면 문서 등의 형태로 사법기관의 구축, 조직 목표, 기능, 임무, 내부 분공, 권한 및 책임 관계, 활동 방법 및 운영 절차를 엄격하게 규정해야 한다. 규정제도는 사법인원에 보편적인 구속력을 가지며 사법기관의 총체성과 연속성, 사법인원의 조직성과 기율성을 보장한다.

넷째, 가치 이념 요소. 사법의 가치 이념 요소는 전체 사법 시스템을 뒷받침하는 관념 의식 등 정신적 요소를 말하며, 사법 제도의 '하상河床'에 속하며, 사법활동의 이념, 가치지향, 인성에 대한 인식, 심대한 영향력을 가진 민족문화 등 정신적 측면의 내용을 포함한다. 가치이념은 구체적인 법률제도를 포함하지 않지만, 구체적인 실천에서 점차 형성된 정신과 관념으로 사법활동에서 사법인원의 신앙과 추구를 반영하고 제도를 수립, 운용, 개조하는 사람들의 모든 행동을 지배한다. 사법 이념은 현재와 미래 사법 업무의 효과와 성패를 결정한다. 동시에 사법 이념의 가치는 사법 영역뿐만 아니라 사회생활의 모든 측면에 깊은 영향을 미친다. 일반적으로 현대 사법 가치의 이념은 현대 법치 원칙의 결정체이며 주로 사법공정, 사법 독립, 사법 민주 및 인권 보호 등을 포함한다. 그러나 다른 나라와 달리 중국에서 이러한 정신적 요소는 마르크스주의 중국화의 법률관에 따라 사회주의 가치이념과 법치 이념을 관철해야 한다. 이러한 이념과 학설은 중국 사법에 반영되어 사법화해, 사법 위민爲民 등 독특한 중국 특색의 사법 이념으로 나타났다. 바로 이 때문에 중국의 사법 제도가 중국 특색의 사회주의 사법 제도가 된다.

4. 사법의 기능

1) 사법기능의 개념

소위 '기능'은 말 그대로 '효능, 역할'[40]로 영어로는 function이며 역할을 발휘하거나 직책을 이행한다는 의미가 있다. '기능'이라는 용어는 사회학에서 처음 사용되었으며

40 辭海編輯委員會 편찬, 『辭海』(상), 上海辭書出版社, 1999, 1464쪽.

이후 다른 학문 분야로 확장되었다. 요약하면, 기능의 의미는 공헌을 의미하며, 효용 의미 외에 임무, 직책, 가치 등의 의미를 내포하고 있으며, 비교적 일반적 해석으로는 "기능이란 시스템의 요소와 요소의 집합체인 여러 하위 시스템, 또는 전체 시스템에서 책임지는 활동, 역할, 기능(책임자가 개인 행위자일 때 활동, 역할, 기능 등은 사실상 행동 개념과 일치한다)이 시스템의 목표 달성이나 시스템의 환경 적응에 필요한 조건과 관련되어 해석될 때 이러한 활동, 역할 등에 부여되는 의미이다"[41]라고 할 수 있다.

사회의 일부로서 사법도 당연히 그에 상응하는 기능을 가지고 있다. 구체적으로, 사법의 기능은 사회의 하위 체계 또는 한 부분으로서 사회의 다른 기능 단위와 관계의 과정에서 가지고 있는 사회 전체에 대한 사법 자체의 가치와 의미를 의미한다. 사법 기능을 연구하는 이유는 특정 사회구조에서 사법이 사회의 특정 기능과 어떻게 상호작용하는 지를 발견하여 사법 행동의 결과가 사회 전체에 미치는 역할과 의미를 올바르게 인식하고 평가하는 것을 목표로 한다. 사회학의 관점에서 사법 기능은 주로 사회의 정합 및 통제 기능을 의미한다. 사회가 진보할수록 사법 및 기타 사회 기능의 분화 정도가 높아지고 사법이 더 전문화되고 독립적이며, 사법이 사회의 구조적 기능에 미치는 전반적인 효과는 점점 더 중요하고 효과적이다. 당대 사회에서 사법은 전례 없는 중요한 기능을 발휘하고 있으며, 파운드의 주장대로 "법은 사회통제의 최고 수단이 되었다"[42]라고 할 수 있다.

현재 중국 학계에서도 사법 기능에 대한 연구가 일부 진행되었지만, 아직 일치된 결론이 없다. 일부 학자들은 사법기능이 재판을 통한 분쟁해결과 법의 실현으로 정의하는데, 예를 들어 "권리에 대한 충돌과 분쟁을 해결하는 다양한 제도화된 방법 중에서 법관의 사실 및 법률문제에 관한 판단을 통해 법 진행의 장애물을 제거하여 법의 가치를 유지하는 것은 사법권만의 기능이다"[43]라고 한다. 일부 학자들은 다양한 기능을 직

---

41 [일] 富永健一,『社會學原理』, 嚴立賢 외 역, 社會科學文獻出版社, 1992, 162쪽.

42 [미] 파운드,『通過法律的社會控制､法律的任務』, 沈宗靈, 董世忠 역, 商務印書館, 1984, 131쪽.

43 孫萬勝,『司法權的法理之維』, 法律出版社, 2002, 29쪽.

접 기능과 확장 기능으로 이분二分화하여 분쟁해결을 전자의 기능으로 분류하고 통제, 권력 제약, 공공 정책 수립을 후자의 기능에 포함하기도 한다. 이러한 견해는 상당한 참고 가치를 가지고 있다.[44]

우리는 당대 사회의 가장 중요한 관리 및 통제 수단 중 하나인 사법이 국가를 초월한 공통적인 기능을 가지고 있을 뿐만 아니라 자국에 입각한 개별적인 기능도 가지고 있다고 생각한다. 구체적으로 현재 중국의 상황에서 사법의 기능은 사법이 사법권을 행사하면서 짊어지는 직접적인 과제인 사회적 충돌 해결, 올바른 법집행, 나아가 사법이 이러한 임무를 통해 발휘해야 할 사회적 기능, 즉 구체적으로 민주적 법치 보장, 공평과 정의 실현, 안정과 화해를 촉진하는 기능을 포함한다.

2) 사법의 임무

사법은 충돌과 분쟁의 해결에서 기원했기 때문에 가장 원초적인 임무는 충돌 해결이며, 사법의 가장 직접적인 의미는 법의 시행으로 법의 올바른 시행은 사법 본연의 임무이다. 이 두 임무는 사법의 가장 직접적이고 원초적이며 일관된 임무일 뿐만 아니라 사법이 다른 사회적 기능을 발휘하는 기초이기도 하다.

(1) 사회 충돌 해결

충돌 해결이란 사법이 사회적 충돌과 분쟁을 해결하는 임무, 즉 사건을 재판하는 임무를 말하며, 사법의 오래되고 중요한 임무이며, 해외에서 사법 기능에 대한 일반적인 이해이기도 하다.[45]

---

44 예를 들어, 줘웨이민左衛民은 모든 법원 제도는 직접 기능과 확장 기능을 가지고 있다고 제기했다. 左衛民, 「法院制度功能之比較硏究」, 『現代法學』, 2001, 제1기 참조.

45 For example, "The judicial function is the core of any legal system. In its judicial function, a legal system adjudicates disputes, issuing a decision as to how the disagreement should be settled."

순자는 "사람은 태어나면서부터 욕망을 가지고 태어난다. 욕망이 충족되지 못하면 그것을 추구하지 않을 수 없다. 그러나 욕망을 추구하면서 일정한 제한이 없다면 다툼이 일어나게 된다"[46]라고 말했다. 당연하게 사람이 사는 곳이 있는 한 이해관계의 충돌과 모순의 발생은 있게 마련이고, 이는 사회 주체 사이의 일정한 범위의 불균형 관계를 의미하며, 이는 사회 질서와 사회 발전의 현실을 유지하기 위해 반드시 해결되어야 한다. "분쟁이 전혀 해결되지 않으면 사회 유기체에 곪은 상처가 생길 수 있고, 분쟁이 부적절하고 부당한 방식으로 해결되면 사회 유기체에 상처가 남고, 이러한 상처의 증가는 결과적으로 만족스러운 사회 질서의 유지를 심각하게 위태롭게 할 수 있다."[47] 사회적 갈등을 적절히 해결하고 사회 평화를 회복하기 위해 사법이 등장했다. 예를 들어 웨버는 최초 법관은 주로 가족 간의 갈등을 해결하고 재결을 내리기 위해 중재자 역할을 했다고 주장한다.[48] 요컨대 충돌과 분쟁의 해결은 사법 탄생의 원인이 될 뿐만 아니라 오늘날에도 사법 존재의 중요한 요소가 되고 있다.

사법은 주로 두 가지 형식을 통해 사회 갈등을 해결하는 임무를 완성한다. 첫째, 사회에 공신력을 줄 수 있는 재결과 재정을 제공함으로써 사회적 충돌, 분쟁을 직접 해결하고 사회질서를 안정시키는 것이다. 이는 사법이 사회적 충돌을 해결하는 가장 주요한 방법이기도 하다. 둘째, 기타 충돌 해결 구조의 효과적인 실행을 보장하고 감독함으로써 사회적 충돌을 간접적으로 해결한다.

물론 구체적인 충돌과 분쟁은 성격에 따라 민사사건, 행정사건, 형사사건으로 나눌

See http://libertariannation.org/a/f84l1.html 사법 기능에 대한 국외의 전형적인 견해는 아래 내용도 참조할 수 있다. George W. Wickersham, *The Judicial Function*, 60 University of Pennsylvania Law Review and American Law Register 601, 1912.

46 『荀子·禮論』

47 [미] E. 보덴하이머,『法理學:法哲學及其方法』, 鄧正來, 姬敬武 역, 華夏出版社, 1987, 489쪽.

48 [독] 막스 웨버,『論經濟與社會中的法律』, 張乃根 역, 中國大百科全書出版社, 1996, 26쪽. 호베르의 견해에 따르면, "원시법의 발전 과정에서 진정한 중대한 변화는 사람과 사람의 관계에서 실체법의 신분에서 계약으로 가는 것이 아니다. 비록 이것은 유럽법이 그 이후의 발전 과정에서의 현저한 특징이지만, 절차법에서 발생한 중심의 중대한 이동은 법률규범을 수호하는 책임과 권리가 개인과 친족단체의 손에서 사회 전체의 정치기구의 대표자에 의해 장악된다"라고 주장한다. 자세한 내용은 [미] 호베르,『初民的法律』, 周勇 역, 中國社會科學出版社, 1993, 369쪽 참조.

수 있으며 참여 주체, 성격, 강도가 다르기 때문에 구체적으로 갈등을 해결할 때도 사법적 차이가 있다. 민사분쟁의 경우 민사소송 제도의 목적이 분쟁해결이고 소송을 통한 분쟁해결 청구가 실체법보다 앞서기 때문에 사법이 이러한 사건을 해결할 때 주된 목적은 사회구성원의 이익 간 균형을 유지하는 것이다. 예를 들어 중국 민사소송의 구체적인 규정으로 볼 때 민사소송에서 처분 원칙을 관철하고 당사자가 법률의 범위 내에서 민사 권리와 소송 권리를 처분할 수 있어 민사소송이 양측의 분쟁해결에 더 많은 관심을 기울이고 있음을 보여준다. 행정소송에서 국가는 한편으로는 양측의 분쟁을 해결해야 하지만 다른 한편으로는 국가기관의 권력 행사의 합법성을 심사하고 국가행정기관의 행정행위를 제약함으로써 국가권력의 행사를 감독하고 공민의 이익을 수호한다. 형사사건의 성격은 형사소송이 채택하는 형식과 절차의 특징을 민사소송, 행정소송과 크게 구별된다. 범죄는 통치계급의 이익이나 광범한 인민의 이익을 대변하는 국가에 대한 침해로 인식되고, 침해되는 우선순위는 국가이익이고, 다음으로 피해자의 개인적 이익이기 때문에 형사사법은 국가의 형벌권 실현에 더 많은 관심을 기울인다. 형사소송에는 미국의 유죄협상제, 중국의 간이절차와 같은 제도가 있지만 민사소송에서 분쟁해결을 위한 처분 원칙은 존재하지 않는다. 그러나 현대 사회에서 형사사법은 범죄를 단속하는 동시에 국가의 권력을 제약하고 인권을 보장하는 데 점점 더 많은 관심을 기울이고 있다. 정당한 절차를 통해 형사사법은 범죄자에게 형사책임을 묻고 교육과 징계의 목적을 달성해야 할 뿐만 아니라 범죄를 당한 피해자의 권익에 대해서도 가능한 한 많은 관심과 배려를 해야 하며, 사회적 분쟁을 해결하는 과정에서 공민 개체의 가치추구와 국가, 집단, 사회의 가치추구를 조화시켜야 한다.

앞서 언급했듯이 현대 사회에서 분쟁과 충돌을 해결하는 것은 사법만이 아니며 행정법집행과 같은 다른 방법도 갈등을 해결할 수 있다. 그러나 이에 비해 사법의 충돌 해결은 다음과 같은 특징이 있다. 첫째, 사법은 충돌 해결 범위가 더 넓고 사법기관은 사회생활에서 널리 발생하는 대부분의 분쟁을 접수하고 처리할 권리가 있으며 참여할 수 없는 부분이 거의 없다. 둘째, 사법은 소송을 통해 충돌을 해결하는 활동이며, 법적 주체가 법적 방식을 따라 분쟁을 해결하면 처리 결과의 공정성을 보장할 수 있다. 셋째, 사법은 최종 재결이 있는 활동으로 일단 분쟁과 충돌이 사법으로 제기되면 그에 따라 다른 해결 방법이 종료되고 동시에 사법 판결의 결과는 최종적이다. 따라서 현대 사회에서도 비사법적 분쟁해결 방식이 많이 존재하지만 사법은 결코 대체할 수 없다.

현재 중국은 여전히 격렬한 사회 변화의 시기에 있으며 다양한 당사자의 이해 충돌과 통합은 규모가 크고 정도가 강렬하다. 사회 안정의 마지막 방어선으로서 중국의 실제 운영에서 충돌 해결은 사법의 최우선 임무이며, 따라서 사법은 사회 기계의 '윤활제'로 알려져 있다.

(2) 법의 정확한 실시

사법의 법집행은 동動과 정靜이 결합한 것이다. 정적 관점에서 법의 제정이 사회 현실에 완전히 부합하고 사회의 모든 요구를 충족시킨다고 가정할 때, 법치사회의 전체 제도적 틀과 실제 운영 과정에서 사법이 담당하는 기본 임무는 단순히 지면상의 법을 적용 및 수행하는 것이며, 동적 관점에서 보면 법률 자체가 지연성, 개괄성 등 특징을 가지고 있기 때문에 사법은 법을 시행하는 과정에서 단순히 법을 모방하고 복제하는 데 그치지 말고 법을 발견하고 창조해야 한다.

① 법의 실시

오늘날 법치국가에서 법은 최고의 지배적 위치를 차지하고 있으며 '우리는 법률제국의 신하이며 그 규칙과 이상을 충실히 따르는 자'이다. 그러나 실체적 법률은 사회관계에서 사람들의 권리와 의무를 규정하고 있지만, 규범적 수준에 머물러 있는 당연한 집합체일 뿐 이른바 오직 법령만이 스스로 효력을 발휘하게 할 수 없듯이 실제 존재하는 법은 실제로 운용되는 법과 동일하지 않으며, 법률은 반드시 사법이나 행정에 의존해야 고도로 전문화된 사회적 통제를 실시할 수 있으며,[49] 특히 사법의 역할에서 더

---

49 예를 들어, 파운드는 진정한 법은 "사법 및 행정 과정에서 사용되는 권위 있는 법령에 따라 구현되는 고도로 전문화된 사회적 통제"라고 주장한다. [미] 파운드, 『通過法律的社會控制、法律的任務』, 沈宗靈, 董

욱 그러하다. 사법의 과정은 이론적으로 볼 때 추상적인 법률을 삼단론三段論 방식으로 현재 사건에 대한 구체적 적용 과정이다. "법관이 뭐라고 하면 법도 항상 무엇이 된다." 사법 실천 중에서 법관은 구체적인 사건에 추상적 법률 규칙을 적용하고 당사자의 권리와 의무 관계 및 상응하는 법적 결과를 명확히 하며, 사람들은 "누군가가 법을 어기고 그 권리를 침해할 때 법정에 성큼성큼 걸어 들어가 법관이 법에 따라 침해된 권리를 회복하거나 배상할 수 있다"라고 생각한다.[50] 이를 통해 법률이 명시되고 사법활동이 지도와 제약의 힘을 얻게 된다. 학자의 말처럼 이념의 왕국에서 현실의 왕국으로 들어가는 길은 세속적 생활 관계에 밝은 법관이다. 법이 육신으로 되는 것은 법관에게 있다.[51] 전前현대사회의 사법은 개인의 권위나 종교의 교의, 또는 거칠고 논쟁의 여지가 많은 도덕적 종교적 신념 등을 통해 분쟁을 해결할 수 있지만, 현대사법의 특징 중 하나는 법에 따른 분쟁해결이며, 사법은 법을 수호하거나 창조해서 자체를 만드는 것이다. 이 때문에 양자오룽楊兆龍 교수는 일찍 민국 시대에서 "법을 신장伸張하고 법의 도구를 활용하는 것이 중외 입국의 대본이다"라고 사법의 위상을 높이 평가한 바가 있다.[52]

② 법의 창제

사법이 법의 기능을 수행하는 것은 단순한 삼단논의 활동만이 아니라 법과 사법 자체의 특성으로 인해 법관은 어떤 때에는 반드시 '창조적'인 일을 할 수 있어야 한다. 일반적으로 다음과 같은 측면에서 구현된다.

첫째, 사법은 법을 재해석하고 법의 정신을 실현한다. 사람들은 일찍부터 법률 문헌과 사건 사실 사이에 삼단논의 논리가 있다고 생각한다. "법관은 법을 선포하는 대

世忠 역, 商務印書館, 1984, 22쪽.

50 [미] 드워킨, 『法律帝國』, 李瓊英, 林欣 역, 中國大百科全書出版社, 1998, 2쪽.

51 [독] 라드브루흐, 『法律智慧警句集』, 舒國瀅 역, 中國法制出版社, 2001, 36쪽. 또는 Gustav Radbruch, *Aphorismenzur Rechtsweisheit*, Goettingen, 1963, S.16 참조.

52 楊兆龍, 『楊兆龍法學文選』, 中國政法大學出版社, 2000, 328쪽.

변자이고, 법은 진정한 법관이다"[53]라는 유토피아적 꿈에 대한 의문이 점점 커지고 있다.[54] 사실, 법관은 어떤 경우에도 법의 자동판매기가 될 수 없다. 모두가 알다시피 입법은 불완전하고 동시에 미래의 사물에 대한 법적 대응 능력과 법률 자체의 안정성을 유지하기 위해 입법 문서는 일반적으로 개괄적인 언어를 채택하고 언어 자체도 일정한 모호성을 가지고 있으므로, 법률의 사법 적용 과정은 법률해석 과정의 보조가 있어야 한다. 소송은 구체적인 개별 사건에 직면하기 때문에 법원은 실제 사법에서 특정 법률 조항을 보다 유연하고 목표에 맞게 해석할 수 있어야 한다. 또한 사회가 변하고 일반 관념, 윤리와 도덕의 여러 관념이 변경되어 법률이 아직 개정되지 않은 경우, 사법도 사회의 필요에 따라 기존 법률을 새롭게 해석하고 어느 정도 보충, 보완, 발전시켜야 하며, 라렌츠가 분명히 밝혔듯이 법관은 '법의 속조續造'에서 법의 허점을 메우는 데 그치지 않고 새로운 법적 사상을 채택하고 발전시키고 있다.[55]

둘째, 사법은 법의 공백을 발견하고 법의 허점을 보완한다. "법전 시대가 시작되면서 정지된 법과 진보적인 사회 사이의 구분이 드러났다."[56] 한편으로 분업이 세분되고 사회관계가 복잡해지는 현대사회에서 수많은 법률이 우후죽순처럼 생겨나고 있다. 이러한 실체법 사이에 이런저런 충돌이 발생할 수 있으며 실체법 내부에도 백지법규, 일반 조항 또는 불확실한 개념이 많다. 이런 상황에서 사법은 대변자가 되려 해도 불가능하며, 상충하는 법 중에서 최종적으로 어떤 법을 사용할지 선택해야 한다. 이는 즉, 사법은 입법자가 승인한 범위 내에서 일정한 자유재량권을 사용하여 합리적이고 적절하게 사건을 처리해야 한다. 다른 한편으로 입법은 선천적으로 지연성을 가지고 있으며 현대 사회의 소위 현대적 분쟁(공해 분쟁, 제품 품질 책임 등)은 더욱 많다. 이들 분쟁 중 입법을 통해 변화를 이뤄야 할 과제가 개별 당사자들이 소송을 제기하는 형태

53 [영] 윈스탠리, 『溫斯坦萊文集』, 任國棟 역, 商務印書館, 1982, 151쪽.

54 카우프만과 라렌츠는 모두 이에 대해 논하고 있으며 자세한 설명은 [독] 라렌츠, 『法學方法論』, 陳愛娥 역, 中國臺灣五南圖書出版公司, 1992를 참조할 수 있다.

55 [독] 라렌츠, 『法學方法論』, 陳愛娥 역, 中國臺灣五南圖書出版公司, 1992, 277쪽.

56 [영] 메인, 『古代法』, 沈景一 역, 商務印書館, 1984, 13쪽.

로 법원에 넘어간다. 이러한 분쟁 사건이 어떻게 권리 구제를 받거나 적절하게 해결되는가는 흔히 사회 전반과 관련이 있다. 이 과정에서 사법 관계자는 스스로 가치 판단을 내리고 입법자를 대신해 이익평가를 하고 '창조적으로' 진행해야 한다. 카르도조는 "공식적인 법적 기원이 침묵하거나 불충분할 때, 나는 다음과 같은 말을 법관의 기본 지침으로 삼으라고 지시하는 데 주저하지 않을 것이다. 입법자가 직접 문제를 규제할 때 시행될 목표에 복종해야 하며, 이런 식으로 법적 판결을 형성해야 한다"라고 선언했다.[57] 판결의 정책적 목적과 사회적 효과를 고려하는 것 외에도 필요한 경우 과감하게 판례를 만들어 새로운 규범을 만들거나 기존 규범을 바꿔야 하며, 이러한 새로운 규칙도 법원의 판결을 통해 효력을 발휘한다. 이는 현대 사법과 고대 사법의 중요한 차이점 중의 하나이다. "사건의 해결을 도모하여 현저한 정책적 효과를 얻는다"라는 관념이 현대 각국의 법원에서 성행하고 있으며, "사법 과정의 최고 경지는 법률을 발견하는 것이 아니라 창조하는 것이다. 모든 의심과 걱정, 희망과 두려움은 정신 노력의 구성 요소이며, 죽음의 고통과 탄생의 시달림의 구성 요소이다. 여기서 한때 자신의 시대를 위해 봉사했던 원칙들은 죽고 새로운 원칙들은 탄생한다"[58]라고 할 수 있다.

물론 법을 만드는 방법에 있어서는 영미법계와 대륙법계가 다르며, 중국법도 나름대로 특색이 있는데, 예를 들어 중국은 사법해석의 역할에 더 많은 관심을 기울이는 등 고유한 특성이 있으며, 이 책 제5장에 자세히 설명되어 있으므로 반복하지 않겠다.

3) 사법의 사회기능

사법은 개인, 집단, 사회에 대한 의미가 다르며 사법의 사회적 기능은 주로 거시적 사회 수준에서 사법이 사회에 미치는 의미를 추상적으로 연구하는 것이다. 다시 말

---

57 [미] 카르도조,『司法過程的性質』, 蘇力 역, 商務印書館, 2002, 74쪽.
58 [미] 카르도조,『司法過程的性質』, 蘇力 역, 商務印書館, 2002, 105쪽.

해 사법이 사회구조의 일부로서 사회 전체에 갖는 의미이다. 사회의 발전과 변천에 따라 사법의 사회적 기능도 생성, 확대된다. 역사적 사법활동과 비교하여 현대 사법활동의 중요성은 순수한 법률기능의 변화에 있는 것이 아니라, 사실 법을 해석하고 범죄를 처벌하는 것과 같은 기본적인 기능은 시대를 막론하고 변하지 않았고, 사법과 정치 간의 관계가 실질적으로 변모했다는 데 있다.[59] 이러한 사법의 사회적 기능은 현대 정치체계에서 독특한 위치를 부각한다. 물론 국가마다 실제상황에 따라 사법의 사회적 기능은 다르다. 현재 중국의 사회생활에서 사법은 다음과 같은 세 가지 기능을 수행하고 있다.

(1) 민주적 법치 보장

현대 중국에서 민주적 법치는 전례 없는 숭고한 지위를 얻었다. 화해사회의 주요 특징으로서 많은 강령綱領성 문서에서 거듭 밝히고 있는데, 예를 들어 「사회주의 화해사회 건설에 관한 몇 가지 중대한 문제에 대한 중국공산당 중앙위원회의 결정」(이하 「결정」)은 민주적 법치를 견지해야 한다는 것을 분명히 했다. 즉, 사회주의 민주정치 건설을 강화하고 사회주의 민주를 발전시키며, 법에 따라 국가를 통치하는 기본 전략을 시행하고 사회주의 법치국가를 건설하며, 사회주의 법치 이념을 수립하고 사회 전체의 법률 의식을 높이며, 국가 경제, 정치, 문화, 사회생활의 법제화 및 규범화를 추진한다. 이 과정에서 사법의 역할을 과소평가할 수 없다.

① 민주 법치의 진리

현대 헌정 이론에서 민주의 기본 의미는 정치권력은 인민에게 속해야 하며, 그 목적은 독재 통치로부터 사람들을 보호하고, 공민이 더 광범위한 권리를 가질 수 있도록 보장하는 것이다. 민주 이론에서 법의 힘은 개인의 존엄과 권리를 인정하고 보호하는

---

59 胡偉, 『司法政治』, 三聯書店香港有限公司, 1994, 225~226쪽.

데 있다. 법치, 또는 '법치국가'는 '법의 통치'를 특징으로 하는 질서 상태와 통치 방식을 의미하며, 법치하에서 국가의 행위는 자의적으로 행해지는 것이 아니라 규칙 제정 과정에 참여하도록 소집된 인민이 공포한 사전 제정 규칙을 기반으로 한다. 이는 일반 대중이 법에 따라 국가 문제를 관리하고 일련의 사회적 가치를 내포하고 있음을 강조하며 그중 가장 핵심적인 것은 권력 제약과 권리보장이다. 한편으로 인민은 그들의 책임을 알고 법의 범위내에서 안전과 보장을 받을 수 있고, 다른 한편으로 국가 통치는 적절한 범위 내에서 제한된다. 현재 중국의 법치도 항상 '인간 중심'을 강조하고 인간과 인간의 운명에 주목하고 인간의 자유, 존엄성, 이익에 주의를 기울이고 있으며 법치의 궁극적인 목적은 인간이며 인간은 법치의 가장 높은 가치라고 할 수 있다.

민주와 법치의 밀접한 연결을 어렵지 않게 발견할 수 있다. 법치는 민주를 지지하고 민주는 법치에 의존한다. 당 제17차 전국대표대회 보고의 설명에 따르면, 한편으로 '의법치국은 사회주의 민주정치의 기본 요구'이며, 법치는 민주를 제도화, 법률화하고, 공권력을 제한함으로써 기본 인권을 보장하고 민주 질서를 수호할 수 있으며, 다른 한편으로 민주는 법치에 새로운 내용과 동력을 넣어 '당과 국가를 위한 장기적인 평화와 안정'을 위해 보장을 제공할 뿐만 아니라 인간의 행복한 생활을 위하여 법치를 촉진할 수 있다.

「결정」은 법치와 민주를 언급할 때 다음과 같은 표현을 사용했다. "인권을 존중하고 보장하며 공민의 권리와 자유를 법에 따라 보장한다." "민주정치를 완벽하게 발전시키고 공민권리를 보장한다." 요약하면 바로 권력을 제약하고 권리를 보장하는 의미와 인간의 존엄과 운명에 주목하는 기초 위에서 민주와 법치가 통일되며, 바로 이 기초 위에서 민주와 법치를 수호하는 사법의 기능이 충분히 발휘되었다.

② 민주적 법치에 대한 사법의 보장 기능

민주적 법치에 대한 사법의 보장은 일종의 법적 범위 내의 보장이다. 신중국 건국 이래 사법 실천을 살펴보면 사법의 민주적 기능이 한때 '군중 사법'으로 해석되었는데 이는 매우 일방적인 오독이다. 군중 노선을 따르는 것은 중국 사법 민주적 기능을 실현하는 중요한 보장이지만, 다수의 폭정으로 사법이 이화異化하지 않도록 주의할 필요가 있다. 현대사회에서 사법활동의 일반 대중 참여를 통한 민주화의 의미도 있지만, 대중의 정치권력에 대한 제약을 통해 공민의 권리를 보장하는 실체적 가치를 주로 강조한다. 법치에 있어서는 권력의 제약과 권리보호가 더욱 당연하다.

권력 제약 기능의 관점에서 볼 때 근현대 사법권의 발생과 발전은 '권력 제약 체제' 설계의 결과에서 비롯된다. 사법 제도는 태어날 때부터 공민이 국가권력에 대항하는 형태로, 외국 학자들은 "독립적이고 두려움이 없는 사법이 영원히 독재의 굴레이다"라고 일차적으로 평가한다.[60] 현대 사법은 제도화된 방식으로 정치권력을 제약하는데, 주로 헌법소송과 행정소송 사건의 처리로 나타난다. 헌법소송은 사법기관이 사법심사권을 행사함으로써 헌법이 공민에게 부여한 권리를 보장한다. 행정소송은 전형적인 '국가 권력에 맞선 공민권리' 형태로 사법기관은 법률문제에 대한 전문적 우위와 구성원들의 도덕 수준을 이용하여 높은 사회적 존중을 얻고, 기타 국가기관의 입법행위와 행정행위의 합헌성 또는 합법성을 심사하고 재결하여 기타 정치권력에 대한 감독, 견제와 균형을 실현한다. 더 중요한 것은 사법은 국가권력을 타당하게 처치하는 방법이기도 하며, 공민이 이러한 제약 구조를 이용하여 정부 권력을 제약함과 동시에 대중의 사정과 대중의 불만에 대해 효과적으로 소통할 수 있다.

권리보장 측면에서 사법은 고유한 기능을 가지고 있다. 인권의 기본적 자유의 실현을 촉진하고 보장하는 것은 근본적으로 국가 차원의 인권 보호 구조의 완비와 효과에 달려 있다. 행정권, 입법권 등 기타 권력도 권리를 보장하는 효과가 있지만, 사법권에 비해 불확실하거나 국가를 대표해 과도한 공공이익의 추구로 개인의 이익을 간과하는 경향이 있으며, 사법적 경로만이 상대적으로 인권보장에 더 효과적이다. 따라서 사법도 인권 보호의 마지막 장벽이 되고 있다. 법조의 표면적 규정에서 볼 때 중국 헌법

60 A fearless and independent judiciary has been always a stumbling block in the pathway of tyranny. See George W. Wickersham, *The Judicial Function*, 60 University of Pennsylvania Law Review and American Law Register 601, 1912.

과 법률에 규정된 많은 공민권리가 있지만, 이러한 권리의 이행을 보장하는 방법은 사법에 달려 있다. 실제로 인민군중은 사법을 통해 권리에 대한 자신의 요구를 표현하며, 사법도 이러한 요구에 긍정적인 방식으로 대응한다. 예를 들면, 민사소송에서는 원고, 피고인에 대한 처분권 보호, 형사소송에서는 범죄 혐의자, 피고인에 대한 공정한 재판권 등 일련의 권리보호가 포함된다. 요컨대 현대 사법은 제도 배치, 사법 과정, 사법 결과의 모든 수준과 단계에서 인권의 요소를 충분히 고려하여 공민의 법적 권리를 실현함과 동시에 국가권력을 효과적으로 제약하여 중국의 민주와 법치를 크게 보장한다.

(2) 공평정의의 실현

공평과 정의가 정확히 무엇인지에 대해서는 다양한 방식으로 이해되고 있다. 쉽게 말해 공평은 평등하게 대우하는 것이고, 정의는 합리적으로 분배하는 것이다. 그러나 실제 연구에서는 양자를 구분하지 않고 '공평한 정의'를 공정이라고 부르는 경우가 많다. 이러한 공정은 윤리적으로 인간이 욕구하는 충족으로 볼 수 있고, 정치와 경제적으로는 사람들의 이익과 희망을 보장할 수 있는 제도이며, 인류의 행복 추진과 정신문명 건설에 가치가 있다. 중국공산당 제17차 전국대표대회에서는 아래의 내용을 명시하고 있다. "발전을 통해 사회의 공평과 정의를 보장하고 사회화해를 지속해서 촉진해야 한다. 사회공평정의의 실현은 중국공산당인의 일관된 주장이며 중국 특색의 사회주의 발전을 위한 중대한 과업이다." "인민의 권익과 사회공평정의를 더욱 보장해야 한다." 이러한 공평정의는 광범한 인민 대중의 근본적인 가치판단과 도덕적 표준을 구현하는 공평정의라고 할 수 있다.

공정은 사회적 가치관으로서 현실 생활에서 공정을 실현하는 방법은 여러 가지가 있지만, 법치국가에서 사법은 사회적 분쟁을 해결하고 공민의 권익을 보호하는 마지막 장벽으로서 정의를 실현하는 중요한 방법임이 틀림없다. 사법의 공정성 여부는 공정의 실현 여부와도 관련이 있다. 입법이나 사법도 정의를 기준으로 하지만, 입법이 정의를 얻는 데는 큰 비용이 들고, 행정은 정의를 얻는 데 불확실하다. 이에 비해 사법에는 다른 경로가 있는데, 쉽게 말해 법은 사전에 권리와 의무를 배분하고, 사법활동은 구체적인 생활에 대응해 정의를 실현하는 방식을 공정하고 편향되지 않은 사법 종사자에게 맡겨 공평정의의 요구에 따라 엄정하게 법정 절차에 따르도록 하고, 양측 당사자를 존중하고, 개방적이고 가시적이며, 감독할 수 있는 방식으로 공개적이고 예측 가능한 규칙을 적용하거나 법률상의 해석 등을 적용하여 재판하며, 확정된 예견성과 공평정의를 완벽하게 결합하여, 공정을 유지하고 보호하도록 하는 구체적인 태도와 평가가 점차 사람들의 마음에 스며들게 한다. 프리드먼의 관점처럼 사법 제도 기능은 사회가 옳다고 생각하는 가치를 분배하고 유지할 수 있는 정의의 힘을 가지고 있다.

사법의 공정성 실현에는 크게 두 가지 경로가 있는데, 하나는 사법을 통해 분쟁을 공정하게 해결하고, 공정한 권리와 의무의 회복, 즉 교정 정의를 실현한다. 다른 하나는 사법활동 자체의 운영을 공정하게 하는 것, 즉 일반적으로 말하는 형식 공정(절차 공정)이다.

우선, 교정 정의는 인간 사회의 교제에서 생성된다. 누군가 불공정한 이익을 얻으면 누군가는 반드시 불공정한 손실을 보게 되고, 이는 불균등을 초래하게 되며, 사법은 이러한 불공정을 제도적으로 대응할 수 있다. 사회 주체의 권익이 침해될 때 공정성을 실현하는 조직을 가동하고 국가의 사법력을 빌려 공정을 유지할 수 있다. 중립적인 사법자는 양측 당사자 외부에 있으며 당사자의 지위나 배경 등에 관계없이 법적 표준 양식에 따라 불공정에 의한 피해를 구제하고 피해자를 배상하며, 가해자를 처벌하고 규범을 위반하는 행위에 의해 침해된 질서를 회복함으로써 사회는 일종의 불공정에서 공정으로 돌아갈 수 있다. 요약하면 사법이 공정하다면 사회에 불공정 현상이 있더라도 사법을 통해 바로잡고 보완해 사회공정을 회복할 수 있지만, 사법공정을 상실하면 사회 전체에 공정 자체가 없어질 수 있다.

다음으로, 사법은 절차를 통해 정의를 구현한다. 공평정의의 실현은 필연적으로 일정한 과정으로 표현되어야 한다. 절차를 통해 사법이 얻은 공정성은 먼저 형식적 합리성으로 나타난다. 교정 정의의 실현은 다양한 수단과 방법을 통해 가능할지 모르지만 합리적이고 법적 규정이며 인도주의 사법절차 자체가 공정성에 크게 기여하고 있다. 예를 들어 현대의 사법절차는 기본적으로 누구도 자기 사건의 법관이 될 수 없으며,

소송과정에서 당사자 양측이 평등하며, 분쟁해결자는 양측의 변론 및 논거에 귀를 기울여야 하며, 소송과정은 공개되어야 하는 등의 내용을 담고 있다. 이러한 절차는 한편으로는 실질적인 공정성에 도움이 되는데, 예를 들어 평등한 대화는 생각을 효과적으로 소통하고 일부 부당한 영향을 피하며, 사건의 모든 측면에서 사실을 규명할 수 있다. 또한 당사자의 권익(범죄 혐의자 및 피고인의 권리 포함)을 존중하는 일련의 절차는 판결의 권위를 높이고, 개인 또는 집단의 이익에 대한 인간 정신의 특정 태도를 공고히 하여 사회의 공평정의 관념에 부합하고 사회의 공평정의의 발전에 기여할 수 있다. 사실 중국의 실천에서도 알 수 있듯이 사법기관의 다양한 사건처리는 사회 공정의 달성에 상응하는 기여를 해왔다. 그러나 공정은 여러 가지 기준에 의해 판단되는데, 크게 법적, 사회적 공정으로 나눌 수 있다. 전자는 사법활동이 법에 부합하는지를 의미하고, 후자는 사법활동에 대한 사회 대중의 태도를 의미한다. 양자는 대부분 상황에서 일치하지만, 예외도 있으며, 사법이 공평정의를 실현하려면 양자 사이의 일정한 균형을 찾아야 하며, 편파적이어서는 안 된다.

(3) 안정과 화해 촉진

현재의 화해사회 맥락에서 안정과 질서는 주로 사회 조직 구조가 건전하고 사회 관리가 완벽하며, 사회 질서가 양호하고 인민군중이 편안하게 살고 즐겁게 일하며, 사회가 안정되고 단결함을 유지한다. 안정과 질서는 사회주의 화해사회 건설의 기본 업무이며 핵심적 일환이다. 이는 화해사회의 이상적인 사회 질서이자 사회 질서에 대한 동경과 노력의 목표이며, 그 반면에는 혼란과 무질서가 있다. 동일한 특정 맥락에서 화해는 사회가 민주적 법치, 공평정의, 성신 우애, 활력이 넘치고, 안정적이고 질서정연하며, 인간과 자연의 조화를 이룰 수 있음을 의미한다. 이러한 화해로운 '선치善治'의 사회는 필연적으로 권리와 의무의 화해, 권리와 권력의 화해, 시민 간의 화해, 인간과 자연의 화해 등 일련의 화해를 요구한다.

현재 중국 사회는 특정 전환기에 있으며, 사회자원 분배는 개혁 과정에서 여전히 지속해서 조정되고 있으며, 도시, 지역, 계층 간의 이익 분화 및 충돌이 매우 격렬하다.

이러한 요소는 안정과 화해에 영향을 미친다. 사회주의 화해사회를 건설하기 위해서는 강력한 분쟁해결 구조를 갖추어야 사회 운영 과정에서 내재한 갈등을 스스로 흡수하고 소화하며, 역동적인 사회 안정을 형성하고 궁극적으로 화해사회를 형성할 수 있다. 일부 학자들은 "현대 사회가 사회적 관계를 바로잡는 방식으로 화해 상태를 실현할 수 있을지는 주로 법에 달려 있고, 법이 없으면 화해사회는 없다"라고 주장한다.[61] 화해사회를 구현하기 위한 법률은 사법의 힘만으로는 부족하지만, 사법은 가장 보편적이고 중요한 일환이며, 이익 자원의 재분배를 통해 이익 관계의 균형을 맞추고 이익 분쟁을 해결하며, 이익 배치를 최적화하고 화해사회 건설을 촉진하고 있다.

한편으로 사법은 사회질서를 효과적으로 유지할 수 있다. 사회가 안정적이고 질서 정연하며 단결하기 위해서는 경제, 정치, 사회생활의 모든 측면에서 따라야 할 규칙이 있어야 한다. 공공 권위의 안정적이고 명확한 사회 규범으로서 법률은 사회 구성원 또는 사회 조직의 행동과 활동을 효과적으로 제한할 수 있다. 사법은 정치조직을 이용해 강력하게 법을 집행하고, 법과 조직의 힘을 결합해 개별 행위에 직접 작용하는 힘으로 보편적 행위를 간접적으로 통제함으로써 사회질서에 전면적으로 작용한다. 구체적으로 사법은 사회 분쟁과 모순을 해결하고 범죄에 맞서 좋은 사회질서를 유지한다. 예를 들어 인민법원이 국가안전과 사회제도에 관한 사건을 처리하는 것은 중국의 정체와 국체를 공고히 하는 데 도움이 되고, 공공안전을 해치는 범죄를 처리하면 사회 전체의 질서를 안정시킬 수 있으며, 민사, 행정사건을 처리하는 것은 모든 합법 재산을 효과적으로 보호하고, 공민의 인신권, 민주 권리 및 기타 권리를 보호하며, 국가기관이 법에 따라 행정권을 행사하고 국가건설을 봉사할 수 있도록 보장하여 유리한 사회 환경을 유지할 뿐만 아니라 사람들에게 평화와 안정감을 준다. 최근 몇 년 동안 사법 과정에서 조정과 같은 일부 수단의 사용이 점차 강조되어 사회 구성원 간의 성신 우애를 위한 유리한 사회적 환경을 조성하여 사람들 간의 화해를 더욱 실현했다. 요컨대, 다양한

---

61 羅豪才, 宋功德,「和諧社會的公法建構」,『中國法學』, 2004, 제6기.

사회적 위험에 직면하여 사법은 항상 적절하게 해결할 수 있다.

다른 한편으로 사법은 인간과 사회의 관계, 인간과 인간의 관계, 인간과 자연의 관계 등 다양한 관계를 조절한다. 인간은 사회적 동물이지만 개인과 사회는 다양한 갈등을 피할 수 없다. 현대에서 우리는 사회의 공익을 해치지 않으면서 개인의 이익을 보호해야 하며, 양자의 조화를 이루기 위해 노력해야 한다. 인간과 사회관계에서 사법은 한편으로는 권력을 제한하고 권리를 보호하며, 헌법과 법률이 보호하는 개인의 이익이 침해되지 않도록 효과적으로 보호하는 역할을 하고, 다른 한편으로는 근래에 빈발하고 있는 공익소송의 경우처럼 사법을 통한 공공이익 보호의 한 형태로서 상충하는 이익을 비교하여 그 가치를 확정하는 역할을 수행한다. 사회관계에 대한 효과적 조정으로 사법은 인간과 사회 간의 화해 발전을 실현하는 데 도움이 된다. 법원은 사람들 간의 관계에서 재판을 통해 이익을 조정하고 갈등을 해결하며, 사람들의 행동을 규제하고 사회 공평을 촉진할 뿐만 아니라, 간접적으로 사회적 개체를 안내하고 교육하여, 사회적 개체가 보편적, 의식적으로 법을 준수하도록 하고, 사람들의 법률 의식과 도덕관념을 변화시키며, 사람들이 자신의 권리를 보호하고, 사용하고, 소중히 여겨 사회의 건전한 발전을 촉진한다. 화해사회는 인간이 자원을 합리적으로 사용하고 환경을 효과적으로 보호하는 사회가 되어야 한다. 인간과 자연 사이의 관계를 개선하는 데 있어 사법은 더 큰 힘을 발휘한다. 중국에서는「형법」,「환경자원법」등 법률이 인간과 자연의 합리적인 공존을 위한 기조를 조성하고 있다. 사법기관은 무분별한 벌목, 무분별한 채취 및 포획, 경작지, 초원, 삼림 식생 파괴와 같은 자원 및 환경에 대한 범죄를 처벌하여 자연환경 파괴 행위를 억제하고 제재하며, 행정소송을 통해 행정기관이 법에 따라 관리 직책을 이행하도록 감독하고 지원하여, 자연 자원과 생태 환경을 효과적으로 보호하고 인간과 자연의 화해를 촉진할 수 있다.

실제 운영에서 사법의 기능은 이론처럼 명확하게 구분되지 않고, 상호 연결되고 불가분의 전반적인 추세를 반영한다. 그중 사법의 임무는 사법 출현의 기본 동기이자 사회적 기능 구현의 기초이며, 사회적 기능은 사법 업무의 '거시적' 및 '체계적' 표현이다. 한편으로는 사법의 다양한 기능을 깊이 연구하여 사회에 대한 사법의 역할을 더 잘 발휘해야 하며, 다른 한편으로는 사법의 기능을 지나치게 강조하여 사법을 만병통치약으로 여기고 다른 사회제도의 기능을 대체해서는 안 된다. 또한 중국의 사법 제도는 사법 자원의 배분, 운용 원칙, 구체적인 절차, 제도적으로 여전히 많은 결함이 있으며, 사법개혁을 통해 보완하여 사회주의 법치국가 건설을 가속화하는 데 더 큰 역할을 할 필요가 있음을 지적한다.

2

정치 제도와 사법 제도

1. 개요

1) 정치 제도의 의미

정치 제도는 인류 사회의 복잡한 사회 제도의 구성 부분이다. '정치 제도'의 정의에 대해서는 미국에서만 20여 가지가 넘는 다양한 해석이 있고, 프랑스, 독일, 인도, 일본 등의 대학 교과서에도 많은 해석이 있다.[1] 구체적인 차이점은 정치 제도의 내용 지정 범위에 대한 인식이 다른데, 어떤 학자는 정치 제도에 대한 정의가 넓지만, 어떤 학자는 그 정의가 좁다는 점이다. 비교적 넓은 정의는 미국 당대 정치학자 앨먼드의 견해처럼 "정치 제도는 사회질서를 유지하거나 이를 변화시키는 책임을 지는 합법적 제도이다"라는 관점이다.[2] 상대적으로 좁은 정의는 프랑스의 저명한 정치학자 디베르제는 정치 제도가 '정부 기구의 총합'이며 '정당제도, 선거방식, 의사결정 방식과 압력집단의 혼합체'라고 지적했다.[3]

신중국 창립 초기에는 '정치 제도'가 일반적으로 '정권의 조직 형태'[4]로 이해되었으며, 인민대표대회제도를 가리킨다. 당대 중국에서 정치 제도에 대한 이해와 해석은 세 가지 주요 관점으로 요약된다.

첫 번째 관점은 정치 제도란 국가 정권의 성격과 그 조직 형태의 제도를 말하며, 국체와 정체 두 가지를 모두 포괄한다.[5]

두 번째 관점은 정치 제도가 근본적인 정치 제도와 구성 원칙뿐만 아니라 구체적인

---

1 [소] 치르킨, 『憲法與政治制度』, 周偉 외 역, 四川大學出版社, 1988, 23쪽 참조.

2 楊祖功, 顧俊禮 외, 『西方政治制度比較』, 世界知識出版社, 1992, 5쪽.

3 楊祖功, 顧俊禮 외, 『西方政治制度比較』, 世界知識出版社, 1992, 4~5쪽.

4 辭海編輯委員會 편찬, 『辭海』(하), 上海辭書出版社1999, 4167쪽

5 예를 들어 정치 제도는 통치계급이 계급통치를 실현하기 위해 취한 통치 방식과 방법의 총합이라고 지적하는 학자도 있다. 여기에는 국가 정권의 계급적 실질, 국가 정권의 조직 형태, 국가의 구조 형태, 국가기관의 체계와 국가기관의 운행을 보장하기 위하여 채택된 일련의 구체적인 제도를 포함하는데, 예를 들어 입법제도, 행정제도, 사법 제도, 정당제도, 인사제도, 선거제도 등이 있다. 曹沛霖 외 주편, 『外國政治制度』, 高等教育出版社, 1992, 1~2쪽 참조.

정치 제도와 구성 원칙도 포함하고 있다는 것이다.[6] 내부 구조의 계층적 측면에는 핵심층(국체), 중간층(국가 정권의 조직 형태, 국가 구조 형식과 정당, 공민 등의 기본 행위 준칙), 외부층(정치 실체가 직접 조작할 수 있는 다양한 구체적인 규칙, 절차, 방법 등)이 포함된다.[7]

세 번째 관점은 정치 제도가 사회 공공사무를 관리하는 일련의 규칙이라는 것이다. 사회가 생존하고 발전할 수 있도록 공공사무를 관리하기 위해 인간은 정치 활동에 종사해야 하며, 공공사무를 효과적으로 관리하기 위해서는 권력 획득, 권력 공유, 권력 사용, 권력 제한에 대한 일련의 규칙이 제정되어야 하며 이러한 규칙이 합쳐져 한 사회의 정치 제도가 된다.[8]

우리는 '정치 제도'란 국체와 정체 두 측면을 모두 포함한 국가 정권의 성격과 그 조직 형태를 의미한다고 주장한다. 국체는 국가 정권의 계급적 성격을 가리킨다. 정체에 대한 이해는 두 가지 수준으로 나눌 수 있다. 정체의 핵심 내용, 즉 민주제와 군주제와 같은 국가 정권 조직 형태이다.[9]그리고 정당제도, 행정제도, 사법 제도, 중앙과 지방관계제도, 국가 기층자치제도, 대중참여제도 등 국가 정권 운영의 구체적인 규칙과 제도를 포함해야 한다. 그런 의미에서 우리가 말하는 정치 제도는 국가 제도와 기본적으로 같은 의미가 있는데, 후자도 국체, 정체, 국가구조와 국가조직 활동의 근본원칙을 포함하고 있기 때문이다.

정치 제도와 혼동하기 쉬운 또 다른 개념은 정치체제이다. 중국 정치학계에서는 정치체제와 정치 제도의 관계에 대한 이해는 여러 가지 견해가 있다. 정치체제는 정치 제도가 정치 생활 과정에서의 구체화라고 보는 시각, 정치체제는 정치 제도보다 넓은 개념으로 국체와 정체와 구체적인 정치 규범을 포괄하는 시각, 정치체제는 곧 정치의 의사결정 구조이며 정치의 거의 모든 기본적 측면을 포함한다는 견해가 있다. 우리

---

6 王浦劬 주편, 『政治學基礎』, 北京大學出版社, 1995, 233쪽.

7 浦興祖 주편, 『中華人民共和國政治制度』, 上海人民出版社, 1999, 5~6쪽 참조.

8 吳大英 주편, 『西方國家政治制度剖析』, 經濟管理出版社, 1996, 4쪽.

9 민주 공화 체제에서는 의회제, 대통령제, 반대통령제, 위원회제, 인민대표대회제가 있다. 군주제는 입헌군주제, 이원 군주제, 전제군주제를 포함한다.

는 정치체제와 정치 제도의 내적 의미는 동일하지 않다고 본다. 정치 제도에는 근본적인 정치 제도와 구체적인 정치 제도가 포함되는데, 그중 근본적인 정치 제도는 국체와 정체를 포함하고 있어 내용의 단일성과 상대적 안정성을 가지고 있다. 구체적인 정치 제도에는 기구와 인사 설정, 의사결정 절차와 구조, 권력기관 간의 직권 구분과 상호관계, 권력 운영의 형태와 구조 등이 포함된다. 이는 근본적인 정치 제도의 외적 표현이자 일상적인 구현이며 형태의 다양성과 다변성을 가지고 있다. "정치체제는 정치 권력구조를 중심 내용으로, 국가와 사회관리 실현을 주요 기능으로 하는 각종 구체적인 정치조직과 정치시설로 구성된 방대한 사회정치적 통치 체계이다."[10] 국가 상부구조의 중요한 구성 부분으로서 국가의 각종 정치기구와 정치조직의 표현에 중점을 두고 있다. 예를 들어 정당, 정부, 입법, 사법 등 기구의 조직 형태, 상호 간의 권한 구분, 중앙 정부와 지방 기구 간 상호관계의 구조적 형태, 그리고 다양한 기구를 조직하고 협조하는 관리 원칙, 관리 수단 및 관리 방법 등을 표현하며, 구체적으로 정부 체제와 정권 체제의 두 가지 측면을 포함한다. 정부 체제에는 정부 권력관계, 간부 체제 및 정부 기구의 설정 등이 포함되며, 정권 체제에는 당과 정부 간의 관계, 인민대표대회제도 등이 포함된다. 전반적으로 정치체제는 거시적, 미시적 두 측면의 내용을 포함하고 있으며 기본적인 정치 주체, 정치기능, 정치 관계, 정치 제도뿐만 아니라 그들이 포함하거나 파생하는 더욱 구체적인 정치 주체, 정치기능, 정치 관계 및 정치 제도도 있다.

2) 정치 제도와 사법 제도의 상호관계

제1장에서 언급한 바와 같이 사법 제도는 정치 제도의 중요한 부분으로서 사법권의 행사를 중심으로 설립된 사법기관과 해당 조직의 성격, 직권, 조직체계, 기본원칙

---

10 徐善廣,「'政治體制'槪念硏究述評」,『湖北大學學報』(哲學社會科學版), 1988, 제5기.

및 활동 규칙 등 일련의 규범을 총합한 것이다.

요약하면 정치 제도와 사법 제도 사이에는 다음과 같은 관계가 있다.

첫째, 정치 제도와 사법 제도는 모두 상부구조의 범주에 속하고 모두 일정한 사회경제 기초를 기반으로 발생하며 일정한 사회경제적 관계와 생산력 발전 수준을 반영함과 동시에 통치자의 근본적인 이익을 반영한다. 따라서 양자는 이익의 일관성과 제도적 배분의 조화를 이루어야 한다.

둘째, 한 나라의 사법 제도는 항상 그 정치 제도와 부합한다. 즉, 정치 제도의 특징은 사법 제도의 특성을 직접적으로 결정하거나 제약하는 경우가 많으며, 사법 제도는 정치 제도의 한 측면을 구체적으로 구현하고 있다. 중국 봉건사회 시대의 정치 제도와 사법 제도를 예로 들면, 정치적으로 군주전제와 중앙집권제를 실시하기 때문에 황제는 국가 최고 사법기관이 되고, 지방행정관은 사법을 겸하여 사법과 행정기관을 하나로 통합한다. 사법절차는 합법적인 고문을 특징으로 하는 규문주의 방식을 시행한다. 중대한 형사사건, 특히 사형 사건의 판결권은 황제가 통일적으로 장악한다.[11] 중국 봉건시대 사법 제도의 이러한 특징은 봉건 전제주의 중앙집권제의 구현이며 정치 제도가 사법 제도에 미치는 제약 효과가 매우 뚜렷하다. 또한 현대적 국가구조 제도를 예로 들면, 서방 국가는 기본적으로 '삼권분립'의 원칙을 따라 정부를 조직하기 때문에 사법권, 입법권, 행정권은 평등하고 견제와 균형의 지위이기 때문에 사법 독립은 서방 국가 사법 제도의 특징이 되었다. 전반적으로 한 나라의 정치 민주와 법치화 정도가 높을수록 사법 제도가 민주적이고 합리적이며 완전해진다.

마지막으로 사법 제도는 정치 제도가 제대로 작동하도록 보장하는 기능을 한다. 사법권의 운영 방식은 입법권, 행정권과 다르며, 사법기관은 소송의 방식으로 각종 사건을 독립적으로 심리, 판단하여 법률을 시행하므로 사법 제도는 법치를 실현하고 사회질서를 유지하며 공민의 합법적인 권익을 보호하는 데 대체할 수 없는 역할을 한다.

---

11 陳光中, 『陳光中法學文集』, 中國法制出版社, 2000, 215~219쪽 참조.

서방 국가의 삼권분립 정치 제도는 사법 제도에 중대하고 광범위한 영향을 미치기 때문에 중국에 일정한 참고 가치가 있다. 본 장에서는 먼저 서방 국가의 정치 제도와 사법 제도의 상호 관계를 소개하고 분석하는 것으로 시작하여 중국의 정치 제도와 사법 제도의 관계에 대해 논한다.

2. 서방 국가의 정치 제도와 사법 제도

1) 서방 국가의 정치 제도

서방 국가의 자본주의 정치 제도는 구체적인 내용에는 각기 특색이 있지만, 그 이론적 기초에 관해서는 모두 분권의 견제와 균형 이론에 따라 세워졌다. 따라서 먼저 분권의 견제와 균형 이론의 발전 맥락을 정리하는 것은 서방 국가 정치 제도의 특성을 보다 깊이 이해하는 데 도움이 된다.

(1) 분권의 견제와 균형이론의 형성과 발전

분권의 견제와 균형이론은 권력 분립론과 권력의 견제와 균형론 두 부분으로 구성된다. 권력 분립론의 사상적 근원은 아리스토텔레스로 거슬러 올라가는데, 그는 『정치학』이라는 책에서 모든 정체에는 세 가지 요소가 있다고 주장한다. 그 구성의 기초로서 첫째는 도시국가의 일반 공무에 관한 의사 기능(부분), 둘째는 행정기능 부분, 셋째는 재판(사법)기능이다.[12] 아리스토텔레스가 여기서 언급한 정체의 세 가지 요소는 현대적 의미의 입법권, 행정권, 사법권과 동일시할 수 없으며, 세 가지 직권을 별도로 행사하기 위해 서로 다른 기관의 설립을 명시적으로 제안하지는 않았지만, 국가기능이

12 [고대 그리스] 아리스토텔레스, 『政治學』, 吳壽彭 역, 商務印書館, 1965, 214~215쪽.

서로 다른 구성 요소로 분류될 수 있다는 점을 분명히 인식했다는 점은 후대의 권력분립 학설에 시사하는 바가 크다.

중세기 말기에 프랑스의 부탄은 1576년에 출판된『국가육론國家六論』이라는 책에서 주권 관점을 분명히 했다. 또 주권을 입법권, 선전포고와 평화 조약체결권, 정부 관료의 임명권, 최고 재판권, 사면권, 신민과 공민의 복종을 요구하는 권리, 조폐권과 도량형의 선정권, 과세권 등 8개 항목으로 규정했다. 부탄의 주권 내용 분할은 객관적으로 국가 기능이 몇 가지 구체적인 부분으로 구성되고 더 세분화할 수 있음을 보여주며, 권력 분립 학설은 여기에서 비로소 실마리를 나타낸다.[13]

분권의 견제와 균형이론의 형성은 대략 양권 분립, 삼권분립, 균형 정치의 세 가지 발전 단계를 거쳤다.

① 양권 분립

17세기 로크는 당시 유행했던 자연 상태와 천부 인권론을 바탕으로 권력 분립론을 공식적으로 제안했다. 그는 우선 자연 상태에서 사람들이 갖고 있는 각종 권력에서 입법권의 원천을 찾았다. 그는 "사람들이 사회에 참여하는 중대한 목적은 그들의 각종 재산을 평화롭고 안전하게 향유하는 것이며, 이를 달성하기 위한 중대한 도구와 수단이 그 사회가 만든 법이기 때문에 모든 국가의 최초이자 기본적인 명문법은 입법권 수립에 관한 것이다"라고 주장했다.[14] 로크는 또한 입법은 단기적인 활동으로 상설기구의 유지는 불필요하고 재정 부담도 커지며, 입법권을 가진 사람들이 정기적으로 모여 입법권을 행사하고 법이 제정되면 다시 분산시키자고 주장했다. 이렇게 하려면 법의 집행을 보장하기 위해 또 다른 상시적인 권한인 집행권이 필요하다. 그는 "일시적이고 단기간에 제정된 법률은 항상 지속적인 효력을 가지며, 항상 집행하고 주의를 기울여야 하므로 지속해서 유효한 법률을 집행할 수 있는 상시적인 권한이 필요하며, 따라서 입

13 沈橋林, 「試論分權理論演進的三個階段」, 『江漢論壇』, 2007, 제1기 참조.
14 [영] 로크, 『政府論』(하편), 瞿菊農, 葉啓芳 역, 商務印書館, 1964, 82쪽.

법권과 집행권은 종종 분리된다"라고 주장한다.[15]

입법권과 집행권의 관계를 논할 때 로크는 입법권과 집행권의 분리를 특히 강조했다. "같은 사람들이 동시에 법을 만들고 집행할 수 있는 권력을 갖게 되면, 인간의 나약함 때문에 압도적인 유혹을 받게 된다. 권력을 장악하여 자신들이 만든 법에 대한 복종을 면제받고, 법을 만들고 집행할 때 자신의 사적 이익에 맞게 조정하려고 한다."[16] 물론 로크는 입법권과 집행권 외에 대외권도 있다고 본다. 그러나 집행권과 대외권의 구분에도 불구하고 "이 두 권력은 거의 항상 함께 묶여 있다"며 "이들은 분리하기 어려울 뿐만 아니라 동시에 서로 다른 사람들이 장악하기는 어렵다"라고 주장한다.[17] 로크가 여기서 말하는 집행권과 대외권은 정부의 내부적 책임과 외부적 책임의 관점에서만 구분될 뿐 입법권, 행정권과 나란히 있는 사법권의 그림자가 보이지 않기 때문에 로크는 명목상 삼권을 내세우고 실제로는 양권 분립을 주장한다는 것을 알 수 있다. 사실 서방 국가는 법치를 향한 긴 여정에서 오랫동안 국가기능 이분법을 실천한 적이 있다. 법치의 일반이론에 따르면, 권력 이분법은 합리적인 정치체제인 것 같다. 법치는 법에 의한 통치이기 때문에 국가기능도 당연히 법을 제정하고 집행하는 두 부분으로 나뉘어야 하며, 이에 따라 국가권력은 입법권과 집행권으로 구분되어야 한다. 이러한 권력 이분법은 역사적으로 상당히 오랜 기간 지속되어 왔으며, 사법권은 행정권의 구조 속에서 장기간 존재했다. 그 후 사법권이 행정권에서 벗어나서 독립으로 나아가고, 서방의 국가기구는 비로소 세 개의 주요 부문이 분립하는 구도로 진화했다.

② 삼권분립

공식적인 삼권분립설은 몽테스키외가 1748년에 펴낸 『법의 정신』이라는 책에서 나왔다. 이 저서에서 몽테스키외는 '정치 제도와 관련된 정치적 자유의 법률'을 고찰하면

---

15 [영] 로크, 『政府論』(하편), 瞿菊農, 葉啓芳 역, 商務印書館, 1964, 90쪽.
16 위의 책, 89쪽.
17 위의 책, 90~91쪽.

서 분권 학설의 많은 참된 견해를 제시했고, 특히 '재판권'을 전통적인 '집행권'에서 독립시켜 입법, 행정, 사법 삼권이 분립되는 근현대 분권 사상을 확립했다. 몽테스키외는 "각 국가에는 一 입법권, 二 국제법 사항에 관한 행정권, 三 민정 법규 사항에 관한 행정권이 있다"라고 주장한다.[18] 이 주장에서 보면 여전히 로크의 영향에서 벗어나지 못하고 대내 책임과 대외 책임 차원에서 행정권을 양분하고 있는 것 같다. 그러나 이어진 구체적인 논술에서는 진정한 삼권분립 학설을 읽을 수 있다. "첫 번째 권력에 의해 왕이나 집정관이 임시적이거나 영구적인 법률을 제정하고, 이미 제정된 법률을 개정하거나 폐지한다. 두 번째 권력을 통해 평화를 맺거나 전쟁을 선포하고, 사절을 보내거나 받고, 공공의 안전을 유지하고, 침략으로부터 자신을 방어한다. 세 번째 권력에 따라 그들은 범죄를 처벌하거나 사적인 소송을 재결한다. 우리는 후자를 사법권력, 두 번째 권력은 국가의 행정권력으로 약칭한다."[19] 여기서 몽테스키외는 마침내 사법권을 행정권에서 독립시켰고, 그의 권력 삼분법은 명칭부터 내용까지 거의 현대적 의미의 삼권분립론과 비슷하다.

다양한 권력을 명확하게 정의한 몽테스키외는 다양한 권력은 서로 다른 개인이나 기관이 장악해야 한다는 사실도 특별히 강조했다. "입법권과 행정권이 같은 사람이나 같은 기관의 손에 집중되면 자유는 존재하지 않는다." "사법권이 입법권과 통합되면 법관이 입법자이기 때문에 공민의 생명과 자유에 대해 독단적인 권력을 행사할 것이다. 사법권이 행정권과 통합되면 법관은 억압자의 힘을 갖게 될 것이다." "동일한 사람 또는 중요한 인물, 귀족이나 평민으로 구성된 동일한 기관이 세 가지 권력, 즉 법률 제정권, 대중 결의 집행권, 개인 범죄 또는 쟁송권을 행사하면 모든 것을 잃게 된다."[20] 그는 또한 "사물의 본질상 권력의 남용을 막기 위해 권력은 권력에 의해 제한되어야 한다"라고 주장한다.[21]

---

18 [프] 몽테스키외, 『論法的精神』(상), 張雁深 역, 商務印書館, 1963, 185쪽.
19 위의 책, 185쪽.
20 [프] 몽테스키외, 『論法的精神』(상), 張雁深 역, 商務印書館, 1963, 185~186쪽.
21 위의 책, 184쪽.

권력은 어떻게 권력에 의해 견제될 수 있는가? 몽테스키외는 먼저 입법기관 내부의 상호 제약을 논의했다. 그는 한 나라에는 출생, 재산 또는 명예로 유명한 사람들이 항상 존재하며, 이들에게 일반 평민처럼 각각 한 표만 허용하면 그들의 이익을 보호할 수 없으므로 귀족 집단을 형성해야 한다는 것이다. "귀족 단체와 서민을 대표하도록 선출된 단체 모두 입법권을 가져야 한다. 양자 모두 각자의 의회와 각자의 고려가 있고, 각자의 견해와 이익이 있다."[22] 이러한 주장은 서방 의회 양원제의 이론적 토대를 마련했다. 그는 또한 입법권에 대한 행정권의 제약에 대해 논의했으며, 입법기관은 회의를 계속하거나 스스로 소집해서는 안 되며, 입법기관을 소집하고 해산할 수 있는 권한은 행정기관이 가져야 한다고 주장한다. 입법기관이 스스로 폐회할 권한이 있다면 영원히 폐회하지 않을 수도 있다. 따라서 "행정권은 파악한 상황에 따라 회의 소집 시기와 기한을 정해야 한다"라는 것이다. 또한 행정기관은 입법을 제한할 수 있는 권한도 가져야 한다. 그는 "행정권력이 입법기관의 월권을 막을 수 있는 권한이 없다면 입법기관은 독재가 될 것이다. 입법기관은 상상할 수 있는 모든 권력을 스스로에게 위임하고 나머지 두 권력을 파괴할 것이기 때문이다"라고 주장한다. 물론 행정기관은 직접 입법에 관여할 것이 아니라 거부권을 통해 입법권을 제한할 수밖에 없다는 판단도 깔려 있다. 몽테스키외는 입법권이 행정권에 미치는 영향에 대해 "입법권은 행정권을 견제할 권리가 없다. 행정권은 본질적으로 범위가 있기 때문에 더 이상 규제할 필요가 없고, 행정권 행사는 항상 신속하게 처리해야 할 일을 대상으로 한다"라고 주장한다. 또한 몽테스키외는 행정권은 본질적으로 입법부에 의해 제정된 법률을 관철하는 권력이라고 주장한다. 따라서 "자유 국가에서 입법권은 행정권을 견제할 권리를 가져서는 안 되지만, 입법권은 자신이 만든 법률의 적용을 검토할 권리가 있고, 또한 가져야 한다"라는 주장이다.[23]

22 앞의 책, 189~190쪽.

23 [프] 몽테스키외,『論法的精神』(상), 張雁深 역, 商務印書館, 1963, 191~192쪽. 이 단락의 인용문에서 '권리' 또는 '권력'에 대한 서술은 번역본에서 사용된 표현을 그대로 유지했다.

③ 균형적 정치체제

삼권의 견제와 균형이론을 현실화한 것은 '헌법의 아버지' 제임스 매디슨 등 연방당 출신으로 대표되는 미국 헌법 제정자들이다. 독립전쟁 승리 후, 당시의 혁명지도자들은 선인들의 정치이론을 개조하여 새로운 균형 정치체제 이론을 발전시켜 미국헌법에 적용했다. 이론의 특징은 입법, 행정, 사법 삼권은 서로 독립적이고 상호 제약하며, 특히 다양한 권력의 부분적 혼합을 정교하게 설계하고 다양한 권력의 균형적 지위를 구축해 미국 헌법의 지도 사상이 된 것이다.

매디슨은 헌법이 각 부문에 배분하는 권력이 다른 부문에 의해 침해되지 않도록 부문 간 상호의존을 줄이고 권력 간 균형을 맞춰야 한다고 주장한다. "각 부문 구성원은 공직 보수 측면에 있어서 다른 부문 구성원에 최대한 의존하지 않아야 한다. 행정장관이나 법관이 입법기관의 제약을 받지 않는 것이 아니라면 그들 사이의 독립은 유명무실할 뿐이다."[24] 해밀턴은 한발 더 나아가 "인간 천성에 따른 일반적인 경우로 볼 때 누군가의 삶에 대한 통제권은 그 의지에 대한 통제권과 같다"라고 주장한다.[25] 따라서 미국 헌법은 대통령과 법관의 급여는 법률로 정하도록 직접 규정하고 있다. 대통령과 법관의 임기가 다르기 때문에 헌법은 대통령의 급여는 임기 중 증액 또는 감액할 수 없고, 법관의 급여는 감액할 수 없으나 증액할 수 있다고 규정하고 있다. 입법, 행정, 사법 삼권 중 입법기관이 우세한 위치에 있고 사법기관이 가장 약하다는 점을 고려할 때 입법기관의 독단을 방지하고 권력 간의 균형을 구축하기 위해 연방 당인은 일련의 구체적 제도를 설계했다. 예를 들어 입법부를 해체하고 이를 둘로 분할하여 입법부 내부 규제 구조를 구축하고, 법관이 종신 재직할 때 법적 사유가 아닌 한 해임되지 않고, 급여 및 대우는 법률로 보장된다는 등 제도가 있다. 연방 당인의 주장은 "공화정체에서는 입법권이 지배적일 수밖에 없다. 이 불편을 해소하는 방법은 입법기관을 서로 다른 단위로 나누고, 서로 다른 선거 방식과 행동 원칙을 사용하여 그들이 공통적인 역

---

24 [미] 해밀턴, 제이, 매디슨,『聯邦黨人文集』, 程逢如, 在漢, 舒遜 역, 商務印書館, 1980, 264쪽.
25 위의 책, 396쪽.

할의 성격과 사회에 대한 공동 의존에서 허용되는 범위 내에서 서로의 접촉을 최소화하는 것이다."[26] "권력 배분 방안을 진지하게 고려하는 사람들은 분권화된 정부에서 사법부문의 임무 성격은 헌법이 부여한 정치권력에 대한 위해가 가장 적은데, 이는 간섭과 위해 능력이 가장 적기 때문이다. 행정부문은 명예와 지위의 분배권을 갖고 있을 뿐 아니라 사회의 무력도 쥐고 있다. 입법기관은 재산권을 장악할 뿐만 아니라 공민의 권리 의무에 대한 지침을 제정한다. 반면 사법부문은 군권도 재권도 없고, 사회의 힘과 부를 지배할 수도 없고, 어떠한 주동적인 행동도 할 수 없다. 사법부문은 강제도 의지도 없고 판단만 있고, 그 판단을 실행하기 위해서도 행정부문의 힘이 필요하다고 단언할 수 있다"[27]라는 내용들이 많은데, 결국 균형 정치체제 이론과 그 제도화로 귀결된다. 연방 당인들은 "일부 권력이 점차 같은 부문에 집중되는 것을 방지하는 가장 신뢰할 방법은 각 부문 책임자에게 다른 부문의 침범에 저항하는 데 필요한 법적 수단과 개인의 주도권을 부여하는 것이다"라고 믿었다. "이러한 다양한 방법으로 정부의 폐단을 통제하는 것은 인간성에 대한 수치일 수 있다. 그러나 정부 자체가 인간성에 대한 최대 치욕이 아니라면 무엇이겠는가? 인간이 천사라면 정부도 필요 없을 것이다. 천사가 인간을 다스린다면 정부에 대한 외부 또는 내부 통제가 필요하지 않을 것이다"[28]라고 주장한다.

(2) 서방 국가의 정치 제도

본 장에서는 정치 제도와 사법 제도 사이의 관계를 탐구하는 것을 목적으로 하므로, 서방의 정치 제도 중 사법 제도에 큰 영향을 미치는 구체적인 정치 제도에 대해서만 논한다.

---

26 [미] 해밀턴, 제이, 매디슨, 『聯邦黨人文集』, 程逢如, 在漢, 舒遜 역, 商務印書館, 1980, 265쪽.

27 위의 책, 391쪽.

28 위의 책, 264쪽.

① 서방 국가의 정당 제도

넓은 의미의 정당제도는 정당에 관한 한 국가의 각종 제도 규범을 총합한 것으로, 국가가 정당의 정치적 지위, 활동 규범 및 집권 참정에 관한 법률 규정과 사실상 형성된 정당의 집권 참정 방식, 당과 당 사이의 관계, 그룹 관계, 정당 자체의 조직원칙과 조직체계 등을 포함한다. 좁은 의미의 정당 제도는 정당이 국가 권력을 관리하거나 국가 권력에 참여하거나 영향을 미치는 합법적인 방식을 의미하며,[29] 정당 집권이나 정치참여, 그리고 그에 따른 정당 간 관계의 모델로 이해될 수 있다. 요컨대 고정된 정당의 정치참여 모델이다. 첫째, 정당과 정당의 관계, 둘째, 정당과 정권의 관계라는 두 개의 기본적 의미가 있다.

서방 국가의 정당 제도는 다음과 같은 특징을 가지고 있다.

(1) 양당제와 다당제가 주로 시행되고 있다. 오랜 기간 동안 한 국가에서 집권한 정당의 수에 따라 서방 국가의 정당 제도는 일당제, 양당제, 다당제로 나눌 수 있다. 일당제란 한 나라에 합법 정당이 하나밖에 없거나, 여러 개의 합법 정당이 존재하지만 하나의 정당이 행정권을 장악하는 일당다원제一黨多元制이다. 예를 들어 일본의 경우 1955년부터 1993년까지 자민당이 유일한 집권당이었고, 사회당, 일본 공산당 등 혁신 세력, 공명당 등 중간 세력을 포함한 기타 정당은 장기적으로 야당이었으며, 그 어느 정당도 자민당과 경쟁할 수 없었다.

양당제는 한 나라에서 서로 다른 정치집단의 이익을 대변하는 세력이 비슷한 양대 정당이 경선을 통해 다수 의석을 얻거나 대선에서 승리하는 방식으로 번갈아 정권을 잡고 정부를 조직해 국가 권력을 행사하는 정당제도이다. 서방 국가 양당제의 공통점은 첫째, 양대 정당이 오랫동안 국가 정치 생활에서 지배적 지위를 누려왔으며, 단독 집권할 수 있는 힘을 갖고 있어 다른 정당은 그들과 경쟁할 수 없다. 둘째, 양대 정당은 대등한 세력으로 정권을 잡을 수 있는 동등한 권리와 기회를 누리고 있으며, 양

29 唐曉, 王爲, 王春英, 『當代西方國家政治制度』(수정판), 世界知識出版社, 2005, 129~130쪽.

당이 번갈아 집권하며 똑같이 나누어 가지는 것으로 비록 무대 안팎의 차이가 있지만 주종主從의 차이는 없다. 셋째, 두 주요 정당은 일반적으로 한 정당은 집권당, 다른 정당은 야당에 있으며 서로를 공격하고 비판하며 대결 상태에 있지만, 그들 사이의 모순과 갈등은 기존 정치체제를 위험에 빠뜨리지 않는 것을 기반으로 구축된다. 넷째, 정기적인 의회와 대통령 선거는 양당이 평화적으로 정권을 인수할 합법적인 기회를 제공한다. 현재 양당제를 채택하고 있는 국가는 주로 미국, 영국, 캐나다, 호주, 뉴질랜드 등이며, 영국과 미국이 대표적이다.

다당제는 한 국가에서 여러 정당이 국가 정권을 놓고 경쟁하며, 여러 정당이 번갈아 집권하거나 연합하여 집권하는 정당 제도를 말한다. 현재 다당제를 채택하고 있는 주요 국가는 프랑스, 독일, 이탈리아 등이다. 다당제의 특징은 다음과 같다. 첫째, 선거에서 다당 경쟁으로 인해 어느 정당도 오랫동안 단독으로 집권할 수 있는 힘을 가질 수 없기 때문에 보통 여러 정당 또는 정당 연맹이 공동으로 집권한다. 둘째, 다당제는 일반적으로 비례대표제의 산물, 즉, 각 정당이 득표수에 비례하여 상당한 수의 대표를 선출하기 때문에 다당(특히 소규모 정당)이 연합해 번갈아 가며 집권하는 데 유리하다. 셋째, 다당 연합 집권의 경우 어느 정당이 집권연맹을 탈퇴하면 내각이 무너지기 쉽고, 각 당의 견해차가 커서 연합이 이뤄지지 않으면 정부 위기를 초래할 수 있다.

(2) 정당 간의 관계는 일종의 경쟁 관계이다. 정당은 다양한 단체, 집단, 계층과 파벌의 이익을 대변하기 때문에 정당 간 경쟁은 본질적으로 이익의 경쟁이다. 이러한 경쟁 관계는 각종 선거를 둘러싸고 정당이 치열하게 경쟁하는 선거에서 가장 먼저 나타난다. 선거 결과가 알려지면 정당 간에는 새로운 정치적 관계가 형성된다. 양당제 국가에서 국가기구에 진출한 정당은 집권당이 되고, 국가기구에 진출하지 못한 정당은 야당으로 된다. 이는 국가 기구의 두 가지 특정 구성 요소이다. 집권당의 정치적 목표는 야당의 도전에 대응하고 격파하는 것이고, 야당의 정치적 목표는 집권당의 지위를 대체하는 것이다. 집권당은 입법권이나 행정권을 행사하고, 반대당은 집권당을 감독하는 역할을 한다. 집권당은 의회가 정부의 정책을 법으로 제정할 수 있도록 의회를 조직하여 법안을 통과시켜야 하고, 야당은 국회를 공론의 장으로 만들어 집권당의 잘못

된 정책을 대중에게 폭로하고 대중을 선동하여 정부의 착오를 반대한다. 다당제 국가에서는 정당들이 비슷한 이익요구를 바탕으로 집권당 연맹을 구성하고 정당 간 협력 현상이 발생하지만, 정당 간의 이익이 엇갈리거나 충돌하면 정당 간 협력 관계도 무너지기 때문에 이러한 협력은 일시적인 조치에 불과하다.

(3) 정당과 대의기관과의 관계를 본다. 정당은 의회 제도 하에서 서로 다른 이익 집단이 각자의 이익을 보호하고 의회정치와 선거정치의 필요를 충족하기 위해 만들어진다. 의회제 국가와 대통령제 국가를 불문하고 의회는 입법, 재정, 탄핵 권한을 가진 독립적인 지위를 가지고 있다. 의회에 진출한 정당은 정치 생활에 영향을 미칠 수 있는 힘을 갖게 된다. 정당의 의회 진출 여부와 의회 내 지위는 전적으로 선거를 통해 결정된다. 선거 결과가 알려진 후 정당은 의회에서 의회 그룹을 구성한다. 의회 그룹은 의회에서 같은 정당 또는 정당 연맹 소속의 의원으로 구성되며 의회에서 정당의 최고 권력기관이다. 의회를 장악한 다수당은 국가 대정 방침에 결정적 역할을 하고, 소속 정당의 이익을 위해 의회를 이용할 수 있다. 정당은 주로 의회 그룹을 통해 자당이나 연맹당 의원들을 통합하여 자당의 의지를 관철하고 이익을 수호한다. 일반적으로 의회제 국가의 의회 그룹은 대통령제 국가보다 자당 의원들에 대한 구속력이 강하다.

(4) 정당과 정부의 관계를 본다. 현대 서방 국가에서 집권당은 내각을 구성하는 정당이며, 집권당의 집권 지위는 경선의 결과이다. 의회제 국가에서는 의회 총선거를 통해 다수 의석을 확보한 정당 또는 정당 연맹은 집권당 또는 집권당 연맹이다. 일당 집권 국가의 정부 구성은 그 정당의 지도적 인물로 구성되며, 다당 집권 국가의 정부 구성은 연맹에 참가한 각 정당의 지도적 인물로 구성된다. 집권당과 정부는 인사 측면뿐만 아니라 기능 측면에서도 동일하다. 영국에서는 집권당을 정부로 직접 지칭하는 것이 관례이다. 대통령제에서는 대통령 선거에서 선출된 대통령의 소속 정당이 행정권을 가진 집권당이다. 미국에서는 승리한 정당이 3,000명 이상을 고위 집행 부문에 임명할 수 있다. 집권당은 정부의 명의로 정부 권력을 직접 행사하며 정부 기능을 수행한다. 집권당이 직접 행사하는 것은 정당의 권력이 아니라 정부의 행정권이라는 점을 강조해야 한다. 집권당의 경우 일반적인 정당 기능은 부차적인 기능으로 되었으며 주로 당무

기관에서 수행한다.

② 서방 국가의 의회 제도[30]

의회제도parliamentary institutions는 서방 국가 대의제[31]의 일반적인 형태로서 선출된 의원이 대의기관으로서 의회를 구성하고, 의원들은 일정한 특권을 누리며, 입법과 행정 간의 분업을 일정한 형태로 구현하는 제도이다. 의회제도는 서방 국가 정치 제도의 중요한 구성 부분이다. 의회제도는 정당제도, 선거제도와 함께 서방 민주의 삼대 기둥으로 알려져 있다. 서방 각국의 헌정 체제에 없어서는 안 될 중요한 위치를 차지하고 있다. 의회의 조직 구조에 따라 서방 국가의 의회는 일원제 의회와 양원제 의회로 나눌 수 있다. 서방 국가의 의회는 대부분 양원제를 채택한다.

일반적으로 의회는 서방의 최고입법기관이며 주요 기능은 입법과 감독이지만, 의회의 지위와 권한은 각국의 정체와 의회의 법적 지위에 따라 다르다. 법적 지위와 관련하여 영국과 같이 의회의 권한이 행정 및 사법의 권한보다 우월한 국가가 있는가 하면, 미국과 같이 의회, 대통령, 법원이 법적 지위에서 분리되고 서로 견제와 균형을 갖는 국가도 있다. 권한과 관련하여, 일반적으로 의회제 공화국의 의회 권한은 대통령제 공화국의 의회 권한보다 크며, 대통령제 공화국의 의회 권한은 이원 군주제 국가의 의회 권한보다 크다. 그러나 일반적으로 서방 국가의 의회는 일반적으로 입법권, 재정권, 감독권 및 기타 중요한 권한을 가지고 있다. 입법의 범위는 다양하지만, 입법권은 여전히 서방 각국 의회의 주요 권한이자 전통적인 권한이다. 재정권은 정부의 재정예산과 재정결산을 심의, 승인하는 권한으로 의회가 정부를 통제, 감독하는 가장 중요하고 강

30 의회제도와 의회제는 같은 개념이 아니며, 후자는 서방 국가 정체의 한 유형으로 대통령제, 반대통령 반의회제, 위원회제와 구별된다. 의회제의 일반적인 특징은 의회가 국가정치의 중심에 있고, 정부는 의회 선거에서 선출되어 의회에 책임을 지며, 국가원수는 실질적인 권력을 보유하지 않으며, 정부의 권한은 의회가 부여하고 내각 구성원의 상당수가 의원이며, 정부가 의회 다수의 지지를 받는 조건으로 집권한다는 점이다. 영국은 의회제의 발상지이자 전형적인 대표 국가이다.

31 대의민주제라고도 불리는 대의제는 직접 민주제의 대칭이며 근현대 국가에서 널리 시행되고 있는 정치 통치의 형태이다. 이 제도 하에서 공민의 공공 선거에서 선출된 대표는 국가권력기관을 구성하고 국가업무를 관리할 수 있는 권한을 행사하며 국가업무관리를 수행한다. 대의제는 의회제도보다 광범위하다.

력한 수단이다. 감독권은 일반적으로 재정권 외에 의회가 행사하는 정부를 감독할 수 있는 권한을 말하며 주로 질의권, 내각 교체권, 조사권, 탄핵권 등을 포함한다.

서방 국가의 의회와 정부의 관계는 다음과 같다.

(1) 의회 내각제를 채택한 국가에서는 한편으로는 의회가 국가 권력의 최고 기관으로서 정부를 구성하고 의회에 대해 책임지며, 다른 한편으로는 정부(내각)가 일정한 방식으로 의회를 견제할 수 있는데, 예를 들어 내각은 집권당 또는 집권당연맹의 의회 그룹을 통해 자당 의원들에게 무조건 또는 원칙적으로 내각을 지지하도록 강요할 수 있다.

(2) 미국식 대통령제에서는 의회와 정부 간의 관계가 다르다. 첫째, 대통령은 의회로부터 독립적이다. 둘째, 정부는 국회와 분리되어 있으며, 정부 구성원은 국회의원을 겸직하거나 국회 회의에 참석할 수 없다. 셋째, 정부 관원은 대통령에게만 책임을 진다. 넷째, 대통령은 국회를 해산할 수 없으며, 국회는 대통령에 대한 탄핵권은 있지만 파면권은 없다.

(3) 프랑스식 반대통령 반의회제에서 의회와 정부의 관계는 두 가지 주요 특징이 있다. 첫째, 대통령은 국가원수로서 행정권을 가지고 있으며, 총리를 직접 임명하거나 의회에 임명안을 제출하여 승인받을 수 있다. 총리는 정부를 조직하고 구성원을 결정할 때 대통령과 협의하고 승인을 얻어야 한다. 둘째, 정부는 대통령이 아니라 의회에 대해 책임진다. 의회가 정부에 대한 불신임안을 통과시키면 총리는 정부 총사퇴를 국가원수에게 제출해야 한다.

③ 서방 국가의 행정제도

정부제도라고도 하는 행정제도는 헌법과 법률을 효과적으로 집행하고 국가의 행정 기능을 실현하기 위해 서방이 법에 따라 규정한 관련 국가 행정권한, 행정조직, 행정지도체제, 행정활동 및 행정감독 등 제도로 서방 정치 제도의 중요한 구성 부분이다. '삼권분립'의 원칙에 따라 서방 국가들은 일반적으로 국가 행정 권한을 정부 행정기관이 행사하도록 규정하고 있다. 여기서 관련된 두 가지 주요 측면은 국가 원수와 중앙 행정 제도이다.

국가원수는 대외적으로 국가의 최고 대표로서 국가의 상징이다. 서로 다른 정체의 국가 내에서 원수의 지위는 같지 않다. 원수는 최고 국가 행정권력의 일부(예: 미국 대통령)일 수도 있고, 최고 권력기관의 일부(예: 영국 왕은 형식상 의회의 일부)일 수도 있으며, 원수는 실권을 쥐고 있을 수도 있고(예: 미국, 프랑스, 러시아 등의 대통령), 또는 허명(입헌군주제 하의 군주, 공화제 하의 행정 실권이 없는 대통령)일 수도 있다. 그러나 원수는 어디까지나 국가기구의 수뇌 자리에 있거나 수뇌 기관의 일부이다.

서방 국가에서 좁은 의미의 정부는 국가 행정기관만을 의미하며 일반적으로 행정기관은 법을 집행하는 기관이라고 여겨지므로 정부는 국가 집행 기관, 특히 중앙 집행 기관이라고도 한다. 서방 국가들은 일반적으로 정부 구성원을 선택하고 정부를 조직할 때 세 가지 원칙을 따른다. 첫째, 양립 또는 비非양립의 원칙, 즉 정부 구성원의 직무와 의원 신분과의 양립 여부 원칙이다. 대통령제 국가에서는 삼권분립과 견제와 균형이 비교적 엄격하기 때문에 일반적으로 양립할 수 없는 원칙을 시행한다. 미국은 연방정부 구성원(부대통령 제외)으로 동시에 국회의원이 될 수 없도록 규정하고 있다. 프랑스는 정부 직무를 수락한 의원은 임명 후 30일 이내에 의원직을 포기하도록 규정하고 있지만, 정부 구성원은 의회에 출석해 발언권을 갖되 표결권은 갖지 않는다. 러시아에서는 헌법상 국가두마 대표가 공직을 맡을 수 없기 때문에 정부 구성원과 의원 신분은 양립할 수 없다. 내각제 국가에서는 의회에 대한 정부의 책임과 의회의 정부 감독을 실현하기 위해 일반적으로 양립의 원칙을 채택한다. 영국, 캐나다, 호주, 뉴질랜드 등 국가에서는 정부 장관이 의원이어야 한다. 임명된 장관이 의원이 아닌 경우 의원 보궐선거를 통과하거나 군주가 귀족의 작호를 봉하여 상원에 입성해 귀족 자격을 취득해야 한다. 의원직을 상실한 자는 정부장관으로 재직할 수 없다. 둘째, 겸직과 영업 금지 원칙이다. 많은 국가는 헌법에서 정부 구성원은 보수를 받는 다른 직무, 업무 및 직업을 가질 수 없다는 원칙을 명시하고 있다. 미국, 일본 등 국가에서는 정부 구성원이 정치 활동을 하는 동안 개인 재산을 공개하고 사회적 감독을 받도록 하고 있다. 이 원칙은 다른 공권력이나 사권의 방해와 부패로부터 정부 공권력을 유지하고, 정부 권력의 독립적 공정성과 청렴성을 유지하기 위한 것이다. 셋째, 정부 구성원은 군직軍職이 아닌 문직文職이어야 한다는 원칙이다.

2) 서방 국가의 사법 제도

삼권분립에 기초한 정부 조직 원칙에 따라 서방 각국의 사법 제도는 비슷하지만 다소 다르며, 일반적인 상황과 특징은 다음과 같다.

(1) 서방 국가의 사법기관

서방 국가에서 사법기관은 대부분 법원을 의미하며 일부 국가에는 검찰기관도 포함된다. 각국의 법률체계, 역사적 전통과 정치체제가 다르므로 서방 국가 사법기관의 설치와 직권 위치도 서로 차이가 있다.

① 법원

영미법계 국가의 법원 체계는 비교적 복잡하다. 영국의 법원 조직은 많은 간소화와 개혁을 거쳤음에도 불구하고 여전히 복잡하다. 심리 사건의 성격에 따라 민사 법원과 형사법원이라는 비교적 독립적인 두 개의 체계로 나뉘고, 지역에 따라 잉글랜드, 웨일스, 스코틀랜드 등 각기 다른 법원 체계로 나뉘며, 재판의 수준에 따라 기초법원, 고등법원 및 왕립 형사법원, 상소법원, 상원 네 단계로 나뉜다. 영국 의회는 재판단계에서 가장 높은 수준의 사법권을 가지고 있어 삼권분립 원칙에 명백히 어긋나 최근 영국은 대법원 신설을 통한 개혁을 준비 중이다.[32] 미국은 연방과 주 차원의 두 개 평행 사법기관이 존재하며, 각 시스템에는 다양한 법원이 존재한다. 법원의 이중 체계는 미국 연방제의 구조적 표현이다. 연방 법원 시스템과 주 법원 시스템은 지리적 영역이 겹치지

32 陳光中 주편, 『21世紀域外刑事訴訟立法最新發展』, 中國政法大學出版社, 2004, 184~185쪽.

만, 조직 구조가 분리되어 있으며, 각각 초보적 심사와 상소 기능을 수행하는 법원 시스템을 갖추고 있고, 각자의 헌법과 법률이 정한 규칙에 따라 활동한다.

대륙법계 국가의 법원 조직 체계는 비교적 간단하다. 독일의 경우 연방제를 채택하고 있기 때문에 법원 설치도 연방법원과 주 법원의 두 가지 시스템으로 나뉘지만, 미국 법원조직과 달리 헌법 법원이 이중체계로 운영되는 것을 제외하면 독일의 연방법원과 주 법원은 평행 시스템이 아닌 완전한 하나의 시스템이다. 독일의 법원 시스템은 헌법 법원, 일반법원, 전문법원 등 서로 다른 시스템으로 구성되어 다양한 시스템의 법원 구도를 형성하고 있다.

일반적으로 서방 국가 법원의 가장 중요한 기능은 국가가 부여한 재판 기능을 수행하는 것이며, 그 외에도 서방의 법원은 법률 제정 기능도 가지고 있다. 한편으로 법원은 직접 '법 제정'을 할 수 있는데, 예를 들어 영미법계 국가에서는 법원이 사건을 심리할 때 주로 판례에 근거하고 있으며, 법원은 재판을 통해 판례를 만들어 이후 유사한 사건을 심리할 수 있는 법적 근원이 되고 있으며, 대륙법계 법원도 근년 대법원에서 편성된 판례가 속속 나오고 있다. 다른 한편 서방의 법원은 법조문 해석을 통해 '암묵적 법 제정'을 하는 경우가 많다. 서방법원의 또 다른 중요한 기능은 사법심사 기능, 즉 사법기관은 입법기관과 행정기관이 제정한 법률, 법규 및 기타 국가권력을 행사하는 활동을 심사하고 헌법에 위반되는 법률 및 법규는 무효로 선언한다. 1803년 '마버리 대 매디슨Marbury v. Madison' 사건에서 미국 연방최고법원은 인류 역사상 최초로 이 제도를 창조했으며, 이는 헌법의 존엄을 수호하고 법제의 통일을 보장하는 데 매우 중요한 역할을 했다.

② 검찰기관

프랑스가 최초로 검찰제도를 확립한 이래 서방 국가들은 보편적으로 검찰제도를 확립하고 검찰기관의 조직설립이 지속해서 개선되고 있으며, 그 기능도 지속해서 확장되고 있다.

조직 설정에서 서방 국가의 검찰기관은 크게 심검합서審檢合署제와 심검審檢 분리제로 나눌 수 있다. 대륙법계 국가에서는 일반적으로 심검합서제를 채택하고 있다. 프랑스, 독일, 이탈리아가 모두 이 유형에 속하며 검찰기관은 상응하는 법원 내에 설치되어 있다. 프랑스는 각급 법원과 평행한 검찰기관을 두지 않고 사법부가 각급 법원에 검찰관을 파견한다. 각급 형사법원마다 검찰관 대표가 있고, 검찰관과 법관의 지위는 동일하며, 같은 제복을 입고 같은 특권과 보장을 누려 '서 있는 법관'으로 불린다. 독일의 검찰기관은 일반법원에 대응해 설치되며 법원마다 검찰기관이 하나씩 배치된다. 이탈리아는 각급 법원에 검찰관을 두고 검찰관과 법관 모두 사법관 시스템에 속한다.

영미법계의 국가는 일반적으로 심검분리제를 구현하고 비교적 독립적인 검찰기관을 설립한다. 영국은 1985년 검찰기관을 설립한 이래 중앙에 왕립검찰서를 설치하여 전국 검찰기관을 이끌고 있으며, 지방에서 경찰 관할 지구를 단위로 수석 검찰관과 여러 검찰 지부를 두고 있다. 검찰기관은 법원 시스템에서 독립되어 있으며 행정기관에도 종속되어 있지 않아 비교적 독립적인 시스템이다. 미국, 일본 등 국가에서도 법원에 종속되지 않고 검찰 시스템을 두고 있다.

서방 국가 검찰기관의 법적 지위는 다양하다. 영미법계 국가에서는 검찰기관이 공소 권력을 행사해 행정기관으로 자리매김하고, 미국의 중앙검찰기관과 사법행정기관이 하나로 결합해 연방사법부는 사실상 중앙검찰기관으로 내부 분업만 다를 뿐이다. 대륙법계 국가의 검찰기관은 공소권 행사 외에도 수사를 지휘하고 수행하며, 일부는 일정한 법적 감독 권한을 가지고 있으며, 특히 러시아의 검찰기관은 어느 정도 구소련 체제를 답습하여 법률 감독기관으로 규정되어 비교적 큰 권력과 높은 지위를 가지고 있다.

(2) 정당과 사법의 관계

사법 독립은 서방 국가의 중요한 원칙이며, 이 원칙에 따르면 사법은 입법과 행정뿐만 아니라 정당(집권당 포함)에서 독립되어 있다. 법관은 재직 후 정당 당원으로 정당 활동을 할 수 없고, 당파 간에 중립을 지키면서 '독립 재판인'으로서의 역할을 확보하고 정권의 변경에 따라 변동을 하지 않는다. 그러나 의회는 다수당, 집권당이 장악하고 최고 행정권도 집권당이 장악하고 있기 때문에 사법기관에 일정한 영향력을 미칠 수밖에 없으며, 이는 다음과 같은 방식으로 나타난다.

1. 집권당은 법관 위임 절차를 통해 사법에 영향을 미칠 수 있다. 대다수 국가는 국가원수나 정부 수반이 법관을 위촉하는 절차를 따른다. 집권당의 지도자인 총리, 대통령은 지명권과 임명 절차를 이용해 오랜 기간 소속 정당을 따르거나 지지하거나 공감하는 법관 중에서 뽑거나 지명하는 경향이 있으며, 의회 집권당 그룹도 보통 통과시킨다. 따라서 법관 위촉에 있어 당파적 특징이 불가피하다.

2. 법관 선임제에서 정당의 영향을 지우기 어렵다. 법관이 선거를 통해 탄생하는 사법 관할구역에서는 선거 활동이 정당 활동과 불가분의 관계에 있기 때문에 각 정당은 소속 정당에 동조하거나 공감하는 사람을 법관으로 선출해야 한다. 법관 후보자 역시 집권당, 다수당의 추천과 지지를 받아야만 당선될 수 있다는 사실을 잘 알고 있다. 따라서 법관은 정당과 매우 밀접하게 연결되어 있다.

3. 의회 또는 정부부문과 사법기관의 일종 통합구조도 정당이 사법 업무에 영향을 미치는 중요한 경로이다. 영국 사법개혁 이전의 상원은 입법기관이자 최고재판기관이고, 보수당은 전통적으로 상원에서 지배적인 위치에 처해 왔으며 사법 심리에 대한 정당 성향은 분명하다. 미국의 연방검찰총장은 연방정부 사법장관을 겸임하고 있는 집권당 고위인사의 일원으로서 대통령, 즉 집권당 수뇌부의 지휘를 받고 있어 집권당이 직간접적으로 사법에 영향을 미칠 수 있는 길을 열어줬다.

4. 집권당과 다수당은 의회를 통해 헌법 관련 조문을 개정하거나 '국가이익' 원칙을 강조함으로써 사법활동에 제약을 가할 수도 있다. 위안부 사건과 노역 사건에 대한 일본의 일부 법원의 불공정한 판결은 '국가이익'을 강조하는 전형적인 예라고 할 수 있다.

(3) 의회와 사법의 관계

국가 정권에서 의회의 지위는 법원의 권위 정도를 결정한다. 의회가 최고 권력인 영국에서 법원은 의회와 완전히 대등한 지위를 누릴 수는 없기 때문에 삼권분립 원칙을 엄격히 관철하는 미국보다 사법의 권위성이 훨씬 약하다. 영국에서 법원과 법관의 권력은 의회에서 온다. 영국의 변호사는 의원 선거에 출마할 수 있지만 법관은 다시 의원을 역임할 수 없다. 법원은 입법의 유효성을 심사할 권리가 없다. 입법과 사법기관의 관계에서 의회의 상하원은 각자의 특권을 집행하고 이를 위반한 자를 처벌할 권리가 있다. 의회는 특별한 절차적 제약 없이 모든 법률을 제정할 수 있으며, 헌법상 법률을 개정하거나 폐지할 수 있으며, 의회 입법이 합헌인지 또는 권한을 초과하는지를 판단하는 최고사법기관은 없다.

미국은 삼권분립의 견제와 균형의 대표적인 국가로 헌법에 국회 상하원, 대통령, 연방법원의 권한을 명시하고 있을 뿐만 아니라 실제 실행에서도 삼권분립 원칙을 엄격히 지키고 있다. 입법과 사법의 관계상 국회는 대통령이 임명한 법관에 대해 동의하거나 반대할 수 있는 권한과 법관을 탄핵할 수 있는 권한을 가지고 있다. 국회에서 통과된 법이 발효되면 법원은 이를 집행해야 한다. 그러나 법원은 의회의 입법이 위헌인지 심사할 수 있고 위헌으로 선포되면 집행을 중단한다. 연방대법원은 판례를 통한 입법 권한도 가지고 있다. 그러나 의회가 판례를 무효화할 수 있는 방법, 즉 헌법 수정안을 제정하는 방법이 있는데, 주 3/4의 비준을 받으면 효력이 발생하며, 이 경우 대통령의 서명이 필요 없고 법원에서 위헌으로 선언할 수 없다.

영국과 미국의 의회와 법원의 관계를 보면 삼권분립이 엄격하게 시행되고 있는 국가에서만 사법권이 입법권, 행정권과 대등한 지위를 획득할 수 있고, 법원의 권위가 실질적으로 확립될 수 있다는 것을 알 수 있다. 그뿐만 아니라 법원의 권위는 일정한 제도적 보장이 필요하며, 위헌 심사권으로 대표되는 일련의 입법권, 행정권에 대한 견제와 균형 수단은 사법권위 확립의 필수 전제조건이다.

(4) 행정과 사법의 관계

삼권분립은 총체적 원칙이기 때문에 서방 국가의 정치 실천에서 다양한 양상으로 나타나고, 사법 독립의 제도적 형태는 국가마다 다르며 사법과 행정 간의 관계는 표준화되어 있지 않다.

미국은 입법, 행정, 사법 권한을 각각 국회, 대통령, 대법원이 보유하고 독립적으로 행사하는 삼권분립과 권력의 견제와 균형을 가장 철저하게 구현하고 있다. 행정과 사법의 관계에서 대통령은 연방대법원 법관을 포함한 법관 임명권을 가지고 있으며, 모든 범죄자에 대한 사면권을 가지고 있고 법원이 법적으로 책임을 물을 수 없으며, 대통령은 사법과 관계가 긴밀한 경찰, 감옥 등 기관을 통제하며, 대통령은 행정재판권 등 권한도 가지고 있다. 그러나 법원은 대통령을 견제할 수 있는 권한도 가지고 있다. 연방법원 법관은 대통령이 임명하지만 일단 임명되면 종신으로 재직할 수 있으므로 법관은 대통령에게 종속되지 않고 대통령에게 불리한 판결을 할 수도 있다. 법원은 또한 대통령의 행정입법이 위헌임을 선언하고, 법을 위반한 모든 행정 관원에 대해 법적 책임을 물을 수 있는 사법심사권도 갖고 있다. 이러한 전형적인 삼권분립 체제는 사법권한이 크게 확대되었으며, 사법기관은 행정부문의 권한 침해를 막을 수 있는 충분한 권한을 가지고 있어 독립성을 지킬 수 있다. 미국과 달리 영국은 세 가지 권력을 최대한 융합하는 '용권제熔權制'[33]를 채택해 입헌군주제인 의회제 체제에서 사법권과 행정권이 서로 간섭하며 침투하고, 귀족원 의장, 사법 대신大臣, 최고 상소법원 수석대법관이 한 사람으로 겸임하는 등 사법권과 행정권의 상호융합성을 집중적으로 구현했다.

대륙법계의 대표적 국가인 프랑스는 '준분권제'의 정체를 채택했다. 이론적으로 프랑스의 행정기관과 사법기관은 서로 독립적이고 행정기관은 사법권을 행사할 수 없으며, 마찬가지로 사법기관도 행정권을 행사할 수 없다. 한편으로 프랑스 사법 시스템 전체가 대통령, 정부, 의회로부터 독립되어 있으며 사법부장이라도 법관의 재판에 간섭할 권리가 없다. 다른 한편으로 사법권의 행정권 대체를 방지하기 위하여 1790년「사법 조직법전」제13조는 "사법기능은 행정기능과 구별되며 항상 독립적이다. 일반 사법법원의 법관이 어떤 형태로든 행정기관 활동에 간섭하는 것은 범죄 행위이다"라고 명시했다. 프랑스 행정사건 재판권은 사법기관이 아닌 행정기구인 국가 참사參事원(최고행정법원)이 가지고 있고, 내부에는 소송팀과 행정팀이 있다. 이러한 행정기능과 사법기능이 혼합된 제도적 배치는 프랑스 행정과 사법의 미묘한 관계를 암시한다. 양자는 실질

---

33 蔣勁松,「熔權制與分權制」,『人大研究』, 2002, 10기.

적으로 서로 간섭하고 사법은 자체 판결을 통해 행정에 영향을 미치며, 법관의 승진이 정부 사법부장과 관련이 있기 때문에 프랑스 사법기관도 어느 정도 행정권력의 제약을 받는다.

3. 중국 정치 제도와 사법 제도

중국에서도 정치 제도와 사법 제도 사이에는 제약과 적응의 관계가 있다. 중국의 정치 제도는 서방 국가의 정치 제도와 매우 다르기 때문에 중국 특색의 사법 제도가 형성되었다.

1) 중국의 정치 제도

중국의 「헌법」 제1조는 "중화인민공화국은 노동자 계급이 지도하고 노동자와 농민의 동맹을 기반으로 한 인민민주독재의 사회주의 국가이다. 사회주의제도는 중화인민공화국의 근본 제도이다"라고 명확히 규정하고 있다. 이는 중국 정치 제도와 국체의 본질적 특징을 보여준다. 위에서 언급한 국가 체제에 따라 정치 제도는 주로 다음과 같은 측면이 포함된다.

(1) 중국공산당이 지도하는 다당 합작 및 정치협상제도

공산당의 지도를 견지하는 것은 중국 4대 기본원칙 중 하나이며, 또한 중국 정당제도의 핵심이기도 하다. 공산당의 지도는 중국 신민주주의 혁명, 사회주의 혁명과 건설의 장기 실천 속에서 이루어졌다. 이는 중국 선진 생산력의 발전 요구, 중국 선진 문화의 발전 방향, 중국 가장 광범위한 인민의 근본 이익을 대표하며 중국 특색 사회주의 사업의 지도적 핵심이다. 공산당의 지도는 주로 정치, 사상, 조직에서 국가와 사회생활을 전면적으로 지도하는 데 반영된다. 정치 지도는 정확한 노선방침과 정책, 정치원칙의 제정과 정치적 방향의 파악을 통해 실현한다. 사상 지도는 주로 정확한 이론과 사상을 제기하고, 전당과 전국 인민을 교육하며, 당원의 선봉 모범 역할을 충분히 발휘하고, 군중의 사상정치 사업을 수행하여 실현한다. 조직 지도는 주로 당 조직이 국가기관에 추천한 지도 간부를 통해 실현한다.

다당합작과 정치협상제도는 중국공산당이 창조한 새로운 유형의 정당제도이다. 중국공산당이 무장 혁명을 통해 정권을 취득한 후, 공산당이 유일한 집권당이 되고, 기타 각 민주당파가 공산당의 지도를 받는 전제하에 참정參政, 의정議政하는 제도이다. 서방 정당들이 선거 경쟁을 통해 집권하는 '양당제'나 '다당제'와는 전혀 다른 '일당 집권, 다당 참정'이 특징이다. 중국공산당과 민주당파[34]의 관계는 4대 기본원칙을 바탕으로 장기 공존, 상호 감독, 간담상조, 영욕을 함께 하고 있으며, 민주당파는 중국공산당의 정치적 지도를 받고 참정당의 지위에 있다. 다당합작의 주요 형태는 첫째, 참정 의정, 즉 중국공산당의 지도하에 각 민주당파 구성원을 국가 중대 방침, 정책, 법률, 법규의 제정과 집행에 참여시키고, 국가의 중대한 정치문제와 국가기관 지도자의 선출을 위한 협상에 참여하며, 국가 사무의 관리에 참여한다. 둘째, 민주 감독, 즉 다당합작과 정치협상의 틀 속에서 중국공산당과 중국공산당이 지도하는 국가기관의 업무를 민주당파가 감독한다. 셋째, 각급 국가권력기관, 정부 기관, 사법기관의 일정한 직무에 민주당파 구성원이 추천될 수 있다.

정치협상제도는 당의 지도하에 민주당파, 인민단체, 소수민족과 사회 각계의 대표들이 국가의 국정 방침 및 정치, 경제, 문화, 사회생활의 중요한 문제에 관해 결정 전에 협상하고, 결정의 집행 과정에서 관련된 중요한 문제를 협상하는 제도이다. 정치협상은 중국인민정치협상회의를 조직 형태로 하며, 주요 기능은 정치협상과 민주 감독이며, 정협에 참가한 당파, 단체 및 각 민족과 각계인사를 조직하여 참정, 의정을 한다.

---

34 중국에는 8개의 민주당파가 있는데, 즉 중국국민당혁명위원회, 중국민주동맹, 중국민주건국회, 중국민주촉진회, 중국농공민주당, 중국치공당, 구삼학사, 대만민주자치동맹이다.

(2) 인민대표대회제도

중국「헌법」제2조는 "중화인민공화국의 모든 권력은 인민에게 속한다. 인민이 국가권력을 행사하는 기관은 전국인민대표대회와 지방 각급 인민대표대회이다"라고 규정하고 있다. 이는 중국이 정치체제에서 인민대표대회제도를 시행하고 있음을 보여준다.

① 인민대표대회제도의 기원

인민대표대회제도는 마르크스-레닌주의 정권 건설 이론의 지도하에 서방의 대의제 경험을 흡수하고, 소련 10월 혁명 후 수립된 소비에트 제도를 직접 계승하여 중국의 국가 상황에 맞게 수정하여 수립되었다.

이 장의 앞 절에서 서술한 바와 같이, 대의제도는 현대 서방 국가에서 보편적으로 시행되는 기본 정치 제도로서 공민이 대표를 선출하여 대의기관(의회)을 구성하고 간접적으로 정치에 참여하여 정무를 논의하고, 국가의 대사를 토론하고 결정하는 국가권력을 행사하는 제도이다. 이 제도는 인류 정권 건설의 두 가지 기본 경험인 선거와 분업을 제공한다. 마르크스와 엥겔스는 그 저서에서 한편으로는 자산계급 의회제도의 민주성과 역사적 진보성을 충분히 긍정하고, 다른 한편으로는 본질과 결함을 날카롭게 폭로하여, 이는 '청담관淸談館'이며 진정한 민의 기관의 역할을 발휘하지 못한다고 지적하고, 또한 자산계급 선거권은 "혹은 의회 방식으로 신성한 국가 정권을 비준하는 도구로 이용되거나 통치계급의 수중에 있는 노리개로 이용되며, 다만 인민들로 하여금 몇 년에 한 번씩 행사하여 의회제의 계급통치를 비준하게 한다"[35]라고 지적했다.

인민 대표기관을 건설하는 방법에 관하여 마르크스와 엥겔스는 1848년 프랑스 파리 코뮌의 경험을 기초로 새로운 정권 조직 형태는 행정과 입법을 동시에 관리하는 업무기관이어야 하며, 인민이 직접 선출하고 인민의 감독, 파면을 받아야 하며, 인민 대표

35 『馬克思恩格斯全集』제17권, 人民出版社, 1963 589쪽.

기관은 '의행합일議行合一'[36]이루어야 하며, 무산계급은 '통일되고 불가분의 공화국'[37]을 수립해야 한다고 구상했다.

인민대의제 이론을 더욱 발전시킨 레닌은 서방 국가들의 대의제가 채택하고 있는 대의기관과 선거방식을 긍정하면서도 "의회제에서 벗어나는 길은 당연히 대의기관과 선거제를 폐지하는 것이 아니라 대의기관을 청담관에서 '업무기관'"[38]으로 바꾸고, 민의를 진정으로 대변하고 국가의 모든 권력을 진정으로 장악하는 권력기관을 만드는 것이라고 명확히 지적했다. 레닌은 10월 혁명 때 대의제 이론을 '모든 권력은 소비에트에 귀속된다'라는 구호를 지도 원칙으로 구체화하여 소비에트 정권을 만들었다.

중국공산당원들은 정권 건설에 중국의 실정을 접목해 마르크스-레닌주의의 정권 건설 논리를 창조적으로 계승하면서 대표기관이 진정한 권력기관이 되어야 한다고 주장했다. 일찍이 제1차 국내 혁명전쟁 시기에 공산당은 공농工農대표회의 소비에트 정권 조직을 세웠다. 마오쩌둥은 1940년「신민주주의론」에서 "중국은 현재 전국인민대표대회, 성省 인민대표대회, 현縣 인민대표대회, 구區 인민대표대회에 이르기까지 각급 대표들이 정부를 선출할 수 있다. 그러나 남녀, 신앙, 재산, 학력 등의 차별이 없는 진정한 보편적 평등의 선거제를 실시해야만 각 혁명계급이 국가 내의 지위와 부합할 수 있다"[39]라고 하며, 인민대표대회제 이론을 공식적으로 제시했다. 이 논술은 신중국이 건립된 이후 인민대표대회제도 수립을 위한 이론적 토대를 마련했다. 1954년 헌법은 인민대표대회제도를 명확히 규정했다. 덩샤오핑은 1987년 4월 홍콩특별행정구 기본법 초안위원회 위원들을 만나 "민주에 대해 우리 대륙에서는 자산계급 민주 개념과는 다른 사회주의 민주를 이야기한다. 서방의 민주주의는 삼권분립, 다당 경선 등이다. 우리는 서방이 이렇게 하는 것을 반대하지 않지만, 우리 중국은 다당 경선이나 삼권분립, 양원제를 시행하지 않는다. 우리는 전국인민대표대회 일원제를 시행하고 있는데, 이는

---

36 蔡定劍,『中國人民代表大會制度』(4판), 法律出版社, 2003, 8쪽 참조.

37 『馬克思恩格斯全集』제5권, 人民出版社, 1965 3쪽.

38 『列寧選集』제3권, 人民出版社, 1972, 210쪽.

39 『毛澤東選集』(합본), 人民出版社, 1968, 638쪽.

중국 실정에 가장 부합한다"[40]라고 말했다.

'의행합일議行合一'은 마르크스와 엥겔스가 파리 코뮌 정권 건설 경험을 종합할 때 제시한 신형 무산계급 국가 정체 구축으로, 대의기관과 행정기관이 하나의 기관으로 통합되고 법을 제정한 기관이 동시에 법을 집행할 책임이 있으며, 대표 기관의 구성원이 동시에 집행 부서의 지도자임을 의미한다는 점에 유의해야 한다. 레닌은 10월 혁명 승리 이후 이 원칙을 고수했고, 1918년 소비에트 러시아 헌법과 1924년 소련 헌법에서 확립된 정체에서도 '의행합일' 원칙에 따라 소비에트를 건설하고자 노력했다. 그러나 '의행합일'은 국가기관의 분업원칙에 위배되기 때문에 실천이 어렵다. 1936년 소련은 헌법부터 시작하여 입법과 행정기능이 더 명확하게 구분되기 시작했다. 헌법은 소비에트 대표자회의의 '중앙집행위원회'를 폐지하고 최고 소비에트 주석단을 두었으며, 동시에 별도의 행정기관인 부장 회의를 설치하고, 상설 권력 기구 구성원은 반드시 관리기관의 각 부문에서 일해야 한다는 규정이 폐지되었다. 이와 같이 전자는 국가 입법 및 감독기관이고 후자는 국가 행정기관으로 양자 간의 조직과 직권이 명확하고 '의행합일'의 특징이 기본적으로 사라졌다. 1954년 중국 헌법이 수립한 인민대표대회제도는 중국의 실정에 따라 소련의 1936년 헌법의 경험을 참고로 확립된 것으로 처음부터 기본적으로 '의행합일'의 정체는 아니었다. 그 후 '의'와 '행'의 분리는 강화되는 추세이다. 1979년 이후 현급 이상 지방 인민대표대회는 상무위원회를 설치하고 각급 지방정권은 의과 행의 분리를 실시했으며, 1982년 헌법은 인민대표대회 상무위원회 구성원은 행정, 재판, 검찰기관 직무를 겸할 수 없도록 규정하여 대표기관의 상설기관과 집행기관이 상대적 독립성을 가지게 되었다. '의행 합일'은 사회주의 정권이 초기에 실천한 원칙임을 알 수 있으며, 정권 건설이 더욱 성숙하고 안정되면서 국가기관 간의 권력 분담도 점차 정교해지고 '의'과 '행'이 일치하지 않는 것이 정치체제의 정상적 상태로 되었다.

---

40 『鄧小平文選』 제3권, 人民出版社, 1993, 220쪽.

② 중국인민대표대회제도의 내용과 특징

중국 헌법과 관련 법률에 규정된 인민대표대회제도의 주요 내용은 두 가지인데, 첫째, 인민대표대회 자체의 발생, 조직, 직권 및 직권 행사 절차에 관한 일련의 규정과 제도, 둘째, 인민대표대회와 인민, 인민대표대회와 기타 국가기관 간의 상호 관계에 관한 일련의 규정과 제도로 구성된다.[41] 이러한 관계에는 인민대표대회와 인민 간의 관계, 인민대표대회와 기타 국가기관 간의 관계, 중앙정권과 지방정권 간의 관계가 포함된다.

중국 특유의 정권 조직 형태인 인민대표대회제도는 서방 국가의 삼권분립 제도와 다른 특징을 갖고 있다.

첫째, 중국은 인민민주독재의 사회주의국가로서 그 본질은 인민이 주인이고 국가의 모든 권력은 인민에게 있다는 것이다. 인민대표대회제도는 중국의 국가 성격에 부합하는 정치체제다. 이 제도 하에서 인민대표대회는 인민에 의해 선출되고, 인민을 대표하여 모든 국가 권력을 행사하고 인민에 대해 책임지며 인민의 감독을 받는다. 인민대표대회에서 국가 행정기관, 재판기관 및 검찰기관이 생성하며, 이러한 국가기관은 인민대표대회에 대해 책임지고 감독을 받는다. 요컨대 인민대표대회제도는 중국의 '모든 권력은 인민에게 속한다'는 사회주의 민주적 실질을 반영하는 기본 정치 제도이며 인민이 국가권력을 행사하는 근본적인 방법이자 형식이다.

둘째, 인민대표대회제도는 국가기관 중 가장 높은 위치에 있다. 서방의 대의제도는 국가권력의 균형을 각 독립기관에 분산시켜 행사하며 최고 권력기관은 없다. 중국의 인민대표대회제도는 대의기관으로서 진정으로 민의를 대표하고, 인민의 이익을 실현하기 위해서는 국가의 최고 권력을 행사해야 한다는 것을 보여준다. 기관 관계에서 인민대표대회와 기타 기관은 분립 관계가 아니라 생성, 책임 및 감독의 관계에 있다. 그러나 권력 분립이 없다고 해서 국가기관에 분업이 없다는 의미는 아니다. 실제로 효과적인 권력 행사를 위해 중국 국가기관에서는 인민대표대회, 정부와 사법기관 간에 명

41 蔡定劍, 『中國人民代表大會制度』(제4판), 法律出版社, 2003, 25~26쪽.

확한 직권 분업이 있다. 인민대표대회에 대한 책임을 전제로 행정부문과 사법부문 간에도 상호 독립적이고 견제와 균형의 관계가 형성되어 있다.

셋째, 중국의 인민대표대회는 중국공산당의 지도하에 활동하며 서방 국가의 정당은 의회에서 활동한다. 중국공산당의 지도적 지위는 역사적으로 형성된 것이다. 인민을 지도하여 정권을 획득하고 인민대표대회를 수립하였기 때문에 인민대표대회는 국가의 권력기관임에도 불구하고 당의 지도를 견지해야 한다. 중국에서 중국공산당은 통일되고 일원화된 지도를 통해 인민대표대회, 정부, 사법기관 등 각종 국가기관 간의 상호관계를 총괄, 조정하여 인민대표대회제도가 더 잘 작동할 수 있도록 한다. 구체적으로 중국공산당의 지도는 주로 다음과 같은 경로를 통해 실현된다. (1) 당은 인민대표대회 업무의 방침과 정책을 제시하고 인민대표대회는 이를 관철하고 집행한다. (2) 국가의 중대한 문제에 대하여 당은 전국인민대표대회에 직접 건의안을 제출할 수 있다. (3) 당은 인민대표대회에 대하여 입법업무, 선거업무, 회의 및 일상 업무의 지도를 실행할 수 있다. (4) 당은 인민대표대회 상무위원회에 당 조직과 당위원회를 설치하는 등 조직을 통해 지도력을 실현할 수 있다.

넷째, 인민대표대회의 구체적인 운영 방식은 서방과 다르다. 중국인민대표대회는 다단계 간접선거에 의해 선출되며 현縣과 향鄕 단위의 인민대표대회는 유권자에 의해 선출되고, 기타 상급 인민대표대회는 하급 인민대표대회에 의해 선출하므로 대표와 유권자 사이에 직접적인 책임과 감독 관계가 존재하지 않는다. 중국의 인민대표는 모두 겸직이고 인민대표대회가 폐회된 시기에 인민대표대회 권한을 정기적으로 행사하는 상무기관은 인민대표대회 상무 위원회이며, 인민대표대회에서 선출되고 대회에 책임지고 감독을 받는다. 서방 국가의 의원들이 일반적으로 유권자의 파면 대상이 아닌 것과 달리 중국의 인민대표는 유권자나 원래 선거 단위의 감독에 의해 파면되는데, 이는 마르크스, 레닌이 서방 대의제도가 초래하는 '대표는 민의를 대표하지 않는다'는 폐단을 막기 위한 중대한 수정이기도 하다. 레닌은 "선거에 의해 선출된 기관이나 대표 회의는 대표에 대한 선거인의 파면권을 인정하고 실행해야만 진정으로 민주적이고 확실하게 인민의 뜻을 대변하는 기관으로 인식될 수 있다"[42]라고 주장한다.

요약하면 중국은 반드시 인민대표대회제도를 견지해야 한다. 인민대표대회제도는 중국의 근본적인 정치 제도이기 때문에 국가의 기타 정치 제도와 정치 생활의 각 방면을 결정할 뿐만 아니라 국가기관의 조직과 운영을 보장하고, 국가권력을 정확하고 효과적으로 실시하여 정치적 안정과 사회질서를 유지한다. 그러나 중국의 인민대표대회제도에는 여전히 결함이 있고 개선이 필요하다. 예를 들어 진실한 민의를 표현하는 통로가 원활해야 하고, 민주적 범위가 확대되어야 하며, 민주적 형식이 풍부해야 하는 등이 있다.

(3) 중국의 행정 제도

중국의 「헌법」 제85조, 86조, 92조는 아래와 같이 규정하고 있다. "중화인민공화국 국무원, 즉 중앙인민정부는 최고 국가권력기관의 집행기관이자 최고국가행정기관이다." "국무원은 총리 책임제를 채택하고 각 부와 위원회는 부장, 주임 책임제를 시행한다." "국무원은 전국인민대표대회에 책임지고 업무를 보고하며, 전국인민대표대회 폐회 시기는 전국인민대표대회 상무위원회에 책임지고 업무를 보고한다." 따라서 중국의 행정제도는 다음과 같은 특징을 가지고 있다.

1. 행정기관은 국가권력기관의 집행기관이다. 구체적으로 국무원은 중앙기관 차원에서 전국인민대표대회의 집행기관이며, 이에 의해 생성되었고, 이에 책임지고 업무를 보고한다. 전국인민대표대회가 국무원에 대한 감독은 주로 임면권, 심의, 심사, 비준권, 법집행검사권, 질의권, 행정입법권 취소 등에 반영된다. 헌법과 전국인민대표대회 조직법 관련 규정에 따르면 전국인민대표대회 상무위원회 구성원은 국가행정기관의 직무를 맡을 수 없으며, 상무위원회 구성원이 행정기관의 직무를 맡으면 반드시 상무위원회에서 사임해야 한다. 이 규정은 1982년 「헌법」 개정 이후 새로 추가된 내용으로,

---

42 『列寧全集』 제33권, 人民出版社, 1985, 102쪽.

한편으로는 권력간 합리적인 분업과 국가기관 구성원의 전문화 수준을 높여 업무를 더욱 효율적으로 수행할 필요성을 강조하고, 다른 한편으로는 '일인이임一人二任'을 폐지함으로써 전국인민대표대회 상무위원회의 감독기능을 강화하여 전국인민대표대회 감독권을 행사하는 데 유리하다.[43]

2. 국무원은 중국 행정기관체계의 최고 지위에 있으며, 총리는 핵심 위치에 있는 행정수반으로 국무원의 업무를 전면적으로 지도할 권한을 가지고 있다. 일반적으로 국무원 총리의 직권과 국무원 단체의 기능은 다음과 같은 측면에서 나타난다. 첫째, 국무원 총리는 국무원의 일상 업무를 지도하고 주재하며, 부총리, 국무위원은 총리 업무를 보좌한다. 둘째, 총리는 국무원 전체 회의와 상무 회의를 소집하고 주재한다. 셋째, 총리는 전국인민대표대회 또는 전국인민대표대회 상무위원회에 국무원의 중요한 구성원을 지명할 수 있는 권한, 결정, 명령, 행정 법규에 서명 및 공포하고, 전국인민대표대회 또는 전국인민대표대회 상무위원회에 의안을 제출하고, 인원을 임명 및 해임할 수 있는 권한을 가진다.[44]

또한 중국의 행정기관과 정당 간의 관계에 관하여 다음과 같이 요약할 수 있다. 첫째, 중국공산당과 행정기관의 관계는 국가기관의 중요한 구성으로서 행정기관은 항상 중국공산당의 지도를 견지해야 한다. 당이 행정기관을 지도하는 경로는 주로 정치지도(정치원칙, 정치방향, 중대한 결정을 하는 지도자와 국가행정기관에 중역 간부를 추천), 사상지도(당의 이론으로 행정기관의 광범위한 당원을 교육하고 무장)와 조직지도(행정기관에서 당의 간부의 중추적 역할과 모범적, 선도적 역할을 충분히 발휘)로 나타난다. 둘째, 참정당과 행정기관의 관계를 보면, 각 민주당파는 참정당으로서 주로 다음과 같은 방식으로 정부의 행정과정에서 중요한 역할을 하고 있다. 우선, 법정 절차에 따라 일정 수의 구성원으로 행정기관의 지도직을 수행하고, 다음으로, 중국공산당이 국가의 대정방침과 중대한 문제에

---

43 蔡定劍, 『中國人民代表大會制度』(제4판), 法律出版社, 2003, 91쪽; 蔡定劍, 『憲法精解』(제2판), 法律出版社, 2006, 326~327쪽 참조.

44 張立榮, 『中外行政制度比較』, 商務印書館 2002, 339~340쪽.

대하여 각 민주당파와 의견을 교환하고 공동으로 협상하여 행정 활동 방향을 안내하는 올바른 지침과 정책을 수립하고, 마지막으로, 민주당파는 대등 연락, 의정일議政日 등의 제도를 통하여 행정부문과 직원을 민주적으로 감독한다.[45]

2) 중국의 사법 제도

(1) 중국 사법 제도의 특징

위에서 언급한 중국의 국체와 정체에 상응하여 중국의 사법 제도는 다음과 같은 특징을 가지고 있다.

1. 중국 사법기관은 인민법원과 인민검찰원을 포함한다. 중국의 「헌법」 제3장 '국가기관'에서 '인민법원과 인민검찰원'에 대한 별도의 절을 두어 중국 고유의 '일부양원一府兩院' 제도를 규정하고 있다. 중국의 인민검찰원과 인민법원은 같은 사법기관에 속하며, 행정기관과 사법기관은 동등한 지위를 가지며, 모두 인민대표대회에서 선출되고 그 감독을 받는다.

2. 인민대표대회는 국가의 권력기관으로 행정기관, 재판기관, 검찰기관, 국가 군사기관 권력의 직접적 원천이며, 인민대표대회로부터 생성되고, 인민대표대회 의지와 제정된 법률에 따라 구체적인 활동을 수행한다. 사법권은 통일된 국가권력의 일부로서 예외가 아니다. 「헌법」, 「법원조직법」, 「검찰원조직법」의 규정에 따라 중국 각급 법원의 원장과 검찰원의 검사장은 모두 본급本級 인민대표대회에서 선출되며, 기타 법관과 검찰관은 인민대표대회 상무위원회에서 임명한다. 인민대표대회와 그 상무위원회가 선출하거나 임명한 지도자는 인민대표대회에서 파면 또는 면직할 수 있다. 업무 측면에서 법원과 검찰원은 인민대표대회와 그 상무위원회에 대해 책임진다. 예를 들어 매년 정기

---

45 앞의 책, 343~346쪽 참조.

적으로 인민대표대회에 업무를 보고해야 하며, 인민대표대회도 그 업무를 감독한다. 이 모든 것은 국외의 사법권이 입법기관에서 완전히 독립된 것과는 매우 다르다.

중국 사법기관과 서방 국가 사법기관의 권한은 다음과 같은 차이가 있다. 첫째, 서방 국가의 법률해석권은 일반적으로 법원과 법관에게 있으며 입법기관은 법률을 해석할 수 없고, 중국의 법률해석권은 입법기관에 속하며, 법원과 검찰원은 법률의 구체적인 적용에 대해 해석하는 사법해석권을 행사하고 있으며, 입법 해석권은 사법해석권보다 높은 지위에 있다. 둘째, 일부 서방 국가의 법원은 입법 기관에 대한 위헌 검토 권한을 가지고 있다. 중국인민대표대회제도 하에서는 전국인민대표대회와 그 상무위원회가 헌법의 집행을 감독하며 사법기관은 위헌심사권이 없다. 셋째, 중국 검찰기관의 권력은 대부분의 외국 검찰기관의 권한보다 크며, 공소권 행사뿐만 아니라 국가기관 공무원의 범죄행위에 대한 직접 수사권과 광범위한 법적 감독권을 가지고 있다.

3. 사법기관은 법에 따라 독립적으로 재판권과 검찰권을 행사한다. 중국「헌법」제126조는 인민법원이 법률의 규정에 따라 독립적으로 재판권을 행사하며 행정기관, 사회단체 및 개인의 간섭을 받지 않는다고 규정하고 있다.「헌법」131조는 검찰원에 대해서도 비슷한 규정을 두고 있다. 이 원칙은 사법기관이 사건을 공정하게 처리하고 국가 법률제도의 통일성과 엄숙성을 유지하는 것을 목적으로 한다. 서방 국가의 사법 독립 원칙과 다른 점은 첫째, 중국의 사법 독립은 인민법원의 독립적인 사법권 행사뿐만 아니라 인민검찰원의 독립적인 검찰권 행사도 포함된다. 둘째, 중국 사법기관의 독립은 법적으로 말하면 개별 법관과 검찰관의 독립이 아니라 법원과 검찰원 전체의 독립적인 권력 행사를 의미한다. 인민법원의 재판위원회와 인민검찰원의 검찰위원회는 중대하고 난해한 사건을 어떻게 처리할지 논의하여 결정한다. 셋째, 헌법에 규정된 사법기관의 독립적인 직권 행사는 당의 지도와 국가 권력 기관의 감독하에 있는 상대적 독립을 의미한다. 사법권의 행사 과정에서 법원, 검찰원의 사법 방침, 법집행 정책, 사법 인력의 대오隊伍건설 및 사상 교육, 법률의 올바른 적용 여부에 대한 해석, 사건처리에 대한 감독 등은 모두 당의 지도와 인민대표대회의 감독을 받아야 한다. 사법기관이 당의 지도를 어떻게 견지해야 하는지에 대해 이 책에서는 별도로 논의한다.

4. 사법기관은 형사절차에서 '책임 분담, 상호 협력, 상호 제약'의 원칙을 따른다. 「헌법」 제135조는 "인민법원, 인민검찰원, 공안기관은 형사사건을 처리할 때 책임 분담, 상호 협력, 상호 제한하여 법의 정확하고 효과적인 집행을 보장해야 한다"라고 규정하고 있다. 「형사소송법」 제7조는 다시 "인민법원, 인민검찰원, 공안기관은 형사소송을 수행할 때 책임 분담, 상호 협력, 상호 제약하여 정확하고 효과적인 법집행을 보장해야 한다"라고 규정하고 있다. 이는 중국 사법기관의 소송절차에서 상호관계의 중요한 원칙이며, 서방 국가의 사법기관이 독립적인 직권 행사를 강조하고 상호협력을 강조하지 않는 관계모델과 다르다. 그중 책임 분담이란 공안기관, 검찰기관, 인민법원이 각자의 직무를 수행하고 직권을 넘어서 일을 할 수 없으며, 기능 분담과 사건 관할상의 분업을 잘 처리해야 한다는 것이다. 상호협력이란 세 기관이 엄격한 분업의 전제하에 책임을 전가하지 않는다는 의미이다. 공안기관의 입안과 수사는 인민검찰원의 심사 승인과 공소제기를 위해 준비하고, 인민검찰원의 기소는 법원의 재판을 위해 준비되며, 법원은 검찰원이 제기한 공소에 대해 적시에 개정開庭하고 재판해야 하며, 인민검찰원은 특정한 경우를 제외하고는 반드시 인원을 파견하여 법정에 출석하여 공소를 지지함으로써 형사소송의 원활한 진행을 보장해야 한다. 상호 제약은 사건처리를 서로 감독하고 적시에 오류를 수정하며 사건처리의 품질을 보장해야 함을 의미한다. 책임 분담, 상호 협력, 상호 제약은 상호 제약에 중점을 둔 통합된 전체라는 점을 유의해야 한다.

(2) 인민대표대회제도하의 사법권

① 사법기관과 인민대표대회의 관계

인민대표대회는 국가의 권력기관으로서 중앙에서 지방에 이르는 국가권력 체계에서 전국인민대표대회는 국가권력의 최상위에 있으며, 전국 인민의 의지를 체현하고 전국적 범위내에서 최고의 국가권력을 행사한다.

각급 정권 기관에서 인민대표대회와 사법기관의 관계는 발생과 피被발생, 감독과 피被감독, 입법자와 법집행자의 관계이다.

우선 발생과 피발생의 관계는 재판기관과 검찰기관이 모두 인민대표대회에 의해 생성된다는 점에서 나타난다. 법원장과 검찰원 검사장은 동급 인민대표대회에서 선출되며 부원장과 부검사장, 재판위원회 위원과 검찰위원회 위원, 판사와 검사는 모두 원장과 검사장이 동급 인민대표대회 상무위원회에 제청해 임명되며 또한 이에 의해 파면, 면직된다.

다음으로 감독과 피감독의 관계는 아래와 같다. 첫째, 재판기관과 검찰기관이 인민대표대회에 책임을 지고 법원장과 검찰원 검사장이 매년 정기적으로 인민대표대회에 업무를 보고한다. 둘째, 인민대표대회 상무위원회는 재판기관, 검찰기관의 업무와 사법인원이 사법 업무에서 법에 따라, 법을 엄격히 준수하여 행동하는지를 감독한다. 중국 헌법과 법률의 관련 규정에 따르면 인민대표대회와 상무위원회가 사법기관의 구체적인 행위를 감독하는 권한에는 주로 특별 업무보고 청취, 전문 업무보고 청취, 질의권, 특정문제 조사권, 시찰과 비판 건의권, 민원 접수권과 특수 상황에서의 결정권을 포함한다.[46] 사법기관의 직권 행사는 인민대표대회와 그 상무위원회의 감독을 받아야 하지만, 이러한 감독도 법에 따른 독립적 사법권 행사에 간섭하지 않는다는 원칙을 따라야 한다.

마지막으로 입법자와 법집행자의 관계는 인민대표대회가 국가권력을 통일적으로 행사해야 할 뿐만 아니라 국가의 입법권, 행정권, 재판권, 검찰권에 대한 합리적인 헌법의 분업을 따라야 한다는 점에서 반영된다. 인민대표대회는 사법기관을 대신하여 직권을 행사할 수 없으며 사법 사건을 직접 처리할 수 없다.

사법기관과 입법기관의 관계에서 가장 많은 관심을 받고 논란이 되는 문제는 인민

46 「인민검찰원조직법」 제3조는 "각급 인민검찰원은 검찰위원회를 설치한다. 검찰위원회는 민주집중제를 시행하고 검찰장의 주재로 주요 사건 및 기타 중요한 문제를 논의하고 결정한다. 검찰장이 주요 문제에 대한 다수의 결정에 동의하지 않을 경우 본급 인민대표대회 상무위원회에 보고하여 결정을 내릴 수 있다"라고 규정하고 있다. 이는 인민대표대회 상무위원회가 특수한 상황에서 검찰기관의 의사결정에 참여할 수 있는 권한일뿐만 아니라 인민대표대회에 대해 책임지는 검찰기관의 표현이기도 하다.

대표대회가 법원에 대한 감독방식, 특히 인민대표대회가 특정 사건을 감독할 수 있는지이다.

요약하면, 인민대표대회와 그 상무위원회가 인민법원에 대한 감독은 주로 법률 감독과 업무 감독을 포함한다. 전자는 재판기관의 헌법, 법률, 행정 법규, 지방성 법규의 이행에 대한 감독을 의미하고, 후자는 재판기관이 업무 과정에서 국가권력기관의 결의와 결정의 이행에 대한 감독을 의미한다. 2006년 8월 27일 통과된 「중화인민공화국 각급 인민대표대회 상무위원회 감독법」(이하 「감독법」)에 따르면 인민법원에 대한 전국인민대표대회와 그 상무위원회의 감독은 주로 다음과 같은 방식으로 이루어진다. 첫째, 인민법원의 업무보고를 청취, 심사하고 의견과 건의를 제출하고 인민법원에 처리를 요청한다. 「감독법」 제8조는 "각급 인민대표대회 상무위원회는 매년 개혁 발전 안정의 전반적인 국면과 대중의 절실한 이익, 사회의 보편적인 관심사와 관련된 중대한 문제를 선정하여 본급 인민정부, 인민법원, 인민검찰원의 특별업무보고를 청취하고 심의하도록 계획적으로 준비해야 한다"라고 규정하고 있다. 둘째, 문의 및 질의를 한다. 「감독법」 제34조는 "각급 인민대표대회 상무위원회 회의는 안건과 관련 보고를 심의할 때 본급 인민정부 또는 관련 부문, 인민법원 또는 인민검찰원은 반드시 관련 책임자를 회의에 파견하여 의견을 듣고 문의에 대답해야 한다"라고 규정하고 있다. 제35조는 "전국인민대표대회 상무위원회 구성원은 10명 이상, 성, 자치구, 직할시, 자치주, 구區가 있는 시의 인민대표대회 상무위원회 구성원은 5명 이상, 현급 인민대표대회 상무위원회 구성원은 3명 이상이 연명하여 상무위원회에 서면으로 본급 인민정부와 그 부문, 인민법원, 인민검찰원에 대한 질의안을 제출할 수 있다"라고 규정하고 있다. 셋째, 인민대표대회 대표를 조직하여 인민법원의 업무를 시찰하고 사법 업무를 비판하고 건의한다. 「감독법」 제22조는 "각급 인민대표대회 상무위원회는 본법 제9조에 규정된 경로를 참고하여 매년 개혁 발전 안정의 국면과 대중의 절실한 이익, 사회 보편적 관심의 중대한 문제를 선정하고 관련 법률, 법규 실시 상황에 대해 계획적으로 법집행 검사를 조직한다"라고 규정하고 있다. 넷째, 규범성 문서에 대한 등록 심사를 한다. 「감독법」 제31조는 "최고인민법원과 최고인민검찰원이 내린 재판, 검찰업무의 구체적인 적용에 관한 법률 해석은 공포일로부터 30일 이내에 전국인민대표대회 상무위원회에 등록해야 한다"라고 규정하고 있다. 다섯째, 필요한 경우 특정 문제를 조사한다. 「감독법」 제39조는 "각급 인민대표대회 상무위원회는 그 직권의 범위에 속하는 사항에 대하여 결의, 결정해야 하지만, 중대한 사실이 불분명한 경우에는 특정 문제에 관한 조사위원회를 구성할 수 있다"라고 규정하고 있다. 여섯째, 해임안의 심의 및 결정이다. 「감독법」 제44조는 "현급 이상 지방 인민대표대회 상무위원회는 본급 인민대표대회 폐회 기간 본급 인민정부의 개별 부성장, 자치구 부주석, 부시장, 부주장, 부현장, 부구장의 직무 철회를 결정할 수 있다. 그에 의해 임명된 본급 인민정부의 기타 구성원과 인민법원 부원장, 재판장, 부재판장, 재판위원회 위원, 판사, 인민검찰원 부검찰장, 검찰위원회 위원, 검찰원, 중급인민법원장, 인민검찰원 분원 검찰장의 직무를 철회할 수 있다"라고 규정하고 있다.

감독법의 규정으로 볼 때 인민대표대회에 개별 사건에 대한 감독 권한을 부여하지 않는다. 전국인민대표대회가 개별 사건에 대한 감독에는 다음과 같은 단점이 있기 때문이다. 첫째, 사법기관이 법에 따라 독립적으로 권한을 행사한다는 헌법 원칙에 위배되고 국가 권력의 분업과 운영을 방해한다. 둘째, 사법적 권위를 훼손하고 사법 판결의 최종성에 영향을 미치며 끊임없는 민원, 사법적 판결의 불확실성을 초래하고 사회관계의 안정에 영향을 미친다. 셋째, 개별 사건 감독은 개인 감독으로 발전하기 쉬우며, 이는 인민대표대회 민주집중제의 원칙에 위배된다. 넷째, 인민대표대회 상무위원회의 지도자, 인민대표대회 대표 및 직원은 일반적으로 법률 전문지식과 사법 경험이 부족하고 구체적 사건에 대한 감독은 새로운 사법 부정을 초래할 수 있다.

② 사법기관과 행정기관의 관계

행정권은 국가행정기관이 법적 규범을 실행하고 행정관리 활동을 수행하기 위한 국가의 헌법과 법률에 따라 부여된 권력으로 국가 정권의 구성 부분이다. 중국에서 행정기관은 중앙인민정부(국무원)와 지방 각급 인민정부를 말한다. 사법기관과 행정기관의 법적 지위는 평행 관계이며, 모두 본급 인민대표대회에서 생성되며 인민대표대회에 책임진다.

행정권은 그 행사 방식에 따라 행정 입법권, 행정 명령권, 행정 의사 결정권, 행정 검사 감독권, 행정 제재권, 행정 강제 집행권, 행정 재판권 등이 있다. 행정권은 기타 국가권력이나 사회조직의 공민 개인의 권리와는 달리 재량성, 주도성, 광범위성의 특성을 가지며, 사회조직, 공민 개인보다는 강제성, 일방성, 우월성의 특성이 있다. 사법권과 행정권은 재판성, 강제성, 제재력 등 여러 공통된 특징을 가지고 있다. 그러나 전자는 피동적 법집행 권력이고 후자는 주동적 법집행 권력이라는 점에서 매우 다르다. 행정권력은 공민과 사회조직의 권리와 이익을 쉽게 침해할 수 있다. 사법권은 피동적이며 하나의 사건에 대한 판단과 판결에 국한되고 공격적이지 않기 때문에 일반적으로 사법권은 위법과 공민권리 침해의 주체가 되지 않는다. 이러한 두 권력의 특성으로 인해 양자의 관계는 상호 의존적인 관계가 아니라 상대적 독립성과 감독 관계가 되어야 하며 특히 사법은 행정권력을 감독해야 한다.

(1) 사법기관은 행정기관에서 독립적이다.

먼저, 사법기관의 설치는 행정기관에서 독립적이어야 한다.

다음으로, 사법기관은 행정기관의 간섭을 받지 않고 독립적으로 권한을 행사한다. 여기서 간섭은 사법기관이 특정 사건을 처리할 때 사법절차와 처리결과가 행정기관의 지시, 명령에 의해 간섭 받지 않고, 사법관의 인사권, 승진이동, 퇴직 등이 행정의 간섭을 받지 않는다.

그다음으로, 사법 관원은 독립적이다. 사법 직권의 독립 행사는 사법 관원의 독립에 의존한다. 「법관법」 제15조는 "법관은 인민대표대회 상무위원회의 구성인원으로 겸직할 수 없으며, 행정기관, 검찰기관, 기업, 사업단위의 직무를 겸직할 수 없으며, 변호사를 겸직할 수 없다"라고 규정하고 있다. 「검찰관법」 제18조는 "검찰관은 인민대표대회 상무위원회 구성인원으로 겸직할 수 없으며, 행정기관, 재판기관, 기업, 사업 단위의 직무를 겸직할 수 없으며, 변호사를 겸직할 수 없다"라고 규정하고 있다.

마지막으로, 법원 판결의 최종성은 법원의 독립성을 강화한다. 행정기관은 사법판결을 변경할 수 없으며, 반대로 행정기관이 내린 결정은 일반적으로 최종성 판결이 아니며 최종적으로 법원의 심사를 받아야 한다.

(2) 사법기관은 어느 정도 행정기관의 제약을 받는다. 행정법규는 법원이 행정사건을 재판하는 근거 중 하나이며 사법기관의 경비는 행정기관에 의해 제한된다. 중국 각급 지방법원과 검찰원의 예산은 정부 재정 부문에서 일괄적으로 편성, 보고한 후 동급 인민대표대회에 보고하여 심사, 승인을 받아야 하며, 사후 예산 배분도 정부의 통제를 받아야 한다.

(3) 행정기관에 대한 사법기관의 감독이다. 법의 최종판단기관으로서 사법기관은 행정기관 법집행의 적법성에 대한 감독을 실시한다.

먼저, 행정법집행 행위에 대한 사법심사다. 1989년 제7기 전국인민대표대회 제2차 회의에서 「행정소송법」이 통과된 것은 중국 법제 건설의 중대한 사건으로, 법원은 공민, 법인, 사회조직의 합법적인 권익을 보장하는 데 역사적인 돌파구를 마련하였고, 법원의 기능과 역할에 근본적인 변화가 생기기 시작했다. 행정소송제도의 확립으로 인민법원은 구체적인 행정행위에 대한 심사권을 가지게 되었다.[47] 법원은 행정사건을 심리하여 공민, 법인 및 기타 조직의 합법적 권익을 보호함과 동시에 법에 따라 행정기관의 행정에 대해 가장 강력한 감독을 행사한다.

다음으로, 규정에 대해 어느 정도 심사권을 행사한다. 「행정소송법」 제53조는 "인민법원은 행정사건을 심리할 때 국무원 부部, 위委가 법률과 국무원의 행정 법규, 결정, 명령에 따라 제정, 발포한 규칙을 참조한다. 성, 자치구, 직할시와 성, 자치구의 인민정부가 소재한 시와 국무원의 비준을 받은 비교적 큰 시의 인민정부가 법과 국무원

---

47 「행정소송법」 제11조의 규정에 따르면 인민법원은 공민, 법인 및 기타 조직이 다음과 같은 구체적인 행정행위에 불복하여 제기한 소송을 수리한다. 一 구류, 벌금, 허가 및 면허증 취소, 생산 및 영업정지 명령, 재산몰수 등의 행정처분에 불복하는 경우, 二 신체의 자유를 제한하거나 재산의 차압, 압수, 동결 등 행정강제조치에 불복하는 경우, 三 행정기관이 법률이 정하는 경영자주권을 침해하는 경우, 四 법정요건에 부합한다고 판단되지만 행정기관의 허가 및 면허증 발급 거부 또는 응하지 않는 경우, 五 행정기관이 인신권, 재산권 보호에 대한 법적 직책 이행을 위한 신청을 거부하거나 이에 응하지 않는 경우, 六 행정기관이 법에 따라 위로금을 지급하지 않는 경우, 七 행정기관이 불법적으로 의무 이행을 요구하는 경우, 八 행정기관이 기타 인신권, 재산권을 침해한 것으로 간주하는 경우. 앞의 규정 외에도 인민법원은 법률 및 법규의 규정에 따라 소송을 제기할 수 있는 기타 행정사건을 수리한다.

의 행정 법규에 따라 제정, 발포한 규칙을 참조한다"라고 규정하고 있다. 규정에는 부문 규정과 지방 정부 규정이 있다. '참조'는 인민법원이 행정사건을 심리할 때 단순히 준수하는 것이 아니라 선택적으로 적용한다는 의미이다. 이러한 선택은 부적절한 규정은 적용하지 않는다는 것을 의미하며, 사실상 규정을 심사하는 것이다. 규정을 참조하는 것은 실제로 인민법원에 규정을 검토할 수 있는 일정한 심사권을 부여한다고 볼 수 있다.

마지막으로, 행정기관 및 공직 인원의 법률 위반에 대한 인민검찰원의 감독은 주로 다음을 포함한다. 행정기관이 강제조치를 취하는 행위에 대한 감독, 공안기관이 진행하는 입안, 수사 등 형사소송활동의 합법성 여부에 대한 감독, 형사판결, 재정 집행에 대한 감독, 행정기관 공직 인원의 독직과 공민권리 침해 범죄행위에 대한 감독, 행정기관 공직 인원이 직무상 편의를 이용한 경제범죄에 대한 감독을 실시한다.

요약하면 중국의 사법 제도는 기본적으로 정치 제도와 서로 적응되어 있기 때문에 기존의 근본적인 정치 제도와 사법 제도를 견지해야 한다. 그러나 정치체제와 사법체제 모두 사상을 더욱 해방하고, 중국의 국정에 따라 서방의 유익한 경험을 참고하여 개혁하고 보완할 필요가 있다. 특히 사법과 당의 지도, 사법과 인민대표대회, 사법과 정부의 관계는 개혁을 통해 올바르게 처리해야 공정하고 효율적이며 권위 있는 사회주의 사법 제도를 건설하고, 사회의 공평 정의 실현을 효과적으로 보장하며, 사회의 조화롭고 질서 있는 발전을 촉진할 수 있다.

3

법치와 사법 제도

1. 법치의 일반이론

1) 서방 법치의 일반이론

서방에서는 법치의 관념이 사람들의 마음에 깊이 자리 잡고 있다. 이미 고대 그리스에서 법치 사상이 나타났을 뿐만 아니라, 근대 이후 서방 사회에서는 법치에 대한 연구와 전파에 노력을 아끼지 않았다. 제도 발전의 관점에서 볼 때 서방 법치는 고대 그리스와 고대 로마에서 초기 형태를 보였고, 자산계급 혁명의 승리 이후 더욱 확고히 자리 잡았으며 오늘날까지 발전하여 뚜렷한 특징을 형성하고 있다.

(1) 법치의 다의성

'법치'는 여러 가지가 의미가 있으며 절대적이고 고정적인 의미가 없으며 명확하게 정의하는 데 어려움이 있다. 많은 서방 학자가 법치의 이러한 특성을 지적했는데, 예를 들어 영국 학자 데이비 밀러 등은 "이 개념은 사용 시 서로 다른 의미가 있어 정의하기 어렵다"[1]라고 지적했다. 영국의 정치 철학자 마이클 오케숏도 '법치'에 대해 "법치는 근대 유럽 국가를 특징짓거나 일부 국가를 다른 국가와 구별하기 위해 다소 애매하게 사용되는 경우가 많다. 이 단어는 어떤 국가가 어떤 모습일지 또는 특정 민족이 어떤 모습이기를 바라는지를 묘사하는 경우가 더 많고, 다른 모든 축약된 용어와 마찬가지로 의미상 불분명하고 모호하다"라고 설명한다.[2] 마찬가지로 미국 법학자 볼프강 프리드먼도 "법치라는 단어는 절대적이고 영원불변의 의미가 없다"라고 주장한다.[3] '법치'라는 의미 자체가 어느 정도의 복잡성을 가지고 있고, 법치가 이데올로기와 결합할 때 이데

---

1 [영] 데이비드 밀러 외, 『布萊克維爾政治學百科全書』, 鄧正來 외 역, 中國政法大學出版社, 1992, 675~676쪽.

2 [영] 마이클 오크숏, 『政治中的理性主義』, 張汝倫 역, 上海譯文出版社, 2004, 155쪽.

3 沈宗靈, 『現代西方法理學』, 北京大學出版社, 1992, 478-479쪽.

올로기가 다른 국가에서는 그 의미가 더욱 달라지기 때문이다.[4]

현대 법치는 'rule of law'라는 단어로 표현되는데, 직역하면 '법의 통치'이며, 어떤 사람은 이를 '법적 주치'라고 번역하기도 한다. 여기서 '법치rule of law'는 '법대로 다스린다'거나 '법으로 다스린다'는 의미가 아니라 후자의 의미인 'rule by law'이다. 'rule by law'는 많은 사람이 '법치'라고 부르기도 하지만 실제로는 rule of law와 완전히 같지는 않다. rule of law는 법을 인격화해 국가나 사회를 지배하는 주체(인간처럼 통치)로, rule by law는 법을 통치의 도구로 사용하는 것이며, 통치를 실시하는 것은 법이 아니라 사람이다.

사람들은 법치의 이점에 관해 이야기하지만, 현대 법치를 근본적으로 인정하지 않으면 민주적 자유를 보장하는 국가와 사회를 건설할 기회를 놓칠 수 있고, 근대적 민주적 법치를 실현할 수 없다. 여기서 현대 법치란 민주적 가치를 구현하고 자유를 보장하는 법치를 의미하는데, 이러한 법치는 법을 최고의 권위로 간주하고 어떠한 권력도 법제에 의해 제한되며 그 권력의 침해자가 정부라 할지라도 사람들은 독립적이고 공정한 법원을 통해 자신의 자유 권리를 지킬 수 있다. 이러한 국가 또는 사회 통치 상태는 인치人治 사회 권력자의 자의적인 특성과 국가 지도자의 희로애락 관심의 이동에 따른 예측 불가능성을 방지하고 인민의 자유 권리를 위해 안전한 보장을 제공한다.

현대 서방의 법치는 '사람들이 제기한 국가의 헌정 안배를 통해 실현되어야 할 정치적 이상'[5]이라고 볼 수 있다. 현대 법치는 기본 정신에서 민주국가의 법적 가치를 구현하고 있으며 아래와 같은 내용을 포함하고 있다. 개인의 권리를 인정하고 개인의 인격을 보호하며, 가장 중요한 것은 개인의 재능과 정신적 가치를 보호하는 것이며, 신앙과 사상의 자유가 재산의 자유보다 높으며, 또한 개인의 권리도 기타 공민의 책임과 균형을 유지해야 한다. 평등한 발전 기회를 보호하며 개인, 인종과 민족의 차이를 불문

---

4 앞의 책, 479쪽 참조.

5 [영] 데이비드 밀러 외, 『布莱克維爾政治學百科全書』, 鄧正來 외 역, 中國政法大學出版社, 1992, 675~676쪽.

한다. 법률은 개인이 대표를 통하거나 직접 정치에 참여할 수 있음을 보장하며, 어떤 개인이나 계급도 법을 능가할 수 없으며, 평등한 법의 집행을 보장하고, 모두가 법적으로 하나의 사람이라는 원칙을 구현한다.[6] 이러한 내용이 민주의 기본 요소를 구성한다. 이러한 민주적 요소가 없으면 현대 법치도 존재할 수 없다고 할 수 있다.

(2) 법치와 인치의 구별

법치는 인치人治와 대칭되는 개념으로, 인치는 '개인의 통치'(rule of man), 즉 권력을 가진 개인이 법과 제도 위에 군림하면서 개인의 인격적 매력과 지도자로서 능력, 그리고 독단적인 권력으로 통치한다. 이런 통치는 난폭할 수도 있고 개명할 수도 있다.

고대에서 인치는 전제 사회의 특징으로 다음과 같은 방식으로 나타났다. 황제나 왕이 유일한 권력을 가지고 권력은 하느님이나 하늘에서 온다는 관념을 선양하고 하느님의 뜻에 따라 아버지에서 아들로 권력이 세습되는 것을 강조하며, 황제나 왕은 종교와 신화를 통해 권력을 유지하고 신민들에게 책임을 지지 않았고, 황제나 왕은 법에 따르지 않고 자신의 양심과 자신이 최선이라고 생각하는 방식에 따라 국가를 다스리고, 국가의 모든 권력은 황제나 왕에게 귀속된다.

인치사회는 법이 아닌 주관적인 의지를 중시한다. 인치는 법제를 절대적으로 배척하는 것은 아니며, 사실 인치사회는 법을 이용하여 군권을 공고히 하는 수단과 백성을 다스리는 도구로 상당 부분 활용된다. 어떤 인치사회는 그 시대에 비교적 완전한 법제를 확립했는데, 예를 들어 중국 고대에서 덕치를 제창했지만, 법제는 폐기되지 않았고 표면적으로는 유가 학설을 존중하고 법가의 일부 주장도 실행되어 유법병용儒法併用, 외유내법外儒內法, 명유암법明儒暗法의 국면을 형성했다. 중국 고대 법전은 정확하고 치밀하기로 유명하며 당률唐律이 그중의 대표작이다.

이로써 인치는 두 가지 유형으로 나눌 수 있는데, 하나는 어떠한 법제도 없는 인치,

---

6 沈宗靈, 『現代西方法理學』, 北京大學出版社, 1992, 479쪽 참조.

다른 하나는 인치에 봉사할 수 있도록 법률제도를 확립하는 것으로 이른바 '인치 하의 법제'이다. '인치 하의 법제'와 현대 법치는 모두 일련의 법제도를 확립하였기에 동일시하기 쉽다. 양자의 차이는 법 위에 더 높은 권위의 존재 여부에 있으며, 법 위에 더 높은 권위가 있는 것은 인치이며, 법이 최고 권위가 되고 법 위에 더 높은 권위가 없을 때만이 현대적 의미의 법치이다. 이는 "법치의 사회에서는 법이 왕이고, 인치(전제)의 사회에서는 왕이 법이다"라는 문장의 표현과 같다.

따라서 법제의 존재 여부는 인치와 법치의 차이가 아니다. 현대사회에서 순수한 인치가 세계적으로 점점 더 나쁜 정치 제도로 인식되고 있기 때문에 법제는 인치를 가리는 허울이 될 수 있다. 데이비드 밀러 등이 아래와 같이 지적했다. "가장 기본적인 의미에서 법치의 개념은 법과 질서를 숭배하고 무정부 상태와 충돌에 반대한다는 의미일 뿐이다. 이러한 좁은 의미에서는 어느 정도 실행 효과가 있는 한 모든 형태의 정부에 해당한다. 일반적으로 이 개념은 법에 따라 통치를 행사해야 한다는 합법성의 원칙이라는 것을 일컫는 의미이기도 하다. 반대로 정부의 행동으로 인해 영향을 받은 사람이 독립적인 재판권을 가지고 있는 법관이 판결하는 법정에서 정부의 합법성에 이의를 제기할 수 있다는 의미로 이해할 수 있다. 그러나 법치의 전체 의미가 단지 정부 측 행동이 합법적이어야 한다는 점이라면, 제3제국 기간 동안 독일 국가는 법치를 따랐다는 것을 증명할 수 있고, 이 개념이 더 기본적인 가치에 대한 보장이 전혀 없는 것이 아니겠는가?"[7] 인치 여부를 판단할 때 표면상의 법치 존재 여부를 기준으로 삼을 것이 아니라 정치와 법률제도의 본질로부터 판단해야 함을 분명히 해야 한다.

현대의 법치와 '법제가 있는 인치'를 쉽게 혼동할 수 있는 또 다른 점은 법치와 인치가 모두 인간 활동과 분리될 수 없다는 것이다. 법을 집행하고 실천하는 사람이 있는 이상 법치는 인간의 개입에서 벗어날 수 없다. 밀턴 프리드먼은 "인치를 완전히 배제하는 것은 사실상 불가능하다. 어떤 법도 문제해석을 피할 수 있을 정도로 정확하게

---

7 [영] 데이비드 밀러 외, 『布萊克維爾政治學百科全書』, 鄧正來 외 역, 中國政法大學出版社, 1992, 675~676쪽.

한정될 수 없으며, 동시에 가능한 모든 상황을 명시적으로 포괄할 정도로 정확하게 한정될 수도 없다"라고 지적했다. 따라서 법은 필연적으로 이 법을 시행하는 사람들에게 제한된 자주성을 남겨준다.[8] 이는 자유재량권 존재의 기초이다. 따라서 인치와 법치의 차이도 인간의 자주적이고 능동적인 활동의 유무가 아니다.

근본적으로 법치와 인치의 차이점은 민주가 전제 조건인지 여부에 있다. 인치는 결국 전제이고 법은 개인의 전제를 위해 봉사하며, 법치사회에서 법은 민주를 위해 봉사한다. 이는 인치와 법치를 구별하는 핵심이다. 즉, 현대 법치와 '인치 하의 법제'는 모두 체계적인 법제도를 외적 특징으로 하고 있지만, 현대 법치의 민주적 소질은 '인치 하의 법제'에서 갖춰지지 않고 있다.

법치와 달리 인치는 국가와 사회를 다스리는 방식이 주관적인 감정에 좌우되기 쉽고, 합리적인 선택을 보장할 수 없으며, 사법적 이성에 대한 심각한 위협이 되는 단점이 있지만, 법치는 확립된 객관적 이성의 기준에 대한 이행을 보장한다. 사람들이 인치의 폐해를 인식할 수는 있지만 인치가 법제라는 형태로 존재할 수 있다는 것을 모두 인식할 수는 없다는 점은 주목할 필요가 있다. 법제가 있는 인치는 법제로 인치의 실체를 은폐하고 사람들의 관심을 돌리며 현대 법치를 추구하고 실현하려는 사람들의 동력을 소멸시킨다.

(3) 서방 법치의 사상과 제도의 기원

법치와 인치는 국가를 통치하기 위한 전략 선택의 문제이다. 현대 국가는 역사적 교훈에서 인치의 폐해와 재난을 깊이 인식하고 법치를 국가나 사회를 다스리는 근본적인 방법으로 선택했다. 이는 역사 발전에서 필연적인 선택이다.

서방 법치의 기원으로 볼 때 법치는 사상적 원천과 제도적 원천을 모두 가지고 있다. 사상과 제도를 막론하고 그 역사는 길다.

사상의 근원적 관점에서 볼 때 고대 그리스에서 일찍이 아리스토텔레스는 법치의

---

8 [미]밀턴 프리드먼, 『弗裏德曼文萃』, 高榕외 역, 北京經濟學院出版社, 1991, 558쪽.

기본 개념을 제시했으며 법률에 대한 그의 주장으로 법치 사상의 선구자가 되었다.

아리스토텔레스는 "법치에는 두 가지 중요한 의미가 포함되어야 한다. 확립된 법은 보편적으로 복종하고, 모두가 보편적으로 복종하는 법 자체는 좋은 법이어야 한다"[9]라고 주장하며 그는 법을 "모든 정욕의 영향을 면한 신과 이성의 체현"으로 보았다.[10] 신과 이성만이 다스려야 하는 데 비해 사람은 욕망 속에 수성獸性이 존재하며, 사람이 다스리게 되면 정치에 수성의 성분이 혼입된다. 권력을 쥔 사람은 수많은 중생 중에서 뛰어난 사람일 수 있지만, 열정으로 인해 권력을 남용하게 될 수도 있다. 그는 "인간은 완벽한 경지에 이르렀을 때 가장 훌륭한 동물이지만 법과 정의에서 벗어나면 가장 열악한 동물이다"라고 단언했다. 아리스토텔레스는 권력의 남용을 피하기 위해서는 법의 힘을 빌려야 하며 즉 법률에 기초한 국가를 만드는 것만이 '선善생활'을 달성하는 유일한 수단이기 때문에 "법에 따라 시행하는 그 통치"를 실행해야 한다고 강조했다. 그는 사람들에게 부자가 될 기회를 주는 카르타고의 정책에 대해 언급하면서 "그러한 정책은 기회에 의해서만 실행될 수 있으며, 진정으로 국가의 내부 문제를 해소하고 싶다면 우연한 기회가 아니라 좋은 입법에 의존해야 한다"[11]라고 지적했다. 이를 위해서는 법이 일반적인 규정을 두지 않고 인치를 허용하는 경우를 제외하고는 공식적으로 제정된 법률에 궁극적이고 최고 권위의 지위를 부여해야 하며, 법률은 모든 문제에 대해 최고의 권위를 가져야 한다.[12] 아리스토텔레스의 이런 견해는 법치의 핵심을 드러내고 법치의 본질, 법치가 지배하는 사회에서 법이 과연 어떤 위치에 있는가를 보여준다. 그러면서 "가장 좋은 사람에 의해 통치되는 것과 가장 좋은 법에 따라 통치되는 것 중 어느 것이 더 유리한가?"라는 질문도 던졌다. 그는 "감정적인 요소를 사용하지 않는 통치자는 감정적으로 행동하는 사람보다 낫다. 법은 정확하게 모두 감정이 없으며, 인간(영

---

9 [고대 그리스] 아리스토텔레스, 『政治學』, 吳壽彭 역, 商務印書館, 1965, 169쪽.
10 위의 책, 169쪽.
11 위의 책, 102쪽.
12 [미] E. 보덴하이머, 『法理學: 法律哲學與法律方法』, 鄧正來 역, 中國政法大學出版社, 1999, 10~11쪽.

혼)의 본성은 누구도 감정에서 벗어날 수 없는 것이다"[13]라는 분명한 대답을 내놓았다. 결론은 필연적으로 "한 사람의 통치보다 법치가 우월하다"[14]라는 주장이다. 그 이유는 법은 많은 사람에 의해 제정되며, 한 사람의 판단보다 다수의 판단이 더 신뢰할 수 있고, 개인이 감정적으로 행동하기 쉬우므로 인치의 실행은 편향될 수밖에 없으며, 법치는 '집권자와 관리들이 공직을 이용하여 사익을 도모'하거나 '특별한 권력 획득'이 없도록 하며, 법은 안정성과 연속성을 가지고 있어 사람의 교체에 따라 변하지 않으며, 또한 평범한 군주가 계승되어 국가에 해를 끼치는 것을 방지할 수 있기 때문이다.[15]

아리스토텔레스는 플라톤 사상의 영향을 받았으나 플라톤과는 많은 차이점이 있다. 그는 심지어 플라톤을 비판한 최초의 사람이 되었다.[16] 플라톤은 '현인賢人 정치'를 선호하며 '철학왕'의 통치를 기대하며 "총명한 사람은 이끌고 통치해야 하고, 무지한 사람은 복종해야 한다"[17]라고 주장했다. 사람이 아닌 법에 의한 통치라는 아리스토텔레스의 주장과는 확연히 다르다. 그러나 플라톤은 그의 『법률편』에서도 이 세상에서는 철학자 같은 군왕을 찾을 수 없을 것이며, 사람들이 취할 수 있는 제일 나은 방법은 법의 원칙에 따라 개인의 통치와 다수의 통치를 결합하는 것이라고 지적한 바 있다.[18] 그는 또한 "법의 최고 권위가 부족하고 다른 권위에 제약받으면 도시국가들은 재앙을 맞게 된다. 그러나 법이 통치자 위에 있고 통치자가 법의 하인이 된다면 도시국가는 안전할 것이며, 신들이 도시국가에 부여한 모든 좋은 것들을 누릴 수 있다"[19]라고 지적했다. 여기에서 법치의 기본 주장이 담겨 있음을 알 수 있다.

유럽의 중세 시대에는 군주전제의 인치제도를 실시하였는데, 어떤 학자들은 신권神權 자연법의 관념으로 법률과 인간의 관계를 재정립하기 시작하였으며, 정부가 임의로

---

13 [고대 그리스] 아리스토텔레스, 『政治學』, 吳壽彭 역, 商務印書館, 1965, 167~168쪽.
14 [미] E. 보덴하이머, 『法理學:法律哲學與法律方法』, 鄧正來 역, 中國政法大學出版社, 1999, 10~11쪽.
15 [고대 그리스] 아리스토텔레스, 『政治學』, 吳壽彭 역, 商務印書館, 1965, 163~165쪽 참조.
16 [영] 베르트랑 러셀, 『西方的智慧』(상), 崔權醴 역, 文化藝術出版社, 1997, 162쪽 참조.
17 [고대 그리스] 플라톤, 『法律篇』, 張智仁 외 역, 上海人民出版社, 2007, 115쪽 참조.
18 [영] 버트런드 러셀, 『西方的智慧』(상), 崔權醴 역, 文化藝術出版社, 1997 128쪽.
19 張乃根, 『西方法哲學史綱』, 中國政法大學出版社, 1993, 22~23쪽.

기본법을 변경해서는 안 된다는 주장과 심지어 법이 국왕보다 우월하고 왕과 신하들은 모두 동등하게 법에 복종해야 하며, 하느님이든 인간의 법이든 상관없이 그 법에 따라 지배되어야 한다는 주장까지 제기했다.[20] 예를 들어, 오트망은 왕이 항상 '정의 원칙'의 제약을 받아야 한다는 점을 강조했고, 1586년 저서 『프랑크-갈리아』(최종판) '왕을 구속하기 위해 만들어진 법'을 다룬 장에서 프랑스 국왕의 권력은 인민대표로부터 부여된 것이며 왕의 권력은 제한되어 있다고 지적했다. 모네는 더 나아가 통치자는 단지 '법의 감독자이자 집행자'라며 '국왕이 법의 구속을 받는 것을 부끄러워하는 것은 터무니없는 일'이라고 지적했다. 베자예는 "통치자가 나라를 다스릴 때 지키지 말아야 할 법은 없다"[21]라고 지적했다. 이러한 관점은 모두 법치의 기본 정신을 명시하고 그 당시와 후세 군주 전제에 대항하는 사상적 무기가 되었다.

근대 사상계몽시대에는 그리티우스, 홉스, 로크, 몽테스키외, 루소 등도 자연법 관념과 사회계약 관념에서 출발하여 모든 사람이 사회계약인 법을 준수할 것을 제안했고, 후세의 사상가들도 민주, 자유, 인권 등의 관점에서 선인들의 법치 사상을 풍부하게 했다. 그들은 봉건, 종법, 업계, 혈연관계의 속박에서 인간을 해방하고 인간의 평등과 자연의 권리를 인정하며 권력자의 독단에 반대할 것을 요구했다. 최근 서방 사상계는 법치라는 주제를 놓고 형식적 법치와 실질적 법치에 대한 토론을 진행했으며, 법치의 형식에서 더 나아가 실질적인 공평과 정의의 가치에 초점을 맞추고 있다. 이 모든 것이 법치 사상의 옥토를 이루고 있다.

제도의 기원으로 볼 때 법치의 정치적 기반은 민주제이며, 다원적 이익구조는 법치의 형성과 발전을 촉진했다. 고대 그리스와 로마 시대에는 독립적이고 자주적인 자유민이 존재했고, 고대 그리스의 도시국가에서는 '공민은 자신의 주인이다', '공민은 완전히 평등하다', '교대로 집권한다'며 공민들이 정치에 광범위하게 참여했다. 고대 로마 공화국에 이르러 평민회의와 보민관 조직이 법치를 실현하는 조직으로 자리 잡자 로마인

---

20 劉海年 외 주편, 『依法治國, 建設社會主義法治國家』, 中國法制出版社, 1996, 제234~235쪽.
21 [영] 쿠엔틴 스키너, 『現代政治思想的基礎』, 段勝武 역, 求實出版社, 1989, 제585~610쪽.

들은 "인민들의 머리 위에 있는 어떤 법률도 그들 스스로 집정관에게 준 것이며, 이러한, 오직 이러한 것만이 그들이 직접 인용할 수 있다. 그들이 자신들의 난폭과 변덕을 법으로 삼는 것은 결코 용납될 수 없다"[22]라고 주장했다. 당시의 사회 형태는 초기 법치의 국면을 구성하였고 후세 법치의 근원이 되었다.

현대 법치는 영국에서 기원했다. 영국에서 현대 법치를 실현할 수 있는 독보적인 위치에 있다. 영국 국왕은 다른 국왕이나 황제처럼 자의적인 전제적 대권을 얻은 적이 없으며 항상 법률의 구속을 받았다. 윌리엄이 영국을 통치하는 동안 다른 나라의 군주들처럼 왕권을 강화하려고 노력했지만, 전제적인 권력을 독점하지는 않았다. 그는 재임 기간 두 가지 법의 구속을 받았다. 하나는 그가 지키겠다고 서약했던 작센법이었다. 둘째는 그와 그의 유럽 대륙 출신 수행원들이 따르는 유럽 대륙의 봉건적 관습이다. 국왕에 대한 법적 규제는 영국 법치의 성숙과 정착을 위한 토대를 마련했다.

영국의 정치 역사에서 왕권은 귀족의 저항을 받았고, 이는 법치에 유리한 정치적 조건을 제공했다. 영국의 헌정을 향한 첫걸음은 「대헌장」의 제정이다. 1199년 리처드 1세가 사망하고 동생 존이 영국 왕위에 올랐다. 왕의 반대자들은 왕의 권력을 제한하기 위해 근본적인 계약을 해야 한다고 주장한다. 1214년 7월, 존 왕이 프랑스와의 전쟁에서 패배한 것을 계기로 캔터베리 대주교 스티븐 랭턴Stephen Longton의 지도하에 영국 성직자들과 남작들은 공개적으로 왕에 반항하며, 옛날의 자유와 법을 회복하기 위해 「대헌장」을 제안하고 왕이 양보하지 않으면 무기를 들고 맞설 것이라고 주장했다. 5일간의 협상 끝에 존 왕은 마지못해 1215년 6월 15일 템스강 러니메데 섬Runnymede에서 「대헌장」에 서명해야 했다.[23] 역사적으로 중요한 가치를 지닌 「대헌장」은 왕도 법을 준수해야 하고 법은 왕보다 우월하다는 중요한 정치적 원칙을 명시했고, 남작과 왕은 서로 견제와 균형을 이루며, 「대헌장」은 왕의 지위를 인정하면서도

---

22 [고대 로마] 리비우스, 『羅馬史』(제3권), 王敦書 역, 三聯書店, 1957, 劉海年 외 주편, 『依法治國, 建設社會主義法治國家』, 中國法制出版社, 1996, 427쪽에서 다시 인용.

23 儲安平, 『英國采風錄』, 東方出版社, 2005, 108쪽 참조.

왕의 권력을 제한하고, 귀족은 왕의 권력에 대한 제한에서 출발하여 의회를 통한 왕권 제약의 정치 모델을 형성했다. 「대헌장」은 대중에 도덕적, 심리적인 큰 영향을 미쳐 대중을 격려하고 폭정에 대항하여 자유를 수호할 용기를 갖도록 했다.[24] 1215년 「대헌장」은 모든 자유인이 공정한 재판을 받고 왕의 능멸로부터 보호받을 권리가 있다고 규정했다. 원래 '자유인'의 범위는 매우 좁았지만 이후 3세기에 걸쳐 모든 소작노가 자유인이 되었고, 「대헌장」은 영국 국민 전체에게 권리를 부여했다. 정치 구조에서 획기적인 변화가 일어나 법을 좌우하는 왕의 권력은 제한되고 법의 제약을 받게 되었다. 귀족과 왕의 대립 관계도 봉건적 방식에서 헌정 방식으로 바뀌었다. 귀족들은 왕이 요구하는 봉사와 기부금 등이 관습보다 더 큰 비용이 든다면 법에 따라 거절할 수 있다. 법의 지존성至尊性은 영국 민주 정치의 두드러진 특성이 되었다.

유럽의 기타 법치국가는 서방 자산계급 혁명이 승리한 후 점차 확립되고 발전했다. 계몽사상에 고무된 서방 자산계급은 혁명적 방식으로 봉건적 전제 통치를 종결하고 자유, 민주, 인권을 제창하며 사회계약 정신을 법률 관념에 주입하여 인치에서 법치로 전환을 실현했다. 18세기 유럽에는 프로이센 프리드리히 2세와 같은 계몽된 군주가 제도 개혁에 중점을 두고 새로운 법을 제정했지만, 전제의 본질은 근본적으로 변하지 않았다. 시대가 발전함에 따라 개명한 전제라도 민주적 제도에 반드시 자리를 내줘야 했다. 프랑스에서는 루이 16세의 인치가 절정에 달해 "프랑스의 통치권은 모두 나에게 있다. 오직 나만이 질서를 유지할 권리가 있고 그 보호자로서 나와 백성이 하나이다. 국민의 권리와 이해는 곧 나의 권리와 이해이며, 오로지 나의 손에 장악된다"[25]라고 주장했다. 당시 국왕은 재정권뿐만 아니라 인민의 생명에도 생살여탈권을 가지고 있었고, 인민을 마음대로 체포하고 감금할 수 있었다. 프랑스 대혁명이 일어나자, 인민들은 입헌군주제 수립과 법치의 실현을 희망하기 시작했고, 결국 군주제를 폐지하고 공화제를 도입하여 법치의 실현을 위한 여건을 조성했다. 여러 번의 반복 끝에 프랑스는 결국 삼권분립을

---

24 儲安平, 『英國采風錄』, 東方出版社, 2005, 114~115쪽 참조.
25 何炳松 편저, 『近世歐洲史』, 商務印書館, 1924, 138쪽.

확립하고 법치를 실현했다. 프랑스인은 1789년 8월「인권과 공민권 선언」제16조에서 "권리가 보장되지 않고 분권이 확립되지 않은 사회는 헌법이 없다"라고 선언했다. 프랑스 혁명과 그 정치적, 법적 성과는 다른 유럽 대륙 국가에도 영향을 미쳤다.

아메리카 대륙에서 신생 아메리카 합중국은 영국 식민지 시대부터 이미 법치에 대한 사상적 준비가 되어 있고, 로크 등의 계몽사상이 식민지 인민들에게 큰 영향을 미쳤다. 예를 들어 하이에크가 언급한 것처럼 매사추세츠 헌법보다 앞선 매사추세츠「권리법안」은 정부가 '인치의 정부가 아닌 법치의 정부a government of laws, not of men'가 되어야 한다고 제시한 것이 대표적이다. 독립전쟁 후 미국인들은 삼권분립을 정치의 구조로 삼아 헌법을 제정하고, 정부의 권한을 제한하고 인권 존중을 보장하는 법치의 방법으로 국가를 통치했다.

(4) 서방 현대 법치의 특징

현대 서방 법치는 우리가 흔히 말하는 서방 자본주의의 법치로 근대 민주식의 법치에 속하며, 이러한 법치의 기본 특징은 다음과 같다.

1. 법의 지존성이다. 법치의 기본 특징은 법이 인민에 의해 제정되고 인민이 법을 제정하여 자신의 권리를 보호한다. 바로 법이 인민의 권리를 보장하는 데 중요한 역할을 하므로 인민은 자발적으로 충성을 다하여 법에 복종한다. 법에 복종하는 것은 자신의 권리를 존중하고 유지하는 것과 불가분의 관계이다. 다이시의『영헌정의英憲精義』(1885년)는 다음과 같이 밝히고 있다. "우리 정치는 괴이한 성질을 가지고 있다. 법원의 옛날 관습old law이 이러한 성질을 명확하게 해석할 수 있다. 즉 이런 법이 가장 가치가 높은 국보이고 군주 소유이며, 전 국민은 물론 군주 자신도 법의 제약을 받아야 한다. 만약 법이 통치할 수 없고 전국에 법이 없다면, 전국에 군주가 없고 더 이상 어떤 유산도 없을 것이다." "이 법의 지존성은 만약 다른 관점에서 바라본다면 개인의 권리를 보장하는 것이며, 영국 헌법에 의해 부여한 것이다."[26] 법의 지존성은 모든 사람

---

26 [영] 다이시,『英憲精義』, 雷賓南 역, 商務印書館, 1930, 1~25쪽 참조.

이 법 앞에서 평등하고, 국경 내에서 법 위에 있는 사람은 아무도 없다는 것을 보여준다. 귀족이든 천민이든, 부자이든 가난하든 모든 사람은 국내의 모든 일반 법률의 적용을 받으며 일반법원의 관할을 받는다. 따라서 관리와 신민臣民 모두 일반법원에서 집행하는 일반 법률의 동등한 제약을 받는다. 정부 행위에 대한 특별 면책권을 배제하고 의심되는 관리의 경우 특별 제재를 부과한다. 모든 현직 관리, 내각 총리부터 순시巡視 또는 세금 징수관까지 일반 법정에서 시행하는 국가 보통법의 적용을 받으며, 법을 위반할 경우 서민과 동일하게 적용한다. 이러한 법치의 특징은 법원의 우위, 즉 법치사회에서는 법과 법원이 우위를 점한다.[27]

2. 헌법으로 헌정을 수립한다. 법치와 헌정은 밀접한 관련이 있는데, 이는 정부가 법의 규제를 받을 때 인치가 아닌 법치 정부가 쉽게 실현이 된다. 법치는 개인의 자유와 권리의 보장을 자체의 정신으로 한다. 개인의 자유와 권리를 보장하는 기본목적을 전제로 하여 헌정이 존재하기 때문에 헌정은 법치의 원칙을 관철해야 한다. 현대에는 '법치'가 '입헌주의'와 밀접한 관련이 있는 것으로 널리 해석되어 언론의 자유, 이동의 자유, 종교적 신념의 자유를 수호하고, 평등 보호를 보장하며, 차별에 반대하는 일련의 '헌법적 권리'를 포함하고 있다. 또한 정당한 법적 절차, 공평한 법적 절차, 공평한 재판, 자연 정의, 사법 독립과 법에 따라 부여된 권리를 강화하기 위해 법원에 대한 절차적 보증도 포함된다. 이를 통해 입법의 성격과 형식에 대한 다양한 주장까지 나오고 있다. 예를 들어, 법의 초안은 정확해야 하며, 법(적어도 형사 문제)을 시행하는 동안 소추 효력이 없어야 하며, 특정 개인에게 가혹하거나 비정상적인 처벌을 부과해서는 안 되며, 불분명하거나 지나치게 광범위한 의사 결정 권한을 부여해서는 안 된다는 등의 주장이 있다. 미국 학자 배리 헤이거는 현대 법치의 핵심 요소 중 하나로 입헌주의라고 지적했다. 헌법제정(헌법 법전, 여러 헌법성 문서)은 법치의 중요한 외적 표현인데, 이는 '헌법의 존재는 민주제와 법치의 필수 전제조건으로 널리 간주하기 때문'이다. 법치 관념에서 헌법과 법률은 '사회계약'으로 간주하는데, 그중에서도 헌법이 가장 중요한 '사

---

27 앞의 책, 1~25쪽 참조.

회계약'이다. "사람들의 의사나 보편성을 밝히는 '피지배자 동의'라는 공식 문서(영국인의 경우 일련의 문서)는 필수적으로…… 이 문서는 어떤 정부도 그 유효성을 주장하는 근거이기도 하다."[28] 헌법은 헌정과 연결되어 있지만 완전히 같은 것은 아니며, 헌법이 있는 곳에 헌정이 없을 수도 있고, 헌법에 따라 헌정이 확립될 때만 법치가 실현될 수 있다는 점을 정중히 지적할 필요가 있다. "헌법의 의미는 일단 민주적 절차를 거쳐 비준되면, 마치 「미국헌법」 첫 문단에서 '우리 인민'이 지지한다고 확인한 것처럼, 이 정부를 구성하는 각 기구의 설립 계획이 되고, 그 이후 정부의 어떠한 행동도 점검하여 그 유효성을 판단하는 기준이 된다. 유효성에 관한 고유 기준은 피지배자의 동의에 대한 존중이다"[29]라는 내용을 강조해야 한다.

3. 정부 권력의 제한이다. 법치의 진리는 독단적 권력의 출현을 방지하는 데 있으며, 이는 법치의 주요 특징 중 하나이다. 법치는 제일 먼저 법이 독재 권력의 행사를 배제한다는 사상을 표현하는데, 이는 법이 절대적으로 지고지상至高至上 또는 모든 것을 압도하는 지위를 가지며, 법은 전제권력과 대립하며 전제, 특권, 나아가 정부의 자유재량권의 존재를 배제한다는 것을 의미한다. 이러한 특성에 따라 사람들은 이유 없이 처벌받을 수 없으며, 적법한 법 절차에 따라 법원에 의해서만 처벌받을 수 있으며, 법원은 확실히 법을 위반했다고 판단하면 법에 따라 신체적 또는 재산상의 처벌을 내릴 수 있으며, 법에 의하지 않고는 처벌할 수 없다. 이러한 의미에서 법치의 반대 개념은 정부 중 한 사람이나 여러 사람이 지극히 독단적이고 강압적인 권력을 행사해 민중의 신체와 재산을 제한하거나 박탈할 수 있다는 점이다. 이런 특권이나 무한한 관료권력이 자의적으로 처벌하는 것은 통상의 법치에서 벗어난 것이다. 법치는 '유한 정부'의 개념과 밀접한 관련이 있으며, 더 넓은 관습적 견해에서 법치의 개념은 실제로 유한 정부를 주장한다. '유한 정부'란 모든 정부가 특별한 권한을 가질 수 없다는 것이 아

---

28 [미] 배리 헤이거, 『法治：決策者概念指南』, 曼斯菲爾德太平洋事務中心 역, 中國政法大學出版社, 2005, 35쪽.

29 [미] 배리 헤이거, 『法治：決策者概念指南』, 曼斯菲爾德太平洋事務中心 역, 中國政法大學出版社, 2005, 35~36쪽.

니라, 법치의 요구는 정부가 법적으로 불필요한 특권과 면책특권을 누려서는 안 된다는 것, 즉 '필요' 이상의 특별 권한을 가져서는 안 된다. 정부에 대한 법적 제약은 법치의 또 다른 핵심 개념이며, 서방 정치학과 법률학에서 법이 정부를 제약한다는 생각은 상식적인 개념으로 간주될 수 있으며 '서방이 법치 학설에 대한 기여의 핵심'[30]이라고 할 수 있다. 법과 정부는 "법규를 만들 때 입법 부문은 헌법에 따라 규제된다. 그리고 법규 자체가 전체 정부에 구속력을 갖는다"[31]라는 관계이다.

4. 인민의 권리는 법으로 보장된다. 법치는 개인의 권리가 반드시 법적으로 보장되어야 한다는 사상을 포함하고 있다. 법치에서의 법은 명확하고 인식 가능하고 충분히 이해되며, 사람들은 공포된 법률에서 자신이 어떤 권리를 행사하고 보호할 수 있는지 알 수 있다. '법치'는 다음과 같은 개념과 밀접한 관련이 있는데, 첫째, '정당한 절차'와 밀접한 관련이 있으며, 법치의 개념은 법률을 제정하거나 시행할 때 시급히 필요한 절차적 요구사항과 연결되어 있다. 예를 들어, 사람들은 '법치'를 근거로 법이 공식적으로 공포되고, 명확하며 효과적일 것을 요구하거나 법의 시행이 공정하고 편향되지 않아야 한다고 요구할 수 있다. 둘째, 인권과 밀접한 관련이 있는 법의 보편성, 일명 일반성은 "법은 신민의 공동체와 추상적인 행위만을 고려하며 개인이나 개별의 행위는 결코 고려하지 않는다. 따라서 법률은 여러 특권을 규정할 수 있지만 특정인을 지목해 특권을 부여해서는 안 된다."[32]라는 의미이다. 셋째, 법률은 과거로 거슬러 올라가지 않고 법률이 갖는 사회계약의 성격을 나타내며, 사람들은 법률이 공포된 이후의 해당 행위에 대해 책임져야 하며, 한 사람의 행위에 대해 처벌할 권리는 법률에 따라 부여되며, 법률이 공포되기 전에는 법률이 아직 그 행위를 처벌할 권한을 부여하지 않았기 때문에 법률이 공포되기 전의 행위에 대해 형벌을 부과해서는 안 된다.[33] 법치의 조건에서 법

30 [미] 배리 헤이거, 『法治: 決策者概念指南』, 曼斯菲爾德太平洋事務中心 역, 中國政法大學出版社, 2005, 39쪽.

31 위의 책, 39쪽.

32 [프] 루소, 『社會契約論』, 何兆武 역, 商務印書館, 1982, 50쪽.

33 沈宗靈, 『現代西方法理學』, 北京大學出版社, 1992, 465쪽.

은 안정성과 명확성을 가지고 있다. 현대 법치는 공평하고 일관되게 법을 적용해야 하며, 이는 법치의 높은 예측 가능성을 보장한다. 법치는 사람들이 자신 행위의 결과를 예견하고, 이를 바탕으로 행위의 진행 여부를 결정할 수 있도록 한다. 인치는 자의적이기 때문에 예측이 불가능하며, 따라서 인민의 권리는 자의적인 침해에 취약할 수밖에 없다.

5. 모든 사람은 법 앞에서 평등하다. 법치는 전제와 특권을 배제하고 법 앞에 모든 사람이 평등하다는 원칙을 구현한다. 법률의 평등 적용은 자연 평등의 관념과 밀접하게 연관되어 있으며, 법률은 편파 없이 모든 사람에게 공평하게 적용되어, 사람들이 비슷한 지위에 있는 사람들과 다른 대우를 받고 있다고 느끼지 않도록 해야 한다. 법률 자체의 공정성을 위한 기본 요구사항은 평등의 적용 원칙을 확립하는 것이다. 성별, 민족, 종족 등 요인에 의한 법 적용의 편파와 차별, 특히 권력 요인에 의한 법 적용의 불평등 현상을 방지해야 한다. 평등은 모든 인간이 타고난 자질에 근거하여 존재하는 것으로 간주하며 자유의 뿌리이자 토대이다. 모든 인간은 출생, 성장, 생활, 사망 방식이 동일하고, 모든 인간은 선천적, 도덕적으로 평등하며, 보편적인 권리와 의무는 모든 사람이 동등하게 누리거나 부담해야 한다. 법 앞에서 모든 사람의 평등은 권리와 책임의 평등을 모두 포함하며, 즉 법치는 평등한 개인의 책임을 의미하며, 이는 "개인의 권리와 개인의 법적 책임이 균형을 이루어야 한다"[34]라는 것이다.

6. 사법부문이 독립적이다. 법치의 필연적인 원칙은 행정과 사법의 분립이다. 사법적 독립은 법치의 또 다른 중요한 특징이며, 사법의 독립성은 법의 보편적 이행을 보장하고, 국가 권력의 자의적인 행동을 제한하는 중요한 구조이며, 인민의 자유 권리를 보호하는 보장이다. 노이만은 사법 독립성이 법치의 또 다른 중요한 특징이며, 사법의 독립성은 법의 보편적 이행을 보장하고 국가 권력의 자의적인 행동을 제한하는 중요한 구조이며, 인민의 자유 권리에 대한 보장이라고 주장한다. 노이만은 법치의 특징에 개인

---

34 沈宗靈, 『現代西方法理學』, 北京大學出版社, 1992, 479쪽.

의 최소한 인신 자유와 정치적 자유를 보장하는 윤리적 기능도 있다고 주장한다.[35] 또한 배리 헤이거는 "법치는 입법과 행정부문의 행위를 사법심사할 권한을 가진 독립적인 사법부문을 필요로 하는데, 사법부문은 법치를 보장하기 위한 두 가지 핵심 구조인 삼권분립과 각 권력 부문 간의 견제와 균형을 구현하는 기관이기 때문이다"[36]라고 지적했다.

2) 중국 언어 환경 아래의 법치

중국에서 '법치'는 낯선 개념이 아니지만 이 단어가 표현하는 진정한 의미가 무엇인지, 현대 서방 법치와 동일한지는 모든 사람이 명확한 것은 아니다. 현대 중국 정부는 '사회주의 법치 이념'을 제시했는데, 여기서 '법치'는 실제로 서방 자산계급 법치의 의미와 완전히 동일한 것이 아니기 때문에 논의하거나 명확히 할 필요가 있다.

(1) 중국 고대 전제 시대의 법치와 법치 사상

중국 고대 선진先秦 시대에 이미 '법치'의 개념이 제시되었다. 여기서 '법치'는 '예치禮治'와 대비되며 예치의 본질은 군자의 치, 현인의 치, 즉 인치이다. 법치와 예치를 막론하고 법을 천하를 다스리는 도구로 삼은 국군國君은 법을 운용하여 나라를 안정시키고 자신의 통치를 수호하는 것을 목적으로 했다.[37]

법치 사상은 중국에서 일찍 시작되었는데, 관중管仲과 자산子產 시대에 법치 사상이 이미 싹을 텄다. 그러나 체계적인 학파가 되기까지는 오랜 시간이 걸렸고, 법치 사상은 처음에는 유儒, 도道, 묵墨 3가의 학설에서 변화하여 형성되었다.[38] 유가儒家, 도가

---

35 앞의 책, 470쪽.

36 [미] 배리 헤이거:『法治:決策者概念指南』, 曼斯菲爾德太平洋事務中心 역, 中國政法大學出版社, 2005, 43쪽.

37 王潔卿,『中國法律與法治思想』, 三民書局, 1982, 248쪽.

38 위의 책, 16쪽 참조.

道家[39]와 묵가墨家가 제시한 '법法'은 최초는 자연법칙이란 의미로, 자연은 인간에게 있어서 거스를 수 없는 법칙이고, 자연법칙(자연법은 넓은 의미의 법이다)을 표준으로 인간의 행위규범을 확정했다. 법가는 자연 법리를 바탕으로 확장해 구체적이고 강제적인 인위법(인위법은 좁은 의미의 법이다)을 만들었다.[40]

법치와 인치의 관계에 대해 고대 중국에는 두 가지 기본 주장이 있다.

1. 인치는 법치보다 중요하다. 주장자는 개인의 덕목을 중시하고 도덕 수준을 높이기 위해 수신修身을 강조하며, 현명한 군주와 그 신하는 자신의 바른 행동을 통해 사회에 영향을 미치고, 사회 전체의 도덕 수준을 향상해 법치를 사용하지 않고 인민의 자발적인 법률과 정령의 준수 국면을 실현할 수 있다고 생각하는 반면 법치는 그러한 효과를 달성하기 어렵다고 주장한다. 공자는 인존정거人存政擧와 인망정식人亡政息을 중요하게 여겼다. 순자는 유가의 전통사상을 이어받아 "나라를 다스리는 인재가 있고 스스로 다스리는 법제도가 없다. 후예后羿의 활쏘기 방법은 사라지지 않았지만, 후예는 후세 사람들이 모두 백발백중하게 할 수 없다. 대우大禹의 법치는 여전히 존재하지만, 하나라夏는 후세에 천하를 다스릴 수 없다. 따라서 법치만으로는 국가를 독립적으로 통치할 수 없으며 법치를 자연스럽게 시행할 수 없다. 나라를 다스릴 인재를 얻어야 나라가 있고, 나라를 다스릴 인재가 없으면 나라가 망한다. 법제는 나라를 다스리는 시작이고, 군자는 법제의 근원이다. 따라서 군자만 있으면 법제는 조금 생략하더라도 보편적으로 사용하기에 충분하다. 군자가 없으면 법제가 완비해도 우선순위를 잃고, 상황 변화에 대처하지 못해 혼란을 초래할 수 있다"라고 주장했다.[41] 그러나 순자는 법치를 중시하지 않는 것이 아니다. 인치가 법치보다 더 중요하다고 주장하지만 법치의 폐기를 주장하지 않고 법치와 인치를 병행할 수 있다고 본다.

---

39 관중管仲의 정치 학설은 도교道敎에서 유래한 것으로 법은 도에서 나오고 도는 법치의 근본이며, 무위지치無爲之治는 법치의 최고 이상이라고 생각한다. 王潔卿, 『中國法律與法治思想』, 三民書局, 1982, 247쪽 참조.

40 王潔卿, 앞의 책, 16~17쪽 참조.

41 王潔卿, 『中國法律與法治思想』, 三民書局, 1982, 180쪽.

2. 법치는 인치보다 중요하다. 이 논리를 주장하는 사람들은 흔히 인치에 반대하고 법치를 주장하며 법치가 강국의 길이라고 주장한다. 예를 들어, 신자愼子는 세상을 다스리는 유일한 방법은 법을 따르는 것이며, 군왕이나 백관이 덕이 없어도 법이 확립될 수 있다고 믿었다.[42] 그는 "군주가 나라를 다스리는데 법제를 버리고 인치를 실행한다면 주살, 포상, 임용, 파면은 군주 개인의 희로애락에 따라 결정된다. 이렇게 받은 상은 합당해도 받은 사람은 욕심이 끝이 없고, 벌을 받아도 마땅하지만 벌을 받는 사람은 죄의 경감을 끝없이 바라는 것이다. 군주가 법제를 버리고 사적인 의지로 상벌의 경중을 정하면 같은 공로로 다른 상을 받고, 같은 죄로 다른 벌을 받는 원한이 생긴다. 따라서 추첨을 받아 말을 나누는 것과 제비를 뽑아 밭을 나누는 것은 사람의 지혜보다 이러한 방법이 더 낫다는 뜻이 아니라 이렇게 하면 사심과 잡념을 없애고 원한을 막을 수 있기 때문이다. 그래서 군주가 나라를 다스릴 때는 법제를 실행하고 개인의 주관적인 뜻이 아닌 법제에 의해 결단된다. 군주는 법에 따라 나라를 다스리고, 모든 사람은 자신이 한 일에 따라 그에 상응하는 보상과 처벌을 받으며, 군주의 개인적 취향에 환상을 걸지 않기 때문에 사람들은 마음에 원한을 품지 않고 온 나라가 화목하게 지낼 것이다"라고 주장한다. 관자도 "비록 교묘한 안목과 재주가 있지만, 방원方圓을 교정하기에는 서투른 규칙보다 못하다. 공교한 자는 규칙을 만들 수 있지만, 규칙을 어기고 방원을 교정해서는 안 된다. 성인은 법도를 제정할 수는 있으나 법을 폐지하여 나라를 다스릴 수는 없다. 그러므로 명철한 지혜와 고상한 품성이 있지만, 법을 어기고 나라를 다스리는 것은 규칙을 폐지하여 방원을 바로잡는 것과 같다"라는 비슷한 관점이다. 상앙商鞅, 한비韓非 등의 법가의 인물들은 더욱 법을 믿고, 오직 법대로 다스려야 한다고 주장했다. 황종희黃宗羲는 "천하를 다스릴 수 있는 사람은 있어도 천하를 다스릴 수 있는 법은 존재하지 않는다고 보는 사람도 있다. 나는 천하를 다스릴 수 있는 법이 존재해야 천하를 다스릴 수 있는 사람이 있다고 생각한다"[43]라고 주장했다.

---

42 王潔卿,『中國法律與法治思想』, 三民書局, 1982, 341쪽 참조.

43 王潔卿,『中國法律與法治思想』, 三民書局, 1982, 813쪽.

법치와 인치의 주장 외에도 두 가지 관점을 조화시키고 인법人法을 동시에 시행해야 한다는 주장이 있다는 점은 주목할 가치가 있다. 인법 통합론자들은 법치와 인치에는 각각 편파가 있다고 믿고 있으며, 법치와 인치를 모두 고려한 정치적 통치 방법을 시행해야 한다고 주장한다. 예를 들어 맹자는 "선심만으로는 국정을 다스릴 수 없고, 법도만으로는 국가를 스스로 실행할 수 없다"라고 믿으며, 인치와 법치를 편파해서는 안 된다는 주장은 인법을 통합하자는 주장에 가깝다.[44] 송나라 왕안석王安石도 인치와 법치를 중시하여 "활용은 법에 달려 있고, 실행은 사람에 달려 있다"라고 여겼다. 왕결경王潔卿 선생은 "왕씨의 뜻에 따라 천하의 법을 지키는 자는 관리이고, 관리가 불량하면 법이 있어도 지키지 못하고, 법이 나쁘면 재물이 있어도 관리가 안 된다. 따라서 '선심만으로는 국정을 다스릴 수 없고, 법도만으로는 국가를 스스로 통치할 수 없다'는 것은 이러한 의미를 담고 있다. 따라서 나라의 법을 잘 제정하고 관리들을 선택하여 지켜야 하며, 요순堯舜의 시대라도 이를 먼저 서두르지 않을 수 없다"[45]라고 했다. 그러나 맹자와 왕안석 등은 결국 유교적 관점에서 문제를 보고, 인치의 특징이 법치보다 무겁고, 인법 통합론도 정치 주장의 주류가 되지 못했다.

선진先秦 이후 사람들은 법치와 인치에 대해 많이 논의해 왔으며, 청나라 말기에 이르러서야 서방 법치의 개념이 중국에 도입되어 법치 사상이 전통사상에서 현대사상으로 진일보 변혁되었다.

철학자인 허린賀麟 선생의 구분에 따라 중국 정치 제도에서 적어도 세 가지 법치가 있는데, 첫째는 선진 법가의 법치이고, 둘째는 유학자의 인덕으로 개량된 법치이며, 셋째는 근대 민주식 법치이다. 중국 법률 발전의 역사는 법치의 다양한 유형을 연구하는 데 편리함을 제공했다. 중국에서 현대 법치가 출현하기 전에 실제로 다음과 같은 두 가지 법치 유형이 존재했다.[46]

---

44 앞의 책, 180쪽 참조.

45 앞의 책, 686쪽.

46 賀麟, 『文化與人生』, 商務印書館, 1988, 45~50쪽 참조. 이 책의 서문에서 허린은 또한 이 세 가지 유형 외에도 "오늘날에는 사회주의 법치 또는 인민민주독재 아래의 법치도 포함되어야 한다"라고 지적했다. 그

하나는 선진 법가의 법치이며, 이러한 유형 법치의 특징은 철석같은 법칙을 엄격히 집행하고, 조직 면에서 엄격히 요구하며, 빠른 결과에 대해 열망하며, 법치를 이용하여 신속하게 부국강병의 효과를 달성하기를 희망하며, 인민은 공리정책을 실현하는 도구로 이용되며, 법은 무력 정복이나 강권 통치를 관철하는 수단이 되고, 포상은 사람을 유인하여 공을 도모하는 달콤한 미끼로 삼고, 형벌을 사람을 압박하는 편리한 도구로 삼는다. 이러한 법치는 때때로 명백하고 빠른 결과를 얻을 수 있었지만, 실행 결과를 보면 위로는 독재적인 군주, 중간은 잔인하고 냉정한 관리, 아래로는 분노에 감히 말하지 못하는 순민을 양성하거나 혁명을 일으켜 통치의 전복을 초래한다. 진나라는 빠르게 성장하여 6개국을 병합하였으나, 급속히 민란을 일으켜 멸망하는 운명을 맞았으며, 이는 이러한 법치가 일시적인 효과를 거둘 수 있지만 장기적인 안정을 위해 사용될 수 없음을 증명한다.

다른 하나는 유자의 인덕으로 개량된 법치이다. 이는 신한申韓[47]식 법치의 교훈을 받아들여 엄격한 법도를 확립하고 기강을 바로잡으면서도 유자의 인덕을 발휘하여 가혹하고 비인간적인 선진 법치와 매우 다르다. 진수陳壽는 『삼국지』에서 "제갈량은 승상으로서 백성을 달래고, 예절을 가르치고, 관직을 세우고, 권위에 순응하여 제도를 만들고, 백성들의 의견을 널리 수렴하고, 정의를 베풀었다. 충성스럽고 의로운 사람은 개인적인 원한이 있어도 상을 주고, 교만하게 법을 어기는 사람은 사적인 관계가 좋아도 벌을 주며, 죄를 인정하거나 사정이 있는 사람이 죄를 많이 지어도 처벌을 경감하고, 감언이설로 속이는 사람은 죄책이 가벼워도 중벌에 처한다. 작은 선행도 상을 받고, 작은 잘못도 벌을 받는다. 형법은 엄하지만 공정하게 처신하고 공개적으로 처리해 원망하는 사람은 없다"라고 보았다. 이는 유학자들의 인덕仁德 법치의 특징이다. 이런 법치는 인덕으로 민중의 원한을 풀어주고, 법을 엄수해 민중이 본분을 넘지 않도록 억제하여 장기간 국가를 통치하는 데 그 효과를 입증했다.

러나 허린은 후자의 특징에 대해서는 더 자세히 설명하지 않았다.

47 역자 주: 여기에서 '신'은 신불해申不害를, '한'은 한비자를 가리킨다. 신한식은 법가의 학문을 가리킨다.

위의 두 가지 법치는 법률제도를 존중하고 법률의 제정과 공포를 중시하며 국민이 법을 알고 준수하도록 장려한다는 공통점이 있는 것으로 보인다. 그러나 위의 법치 중 모두 인치의 특징이 비교적 짙고, 모두 인치하에서 법제도를 확립하고, 이러한 법제도에 따라 관리들과 백성을 다스리고, 법률상으로는 황권이나 왕권이 더 높은 권위로 존재한다. 관리나 백성을 다스려야 할 때야만 이러한 법률을 엄격하게 관철하는 것을 이상적인 법치 상태로 보고 있다. 그러나 최고 권력자는 자신의 좋고 싫음에 따라 수시로 법제를 바꿔가며 '언출법수言出法隨'의 통치 방식, 즉 스스로 자제하지 않는 한, 특히 법제가 그 권력을 제한할 때 법을 준수하도록 하는 어떠한 시스템도 없다. 따라서 현대의 기준으로 구식 법치를 평가하면 법제는 있지만 법치는 없다고 평가할 수 있다.

사실, 실질적 또는 현대적 의미에서 인치와 법치 사이의 관계는 정확히 전제와 민주의 관계이다. 전제 통치에 봉사하면 건전한 법제도가 존재하더라도 여전히 인치이며, 민주에 봉사하면 법이 완벽하지 않더라도 법치의 본질을 잃지 않는다.

(2) 중국의 사회주의 법치

신중국 건국 이후 사회주의 법제 건설은 국가 제도 건설의 시급한 내용이 되었다. 1953년 3월 14일 펑쩐彭眞은 정무원 정치법률위원회 당 조직에 마오쩌둥과 공산당 중앙위원회에 보고하는 초안을 작성하여 "정규적인 혁명 법제 건설을 강화하고, 사법 제도를 근본적으로 건전하게 해야 한다"라고 제기했다. 20세기 50년대 사람들은 보통 '법제'라는 단어를 사용했지만, 어떤 사람들은 '법치'라는 단어를 사용하여 신중국의 법제 건설을 논의했다. 양조룽楊兆龍은 "이러한 비물질 건설에서 특히 주목할 만한 것은 사회주의 법치(법제라는 명칭을 쓰는 사람이 있는데 소련 및 인민민주주의 국가 학자들의 통설과 맞지 않아 채택하지 않는다)와 사회주의 민주이다"라고 지적했다. 그는 이 두 가지가 "분리될 수 없으며 유기적인 통합을 이룬다. 그 원인은 사회주의 법치는 사회주의 민주의 구성 부분이며 동시에 그 구현이고, 사회주의 민주는 사회주의 법치의 지도 원칙이자 내용이기도 하다"[48]라고 주장했다. 그러나 이러한 논의는 일시적인 현상에 불과하며, 그 이후의 역사적 발전 궤적은 의법치국依法治國의 길이 아니고, 오히려 많은 시행착오를 거치면서 중국 사회주의 법치의 진행을 크게 지연시켰다.[49]

법치의 우선 조건은 완전한 법전을 갖추어야 하며, 법은 형식적으로 완전하고 정식 입법 절차를 거쳐 공포되어야 할 뿐만 아니라, 실질적으로 한 국가의 민족성에 적합하고 환경에 적응하며, 시대에 부합하고 민중의 공공 의식에 가까워야 한다. 20세기 50년대, 주로 1954년부터 정풍반우整風反右 전까지 중국은 사회주의 특색을 지닌 법을 제정하였고, 특히 1954년에 제정된 「중화인민공화국 헌법」은 의법치국을 위한 초기 토대를 마련했지만, 이에 따른 계급 투쟁을 중심으로 한 정치 운동이 계속되면서 법률 제정의 속도가 느려지고 사실상 중단되는 사태에 이르렀다. 1957년 반우파 투쟁에서 '법률 지상'이라는 관념은 자산계급이라는 꼬리표를 달고 혹독한 비판을 받았고, '법으로 당에 저항'하는 것과 동일시되었고, 사회주의 법제를 확립하고 완성하자는 생각조차 우파적 발언으로 낙인찍혀 비판받았다. '문화대혁명' 기간에는 '무법천지'가 되어 법제가 무너졌다. 1978년 이후 중국은 사회주의 법제의 수립과 개선을 내세우고 형법, 형사소송법, 민법통칙, 민사소송법 등 여러 법률을 제정하기 시작했으며, 사람들은 법제가 점차 개선되어 의법치국의 조건이 마련되기를 희망했다.

20세기 70년대 말부터 중국 이론계에서는 법치와 인치에 대한 논의가 시작됐다. 이 토론은 1979년 1월 26일 『인민일보』에 실린 「인치와 법치」라는 제목의 기사에서 비롯됐으며, 이 기사에서 법치를 주장해 화제가 됐다. 초기 토론은 두 가지 치국 방식의 선택을 놓고 '권權과 법', '당의 정책과 법', '민주와 법제' 등이 논의됐다. 토론 기사는 『법치와 인치 문제에 대한 토론집』(1981년 군중출판사에서 출판)으로 편집되어 출판됐다.

이 시기에 덩샤오핑, 펑쩐 등 당과 국가 지도자들은 '따라야 할 법이 있고, 법이 있

48 楊兆龍, 『楊兆龍法學文選』, 中國政法大學出版社, 2000, 19쪽.

49 全國人大常委會辦公廳研究室 편저, 『人民代表大會制度建設四十年』, 中國民主法制出版社, 1991, 102쪽 참조.

으면 따라야 하며, 법을 엄격하게 집행하고, 위법하면 반드시 추궁해야 한다'라는 사회주의 법치 원칙을 내세웠다. 펑전은 "사회주의 법제를 완비하려면 첫째는 따라야 할 법이 있어야 하고, 둘째는 법에 따라 행동해야 하며, 양자는 필수 불가결한 두 개 요소이다. 법이 있지만 지키지 않는 것은 법이 없는 것과 마찬가지이다"라고 지적하며, 또한 "사회주의 법제의 존엄성을 유지하고 법제의 관념을 높이며 법에 따라 엄격하게 행동하는 것은 우리의 근본 임무 중 하나이다"라고 강조했다. 중국공산당 제11기 중앙위원회 제3차 전체 회의는 법제의 확립과 개선을 명시적으로 제안했으며, 「중국공산당 제11기 중앙위원회 제3차 전체 회의 공보」는 "인민민주를 보장하기 위해 사회주의 법제를 강화하고 민주를 제도화하고 법률화하며, 이러한 제도와 법률이 안정성과 연속성, 명확한 권위를 갖도록 하여 따라야 할 법이 있고, 법이 있으면 따라야 하며, 법을 엄격하게 집행하고, 위법하면 반드시 추궁해야 한다. 이제부터 입법은 전국인민대표대회와 그 상임위원회의 중요한 의제에 포함되어야 한다"라고 주장하며, "인민은 자기의 법 앞에서 평등하고 누구도 법 이상의 특권을 가질 수 없도록 해야 한다"라고 제안했다. 1979년 9월 9일 중국공산당 중앙위원회는 「형법과 형사소송법의 실질적인 시행을 단호히 보장하기 위한 중국공산당 중앙위원회의 지시」(즉, '64호 문서')를 공포하여, 형법과 형사소송법이 "엄격하게 집행될 수 있는지는 중국의 사회주의 법치 시행 여부를 나타내는 중요한 지표이다"라고 명시했다. 일부 학자들은 당내 문서에서 '법치'라는 개념이 사용된 것은 이번이 처음이라고 지적했다.[50]

20세기 90년대 이후 '법치'와 '인치'에 대한 논의에는 '법치'와 '법제'라는 용어의 의미가 언급되었다. 법제에서 법치의 변화는 정치와 법적 관념의 변화와 심화를 반영한다. 일부 학자는 "'법제-법치'의 변별과 분석은 전적으로 개념에 대한 순수한 의미론적 해석은 아니며, 이는 보다 깊은 정치, 경제, 문화의 언어적 배경을 반영하며, 학자들이 더 이상 형식주의적 법률제도의 설계에 만족하지 않고, 시장경제 및 현대화 건설과 조화롭게 발전하는 법률 정신, 새로운 법률체계를 요구하며, 중국법률의 현대화를 추진하

---

50 李步雲, 黎青, 「從 '法制' 到 '法治' 二十年改一字」, 『法學』, 1999, 제7호.

여 국제적으로 통용되는 법률 규칙에 부합하도록 요구함을 나타낸다. 따라서 법률 본위/법률 정신, 법률/법제의 현대화 및 국제화, 법의 이식, 참고 또는 계승, 법제 개혁 또는 법체계의 재구성, 법률 문화, 법적 가치 등과 같은 법치 구축과 관련된 논제가 점차 학자들 간의 주요 화두가 되었다. 이러한 다양한 논제의 확대는 중국 법치가 구축한 다양한 차원과 구조를 보여주며, 중국 법치의 특별한 양식과 그것이 겪게 될 변화의 복잡성을 나타낸다"[51]라고 지적했다.

중국의 경제발전과 사회의 진보에 따라 의법치국은 이미 중국 인민의 공통 희망이 되었으며 역사 발전의 대세와 불가피한 선택이 되었다. 국가가 '사회주의 법치국가 건설'을 제기하고 '법치'를 국가 통치 방식으로 할 시기가 되었다.

1996년 2월 8일 장쩌민 당시 중국공산당 총서기는 '법에 따라 국가를 다스리고 국가의 장기적인 평화와 안정을 보장한다'라는 연설을 통해 "사회주의 법제를 강화하고 법에 따라 나라를 다스리는 것은 덩샤오핑 동지가 중국 특색의 사회주의 건설 이론의 중요한 구성 부분이며, 당과 정부가 국가 사무를 관리하는 중요한 지침이다"라고 지적했다. 장쩌민은 또 '의법치국依法治國'과 '사회주의 법치'의 기본적 개념을 설명했는데, 이는 "'의법치국'을 실행하고 견지하는 것은 국가의 각종 업무를 점차 법제화하고 규범화하는 것이며, 당의 영도 하에 헌법과 법률의 규정에 따라 인민대중이 다양한 경로와 형식을 통해 국가관리에 참여하여 경제와 문화사업, 사회문제를 관리하고, 사회주의 민주의 법제화와 법률화를 점진적으로 실현하는 것이다"[52]라고 했다. 이 연설은 '사회주의 법치국가'라는 개념을 제시해 사회적 관심을 끌었다. 중국공산당 제15차 전국 대표대회는 "사회주의 법제를 개선하고 의법치국, 사회주의 법치국가를 건설해야 한다"[53]라고 명시했다. 이러한 목표에 고무된 중국의 많은 정치학자와 법률학자들은 이 주제에 대해 활발하고 지속적인 토론을 벌였다.

---

51 劉海年 외 주편, 『依法治國, 建設社會主義法治國家』, 中國法制出版社, 1996, 380~382쪽.

52 劉海年 외 주편, 『依法治國, 建設社會主義法治國家』, 中國法制出版社, 1996, 1쪽.

53 장쩌민, 「등소평 이론의 위대한 기치를 높이 들고 21세기를 향해 중국 특색의 사회주의 건설 사업을 전면적으로 추진한다 - 중국공산당 제15차 전국대표대회에서의 보고」.

1999년 3월 5일, 제9기 전국인민대표대회 제2차 회의에서 「중화인민공화국 헌법 개정안」을 채택하여 "중화인민공화국은 의법치국을 실행하고 사회주의 법치국가를 건설한다"라고 규정하여 의법치국 기본 방략의 근본 대법大法[54]지위와 최고의 법적 효력을 부여했다. 이는 신중국 건국 이래 민주 법치 건설의 중대한 사건이며, 당의 지도 아래 사회주의 민주 법치의 길을 확고히 걸어가는 획기적인 역사적 진보이다.

후진타오胡錦濤 동지는 중국공산당 제17차 전국 대표대회 보고서에서 "의법치국 기본 방략에 따라 사회주의 법치 이념을 수립한다"라고 지적하고 "사회주의 법치국가 건설을 가속한다"라고 제안했다. 여기서 언급한 '사회주의 법치 이념'의 기본 개념은 의법치국, 법을 집행하여 인민을 위하고, 공평하고 정의롭고, 전반적인 정세에 봉사하며, 당의 지도 등 다섯 가지 측면으로 요약할 수 있다. 2008년 12월 18일 후진타오는 중국공산당 제11기 중앙위원회 제3차 전체 회의 30주년 기념대회 연설에서 "우리는 과학 입법, 민주 입법을 견지하고, 중국 특색 사회주의 법 체계를 수립, 완비하며, 사회주의 법치 이념을 세우고 공민은 법률 앞에 모두 평등하며, 인권을 존중하고 보장하며, 법에 의한 행정을 추진하고, 사법체제개혁을 심화하며, 국가의 여러 업무를 법치화하고, 사회의 공평과 정의를 수호하며, 사회주의 법제의 통일, 존엄, 권위를 수호한다. 우리나라 정치체제개혁은 사회주의 정치 제도의 자체적 완비와 발전으로, 반드시 중국 특색 사회주의 정치발전의 길을 견지하고, 당의 영도, 인민이 주인이 되고, 의법치국과 유기적인 통일을 견지하며, 사회주의 정치 제도의 특징과 우세를 견지하고, 우리나라의 국정에서 출발한다. 우리는 인류 정치 문명의 유익한 성과를 활용해야 하지만, 결코 서방의 정치 제도 방식을 따르지 않을 것이다"라고 재차 강조했다.

중국에서 '법치'는 '의법치국'으로 표현되며, '법치'는 거의 '의법치국'의 동의어이다. 또한, 법치는 '사회주의 법치'라는 단어로 표현되는데, 중국의 사회주의 법치는 중국 고대 국가 통치 사상 중 현대 법치와 부합된 부분을 계승하여 법치와 덕치德治를 유기적

54 역자 주: 국가의 헌법을 말한다. 모든 법률은 헌법에 근거해야 하기 때문이다.

으로 결합한 것이다. 예를 들어 사회주의 법치국가를 건설하는 과정에서도 사회주의 영욕관榮辱觀 교육을 진행한다. 동시에 인류문명의 진행성과를 대표하는 서방의 법치 사상을 충분히 흡수한다. 사회주의 법치와 현대 법치는 공통점이 있는데, 그것은 모두 공정과 정의를 중시하며, 일부 구체적인 제도의 구축에 있어서 서방 법치 선진국의 많은 법치 경험과 구체적인 제도 배치는 중국 법치에 모두 참고 의의가 있다. 예를 들어, 법의 권위 확립, 사법의 공정과 독립 강화, 인권보장의 강화 등은 중국의 법치 과정에서 해결되거나 개선되어야 할 문제이다.

물론 사회주의 법치는 서방의 법치와 비교했을 때 나름의 사회주의 특색을 가지고 있으며, 중국의 사회주의 법치와 서방 법치는 여전히 원칙적인 차이가 있는데, 주로 경제기반이 다르고 정치체제가 다르며 문화 배경이 다른 세 가지 측면에서 나타난다. 이러한 차이는 중국의 사회주의 법치가 서방 법치와 상이한 특징이 결정된다. 사회주의 법치는 사회주의 법치 건설의 기본적 이상을 포함할 뿐만 아니라 민주와 법제의 기초 위에서 발전했다고 할 수 있다.

'사회주의 법치'는 새로운 유형의 법치이며, 사회주의 법치 이념을 구성하는 각 요소 중 '의법치국'은 사회주의 법치의 핵심 내용이다. 법을 집행하고 인민을 위하는 것은 사회주의 법치의 본질적인 요구이며, 공평과 정의는 사회주의 법치의 가치 추구이며, 전반적 대세에 봉사하는 것은 사회주의 법치의 중요한 사명이고, 당의 지도는 사회주의 법치의 근본적인 보증이다.

우리는 중국의 사회주의 법치가 다음과 같은 주요 특징을 가지고 있다고 생각한다.

1. 인민성. 중국에서 나라를 다스리는 주체는 인민이다. 의법치국은 헌법과 법률의 규정에 따라, 광범위한 대중이 다양한 경로와 형식을 통해 국가를 관리하고, 경제 문화 사업을 관리하며, 사회 문제를 관리하고, 국가의 모든 업무가 법에 따라 수행되도록 보장한다. 사회주의 법치는 필연적으로 사회주의 민주를 전제로 하며, 민주가 없으면 현대적 의미의 법치가 없다. 의법치국은 전체 인민의 법률 의식을 제고하여 국민이 법률을 이해하고 준수하며 자발적으로 법을 운용하여 자신의 합법적인 권익을 수호할 뿐만 아니라, 인민이 법의 정확하고 통일된 시행을 감독하고 법의 존엄성을 수호할 필요가

있으며, 동시에 인민에게 입법 과정에 참여할 기회를 제공하여, 인민의 의지를 효과적으로 국가 법률로 전환하고, 법이 인민의 희망과 근본 이익을 반영하도록 한다.

2. 당의 지도. '사회주의 법치'의 기본 요구사항 중 하나는 "당의 기본노선 및 기본방침의 관철과 시행을 제도적, 법적으로 보장하고, 당이 항상 전체 국면을 총괄하고 여러 방면을 조정하는 지도적 핵심 역할을 보장한다"[55]라는 것이다. 당의 지도라는 특징은 중국의 사회주의 법치와 서방의 현대 법치가 원칙적으로 다르다는 것을 나타내며, 통용되는 서방의 법치와 완전히 동일시할 수 없다는 것이 명백하다. 중국에서는 사회주의 법치를 실현하기 위해서는 법치와 당의 지도력 사이의 관계를 조정해야 한다. 이 관계는 "당이 헌법과 법률의 범위 안에서 활동해야 한다"라는 「중국공산당 당장」에 의해 사실상 명확해졌다. 당이 헌법과 법률의 범위 안에서 활동한다는 것은 법제를 준수하고 헌법과 법률을 능가하거나 초월할 권위가 없다는 의미이다. 사회주의 법치국가를 건설하는 과정에서 당의 지도를 견지할 뿐만 아니라 당의 지도를 개선해야 하는데, 예를 들어 사법 분야에서 당의 지도는 주로 대정방침과 조직 인사 방면의 지도로 나타나며, 구체적인 사건은 사법기관이 처리해야 하며, 각급 당위원회는 헌법에 규정된 인민법원, 인민검찰원이 법에 따라 재판권과 검찰권을 독립적으로 행사한다는 원칙을 확실히 보장하여, 사법권의 올바른 행사에 장애물을 제거하고 여건을 조성한다.

3. 완벽한 법체계. 사회주의 법치국가 건설의 기본 전제조건은 완벽한 법체계이며, 이러한 전제가 없으면 사회주의 법치는 공허한 구호가 될 것이다. 중국의 개혁개방 초기에는 '따라야 할 법을 갖추는 것有法可依'은 특히 시급한 문제가 되었고, 이 목표를 염두에 두고 사회주의 법제 건설이 시작되었다. 30년에 걸친 법제 건설을 거쳐 사회주의 법체계가 기본적으로 구축되었다. 오늘날 법치를 시행하기 위해서는 완전한 법체계를 갖추는 것뿐만 아니라 법체계의 내용에 인간을 근본으로 삼는 정신이 반영되어야 하며, 형식은 엄격하고 일관성이 있어야 하며, 서로 중복되고 모순되어서는 안 된다.

---

55 장쩌민, 「등소평 이론의 위대한 기치를 높이 들고 21세기를 향해 중국 특색의 사회주의 건설 사업을 전면적으로 추진한다 - 중국공산당 제15차 전국대표대회에서의 보고」.

4. 법 적용의 평등성. 중국의 「헌법」에서 중화인민공화국 공민은 민족, 인종, 성별, 직업, 가족 출신, 종교적 신념, 교육 수준, 재산 상태 및 사회적 지위와 관계없이 법적으로 평등하며 누구도 법률 이상의 특권을 가질 수 없다고 규정하고 있다. 이러한 헌법 원칙은 사회주의 법치에서 반드시 구현되어야 한다. 사회주의 법치국가에서 모든 공민은 법의 적용에 있어 일률적으로 평등해야 하며, 법 앞에 어떠한 특권도 허용되지 않는다. 법은 모든 공민에게 동등하게 적용되어야 하며, 어떠한 예외도 없으며, 법을 따르지 않는 특수 공민은 허용되지 않으며, 일부 공민에 대한 차별적 적용도 허용하지 않는다. 법의 평등적 적용은 법이 관련 개인과 단위에 완전히 적용되어야 하며, 다양한 구실을 내세워 법이 부여한 권리를 임의로 박탈하거나 책임 배분에 있어 차별적인 조치가 허용되지 않아야 한다.

5. 법의 권위성. 후진타오 동지는 법치의 핵심 내용인 '헌법 법률 지상至上'을 제시했다. 중국에서 법의 우위는 사회적 공감대가 형성되어야 한다. 법치는 인격화된 법이 통치 기능을 발휘하는 법으로, 법의 최고 권위가 요구되며, 법의 최고 권위는 '법률 지상'이라는 단어로 표현된다. 법에 권위가 없어 마음대로 쥐어짜는 고무 흙이 되면 국가와 사회통치의 기능을 제대로 발휘하지 못하고 법치적 인치에 놓일 수 있다. 법의 권위는 법의 엄격한 준수와 집행으로 나타나며 일부 학자들은 "법치는 주로 완전한 법제도를 의미하는 것이 아니라 완전한 법제도가 사회에서 확실하게 시행되어야 한다"[56]라고 지적했다. 법치의 실행은 먼저 법의 정확하고 통일된 적용에서 시작된다. 법이 엄격히 지켜지지 않고 집행되지 않으면 법이 백지화되고, 적용할 수 없는 표어標語나 구호가 되며 법치와 멀어진다. 중국의 현재 법치 건설에서 일반 대중이 법을 준수하는 습관을 지니는 것이 중요하지만, 더 중요한 것은 국가 권력을 장악하고 있는 정부 기관과 그 인원들이 법제를 준수하는 것이다. 법치의 기본 정신은 국가권력의 행사를 필요하고 합리적인 범위로 제한하여 법제에 의해 국가권력을 제한하는 것이며, 정부 기

56 張文顯 주편, 『法理學』, 北京大學出版社, 高等教育出版社, 2007, 396쪽.

관과 그 구성원들이 법을 무시하고 자의적으로 법치를 훼손하는 행위를 함부로 한다면 법치는 실현될 수 없다.

6. 인권 존중과 보호. 법치는 인권을 보장하는 기능을 가지고 있다. 바로 이 기능 때문에 법치가 현대 국가의 불가피한 선택이라고 할 수 있다. 당대에는 인권 존중과 보장이 국가의 당연한 직책이 되었다. 법치를 시행하려면 완전하고 완비한 법체계가 있어야 할 뿐만 아니라 법은 인권을 존중하고 보호해야 한다. 법이 인권을 존중하고 보장하지 않으면 법치의 존재는 상상조차 할 수 없다. 중국 헌법은 인권을 존중하고 보호해야 한다고 명시하고 있으며, 헌법의 이러한 요구는 필연적으로 중국 사회주의 법치에 반영되어야 하며, 이는 사회주의 법치의 문명성과 선진성의 표현이다.

7. 법의 준수 및 집행을 보장하는 사법 구조. 법이 준수되고 시행되기 위해서는 법을 수호하고 보장하는 특정 사법 구조가 필요하다. 사법 구조의 중요한 구성 부분은 재판권을 가지고 있는 법원이다. 법의 준수와 집행을 보장하기 위해 사법은 독립적이고 법에 복종하며, 기타 권위 기관과 인원의 간섭을 받지 않아야 한다. 사법 독립은 사법체제의 최종적인 추구가 아니며 사법 독립의 목적은 사법의 공정을 실현하는 것이다. 사법공정에는 실체적 공정과 절차적 공정이 모두 포함되며, 공정한 사법이 설득력을 있을 수 있고, 그로 인해 열린 공력公力 구제의 통로가 원활할 수 있으며, 법치국가 또는 법치사회가 형성될 수 있다.

2. 사회주의 법치와 중국 사법 제도

중국 특색의 사회주의 법치국가 건설이 위대한 체계적 사업이라면 사법 제도는 그 중에서도 매우 중요한 하위사업이다. 사법은 법치를 실현하고, 사법은 법치를 구현하며, 이를 실현하기 위해 중국 사회주의 사법은 법의 올바른 시행을 보장하고, 정당한 법 절차를 엄격히 준수하며, 법에 따라 독립적으로 직권을 행사하고, 공민의 기본 인권을 보장하며, 행정권 행사를 견제하고 감독해야 한다.

1) 사법은 법의 올바른 시행을 보장한다

앞서 언급한 바와 같이 현대 법치국가는 법을 최고의 위치에 두고 있으며 법 위에 더 높은 권위가 없다. 어떠한 사회활동 주체도 법에 복종하고 법의 규정을 준수해야 하며 법을 초월할 수 없다. 어떠한 권력도 법의 구속을 받고 법의 제약을 받아야 한다. 법의 우위를 실현하기 위해서는 먼저 법이 효과적으로 시행되고 올바르게 시행되도록 보장해야 한다. 법의 시행을 보장하는 것은 사법의 타고난 기능이며, 사법은 법의 올바른 시행을 보장하는 가장 중요한 구조이다.

우리는 사법이 법의 올바른 시행을 보장하려면 중국 사법의 실제 상황과 결합하여 다음과 같은 관계를 처리해야 한다고 생각한다.

(1) 형식적 이성과 실질적 이성의 관계

형식적 이성과 실질적 이성에 대한 이해는 독일의 저명한 사회학자 막스 웨버의 사상에 관한 탐구와 분리될 수 없다. 웨버는 '형식'과 '실질'을 구별하여 '이성적'과 '비이성적'으로 나누었다. 이를 바탕으로 아래와 같은 분류가 이루어진다. 첫째, 이성적인 것은 형식적 이성과 실질적 이성을 포함하고, 둘째, 비이성적인 것은 형식적 비이성과 실질적 비이성을 포함한다.

막스 웨버의 분류에 따르면 '형식적 이성'과 '가치적 이성'의 대칭은 목표를 달성하고 가치를 극대화하기 위해 가장 효과적이고 적절한 방법을 선택하는 능력을 의미한다. 막스 웨버가 제안한 '형식적 이성'의 개념은 '목적 이성' 및 '도구 이성'이라고도 하며, 어떤 공리주의적 목적을 추구할 때 특정 목적, 다양한 가능한 수단 및 가능한 결과를 하나하나 고려하고 계산하는 태도를 반영한다. 가치적 이성은 행동이 특정 가치 또는 행동 준칙과 의식적으로 일치시키는 것을 말하며, 이는 특정 행동이 무조건의 가치가 있다고 믿고, 결과를 불문하고 완성하려는 태도를 반영한다.

형식적 이성은 수단의 선택뿐만 아니라 행동의 목적에 대한 의식적인 사고와 선택을 포함한다. 즉, 여러 목적의 존재 가능성, 특정 기준에 따른 여러 목적 간의 선택, 선택한 목적을 달성하기 위한 수단 선택(이 과정에서 효율성과 효과성을 고려해야 함), 행동의 수행, 목적의 달성 정도에 대한 객관적인 판단을 의미한다. 가치적 이성은 수단을 고려하지 않는 선택이 아니라 수단만이 가치적 이성의 의식적인 고려의 대상이며, 목적에는 절대성과 궁극성이 부여되어 어떤 목적을 선택할지 객관적으로 고려할 수 없으며, 행동의 효과에 대한 합리적인 사고도 하지 않는다. 따라서 특정 수단의 선택은 가치적 이성과 형식적 이성의 본질적인 차이가 아니며, 차이점은 이러한 수단의 선택이 선택의 목적과 예상되는 효과와 관련이 있는지 아니면 의심할 여지가 없는 어떤 절대 가치와 관련이 있는지에 따라 차이가 있다.

일부 학자들은 막스 웨버가 제안한 이러한 개념의 도움으로 법의 창시자나 발견자가 의식적으로 특정 일반 원칙을 따르는 것이 실체적 이성에 속한다고 믿는다. 이러한 원칙은 종교나 윤리 등이 될 수 있다. 형식적 이성법은 모든 소송당사자를 형식적인 '법인法人'으로 대우하여 법적으로 동등한 지위를 갖도록 하는 것으로, 법률 조문에 의해서만 확실한 법률 사실을 해석, 판단하고 기타 윤리적, 정치적, 경제적 실질 정의의 원칙은 고려하지 않으며, 종교 예의, 감정, 주술적 요소도 모두 배제한다. 형식적 이성법은 부수적인 이성법과 논리적 이성법의 두 가지 유형으로 나눌 수 있다. 부수적인 이성법은 법적 형식주의를 고수하고 규정된 언어와 문서의 표면적 형식에 집착한다. 논리적 이성법은 또 다른 유형의 형식주의 법으로, 논리적 분석의 관점에서 법과 관련 사실의 특징을 설명한다. 법률 이성화의 가장 높은 단계는 논리적 이성법이다.

위의 형식적 이성에 대한 해석에서 법의 형식적 합리화는 두 가지 측면을 요구한다는 것을 알 수 있다. 첫째, 표현 형식의 이성화, 즉 법률 규범의 엄격성, 확실성 및 법률 규범의 완전한 조화를 요구한다. 둘째, 제정법의 권위성, 즉, 일단 법이 정해지면 이를 위반할 수 없다. 선의와 악의를 불문하고 위반하면 그 행위는 법률상의 무효, 행위자에 상응하는 제재를 받는 등 부정적인 결과를 초래할 수 있다. 제정된 법이 권위성이나 집행력이 없다면 아무리 체계적이고 구조가 완벽해도 글로 구축된 패방牌坊에 불과하다.[57]

57 汪海燕, 「形式理性的誤讀、缺失與缺陷」, 『法學研究』, 2006, 제2기.

그러나 형식적 이성이 주목하는 법의 주연성周延性과 권위성은 법치의 필요조건일 뿐 충분조건은 아니다. 법의 형식화 요구 외에도 법치는 법의 시행에 대한 엄격한 기준이나 요구사항을 제시한다. 형식적 이성법은 실질적 정의 및 기타 실질적 가치에 주목하지 않으며, 실질적 정의 또는 기타 실질적인 가치의 실현과 방법에도 관심이 없다. 법의 주연성도 상대적인 개념이다. 법률 제정 주체의 인식 능력과 여건의 한계로 인해, 입법 시 법률에 따라 조정되어야 하는 모든 사회적 관계 또는 소송행위를 법률 체계에 통합하는 것은 불가능하며, 사회도 발전하고 있어 입법자에게 향후 발생할 수 있는 모든 상황을 예측하도록 요구할 수도 없다. 따라서 사법인원은 '자동판매기'가 될 수도 없고 '정情', '이理', '법法', 삼자를 유기적으로 결합해야 한다.

현대 사회에서 형식적 이성의 확장은 가치적 이성의 상실을 초래하고 많은 단점이 있음을 지적해야 한다. 막스 웨버는 자본주의 발전의 정신적 신비를 밝혔지만, 기술적 이성에 대한 찬사만 있는 것은 아니며, 기술적 이성이 인간과 그 생존 환경에 가져온 어려움과 심지어 재앙에 대해서는 가치적 이성의 조정이 필요하다.

따라서 우리는 중국의 법치 실천에서 형식적 이성과 실질적 이성을 통합하기 위해 노력해야 하며 어느 한쪽도 소홀히 해서는 안 된다고 믿는다. 사법기관은 사건을 처리할 때 먼저 법을 엄격히 적용해야 하며, 부문의 이익이나 집단의 이익, 사적 이익 또는 기타 비합리적인 요인으로 인해 법을 방치해서는 안 되며, 일단 법이 제정되고 발효되면 모든 기관과 개인은 확실히 집행해야 한다. 동시에 법률에 탄력성이 있거나 허점이 있는 경우 사법인원은 법의 기본 원칙, 정신 및 이념에 따라 재결하며, 법의 올바른 시행을 보장해야 한다.

형사재판에서 법원이 양형 재량권을 행사할 때 형식적 이성과 실질적 이성을 결합해 '정情', '이理', '법法', 삼자를 통일해야 한다. 중국의 1997년 새로 개정된 「헌법」은 죄형의 법정 원칙을 명확히 규정하고 있다. 중국의 죄형 법정 원칙은 두 방면의 기본 내용을 포함한다. 첫째, 범죄의 법정法定화, 즉 범죄의 개념, 범죄의 종류, 범죄의 구성요건 등을 모두 형법에 따라 명문화해야 한다. 둘째, 형벌의 법정화, 즉 범죄를 응징하기 위한 형벌 방법의 종류, 각종 구체적인 범죄에 적용할 수 있는 형벌의 종류와 형도刑度,

형벌의 재량, 양형에 영향을 미칠 수 있는 상황도 형법에 명문화해야 한다. 따라서 법관은 범죄행위에 대해 형량을 정할 때 법정형의 한도 내에서 재량을 해야 한다. 범죄행위의 형벌과 형도의 확정 여부에 따라 법정형은 절대 확정 법정형, 상대적 확정 법정형, 절대 불확정 법정형으로 나눌 수 있다. 중국 형법 분칙 조문의 법정형은 절대 대수가 상대적 확정 법정형, 혹은 최고한도만 규정한 법정형, 혹은 최저 한도만 규정한 법정형, 혹은 최고한도와 최저 한도를 동시에 규정한 법정형이다. 따라서 법에 규정된 형벌 범위 내에서도 법원은 여전히 비교적 큰 재량권을 가지고 있다. 법관은 법정형과 법정 양형을 준수한다는 전제하에 현 단계 관엄상제寬嚴相濟의 형사정책, 검찰관의 양형 건의, 당사자 양측의 화해 상황도 고려해야 한다. 사건에 특별한 사정이 있는 경우 「형법」 제63조에 따라 최고인민법원의 승인을 받은 후 법원도 법정형보다 낮은 형을 선고할 수도 있다. 예를 들어, 2008년 언론에 의해 크게 보도되어 법학계의 주목을 받았던 쉬팅許霆 사건은 최고인민법원의 승인을 받아 법정형 이하에서 형을 선고받은 것이다. 최고인민법원은 쉬팅이 금융기관에서 절도죄를 저질렀고 관련 금액이 특히 많았으며 형법에 따라 무기징역 이상의 형을 선고해야 한다고 판단했다. 그러나 쉬팅은 현금인출기가 고장 난 것을 발견하고 일시적으로 절도를 한 점으로 볼 때 어느 정도 우연성이 있고, 금융기관을 상대로 절도하는 의도적인 범죄에 비해 주관적인 악의성은 상대적으로 적으며, 쉬팅은 현금인출기가 고장 난 틈을 타서 돈을 인출하라는 지령을 입력하는 방법으로 돈을 빼낸 것으로, 파괴 행위를 통한 절도에 비해 범죄 상황이 상대적으로 경미하다는 점 등을 고려했다. 쉬팅을 상대로 「형법」 63조 제2항의 규정을 적용해 법정형 이하에서 형을 선고할 수 있다.

(2) 법과 사법해석 사이의 관계

법의 시행 과정에서 법과 사법해석의 관계도 올바르게 처리해야 한다. 중국에서는 사법해석이 재판 해석과 검찰 해석의 두 부분으로 구성된다. 「인민법원 조직법」과 제5기 전국인민대표대회 상무위원회 제19차 회의 「법률해석 업무 강화에 관한 결의」(1981년 6월 10일 통과)에 따르면 최고인민법원과 최고인민검찰원은 사법해석권을 가진다. 20세기 80년대 이후 중국에서 사법해석은 전례 없는 발전을 이루었고 심지어 법률을 능가하여 사법인원이 사건을 처리하는 가장 기본적인 근거가 되었다. 중국의 사법해석은 법률조항의 문자 의미와 표현에 대한 기술적 해석을 할 뿐만 아니라 점차 전체 법률문서로 확대되어, 최종 원래의 법률문서와 심지어 문건 시스템이 지향하는 법률 조정의 틀과 조정 범위를 벗어나게 되는 '준準입법행위'로 발전했다.[58] 따라서 사법해석과 전국인민대표대회와 상무위원회가 제정한 법률 사이의 관계가 점점 더 긴장되고 있다. 우리는 사법해석과 법률 간의 관계를 올바르게 처리하기 위해서는 다음과 같은 측면에서 접근되어야 한다고 생각한다.

1. 법적 관점에서 보면 최고인민법원은 '인민법원이 재판 업무에서 법을 구체적으로 적용하는 문제'만 설명할 수 있고, 최고인민검찰원은 '검찰업무에서 법을 구체적으로 적용하는 문제'만 설명할 수 있다. 1981년 제5기 전국인민대표대회 상무위원회 제19차 회의「법률해석 업무 강화에 관한 결의」,「인민법원 조직법」및 최고인민법원, 최고인민검찰원의 사법해석 문제에 관한 관련 규정에 따르면 최고인민법원과 최고인민검찰원은 구체적인 법 적용 문제에 관해서만 설명할 수 있다. 또한「헌법」제67조와「입법법」제42조의 규정에 따르면 중국의 법률해석권은 전국인민대표대회 상무위원회에 있으며 기타 어떤 기관이나 개인도 법률해석권을 행사할 권리가 없다. 전국인민대표대회 상무위원회의 '법률해석'은 추상적이고 보편적인 구속력이 있으며, 입법과 완전히 유사한 법률해석이다. 최고인민법원과 최고인민검찰원의 해석은 법적 구속력이 있는 구체적인 해석일 수 있지만, 개별 사건에 대해서만 구속력을 가져야 하고 보편적인 구속력은 없다.

2. 최고인민법원과 최고인민검찰원이 추상적 해석 또는 규범적 해석을 하는 것은 여전히 어느 정도 합리성이 있다. 소위 규범적 해석은 소송활동에서 적용 법률의 일반적인 문제에 대한 사법기관의 추상적이고 표준화된 해석을 의미한다. 이러한 해석은 영미법계 국가 법관이 구체적 사건에서 벗어나 법률을 추상적으로 해석할 수 없는 것

58 袁明聖,「司法解釋"立法化"現象探微」,『法商研究』2003, 제2호 참조.

과 다르며, 대륙법계 일부 국가 법관은 오직 특정 사건의 입법자 역할만 할 수 있다는 규정과도 다르다. 이는 최고인민법원과 최고인민검찰원이 충분한 조사연구와 재판 실천을 바탕으로 법률 시행에서 제기된 많은 문제와 하급의 요청에 대한 추상적 해석이다. 이러한 추상적 해석은 "해석의 명목은 있으나 해석의 실체는 없다"[59]라고 할 수 있다. 이러한 해석은 해석된 법률의 명칭만을 인용했을 뿐, 구체적인 해석 내용에는 원래 법의 조문도 없고, 명확하게 해석된 법적 용어도 없으며, 원래 법과 분리한 다른 것을 만들었기 때문이다. 그러나 중국의 법률은 상당 기간 '녕소물밀寧疏勿密', '세밀한 것보다 소략한 것이 낫다'는 원칙을 고수하여 현재 대부분의 법률이 다소 소략해 보이는 것이 사실이다. 게다가 중국 사법 인력의 구성은 군 출신, 사회에서 채용된 사람, 기관에서 분류된 사람 등 매우 다양하며, 업무 능력이 떨어지고 법학에 대한 이론적 소양과 법적 기반이 취약하다. 따라서 최고인민법원과 최고인민검찰원이 적용 법률에 보편적으로 존재하는 문제에 대한 규범적 해석 또는 추상적 해석을 수행하는 것은 일정한 합리성이 있다.

3. 최고인민법원과 최고인민검찰원은 사법해석을 제정할 때 반드시 법과 관련 입법 정신에 따라 입법의 원래 의도를 확인하고 심화시켜야 하며, 원래의 법과 명백히 상충하는 해석을 제정할 권리가 없다. 양자가 모순되거나 일치하지 않는 경우 사법인원은 법을 엄격하게 시행해야 한다. 형사법 분야에서는 사법해석이 현행 형사법과 직접 충돌하는 경우가 많다. 예를 들어, 1998년 최고인민법원이 발표한「절도 사건 심리에 관한 법률의 구체적인 응용에 관한 몇 가지 문제의 해석」(이하「해석」)은 절도죄에 관한 형법 제164조의 규정을 돌파하고, 절도죄 구성의 선택적 조건을 추가했다.「헌법」 제264조의 규정에 따르면 절도죄의 구성요건은 첫째, 금액이 상대적으로 큰 공공 또는 사유 재산의 절도, 둘째, 반복적인 절도이다. 행위자의 행위가 조건 중 하나를 충족하는 한 절도죄가 성립한다. 그러나「해석」제6조는 절도죄의 구성요건으로서 상황의 중대성을 규정하고, 구성요건 중 '상대적으로 큰 금액'을 부정하고, 제9조는 절도죄의 구

---

59 董暤,『司法解釋論』, 中國政法大學出版社, 1999, 16쪽.

성요건으로서 특정 재물의 절취를 규정하고, 제12조는 절도죄의 형법 규정과 매우 다른 규정을 두고 있는 상황이다.[60] 중국「형사소송법」제154조는 "재판 시 재판장은 당사자의 법정 출석 여부를 확인한다"라고 규정하고 있다. 최고인민법원, 최고인민검찰원, 공안부, 국가안전부, 사법부, 전국인민대표대회 상무위원회 법제 업무위원회「형사소송법 시행 중 여러 문제에 관한 규정」제39조는「형사소송법」제154조에 따라 "재판장은 당사자가 법정에 출석했는지 여부를 확인해야 하며 서기書記원이 규명할 수 없다"라고 재차 강조했다. 그러나 최고인민법원의「해석」제124조는 "재판 전에 서기원은 다음 작업을 순서대로 수행해야 한다. ― 공소인, 당사자, 증인 및 기타 소송 참가자의 법정 출석 여부를 확인한다"라고 규정하고 있다. 법과 모순되는 해석은 모두 바로잡아야 한다.

(3) 법적 효과와 사회적 효과의 관계

최고인민법원, 최고인민검찰원, 기층법원, 검찰원에 이르기까지 '법적 효과와 사회적 효과의 유기적 통일'이라는 표현은 처음부터 높은 활력을 얻었으며, 최고인민법원과 최고인민검찰원의 문서나 지방 각급 인민법원, 검찰원의 업무보고, 경험 보고 등의 자료에서 '법적 효과와 사회적 효과 통일'을 지도 사상과 중요한 임무로 배치하거나 중요한 경험으로 총결하고 있다.

일반적으로 사법의 법적 효과는 사법 과정과 그 결과가 합법적인지에 대한 사람들의 인식과 평가이다. 사법의 법적 효과를 실현하기 위해서는 사실인정의 합법성, 책임분담의 합법성, 사법절차의 합법성, 증거재판의 합법성, 재판 결과의 합법성을 포함한 사법인원의 소송활동이 충분한 법적 근거를 갖추어야 한다. 사법의 사회적 효과는 직접적인 영향과 간접적인 영향을 포함하여 사법활동이 사회에 미치는 영향과 역할이다. 사법의 사회적 효과를 실현하는 것은 사법의 기능적 역할을 충분히 발휘하고 확장하기 위해 노력하고, 사법의 긍정적인 효과를 지속해서 추구 및 확대하며, 사법의 부정적인

---

60 鄭厚勇,「盜竊罪 : 司法解釋與刑法規定之衝突」,『湖北社會科學』, 2004, 제2기 참조.

효과를 최소화하고 회피하여 사법이 당의 중심 업무에 봉사하고, 국가 경제사회 발전의 전반적인 국면에 봉사하며, 광범위한 인민대중의 근본 이익에 봉사하고, 시대 요구에 적응하고, 인민의 의지를 구현하고, 사회의 보편적인 공감과 존경을 얻도록 노력하며, 사회의 과학적 발전에 봉사, 촉진, 인도하는 역할을 극대화한다.[61]

통상적인 상황에서 법이 올바르게 시행된 후 법적 효과와 사회적 효과는 조화롭고 통일될 수 있으며 두 효과는 중점이 서로 다르지만 본질적으로 통일되고 서로 인과관계가 있다. 법적 효과는 사회적 효과의 구현이고 법은 전체 사회적 의식의 구현이다. 그러나 실제로는 두 가지가 조화를 이루지 않는 경우가 종종 있다. 법적 효과는 좋지 않지만 사회적 효과가 좋은 경우, 이른바 '양성위헌陽性違憲'[62] 과 '양성위법陽性違法', 또는 법적 효과가 좋고 사회적 효과가 좋지 않은 경우, 예를 들면 증거 부족, 기소된 범죄가 성립할 수 없는 무죄 판결은 피해자와 일부 사회대중이 받아들이지 않고 인정하지 않는 경우도 종종 있다. 법적 효과와 사회적 효과가 조화를 이루지 못하는 이유는 여러 가지가 있는데 주로 다음 두 가지가 있다. 첫째, 인민대중의 법체계 관념이 희박하고 법의식이 낮으며 사법 결과에 대한 올바른 이해가 이루어지지 않기 때문이다. 둘째, 법은 항상 사회의 발전에 뒤처져 있으며, 새로운 법이 공포되지 않았고, '구식' 법률로 새로운 사회사무와 법률관계를 조정할 때 필연적으로 법적 효과와 사회적 효과가 일치하지 않는 현상이 나타나거나 일부 법적 규범은 입법상의 오류와 결함이 있어 적용 과정에서 나쁜 사회적 결과를 초래한다.[63]

우리는 법적 효과와 사회적 효과의 유기적 통합을 추구하는 것이 중국식 사법의 주제이자 중국의 조화로운 사법의 수요라고 믿는다. 그러나 두 가지 효과를 모두 고려하기 어려운 경우 사법인원은 법을 엄격히 시행하여 법의 올바른 시행을 보장해야 하며, 그렇지 않은 경우 법치국가의 가장 기본적인 원칙인 법치 지상, 사법 독립을 훼손할 수 있다. 이 시점에서 법을 사회 발전과 최대한 일치하도록 개정하고, 법의 대중화

---

61 張軍, 「努力追求法律效果與社會效果的有機統一」, 『法制資訊』, 2008, 제4기 참조.

62 郝鐵川, 「論良性違憲」, 『法學研究』, 1996, 제4기.

63 王發強, 「不宜要求 "審判的法律效果與社會效果統一"」, 『法商研究』, 2000, 제6기 참조.

를 강화하며 공민의 법의식을 높임으로써 법적 효과와 사회적 효과의 조화로운 통합을 실현할 수 있다.

2) 사법은 정당한 법적 절차를 엄격히 준수한다.

인간 사회의 법치화 과정에서 법치와 절차는 불가분의 관계이다. 절차는 법치의 질서와 합리화를 위한 강력한 통제 구조를 제공한다. 법치가 절차적 궤도에서 벗어나면 사회의 불안, 국가 권력의 통제 불능, 시민의 권리에 대한 무차별적인 유린과 침범이 초래되고, 궁극적으로 사회 침체와 퇴보, 붕괴로 이어질 수 있다. 어떤 의미에서 의 법치국은 법에 따라 정해진 정당한 절차이며, 국가 또는 지역 법치의 발달 정도를 평가할 때, 국가 또는 지역의 법적 절차 배치가 정당하고 합리적인지에 주의를 기울여야 한다. 비록 현재의 법치 관행에서 절차가 번거롭고 복잡하지만, "우리가 법치의 보호를 계속 누리면서 자유와 평등을 지키려면 느린 속도와 절차적 통치하에서 나타나는 이런저런 폐해와 공존할 수밖에 없다. 이는 법이 서로의 일상 관계에 진입하기 위해 지불해야 하는 대가이다"[64]라고 말할 수 있다.

절차 주체의 관점에서 볼 때, 법적 절차는 "사람들이 법률 행위를 하기 위해 따라야 하거나 이행해야 하는 법적 시간 또는 공간적 절차와 방식이다"라고 간주할 수 있으며, 절차적 결과의 관점에서 볼 때, 법적 절차는 "주로 일정한 순서와 방식, 절차에 따라 결정되는 상호 관계로 나타난다"[65]라고 볼 수 있다. 법적 절차의 일반적인 형태는 이해관계 당사자의 공동 참여하에 특정 기준 및 요구사항에 따라 쟁점을 정리하고, 각 당사자의 의견을 공평하게 청취하고, 각 당사자가 이해하거나 인정할 수 있는 상황에서 최종 결정을 내리는 것이다. 현대 복잡한 사회에서 모든 법적 판결이나 결정은 사회의

---

64 [독] 조셉 샤신, 容明德 편저, 『法治』, 아데나워재단 역, 法律出版社, 2005, 51쪽.

65 李衛東, 『法治秩序的建構』, 中國政法大學出版社, 1999, 12쪽.

다양한 측면에서 간섭과 통제를 받을 수 있다. 사회의 조화로운 발전을 위해서는 이해관계의 균형을 맞추는 것이 중요하지만, 모든 당사자의 의견을 수용하는 것은 어렵고 비용이 많이 들 수 있으며, 이러한 의사결정 과정은 힘의 균형에 따라 쉽게 흔들릴 수 있다. 따라서 비교적 독립적이고 자율적인 '법의 공간'을 만들기 위해서는 법적 절차가 필요하다. 이러한 '법의 공간'은 복잡성이나 불확실성을 줄이기 위한 사회생활에서 일종의 언설 또는 '화어話語'[66]로 간주하며, 결과 결정의 공정성과 합리성을 보장한다.

법적 절차는 법률행위의 내용과 성격에 따라 입법 절차, 행정절차, 사법절차, 조정 및 중재절차, 선거절차 등으로 나눌 수 있다. 그중 가장 중요하고 전형적인 것은 사법 절차인데, 사법절차에는 가장 완전한 절차적 요소가 있을 뿐만 아니라 공민의 인신권, 재산권, 심지어 생명권의 제한 또는 박탈과 관련되며, 사회공평정의의 유지와 관련되어 절차적 가치의 매력이 부각된다.

사법이 엄격히 준수해야 하는 법적 절차는 민주적이고 과학적이어야 하며 공정성과 결합하여야 한다. 절차적 공정에 대한 요구는 자연 정의의 원칙에서 비롯되었다. 이 원칙에는 두 가지 측면이 있다. 첫째, 누구도 자기 사건의 법관이 될 수 없다. 둘째, 양측 당사자의 의견을 모두 들어야 한다. 후세의 학자들은 이 두 가지 원칙에 따라 절차적 공정의 기준을 더욱 상세히 설명하고 발전시켰다. 절차적 공정의 표준 확정은 형식과 실질의 두 가지 측면에서 고려될 수 있다고 생각한다. 형식적 측면에서 절차적 공정의 표준은 두 가지 측면을 가지고 있는데, 하나는 절차가 법정 절차라는 점이고, 다른 하나는 법정 절차가 엄격하게 준수되어야 하며, 법정 절차를 위반할 경우 절차적으로 제재를 받아야 한다는 점이다. 실질적 측면에서 절차적 공정의 표준에는 사법 독립, 재판관 중립, 양측 소송당사자의 평등, 절차 공개, 당사자의 절차적 권리의 효과적인 보장, 절차의 적시성 및 최종성 등이 포함되어야 한다. 이 여섯 가지 표준에 대한 자세한 설명은 이 책의 '소송 공정' 부분을 참조하길 바란다.

중국에서 '실체를 중시하고 절차를 가볍게 한다'는 잘못된 개념은 3대 소송입법에서

66 [일] 谷口安平, 『程序的正義與訴訟』(증보본), 王亞新, 劉榮軍 역, 中國政法大學出版社, 2002, 10쪽.

널리 존재하며, 사법 실행에서는 '그 이상이지 이하는 아니다'는 현실이다. 소송 입법의 많은 절차적 보장 규정은 실행에서 다양한 정도로 무시되고 우회되었으며, 많은 조항의 시행도 입법자의 원래 의도를 충족하지 못하고 있다. 예를 들어, 형사 재판에서 피고인과 변호인의 변호 의견을 보면 '고문 및 자백 강요', '기한 초과 구금', '변호인 접견권 거부' 등의 문제가 대규모 발전 추세를 보인다. 2심 절차에서 많은 피고인과 변호인은 1심 법원의 '회피제도 위반', '공개재판 원칙 위반', '피고인의 대질 권리 박탈', '피고인 또는 변호인의 변호 기회 박탈', '수사인원이 불법 취득한 증거 채택' 등의 문제를 제기하기도 했다. 민사재판에서는 선정후심先定後審, 심이불판審而不判, 판이불심判而不審, 형식적인 개정심리開庭審理, 중재 강요, 자조자기自調自記, 초기입안超期立案, 초기송달超期送達, 재판 기간을 임의로 연장하는 행위, 당사자에게 소송 권리와 의무를 고지하지 않는 행위 등 절차적 위법행위도 다수 존재한다.

최근 몇 년 동안 형사사법 분야의 기한 초과 구금이 공식적인 법집행 검사의 초점이 되었지만, 사실 기한 초과 구금 문제는 억제되지 않았을 뿐만 아니라 점점 더 심각해지는 경향이 있으며, '고문 및 자백 강요' 문제와 함께 중국 형사사법 제도에서 반복적인 금지에도 불구하고 근절되지 않는 고질로 간주하고 있다. 문자 그대로, 기한 초과 구금은 법정 구금 기간이 지났는데도 공안사법기관이 여전히 범죄 혐의자와 피고인의 자유를 박탈하는 행위를 말한다. 중국에서 구금은 독립적인 강제조치가 아니라, 범죄 혐의자나 피고인이 형사 구류와 체포에 따른 신체의 자유를 박탈하는 당연한 상태이다. 중국의 형사소송법은 구류 및 체포 후 구금 기간을 명확히 규정하고 있다. 예를 들어 공안기관과 검찰기관의 형사 구류 기간은 14일을 넘지 않도록 하되 법정 예외인 경우 37일까지 연장할 수 있고, 검찰기관이 체포를 결정하거나 승인하면 구금 기간은 2개월까지 연장할 수 있지만 법정 상황에서는 상급 검찰기관이나 성급 검찰기관의 승인을 받아 각각 3차례 연장해 7개월까지 연장할 수 있다. 공안사법기관의 구금 기간이 위의 기한을 분명히 초과하면 '현성顯性' 기한 초과 구금이 된다. 이러한 기한 초과 구금은 일반적으로 수사단계에서 발생하며 공안기관의 구류 기간이 만료되고 검찰기관이 체포 결정을 내리지 않은 경우에도 범죄 혐의자를 구속한다. 전형적인 기한 초과 구금 외에도 중국 사법 관행에는 '은성隱性' 기한 초과 구금, 즉 사건이 장기간 지연되고 소송 기간이 임의로 연장됨에 따라 구금 기간이 연장되는 상황이 여전히 존재한다. 중국 형사소송법은 수사의 구금 기간과 그 연장을 명확히 제한하고 있을 뿐, 심사기소, 1심, 2심 절차에 대한 구금 기간을 명확히 규정하고 있지 않다. 형사소송법이 제한하는 것은 위와 같은 3단계의 소송 기간이다. 당연히 이 경우 구금 기간은 소송 기간과 같고, 소송 기간이 길어지면 구금 기간도 길어질 수밖에 없다. '은성' 기한 초과 구금 중 '원심 파기, 환송 재심'으로 인해 범죄 혐의자와 피고인의 구금 기간이 연장되는 현상이 가장 보편적이다.

우리가 보기에 실행 중에서 절차를 무차별적으로 유린하는 원인이 다방면적이고 다층적이다. 수천 년 동안 '법치보다 인치를 중시'하고 '절차법보다 실체법을 중시'해 온 중국의 사법 전통은 소송을 정치화하는 경향을 초래했고, 사법부의 정책 기능이 크게 확대되었다. 입법적 측면에서 절차적 제재가 부족한 것은 사법 관행에서 절차적 위반이 만연한 중요한 원인이다. 법리학에서 법적 규범에는 크게 '권한적 규범', '의무적 규범', '금지적 규범'의 세 가지 범주가 있다. 어떤 법적 규범이든 '가정-처분-제재'의 논리 구조나 '행동 방식-법적 결과'의 이중 구조를 가져야 한다. 여기서 '제재'란 타인의 권리를 침해하거나 의무를 이행하지 않거나 금지령을 위반한 사람이 부담하는 부정적인 법적 결과를 말한다. '제재'라는 요소가 없는 법적 규범은 실행을 위한 전제와 조건이 없는 '구호'에 불과하다. 그러나 중국 절차법에서는 절차적 위법행위에 상응하는 법적 결과가 없는 경우가 흔하고, 피고인의 변호권을 침해하는 행위에 대응하는 제재 조치가 없는 등 현실이 절차를 무시하는 원인이 되고 있다.

3) 사법이 법에 따라 독립적 직권 행사

(1) 사법이 법에 따른 독립적 직권 행사는 법치의 핵심 요소 중 하나이다

중국 「헌법」 제126조는 "인민법원은 법적 규정에 따라 독립적으로 재판권을 행사하며 행정기관, 사회단체, 개인의 간섭을 받지 않는다"라고 규정하며, 제131조는 "인민검찰원은 법적 규정에 따라 독립적으로 검찰권을 행사하며 행정기관, 사회단체, 개인의 간섭을 받지 않는다"라고 규정하고 있다. 따라서 중국은 '사법기관이 법에 따라 독립적으로 권한을 행사한다'는 헌법 원칙을 확립했다. 법치국가는 법의 효과와 공정한 시행을 요구하며, 이를 위해서는 공정한 사법이 필요하다. 독립적인 사법은 공정한 사법의 중요한 보장이다. 이는 법치국가가 사법 독립을 기본 사법 이념이자 원칙으로 삼는 도리이다. 그런 의미에서 사법 독립은 현대 법치의 핵심이며 "사법 독립제도는 어떤 사회의 법치에서도 최우선"[67]이며 "법관은 법 외에 다른 상사가 없다"[68]라는 것이다. 법치사회에서 사법기관은 공정하고 독립적으로 기대되며, 매우 이례적인 위치에 있다.

사법 독립은 유엔이 확인한 사법의 국제 표준이기도 하다.「세계인권선언」제10조는 "모든 사람은 자신의 권리와 의무 및 자신에 제기된 모든 형사 고발에 있어서, 독립적이고 편향되지 않은 법정에서 공정하고 공개적인 심리를 받을 권리가 있다"라고 선언했다.「공민권리와 정치권리에 관한 국제공약」제14조 제1항은 "모든 형사 기소 또는 소송에서의 권리와 의무를 판단할 때, 모든 사람은 법에 따라 설립된 합격되고, 독립적이고 편향되지 않은 법정에서 공정하고 공개적인 심리를 받을 자격이 있다"라고 규정하고 있다. 유엔기구는 사법 독립의 국제 표준을 더욱 구체화하였는데, 1985년에 초보적으로 완성하여, 그 목적 중 하나는 사법 독립의 원칙과 표준 측면에서 세계적인 상호 성원을 촉진하고, 사법체제를 개혁하며, 정의의 유지와 법치의 발전을 강화하기 위한 것이다.

따라서 사법기관은 의법치국 전략의 원활한 이행을 보장하는 중요한 구조이다. 현대 법치를 시행하려면 사법기관의 지위를 높이고 독립성을 보장해야 한다. 사법 독립이 없으면 법률 지상의 확립이 어렵고, 현대 법치도 없다고 할 수 있다.

---

67 [독] 조셉 샤신, 容明德 편저,『法治』, 아데나워재단 역, 法律出版社, 2005, 51쪽.
68 『馬克思恩格斯選集』(제1권), 人民出版社, 1972, 76쪽.

(2) 사법 독립과 당의 지도력

서방 국가와 이데올로기가 다르고 사회주의 국가의 '법치'에 대한 인식이 고유한 특성이 있지만, 사법 독립은 서방 국가의 전유물이 아니며, 사회주의 법률제도에서도 이 원칙이 확립되어 있다. 중국에서 중국공산당은 집권당이고 사법기관은 당의 지도를 받아야 하지만, 당이 사법을 어떻게 이끌 것인가는 진지하게 연구해야 할 문제이다.

중국공산당 제11기 3중전회 이후 사법 업무에 대한 당의 지도력을 강화하고 개선하기 위해, 당 중앙은 여러 차례 결정을 내려 인민법원과 인민검찰원이 법에 따라 독립적으로 권한을 행사할 수 있도록 보장한다고 재차 강조했다.

1978년 당 제11기 3중전회 공보에서는 "검찰기관과 사법기관은 합당한 독립성을 유지해야 하며, 법과 제도에 충실하고, 인민의 이익과 사실의 진실에 충실해야 하며, 인민이 자기의 법 앞에서 평등하고, 누구도 법을 초과한 특권이 허용되지 않도록 보장해야 한다"라고 지적했다.

1979년 9월 9일 「형법, 형사소송법의 확실한 시행에 관한 중국공산당 중앙위원회의 지시」는 아래와 같다. "사법 업무에 대한 당의 지도력을 강화하는 가장 중요한 측면은 법의 시행을 확실히 보장하고 사법기관의 역할을 충분히 발휘하며, 인민검찰원의 독립적인 검찰권 집행을 확실히 보장하고, 인민법원이 독립적으로 재판권을 행사하여 기타 행정기관, 단체, 개인의 간섭을 받지 않도록 하는 것이다. 국가 법률은 당의 지도에 의해 제정되고 사법기관은 당의 지도에 의해 설립되었으며, 법과 사법기관의 권위를 존중하지 않는 것은 무엇보다도 당의 지도력과 그 위상을 훼손하는 것이다. 당위원회와 사법기관은 각각 전문 책임이 있으며 서로를 대체하거나 혼동해서는 안 된다. 이를 위해 중앙은 각급 당위원회의 사건의 심사 승인 제도를 취소하기로 한다. 현급 이상 간부와 유명 인사 등이 저지른 범죄 사건, 상급에게 지시를 요청해야 하는 극소수 중대 사건을 제외하고는 소재지 사법기관이 독립적으로 법에 따라 심리한다." "당의 지도에 복종하면 법을 어길 수 있다는 생각은 극단적으로 잘못된 것으로 반드시 바로잡아야 한다." "사법 업무에 대한 당의 지도는 주로 방침과 정책의 지도이다. 각급 당위원회는 당이 정부를 대체하고, 말로 법을 대체하며, 법에 따라 일을 처리하지 않고, 사법행정 업무를 포괄하는 과거의 습관과 관행을 반드시 바꿔야 한다."

1986년 7월 10일 「전당全黨이 사회주의 법제를 단호히 수호해야 한다는 중국공산당 중앙위원회의 통지」에서는 "사법 업무에 관한 당의 지도는 주로 사법기관이 헌법과 법률에 따라 독립적으로 권한을 행사하도록 보장하는 것이다"라고 재차 강조했다. 사법기관 당조직이 제안한 중대하고 어려운 사건에 대하여 당위원회는 법과 정책에 따라 의견을 충분히 표명할 수 있으며, 사법기관은 당위원회의 의견을 진지하게 경청하고 엄숙하게 받아들여야 한다. "그러나 이런 당내 논의가 사법기관의 기능을 대신해 당위원회가 직접 사건을 심사할 수 있다는 뜻은 절대 아니다. 사건의 구체적인 처리는 법에 따라 인민검찰원과 인민법원이 결정한다"라고 지적했다.

중국공산당 12차 대회는 '당은 헌법과 법률의 범위 내에서 활동해야 한다'라는 중요한 정치 원칙을 내세워 장기간의 당과 법률관계 문제를 이론적으로 해결했다. 이 원칙은 당과 사법관계를 바로잡는 기초가 되기도 했다.

중국공산당 13차 대회는 '당정黨政 분리'를 제안하고, 당의 지도력을 개선하고 강화하기 위해 당과 정부 분리, 즉 당과 정부의 기능 분리를 수행해야 한다고 제기했다. 당은 인민을 지도하여 헌법과 법률을 제정하고, 당은 헌법과 법률의 범위 내에서 활동해야 한다. 당의 지도는 주로 정치적 지도로 정치원칙, 정치방향, 중대 결정의 지도, 국가정권 기관에 주요 간부의 추천을 말한다. 당의 국가지도의 기본방식과 방법은 당의 주장을 법적 절차를 거쳐 국가 의지로 바꾸고, 당 조직 활동과 당원의 모범적인 역할을 통해 인민대중을 이끌고 당의 노선, 방침, 정책을 실현한다.

중국공산당 제15차 대회는 '의법치국'을 제기했다. 의법치국은 당이 인민을 지도하여 국가를 통치하고 사회를 관리하는 기본 방법과 책략이다. 의법치국은 당의 지도를 견지하고 인민민주를 발양하며 법에 따른 엄격한 업무 처리를 통일한다. 사법개혁을 추진하고 사법기관이 법에 따라 독립적이고 공정하게 재판권과 검찰권을 행사할 수 있도록 제도적으로 보장한다.

중국공산당 16차 대회는 '의법집정依法執政'을 제기하며 당의 15차 대회 일부 정신을 재차 강조했다. "사법기관과 검찰기관이 법에 따라 독립적이고 공정하게 재판권과 검찰권을 행사하도록 제도적으로 보장한다."

중국공산당 16차 4중전회는「당의 집정執政 능력 건설 강화에 관한 결정」에서 '전반을 총괄하고 각계를 조정한다'는 원칙을 제시했다. 당의 16기 4중전회는 당이 전반을 총괄하고 각계를 조정한다는 원칙에 따라 당의 지도 방식을 개혁, 개선하고 동급 인민대표대회, 정부, 정치협상회의 등 각종 조직에 대한 당위원회의 지도적 핵심 역할을 발휘하며, 이러한 조직 내에서도 당 조직의 지도적 핵심 역할을 발휘한다. 당위원회는 인민대표대회, 정부, 정치협상회의, 재판기관, 검찰기관이 법률과 규정에 따라, 독립적이고 책임감 있고 조율된 방식으로 업무를 수행하도록 지원하고, 업무의 주요 문제 해결을 적시에 연구하고 조정 및 해결해야 할 뿐만 아니라, 이러한 조직의 당 조직과 당원 간부를 통해 당의 노선 방침과 정책을 이행하고, 당위원회의 주요 결정과 업무 배치를 수행해야 한다.

중국공산당 17차 대회는 사법체제개혁을 심화하고, 사법 직권을 최적화하며, 사법 행위를 규범화하고, 공정하고 효율적이며 권위 있는 사회주의 사법 제도를 건설하며, 재판기관과 검찰기관이 법에 따라 독립적으로 공정하게 재판권과 검찰권을 행사하도록 보장할 것을 제기했다.

이러한 사법기관의 지도적 역할에 대한 당의 권위적 표현은 모두 당과 사법 간의 관계를 해결하기 위한 이론적 근거이다. 그러나 실제로는 일부 지방 당위원회, 정법위원회의 사법에 대한 직접적인 부당 관여는 여전하게 존재한다. 사법에 대한 당의 지도력을 개혁, 개선하고 사법권의 독립성을 높이기 위해서는 다음 두 가지 문제를 적절히 해결해야 한다.

① 사법에 대한 정법위원회 지도

사법권의 독립성 문제를 체제적으로 해결하기 위해서는 당의 정법위원회가 사법에 대한 역할 논의가 불가피하다. 신중국 건국 전에는 국가적인 의미의 정권이 수립되지 않았기 때문에 공안 사법 업무는 모두 당의 직접 지도하에 진행되었다. 1949년 중앙인민정부위원회는 정무원과 그 산하에 여러 부部 등 전문 행정부문 외에도 정치법률, 재정경제, 문화교육, 인민 감찰에 관한 4개 위원회를 포함한 연락 및 지도 위원회를 설치했다. 1957년 6월 중국공산당 중앙위원회는 지도력을 강화하기 위해 재경, 정법, 외사, 과학, 문교에 대한 여러 지도 소조를 설립하기로 결정했다. 각 소조는 중앙정치국과 서기처에 직접 소속되어 업무를 보고한다. '문화대혁명' 이후 1980년 1월 당 중앙위원회는 정법위원회를 설립했고, 정법위원회는 당의 기능 부문 중 하나로 발전했다.

정법위원회는 중국공산당 내에 설치된 정법 업무를 주도하는 전문기관으로 현급 이상 당위원회에 설치되며 해당 급級의 당위원회 지도를 받는다. 정법위원회 위원에는 동급 당위원회와 공안, 검찰, 법원, 사법, 국가안전기관, 민정 기관의 주요 책임자가 포함된다.[69] 1980년「정법위원회 설립에 관한 중국공산당 중앙위원회 통지」에 규정된 정법위원회의 기능은 정법 각 부문의 업무를 연계, 지도하고, 당위원회와 조직 부문을 협조하여 간부들을 고찰, 관리하며, 정책, 법률, 이론에 관한 연구 업무를 조직, 전개하고, 당내 연합 근무를 조직하여 중대하고 어려운 안건을 처리하며, 각 방면에서 '종합적 관리' 조치를 시행하도록 조직하고 추진한다. 1990년 초 중국공산당 중앙위원회가 공포한「사회 안정 유지 및 정법 업무 강화에 관한 통지」를 발표하여 "중앙정부는 중앙정법위원회를 복원하고 책임과 임무를 적절하게 조정하기로 결정한다"라고 밝혔다. 정법위원회는 "주로 정법 업무를 거시적으로 지도하고 조정하며 당위원회의 참모와 조수가 된다"라고 밝혔다. 1999년 4월 중국공산당 중앙위원회는「정법 간부 대오건설을 더욱 강화하기 위한 결정」을 발표하여 "정법위원회는 각급 당위원회가 정법 업무를 지도하고 협조하는 기능 부문이다"라고 명시했다.

각급 정법위원회는 동급 당위원회를 대표하여 정법 업무의 지도를 구체적으로 시행하고, 사법기관 내 당 조직은 정법위원회의 직접 지도하에 당의 결의와 지시를 구체적으로 관철한다.「중국공산당 장정章程」에는 "당 조직은 지도 핵심 역할을 한다. 당 조직의 임무는 주로 당의 노선, 방침, 정책을 관철하고, 본 단위의 중대한 문제를 토론하고 결정하며, 간부 관리 업무를 수행하고, 비당원 간부와 군중을 단결시키고, 당과 국가가 위임한 임무를 완성하고, 지도 기관과 직속 단위 당 조직의 업무를 책임진다"라고

69 鄒瑜, 顧明 주편,『法學大辭典』, 中國政法大學出版社, 1991, 제1146쪽.

규정하고 있다.

중국「헌법」에서는 "헌법은 국가의 근본법이며 가장 높은 법적 효력을 갖는다. 전국의 모든 민족 인민, 모든 국가기관과 무장력, 모든 정당과 사회단체, 모든 기업과 사업 조직은 헌법과 법률을 준수해야 하며 헌법과 법률을 위반한 모든 행위는 반드시 처벌한다"라고 규정하고 있다. 법적 절차를 통해 국가의 의지로 승격된 당의 의지는 현행 헌법과 법률이며, 당과 사법기관은 모두 헌법과 법률 내에서 운영되어야 한다. 당은 법에 따라 지도하고 사법기관은 법에 따라 독립적으로 권한을 행사하며 양자는 통일되어 있다. 사법 업무에 대한 당의 지도는 주로 다음 사항에 반영되어야 한다.

첫째, 노선, 방침, 정책의 지도이다. 당은 사법 업무의 방향을 파악하고 사법 업무와 관련된 노선, 방침, 정책을 제정하고 제기하며, 그 권력을 사법 과정에 직접 적용해서는 안 된다.

둘째, 당 조직은 사법기관 책임자를 인민대표대회에 추천하며, 사법기관 지도자의 정치적 품성과 업무 자질을 보장한다

셋째, 당의 조직 활동, 당의 사상정치업무, 당원의 모범적 역할을 통해 사법인원의 성실한 직무수행의 자발성을 제고한다.

넷째, 사법기관의 독립적인 직권 행사를 보장하는 역할을 한다. 각급 당위원회는 정치법률사업에 대한 지도력을 강화하고, 업무 안정의 전반적인 유지관리를 총괄하며, 대오 건설을 강화하고, 사법권위를 효과적으로 유지하며, 정법 업무에 대한 강력한 정치적 보장을 제공한다.

당의 지도는 모든 것을 독점하는 것은 아니고, 법집행 기관을 대신해 특정 사건을 정성定性적으로 처리하는 것도 아니다. 정법 업무에 대한 당의 지도력을 강화하고 개선하는 근본적인 목적은 엄격한 법집행을 촉진하는 것이다. 법을 말로 대체하고, 권력을 사용하여 법을 억압하는 등 사법기관의 정상적인 법집행 활동에 대한 간섭은 전적으로 잘못된 것이며, 당은 단호히 반대한다.[70]

---

70 中共中央政法委員會 편,『法治熱點問題解讀』, 中國長安出版社, 2008, 90~91쪽.

당위원회와 정법위원회가 사건을 심사 승인할 수 있는지에 대해 우리는 정법위원회의 사건 심사 승인 권한을 취소해야 한다고 주장한다. 이러한 권한은 소송의 기본 원칙인 직접 언사言詞 원칙을 위반하고 '판이불심判而不審'의 범주에 속할 뿐만 아니라, 감성적 인식에서 이성적 인식으로 나아가는 마르크스주의 인식론 원리에도 부합하지 않기 때문이다. 오심 사건이 발생하면 관련자에게 책임을 묻기도 어렵다. 셰샹린佘祥林의 억울한 사건은 현지 정법위원회가 조정해 결정한 것이며, 이러한 침통한 교훈을 진지하게 받아들여, 제도 개혁에서 전철을 밟지 않도록 방지해야 한다. 또한 지방 각급 정법위원회의 사건 심사 승인권은 지방 보호주의를 더욱 성행하게 할 가능성이 높다. 그러나 중국의 현행 체제에서는 사회적 파장이 큰 개별 사건의 경우 정법위원회가 개입해 당사자와 조율하여 적시에 적절하게 처리할 수 있도록 할 수 있다. 또한 중앙정법위원회에서 사건 조율 방법을 규정하는 문서를 제정해 규범화를 권장한다.

② 당위원회가 사법 간부를 선출하고 임명하는 방법

'당의 간부 관리'는 당의 지도를 나타내는 중요한 내용이다. 당이 간부를 관리하는 원칙을 견지한다는 것은 주로 "첫째, 당의 간부 노선과 간부 정책을 견지하고, 둘째, 간부 업무에 대한 당의 지도력을 견지하고, 셋째, 당위원회가 일부 주요 간부의 직접 관리를 견지한다"[71]라는 세 가지 견지이다. 각급 법원과 검찰원의 지도자는 법률상 인민대표대회와 상무위원회가 선출하거나 임명하며, 실제로 당위원회와 그 조직 부문이 결정적인 추천권을 장악한다. 중앙조직부가 발표한 「지방 당위원회의 지방 국가기관에 대한 지도 간부 추천에 관한 몇 가지 규정」에 따르면 당위원회가 국가기관의 지도자를 결정한 후, 인민대표대회 상무위원회의 당 조직은 당위원회의 의도에 따라 추진하여, 당위원회의 의도가 제대로 관철되도록 해야 한다고 요구하고 있다.

당위원회가 본급 사법기관에 대한 인사통제권을 행사하는 것은 제도 설계의 본래

71 虞雲耀,『黨的建設研究』, 中共中央黨校出版社, 2004, 324쪽.

취지에서 볼 때 당의 지도력을 통해 권력의 집중 통일을 보장하기 위한 것이다. 그러나 지방 이익과 중앙 이익의 모순은 불가피하며 일부 지방 당과 정부 지도자들은 지방 이익을 우선시하여 사법권의 지방화를 초래한다. 이를 위해 1999년 「정법 간부 대오의 건설을 진일보 강화하기 위한 중국공산당 중앙위원회의 결정」은 "지방 당위원회는 정법 부문의 지도 간부를 임면을 결정할 때 상급 정법 부문인 당 조직(당위원회)의 동의를 받아야 한다"라고 규정하고 있다. 이는 사법기관 지도자가 지방 당위원회 지도자에 의해 완전히 통제되는 것을 방지하기 위한 조치이지만 실제로는 이 규정이 제대로 시행되지 않고 있다.

당이 사법 간부를 관리하는 개혁은 주로 당이 인민대표대회에 사법기관의 지도자를 추천하는 방법에 반영되어야 한다. 우리는 당위원회는 후보자 추천 시 사전에 일정 범위 내에서 의견을 수렴하고 해당 부서에 공개하며, 법률 전공에 정통하고 도덕 품행이 좋은 사람이 추천될 수 있도록 해야 한다고 본다. 「법관법」 제12조[72]에 따르면 인민법원의 원장과 부원장은 법관 또는 기타 법관 자격을 갖춘 사람 중에서 가장 우수한 사람을 선택해야 한다. 그러나 실제 사법기관의 지도자인 법원장, 검찰원 검찰장은 법관 및 검찰관 경험이 없는 당정 간부들 사이에서 전임되는 경우가 많다. 원장과 검찰장의 전문직 출신 여부는 사법권의 독립적 행사와 사법인력의 소질에 큰 영향을 미친다. 이 문제는 사법체제개혁 차원에서 진지하게 연구하고 적절하게 해결할 필요가 있다.

4) 사법의 인권보장

법치는 인권보장의 전제 조건이다. 법치 없이는 민주, 평등, 자유 등 기본적인 인권을 충분히 존중하고 보장할 수 없다. 권리는 헌법과 법률을 제정하는 근거이다. 권

---

72 「검찰관법」 제13조에도 같은 규정이 있다.

리 체계로서 인권은 실천의 발전과 함께 지속해서 발전하고 개선되며, 이는 법적 권리와 의무 관계의 창설과 발전에 큰 영향을 미친다. 따라서 법치와 인권은 상호 의존하며 불가분의 관계이다. 배리 헤이거의 말처럼 "법치의 법적 이론 발전의 초석 중 하나는 개인 권리의 존재와 이에 의해 파생된 정부가 그러한 권리를 존중해야 한다는 원칙적 개념이다"[73]라고 볼 수 있다.

'자연권'이라고도 하는 인권은 모든 사람이 누려야 하고, 국가의 간섭을 받지 않는 근본적인 권리이다. 인권은 인간이 인간이라는 이유만으로 존재하는 일련의 자유와 권리로 나타나며, 이러한 자유와 권리는 선천적이고 설명할 필요가 없는 것으로 간주한다. 영국 학자 밀른의 견해에 따르면 인권은 생명권, 공평한 대우를 받을 수 있는 공정公正권, 도움을 받을 수 있는 권리, 전횡의 간섭을 받지 않는다는 소극적 의미에서의 자유권, 성실하게 대우받을 권리, 예의권, 아동이 보호받을 권리 등 7가지이다. 인권 보호에서 법치의 역할은 여러 방면에 반영된다. 형사사법 분야에서 법치 원칙은 일련의 절차적 권리 설정을 통해 "국가가 범죄자를 유죄로 인정하고 처벌할 때 사회 전체가 일반적으로 동의하는 공정하고 정의로운 절차를 완전히 준수하도록 보장해야 한다"라고 요구하며, 형사사법 분야뿐 아니라 "민법과 경제법에서도 법치의 요구는 국가가 개인의 경제와 재산 권리를 훼손하는 것을 방지할 수 있다. 이 과정에서 이런 민사적, 형사적 절차적 권리와 규칙은 개인의 실질적인 인권보장이 된다"[74]라는 것이다.

중국의 사법 제도를 살펴보면 인권 보호를 강화하기 위해서는 기존 제도에 상응하는 개혁이 필요하다. 형사소송에서 혐의자와 피고인은 권리에 가장 취약한 집단이며, 이들의 보호를 강화하면 형사소송의 인권보장 수준이 전반적으로 향상된다. 중국 형사소송법은 범죄 혐의자 및 피고인의 인권보장에 관한 일련의 규정이 있지만 국제 인권 규범과 비교하면 다음과 같은 측면에서 여전히 거리가 있어 개혁할 필요가 있다. (1)

---

73 [미] 배리 헤이거, 『法治:決策者概念指南』, 曼斯菲爾德太平洋事務中心 역, 中國政法大學出版社, 2005, 76쪽.

74 [미] 배리 헤이거, 『法治:決策者概念指南』, 曼斯菲爾德太平洋事務中心 역, 中國政法大學出版社, 2005, 81쪽.

무죄추정의 원칙을 확립해야 한다. 무죄추정은 법치사회의 중요한 개념이며, 형사소송의 중요한 원칙과 구체적인 규칙이다. 중국에서는 「형사소송법」 제12조에 무죄추정 원칙의 기본 정신을 흡수하고 무죄추정의 내용에 해당하는 의죄종무疑罪從無를 규정하고 있음에도 불구하고 입법기관이나 사법 실천 부문 모두 이를 공식적으로 인정하지 않고 있다. 따라서 입법기관은 입법을 통해 이 원칙을 형사소송법 또는 헌법에 규정하여 무죄추정의 원칙이 중국 헌법과 형사소송법의 중요한 원칙이 되도록 해야 한다. (2) 비례원칙을 관철하고 강제조치 및 수사행위 시행을 적절히 통제한다. '비례원칙'이란 어떤 강제조치를 취하든 범죄 혐의자, 피고인의 신변위험성 정도와 범죄의 경중輕重 정도에 상응해야 한다. "소위 '비례원칙'이란 의법치국 원칙에서 유래한 하나의 헌법 원칙으로 적정성, 필요성, 대응 비례성 등 세 가지 원칙을 포함하며, 국가기관이 공권력을 행사하려면 그 수단이 반드시 목적 달성을 위한 적절한 수단과 최소 침해를 초래하는 데 필요한 수단이어야 하며, 수단과 목적 또는 방법과 목표 사이 또는 국가공권력의 관여 정도와 사회공익 사이에 대응 비례가 있어야 한다. 따라서 국가의 모든 조치는 다양한 사실 조건과 특정 목적을 달성하기 위한 적절성과 필요성을 살펴보고 개입의 방식과 정도가 사실의 중요성 및 원하는 목적 달성과 대응 비례가 되도록 해야 한다."[75] 비례원칙은 강제적인 수단을 취하거나 강제의 정도는 대응 비례의 범위를 벗어나지 않아야 하며, 그렇지 않은 경우 금지되어야 하는데 이를 '과량 금지'[76]라고 한다. "형사절차에서 강제처분 수단은 반드시 피처분자의 위반 혐의의 경중 및 범죄혐의의 정도에 비례해야 한다."[77] 이러한 상당相當성을 넘어서면 국가 강제력의 무절제한 행사를 의미하며, 필연적으로 시민의 자유권에 대한 위협이며 법치 정신과 원칙에 위배된다. (3) 고문을 억제하고 범죄 혐의자 및 피고인에게 자백 강요를 거부할 권리를 부여한다. 고문은 야만적이고 오래된 악으로 여겨진다. 중국의 형사소송에서는 고문이 빈번하게 발생

---

75 林山田, 「論刑事程序原則」, 『臺大法學論叢』 제28권, 제2기, 101쪽.

76 위의 책, 101쪽.

77 林山田, 『刑事程序法』, 中國臺灣五南圖書出版公司, 2001, 257쪽.

하고 그로 인한 심각한 결과가 다수 신문에 공개되었지만, 이러한 야만적인 현상이 효과적으로 억제되지 않고 있다. 실제로 고문에 대한 효과적인 억제책이 없는 것은 아니며, 물론 묵비권, 불법증거배제규칙, 변호사 신문 입회권 등 단일조치는 이를 효과적으로 억제할 수는 없지만, 이러한 조치를 종합하면 효과적일 수 있다. 따라서 관련 지원제도의 구축은 사법이 시급히 해결해야 할 문제이자 입법기관이 진지하게 대응해야 할 문제이다. 자백 강요 거부self-incrimination 권리(또는 특권)는 형사소송에서의 대결 정신과 일치해 소송의 문명성을 보여준다. 중국의 「형사소송법」은 범죄 혐의자나 피고인에게 자백 강요를 거부할 권리를 부여하지 않고 있지만, 제43조에서는 고문에 의한 자백 강요, 협박, 유인, 기만, 기타 불법적인 방법으로 증거를 수집하는 것을 엄격히 금지하고 있으며, 제93조에서는 범죄 혐의자가 진실한 자백의 의무, 즉 "범죄 혐의자는 수사인원의 질문에 대해 진실하게 대답해야 한다"라고 규정하고 있다. 여기에서 범죄 혐의자, 피고인이 진술하는 자발성에 대한 규정이 없으며, 입법기관과 사법부문도 중국 형사소송에서 범죄 혐의자, 피고인 진술의 자발성을 채택 조건으로 간주하지 않는다. 중국 형사소송법의 진술 의무 규정은 형사사법 국제기준과 일치하지 않는 것이 분명하다. 형사소송에서 인권 보호를 강화하기 위해서는 범죄 혐의자, 피고인(피해자, 증인 등에게도 부여해야 함)에게 자백 강요를 거부할 수 있는 입법을 통해 중국 형사소송의 대결구조를 개선해야 한다. (4) 법률지원제도를 개선하고 강제 변호 제도를 구축한다. 법률지원은 경제적으로 가난한 사람이나 기타 이유로 소송에서 도움이 필요한 사람들의 권익을 보호하기 위한 제도로서 전 세계적으로 백년의 역사가 있으며 현재 대부분의 국가에서 사법적으로 인권을 보호하고 촉진하는 국가기능이 되고 있다. 중국 법률 지원의 핵심은 소송의 요구를 충족시킬 수 있는 일정 수의 변호사 보유 외에도 법률 지원에 사용되는 자금이 보장되어야 한다. 중국의 법률 지원제도는 수립 시간이 길지 않고, 자금 부족으로 인해 추진이 순조롭지 못하며, 해결책은 법률지원을 위한 자금을 정부 재정 예산에 포함하도록 입법화하여 정부의 재정 배분을 주요 재원으로 삼고 사회자금을 모금하여 법률 지원 기금을 설립하는 것이다. 강제변호는 재판이 적법하고 효과적으로 진행되기 위해 피고인이 자신을 변호할 변호인이 있어야 하는 제도이다. 일부 국가에서는 피고인이 일정 형량(예를 들면 3년) 이상의 형을 선고받거나 '가소죄可訴罪'로 정식 기소된 사건에 대해 변호사를 선임하지 않은 경우, 법관은 변호사를 선임해 방어권 행사를 보장해야 한다. 중국 형사소송법은 변호인을 선임하지 않은 피고인에 대해 법원이 법률지원 의무를 담당하는 변호사를 선임하여 변호할 수 있도록 규정하고 있으며, 시각장애인, 청각장애인, 미성년자, 사형을 선고받을 수 있는 사람이 변호인을 선임하지 않은 경우에는 법률지원 의무를 담당하는 변호사를 선임하여 변호해야 한다. (5) 신중한 사형 집행 방침을 관철하고 사형에 대한 소송절차를 개선한다. 형사사법의 국제기준과 각국 사법의 전반적인 추세로 볼 때 사형제 적용 제한과 폐지는 많은 국가에서 중시되고 있으며 국제사회의 관심사가 되고 있다. 중국의 법과 형사정책은 사형이 극악무도하고 사형 외에 평민의 분노를 가라앉히기 부족한 범죄자에게만 적용된다고 강조하지만, 전통적인 중형사상은 여전히 입법과 사법활동에서 주도적인 역할을 하고 있으며, 직접적인 결과는 형법에서 규정된 최고 형량이 사형인 죄명이 너무 많고 실제로 사형의 적용이 엄격하게 통제되는 않는 경우가 많다. 사형제도를 신중하게 적용하는 것은 중국 형사사법개혁의 중요한 내용이 되어야 하며, 이는 사형제도를 줄이거나 폐지하는 세계적인 추세에 부합하며, 한 나라의 형벌 문명의 수준을 반영한다. 이를 위해 우리는 사형 심사절차를 개혁하고 개선하며 사형의 질을 엄격하게 관리해야 하고 사형선고 사건의 소송 구제 절차도 보완해야 한다. 「공민권리와 정치권리에 관한 국제공약」 제6조는 사형을 선고받은 사람은 사면이나 감형을 요구할 권리가 있으며, 사형이 선고된 모든 사건은 대사면大赦免, 특별사면 또는 감형을 받을 수 있다고 규정하고 있다. 중국 법률은 사형선고를 받은 사람에게 사면이나 감형을 요구할 권리를 주지 않고 있는데,[78] 이는 유엔이 제정한 형사사법 국제 준칙과 일치하지 않으며, 유엔의 관련 규정을 참조하여 형사소송법에서 보완해야 한다. (6) 형사 피해자의 소송 권리와 이익을 보호한다. 중국은 1996년 개정된 「형사소송법」에서 형사 피해자에 대한 권

78 여기서 사형이 즉시 집행되는 사건을 말하며, 집행유예 2년을 선고받은 사건은 제외한다.

리보호를 강화했다. 예를 들어 피해자의 당사자 지위를 명확히 하고, 피해자에게 더 많은 소송 권리를 부여한다. 그러나 형사피해자 보호를 위한 입법 측면에서 중국은 여전히 개선해야 할 부분이 있다. 첫째, 양형 제안권 등 측면에서 피해자가 소송당사자로서의 소송 권리를 확대하고, 둘째, 형사 피해자 대리에 관한 법적 지원제도를 마련하고, 셋째, 형사 피해자 국가 구제제도를 구축하고 여건이 충분하면 전문적인 형사 피해자 구제법과 형사 피해자 보호법을 제정해야 한다.

민사소송 분야에서 인권은 소송에서 법적 권리로 표현되며 당사자가 가지고 있는 다양한 소송 권리뿐만 아니라 민사 소송권리와 민사 실체권리를 자유롭게 처분할 수 있는 당사자 권리도 포함한다. 따라서 민사소송에서의 인권 실현은 당사자의 소송 권리 및 처분행위에 대한 법원의 존중에 의존한다. 당사자가 소송 권리를 자유롭게 지배하고 법원이 당사자의 처분행위를 존중하면 인권도 확실히 보장된다. 객관적으로 볼 때 중국의 민사소송 입법은 인권보장에 더 많은 관심을 기울이고 있다. 중국의 「민사소송법」 제2조는 당사자의 권리보호를 기본목적으로 하고 있다. 「민사소송법」 제6조부터 제15조까지는 민사소송의 기본원칙과 제도를 규정하고 있으며, 그중 대부분 원칙과 제도의 개념과 본질은 인권보장의 의미가 있다. 「민사소송법」은 또한 당사자가 인민법원에 공정한 재판을 요구하고, 자신의 실체적 권리를 수호하는 청구와 주장, 실체적 권리를 처분하고, 민사 권익을 실현하는 등 권리를 구체적으로 규정하고 있다. 그러나 사법 관행에서는 당사자가 자신의 소송권을 진정으로 자유롭게 지배할 수 없고 법원이 당사자의 처분을 존중하지 않는 현상이 다수 존재한다. 민사소송당사자의 권리보장은 주로 다음과 같은 측면에서 이루어져야 한다고 본다. (1) 구속력 있는 변론원칙을 확립한다. 변론원칙은 민사소송 특유의 기본원칙으로 현행 「민사소송법」 제12조는 "인민법원이 민사사건을 심리할 때 당사자는 변론할 권리가 있다"라고 규정하고 있다. 그러나 민사소송의 실제 운영에서 변론원칙의 구체적인 역할은 찾아볼 수 없다. 반면 재판이 열리고 당사자 양측의 치열한 변론은 형식, 이른바 '공허화'에 그치는 경우가 많다. 변론 절차 자체가 민사재판절차 전반에 핵심적인 위치를 차지하고 있기 때문에 변론 절차의 공허화는 민사재판절차 전체의 공허화를 초래한다. 따라서 중국 민사소송법에서 규정하는 변론원칙은 사실상 비제약적 또는 비실질적 원칙이 되었으며 일부 학자들은 이를 '비제약적 변론원칙'[79]이라고 부른다. 소송절차의 설계와 운영을 민사소송의 객관적 법칙에 부합하고, 절차적 공정 가치를 실현하며, 당사자의 절차적 주체 지위를 확보하기 위해 법원의 심리와 재판이 당사자의 변론권에 의해 진정으로 제약되어, 민사소송의 변론원칙이 제약적 변론원칙이 되도록 해야 한다. (2) 제약적 처분의 원칙을 확립한다. 민사소송법 제13조는 "당사자는 법률이 정한 범위 내에서 자신의 민사 권리와 소송권을 처분할 권리가 있다"라고 규정하고 있다. 일반적으로 중국의 처분 원칙의 의미는 당사자가 법에 규정된 범위 내에서 민사 권리와 소송권을 처분할 권리가 있음을 의미한다. 서방 국가의 처분 원칙은 일반적으로 당사자가 소송의 시작, 소송의 대상 및 소송종료에 대한 소송 원칙을 결정할 권리가 있다. 전자는 당사자의 '권리'의 관점에서만 정의되고 후자는 당사자의 권리뿐만 아니라 그 권리의 행사 효과의 관점에서 해석된다.[80] 따라서 당사자의 처분행위는 법원에 구속력이 없는 경우가 많으며, 인민법원은 이를 완전히 무시하고 기타 다양한 이유로 사건을 처리할 수 있다. 시장경제 참여 주체의 적극성을 충분히 발휘하고 소송당사자의 주체적 지위를 존중하기 위해 중국은 제약성 처벌 원칙을 참고 및 확립하고, 소송절차의 개시는 당사자가 결정해야 하며, 재판의 대상은 당사자의 청구에 국한되어야 하며, 법원은 소송 철회에 적극적으로 관여하지 말아야 한다.

5) 사법의 행정권 행사 제약

법치 사상의 요인 중 하나는 분권을 통해 권력 남용과 부패를 방지하기 위한 예방조치를 수립하는 것이다. 몽테스키외는 "권력 있는 모든 사람은 권력을 남용하기 쉽

79 張衛平,「我國民事訴訟辯論原則重述」,『法學研究』, 1996, 6기.
80 劉學在,「我國民事訴訟處分原則之檢討」,『法學評論』, 2000, 6기.

다.…… 권력 남용을 막으려면 권력으로 권력을 제약해야 한다."[81] "정부 자체가 법의 제약을 받아들여야 한다는 개념은 서방의 법치 학설 기여의 핵심이다"[82]라고 했다. 정부와 그 행위가 법의 제약을 받기 위해서는 법을 관리, 운용, 집행하는 사법으로서 정부와 행정행위를 구속하고 제약해야 한다.

세계 주요 선진 법치국가를 살펴보면 사법권이 행정권을 제한하는 두 가지 주요 유형이 있는데, 하나는 영미법계 국가의 사법심사 제도이고, 다른 하나는 대륙법계 국가의 행정소송 제도이다. 두 가지 제도 형식은 각각 특색이 있고 서로 다르다.

행정소송의 설계와 운영은 행정권과 사법권의 관계를 수반하며, 양자 사이의 관계를 어떻게 균형 있게 조정하느냐가 행정소송이 직면한 주요 문제이다. 행정소송에서 행정권과 사법권의 관계는 크게 수평적 관계와 수직적 관계의 두 가지 측면으로 나눌 수 있다. 수평적 관계는 행정소송의 사건 수리 범위에 집중되고, 수리 범위의 폭이 행정행위에 대한 사법권의 심사 범위와 감독의 강약을 직접적으로 반영하고 있으며, 행정권과 사법권 관계의 매우 중요한 측면이다. 수직적 관계는 주로 행정행위가 행정소송에 포함되면 법원이 이를 어떻게 심사하고 어느 정도까지 심사하는 문제이다. 즉 행정소송의 심사 강도에 반영된다. 행정소송의 수리 범위는 심사 강도 규범 대상과 중점 사이에 많은 차이가 있는데, 전자는 행정기관의 어떤 행위가 행정행위인지, 어떤 행정행위가 행정재판 범위에 포함될 수 있는지, 어떤 행정이 사법 감독 범위에 들어갈 수 없는지를 해결하고, 후자가 해결해야 할 문제는 이미 사법절차에 들어간 행정행위가 사법기관의 감독과 검사에 어느 정도 직면할 것인가이다. 양자 모두 행정소송의 핵심 문제, 즉 사법권과 행정권의 관계에 관한 것이다.[83]

중국에서 행정권에 대한 사법권의 제약은 주로 행정소송이라는 매개체에 의해 실현된다. 고대 중국의 법제도는 '제법합체諸法合體' 되어 사법과 행정이 구분되지 않았고

---

81 [프] 몽테스키외, 『論法的精神』(상), 張雁深 역, 商務印書館, 1982, 154쪽.

82 [미] 배리 헤이거, 『法治:決策者概念指南』, 曼斯菲爾德太平洋事務中心 역, 中國政法大學出版社, 2005, 39쪽.

83 楊偉東, 『行政行爲司法審查強度研究』, 中國人民大學出版社, 2003, 5~9쪽 참조.

행정장관은 행정권을 행사하면서 사법권도 장악했다. 신중국 건국 이후 고도로 집중되고 통일된 계획경제 체제로 인해 정부 권력이 무한히 확대되고, 행정권에 대한 사법권의 제약과 감독기능이 어려워졌다. 개혁개방 이후 법치 사상이 점차 사람들의 마음에 깊이 스며들었고, 특히 「행정소송법」의 공포와 시행으로 사법권이 행정권에 대한 감독 및 제한 기능이 다소 구현되었지만, 사법권은 여전히 행정권에 어느 정도 의존성(예: 경비 등)이 있기 때문에 '능동력이 부족하고 자제에 여유가 있다'는 상황을 초래하였다. 중국 행정소송에서는 기소량이 많지 않고 승소율이 높지 않으며, 상소율이 높고 재판 번복률이 높은 것이 두드러진 문제가 되고 있다.

현재 중국은 신구 사회관계가 상호작용하고 얽히는 사회 전환기에 있으며, 이에 따라 많은 행정소송이 발생하고 있다. 이는 사법권이 행정권을 제약할 수 있는 넓은 공간을 마련한 것이다. 따라서 의법치국, 사회주의 법치국가를 건설하는 관점에서 사법기관의 위상을 높이고 사법권 심사의 범위를 확대하며 사법권의 행정권 제약 강도를 강화하여 최종적으로 행정법원을 설립해야 한다. 이는 행정기관의 법에 따른 행정을 촉진하는 데 도움이 될 뿐만 아니라 국민의 정당한 권익 보호에도 도움이 된다. 구체적으로 말하면 아래와 같다.

1. 사법권이 행정권을 제한하는 범위, 즉 행정소송의 접수 범위를 확대한다. 우리는 추상적인 행정행위와 내부 행정행위를 사건 수리의 범위에 포함해야 한다고 생각한다. 이는 행정권의 효과적인 행사에 더욱 도움이 되고 행정상대인의 정당한 권익을 더 잘 보호할 수 있다. 자세한 논증은 이 책 제5장 '중국 법원제도' 부분을 참조하면 된다.

2. 행정권을 제한하는 사법권의 강도는 사건의 특정 상황에 따라 종합적으로 균형을 이루어야 한다. 중국 「행정소송법」 제5조는 "인민법원은 행정사건을 심리하고 구체적인 행정행위의 합법 여부를 심사한다"라고 규정하고 있는데, 이는 중국 행정소송이 민사소송, 형사소송의 고유한 원칙인 합법성 원칙과 구별되어 중국 행정소송에서 사법권과 행정권의 기본 경계를 확립한 것으로 인정된다. "합법성 심사의 원칙은 행정재판에서 인민법원의 권한 범위를 명확히 하고, 사법권과 행정권의 역할 영역을 명확

히 하며, 행정재판에서 기본 원칙적 지위를 확립했다."[84] 일반적으로 합법성 원칙의 하나는 행정소송에서 사법권이 행정권보다 높은 효력을 갖는다는 점, 다른 하나는 행정권보다 높은 사법권의 효력이 범위와 절차에 한계가 있다는 점을 내포하고 있다. 한편, 법원의 심사 대상은 추상적인 행정행위를 포함하지 않고 특정 행정행위에 국한되지만, 다른 한편, 법원의 특정 행정행위에 대한 심사는 원칙적으로 합법성에 국한되고 합리성은 포함되지 않는다.[85] 유일한 예외는 「행정소송법」 제54조 제4항에 따라 인민법원은 공정성을 현저히 잃은 행정처벌 판결을 변경할 권리가 있다는 것이다. 따라서 중국 행정소송법의 합법성 원칙에 관한 규정은 중국 행정소송의 심사 강도를 구축하고 처리하는 기본원칙을 확립했다. 즉 법원의 행정권에 대한 개입 정도는 일반적으로 행정행위의 합법성이며, 원칙적으로 합리성은 행정권의 자주적 영역에 속한다. 행정처벌 행위의 합리성을 유일하게 사법 감독의 범위에 포함한 선택은 행정 자체의 성격과 입법 현실에 의해 결정될 뿐만 아니라 사법기관과 행정기관이 서로 타협한 결과이기도 하다.

행정소송에서 사법권과 행정권 사이의 관계를 합리적으로 배치하기 위해서는 법원과 행정기관 간의 각자의 기능과 전문적 장점, 행정소송의 사전절차 완비 정도, 공민의 권리와 이익의 보호, 행정 효율의 균형 등에 중점을 두어야 한다고 생각한다. 행정기관의 행정행위에 대한 법원의 심사 강도는 다양한 요인에 대한 분석을 바탕으로 결정한다.[86]

구체적으로 첫째, 법원은 행정기능이 강한 사항에 대한 심사를 최대한 존중하고, 법원이 우세를 가지고 있는 사항에 대해서는 더 큰 심사권을 부여해야 한다.

둘째, 행정행위의 행정절차가 비교적 완전하고 정당하다면 법원 심사의 강도도 상대적으로 낮아야 하며, 행정절차가 불완전하거나 해당 절차가 전혀 없는 경우 법원의

84 應松年 주편, 『行政訴訟法學』, 中國政法大學出版社, 2002, 43쪽.
85 姜明安 주편, 『行政法與行政訴訟法』, 北京大學出版社, 高等教育出版社, 1999, 306~307쪽.
86 楊偉東, 『行政行爲司法審査強度研究』, 中國人民大學出版社, 2003, 12쪽 참조.

심사 강도를 높여야 한다.

셋째, 공민의 중대한 권리와 이익에 영향을 미치는 사건, 혹은 중대한 사건에 대한 법원의 심사도 강화되어야 한다.

4

사회공평정의와 사법 제도

1. 사회공평정의의 일반이론

'사회공평정의'라는 용어는 특정 의미를 가지며 특정 시기, 동일한 지역 사람 간의 관계에서 여러 사람과 관련된 공평과 정의 문제를 나타낸다. 이 개념은 '분배의 정의'를 의미하며, 서방 사회학과 정의이론에서 일반적으로 '사회공평정의'는 이익, 책임, 사회적 지위 등을 사회 구성원 간에 공평하게 분배하는 것을 의미한다.

1) 사회공평정의의 의미와 이론 발전

여기서 언급한 '공평'과 '정의'는 단어의 의미가 유사하고 종종 혼용되며 사람들은 유사한 의미에서 '사회적 공평', '사회적 정의' 및 '사회적 공정'을 많이 사용한다. 그러나 '공평'은 '정의'와 유사하지만 실제로는 미묘한 차이가 있다. 공평은 '평등'에 치중하고 정의의 본뜻은 '정도正道', '무복기도無復歧途', 즉 정도程度에 맞는다는 것이다. 다시 말하면, 합리성, 정당성, 적정성에 치중하는 개념이다. 공평은 공정(공)의 의미를 담고 있으며, 이러한 공정은 주로 평등 측면에서 나타난다. 정의justice라는 말은 통속적인 표현으로 '공도公道'인데, 공정(정)이라는 의미도 담고 있으며, 공정은 '의義'와 같은 윤리적 기준에 부합된다.

인류 사회에서 공평과 정의는 보편적 가치, 궁극적 가치라고 할 수 있다. 동서고금을 막론하고 사람들은 공평과 정의를 추구한다. 사회정의의 이상理想은 19세기 후반과 20세기 초반 경제가 발달한 자유 사회에서 나타났지만, 이미 아리스토텔레스의 저술과 그 후의 정치철학자들의 저술에는 사회정의라는 관점이 존재했고, 다만 "대다수 정치철학자의 저술에서 사회정의는 정의 분배의 측면으로 간주하여 왔다. 실로 이 두 개념은 종종 서로 대체되어 사용되고 있다"[1]라는 것이다.

---

1 [영] 데이비드 밀러, 『社會正義原則』, 應奇 역, 人民出版社, 2001, 2쪽.

정의의 관념은 고대 그리스인의 선과 미덕에 관한 사상으로 거슬러 올라갈 수 있다. 고대 그리스인들은 어떤 정의로운 규칙을 준수하는 품성을 일종의 미덕으로 여겼다. "정의는 누구에게나, 베푼 자 본인을 포함한 당연한 본분이며, 그들의 당연한 본분에 어울리지 않는 방식으로 누군가를 대하지 않는 품성이다."[2] 이로써 정의의 원칙은 "모든 사람과 모든 실제 이행은 반드시 그대 혹은 그녀의 당연한 대가와 부합해야 하며, 반드시 그 공적에 부합해야 한다……, 따라서 정의의 개념은 공적merit과 당연한 대가desert에 따라 정의된다"[3]라고 주장한다. 고대 그리스인들의 이런 정의 관념에서 이미 분배 정의의 그림자가 보이고 있다.

아리스토텔레스는 『정치학』에서 "정치학적인 선善은 곧 '정의'이며 정의는 공공의 이익에 의존한다. 일반적인 인식에 따르면 정의는 어떤 사물의 '평등'(균등) 관념이다. 이런 점에서 이런 세속적 견해는 문명이 윤리학에서 철학을 연구할 때 얻은 결론과 같다. 간단히 말해서 정의는 두 가지 요소를 포함한다. 즉, 사물과 사물을 받아들여야 하는 사람이다. 모두가 동일하다고 생각하는 사람은 사물도 동일하게 분배되어야 한다"[4]라고 지적했다. 『윤리학』 제5권에서 아리스토텔레스는 공평 문제에 관해 분석했고, 제시한 공평의 개념은 후세에 큰 영향을 미쳤다. 아리스토텔레스의 분석에 따르면 공평은 모든 미덕의 동의어로 사용되며 때로는 용기, 관대함 등과 같은 특정 덕목을 지칭하는 데 사용된다. 아리스토텔레스는 공평이나 정의를 '분배의 공평'과 '교정의 공평'으로 구분하며 "전자는 이익, 책임, 사회적 지위 등 사회 구성원 간 분배를 의미하고, 후자는 사회 구성원 간에 이미 확립되고 종종 파괴당하는 균세와 균형을 재건한다"[5]라고 주장한다. 아리스토텔레스가 '사회정의'에 대한 정의는 후세에서 이 개념을 이해하는 기준이 되었다.

분배의 정의 개념은 정의의 종류 구분에 관한 아리스토텔레스의 이론에서 한 자리

---

2 [미] 알라스데일 매킨토시, 『誰之正義?何種合理性?』, 萬俊人 외 역, 當代中國出版社, 1996, 48쪽.
3 위의 책, 48쪽.
4 [고대 그리스] 아리스토텔레스, 『政治學』, 吳壽彭 역, 商務印書館, 1965, 148쪽.
5 [미] 피터 스타인과 존 샌드, 『西方社會的法律價值』, 王獻平 역, 中國人民公安大學出版社, 1989, 76쪽.

를 차지하고 있다.[6] 아리스토텔레스 이래 정의는 응보의 정의와 분배의 정의로 나뉘며, 타인의 권리를 침해하는 행위를 처벌하거나 누리는 권리를 회복하는 것을 응보의 정의 혹은 징벌의 정의retributive justice or the justice punishments라고 하며, 적절한 차별에 따라 모든 사회 구성원 간의 권리와 특권의 공평한 분배를 보장한다. 분배의 공정은 행복을 평등하게 추구할 뿐만 아니라 과거에 부당한 차별을 받아온 사람들의 손실을 보상해야 한다.[7]

아리스토텔레스는 분배의 정의는 어떤 형식의 당연한 보상과 부합되어야 한다고 주장한다. 원래 "분배의 정의는 당연한 보상의 원칙을 다양한 상황에 적용하는 것이다"[8]라며 "소위 공정이란 모든 사람이 공정한 일을 하는 데서 오는 품성이고, 그 품성 때문에 사람들은 공정하게 행동하고 공정한 일을 하고 싶어 한다"[9]라고 주장한다. 그의 견해에 따르면 정의는 위법과 불균형이 불공정하다는 것을 의미하며, "법을 지키는 사람은 공정하고, 물론 모든 합법적인 일은 어떤 의미에서 공정하다"라는 뜻이다. 물론 여기에서의 법은 통치자만의 이익뿐만 아니라, 덕성에 맞고 이와 유사한 기타 방식으로 전체의 공통 이익을 보여준다. 그래서 어떤 의미에서 공정이란 행복을 주고 지키는 것, 또는 정치 공동체 복지의 구성 부분이라고 한다. 아리스토텔레스가 보기에는 법은 다양한 행위의 지침을 공포하고, 이러한 지침은 '도덕을 장려하고 악행을 금지'하며, 공포된 지침이 정확하면 법률도 정확하며, 이러한 법률을 위반하면 반反정의로 본다.

아리스토텔레스는 공정을 두 가지 범주로 보고 있다. 하나는 재물, 명예, 합법 시민 모두가 소유할 수 있는 물건의 분배에 있으며 '분배의 공정은 말한 바와 같은 비례관계에 따른 공공물의 분배', '불공정은 이러한 공정의 대립물로서 비례의 위배'로 표현된다. 공정은 "공정한 사람이 공정한 선택에 따르는 행위의 원칙이다. 이는 분배 중에서 자신과 타인 사이에서 유익한 것을 자신에게 더 많이 주고 동료에게 적게 주는 것이 아

---

6 [영] 데이비드 밀러, 『社會正義原則』, 應奇 역, 人民出版社, 2001, 2쪽.
7 [미] 리차드.T.놀런 외, 『倫理學與現實生活』, 姚新中 외 역, 華夏出版社, 1988, 406~407쪽.
8 [미] 알라스데일 매킨토시, 『誰之正義?何種合理性?』, 萬俊人 외 역, 當代中國出版社, 1996, 148쪽, 152쪽.
9 [고대 그리스] 아리스토텔레스, 『尼各馬科倫理學』, 苗力田 역, 中國社會科學出版社, 1990, 97쪽.

니고, 해로운 것을 자신에게 덜 주고, 동료에게 더 많이 주는 것도 아니며 비율에 따라 균등하게 분배하는 것을 요구한다"[10]라고 주장한다. 다른 하나는 교제 중에 옳음과 그름을 제공하는 기준이다. "교제 중에서의 공정은 균등이고, 불공정은 불균등이다. 그러나 그런 기하학적 비례가 아니라 산술적 비례이다. 좋은 사람이 나쁜 사람에게 해를 끼치든, 나쁜 사람이 좋은 사람에게 해를 끼치든 차이가 없다. 좋은 사람이 간통죄를 지든 나쁜 사람이 간통죄를 지든 차이가 없다. 법은 동일시하고 피해의 크기에만 주의를 기울인다. 누가 부당한 일을 저질렀는지, 누가 부당한 대우를 받았는지, 누가 사람을 해쳤는지, 누가 피해를 보았는지, 이러한 불공정은 불균등하기 때문에 재판자는 최대한 균등하게 한다. 만약 한 사람이 사람을 때리고, 한 사람이 맞고, 한 사람이 사람을 죽이고, 한 사람이 죽으면, 감당과 행위 사이의 불균형이 형성되므로, 벌을 주어 균등하게 하거나, 이익을 박탈한다"라고 주장한다. 그는 예를 들어 "재판자가 균등을 회복하면, 마치 불균등하게 나뉜 선에서 긴 선의 절반 이상을 떼어내어 짧은 선에 더함으로써 전체 선이 균등하게 나뉜다. 이런 식으로 사람들은 자신의 몫, 즉 동등한 몫을 얻는다고 한다. 균등은 산술적 비율에 따라 큰 것과 작은 것의 중간이다. 이러한 이유로 이러한 관행을 정의라고 부른다"[11]라고 주장한다. 이 관점은 죄형의 적합성 원칙에 대한 지지로 인용할 수 있는데, 죄형의 적합성은 양형의 균등, 이른바 형벌이 적당하다는 말이며, 형과 죄가 균등하지 않으면 정의롭지 않고, 이에 따라 범죄행위가 적절한 처벌을 받지 못하거나 형량이 죄보다 무거운 새로운 불균등을 초래하기 때문이다.

후세의 서방 사상가들도 사회정의의 개념과 원칙에 대해 많은 논술을 하였는데, 모두 아리스토텔레스의 관점을 기점으로 하여 발전한 것이다.

영국의 사상가 홉하우스는 '사회 정의'를 정신적 측면에서 설명하는 데 중점을 두고, '사회정의'가 사회와 정치의 다양한 제도의 정신을 구성하고 있다고 주장한다. 홉하우스가 이해한 '사회정의'는 '바른 도리를 분배한다'는 뜻을 담고 있으며, 사회정의의 의

---

10 앞의 책, 97쪽.
11 앞의 책, 88~96쪽.

미에 있어서 "바른 도리는 최대의 선을 낳는 분배이다"[12]라고 지적했다.

미국 학자 J. 파인버그는 사회정의를 비교의 개념이라고 주장하는데, 여기서 비교는 한 명 이상의 사람들의 요구권을 비교하고 그들 사이에서 어떤 균형을 찾는 것을 의미하며, 이는 실제로 사회정의가 분배의 정의임을 분명히 한다. J. 파인버그가 언급한 사회정의의 범위도 넓으며 "사회적 또는 비교적 정의는 주로 책임과 이익의 분배, 일반 법규의 입법과 집행, 협력 사업, 게임 및 기타 경쟁적 활동의 자발적 조합이다. 이러한 조건에서 발생하는 비교성 불정의는 각 당사자 간의 관계를 생성하고 변경하는 것이 포함된다. 예를 들면, 불공정 차별, 임의적 배제, 일방적 편파, 부적절한 파벌 및 불공정, 법규의 시행 전후 모순, 협력 사업에서 '다른 사람의 관대함을 이용하여 이익을 얻는 상황' 또는 상대를 불리한 경쟁 조건에 두는 것이다"[13]라고 지적했다. 여기서 '일반법규의 입법과 집행', '법규의 시행 전후 모순'은 법의 공정한 품질과 법의 공평한 적용을 사회정의의 표현으로 분명히 나열했다.

J. 파인버그는 사회정의 원칙을 형식원칙과 실질 원칙으로 구분했다. 동일 대우 원칙은 사회정의의 형식 원칙이며, 이 원칙은 사회정의의 출발점이다. 그는 "비교성 정의의 기본 원칙은 아래와 같다. 같은 경우는 똑같이 대우하며, 다른 경우는 다르게 대우하는 것이다.…… 공정한 차별적 대우는 개인 간의 관련성 있는 차이에 기초해야 하며, 공정한 동일한 대우도 개인 간의 관련성 있는 유사성에 기초해야 한다. 개인이 모든 관련 측면(절대적인 모든 측면은 아니다)에서 유사할 때 다르게 대우하거나, 일부 관련 측면에서 다를 때 동일하게 대우받는 경우, 그러한 대우는 공정하지 않다"[14]라고 주장한다. 동일 대우의 형식적인 원칙은 다양한 차이의 관련성을 판단하기 위해 몇 가지 기준을 보완해야 한다. "모든 관련 측면에서 동일한 사람은 동일한 방식으로 대우해야 하고, 모든 관련 측면에서 동일하지 않은 사람은 다르게 대우받아야 하고, 그 정도에 따

---

12 [영] 홉하우스, 『社會正義論』, 胡澤 역, 商務印書館, 1935, 138쪽.

13 [미] J. 파인버거, 『自由、權利和社會正義』, 王守昌, 戴栩 역, 貴州人民出版社, 1998, 142쪽.

14 [미] J. 파인버거, 『自由、權利和社會正義』, 王守昌, 戴栩 역, 貴州人民出版社 1998, 144쪽.

라 대우해야 한다. 이 제안은 관련 측면에 대한 자세한 설명이 전혀 없기 때문에 형식적인 정의에 불과하다. 사람들이 기여 정도에 따라 사회적 부를 분배하는 원칙(또는 그들의 능력, 수요, 지위 또는 덕목 중 하나를 근거로 사회적 부를 분배)은 실질적 원칙이다. 적어도 어떤 특징이 사회적 부의 공정한 분배와 관련이 있는지를 구체적으로 밝히는 데 한 발 더 나아갔기 때문이다."[15]

일부 학자들은 이를 더욱 명쾌하게 설명했다. 예를 들면, 영국의 학자 브라이언 배리는 "사회정의는 특정 권리의 분배를 기준으로 평가할 수 있다는 관념과 사회 내 기회와 자원의 분배가 사회의 공정 또는 불공정을 초래할 수 있다는 주장에 비해 전자는 더 오래되고 덜 논란의 여지가 있다. 기회와 자원의 분배에 초점을 맞춘 사회정의는 자유 권리에 기초해야 한다"[16]라고 지적했다.

이러한 설명을 통해 사회정의의 의미는 일반적인 사회에서 사람들에게 정의가 무엇인지에 대한 일반화된 개념이 아니라 '분배의 정의'를 의미하는 특정성을 가지고 있음을 쉽게 알 수 있다. 즉, 생활 중의 좋고 나쁜 물건이 인간 사회 구성원들에게 어떻게 분배되어야 하는지가 사회정의의 문제이다.

사회 정의론의 대표적 학자로 인정받는 존 롤스는 '사회정의'를 '사회 제도의 정의' 또는 '사회 기본 구조의 정의'의 줄임말로 언급한다. 롤스는 "우리에게 정의의 주요 문제는 사회의 기본 구조, 더 정확하게는 사회의 주요 기관이 기본 권리와 의무를 분배하고 사회적 협력에서 발생하는 이익의 분할을 결정하는 방식이다. 소위 주요 제도란 나는 정치 구조와 주요 경제, 사회적 안배라고 이해한다. 이처럼 사상과 양심의 자유에 대한 법적 보호, 경쟁 시장, 생산 수단에 대한 개인 소유권, 일부일처제 가족은 주요 사회 제도의 실질적인 예이다"[17]라고 지적했다.

롤스는 그의 저서 『정의론』에서 '사회정의'가 의미하는 바를 구체적으로 설명하며

---

15 앞의 책, 145쪽.
16 [영] 브라이언 배리, 『社會正義論』, 曹海軍 역, 鳳凰出版傳媒集團, 人民出版社, 2007, 26쪽.
17 [미] 존 롤스, 『正義論』, 何懷宏, 何包鋼, 廖申白 역, 中國社會科學出版社, 1988, 5쪽.

다음과 같이 주장한다. "개념적 확실성을 위해 한 사회를 가정해 보자. 이 사회는 일부 개인으로 구성된 다소 자족적인 연합체이며, 개인들은 서로의 관계에서 특정 행동 규범이 구속력 있다고 인정하고 자신의 대부분 행동은 이에 따르게 된다." 이러한 사회에는 이익의 일치성과 이익의 충돌도 있다. "사회 협력으로 인해 모든 사람이 자신의 노력만으로 혼자 사는 것보다 더 나은 삶을 살 수 있는 이익의 일치성이 존재한다. 한편, 이러한 사람들은 그들의 협력으로 인해 발생하는 더 큰 이익을 어떻게 분배하는지에 대해 무관심하지 않기 때문에(그들의 목적을 추구하기 위해 각자는 더 작은 몫보다 더 큰 몫을 선호하기 때문이다) 이익 충돌이 발생하고, 이익 분배를 결정하는 다양한 사회적 안배 사이에서 선택을 지도하는 일련의 원칙의 필요로, 적절한 분배 배당에 관한 계약으로 될 수 있다. 여기서 필요한 원칙은 사회정의의 원칙이며, 사회 기본제도에서 권리와 의무를 분배하는 방법을 제공하고, 사회 협력의 이익과 책임의 적절한 분배를 확정한다."[18]

사회정의에 대한 롤스의 설명에서 사회정의는 사회 전체와 그에 따르는 정치 제도와 경제, 사회적 조건과 같은 여러 차원을 포함한다. "그는 윤리학자로서 사회의 기본구조를 도덕적 관점에서 연구한 것인데, 즉 사회의 기본구조가 기본적인 권리와 의무를 분배하고 사회의 합리적인 이익이나 책임을 결정하는 차원에서의 정의 문제를 연구한 것이다. 그러나 연구 대상의 특성상 윤리학, 정치학, 법학, 사회학, 경제학 등 학문적으로 많은 분야를 다룰 수밖에 없다."[19] 사회정의의 의미는 비교적 광범위하며, 사회정의론은 사회체제의 정의가 일차적인 정의임을 강조하며 이를 연구논술의 대상으로 삼는다. "소위 사회체제란 일련의 주요 사회제도, 경제 제도, 정치 제도, 법제도, 즉 주요 사회제도가 기본권리와 의무를 분배하는 방법을 말한다."[20] 주요 영역 제도에서의 근본적인 부분을 다루고 있으며, 롤스의 사회정의 이론은 입법, 사법, 법학 연구에 이론적 지도와 이론적 지원을 제공하기 때문에 일부 학자들은 롤스 등의 사회정의 이론

---

18 앞의 책, 5쪽.
19 앞의 책, 2쪽.
20 張文顯 주편, 『二十世紀西方法哲學思潮研究』, 法律出版社, 1996, 589쪽.

을 모두 법철학의 범위에 포함한다.

사회정의 원칙의 지도하에 건설된 사회는 분배가 합리적인 사회가 되어야 한다. 롤스는 이에 대해 '조직이 양호한 사회'라는 개념을 제시하며 "사회는 구성원의 이익을 증진하기 위해 설계되었을 뿐만 아니라 공개적인 정의관에 의해 효과적으로 관리될 때 조직이 양호한 사회라고 할 수 있다"라고 주장한다. 이러한 사회에서는 모든 사람이 동일한 정의의 원칙을 받아들이고 다른 사람들도 이를 받아들인다는 것을 알고 있으며, 기본적인 사회 제도는 이러한 원칙을 보편적으로 충족하고, 충족한다는 것이 보편적으로 알려져 있다.[21] 간단히 말해, 잘 조직된 사회는 사회정의가 보장되고 실현이 가능한 사회이다. 롤스는 "현재 공인된 사회의 기본 구조의 개념이 다소 모호하며, 어떤 제도와 그에 따르는 성분이 포함되어야 하는지는 항상 명확하지 않다"라고 인정한다.[22]

자유와 평등 사이의 모순은 한 세기가 넘도록 사회정의의 주제였다. 더 큰 사회 경제적 평등을 달성하기 위해 일부 개인의 자유 권리를 희생해야 하는가, 아니면 모든 사람의 자유 권리를 보호하기 위해 특정 불평등의 존재를 용인해야 하는가에 대한 롤스의 해답은 어떤 경우에도 기본적인 자유를 희생하는 방식으로 경제적, 사회적 평등을 추구해서는 안 되지만, 사회경제적 이익 분배 영역에서는 최악의 처지에 있는 사람들의 처지를 최대한 개선하는 정책을 추구할 수 있으며, 이는 경제적 이익 분배에서 일부 사람들에 대한 권리를 훼손할 가능성을 내포하고 있다. 전자는 서방 사회에서 일반적으로 받아들여지고 논쟁의 여지가 없지만, 후자는 논쟁이 있다.[23]

영국의 또 다른 학자 데이비드 밀러는 '사회정의'의 의미를 다음처럼 간결한 말로 설명한다. "우리가 사회정의에 관해 이야기하고 논쟁할 때 정확히 무엇을 이야기하고 논쟁하는 것인가? 아주 거칠게 말하자면, 생활에서 좋은 것과 나쁜 것이 인간 사회 구성원들에게 어떻게 분배되어야 하는지에 대해 이야기하고 있다고 생각한다."[24] 이는

21 [미] 존 롤스, 『正義論』, 何懷宏, 何包鋼, 廖申白 역, 中國社會科學出版社, 1988, 3쪽.
22 위의 책, 5쪽.
23 [미] 로버트 노지크, 『無政府、國家與烏托邦』, 何懷宏 외 역, 中國社會科學出版社, 1991, 1쪽.
24 [영] 데이비드 밀러, 『社會正義原則』, 應奇 역, 人民出版社, 2001, 1쪽.

롤스의 표현과 일치한다. 데이비드 밀러에 따르면, "사회의 주요 제도가 필요성, 합당성, 평등성의 원칙과 부합해야 하며, 이 원칙과 함께 이익과 손실을 각 구성원에게 분배하는 총체적 표준 양식을 정했다는 의미에서 이 사회는 정의롭다"[25]라고 주장한다. 데이비드 밀러는 마르크스주의의 영향을 받았고, 그의 저서에는 사회주의 학설이 반영되고 있다. 그는 사회정의에는 필요성, 합당성, 평등성이라는 세 가지 표준 또는 원칙이 있다고 지적했다.

1. 필요성. 필요에 대하여 비교적 친숙한 말은 '각자가 필요한 것을 취한다', '필요에 따라 분배한다'라는 내용이다. 마르크스는 『고타 강령 비판』에서 이 원칙을 제시하면서 물질이 매우 풍부한 조건에 맥락을 놓았다. 반면에 데이비드 밀러는 이 원칙을 상대적으로 물질이 부족한 상황에서 사회정의의 원칙으로 삼고자 했다. 여기서 필요성이란 '도구적' 필요뿐만 아니라 '내재적' 필요, 또는 '무조건', '기본적' 필요를 의미한다. 즉 '사람들이 그 사회에서 최소한의 인간다운 삶을 영위할 수 있는 조건으로 취급될 수 있는 필요'[26]를 의미한다.

2. 합당성. 합당성은 행동과 성과에 따라 지급되는 혜택으로, 마르크스가 제기했던 '노동에 따른 분배'가 합당성의 기준에 부합한다. 합당성에 대한 일반적인 관점은 동기가 아닌 업적業績 자체에 기반한다. 업적은 주변 공동체로부터 긍정적인 평가나 존중을 받는 것이지만, 긍정적인 평가나 존중이 도덕적 평가와 동일하지는 않다. "평가의 근거는 경우에 따라 크게 달라진다."[27] 많은 경우 관련 제도의 존재로 인해 업적이 합당성의 근거가 될 수 있다. "제도가 제대로 갖추어져 있을 때 합당성에 대한 기준이 확립되고, 그 기준에 따라 사람들이 마땅히 받아야 할 것을 받을 때 정의가 실현된다."[28] 그러나 데이비드 밀러는 합당성은 제도의 전제이며 불공정한 제도에 대한 비판과 도전이 될 수 있다고 주장한다. 또한 합당성이 사회정의의 유일한 기준은 아니며 "대부분

---

25 [영] 데이비드 밀러, 앞의 책, 138쪽.
26 위의 책, 302쪽.
27 위의 책, 197쪽.
28 위의 책, 202쪽.

정의로운 사회는 이러한 사회이다. 사람들이 마땅히 받아야 할 이익을 얻도록 제도화된 사회이며, 현실 사회에 대한 많은 정당한 불평은 소구訴求라는 원칙을 통해 표출될 수 있다. 그러나 합당성에 대한 고려가 이러한 제도적 준비를 완전히 정의하지는 않는다.…… 이는 완전히 확정된 것이 아니기 때문에 효율, 사회적 평등과 대조하여 이루는 가치처럼, 정의의 다른 원칙이 역할을 할 수 있는 여지를 남긴다"[29]라고 주장한다.

3. 평등성. 평등과 정의의 관계에 대하여, 두 가지의 상반된 견해가 존재한다. 하나는 평등과 정의라는 두 가지 개념이 아무런 관계가 없고, 완전한 독립을 유지해야 한다는 것이다. 일부는 심지어 정의는 내재적 가치를 가지고 있고, 평등 자체는 아무런 가치가 없다고 주장한다. 다른 하나는 평등과 정의는 적어도 분배의 정의에 있어서는 동일한 가치라는 주장이다. 데이비드 밀러는 평등에는 두 가지 유형이 있다고 주장하는데, 하나는 정의와 연결된 분배성 평등으로, '권리와 같은 어떤 이익은 평등하게 분배되어야 하며, 정의가 그렇게 하도록 요구하기 때문'이라고 주장한다. 다른 하나는 분배성이 없는 평등은 정의로부터 독립적이며 지위의 평등 또는 '사회적 평등'과 같은 권리 또는 자원의 분배를 직접적으로 결정하지 않는다. 사회정의는 때때로 권리와 자원에 대한 분배의 평등을 요구한다.[30]

서방의 사회정의 이론에 따르면 사람들은 사회정의에 관해 말할 때 치중된 부분이 있다. 사람들이 일반적으로 언급하는 '사회정의'는 주로 주거, 학습, 작업의 세 가지 영역이 포함되며, 사람들의 평등한 주거, 학습 및 작업 권리를 포함한다. 사람들이 관심을 두는 사회정의 문제는 주로 「세계인권선언」에서 표현된 다음과 같은 권리와 관련이 있다. "일할 권리, 자유로운 직업 선택의 권리, 공평하고 유리한 근로 조건에 대한 권리, 고용을 보장받을 권리…… 동일 노동에 대한 동일 임금을 받을 권리……" "인간 개성의 완전한 발전과 인권 및 기본적 자유에 대한 존중의 증진과 직접적으로 관련된 교육에 대한 권리……" "식품, 의류, 주택, 의료 보건 및 필요한 사회 서비스 등을 포함하

29 앞의 책, 222쪽.
30 앞의 책, 322쪽.

여 자신과 가족의 건강과 복지에 도움이 되는 생활 기준을 받을 권리가 있다. 실업, 질병, 장애, 독거, 고령 또는 사람들이 통제할 수 없는 환경에서 기타 생활 보장이 부족한 경우 사회 구제를 받을 권리가 있다."

사회정의와 관련된 권리는 '2세대 인권'으로 불리며, 「경제, 사회와 문화 권리에 관한 국제규약」에 열거된 인권 목록에 반영된다. 일부 학자는 "경제, 사회와 문화 권리가 '2세대' 인권을 구성하고, 1세대 인권은 공민과 정치권리며, 그 뒤를 이어 자결권, 발전권 등 상호 관련된 3세대 인권이 이어져 왔다."[31] 유엔 인권 공약은 경제, 사회, 문화 권리를 진지하게 고려할 것을 요구한다. "경제, 사회, 문화 권리를 진지하게 고려한다는 것은 소득 분배 문제를 포함하여 사회 일체화, 단결 및 평등에 대한 약속을 의미한다. 경제, 사회, 문화 권리에는 빈곤층, 장애인, 원주민 등 취약 계층의 보호에 대한 진지한 관심이 포함된다."[32]

그러나 사람들은 사회정의를 이야기할 때 치중된 부분이 있지만 일반적으로 사회정의는 사회 차원의 정의를 다루고 있으며 사회는 '일정한 경제적 기반과 상부 구조로 구성된 전체'[33]를 의미하거나 '공통적인 물질적 조건으로 인해 서로 연결된 집단'을 의미한다. 사회의 범위는 매우 넓다. 예를 들면, 사람들은 함께 생활하는 과정에서 경제적 관계, 정치적 관계 및 법적 관계와 같은 다양한 관계를 형성한다. 또 다른 예로 사회의식은 정치, 법률, 도덕, 예술, 철학, 종교 등의 관점이다. 사회 제도는 사회의 경제, 정치 등 제도를 총칭하는 용어이다.[34] 따라서 사회정의의 개념도 종합적이고 전반적이며, 앞서 언급한 몇 가지 측면에 국한되지 않는다. 사회정의를 이야기할 때 때로는 정치적 차원의 정의성, 때로는 문화적, 교육적 차원의 정의성, 때로는 경제 분야의 정의성, 심지어 이 모든 것을 가리킨다. 사회정의의 관심사는 시기와 지역에 따라 달라지고 변할 수 있는데, 우선은 경제 분야에서의 부의 분배 문제, 다음은 사회에서 함께 누

31 [노] 에드 외, 『經濟、社會和文化的權利』, 黃列 역, 中國社會科學出版社, 2003, 4쪽.
32 위의 책, 5쪽.
33 여기에서 '사회'는 '사회 형태'와 동의어이다.
34 中國社會科學院語言研究所詞典編輯室 편, 『現代漢語詞典』, 外語教學與研究出版社, 2002, 1694~1695쪽.

리는 정치적 권리의 문제, 마지막으로 취업, 교육 등 민생과 사회상의 사람들과 관련된 발전 문제 등이다. 그렇다면 사회정의가 경제정의, 정치정의, 법률정의 등을 포괄한다고 해도 과언이 아니다.

서방 정치철학자들이 제시한 사회정의 이론은 우리가 입법과 사법을 사고하고, 국가 기능 설정과 개혁에 관한 법제도를 개선하고 사법의 품격을 회복하는 데 계발의 역할과 실천적 지도의 의의가 있다. 롤스, 노지크 등은 이러한 문제를 해결하기 위해 나름의 처방을 내렸고, 중국 사회는 이러한 처방을 연구하고 적시에 올바른 약을 처방하는 것이 시급한 과제가 되었다. 롤스, 노지크가 내세운 사회정의 원칙에서 볼 때, 롤스의 공평 정의 학설은 중국 사회의 공감을 끌어내기 쉽다. 이에 비해 기회 불균등과 빈부 격차 문제에 대한 롤스의 처방은 중국 현존의 첨예한 갈등을 빨리 완화하고 사회 전반의 불만으로 인한 막대한 압력을 줄일 수 있다.

사회정의에 관해 토론할 때, 일부 서방 관념이 아직 중국에서 진정으로 자리를 잡지 못하고 있으며, 이러한 관념을 대중화하는 데 오랜 시간이 걸릴 수 있다는 사실에 주목하지 않을 수 없다. 기본 자유권리 우선원칙과 평등원칙을 예로 들면, "서방 사회에서 큰 쟁점이 없는 원칙, 즉 그들의 사회 내에서 이미 광범위한 범위 내에서 전제가 되고 합의된 원칙이 우리에게 오히려 심각하고 혼동하기 쉬운 문제가 될 수 있으며, 그들에게 평범한 것이 우리에게 제일 먼저 노력하여 실현해야 할 것이 될 수 있다"[35]라는 점이다. 특히 기본 자유권리 우선원칙과 평등원칙이 광범위한 사회 내에서 전제가 되고 공동 인식의 원칙이 되지 못한다면 입법과 사법 모두 현대 문명국가의 발전 궤도에서 벗어나게 될 것이며, 따라서 법의 개선과 사법의 최적화는 현대적 사회정의관의 정립을 전제로 해야 한다.

---

35 何懷宏,『公平的正義』, 山東人民出版社, 2002, 75쪽.

2) 사회정의 이론 시야 속의 실체적 정의와 절차적 정의

사회정의 이론에서 실체적 정의와 절차적 정의에 대한 논의는 주목할 가치가 있으며, 이 논의는 사법 제도를 포함한 중국의 사회공평정의 실현을 위한 관련 제도를 고민하는 데 이론적으로 지도적 의의가 있다.

롤스는 『정의론』에서 '형식적 정의'와 '절차적 정의'라는 두 가지 개념을 밝혔다. 그는 "비슷한 상황은 유사하게 처리되며, 관련된 유사점과 차이점은 모두 정해진 규범에 의해 식별된다. 제도 제정의 정확한 규범은 일관되게 유지되고 있으며, 당국이 적절하게 해석하고 있다. 법과 제도에 대한 공정하고 일관된 관리는 실질적 원칙이 무엇이든 형식적 정의라고 할 수 있다"라고 지적했다. 그는 "정의가 항상 어떤 평등을 의미한다고 생각한다면, 형식적 정의는 법과 제도의 관리가 그들이 규정하는 계층에 속하는 사람들에게 평등하게(즉, 같은 방식으로) 적용되어야 한다는 요구를 의미한다"라고 명백히 논술했다. 한마디로 형식적 정의는 이를 평등하게 적용하는 것을 의미하며, 예를 들어 법과 제도가 평등하게 시행되는 것은 형식적 정의의 표현이다. 법과 제도가 평등하게 시행된다고 해서 반드시 실질적인 정의가 되는 것은 아니다. 롤스는 또 다른 저명한 윤리학자 시지윅의 말을 인용해 "법과 제도는 평등하게 시행되고 있지만 불정의도 내포하고 있다. 유사한 사정에 대한 유사한 처분은 실질적인 정의를 보장하기에 충분하지 않다"라고 설명했다. 예를 들어 노예제나 등급제 사회, 또는 가장 독단적인 인종 차별이 허용되는 사회는 평등하고 일관되게 관리되며, 이러한 사회에는 형식적인 정의가 있지만 실질적인 정의는 없다. 불평등의 일관성 있는 관리는 노예제, 등급제 또는 인종차별을 부분적으로 타파할 수 있으며, 즉 형식적 불정의가 부분적으로 실질적인 정의를 실현할 수 있다. 따라서 "어떤 특수한 상황에서는 정해진 규범을 위반함으로써 부당한 대우를 받는 사람들의 어려움을 덜어주는 것이 상책일 수 있다"라고 주장한다. 예를 들어 피고인은 유죄이고 배심원단은 증거에 근거하여 유죄를 확신하지만, 법관이 법에 규정된 가혹한 형벌로 피고인이 부당하게 대우받을 것을 우려해 아예 무죄를 선고한다. 존. M. 다이커는 "재판 사실에 적용되는 법이 부당하거나 부당한 결과를 낳을 것이라고 느낀다면, 그 어떤 것도 그들이 피고인을 석방하는 것을 막을 수 없을 것이다"라고 지적한 것도 이런 맥락이다. 그러나 형식적 정의도 정의인 만큼 자연히 바람직한 부분이 있고 형식적 정의(또는 규칙적인 정의)는 일부 중요한 불정의를 배제한다. "제도가 정의롭다고 가정하면 집권자는 공정해야 하고, 그들이 특정 사건을 다룰 때 개인적, 금전적 또는 기타 무관한 요소로부터 자유로워야 한다는 것은 매우 중요한 문제이기 때문이다. 법적 제도에서 형식적 정의는 이러한 법적 기대를 지원하고 보장하는 법적 규범 자체의 한 측면이다. 법관과 다른 권력자가 각종 요구사항을 판단할 때 적절한 규범을 준수하지 않거나 제대로 해석하지 않는 불정의도 있다. 자신의 성격과 취미로 인해 이런 행동을 선호하는 사람은 정의롭지 못하다. 법과 제도가 정의롭지 못한 상황에서도 일관되게 시행해 나가는 것이 변덕스럽게 적용하기보다는 낫다. 그래야 법과 제도의 적용을 받는 사람들은 최소한 법과 제도가 무엇을 요구하는지 알기 때문에 스스로를 보호할 수 있다. 오히려 이미 피해를 본 사람들이 어떤 규범이 그들에게 어떤 보장을 줄 수 있는 특수한 상황에서도 자의적 전횡을 당한다면 그것은 일종의 더 큰 불정의일 것이다."[36]

롤스는 형식적 정의를 서술하면서 형식적 정의가 독립적으로 존재할 수 있고 자신의 정의성을 표현할 수 있다고 언급하면서도 '제도가 정의롭다고 가정'하는 것은 형식적 정의가 '매우 중요한 일'이 되는 하나의 전제라고 언급했다. 그는 또한 "형식적 정의가 요구하는 힘이나 제도 준수의 정도는 분명히 제도의 실질적 정의와 이를 개조할 가능성에 달려 있다"라는 중요한 결론을 도출한다. 롤스는 론 펠러 등 학자의 관점을 인용해 "실질적 정의와 형식적 정의는 사실 결합하는 경향이 있기 때문에 적어도 매우 불공정한 제도는 정의롭고 일관되게 통치될 가능성이 작거나 적어도 이런 경우는 드물다. 정의롭지 못한 배치를 지지하며 이득을 보는 사람들, 남의 권리와 자유를 경멸적으로 부인하는 사람들은 특별한 경우 그들의 이익을 저해하는 법 규범을 거리낌 없이 파괴한다고 한다. 법은 일반적으로 피할 수 없는 모호성과 다양한 해석에 대한 광범위한

36 [미] 존 롤스, 『正義論』, 何懷宏, 何包鋼, 廖申白 역, 中國社會科學出版社, 1988, 54~55쪽.

여지가 있기 때문에, 의사 결정을 내릴 때 일종의 임의성을 장려하며 정의에 대한 충성심만이 이러한 임의성을 줄일 수 있다. 따라서 그들은 형식적 정의가 발견되고 법적 규범과 합법성에 대한 기대가 존중되는 곳에서는 일반적으로 실질적인 정의가 발견될 수 있다"라고 주장한다. 롤스는 "분명히 일정한 도리가 있다"라고 인정한다. 그 원인은 "공정 일치하게 규범을 따르려는 욕구, 유사한 상황을 유사하게 처리하려는 욕구, 공개된 규범의 운용에 따른 추론을 수용하려는 욕구는 본질적으로 타인의 권리와 자유를 인정하고 사회협력의 이익과 임무를 공평하게 나누려는 욕구와 연결되어 있기 때문이다. 전자의 욕구가 있다면 후자의 욕구를 갖고 싶은 경향이 있다"[37]라는 관점이다.

그러나 이러한 견해는 세 가지 다른 절차적 정의를 구분하고 그 범위를 제한해야 하는데, "이러한 절차의 결과에 의존하지 않는 것으로 확인된 일종의 절차적 정의가 존재하기 때문이다"[38]라고 할 수 있다. 이는 바로 롤스가 제기한 '순수한 절차적 정의'이다.

롤스는 자신이 완전한 절차적 정의, 불완전한 절차적 정의, 순수한 절차적 정의라는 '세 가지 종류의 절차적 정의'에 대해 논의하고 있음을 분명히 했다. 사회정의 이론에서 "절차는 어떤 기관, 어떤 사람 혹은 어떤 제도가 여러 다른 사람에게 이익(또는 책임)을 분배하는 규칙 또는 경로를 말한다"라고 정의하고 있다. 이와는 대조적으로, "결과란 언제라도 서로 다른 개체가 이를 통해 다양한 자원, 상품, 기회 또는 권리를 누리는 상황을 말한다"[39]는 정의도 있다.

1. 완전한 절차적 정의. 완전한 절차적 정의에는 두 가지 특징이 있다. "첫째, 공정한 분배가 무엇인지에 대한 독립적인 기준이 있고, 후속 절차에서 벗어나 확립할 수 있으며, 기준에 선행되어야 한다. 둘째, 기대한 결과의 지속성을 보장하기 위한 설계는 가능하다." 한마디로 "어떤 결과가 정의로운지를 결정하는 독립적인 기준과 그 결과를 보장하는 절차가 있다"라는 것이다. 완벽한 절차적 정의는 케이크를 나누는 것을 예로

---

37 [미] 존 롤스, 『正義論』, 何懷宏, 何包鋼, 廖申白 역, 中國社會科學出版社, 1988, 55~56쪽.
38 [영] 데이비드 밀러, 『社會正義原則』, 應奇 역, 人民出版社, 2001, 103쪽.
39 [영] 데이비드 밀러, 『社會正義原則』, 應奇 역, 人民出版社, 2001, 102쪽.

들 수 있다. 여러 사람이 케이크를 나누고자 하는데, 모든 사람이 동등한 몫을 얻는 것이 공정한 분배라고 가정할 때, 이 결과를 달성하기 위한 절차적 설계는 한 사람이 케이크를 나누고 마지막 몫을 가져가고, 다른 사람은 그보다 먼저 케이크를 가져가도록 하는 것이다. 즉, 어떤 결과가 정의로운지를 결정하는 독립적인 기준이 있다. 모든 사람이 동등한 몫을 분배받고, 그 결과에 도달하도록 보장하는 절차, 즉 케이크를 자른 사람이 마지막 몫을 가져간다. 물론 이 절차가 반드시 정의로운 결과를 얻으려면 기술적으로 케이크를 균등하게 나눌 수 있고, 케이크를 자른 사람과 다른 사람 모두 가장 큰 몫을 얻으려는 욕구가 있는 등 특정 조건을 충족해야 한다.[40]

2. 불완전한 절차적 정의. 불완전한 절차적 정의도 두 가지 특징이 있는데, 하나는 공정한 분배가 무엇인지에 대한 독립적인 기준이 있다는 것이고, 다른 하나는 원하는 결과에 도달하는 지속적인 보장이 불가능하다는 것이다. 즉, "정확한 결과를 판단하는 독립적인 기준이 있을 때 그것을 달성할 수 있는 절차가 없다"라는 것이다. 불완전한 절차적 정의는 형사재판을 예로 들 수 있다. "형사 재판의 바람직한 결과는 피고인이 기소된 범죄에 대해 유죄가 인정될 경우 유죄 판결을 선고하는 것이다. 재판절차는 이러한 측면에서 진실을 추구하고 확인하기 위해 고안되었지만, 항상 올바른 결과를 얻을 수 있도록 법규를 설계하는 것은 불가능해 보인다.…… 법이 잘 지켜지고 절차를 정당하고 적절하게 안내하더라도 잘못된 결과를 얻을 수 있다. 무고한 사람이 유죄 판결을 받을 수도 있고, 유죄 판결을 받은 사람이 풀려날 수도 있다."[41] 우리는 보통 공정한 절차와 정의로운 결과를 모두 선호하지만, 때로는 여러 가지 이유로 이러한 절대적인 절차를 찾기가 쉽지 않다. 첫째는 인지적 허망이다. "절차는 이를 관철하는 자가 이 절차에 적용되는 사람들(남녀)에 대한 판단을 하도록 요구하지만, 판단은 어느 정도 불확실성을 가지고 있으며, 그 결과가 절차가 의도한 것과 다른 경우가 많다." 둘째는 배경 조건으로, 외적인 절차적 배경 조건이 최종 결과에 영향을 미친다. 예를 들어, 의사

40 [미] 존 롤스, 『正義論』, 何懷宏, 何包鋼, 廖申白 역, 中國社會科學出版社, 1988, 81쪽.
41 [미] 존 롤스, 앞의 책, 81~82쪽.

가 올바른 약물을 투여하여 각 환자가 동일한 치료를 받아 비슷한 회복 기회를 얻지만, 식단, 병실의 질, 의사가 알 수 없는 환경적 요인으로 인해 회복 결과가 달라질 수 있다. 또한 절차는 적용되는 개인의 외적 특성을 선택하여 결과를 특정 방향으로 왜곡할 수도 있다. 예를 들어 언어 테스트는 대학에 입학할 수 있도록 하는 프로그램의 일부이며, 모국어가 테스트 언어가 아닌 수험생에게는 입학 기회를 놓치는 결과를 초래하기 쉽다. 셋째는 교차적 절차이다. 두 가지 이상의 절차가 서로 교차하여 서로 다른 절차의 공통적인 결과를 초래하는 경우에도 공평한 절차가 정의로운 결과를 도출하지 못하는 결과를 초래할 수 있다.[42]

3. 순수한 정의. 완전한 절차적 정의와 불완전한 절차적 정의의 공통성은 공정한 분배가 무엇인지에 대한 독립적인 기준이 있다. 즉, 사람들은 "결과에 이르게 된 절차와는 독립적으로 결과의 정의 또는 불의에 대한 판단을 내릴 수 있다."[43]라는 것이다. 순수한 절차적 정의는 자신의 특징이 있다. 즉 "순수한 절차적 정의에는 정당한 결과에 대한 독립적인 기준이 존재하지 않고 옳거나 공평한 절차가 존재하며, 이러한 절차가 적절하게 지켜지면 그 결과도 옳거나 공평할 수 있는 특징이 있다." 순수한 절차적 정의의 가장 좋은 예는 도박이다. 도박은 자발적으로 수행되어야 하고 기만이 없으며 도박 절차는 공평하며 도박의 결과(도박 참가자가 도박에 사용한 재물에 대한 분배)는 공평한 도박 절차 활동에서 비롯되며 결과와 관계없이 공평하다고 간주한다. 따라서 "순수한 절차적 정의의 분명한 특징은, 정당한 결과를 결정하는 절차가 실제로 수행되어야 한다는 것인데, 이러한 상황에서 결과가 정의로운지를 판단하는 어떠한 독립적이고 참조할 수 있는 기준이 없기 때문이다"[44]라고 할 수 있다.

사회정의 이론에는 두 가지 극단적인 견해가 있다. '결과만 중요하다는 극단적인 견해와 절차만 중요하다는 극단적인 견해'[45]이다. 롤스는 세 가지 서로 다른 절차적 정의

---

42 [영] 데이비드 밀러, 『社會正義原則』, 應奇 역, 人民出版社, 2001, 104~105쪽.
43 위의 책, 103쪽.
44 [미] 존 롤스, 『正義論』, 何懷宏, 何包鋼, 廖申白 역, 中國社會科學出版社, 1988, 82쪽.
45 [영] 데이비드 밀러, 앞의 책, 105쪽.

를 설명하면서 절차적 정의에 대한 선호를 밝히지 않았다. 오히려 롤스는 "특정 결과가 공평한 절차에 따라 이루어졌다고 해서 정의롭다고 말할 수는 없다. 그 여지가 너무 넓어 터무니없이 불공정한 결과를 초래할 수 있기 때문이다"라고 경고했다. 그는 특히 "정의로운 사회 기본 구조의 맥락에서, 정의로운 정치 구조와 경제, 사회 제도적 배치 속에서만 필요한 정의의 절차가 존재한다고 말할 수 있다"[46]라고 지적했다. 순수한 절차적 정의의 거대한 실질적 우세에 대한 그의 언급 역시 공평한 기회의 원칙과 같은 특정 상황과 관련된 것이지 모든 상황에 해당하는 것은 아니다.

롤스의 『정치자유주의』는 '질서가 잘 잡힌 공평하고 정의로운 사회를 논하기 위해' 출간된 책으로, "공평하고 정의로운 질서가 잘 잡힌 사회가 가능하고 어느 정도 현실화했다"[47]라는 가정을 전제로 하고 있다. 이 책에서 롤스는 절차적 정의와 실체적 정의의 문제를 이어갔다. 논문 「하버마스에 대한 답변(1995)」에서 롤스의 견해를 살펴볼 수 있다. 이 논문의 제5절에서는 '절차적 정의와 실질적 정의'에 대해 다루고 있는데, "절차적 정의는 항상(도박이라는 특수한 경우를 제외하고) 가능한 결과의 정의에 의존하거나 실질적인 정의에 의존한다. 따라서 절차적 정의와 실질적 정의는 서로 분리된 것이 아니라 상호 연관되어 있다"라고 명시하고 있다. 완벽한 절차적 정의를 말하자면, "이 절차가 완전한 절차적 정의[48]를 설명할 수 있는 이유는 항상 모든 사람이 납득할 수 있는 공정한 결과, 즉 평등한 분배를 만들기 때문이다. 공평한 결과를 낳지 못하면 정의로운 절차가 아니다"라고 주장한다. 즉, 완벽한 절차적 정의는 정의의 결과에 의존한다. 마찬가지로 불완전한 절차적 정의도 정의의 결과를 외면할 수 없다. 롤스는 형사재판에서 "일부 오류는 피할 수 없다. 높은 판결 기준을 설정해 무고한 사람이 부당한 결과를 받지 않도록 노력한다. 이는 불가피한 인간의 실수와 증거수집 과정에서 믿을 수 없는 우연성 때문이다. 그러나 이러한 오류가 너무 많거나 너무 빈번하게 발생하면 재판절

46 [미] 존 롤스, 앞의 책, 82쪽.
47 [미] 존 롤스, 『政治自由主義』, 萬俊人 역, 譯林出版社, 2000, 28쪽.
48 '완벽한 절차적 정의'로도 번역됨.

차가 공정성을 잃게 된다"[49]라고 지적했다. 즉, 두 가지 유형의 절차적 정의 모두 '실질적인 정의에 의존한다'는 것이다.

특히 롤스가 형사재판을 '불완전한 절차적 정의'로의 분류는 형사재판이 독립적인 실체적 정의의 기준이 없다는 의미가 아니다. 형사재판이 실체적 정의의 결과를 '항상' 달성할 수 있는 것은 아니지만 '항상' 실체적 정의의 결과를 달성할 수 없는 것도 아니다. 롤스는 "절차의 합법성(또는 정의)이 실질적인 정의를 덜 다루거나, 실질적인 정의를 떠나 독립적으로 존재할 수 있다는 견해는 매우 보편적인 소홀(하버마스가 간과했다는 말은 아니다)이며 통하지 않는다"[50]라고 선을 그었다.

롤스와 마찬가지로 데이비드 밀러는『사회정의 원칙』이라는 책에서 결과적 정의와 절차적 정의의 관계에 관해 서술했다. 절차적 정의에 대해 그는 "절차가 일련의 독립적인 기준을 충족하고, 그 기준이 적용되는 모든 사람을 존중한다는 공통적인 특성을 가질 때, 그 절차는 공정하다"[51]라고 지적했다. 절차적 정의는 매우 중요하며 때로는 결과적 정의 위에 군림하기도 한다. 절차적 정의의 중요성에 대해 데이비드 밀러는 "사람들이 분배기관에서 어떻게 대우받느냐가 그들이 궁극적으로 얻는 이익(또는 부담)만큼 중요하다. 실제로 절차에 대한 공정성에 대한 우리의 큰 우려는 불공정한 결과를 피하려는 우리의 욕구에 의해 설명될 수 있다"라고 주장한다. 그는 또한 "절차 자체는 그 절차가 만들어내는 실질적인 정의의 결과를 초월하고 압도하는 경향을 보일 수 있는 특성을 가질 수 있다"[52]라고 인정한다. 이러한 속성에는 다음이 포함된다.

1. 평등성. 평등은 절차적 정의에 포함된 기본 요구사항 중 하나이다. "공평한 절차는 분배 중인 물품에 대한 분명한 요구사항을 가진 모든 사람이 평등하게 대우 되어야 한다. 이는 무엇보다도 형식적 평등을 의미하며, 절차적 정의가 규칙 준수의 중요성을 특별히 강조하는 이유를 설명하며, 후자는 절차를 운영하는 사람들의 편파적이고 독단

49 [미] 존 롤스,『政治自由主義』, 萬俊人 역, 譯林出版社, 2000, 450쪽.
50 위의 책, 453쪽.
51 [영] 데이비드 밀러,『社會正義原則』, 應奇 역, 人民出版社, 2001, 18쪽.
52 [영] 데이비드 밀러, 앞의 책, 145쪽.

적인 행동에서 신청자를 보호하는 역할을 한다."[53]법 적용의 평등은 특히 중요한 헌법 원칙이며 평등 대우의 중요성을 충분히 증명한다.

2. 정확성. 공평한 절차는 당사자가 충분히 참여하고 자신에게 유리한 정보를 제공할 기회를 가짐으로써 재판관이 양측의 주장을 모두 듣고 사안을 처리하는 데 필요한 사실을 정확하게 판단할 수 있도록 한다. "공평한 절차는 분배와 관련된 모든 정보를 공개하기 위해 노력해야 한다.…… 공평에 대한 이러한 이해는 '재판이 명백해 보이더라도 소송 양측의 의견을 모두 들어야 한다'라는 오래된 법률 속담 속에 있다. 사람들은 정당한 결과를 원할 뿐만 아니라 결과가 정당한 방식으로 달성되는 것을 결정하는 요소, 즉 관련된 모든 사실에 주목하기를 원한다."[54] 소송에서 공소와 변호 양측, 또는 당사자 양측이 자기 측에 유리한 증거를 수집할 수 있는 권리를 부여하고 법정에서 충분한 증거 제출 및 변론을 허용하는 것은 이러한 요구사항을 반영한다.

3. 공개성. 공개성은 절차적 정의의 표현이다. "공평한 절차는 개방적인 절차이다. 운용되는 규칙과 기준이 적용되는 사람들에게 투명하게 공개되어야 한다."[55] 반대로 암묵적인 조작을 하면 사람들이 재판의 혜택을 받거나 받지 못하는 이유를 이해할 수 없고, 재판자가 당사자의 주장에 영향을 미칠 수 있고, 재판에 대한 대중의 신뢰와 실체적 공정성을 잃게 된다.

4. 존엄성. 절차적 시행에서 수용자의 인격이 존중되어야 한다. "공공 생활에서 준수되는 절차는 한편으로는 사람들이 동등한 공민으로서 자기 이해를 높일 수 있지만, 다른 한편으로는 특정 집단이 평가절하되거나 굴욕감을 느끼게 할 수 있다."[56] "원칙적으로 정당한 결과를 도출하는 절차가 있을 수 있지만, 이러한 결과를 달성하기 위해 수용자의 인간 존엄성이 침해될 수 있다. 형사소송에서는 유효한 증거를 얻을 방법이 존재하지만, 그 영향을 받는 사람들에게는 이러한 방법은 비열하다. 예를 들어, 강

---

53 앞의 책, 108쪽.
54 앞의 책, 109쪽.
55 앞의 책, 110쪽.
56 앞의 책, 112쪽.

제 위세척은 불법 약물 복용이 의심되는 사람이 실제로 약물을 복용했는지를 알아내는 데 사용될 수 있다."[57] 이러한 방법으로 진실을 발견할 수 있다고 하더라도 금지되어야 한다.

데이비드 밀러는 "내가 항상 강조해 온 것은 절차적 정의는 일종의 감독이며, 달성한 결과적 정의 가치보다 높다는 점……, 사람들의 동등한 주장에 동등한 주의를 기울이지 않고, 그들의 상황을 정확하게 파악하려고 노력하지 않고, 의사 결정의 이유를 제공하지 않고, 사람의 존엄성을 침해하는 방법을 사용하는 것은 사람을 무시하는 행위이다. 지름길로 가는 방법은 목표를 결과에 직접 맞추는 것이다. 동물 집단을 상대할 때 정당화될 수 있지만 인간이 분배 절차의 주인일 때 허용될 수 없다고 말할 수 있다. 절차적 정의가 단순한 수단 이상의 가치를 지닌다는 관념은 대중의 여론 조사에서 지지를 얻을 수 있는데, 후자는 분배 실천에 대한 사람들의 반응이 결과 자체보다 결과에 영향을 미치는 절차에 의해 더 강하게 제한된다는 것을 보여주었고, 비록 최종 결과가 개인에게 상당히 해롭더라도, 이 결과가 그녀의 공평한 기준과 조화를 이루는 방식으로 달성된다면, 그녀는 그것을 정당한 결과로 받아들인다"[58]라고 지적했다. 이러한 주장만 놓고 보면 데이비드 밀러를 절차 지상주의자로 분류하기는 쉽다. 실제로 데이비드 밀러의 절차적 정의 전제는 절차적 정의의 네 가지 특성(아마도 더 많을 수 있음)을 말하며, 이러한 특성으로 인해 실질적으로 정의로운 결과를 도출하는 데 있어 절차가 결과보다 더 중요하고 우선시되는 경향을 보여줄 수 있다. 그러나 절차적 정의와 실체적 정의의 관계에 대한 더 광범위한 질문에서 그의 견해는 앞의 내용처럼 절대적이지 않다. 반면 그는 "절차적 정의와 결과적 정의가 상충하는 상황이 있을 수 있으며, 그때 어떤 결과가 나올지는 판단의 문제이다. 그러나 두 가지 정의 사이에서 모험적으로 선택해야 할 이유는 없다"[59]라고 경고했다.

---

57 앞의 책, 111쪽.

58 앞의 책, 112쪽.

59 앞의 책, 103~104쪽.

데이비드 밀러는 "대부분의 경우, 우리가 달성하고자 하는 분배 결과가 무엇인지 미리 알지 못하면 특정 물품을 분배하는 공정한 절차가 어디에 존재하는지 판단할 수 없다"라고 말했다. 목표가 확실하고 공정한 물품 분배가 어떤 모습이어야 하는지 알고 있을 때만 그 결과에 가장 근접할 수 있는 절차를 발견할 수 있다.[60] 이는 특정 상황에서 절차적 정의가 실체적 정의에 의존한다는 것을 명확하게 보여준다.

데이비드 밀러는 정의를 결과적인 것이 아니라 절차적인 것으로 이해해야 한다는 견해에 대해 아래 주장을 제기했다. "어떤 사람들은 정의가 근본적으로 일종의 절차적 본질이며, 결과적인 존재를 정의로 생각할 때, 우리가 의식하는 모든 것은 정당한 절차를 통해 도달하는 것에 불과하다."[61] 이 견해에 따르면 실체적(결과적) 정의는 없으며, 절차가 정의로울 때 그 절차에 의해 생성된 결과만이 정의로 간주할 수 있다. 즉, 실체적 정의의 유무는 절차의 정의 여부에 달려 있고, 실체적 정의는 절차적 정의에 의존하여 존재한다. 이러한 관점에서 실체적 정의는 존재하지 않는다. "올바른 절차적 방식으로 발생하는 한 그러한 분배[62]는 정당할 수 있다." 데이비드 밀러는 절차의 결과에 의존하지 않는 일종의 절차적 정의(즉, 순수한 절차적 정의)가 존재하지만, "그러나 대부분의 경우, 그 결과를 만들어낸 절차와는 독립적으로 결과적 정의 또는 불정의를 판단할 수 있으며, 따라서 절차에서 우리가 발견할 수 있는 주요 속성 중 하나는 바로 절차가 공정한 결과를 도출하는 데 적합해야 한다는 것이다"[63]라고 반박했다.

데이비드 밀러의 근본적인 관점은 "사회정의 이론의 목표는 한 사회의 주요 제도와 실천을 평가하는 기준을 제공하는 것이지 자원의 분배를 직접적으로 규정하는 것이 아니다. 나는 이러한 평가에서 실질적이거나 결과적인 정의의 우선성을 주장하지만 절차적 정의가 왜 중요한지, 그리고 왜 우리가 이상적인 정의 결과를 추구하는 것이 절차

60 앞의 책, 117~118쪽.
61 앞의 책, 103쪽.
62 다양한 자원, 상품, 기회 또는 권리의 실체적 분배를 나타낸다.
63 [영] 데이비드 밀러, 앞의 책, 103쪽.

적 공정에 대한 존중으로 조정되어야 하는지 보여주려고 한다"[64]라는 것이다.

우리는 롤스와 데이비드 밀러의 관련 논술에서 실체적 공정과 절차적 공정의 상호 관계를 이해하고, 사법공정을 구성하는 실체적 공정과 절차적 공정의 상호 관계를 더욱 깊이 사고할 수 있다.

2. 중국 사회공평정의에 관한 이론적 탐색과 실제 상황

'사회공평정의'는 현재 중국에서 널리 사용되는 용어이며, 많은 사회적 갈등의 근원이자 광범위한 관심의 초점이기도 하다. 일부 학자들이 지적했듯이 사람들은 '사회 공정'이라는 용어를 점점 더 많이 사용하고 있다. 이는 사회 질서, 사회 규범 및 이익 구조에 대한 사람들의 요구를 담고 있으며, 그 사용은 사회의 건전한 질서에 대한 사람들의 목소리를 반영하기도 한다.

1) 중국에서 사회공평정의 이념의 제기

최근 몇 년 동안 당과 정부는 사회공평정의 실현을 위해 노력해야 한다고 제안했으며 '사회공평정의'라는 용어는 당과 정부가 노력하는 목표가 되었다.

사회공평정의 문제는 이미 중국공산당 제15차 전국대표대회 보고서에서 언급되었으며, 보고서에서 중국공산당이 두 번의 역사적 도약을 이루었고 두 가지 주요 이론적 성과를 거두었다고 제기했다. 그중 두 번째 도약의 이론적 성과는 "중국 특색의 사회주의를 건설…… 전체 사회의 물질적 부를 크게 늘리고, 둘째는 점차 사회공평정의를 실현한다"라는 내용이다. 분배 문제에 대해 보고서는 "분배 구조와 분배 방법을 개

---

64 [영] 데이비드 밀러, 앞의 책, 121쪽.

선한다. 노동에 따른 분배가 주축이 되고 다양한 분배 방법이 공존하는 제도를 견지한다.…… 경제 발전을 촉진하고 사회 안정을 유지한다"라는 내용이 있다.

중국공산당 제15차 전국대표대회 이후 사회통합이 정부의 관심사가 되었고, 사회통합의 기초가 되는 사회공평정의도 명확하게 제시되었다. 중국공산당 제16기 중앙위원회 제6차 전체 회의에서 사회공평정의에 대한 정치적 설명은 주로 인민의 권리와 이익에 중점을 두었다. 전체 회의는 제도가 사회공평정의의 근본적 담보라고 지적하고 사회공평정의를 보장하는 데 중대한 역할을 하는 제도의 건설을 가속화하고, 정치, 경제, 문화, 사회 등 방면의 인민 권리와 이익을 보장해야 한다고 강조했다. 후진타오 동지는 당 17차 전국 대표대회 보고서에서 "경제발전의 기초 위에서 사회건설을 더욱 중시하고 민생 보장과 개선에 노력하며, 사회체제개혁을 추진하고 공공서비스를 확대하며, 사회관리를 완비하고 사회공평정의를 촉진하며, 모든 인민이 교육, 노동, 의료, 노후, 거주에서 보장받고, 회해사회 건설의 추진을 위해 노력해야 한다"라고 지적했다. 원자바오溫家寶 동지도 "인민이 즐겁고 행복하게 살 수 있도록 한다. 이를 위해서는 인민의 민주적 권리를 보장하고 사회에서 공평과 정의를 촉진해야 한다"라고 제기했다.

중국의 국가 지도자와 중국공산당 지도자들은 여러 차례 화해사회를 제기하면서 사회공평정의로 화해사회에 기여할 것을 촉구했다. 2005년 2월 후진타오 동지는 사회주의 화해사회 건설 능력을 향상하기 위해 성부급 주요 지도간부 세미나 개막 연설에서 사회의 공평 문제를 다루면서 공평정의가 화해사회의 기본 특징 중 하나라고 지적하고 다음과 같이 설명했다. "공평정의는 사회 각 분야의 이익이 적절하게 조정되고, 인민 내부의 모순과 기타 사회 모순이 올바르게 처리되고, 사회 공평과 정의가 효과적으로 유지되고 실현된다." 그의 견해에 따르면 사회주의 화해사회를 건설하려면 사회공평에 주의를 기울이고, 다양한 측면에서 대중의 이익을 올바르게 반영하고 조율하며, 인민 내부의 모순과 기타 사회 모순을 올바르게 처리하고, 여러 측면의 이익을 적절하게 조정해야 한다.[65] "사회공평정의가 효과적으로 수호되고 실현되어야만 사람들

---

65 周天勇, 「構築公平正義的社會需要全社會長期努力」, http://news.xinhuanet.com/

이 편안함을 느끼고, 모든 측면의 사회관계가 조화를 이루며, 사람들의 적극성과 주도성, 창의성이 충분히 발휘될 수 있다." 그는 나아가 사회 공평의 유지와 실현의 중대한 의의를 지적하였다. 사회공평정의의 수호와 실현을 강조하는 것은 가장 광범위한 인민의 근본적인 이익과 관련이 있으며, 중국공산당의 입당위공立黨爲公, 집정위민執政爲民의 불가피한 요구이자 중국 사회주의제도의 본질적인 요구이기도 하다. 2006년 11월 30일 중난하이中南海에서 열린 당외 인사 좌담회에서 후진타오 동지는 사람을 중심으로 사회주의 화해사회 건설의 총요구에 따라 대중이 가장 관심하고 직접적이며 현실적인 이익 문제를 진지하게 연구하고 해결하며, 사회공평정의, 사회 안정과 화해를 촉진해야 한다고 제안했다.

사회공평정의에 대한 중국 학자들의 연구 시야도 넓어졌으며, 사회공평정의와 관련된 민생, 공공정책 등 현실적인 문제가 학자들이 저술하는 주요 내용이 되었다. 정부가 사회공평정의 보장의 추진과 이행을 강화하기 위해 제안한 후 많은 학자는 이에 관하여 연구하고 해석했다. 사회공평정의에 대한 이해, 사회공평정의와 사회화해의 관계, 중국에서 사회공평정의를 추진하는 방법, 그리고 사회공평정의 실현을 위한 제도적 보장은 학자들에 의해 반복적으로 논의되는 문제가 되었다.

중국 학자들은 '공평정의'가 일반적인 의미뿐만 아니라 법치와 같은 특정 의미가 있다고 믿는다. 사회공평정의에 대해 학자 위커핑兪可平은 "사회공평이란 사회의 정치적 이익, 경제적 이익, 기타 이익이 전체 사회 구성원 간에 합리적이고 평등하게 분배되는 것으로 권리의 평등, 분배의 합리성, 기회의 균등과 사법의 공정을 의미한다. 사회공평은 사회주의의 본질적 요구이며 사회의 전면적인 진보를 측정하는 중요한 척도이며 사회주의의 핵심가치 중 하나이며 사회주의 화해사회를 건설하기 위한 튼튼한 기초이다"[66]라고 주장한다. 또 다른 학자는 "소위 공평정의란 우리가 흔히 말하는 공정으로, 일반적으로 사람들이 도덕적, 욕망적으로 이익 관계, 특히 분배 관계의 합리성을 추구

---

newscenter/2005-03/01/content_2635168.htm, 2005년 3월 1일.

66 兪可平, 「社會主義的核心價值之一」, http://theory.people.com.cn/GB/40536/3103590.html, 2005년 1월 7일.

하는 가치 이념과 기준을 반영한다. 그러나 사람이 있고 이익이 분배되는 곳이라면 공평정의의 문제가 생기기 마련이다. 그러나 공평정의의 의미를 정확히 파악하려면 역사적, 구체적, 상대적인 시각으로 분석해야 한다"[67]고 주장한다. 또 다른 학자는 "공평정의의 소박한 의미는 악을 처벌하고 선을 장려하고, 옳고 그름이 분명하고, 일을 공정하게 처리하고, 태도가 타당하고, 이해관계의 균형을 맞추고, 다수와 소수의 균형 등이 포함된다. 사회주의 법치 이념으로서 공평정의는 사회주의 사회의 구성원이 법에 규정된 방식에 따라 권리와 의무를 공평하게 실현하고 법의 보호를 받을 수 있음을 의미한다"[68]라고 주장한다. 중국 학자들은 '사회공평정의'가 이익 분배의 공정성과 합리성이라고 언급했는데, 이 점에서 서방 학자들의 '사회정의' 해석과 일치한다.

역사 시기에 따라 공평정의에 대한 사람들의 관념이 다를 수 있으며, 공평정의의 구체적인 의미도 역사가 발전함에 따라 바뀔 수 있다. 일부 학자는 역사적 조건에 따라 공평정의에 대한 이해가 다르며, 영원한 공평정의의 불변 척도는 없으며, 시대가 바뀌면서 공평이 무엇이고 정의가 무엇인지에 대한 인식도 변화할 수 있고, 공평정의는 구체적이고, 분야에 따라 공평정의의 의미가 다를 수 있다고 지적했다. 예를 들어, 경제적 분야의 공평정의와 사회적 분야의 공평정의 사이에는 차이가 있는데, 전자는 주로 등가 교환의 원칙이 구현되는 평등, 즉 흔히 말하는 기회균등, 공평 경쟁, 후자는 모든 사회 구성원의 기본 생존 수요 측면, 특히 노약자, 병자와 신체장애인을 포함한 취약계층의 기본 생존 수요를 보장하는 측면에서 경제 분야의 공정 경쟁, 적자생존의 공평원칙을 완전히 적용할 수 없다. 공평정의에는 상대성도 있다. 공평정의의 실현은 구체적인 경제사회 발전의 정도에 의해 제한되며 공정 자체에는 차이와 차별이 포함되어 있다. 순수한 평등은 이념적 관념에서만 존재하며 경쟁의 최종 결과는 완전한 공평이 아니며, 실제로는 대략적인 공평과 상대적 공평만을 추구할 수 있을 뿐 절대적인 공평

---

67 人民網理論頻道, 「如何理解保障社會公平正義的制度建設」, http://www.chinaelections.com/NewsInfo.asp?NewsID=116537, 2007년 10월 2일.

68 祝建華, 「樹立社會主義法治理念, 努力維護社會公平正義」, 『東方法眼』, 2006년 11월 9일.

과 순수한 공평은 요구할 수 없다. 공평문제 해결과 실현의 정도는 경제, 정치, 문화의 발전 단계에서 제공되는 조건의 제약을 받으며, 전적으로 사람들의 의지와 선한 욕구에 의존하지 않는다는 것을 알아야 한다.[69]

중국의 일부 학자들은 사회공평정의의 실천에 대한 국제적 수평적 비교 연구를 수행하고, '공평정의' 문제는 이론적으로나 실천적으로 집권당이 주목하는 정치적 의제가 되었다고 결론지었다. 서방 일부 국가의 집권당이 '공평정의'를 중시하는 현실적 이유가 있는데, 일부 국가에서는 비교적 심각한 사회적 차별이 있어 부분 단체의 불만과 저항을 불러일으키고 있다. 인종차별, 성차별, 종성種姓 차별, 사법 불공정 등 현상이 정도 차이로 많은 국가에 존재하고 있다. 일부 국가의 일부분 이민자는 정치적으로 차별을 받아 테러의 '온상'이 되기도 한다. 경제 세계화의 부정적 영향이 선진국과 개발 도상국 내에서 확산하면서 빈부격차 확대, 지역 차별이 사회불안의 주요 원인이 되고 있다. 이러한 국가의 집권당은 모두 평등권 존중을 강조하며 어떤 형태의 차별에도 반대한다. 당의 기본원칙과 핵심가치관으로 '공평정의'를 주장한다. 단결과 상조相助는 사회의 '공평정의'를 확보하기 위한 중요한 조건이며, 공정과 상조가 없으면 진보와 경제의 자유는 도의적 설득력이 부족하다. 상조가 없으면 자유, 정의는 가치를 잃고 사회 다수에 의해 거부된다.[70]

중국에서 사회공평정의의 추진은 사회주의 본질과 일치한 것으로 간주한다. 중국 현대 사회에서 최초 사회공평정의에 대한 탐구는 마르크스주의 학설을 중심으로 전개되었다.

마르크스주의는 본래부터 공평과 정의를 중시하고 착취 현상의 존재를 반反공평과 불정의로 간주하며, 폭력을 수단으로 착취계급을 전복하고 생산수단을 재분배하며, 새롭고 아름다운 무산계급사회를 건설하고, '각자가 능력에 따라 일하고 노동에 따른 분

---

69 人民網理論頻道, 「如何理解保障社會公平正義的制度建設」, http://www.chinaelections.com/NewsInfo.asp?NewsID=116537, 2007년 10월 2일.

70 當代世界硏究中心, 「如何促進社會公平正義」, http://news.xinhuanet.com/theory/2007-09/18/content_6743881µhtm, 2007년 9월 18일.

배'를 실현하고, 최종 '각자가 능력에 따라 일하고 필요에 따라 분배'하는 사회주의 이상을 실현해야 한다고 주장한다. 생산수단의 점유, 착취 현상, 착취에 반대하는 혁명적 주장, 혁명 이후 사회의 분배 원칙 등에 관한 내용은 마르크스주의 사회정의론의 기본 내용을 구성한다. 마르크스, 엥겔스 등은 사회정의 문제에 관심을 기울이고 탐구하고 호소하여 사회학, 경제학, 정치학, 윤리학 및 법학에서 무시할 수 없는 중요한 학설을 형성했다.

중국 학자들은 마르크스주의 사회정의의 관점에서 사회를 분석하고 해석하여 분배정의에 대한 마르크스주의 관점을 형성했다. 일부 학자들은 "인간 사회는 지금까지 '공정'한 것으로 여겨지던 다섯 가지 분배 원칙을 적용해 왔다. 차별 없는 분배의 원칙, 능력에 따른 분배의 원칙, 노동에 따른 분배의 원칙, 필요에 따른 분배의 원칙, 신분에 따른 분배의 원칙이다"라고 주장한다. 중국의 분배 시스템은 마르크스주의 분배 원칙에 따라 확립되었다. 사회주의 단계에서 사회정의의 실현은 여전히 높은 노력을 기울여 해결해야 할 문제로 남아 있다. 일부 학자는 "사회주의 단계에서 노동을 삶의 첫 번째 필요조건으로 만들 수 있는 여건이 아직 없다.…… 계획 경제체제 시기 행정적 수단을 동원해 노동자원을 배치한 적이 있다. 착취가 부정되고 노동이 더 이상 상품이 아니며, 노동의 권리와 의무의 평등이 확인되고, 행정적 수단을 통해 노동에 따른 분배가 이루어졌다. 이러한 접근 방식은 정치적 태도가 분명하고 운영은 단순하지만 만족스러운 결과를 얻지 못했다. 행정 수단을 이용하여 노동자원을 배치하고 노동에 따른 분배를 실행하는 본래의 목적은 생산의 무정부상태로 인한 사회적 낭비를 방지함과 동시에 노동자가 과학기술을 습득하여 노동자의 자질을 향상하고 사회 공평을 유지하며 신사회가 구사회에 승리하는 데 결정적인 요인인 노동생산성을 신속하게 높이는 것이다. 그 결과 단기간에 큰 성공을 거둔 것도 사실이다. 그러나 장기간의 시행, 특히 평화 발전 기간 이러한 체제를 시행하면 노동 자원의 합리적인 배치를 달성하기 어려울 뿐만 아니라 노동자가 지불하는 노동의 양과 질에 따라 정확한 노동 분배를 할 수 없으며, 결과적으로 막대한 사회적 낭비가 발생하고, 평균주의를 시행한 '한솥밥'은 말할 것도 없고 노동자의 적극성을 유발하는 구조 기능이 점점 약해지고 있다"라고 지적했다. 개혁의 지향점은 사회정의를 저해하고 사회발전에 지장을 주는 계획경제체제를 시장경제체제로 전환하고, 시장경제체제가 계획경제체제를 대체하는 것이지만, 사회주의 분배원칙은 여전히 배려되고 버리지 않고 있다. "사회주의 시장경제를 시행한 이후 원래 사회주의제도가 결정했던 입법원칙, 즉 노동에 따른 분배와 권리 의무의 일치성은 변하지 않고 시장 경제 수단을 통해 더욱 충분히 실현되었다."[71]

사회주의는 본질적으로 사회의 공평과 정의의 조화로운 통일이다. 사회주의는 바로 사회에 대한 불공평과 불공정에 대한 깊은 비판을 바탕으로 형성된 학설과 이상이다. 공평과 정의는 사회주의의 핵심 가치 중 하나라고 할 수 있다. 일부 학자는 "공평과 정의는 현대 사회의 기본 이념이자 기본 가치 준칙이며 사회주의 사회는 공평과 정의를 더욱 중시해야 한다. 사회주의가 궁극적으로 경제적 착취와 정치적 억압을 없애려는 이유는 결국 사회의 불평등과 불공정을 해소하고 모든 인민이 정치, 경제, 문화의 여러 방면에서 동등한 권리를 누릴 수 있도록 하여 인간의 전면적인 발전을 실현하기 위한 것이다"[72]라고 주장한다. 이는 마르크스주의의 사회공평정의에 대한 오랜 연구로 형성된 중국학자의 견해와 연결되어 있다.

공평과 정의에 대한 이해는 다르지만 결국 인간의 공통성에 의해 결정되는 유사점도 많다는 점을 지적해야 한다. 영국 학자 밀른은 "공정, 즉 '각자가 마땅히 받아야 할 것을 받는 것'이라는 초기 형태의 정의는 모든 공동체의 기본 도덕 원칙이다.…… 공동체의 특정 문화와 가치관에 관계없이 각 구성원이 항상 받을 자격이 있고 서로에게 줄 수 있는 하나가 있는데, 그것은 바로 공평한 대우이다"[73]라고 지적했다. 또한, 세대와 관계없이 기타 공통의 정의 관념도 있다. 어떤 도덕적 원칙은 보편성을 가지고 있다. "공동체 간의 차이와 관계없이 모든 공동체가 공유한다. 기독교인, 유대교인, 이슬람교인, 힌두교인, 불교도는 각자의 공동체에서 이러한 원칙을 행사하는 공동의 의무를 담

71 張光博,『堅持馬克思主義法律觀』, 吉林人民出版社, 2005, 355쪽.

72 祝建華,「樹立社會主義法治理念 努力維護社會公平正義」,『東方法眼』, 2006년 11월 9일.

73 [영] A. J. M. 밀른,『人權哲學』, 王先恆 외 역, 東方出版社, 1991, 85~86쪽.

당한다. 공산당인과 사회당인, 보수당인과 자유당인도 마찬가지이다."[74] 법률인 공동체로서 당연히 방관할 수 없다.

2) 사회공평정의와 사회화해의 관계

사회공평정의는 사회화해와 밀접한 관련이 있다. 사회화해에는 어느 정도의 질서가 필요하며, 여기서 말하는 질서는 당연히 사회공평정의에 기반해야 한다. 사회공평정의와 사회화해의 관계, 사회공평정의와 사회화해를 실현하는 데 있어 제도가 수행하는 역할과 관련하여 많은 학자는 제16차 6중전회의 내용을 인용하고 있다. "사회공평정의는 사회화해의 기본 조건이며, 제도는 사회공평정의의 기본 보장이며, 사회공평정의를 보장하기 위한 중대한 제도 건설을 강화해야 한다." "제도 건설을 강화해야만 정치, 경제, 문화, 사회 측면에서 인민의 권리와 이익을 보호하고, 사회주의 화해사회의 건설목표를 실천할 수 있다"라고 주장한다.[75]

중국에서 사회공평정의는 '사회 각 방면의 이해관계가 적절하게 조정되고 인민 내부의 모순과 기타 사회적 모순의 올바른 처리'로 간주한다. 일각에서는 "사회 공평은 사회적 이상과 원칙으로서 현실적 사회적 권리관계에 대한 도의적 추구를 반영한다. 이는 모든 사람의 생존권과 발전권을 존중하고 실현하는 것을 중심으로 하는 다차원적인 사회 범주이며, 주로 권리의 공평, 기회의 공평, 규칙의 공평, 분배의 공평을 포함한다"라고 주장한다. 이것이 바로 사회 공평의 의미이다. 그중에서도 "권리의 공평은 사회 공평의 핵심이다. 사회관계는 결국 사람들 사이의 권리관계이므로 사회 공평은 인간의 권리를 중심으로 이루어져야 하며, 그중에서 가장 중요한 것은 인권에 대한 존중과 보호이다. 인권은 추상적인 것이 아니며 주권 국가에서 헌법으로 규정되고 보장되

---

74 앞의 책, 85~86쪽.

75 重慶市鄧小平理論和 '三個代表' 重要思想研究中心, 「制度是社會公平正義的根本保證」, 『光明日報』, 2006년 11월 23일.

며 경제, 정치, 문화, 사회, 자원환경 등 모든 측면을 포괄하며, 모든 공민의 생존과 발전을 위한 다양한 권리를 포함한다. 권리 공평은 사회구성원이 모든 공민의 권리를 평등하게 가지고, 모든 사람의 정치, 경제, 문화, 사회 및 생태적 권익을 효과적으로 존중하고 보호하며, 발전의 성과가 모든 인민에게 이익이 되도록 한다." 또한 "기회의 공평은 출발점의 공평이라고도 하며, 사회가 모든 사회 구성원에게 균등한 생존과 발전의 기회를 제공한다. 주로 사회 구성원들이 정치 참여, 투자 창업, 문화 활동, 자원 활용, 직무 승진, 교육 훈련, 노동 취업, 정보 획득 등의 기회를 평등하게 얻는 것으로 나타난다. 기회 공평은 권리 공평을 실현하기 위한 전제 조건이다. 기회의 공평이 반드시 결과의 공평으로 이어지는 것은 아니지만, 기회의 공평이 없으면 반드시 결과의 공평이 없기 때문이다. 심리적, 신체적 결함이 있거나 상대적으로 약한 사람들에게 사회는 일반인과 동등한 생존과 발전의 기회를 누릴 수 있는 여건을 조성하는 것도 사회주의 국가에서 기회 공평의 실천 형식이다."

사회화해는 개인의 자유 권리의 보장 및 실현과도 밀접한 관계가 있다. "사회는 집합의 총체이며, 그 모든 구성원은 밀접하게 상호작용을 하는 사람들이다. 마치 사람 내심의 모든 요소가 조화를 이룰 때 사람이 자유로워지는 것처럼 만약 그들의 성격이 절대적으로 조화를 이룰 수 있다면 사회와 그 구성원도 절대적으로 자유로워질 것이다."[76]

사회의 공평과 정의는 제도적 보장이 필요하다. "사회의 공평과 정의는 제도에 기초하고 있다. 제도는 사회공평정의를 수호하고 실현하는 근본적인 보장이다." 여기서 가장 중요한 제도는 사회 제도이다. "사회 제도 또는 체제는 다양한 목적과 기능을 위해 설정되며, 그중 가장 중요한 것은 인간관계와 사회 내 여러 집단 간의 상호 관계를 규제하고 조정하는 것이다. 인간관계 외에도 사회제도는 사회의 각종 자원의 배치 관계, 사회생활의 모든 영역과 측면에서의 관계, 그리고 사회에서 대중과 정부의 관계 등을 조절해야 하지만, 이러한 관계의 조절은 반드시 인간관계에 대한 규범과 조정을 통

---

76 [영] 홉하우스, 『社會正義論』, 胡澤 역, 商務印書館, 1935, 17쪽.

해 그리고 이를 중심으로 이루어져야 하며, 어떠한 사회에서도 인간관계는 사회제도의 주요 조절 대상이다. 따라서 사회제도가 사회공평정의에 대한 유지는 실질적으로 주로 사회에서 인간관계의 조절을 통해 이루어지며, 사회가 공평하고 정의로운지는 사회에서 인간관계의 성격과 상황에 달려 있고, 인간관계의 성격과 상황은 근본적으로 인간관계를 주로 조절하는 사회제도의 성격과 상황에 달려 있다."[77]

사회제도, 정치 제도, 경제 제도 외에도 사법 제도는 사회공평정의를 수호하고 실현하며 사회화해를 촉진하고 보장하는 데 매우 중요하다. 일반적으로 화해사회의 구성은 화해로운 질서의 발생을 의미하며, 사법과 사법 제도는 질서의 유지를 위한 보장을 제공하기 때문에 사법과 사법 제도의 보장을 벗어날 수 없다. 동시에 화해로운 질서의 존재는 사회공평정의 목표의 달성과 불가분의 관계이며, 공평과 정의가 없는 사회에서 사회의 화해를 실현하는 것은 불가능하다. 화해사회를 건설하고 유지하는 것이 사법과 사법 제도의 임무라면 사회공평정의를 보장하고 실현하는 것도 사법과 사법 제도의 임무이다.

3) 중국 현재 존재하는 사회공평정의 문제점

대니얼 웹스터는 "정의는 세상에서 가장 큰 이익이다. 정의는 사람들이 끊임없이 추구하고, 단호하게 노력하며, 통치자와 좌우의 사람들로부터 얻을 수 있다고 확신하는 하나의 물건이며, 이를 거부하거나 부족하면 분노하게 된다. 조직화 사회가 시작된 이래 정의로운 제도의 유지와 집행은 항상 큰 관심사이다"[78]라고 말했다. 정의의 한 유형인 사회공평정의도 역시 '사람들의 최대 관심사'이다.

---

77 重慶市鄧小平理論和 '三個代表' 重要思想研究中心, 「制度是社會公平正義的根本保證」, 『光明日報』, 2006년 11월 23일.

78 [미]로스코 파운드, 『通過法律的社會控制, 法律的任務』, 沈宗靈, 董世忠 역, 商務印書館, 1984, 73쪽.

중국은 현재 사회전환기에 있으며, 기본적인 경제와 정치 제도가 사회공평정의를 실현하기 위한 근본적인 조건을 제공하고 있지만, 급속한 경제발전으로 기존의 질서가 끊임없이 깨지고 새로운 질서는 아직 초기 단계에 있으며, 사회에 많은 혼란스러운 현상이 발생하고 있으며, 새로운 질서 하의 사회공평정의는 아직 완성되지 않았으며, 사회에는 적지 않은 두드러진 문제가 있어, 각종 조치를 추구하여 조정하고 해결해야 한다. 일부 학자들이 지적했듯이 "시장경제 발전 과정 중 사회 구성원이 경제체제 전환 과정에서의 지위, 사회적 역할, 능력의 차이로 인해 소득과 재산에 큰 격차가 발생하여 사회화해에 새로운 도전에 직면하게 되었다"[79]라고 주장한다. 사회정의이론과 사회정의의 많은 학설과 관점은 중국의 경제사회 발전으로 인한 일련의 사회문제 해결에 중요한 참고의미를 가지고 있으며 학자들은 물론 관련 정부부문의 주목을 받고 있다.

현재 중국은 경제, 정치, 문화, 사법 모두 큰 발전을 이루었지만 관련 문제도 두드러져 사회공평정의의 원칙을 더욱 강력하게 구현해야 한다. 현재 중국의 두드러진 문제는 아래와 같다.

첫째, 소득격차가 계속 확대되고 빈부 격차가 심각해져 사회의 잠재적 위기가 초래될 수 있다는 점이다. 이미 2005년 류쭤저우劉作舟 중국생산력학회 부비서장은 "중국의 현재 사회 분배의 불공정성이 사회 안정을 흔들고 있으며 소득 분배 격차가 매우 두드러졌다"라고 지적한 바가 있다. 중국의 지니 계수는 2000년 0.458에서 2004년 0.5에 육박해 국제적으로 공인된 0.4 경계선을 넘어섰고, 매년 0.1%포인트씩 높아지고 있어 중국의 빈부격차는 앞으로 10년간 계속 확대될 것으로 예상된다. 이른바 '불공정한 사회 분배'는 바로 사회공평정의의 핵심 문제이자 사회적 갈등을 유발하는 핵심이다.[80] 현재 중국의 빈부 격차 현상은 여러 측면에서 나타나고 있다. 일부 평론가는 도시와 농촌 격차 측면에서 중국의 1인당 GDP가 1,000달러에 도달한 후 도시와 농촌의

---

79 徐浩然, 王子龍,「公平正義是和諧社會的基礎」,『光明日報』, 2005년 12월 19일.

80 新華網,「中國經濟三大隱憂：能源, 金融, 社保」, http://finance.qq.com/a/20051129/ 000278.htm, 2005년 11월 29일.

격차는 좁혀지지 않고 계속 확대되고 있으며, 실물 요인과 물가 요인의 영향을 공제하면 도시와 농촌의 실제 소득의 격차는 훨씬 더 크다고 지적했다. 지역 격차 측면에서 보면 20세기 90년대 이후 부유한 지역은 발전이 빠르고, 일자리가 많고 소득이 증가하는 반면, 빈곤한 지역은 경제 발전이 부진하고 소득이 낮아지는 등 지역 발전의 불균형이 해마다 확대되는 추세가 있다. 전체 중국 경제에서 동부 지역이 차지하는 비중은 증가하고 있지만 중서부 지역의 비중은 감소하고 있다. 많은 학자는 정부 정책 부문에 분배의 정의를 실현하기 위해 현재 지니 계수에 주의를 기울여야 한다고 경고했다.

둘째, 취업, 재취업 압력이 커지고 있다. 중국의 현재 고용 상황은 심각하여 경제의 안정적인 발전에 부정적인 영향을 미칠 수 있다. 중국 농촌 노동력은 점점 더 빠른 속도로 도시로 이동하고 있으며, 연간 약 천만 명의 취업 압력이 추산되고 있으며, 새로 늘어난 노동력의 고용 문제는 매우 심각하고, 실업자의 재취업 문제는 해결되지 않고 있다. 이 두 가지 문제는 공동으로 심각한 사회문제를 형성하고 있으며, 농촌 잉여 노동력의 대규모 도시로의 이동은 도시의 고용 상황을 더욱 악화시키고 있고, 많은 대학과 전문학교 졸업생의 취업 문제도 날로 두드러져 고용 상황의 심각성을 더욱 부각하고 있다.[81]

셋째, 사회보장체계가 아직 완벽하지 않다. 사회보장체계는 사회구제, 사회보험, 사회복지, 우대 배치, 주택보장 등의 제도로 구성되며, 노후, 실업, 의료, 업무상 재해를 위한 사회보험은 사회보장제도의 핵심 내용으로 여겨진다. 일부 학자들은 이에 대해 중국에서는 현재 사회보장체계의 문제가 여전히 두드러지고 있으며, 이는 다음과 같은 측면에서 집중적으로 나타나고 있다고 지적했다. 우선, 현 단계에서 중국의 사회보장제도는 주로 사회 기본 양로보험, 하강下崗 근로자 기초생활보장 및 실업보험, 도시주민 최저생활보장 등 '3대 보장선'을 중심으로 운영되고 있으며, 적용범위가 좁고 매년 실제 가입자가 차지하는 비중이 상대적으로 작다. 다음으로, 실업보험과 저소득층의 기초 생활보장제도가 상대적으로 뒤처져 있고, 새롭게 등장하고 상당 기간 늘어날 구

81 徐浩然, 王子龍,「公平正義是和諧社會的基礎」, 光明日報, 2005년 12월 19일.

조적 하강下崗 실업 위주의 빈곤층에 대한 적절한 대처 방안이 부족하여 사회 모순이 심화하고 집단 민원의 주요 원인 중 하나가 되고 있다. 마지막으로, 사회통합 수준이 낮고 기준이 일관되지 않아 사회갈등을 충분히 완화할 수 없다. 예를 들어 중국에서는 노령화 문제가 심각해지고, 노령화 문제는 양호한 사회보장체계로 대처해야 하며, 인구 노령화에 대한 압력이 높아지는 상황에서 사회보장체계가 따라가지 못하면 심각한 사회 문제를 초래할 수 있다.[82]

넷째, 개인의 자유권 보호가 여전히 미흡하다. 중국 사회정의의 가장 중요한 문제는 개인의 자유권 우선과 평등 문제이다. 중국에서 이 문제의 핵심은 개인의 자유를 확대하기 위해 정부 권력을 적절히 조절하는 것이다. 엄복嚴復이 번역한 『군기권계론群己權界論』, 즉 밀의 『자유론自由論』에서 "그 임금이 지키는 권한은 그 백성이 누리는 자유이다"라는 것이다. 현대 사회에서 정부가 지키는 권한은 국민이 누리는 자유이다. 량수밍梁漱溟 선생은 일찍이 "항상 자유의 적이 되는 것은 한 집단을 대표하는 권력기관으로서, 국가에서는 정부이다"[83]라고 지적했다. 중국에서 사회정의의 우선 문제는 개인의 자유권 보장이다. 량수밍은 개인의 자유권 부족을 중국 문화의 전통적인 병폐로 지적한 바 있다. "중국 문화의 가장 큰 결점은 개인이 항상 드러나지 않는다는 사실에 있다. 사람은 자신의 입장에서 말할 기회가 전혀 없고, 많은 감정적 요구가 억압되고 말살되어 버린다." 반면 대조적으로, "개인 본위의 서양 사회에는 권리의식이 곳곳에서 살아나고 있다. 의무 관념이 만연한 중국은 개인의 지위가 거의 없다"[84]라고 말했다. 중국 사회는 사회정의를 실현하고 사회정의의 토대 위에서 조화를 이루어야 하며, 개인을 재발견하지 않으면 안 된다. 개인을 재발견하려면 개인의 가치를 재평가하고 개인의 자유 권리와 정부 권력의 관계에서 개인의 자유 권리를 재정립해야 한다. 현재 중국 사회의 많은 갈등 속에서 기회의 불균등과 빈부격차의 문제는 심각하지만, 개인의 자유 권리보호는 여전히 최우선이다. 두페이우杜培武, 세샹린佘祥林 등 억울한 사건

---

82 張冉,「四部委報告警示三大潛在危機, 貧富差距繼續拉大」,『每日經濟新聞』, 2005년 11월 18일.

83 梁漱溟,『梁漱溟全集』, 山東人民出版社, 1990, 246쪽.

84 위의 책, 251쪽.

이 발생한 중국의 형사사법 분야에서 개인의 기본적 자유 권리를 침해하는 심각한 문제가 있을 뿐만 아니라 일반적 사회생활 분야에서도 개인의 기본적 자유권을 침해하는 심각한 문제가 있다.[85] 개인의 자유 권리보장은 법학자, 경제학자, 사회학자들의 관심과 토론을 불러일으켰고 적극적으로 해결책을 모색하고 있다.

중국에서 사회의 공평과 정의를 실현하려면 불평등을 시정하고 평등과 공평의 원칙에 따라 사회화해를 형성하는 것을 고려해야 한다. 후진타오 동지는 "경제, 정치, 사회 및 기타 사회생활에 참여할 수 있는 공민의 권력에 대한 공평은 공평의 한 형태이다. 인간을 근본으로 삼으려면 먼저 사람의 권리를 존중해야 한다. 공민은 직위와 직업에 관계없이 권리의 평등이 사회 공평의 기초가 된다. 공민의 합법적인 생존, 거주, 이주, 취학, 노동, 재산, 질의, 소송 등의 권리는 보호되어야 한다. 호적 관리와 인구 이동과 같은 일부 불합리한 공민권 제한 법률 및 법규는 화해사회 건설의 요구사항에 따라 정리되고 조정되어야 한다"라고 지적했다. 여기에서 "공평은 또한 기회의 공평, 과정의 공평, 결과분배의 공평을 포함한다. 기회의 공평은 사회 공민이 보편적으로 발전에 따른 이익을 획득할 수 있는 전제 조건이다. 과정의 공평은 특별한 이익을 추구하는 것을 방지하고 경제 및 사회 활동에 참여하는 모든 당사자의 심리적 균형을 유지하는 중요한 부분이다. 과정의 공평은 일반적으로 공민들이 경제, 정치, 사회 등 다양한 활동에 참여하는 과정의 개방성과 투명성을 의미한다. 결과의 공평은 주로 전체 인민의 이익을 고려하고 공동 번영의 길을 가는 것이다"[86]라고 지적했다.

---

85 예를 들어 2005년 7월 10일 낮 11시경 선전시深圳市 푸톈福田구 징톈북이가景田北二街에서 도시관리 단속 차량이 고의로 사람을 치어 다치게 한 사건이 발생했는데, 당시 폐품을 수거하는 62세의 허난성 출신 정씨 노인이 손수레와 저울, 수십 킬로그램의 신문이 단속원에게 강제로 빼앗겼다. 정씨 노인은 아쉬워서 도시관리 법집행차 앞에 앉아 차를 막았다. 차량 앞에 사람이 있다는 것을 알고 있던 단속 인원이 시동을 걸었고, 정씨는 단속 차량에 깔려 10미터 이상 끌려가면서 허리뼈가 약간 골절되고 양쪽 갈비뼈가 모두 다섯 개나 부러지는 상처를 입었다. 이 심각한 결과에 대해 도시 관리 단속 인원은 무관심했고, 구경꾼들은 "양심이 개에게 먹혔다"라고 비난했다. 이 사건은 언론에 보도되어 지역 사회에 광범위한 관심과 분노를 불러일으켰다.

86 周天勇, 「構築公平正義的社會需要全社會長期努力」, http://news.xinhuanet.com/newscenter/2005-03/01/content_2635168.htm, 2005년 3월 1일.

중국에서 사회정의를 실현하려면 다음과 같은 관계를 잘 처리해야 한다.

1. 공평과 효율 모두에 주의를 기울일 필요가 있다. 사회공평정의를 실현하려면 공평과 효율의 관계를 잘 해결해야 한다. 사회 경제발전에서 항상 공평과 효율 사이의 모순에 직면하게 되며 사회공평정의를 실현하기 위해서는 공평과 효율 사이의 적절한 균형을 모색해야 한다. 공평과 효율의 일시적인 모순은 피할 수 없는 경우도 있지만, 장기적인 불균형을 초래해서는 안 된다.

2. 공평정의는 다양한 권리보장의 균형에서 구현된다. 다양한 권리의 보호는 균형 잡힌 방식으로 다루어져야 하며, 일부 권리가 구현되는 반면 다른 권리는 무시되는 결과가 발생해서는 안 된다. 사회공평정의는 부의 합리적 분배의 문제일 뿐만 아니라 공민의 정치적 권리, 사회적 지위, 문화 교육, 사법공정, 사회 지원, 공공 서비스 및 사회 복지와 같은 다양한 문제를 포함한다. 사회공평정의를 실현하기 위해서는 인민대중이 기본적인 경제적 공평을 누릴 수 있도록 하는 것 외에도, 반드시 법률, 제도, 정책적으로 공평한 사회환경을 제공하여, 모든 사회구성원이 비교적 평등하게 교육의 권리, 의료의 권리, 복지의 권리, 근로 및 취업의 권리, 노동 및 창조의 권리, 사회정치 생활에 참여할 권리, 법적 보호를 받을 권리를 보장해야 한다. "그런 의미에서 사회 공평은 사회 전반의 진보를 측정하는 중요한 척도이다."[87]

3. 정부 행위와 시장 행위의 관계. 자유경제 체제하의 시장은 자기 통제의 구조로 되어 있으며, 이러한 통제를 달성하는 소위 '보이지 않는 손'이 있는 반면에 정부는 사회공평정의를 달성하는 데 대체할 수 없는 역할을 하는 '보이는 손'이다. 그러나 정부의 이러한 역할에도 불구하고 경제와 사회에 대한 정부의 지나친 개입은 경제 발전과 사회 진보를 저해하는 요인이 될 수 있으며, 이는 수년 동안 경제학자들 사이에서 관심과 논쟁의 대상이 되어 왔다.

사회공평정의 실현은 사회정의가 더 이상 공허하고 추상적인 구호가 되지 않도록

---

87 兪可平, 「社會主義的核心價值之一, 社會需要全社會長期努力」, http://news.xinhuanet.com/newscenter/2005-03/01/content_2635168.htm, 2005년 3월 1일.

일정한 조건을 제공해야 한다. 2006년 10월 11일 중국공산당 제16기 중앙위원회 제6차 전체 회의에서 채택된 「사회주의 화해사회 건설에 관한 중국공산당 중앙위원회의 몇 가지 중대한 문제에 관한 결정」(이하 「결정」)은 제도 건설을 강화하고 사회공평정의를 보장한다고 강조했다. 「결정」에 따르면 사회공평정의는 사회화해의 기본 조건이며 제도는 사회공평정의의 근본적인 보장이다. 사회공평정의를 보장하는 데 중요한 역할을 하는 제도 구축을 강화하고 정치, 경제, 문화, 사회 등 측면에서 인민의 권리와 이익을 보호하며, 공민이 법에 따라 권리를 행사하고 의무를 이행하도록 지도해야 한다. 사회공평정의와 사회의 화해를 실현하기 위해 「결정」은 일련의 조치를 제안했다. 정치적 영역에서는 민주적 참여를 실현하고, 공공 재정 분야에서는 공공 재정 제도를 개선하고, 기본 공공 서비스의 평등을 점진적으로 실현한다. 사회공평정의의 가장 중요한 영역은 소득 분배 문제를 다루는 것이므로 소득 분배 제도를 개선하고 소득 분배 질서의 규범화가 사회공평정의를 해결하는 중요한 측면이 되었다. 사회보장제도는 대중의 기본 생활 보장에 매우 중요하므로 개선해야 한다. 중국은 인구 고령화, 도시화, 취업 형식의 다양화 등 새로운 사회현상에 따라 사회보험, 사회구조, 사회복지, 자선사업을 연계하고 도시와 농촌 주민을 포괄하는 사회보장체계를 점진적으로 구축할 필요가 있다. 이 외에도 입법 및 사법 요구사항이 있다. 이러한 조치들은 빈틈없고 면밀하지만, 사회공평정의를 실현하기 위해서는 구체적인 지표를 하나씩 제시하고 효과적으로 시행하여, 수립하고 보완할 제도의 구체적인 내용과 진행 일정을 사전에 파악할 수 있도록 해야 하며, 사후 점검이 가능하고 실효성에 주의를 기울여야 한다.

결론적으로 중국 사회와 경제가 비약적으로 발전하면서 각종 사회갈등도 다발적이고 첨예한 특징을 보인다. 화해사회의 구호 아래에는 불화의 현상이 넘쳤다. 모순의 발생과 첨예화의 원인 중 하나는 사회적 부의 불균형, 빈부격차 심화, 기회의 불균등과 같은 사회적 규범의 상실로 인한 것이다. 중국에서 사회정의가 많은 학자들의 관심사가 되는 이유는 사회 불공정 현상이 만연해 있기 때문이다. 기회균등을 실현하고 사회정의 원칙의 요구를 충족하는 것은 사회적, 경제적 문제일 뿐만 아니라 정치적, 법적 문제이기도 하다. 사법 제도의 구축, 재구성 및 그 운영은 사회공평정의 실현 문제를 고려해야 한다.

3. 사회공평정의와 중국 사법 제도

사법 제도는 사회공평정의를 실현하고 보호하는 중요한 구조이며, 사법 제도가 없다면 사회공평정의는 마지막이자 가장 중요한 장벽을 잃게 된다. 국가의 안정과 번영에 대한 사회공평정의의 중요성을 고려할 때, 중국 사법 제도에 대한 연구는 사회공평정의를 제도 건설의 가치와 목표로 하고, 사회공평정의의 이념과 원칙은 사법 제도의 개혁과 개선에서 고려해야 할 요소이다. 마찬가지로 사회공평정의의 형성도 사법 제도의 부분을 무시할 수 없다.

1) 사법과 사법 제도는 사회공평정의를 실현하는 중요한 보장이다

사회정의의 실현과 보장에는 다양한 경로가 있는데, 경제 제도, 정치 제도 등의 제도적 배치는 사회공평정의를 유지하고 실현하는 기본수단이다. 이러한 제도 외에도 사법 제도는 사회공평정의와 밀접한 관련이 있다. 중국에서 사법을 통한 사회정의 실현은 현재 매력적인 구호가 되고 있다.

사회공평정의는 사법과 사법 제도를 떠날 수 없으며, 이는 사법의 성격과 특성에 의해 결정된다. 사법이란 법의 규정을 실천하는 과정으로, 국가 사법기관과 직원은 법적 권한과 절차에 따라 법을 실제에 적용하여 사건을 처리하며, 법이 분쟁과 논쟁을 해결하는 실질적인 역할을 할 수 있도록 한다. 사회적 분쟁은 대부분 불공정하고 불의한 일로 인해 발생하며, 일부 사람들의 정당한 이익이 부당하게 박탈되고, 일부 사람들의 자유권이 불법적으로 침해되고, 법이 그들의 이익, 자유 및 권리를 보장한다고 약속하더라도 법만으로는 충분하지 않으며, 반드시 특정 구조에 의존해야 한다. 국가기관

체계에서는 행정과 사법 모두를 포함하여 법률을 시행하는 구조적 역할을 한다. 행정과 달리 사법은 법적 규정을 이행하는 데 전문성과 최종 보장성을 가지고 있다. 사법은 각종 분쟁해결을 위한 전문화된 공공 구제 경로를 제공하며, 국가의 강제력은 분쟁해결을 보장한다. 이런 경로가 없으면 사람들은 사적인 구제 수단을 찾을 수밖에 없고, 그 결과 일부 사람들은 정의를 달성하기 위해 무력을 사용하거나 심지어 다른 사람들을 괴롭히는 불가피한 결과를 초래하는 반면 약자는 분노를 참아야만 하며 결국 사회공평정의를 약육강식 정글의 법칙으로 대체하게 된다.

사법은 법을 실현하는 전문활동이고 법은 사법이 갖춰야 할 전제조건으로, 법을 활동의 근거로 삼지 않으면 사법이 맹목적으로 된다. 사법과 법제도가 불가분의 관계에 있는 것은 분명한 도리이다. 마찬가지로 사회공평정의도 완벽한 법적 보장과 분리될 수 없다. 소위 '완벽한 법제'란 법에 반드시 정의의 품질이 담겨 있다. 아리스토텔레스에 따르면 '정의'라는 단어의 의미 중 하나는 법이 요구하는 모든 것을 지칭하는 데 사용된다는 것이다.[88] 그는 정의에 대한 법률의 중요성을 강조했다. "공정은 법에 적용되는 사람에게만 존재하고, 법은 불공정한 사람들 속에만 존재하며, 판결은 공정과 불공정의 판별이다. 사람들 사이에 불공정이 끼어 있으면 불공정한 일(불공정한 일을 한다고 해서 완전히 불공정한 것은 아니다)을 할 수 있다. 전반적으로, 불공정한 일을 할 때 항상 좋은 것은 자신에게 더 많이 돌리고 나쁜 것은 자신에게 적게 돌린다. 그래서 우리는 자신을 위해 폭군이 될 수 있는 개인의 통치를 허용하지 않고 법에 따른 통치를 허용한다."[89] "정치의 공정성은 법을 근거로 존재하며, 당연히 법을 준수하는 사람들 속에 있으며, 지배와 피지배 모두 평등한 기회가 있다."[90]

법은 원래 사회정의 관념의 반영이며, 사법과 사법 제도는 사회정의를 실현하고 유지하는 구조이다. 일반적으로 어떠한 사회정의 관념이 있으면 어떠한 법률이 있고 그

---

88 [미] 알래스데어 매킨타이어, 『誰之正義?何種合理性?』, 萬俊人 외 역, 當代中國出版社, 1996, 148쪽.
89 [고대 그리스] 아리스토텔레스, 『尼各馬科倫理學』, 苗力田 역, 中國社會科學出版社, 1990, 101쪽.
90 위의 책, 102쪽.

에 따른 사법과 사법 제도가 있다. 입법자 자신의 사회정의 개념이 일반 대중과 일치하거나 법률이 제정되는 과정에서 광범위한 대중 참여로 인해 법률은 사회정의 개념의 결정체가 되었다. 예를 들어 중국 입법기관은 민생과 관련된 중요한 법률인「물권법物權法」을 제정할 때「입법법立法法」제35조의 규정에 따라 법률 초안을 공포하고 의견을 구하는 관행을 채택했는데, 이는 신중국 건국 이래 사회 전체에 공포하고 의견을 구하는 제12부[91] 법률 초안으로 사회적 관심을 받았다. 법이 통과되기 전에 사회에 널리 의견을 구하는 것은 사회 대중의 지혜와 민사 습관을 흡수할 수 있을 뿐만 아니라 사회에 존재하는 정의 관념을 법률로 흡수하는 데 도움이 되고, 법이 대중에 존재하는 사회정의 관념을 반영하도록 한다.「물권법」의 많은 문제는 사회정의의 관심사에 부합한다. 예를 들어, 현행법은 선의의 취득 원칙을 확립하지 않고 도난품을 끝까지 추적하는 일반적인 관행을 채택하고 있다. 일부 도난품은 범죄자가 공개시장에서 매매하기 때문에 매수인이 도난품인 줄 모르고 구입하고, 도난품을 아무런 보상 없이 추징하면 매수인의 권리를 침해하므로,「물권법」은 선의의 매수인, 즉 공개시장이나 경매를 통해 구매한 도난품을 법적으로 보호한다고 규정하고 있다. 이는 분명 개선된 부분이며 사회정의의 원칙에 더 부합한다. 하지만 이런 규제가 도난품 매입을 방치해 사회질서를 훼손할 수 있다는 우려도 있다. 중국의 사회정의와 관련된 주요 문제 중 하나는 부동산 철거 및 징수 제도가 개인의 권리와 요구를 무시하고 국가 이익, 정부 지배 및 강압에 초점을 맞추고 있으며 불합리한 점이 많아 종종 대중의 불만을 불러일으키고 있다. 일부 학자들은 중국의 기존 철거, 징수제도는 "국익을 지나치게 강조하고 공민의 개인적 이익을 적게 고려하며, 정부의 주도적 역할을 지나치게 강조하고 시장 주체와 공민의 주관적 능동성을 충분히 발휘하지 못하며, 부동산 철거, 징수의 강제성을 지나치게 강조하고 부동산 철거, 징수 시장성을 충분히 의식하지 못하며, 국가의 거시적 개입을

91 이전 11개 법률에는 1954년「헌법」, 1982년「헌법」, 1988년「전민 소유제 공업기업법」, 1988년「행정소송법」, 1989년「집회 행진 시위법」, 1988년「홍콩특별행정구 기본법」, 1991년「마카오특별행정구 기본법」, 1991년「토지 관리법」, 1998년「촌민위원회 조직법」, 1998년「계약법」, 2001년「혼인법」이다.

지나치게 강조하고 각 지방의 특수한 상황을 고려하지 않고 있다.…… 시장 주체와 공민의 실체적 권리를 충분히 고려하지 않고 있다." 요컨대, 정부 권력을 중시하고 개인의 권리를 무시하며, 효율을 강조하고 공평을 소홀히 하는 제도이다. 물권법은 기존의 철거, 징수제도를 그대로 적용해서는 안 된다는 의견도 있다. 그러나 "물권법은 공공의 이익을 우선하는 원칙에 따라야 한다"라는 학자들의 주장은 사회정의 원칙에 어긋난다는 의심을 지울 수 없다.[92] 이러한 법이 제정된 후에는 사법활동을 통해 시행되고 보장되어야 하며, 즉 불법 침해로 인해 물권이 침해되었을 때 사람들은 사법을 통해 불법 침해를 막을 수 있어야 무너진 정의가 회복될 수 있다. 사법 보장이 없다면 법이 사회관계를 조정하고 사회정의를 실현한다는 것은 공담空談에 불과하다.

사법 제도와 사회공평정의의 직접적인 관계는 아래와 같다. 사법 제도는 사회공평정의의 유지와 실현을 위해 특정한 기능을 발휘해야 하며, 사회공평정의를 유지하지 못하는 사법 제도는 장기적인 생명력이 없다. 법치사회에서 사회정의는 종종 사법에 따라 유지되어야 하고, 불정의도 종종 사법에 따라 교정되어야 한다. 완전한 법치만으로는 충분하지 않으며 사법이 이를 이행해야 한다. 궁극적으로 사회적 갈등을 해결하는 정당한 길은 사법적 해결이고 사법재판을 통해 사회정의를 실현하는 것이다. 홉하우스는 "법적 보장은 인류가 가장 먼저 얻는 것이자 가장 먼저 잃는 것이며, 그 상실은 모든 권리를 잃게 한다"[93]라고 지적했다. 여기에서 법적 보장은 먼저 입법 보장에 반영되고 다음으로 사법 보장에 반영된다. 일부 학자는 "법과 정의는 서로 연결되어 있지만 같은 것은 아니다. 법은 제도이고 정의는 이상이다. 법제도는 보통 정의에 대해 약속한다. 예를 들어 미국 최고법원 입구에 '법 아래에서의 평등 정의'라는 잠언이 새겨져 있다. 정의는 법 조례와 절차를 통한 획득임을 의미한다. 그러나 이러한 약속이 항상 실현되는 것은 아니다"[94]라고 주장한다. 법에 의한 약속은 사법을 통해 이행되어야 한다.

---

92 喬新生,「物權法不該照搬現有拆遷制度」,『檢察日報』, 2005년 7월 18일.
93 [영] 홉하우스,『社會正義論』, 胡澤 역, 商務印書館, 1935, 112쪽.
94 [미] L. 블룸, P. 셀즈닉, D. B. 달라흐,『社會學』, 張傑 외 역, 四川人民出版社, 1991, 648쪽.

사법활동에 종사하는 기관은 정의를 수호하는 임무를 맡았을 뿐만 아니라, 정의를 수호하기 위한 사실상 유일한 강력하고 합법적인 전문 기관이기도 하다. 사법기관은 '국가'의 필수적인 부분이며 그 기능의 일부를 수행한다. '사회에서 국가는 최고 권력이라는 이름을 가진 유일한 존재'이며, 국가는 공권력을 사용하여 질서를 유지하고, 범죄를 처벌하고, 분쟁을 해결하고, 권리를 보장한다. 사회의 질서를 유지하고 개인의 생명과 건강을 보호하며, 국가, 집체 및 개인의 합법적 재산(개인의 생활 및 생산 수단 포함)을 보호하고 인민의 자유와 평등을 보호하며, 법적 권리 침해 및 법적 의무 위반을 추궁하고 사회의 복지를 추진하는 것은 국가의 책임이다.[95] 위와 같은 국가의 책임은 결국 사법기관이 구체적으로 수행한다. "사법기관 존재의 중요성은 법의 의미를 해석하고, 행정 입법기관의 권한 남용을 제한할 뿐만 아니라 법의 권위를 유지해야 한다."[96]

사회정의의 원칙에 부합하는 법은 사회정의의 궁극적인 실현을 위한 서면 보장을 제공하며, 사법은 이러한 서면 보장을 실제 보장으로 전환하기 위한 전제조건을 제공한다. 유의해야 할 점은 다음과 같다. "법제도는 단순한 규칙의 집합이 아니라 많은 사람으로 구성된 복잡한 네트워크이다. 이를 구성하는 사람 중에는 변호사, 입법자, 법관, 경찰, 공소인, 행정관, 배심원 및 법을 만들고 집행하는 데 도움을 주는 기타 사람들이 포함된다. 이러한 사람들의 행동, 그들이 형성한 집단, 그들이 받는 압력, 그들이 가진 영향력 등 이 모든 것이 사회의 공정 종류에 영향을 미친다."[97] 사법기관은 재판기능을 통해 불정의를 바로잡으며, 이는 특정 사건에서 정의의 원칙에 반하는 사실을 바로잡는 것으로 나타난다.

사회공평정의를 위한 최후의 방어선은 사법재판이라고 흔히들 말한다. 사회정의의 원칙이 위반되고 개인의 자유권이 침해되고 차별에 의해 평등의 원칙이 훼손되는 경우 사법적 구제의 통로가 열려 있는 것이 매우 중요하다. 사회정의는 넓은 의미에서 일종

---

95 周鯨文,『國家論』, 天津大公報館 1935, 290쪽.

96 위의 책, 224~225쪽.

97 [미] L.블룸, P. 셀즈닉, D.B.달라흐,『社會學』, 張傑 외 역, 四川人民出版社, 1991, 647쪽.

의 '법'이며, 국가의 기능 중 하나는 사회정의를 보장하고 실현하는 것이다. 사법은 국가가 이 기능을 수행하기 위한 중요한 구조이다. 사법은 사회에 존재하며, 법제도는 사회체제의 일부이며, 사법공정은 사회정의의 일부이다. 사법의 불공정은 사회 불공정의 표현 중 하나이며, 또한 사회의 불공정에서 심각한 문제이기도 하다. 사법은 사회정의의 보장 및 실현 구조 중의 하나이기 때문에 사법의 보장이 없거나 사법활동 자체가 불정의를 구성한다면 사회정의는 사적 구제를 선택하거나 보장 자체가 없다. 사회정의를 수호하는 것은 법원의 직책이다. 법원이 공권력을 사용하여 권리를 침해당한 사람들을 사법으로 구제하는 것은 재판 의무의 일부이며, 법원은 법적 근거가 없다는 이유로 사회정의를 수호하는 국가적 기능의 수행을 거부할 수 없다.

토크빌은 모든 분쟁이 궁극적으로 법정에 제기될 수 있는 미국에서 미국 법관은 "심리해야 할 사건이 있으므로 사건을 심리하고 심리를 거부할 수 없다. 그들이 결정해야 하는 정치적 문제는 당사자들의 이익과 관계되며, 정의를 부정하지 않는 한 심리를 거부할 수 없다"[98]라고 말했다. 소송권은 그 자체로 개인의 중요한 기본권이며, 프랑스 학자들은 이를 '기본적 자유의 표현'이라고 부르는 등 여러 나라에서 이러한 기본적 성격을 인정하고 있다. 이 권리는 '사법적 구제를 받을 권리'를 의미하며 누구든지 '자신의 권리를 주장하기 위해 사법에 호소할 수 있는 권리'를 가지고 있다. '법관에 대한 권리' 또는 '법원에 호소할 권리'라는 다른 문구로 표현할 수 있다. 프랑스에서는 법원이 법적 근거가 없다는 이유로 법원에 제소된 사건의 수리 거부를 금지하는 명확한 법이 있고, 프랑스 「민법전」 제4조는 "법이 없거나 법이 불명확하고 불완전하다는 이유로 사건의 수리를 거부하는 재판관은 재판 거부죄로 기소될 수 있다"라고 재판 거부 금지 원칙을 명확히 규정하고 있다. 장 뱅상과 같은 프랑스 학자들은 "프랑스 국내법에서 '소송 권리'는 최고행정법원이 보장하고 헌법위원회가 보호하는 권리이다. 이러한 권리는 현재 법률과 법원의 판례에 의해 확인되었다"라고 지적했다. 프랑스 헌법위원회는 1996년 4월 9일 재결에서 "원칙적으로 당사자가 법원에서 소송구제권을 실질적으로

---

98 [프] 토크빌, 『論美國的民主』, 董果良 역, 商務印書館, 1997, 114쪽.

행사하는 권리에 근본적으로 방해해서는 안 된다"라고 선언했다. 또한 유엔「공민권리와 정치권리에 관한 국제공약」 제2조 제3항과「유럽 인권 규약」 제13조는 모든 사람이 '법원에 소송을 제기할 권리'[99]를 가진다고 명시하는 등 국제 사회에서도 기본권으로서 소송권을 인정하고 있다.

중국 법원은 스스로 분쟁을 해결하기 어렵거나 사회정의가 훼손되었다고 판단되는 사람들이 법원에 제기한 사건의 수리를 반복적으로 거부해 왔다.[100] 법원에 제출된 분쟁에 대해 법원이 법적 근거가 없거나 소위 사건이 수리 범위 내에 있지 않다는 이유로 쉽게 거부하면 공력 구제 통로를 차단하고, 국가의 사법 기능을 충분히 수행하지 못하며, 국가가 사회정의 기능을 실현하고 유지하는 기능을 약화하고, 일부 불정의는 바로잡을 수 없으며, 일부 불의한 사람들이 처벌받을 수 없고, 사회공평정의를 달성하기 어렵다.

법은 사회공평정의의 원칙과 이념을 구현해야 하며, 법이 사회 풍기를 형성하는 데에도 영향을 미치며 수동적으로 사회 개념을 반영하는 것이 아니다. 예를 들어 형사법 제도에서 사형이 지나치게 많은 것은 중형重刑사상의 반영이며, 인간의 생명 가치를 중시하지 않거나 사람을 도구화(일벌백계)한다는 인식이 만연한 결과이며, 인간의 생명 가치를 존중하지 않는 사회의 풍기를 더욱 강화하는 것이다. 사회정의에 있어서 법률의 제정 및 제정 후 운영은 사회정의의 개념에 영향을 미치거나 심지어 형성 작용을 하며, 입법자의 사회정의 이념이 일반 사회대중보다 앞서 있다면 입법을 통해 비교적 선진적인 이념을 선양하여 사회에 영향을 줄 수 있다. 사법이 법을 집행하려면 그 과정과 결과도 사회 풍기에 영향을 미칠 수밖에 없다. 사법 제도와 그 운영이 사회공평정

---

99 [프] 장 뱅상, 세르주 킨샤르,『法國民事訴訟法要義』, 羅結珍 역, 中國法制出版社, 2001, 100~112쪽.

100 이런 사례를 쉽게 찾을 수 있다. 2005년 7월 9일 85명의 마그네틱 전화 카드 소비자가 통신 부문이 마그네틱 전화시설을 무단으로 철거 및 개조하여 마그네틱 전화를 사용하기 어렵다는 이유로 북경 제1중급인민법원에 소송을 제기했고, 7월 26일 북경 제1중급인민법원은 수리하지 않는다는 민사 재정을 내렸다. 또 다른 예로 2004년 12월 15일 난닝시 씬청구 인민법원은 쉐위진 薛玉珍이 난닝시 민정국과 난닝시 구조소에 의료비, 생활비 등 손해배상 비용을 청구한 민사소송에 대해 민사재정서를 발부하고 수리하지 않았다. 이와 같은 사례가 보편적이다. '불수리不受理'는 법원 측면에서 편리하겠지만 사람들의 '법원에 호소할 권리'를 훼손하고, 결국 사법적 구제를 받지 못해 사회 정의를 상실하게 한다.

의의 유지와 실현에서 구체적 표현은 아래와 같다. 양호한 사법 제도 및 그 운영은 사회공평정의 개념을 확립하는 데 촉진작용을 하며, 마찬가지로 확고한 사회공평정의 개념도 사법 제도에 영향을 미친다. 이러한 관계에서는 어떠한 사회공평정의 관념이 있으면 그와 조화를 이루는 사법 제도가 나타나게 되고, 불량한 사법 제도는 사회 풍기를 독살하고, 무엇이 정당하고, 무엇이 공평하고, 무엇이 정의로운가에 대한 사회의 관념을 타락시킬 수 있다.

평화를 중시하는 전통적인 중국 사회는 대부분 정지된 것처럼 보이며, 사람들은 이러한 안정적인 사회에서 변함없는 삶을 살고, 소송은 불길不吉한 것으로 간주하며, 사법은 형조刑措(범죄가 발생하지 않아 형벌 수단은 방치되어 사용되지 않음)를 추구하고, 사회공평정의는 주로 사회적 구조에 의해 유지되고, 부득이한 경우에만 사람들은 사법에 의지하고, 사법은 일반 대중과 상당히 거리가 있는 관계이다. 이러한 사회와 사법 상황은 수천 년 동안 지속해서 존재해 왔다. 근대에 들어 중국은 큰 변화에 직면했으며 사회는 급격한 변화를 겪었고, 근대화의 사법은 '친민'의 이미지를 재형성하고, 소송은 더 이상 대중의 두려운 일로 선양되지 않으며, 사법을 통해 사회공평정의가 더 많이 실현되고 있다. 당대 중국은 급속한 경제발전, 활발한 인구이동, 빈부격차 확대, 심각한 사회문제의 새로운 단계에 들어서고, 사법과 사회공평정의 관계는 사람들이 다시 생각하고 살펴봐야 하는 문제가 되었다. 사법 제도를 어떻게 구축해야 사회공평정의 실현에 유리할 수 있으며, 반대로 공평하고 정의에 부합하는 사회가 사법 제도 및 그 운영에 어떠한 영향을 미치는지에 대해 진지한 연구가 필요하다.

사법이 사회공평정의의 보장 구조인 이상 사회공평정의 실현을 위해서는 사법체제 구조를 보완하여 사회공평정의 실현에 불리한 사법의 폐해를 제거하고 사법이 공정하고 청렴하며 효율적으로 운영될 수 있도록 해야 한다. 중국공산당 중앙위원회는 사법을 통한 사회공평정의 실현을 위해 사법 제도를 개혁하고 보완하는 기본사상을 제시하고 인민을 위한 사법과 공정한 사법이라는 기본 이념을 고수하며, 사법체제와 업무구조의 개혁을 추진하고 공정하고 효율적이며 권위 있는 사법 제도를 구축하며, 공평과 정의를 수호하는 사법의 기능을 발휘할 것을 촉구한다. 중국공산당 중앙위원회의 배치에 따라 사회공평정의의 보장에 대한 사법의 전반적인 비전을 구현하기 위해 다음과 같은 측면에서 시작해야 한다.

1. 사법 준비 영역에서 과학적이고 민주적인 입법을 견지하고, 민주정치의 발전과 개선, 공민권리보호, 사회사업 추진, 사회 보장 개선, 사회 조직 규제, 사회 관리 강화 등 분야의 법률과 규정을 개선해야 한다.

2. 사회주의 법제의 통일과 존엄성을 수호하고, 사회주의 법제의 권위를 확립한다. 법 앞에서 모든 공민이 평등하고, 인권을 존중하고 보호하며, 법에 따라 공민의 권리와 자유를 보장한다.

3. 사회공평정의를 실현하기 위해서는 관련 기본 제도를 개선해야 한다. 기본 제도 구축 측면에서 소송, 검찰 감독, 형벌 집행, 교육 교정, 사법 감정, 형사 보상, 사법 시험 등 제도를 개선해야 한다.

4. 사법 민주 건설 측면에서 공개 재판, 인민 배심원, 인민 감독원 등 제도를 개선하고 변호사, 공증, 화해, 조정, 중재의 적극적인 역할을 충분히 발휘해야 한다.

5. 사회의 공평 분쟁의 사법 실현은 일반 대중이 저렴한 비용으로 소송을 할 수 있도록 해야 한다. 이를 위해서는 사법구제를 강화하고, 빈곤층에 대한 소송비용을 감면해야 한다.

6. 중국 법원은 '인민'을 위한 법원이므로 대중을 생각하고 대중에게 소송에 편의를 제공해야 한다. 대중 소송의 편의를 위해 순회 재판제도 개선, 간이절차의 적용범위 확대, 당사자 권리와 의무 고지 제도의 실천이 필요하다.

7. 소송비용 제도의 합리적인 설정도 사법공정의 표현이다. 소송비용 제도를 보다 공평하고 합리적으로 만들기 위해서는 소송, 변호사 및 중재 비용을 규범화할 필요가 있다.

8. 인권은 오늘날 중국이 중요시해야 할 문제이며 사법활동은 인권 보호와 밀접한 관련이 있다. 중국에서 인권에 대한 사법보호를 강화하기 위해서는 국가전문기관과 인원의 행위를 단속하고, 법적 원칙과 절차에 따라 소송활동을 엄격히 진행해야 하며, 이를 위해서는 관련 구조를 개선해야 한다.

9. 중국의 집행 부분에서 장기간 집행의 어려움이 있고 폐단이 적지 않아 사법과 법률의 권위뿐만 아니라 법원의 공신력도 심각하게 손상하고 있다. 집행 업무 구조를 개선하고, 집행 업무를 강화하고 개선하며, 사법의 청렴을 유지하고, 사익을 위해 법을 어기거나 직무 유기 등의 행위에 대한 법적 책임을 엄중히 추궁해야 한다.

10. 행정법제와 사법 분야에서 법치 정부 건설을 가속화하고, 모든 면에서 법에 따른 행정을 추진하며, 법정 권한과 절차에 따라 권한을 행사하고 직책을 수행하며, 행정 법집행의 책임 추궁 제도를 개선하고, 행정 재심의, 행정 배상 제도를 완비해야 한다.

11. 권력 시행에 대한 제약 및 감독을 강화하고, 행정기관 및 사법기관에 대한 감독을 강화한다.

12. 법률 서비스를 확장하고 규범화하며, 법률 지원 업무를 강화하고 개선한다.

이러한 조치가 구체화, 지표화, 효과적으로 시행될 수 있다면 사회공평정의에 대한 사법 및 사법 제도의 보장 구조가 개량 및 개선될 수 있고, 사회공평정의가 실현될 수 있는 기회와 가능성을 더욱 가지게 된다.

2) 사회공평정의를 보장하려면 사법과 사법 제도 자체가 공정해야 한다

'사회정의'는 윤리적 토대를 구성한다. 일부 사상가들은 정치를 이러한 윤리적 토대 위에 세워야 한다고 주장한다. 벤담학파Benthamite School는 정치가 윤리에 종속되는 것을 선호했으며, "선에 대한 단순하고 포괄적인 교리[101]를 개인과 사회의 모든 관계를 검토하는 시금석으로 사용한다"라는 학설이 이 학파의 공로가 되었다.[102] 홉하우스

101 벤담학파는 '최대 행복의 원칙' 즉, 어떤 행위가 그 행위의 영향을 받는 사람들 중 최대한 많은 사람들의 최대 행복을 증진한다면 그 행위는 선한 것이다. 옳고 그름에 대한 모든 문제는 이 기준에 따른다. [영] 홉하우스, 『社會正義論』, 胡澤 역, 商務印書館, 1935, 5쪽 참조.

102 [영] 홉하우스, 『社會正義論』, 胡澤 역, 商務印書館, 1935, 4쪽.

는 사회정의가 정치의 합리적 기반이라는 동일한 견해를 밝히며 "정치 개혁이 합리적인 윤리적 기반에 기초해야 한다는 필요성은 수백 년 전, 오늘날보다 훨씬 더 분명하게 인식되었으며, 지난 두 세대 동안 정치 개선이 빠르게 발전된 이유 중 하나일 수 있다. 그러한 원칙의 부재는 진보의 세력이 무질서해지고 세계가 난폭으로 몰린 이유를 부분적으로 설명한다"[103]라고 지적했다.

사실 사회정의는 정치뿐 아니라 사법의 윤리적 기초이기도 하다. 공평정의가 무엇인지에 대한 사회의식은 사회윤리와 도덕의 표현이며, 사법이 이러한 윤리, 도덕, 의식과 일치해야 사회공평정의의 이상을 유지하고 실현하며 대중의 신뢰를 얻을 수 있다. 사법과 윤리 도덕의 관계에 대해 일부 학자는 다음과 같이 지적했다. "법과 사회도덕의 적용 문제에 대해 우리는 법관이 도덕성을 고려하는 것을 강력히 찬성한다. 법은 완전할 수 있지만 원하는 만큼 완전하지 않을 수 있고, 법은 엄격할 수 있지만 법의 뒤에는 도덕성이 따라야 한다. 법관은 법을 적용할 때 도덕적 측면을 고려해야 한다. 법과 도덕이 항상 일치하는 것은 아니지만 그들의 귀착점은 같다. 그들의 형식은 같지 않지만 힘은 서로 의존한다. 법은 법이고, 도덕은 도덕이며, 도덕은 법의 골자이며, 법은 사회 복지를 달성하기 위한 도구이다."[104] 여기에서 "도덕은 법의 골자이며, 법은 사회 복지를 달성하기 위한 도구이다"라는 문구가 정확하게 맞아떨어진다.

다시 말해, 사회공평정의의 이념과 원칙은 인류 공동의 문명 성과이다. 이러한 이념과 원칙에 대해서는 사법이 준수하고 사법의 공정성에 구현해야 할 뿐만 아니라 사회 전체가 정의를 실현하기 위해 함께 노력해야 한다. 사회공평정의는 아름다운 사회를 위한 필수 조건이며 당연히 사법 제도와 사법활동이 지향해야 할 가치이자 목표라고 할 수 있다. 사법 제도의 구축은 법의 시행을 위한 일련의 제도를 마련하는 것이며, 사법 제도는 일정한 사회 기반에 뿌리를 두고 있으며, 그 자체가 사회공평정의의 관념과 분리되어 존재할 수 없다.

---

103 앞의 책, 2쪽.

104 周鯨文, 『國家論』, 天津大公報館, 1935, 224~225쪽.

우리는 사회정의가 정의의 하나로서 사법 제도와 다음과 같은 관계가 있다고 생각한다. 사법 제도는 법제도의 일부로서 사회정의와 분리될 수 없는 원인은 "법은 사회의 불가결한 구성 부분이기 때문이다. 법은 무엇이 옳고 합리적인지에 대한 사람들의 견해와 일치해야 효력이 있다. 법이 사회적 현실을 이탈하면 법을 지키지 않는 일이 보편적이다"[105]라는 것이다. 이 관계에서 사회공평정의도 사법 제도를 만드는 역할을 한다. 사법 자체는 사회활동과 사회관계의 일부이며, 사법공정은 사회공정의 일부이며, 사법은 사회정의에 기초해야 하며, 즉 사회정의에 역행하지 않고 조화를 이루어야 한다. 사회정의는 사법의 품격을 형성하고 사법의 행위를 규범화하며, 사법의 방향을 선도하는 역할을 한다. 사법은 사회공평정의와 사회도덕을 반영하고 수호하며, 법이 사회복지를 실현하는 구조 역할을 하도록 해야 한다. 법의 권위와 사법에 대한 존중의 정도는 아래 내용에 결정된다. "국가는 인류의 복지를 추구하는 사회단체이며, 국가의 법은 사회와 개인의 복지를 출발점으로 삼아 최고의 도덕성에 근거해야 한다고 주장하기도 했다. 그렇지 않으면 부적절하고 사회 일반인의 복종을 받을 수 없다. 법에 대한 복종은 개인의 정의 의식과 의지를 기반으로 하며 만약 사회 일반인이 이러한 법에 복종하지 않는다면, 우리는 입법자나 법률 승인자(법관을 지칭)가 위의 조건을 기초로 하지 않았거나, 그들이 사회생활의 필요를 오인했거나, 그들 자신의 사리와 혼합된 것으로 추정할 수 있다. 이러한 법은 합법적 절차를 갖추고 있기 때문에 이름만 법이라고 할 뿐 실제로는 유효하지 않다. 안전과 편의를 위해 이러한 법은 존재하지 않는 것이 좋으며, 존재할 경우 폐지하거나 개혁하는 것이 좋다. 그래야 나라가 평화롭고 국민이 자유와 평등을 누릴 수 있다."[106]

사법 자체는 정당성이 있어야 하며, 그 의미는 사법이 정의로운 품성을 가져야 한다는 것으로 흔히 '사법공정'이라는 말로 표현된다. 사법을 통한 공평정의의 회복이라고 할 때, 사법 자체가 공평과 정의의 성격을 내포하고 있어야 하며, 사법은 기타 구

105 [미] L. 블룸, P. 셀즈닉, D. B. 달라흐,『社會學』, 장걸張傑 외 역, 四川人民出版社, 1991, 646쪽.
106 周鯨文,『國家論』, 天津大公報館, 1935, 224~225쪽.

조보다 더 많은 공평과 정의를 구현해야 하며, 사법기관은 사법 과정뿐만 아니라 사법 결과에서도 공평과 정의를 구현해야 한다. 다시 말해 사법공정은 실체적 공정과 절차적 공정의 두 가지 측면을 포함한다. 실체적 공정과 절차적 공정 모두 공정하고 합리적인 실체법과 사법절차의 입법이 전제 조건으로 요구된다.

당대 사회에서 '법적 정당 절차'라는 개념은 점점 더 많은 국가의 입법과 사법에 영향을 미치고 있다. '법적 정당 절차'는 앵글로-미국 사법의 기본 관념으로 입법과 사법 두 가지 내용을 담고 있다. 첫째, 입법 측면에서는 '실체적 정당 절차substantive due process'라는 용어로 표현되며, 현대 실체적 '법적 정당 절차' 이념에는 입법의 내용을 포함하며, 입법기관이 제정한 절차의 정당성을 요구한다. 둘째, 사법적 측면에서는 '절차적 정당 절차'라는 용어로 표현되며, 절차성 '법적 정당 절차'는 법의 집행기관을 위한 것이며, 법을 집행하는 기관은 실질적 정당성이 있는 법을 엄격히 준수하거나 절차적 정당성의 요구를 충족해야 한다. '법적 정당 절차'의 개념은 입법 기관, 사법기관 및 행정기관의 제한을 통해 공민의 인신 및 재산권에 영향을 미칠 수 있는 입법, 사법 및 행정 활동에서 독단적이고 불공정한 절차를 제거하는 것을 목표로 한다. 입법은 국가 권력의 설정과 개인의 자유권 보장 측면에서 신중해야 하며, 국가의 기능을 자의적으로 확장해서는 안 되며, 개인의 자유권을 자의적으로 제한하거나 박탈해서는 안 된다. "입법자는 사회의 필요에 따라 공평한 태도로 법을 만들어야 한다. 그러한 법만이 인민의 복종을 얻을 수 있고 그러한 법만이 효력을 발생할 수 있다."[107] 이러한 이념은 입법에서 사법, 실체에서 절차에 이르기까지 모든 측면의 공정성 요구사항을 포함하며, 그중 사법 단계에서 실체적 공정과 절차적 공정을 실현해야 한다.

사회정의의 원칙에는 사법적 공정성이라는 기본 요구가 포함되며, 사법이 공정해야 한다는 것은 논란의 여지가 없는 명제이다. 사법공정은 실체적 공정과 절차적 공정의 두 가지 측면을 포함하며, 상호 의존적이면서도 모순되는 측면이 있다. 이상적인 사법의 상태는 실체적 정의와 절차적 정의가 모두 실현될 수 있는 것이다. 그러나 사법 실

---

107 周鯨文, 앞의 책, 218쪽.

천에서 사법공정에 포함되는 실체적 정의('결과적 정의'라고도 함)와 절차적 정의는 때로는 동일한 사건에서 동시에 실현될 수도 있지만, 때로는 모순과 갈등의 상태에 있다. 실체적 정의를 실현하기 위해서는 절차적 정의를 희생해야 하고, 절차적 정의를 실현하기 위해서는 실체적 정의를 양보해야 한다. 실체적 정의를 최고의 목표로 삼을 것인지, 절차적 정의를 최고의 목표로 삼을 것인지, 아니면 다른 선택을 할 것인지는 입법자와 사법자가 답해야 할 문제이다. 즉, 실체적 공정과 절차적 공정의 충돌에 직면했을 때 입법자와 사법자 모두 절차적 공정보다 실체적 공정을 우선시할 것인지, 아니면 실체적 공정보다 절차적 공정을 우선시할 것인지라는 선택에 직면하게 되는 것이다. 사회공정을 보장하는 기능을 수행하기 위해 사법과 사법 제도가 실체적 정의와 절차적 정의를 모두 구현할 수 있어야 하며, 실체적 정의와 절차적 정의가 충돌할 때 양자 간의 취사선택 문제를 해결할 수 있어야 한다.

우리는 이러한 현상을 볼 수 있다. 많은 사회학자가 실체적 공정과 절차적 공정에 많은 관심을 기울이고 있는데, 그 이유는 실체적 공정과 절차적 공정도 일반적인 사회공평정의와 관련된 문제이기 때문이다. 즉, 사회공평정의 자체는 실체적 공정과 절차적 공정의 두 가지 측면을 포함하고 있다. 사법과 마찬가지로 양자는 때로는 동시에 실현될 수 있고 때로는 실체적 공정 혹은 절차적 공정만 실현될 수 있기 때문이다. 사회정의이론은 실체적 공정과 절차적 공정에 대해 유익하고 심도 있게 논의했으며, 이러한 논의는 사법공정에 참고가 된다.

사법공정에 있어서 절차적 정의와 실체적 정의의 관계는 절차적 정의 지상 혹은 실체적 정의 지상의 극단적 관점으로 자리매김을 할 수 없다. 일부 사건에서 절차적 정의와 실체적 정의 사이에 화해할 수 없는 충돌이 있는 경우, 절차적 정의는 인간의 존엄성, 기본적 자유 및 권리와 관련이 있으며, 법의 정당 절차를 보호하기 위해 실체적 정의를 포기하고 절차적 정의를 실현한다. 그러나 기타 일부 사건에서는 절차적 정의보다 실체적 정의 보장이 더 중요한 경우, 실체적 정의를 위해 일부 절차적 정의를 희생해야 할 수도 있다. 개별 사건에서 절차적 정의와 실체적 정의가 공존하고 균형을 이룰 수는 없지만, 사법 전반에서 절차적 정의와 실체적 정의 사이의 균형이 이루어져야 한다. 특히 개인의 생명과 신체의 자유 등 중대하고 근본적인 이익과 관련된 형사 사법에서는 더욱 필요하다.

중국에서 사법은 실체적 정의와 절차적 정의를 실현하고, 실체적 정의와 절차적 정의 사이의 모순되고 상충하는 관계를 다루기 위해서는 구체적인 제도와 조치에서 시작하여 사법 자체의 정의성 문제를 해결해야 한다. 중국 사법과 사법 제도 자체의 공정성을 강화하기 위해 다음과 같은 분야에서 현행 사법 제도를 개혁하는 데 중점을 두어야 한다.

(1) 개인의 자유권리에 대한 존중과 정부 권력에 대한 제한

개인의 자유권리에 대한 존중과 정부 권력의 제한은 동전의 양면과 같다. 개인의 자유권리를 보호하기 위해서는 침해 가능성이 큰 정부 권력의 제한이 필요하며, 정부 권력의 제한은 개인의 자유권리를 안전하게 보장하기 위한 것이다.

현대 사회정의 이론에서 개인의 자유 권리의 우선성에 대해서는 서양 정치철학자들이 대체로 같은 견해를 갖고 있다. 중국에서는 원래부터 제한된 국가 권력에 대한 개념이 부족하고, 국가는 '필요한 악'이라는 서방 사회에서 익숙한 관점은 일반 대중뿐만 아니라 지식인, 입법 및 법집행의 구성원 사이에서도 극도로 낯선 존재이다. 만능정부, 국가의 무소불능 관념이 더욱 시장성이 있다. 행정소송제도의 확립을 통해 행정기관에 사법적 제약을 가하는 등 입법과 정책 제정은 국가권력을 어느 정도 제약하지만, 국가를 '가장 약한 의미의 국가'로 만들어야 한다는 관점은 받아들여지지 않고 있으며, 개인의 자유권리에 대한 법적 보장은 충분성과 견고성이 부족한 경우가 많다. 특히 형사소송 법률제도에서 국가 공안사법기관의 강세를 중시하고 소송에서 가장 약한 쪽(피고인)의 권리를 억압하는 것으로 나타난다. 이는 중국의 입법과 정책 제정이 일반적으로 개인의 자유권리보다 질서를 우선시하는 국가의 엄격한 사회통제에 초점을 맞추고 있으며, 이러한 입법 정신과 공공정책은 반성할 가치가 있으며 조정되어야 한다. 입법과 정책 제정이 그러하니 법집행은 더 지나친다. 옌안延安의 한 부부가 집에서 사적으로 음란물을 보다가 경찰이 난입하여 개입한 사건이 세인의 주목을 받았는데, 이는 법집행 인원들이 국가 권력의 한계에 대한 개념이 부족하다는 현실적 반영이다. 이 사건은 사회가 현대 정치사상과 사회정의 관념에 너무 많은 빚을 지고 있으며 깨달음의 긴 여정이 필요하다는 것을 알려준다.

(2) 법 적용에 있어서 평등성 구현

사법이 사회공평정의를 구현하는 중요한 지표는 법의 적용에 있어 평등성의 구현이다. J.파인버거는 사회정의에 대해 "법이 불규칙적으로, 자의적으로 또는 차별적인 방식으로 집행될 때, 법은 부당하게 집행되는 것이다. 즉, 법이 모든 사람에게 공평하게 집행되지 않을 때 법규의 집행은 불공정하다"[108]라고 지적했다. 법의 공정성, 법집행 및 사법의 공정성은 별개이며, 법이 불공정하더라도 "그러한 법은 경찰과 법원에 의해 완전히 편향되지 않은 방식으로 집행될 수 있다. 따라서 법집행의 정의와 불정의의 문제는 법 자체의 실질적 정의 또는 불정의의 문제와는 독립적이다. 즉, 정의적인 법도 부당하게 집행될 수 있고, 불정의의 법도 공정하게 집행될 수 있다"[109]라고 주장한다. 사회정의는 법집행과 사법의 부분에서 법의 공정한 집행을 요구한다.

(3) 사법인원 중에서 강력한 현대 사회정의 관념 확립

법이 정당하게 집행되려면 사법인원의 자질도 중요하다. 아리스토텔레스는 불정의에 대해 "논쟁이 한창일 때 사람들은 재판자에게 호소한다. 재판자를 찾는 것은 공정을 찾는 것이고, 재판자는 공정의 화신으로 여겨진다. 재판자에 대한 호소는 중간中間에 대한 호소이며, 사람들은 재판자를 중간인이라고 부르기도 한다. 즉 중간을 얻으면 공정을 얻게 된다. 공정이란 일종의 중간이며 재판자는 중간인이다"[110]라고 지적했다. 이 과정에서 사회정의를 유지하기 위해서는 법관 자신의 강력한 현대 사회정의 관념이 필

---

108 [미] J.파인버거, 『自由、權利和社會正義』, 王守昌, 戴栩 역, 貴州人民出版社, 1998, 150쪽.
109 [미] J.파인버거, 앞의 책, 1998, 152쪽.
110 [고대 그리스] 아리스토텔레스, 『尼各馬科倫理學』, 苗力田 역, 中國社會科學出版社, 1990, 96쪽.

요하며, 이를 위해서는 자유 의식, 인권 의식, 선행을 위한 도덕적 용기가 필요하다. 법관이 법률적 소양과 뛰어난 재판 능력만 있고, 견고한 사회정의 의식과 선善을 위한 용감한 정신력이 없다면 사회정의는 공허한 것이 되고, 사법재판이 노력하여 실현하려는 목표가 될 수 없다. 아리스토텔레스도 "공정한 사람이 어떤지 설명할 필요가 없으며, 그는 선택에 의해 공정한 일을 하는 사람이다"[111]라고 지적했다. 공정한 일을 할 수 있는 사람은 공정한 사람, 즉 사회정의감이 있고 그것을 실천하는 사람이어야 한다.

(4) 재판자 구성에서 사회공평정의 관념의 도입을 고려하여 대중의 사법 참여성을 강화한다.

일반인의 사법 참여는 사법활동에서 사회공평정의 관념을 도입하는 데 도움이 된다. 일반인의 사법 참여 방식에는 배심이나 참심 등이 있다. 배심 제도와 참심 제도가 도입될 만한 중요한 이유는 대중이 사회의 양심을 대변하고, 대중이 민간의 힘을 구성하며, 국가권력을 제약하기 때문이다. 미국 시카고에서 열린 한 재판이 시작되자 줄리스 호프먼 연방지법관은 배심원들에게 법적 문제에 대한 자신이 지시를 반드시 따르라고 훈계했다. 이에 대해 레너드 위잉라스 변호사는 즉시 이의를 제기하며 "변호 측은 배심원단이 사회적 도덕적 양심의 대표라고 생각한다. 법관의 지시가 배심원의 양심과 상충할 경우 배심원단은 후자를 따라야 한다"[112]라고 주장했다. 레너드 위잉러스의 이 말은 대중이 사회의 양심을 대변한다는 이념을 분명히 보여준다. 미국 학자 존 M. 반 다이크는 "배심원에게 그들은 자신이 속한 사회를 대표하고, 사회적 감정과 양심에 기초한 감정을 그들의 판단으로 가져가는 것은 적절하다는 사실을 알려야 한다. 마지막으로, 배심원들이 법을 아무리 존중하더라도 법을 재판의 실제 상황에 적용하면 부적절하거나 불공정한 결과를 초래할 수 있다고 느낀다면 무엇이라도 그들의 피고인의 석

---

111 앞의 책, 111쪽.

112 Karl A. Lamb, *Democracy, Liberalism, and Revolution*, James E. Freel & Associates, 1971, p. 176.

방을 막을 수 없다는 사실도 알려야 한다"[113]라고 주장한다.

사법재판에 참여한 비전문법관이 재판하는 근거 중 하나는 그가 속한 사회의 일반 대중의 정의 관념이다. 이는 법관의 행위를 평가하고, 사건의 옳고 그름을 스스로 판단하고 법관을 제약하며 사법권이 남용되지 않도록 제한하는 중요한 근거(이외에도 법률에 근거해야 한다)이다. 사법의 본질은 본래 정의와 불가분의 관계에 있으며, 일반인의 사법 참여는 정의란 무엇인가에 대한 사회적 인식을 법정으로 가져가지 못하면 단순히 전문법관이 심리하는 것보다 더 신뢰할 수 없다. 비전문법관이 사회적 보편적인 정의 관념이 없다면 배심이나 참심 제도는 재앙적인 제도가 될 수 있는데, 이 경우 부패나 전횡의 전문법관과 결합하면 조걸위악助桀爲惡이 되고, 청렴하고 공정한 전문법관과 결합하면 오히려 사법의 공정성에 걸림돌이 될 수 있어 전문법관에 의해 제지되어야 한다.

이러한 정의 관념은 사회에서 형성되며 광범위한 사회적 기반을 가진 관념으로, 사회가 모든 일에 대해 도덕적으로 평가하는 근거가 된다. 일반적으로 법률 및 사법활동은 사회가 일반적으로 가지고 있는 정의의 개념과 일치해야 한다. 사회정의 관념은 전통적인 사회공정과 같이 자연적으로 형성되는 것도 있고, 의식적인 구축과도 관련이 있는데, 현대 의식의 특정 정의 관념처럼 의식적인 형성과 연관이 된다. 여러 사회에서 정의의 개념에는 많은 유사점이 있지만 특정 요소에는 차이가 있을 수도 있다. 비전문법관이 현대 정신에 부합하는 사회정의 의식을 가졌는지는 사법에 대한 대중 참여 구조의 효과에 큰 의미가 있다. 사회정의 의식이 없으면 국가권력에 대한 견제와 균형의 힘이 생기지 않고, 사회 정의감에 기반하여 사법공정을 수호하는 책임을 정직하게 수행할 수 없다. 사회정의 관념을 가진 대중은 자주적 인격도 가져야 하고, 그렇지 않으면 자신이 옳다고 인정하는 의견을 견지할 용기가 없으며, 사법활동에 참여해 독립적으로 옳고 그름을 판단하는 역할을 할 수 없다는 점도 강조해야 한다.

요컨대, 사법은 정의를 위한 방어선, 어쩌면 최후의 방어선으로 묘사되어 왔으며,

---

113 앞의 책, p. 200.

이는 국가재판과 사건의 구체적인 재결을 통해 사회공평정의를 실현하고 보장한다. 소위 사법(정의 집행, 법률 집행)이란 정치적으로 조직화된 사회에서 법원을 통해 인간관계를 조정하고, 사람들의 행위를 배치한다. 인간관계의 조정과 사람들의 행동에 대한 배치는 정의의 원칙에 따라 이 윤리적 기준에 부합하는 사회 질서를 달성하는 것에 불과하다. 사법 제도가 개선되고 정의가 양성적으로 작동하여 사회공평정의가 실현되기를 바라는 것은 사회의 일반적인 바람이다. 현재 중국의 사법 제도와 운영에는 여전히 미흡한 부분이 많고 사회공평정의를 수호하는 데 있어서 역할을 충분히 발휘하지 못하고 있다. 사법 경로를 통해 사회공평정의를 실현해야 할 일부 사건은 사법적 구제를 받지 못하고 있다. 일부 사법인원의 자질은 사회공평정의 실현의 기본 요구를 충족시키지 못하며, 사회공평정의 관념에 대한 단절과 무관심이 어느 정도의 보편성을 갖지 않는다고 말할 수 없다. 제도 개선과 인력의 자질 향상은 시급히 해결해야 할 문제이다. 이러한 문제를 직시하고 해결책을 모색하는 것은 입법기관, 사법기관 및 기타 법률인에게 있어서 피할 수 없는 사명이 되고 있다.

5

중국 법원제도

1. 법원 직권

인류 사회는 분쟁이 생긴 후부터 분쟁을 해결하는 방식이 생겨났다. 그러나 인류가 태어날 때부터 사회적 갈등을 해결하기 위한 국가기관이 따로 있었던 것은 아니다. 재판 기구는 국가의 탄생과 함께 생겨난 것으로 국가기구의 구성 부분이다. 근현대 이전의 고대사회에서 국가는 전제주의 정체를 구현하고 사법과 행정을 통합하여 사법권이 행정권에 종속되는 국면을 형성했다. 이러한 배경에서 재판기관은 분쟁을 해결하고 범죄를 처벌할 수 있는 권한을 행사하지만, 근본적으로는 전제 통치를 수호하는 도구이다. 자산계급 혁명 승리 이후 신흥 자산계급 국가들은 잇달아 현대적 의미의 법원제도를 구축했으며 동시에 법원이 행사하는 재판권은 일반적으로 독립성, 수동성, 중립성, 최종성 등의 특징을 가지고 있다. 중국도 비슷한 과정을 경험했다. 청나라 말기 이전에 중국의 사법과 행정은 구분이 없었고 사법 권한은 행정기관이 겸하여 처리했다. 청나라 말기 법률 개혁 시 비로소 이러한 상황이 바뀌었고, 현대적 의미의 법원제도가 모습을 갖추게 되었다. 반세기의 역사 끝에 중화인민공화국은 구 중국 법원 체계의 폐허 위에 새로운 중국 법원제도인 인민법원제도를 설립했다. 중국「헌법」제123조는 "중화인민공화국 인민법원은 국가의 재판기관이다"라고 인민법원의 성격을 명확히 정의하고 있다. 중국에서 인민법원은 전형적인 사법기관으로, 재판권은 인민법원이 통일적으로 행사하며, 다른 기관, 단체 또는 개인은 재판권을 행사할 권리가 없다. 앞서 본문에서는 사법의 성격과 특징을 논할 때 재판권의 성격을 이미 논의한 바가 있고, 법원의 성격에 대해서는 학계와 실무계에서 논란의 여지가 없으므로, 이 부분에서는 법원과 재판권의 성격에 대해서는 다루지 않고, 법원의 직권에 대해서만 집중적으로 살펴보기로 한다.

1) 외국법원의 기본 직권

국가마다 법원 조직 체계가 다르고 같은 법계의 국가라도 법원의 기능이 다를 수 있다. 그러나 법원은 현대 법치국가의 재판기관으로서 법원의 기본 직권은 사건 재판, 위헌에 대한 사법심사, 추상적 규칙의 제정, 중대한 정치 사건에 대한 개입에 지나지 않는다.

(1) 사건 재판

재판기관으로서 법원의 기본 직권은 전 세계 어느 나라에서나 예외 없이 사건의 재판이다. 분쟁해결은 법원의 기본적이고 직접적인 기능이며 법원의 기타 기능을 실현하기 위한 전제 조건이다. 일본 법학자 다나세 다카오에 따르면 재판제도의 최우선 과제는 분쟁해결이라고 주장한다.[1] 르웰린은 분쟁해결이 법원의 가장 중요한 직권이며 항상 다른 기능을 수행할 수 있는 여건을 조성한다는 점을 분명히 했다.[2] 해결되는 분쟁의 성격에 따라 각국 법원이 심리하는 특정 사건의 유형은 크게 형사사건, 민사사건, 행정사건의 세 가지 범주로 나눌 수 있으며,[3] 법원은 다양한 유형의 사건을 심리할 때 서로 다른 심리 특성을 구현한다. 형사사건은 범죄 행위로 인한 충돌을 해결한다. 범죄는 국익과 피해자의 개인적 이익을 침해하기 때문에 일반적으로 국가가 권한을 사용하여 피소추인의 형사책임을 해결하므로 형사사건의 해결 과정에서는 특히 국가권력 행사의 합법성, 합리성, 인권보장에 각별한 주의를 기울이게 된다. 민사사건은 평등 주체 간의 분쟁을 다루며 처리 과정에서 당사자 처분 원칙과 변론원칙을 관철하고 양측 당사자의 평등 보호와 처분권에 대한 존중을 충분히 반영한다. 반면에 행정사건은 행정기관의 권한에 대한 제약과 행정상대인의 정당한 권익 보호를 충분히 반영하여 행정

---

1 [일] 棚瀨孝雄,『糾紛的解決與審判制度』, 王亞新 역, 中國政法大學出版社, 1994, 1쪽.

2 [영] 로저 코트웰,『法律社會學導論』, 潘大松 외 역, 華夏出版社, 1989, 89~91쪽.

3 미국을 비롯한 일부 국가에서는 대통령 선거에 관한 논쟁과 같은 중대한 정치적 분쟁도 해결할 수 있다.

기관 행위의 합법성을 심사하는 경우가 많다.

(2) 위헌 사법심사

헌법은 법체계의 피라미드 최상단에 위치하여 가장 높은 효력을 가지며, 합헌성은 정치생활의 중요한 기준이 된다. 헌법 적용을 위한 구체적인 구조에는 위헌 심사, 헌법 소송(헌법이 소송의 법적 근거로 직접 인용되는 경우), 헌법 해석 등이 있다. 위헌 심사는 가장 중요한 구조로, 특정 국가기관이 법률, 법규 또는 행위의 합헌성을 심사하고 그에 상응하는 처리 또는 제재를 부과한다. 위헌 심사는 심사 내용에 따라 법률, 법규 등 규범적 심사와 특정 행위에 대한 심사로 나눌 수 있다.[4] 그중 전자는 추상적 규범심사(소송이 제기되지 않은 경우 법률, 법규의 합헌성 심사, 법률, 법규가 공포되지 않은 경우의 사전 심사 및 공포 후 사후 심사를 포함한다)와 구체적인 규범심사(민사, 형사, 행정소송 사건을 구체적으로 심리할 때 사건에 적용되는 법률, 법규의 합헌성에 대한 심사를 실시하는 것으로 일반적으로 사후 심사에 해당한다)로 세분할 수 있으며, 후자는 헌법을 근거로 위헌 혐의가 있는 행위의 심사를 말한다.

위헌심사제도는 심사주체에 따라 세계적으로 크게 네 가지 모델이 있는데, 첫째는 미국을 대표로 하는 사법심사모델로, 일반법원이 구체적인 사건 심리에서 법률, 법규의 합헌성을 심사하는 방식이다. 둘째는 독일을 대표로 하는 헌법법원 심사모델이다.[5]

---

4 대부분의 경우 위헌 심사는 법률, 법규 등 규범성 법률문서의 심사를 말한다. 위헌 심사의 기원은 미국에서 「1789년 사법 조직법」이 심사 대상이었던 마버리 대 매디슨 사건에서 시작되었다. 위헌 심사에 관한 많은 논저 중 규범성 법률문서에 대한 심사가 집중 논의의 초점이며, 일부 학자는 "위헌 심사의 내용은 주로 추상적인 규범성 법률문서에 대한 감독에 있으며, 이 부분이 위헌 심사의 가장 중요한 과제가 되고 있다"라고 지적했다. 陳力銘, 『違憲審査與權力制衡』, 人民法院出版社, 2005, 162쪽 참조.

5 이 모델은 1920년 오스트리아에서 처음 생성됐고, 이후 독일, 이탈리아, 스페인 등 많은 국가에서 모방했으며, 이론적 근거는 '삼권분립'에 반대하는 켈젠의 이론이다. 독일의 연방헌법법원과 각 주 헌법법원은 위헌 심사권을 가지며, 그 중 연방헌법법원은 최종 위헌 심사권을 갖는다. 1949년 독일 기본법 제91, 93, 100조 등에 따르면 헌법법원이 이 권한을 발동하는 방법은 두 가지가 있다. 하나는 공민과 조직이 제기한 헌법소원, 다른 하나는 일반 사법기관의 이송 심사이다. 구체적인 사건은 다루지 않고 법률이 기본법에 모순되는지 심사하며, 연방기관 간 권한 분쟁, 연방정부와 주정부 간의 권한 분쟁, 대통령 탄핵, 헌법소원訴願 등을 포함하여 권한 범위가 넓어 전형적 사법절차와는 심사절차가 다르다. 헌법법원은 법원이라는 이름으로 불리지만 어떤 권력기관에도 종속되지 않는 독립된 헌법기관이다. 예를 들어 일부 학자들

첫째와 둘째 모델은 모두 사후 심사를 수행한다. 셋째는 프랑스를 대표로 하는 헌법위원회 모델[6]로 법률, 법규에 대한 합헌성 심사를 사전에 진행한다. 둘째와 셋째 모델은 모두 전문 기관 심사 모델이다. 영국을 대표로 하는 넷째 모델은 의회지상으로 의회가 합헌성 심사를 한다.[7] 다음은 위헌심사의 주체가 일반법원인 경우(즉, 사법심사모델)에 대한 자세한 설명이다.

「블랙법률사전」의 해석에 따르면 사법심사judicial review라는 용어는 세 가지 의미가 있다. (1) 법원이 기타 정부 부처 또는 급별 정부 부문의 행위를 심사하는 권한, 특히 입법 또는 행정행위의 위헌성을 확인하여 무효화하는 법원의 권한, (2) 법원에 그러한 권한을 부여하는 헌법 원칙, (3) 하급법원이나 행정기관이 내린 사실적 또는 법적 판단을 법원이 심사한다.[8] 위헌 심사의 맥락에서 사법심사는 첫 번째 의미를 가지고, 사법기관을 통해 수리한 특정 사건에 대해 판결에서 특정 법령의 위헌 여부를 선언한다. 1803년 매버리 대 매디슨 사건은 미국 연방대법원의 위헌 심사의 시작이 되었

은 이탈리아의 헌법법원에 대한 평가에서 헌법법원은 사법 서열의 일부도 아니고 넓은 의미의 사법 조직의 일부도 아니며, 헌법법원은 전통적인 국가권력의 분류와는 별개로 모든 곳에서 헌법이 존중되도록 하는 기능을 가진 독립적인 기관이라고 지적한 바 있다. 이러한 이유로 헌법법원 모델과 헌법위원회 모델은 전문기관 모델로 통합되어 논의되는 경우가 많다. 이 모델의 심사기관은 헌법 해석에 대한 최종 심사권을 가지고 있으며, 권력 체계에서 다른 권력과 대등한 힘을 구성하지 않고 입법, 행정 및 사법기관 위에 군림하여 헌법이 규정한 한계 내에서 활동하도록 보장한다. 陳力銘,『違憲審査與權力制衡』, 人民法院出版社 2005, 136, 139쪽 참조, 李昌道, 董茂雲,『比較司法制度』, 上海人民出版社, 2004, 69~84쪽 참조.

6 프랑스의 위헌 심사 직권은 헌법위원회에 집중되어 있다. 1958년 프랑스 헌법 제7장에 따라 위헌 심사 기구인 프랑스 헌법위원회가 설치되었다. 위원회는 법관 9명, 주석 1명, 비서장, 재무관 각 1명으로 구성된다. 위원회의 주요 권한은 헌법에 명시적으로 규정된 여러 유형의 소송에 대한 판결을 한다. 첫째, 합헌성 심사를 한다. 즉 법률 공포 또는 의회 양원의 내부 규정의 시행에 앞서 합헌성을 심사한다. 둘째, 선거 분쟁을 해결한다. 공화국의 대통령 선거, 양원 의원 선거 및 전체 국민 투표와 관련된 모든 선거 분쟁을 심사한다. 셋째, 자문을 제공하고 직권을 확인한다. 헌법 16조에 규정된 조직에 대해 국민투표를 실시하고, 대통령과 정부의 요청에 따라 자문을 제공하고, 대통령의 권한 행사를 감독할 수 있는 권한이 있다. 陳穎,「法國獨特的違憲審査機構」,『檢察日報』, 2007년 9월 17일 참조. 따라서 프랑스의 위헌심사권은 전문기관에 위임되어 있고, 그 권한의 운용에서도 사전심사, 즉 법률, 규정 등의 공포 전에 합헌성 심사가 이루어지며, 반드시 특정 사건에 근거할 필요는 없다.

7 영국은 입법기구가 위헌 심사를 담당하는 독특한 위헌 심사 방식을 채택하고 있다. 영국은 내각과 법원이 의회에 의해 생성되고 의회에 대해 책임지는 '의회지상議會之上' 헌정 체제를 채택하고 있으며, 의회는 각종 헌법 문서를 포함한 모든 법률을 제정, 개정 및 폐지할 수 있으며, 위헌 법률은 의회에 의해서만 개정 또는 폐지할 수 있다.

8 Bryan A. Garnered., *Black's Law Dictionary (8th ed.)*, West, a Thomson Business, 2004, P.864.

고, 사법심사는 미국 위헌심사제도의 구체적인 모델이 되었다.[9] 그러나 대법원은 이후 50여 년 동안 이 권한을 거의 행사하지 못하다가 1870년이 지나서야 상황이 크게 달라졌고, 제2차 세계대전 이후 이 권한은 급속히 확산했다.[10] 권력 배치 측면에서 미국은 사법체계 전체가 책임지는 분산형 모델을 채택하고 있다. 연방대법원은 연방헌법에 위반되는 국회 및 각 주 입법에 대하여 위헌심사권을 행사하고, 각 주 법원에 대한 위헌심사는 사실상 통일적인 심사권을 가지고 있으며, 각 주 최고법원은 연방 위헌심사의 시금석 역할을 하고 있다. 권력의 운영 측면에서 위헌 심사는 구체적인 사례에 의존해야 한다.[11] 포스너 판사는 "이러한 권한을 제한하는 것은 법관들이 취한 확고한 입장이다. 연방 사법권을 '진실한' 사건의 재결로 제한하고, 자문 의견의 제시를 거절하며, 법원에 적절하게 제기된 소송 이외의 가장 민감한 헌법 문제의 해결도 거절한다"[12]라고 말했다. 일본에서도 미국과 마찬가지로 위헌 심사의 권한은 일반 사법 체계에 부여되어 있다. 일본 헌법 제81조는 "최고법원은 모든 법률, 명령, 규칙 및 처분의 합헌성을 결정하는 권한을 가진 최종심 법원이다"라고 규정하고 있다. 이는 권한 배분 측면에서 일본의 위헌 심사의 분산성을 보여준다. 그러나 실제로 일본 하급법원의 위헌 심사 권한은 매우 제한적이며, 20세기 70년대 중반 이후에는 이러한 분권화된 체제는 기본적으로 유명무실하고 일본 최고법원이 헌법 법원의 역할을 계속 수행하고 있다.[13]

위헌 심사의 사법심사 방식은 특정 정치 제도, 사회적 배경 및 관련 이념에 기반해야 하며, 이는 크게 다음과 같은 측면과 관련이 있다. (1) 삼권분립을 기본 구조로 하는 정치 제도. 이 제도적 틀에서 사법기관은 입법 및 행정기관과 평등한 위치에 있으며, 의회의 입법권과 정부의 행정권 사이에서 균형과 견제 역할을 수행한다. 대표적인 미국을 예로 들면, 미국 헌법은 권력분립의 원칙을 기본구조로 하고 있다. "미국 연방

---

9 Marbury v. Madison, 1 Cranch137, 2 L Ed 60(1803).

10 [일] 小島武司 외,『司法制度的歷史與未來』, 王祖興 역, 法律出版社, 2000, 5, 10, 21쪽.

11 左衞民 외,『最高法院研究』, 法律出版社, 2004, 32, 34쪽 참조.

12 [미] 리처드 A. 포스나,『聯邦法院:挑戰與改革』, 鄧海平 역, 中國政法大學出版社, 2002, 48쪽.

13 季衛東,『憲政新論-全球化時代的法與社會變遷』, 北京大學出版社, 2002, 39쪽.

대법원은 헌법에 대한 최고의 해석권을 가지고 있고, 국회가 제정한 법률, 대통령의 명령 등에 대한 헌법의 사법적 해석을 통해 위헌 여부를 판단하며, 이는 삼권분립 제도하에서 견제와 균형의 원칙을 유지하는 데 필수불가결하다."[14] 따라서 위헌 심사의 사법적 심사 방식은 미국에서 시작되었으며, 어느 정도는 정치 제도와 무관하지 않다. (2) 헌법은 위헌 심사의 주체를 법원이 아닌 다른 주체로 규정하고 있지 않다. 미국 연방헌법은 헌법에 대한 해석 권한을 어떤 기관에도 부여하지 않았고,[15] 위헌 심사에 대한 규정도 하지 않아 위헌심사권이 일반법원으로 넘어가는 것이 가능해졌다. 제도의 안정성을 고려하여 오늘날 세계 대부분의 사법심사 모델을 시행하고 있는 국가에서, 이 제도를 헌법에 명시하여 직접적인 헌법적 근거가 되도록 하고 있다.[16] (3) 사법기관의 권위는 대중의 마음속에 확고하게 자리 잡고 있으며, 입법권이 사법권에 대한 명확한 우월성은 없다. 유럽의 법학 사상은 루소의 법의 공의公意 이론에 깊은 영향을 받았으며, 민선民選 의회의 입법은 민주와 공의의 표현으로 간주하며, 법관의 직권은 공의를 대표하는 법을 집행하는 것에 불과하다.[17] 프랑스 왕조 시대의 사법 관료들은 편향되고 횡포했으며, 특권을 남용하고 개혁을 방해하여 국민의 신뢰를 잃었다. 프랑스 혁명 이후 국민들은 자신들이 직접 선출한 의회를 신뢰하고 의회의 입법 기능을 중시하여 사법권이 입법권을 압도하거나 초과해서는 안 된다고 요구했다. 이러한 전통의 영향으로 프랑스는 사법심사 모델을 선택하지 않고 '헌법위원회'로 대체했다.[18] 독일은 초기에는 '입법우위'의 이념을 강조하다가 나치 정권이 '법의 형식'으로 '법치의 본질'을 훼손한 사실에 대해 반성했지만,[19] 전통의 영향으로 미국의 사법심사 모델을 완전히 받아들이지 않고 헌법 법원의 모델을 채택했다. (4) 법이 이식되는 과정에서 사법심사 모델을 시행하는 다른 국가로부터의 외부적 영향이 컸는데, 대표적인 예가 일본 위헌

---

14 李鴻禧,『違憲審查論』, 元照出版公司, 1999, 124쪽.
15 齊光裕,『違憲審查與政治問題』, 揚智文化事業股份有限公司, 2003, 17쪽.
16 陳力銘,『違憲審查與權力制衡』, 人民法院出版社, 2005, 127~128쪽 참조.
17 위의 책, 132쪽 참조.
18 齊光裕, 앞의 책, 46~48쪽 참조.
19 趙立新,『日本違憲審查制度』, 中國法制出版社, 2008, 3쪽 참조.

심사제도의 확립이다. 일본의 위헌심사제도는 제2차 세계대전 이후 확립된 것으로, 제도의 성립이 "근대 이래 군국주의가 합법적 형태에서 악성으로 발전한 데 대한 반성에서 비롯된 것으로 필연성이 있다"라고 할 수 있지만, 이에 더하여 "「일본국 헌법」이 '동맹군' 초안을 기초로 제정한 것이었기 때문에 일본의 위헌심사제도도 미국 모델을 채택했으며, 일본 위헌심사제도의 설립은 미국법이 일본법에 미친 영향의 전형적인 표현이라고 할 수 있다"라는 점도 중요한 이유 중 하나이다.[20]

(3) 법의 형성과 추상적 규칙의 제정

위에서 언급한 기본적이고 독특한 직권 외에도 일부 국가의 법원에는 법률 형성과 추상적 규칙 제정권이 있으며, 이는 미국이 가장 두드러지고 일본이 그 뒤를 따르며, 독일과 프랑스는 상대적으로 약하다. 미국은 선례의 원칙을 따르고, 연방대법원 판례의 생성은 실제로 법적 규범을 형성하는 과정이며, 또한 연방대법원은 국회의 승인을 받아 민사소송규칙과 같은 절차 규칙을 제정할 권리가 있다.

일본 헌법 제77조 제1항은 소송절차, 변호사, 법원 내부 규정, 사법사무처리 등에 관한 최고법원의 규칙 제정권을 확립했다. 규칙은 최고법원 법관회의에서 토의하여 결정되며, 자문기관은 민사 규칙 제정자문위원회, 형사 규칙 제정자문위원회, 가족 규칙 제정자문위원회, 일반 규칙 제정자문위원회 등 4개의 전문자문위원회이다.

반면 대륙법계 프랑스에서 최고법원의 규칙 제정권과 법률 형성권은 미국과 비교할 수 없을 정도이다. "대혁명 이후 최고법원이 생겨났고 법원을 감독해 법률 조문을 이탈하지 않도록 하기 위한 것이다."[21] 독일 최고법원은 프랑스와 마찬가지로 입법적 권한이 상대적으로 약하며, 이는 대륙법계의 의회 입법 및 성문법의 전통과 직접적 관련이 있다.

---

20 趙立新, 『日本違憲審查制度』, 中國法制出版社, 2008, 3쪽.

21 [일] 코지마 다케시 외, 『司法制度的歷史與未來』, 王祖興 역, 法律出版社, 2000, 97쪽.

(4) 주요 정치 사건에 대한 사법의 개입

특정 국가의 사법기관은 주요 정치적 분쟁에 대한 최종 결정권을 가지고 있으며, 이는 삼권분립 하에서 사법권의 우월성을 보여주는 대표적인 사례로 미국이 대표적이다. "미국에서는 정치적 이슈가 조만간 법적 이슈로 전환된다."[22] 선거 분쟁과 관련하여 법원은 다양한 선거구의 국회의원에 의한 대통령 선거의 유효 여부를 재판할 수 있으며, 유명한 부시 대 고어 사건이 대표적인 예이다.[23]

2000년 미국 대통령 선거에서 핵심 주州인 플로리다주에서 개표에 대한 이견이 발생하여 재검표 여부를 둘러싸고 주 각급 법원은 물론 연방대법원까지 개입한 10여 건의 소송이 제기되었고, 12월 12일 연방대법원은 결국 5:4의 근소한 차이로 이의가 있는 투표지의 수동 재검표를 금지한 플로리다주 최고법원의 판결을 뒤집고 다음과 같이 지적했다. 서로 다른 개표 기준과 재검표를 감독하는 사법 관원이 없는 것은 헌법의 평등 보호 조항을 위반한 것이라고 지적했다.[24] 이 판결은 고어의 패배를 선언한 것일 뿐만 아니라 플로리다의 가장 중요한 선거인단 25명이 결국 부시에게 돌아갔고, 부시의 대통령 당선을 의미했다. 고어를 포함한 미국 공민들은 대법원 판결의 결과를 받아들였다. 이 사건은 이러한 정치적 사건을 독립적으로 해결하는 미국 사법기관의 권위성을 충분히 보여준다.

---

22 [미] 토크빌, 『論美國的民主』, 董果良 역, 商務印書館, 1997, 310쪽.

23 부시 대 고어 사건의 자세한 내용은 '부시 대 고어 사건 및 2000년 대통령 선거 Bush v. Gore and 2000 Presidential Election', http://www.voanews.com/chinese/archive/2005-02/l2005-02-01-voa57.cfm, 2008년 2월 26일 참조.

24 대법원은 아래와 같은 문제를 심사했다. (1) 연방 및 주 선거 법규에 관한 해석, (2) 미국 대통령의 선거 절차, (3) 주정부의 집행 기관이 연방 이익에 영향을 미치는 선거 문제를 명확히 하는 행위, (4) 주 사법기관이 분쟁 중인 선거에서 이와 관련된 사법 행위를 검토했다. 다시 말해, 이 사건은 주 및 연방 각급 정부의 행위에 대한 심사를 포함하며, 이러한 문제는 오랫동안 미국대법원의 연방 사법심사 권의 심사 범위이다. 그 상세한 판결 의견은 아래와 같다. (1) 일단 주 법이 주의 주민에게 대통령 선거인단의 선거권을 부여하면, 이 선거권은 기본적인 헌법적 권리가 된다. (2) 주정부의 행위가 이 기본권에 부정적인 영향을 미칠 경우, 이러한 행위는 엄격한 사법심사를 받아야 한다. (3) 본 사건에서 플로리다주 법률 및 플로리다주 법원은 모두 2차 재검표(수동 작업)를 실시하는 명확한 표준을 설명하지 않았고, 각 투표가 평등한 방식으로 공정하고 정확하게 집계될 수 있는 보장이 없다. (4) 따라서 2차 재검표, 즉 수동 작업 재검표는 헌법 제14조 개정안의 모든 유권자가 정당한 절차 요구에 따라 평등하게 보호받고 공정하게 대해야 한다는 사항을 위반했다.

요약하면, 전 세계적으로 법원은 사회생활, 경제 활동 및 국가의 정치 생활에서 중요한 역할을 하고 있고, 사법기관의 위상은 전통적인 법원에 비해 크게 향상되었으며 사법 경로를 통한 사회 분쟁해결에 전례 없는 중요성이 주목받았다.

2) 중국법원의 기본 직권

법치가 발달한 서방 선진국의 경험에 따르면 법원의 지위와 기능은 법치의 발전 정도와 밀접한 관련이 있으며, 동시에 여러 국가의 정치체제와 법률 및 문화적 배경의 차이와 직접적으로 관련이 있다. 중국 시장경제가 점진적으로 발전하고 성숙하며, 의법치국 전략이 꾸준히 발전함에 따라 법원 직권에 대한 합리적 배치가 사람들의 관심사가 되었다. 다음은 사건 심리, 사법해석, 행정소송 범위 확대, 집행권, 위헌 심사 등 다섯 가지 중요한 문제와 관련하여 중국 법원의 기능 배치에 대해 살펴본다.

(1) 사건 심리

「헌법」 제123조 및 「인민법원조직법」 제1조의 규정에 따르면 인민법원은 국가의 재판기관이며 국가를 대표하여 독립적으로 재판권을 행사한다. 따라서 중국 법원의 기본 권한은 재판, 즉 다양한 특정 사건을 심리하고 판결하며, 법을 적용하여 형사 충돌과 민사 및 행정 분쟁을 해결한다.

중국 인민법원의 조직체계는 최고인민법원과 지방 각급 인민법원, 전문법원으로 구성되어 있다. 지방 각급 인민법원에는 기층 인민법원, 중급 인민법원, 고급 인민법원이 포함된다. 전문 인민법원은 주로 군사법원, 철도운수 법원, 임업 법원, 해사海事법원, 농업 개간 법원 등을 포함하여 특정 부문 또는 특정 사건에 설립된 재판기관이다.[25] 각급 법원의 기본 직권은 재판을 중심으로 전개된다. 물론 사건의 성격, 표적 금액 차이,

25 본장 제2절은 철도 운송, 임업 등 전문 법원의 개혁에 관한 것이기에 여기에서 반복하지 않겠다.

영향 정도에 따라 각급 법원과 각 유형 법원에서 심리하는 사건의 범위가 다르다. 전반적으로 사건의 성격이 심각할수록, 표적 금액이 크거나 영향력이 광범위할수록, 사건을 심리하는 법원의 수준이 높아진다.

중국의 현행 법률 규정에 따르면 최고인민법원은 중국의 최고재판기관으로 판결 기능과 지도 직책을 모두 가지고 있다. 「중화인민공화국 인민법원 조직법」 제13조에 따르면 "최고인민법원이 판결한 경우를 제외하고 사형 사건은 최고인민법원에 제출하여 승인받아야 한다"라고 규정하고 있다. 제32조는 "최고인민법원은 다음과 같은 사건을 재판한다. (1) 법률 또는 법령에 의해 관할권이 있거나 자체로 판결해야 한다고 판단하는 1심 사건, (2) 고급 인민법원과 전문 인민법원의 판결과 재정에 대한 상소 및 항소 사건, (3) 재판 감독 절차에 따라 최고인민검찰원이 제기한 항소 사건이다"라고 규정하고 있다. 또한 제33조는 "최고인민법원은 법률과 법령이 재판과정에서 어떻게 적용될 것인지에 대해 해석한다"라고 규정하고 있다.

사법 실천 측면에서 볼 때 최고인민법원은 현재 재판 임무가 많다. 자료에 따르면 2003년부터 2007년까지 최고인민법원은 민사사건 3,196건, 행정사건 1,242건, 국가배상 사건 313건을 심리했다.[26] 최고재판기관으로서 최고인민법원이 특정 사건의 재판에 과도하게 관여하면 다른 기능의 수행에 영향을 미칠 것으로 판단한다. 따라서 최고인민법원은 사건이 법률 적용 측면에서 보편적인 지도적 의미가 있는지, 전국적으로 중대한 영향을 미치는지를 고려하여 사건 심리 기준을 더욱 명확히 하고, 민사사건, 행정사건의 2심 수량을 적절하게 줄여 자체의 지도 기능을 부각해야 한다.

또한 중국 법원과 서방 국가의 법원 사이에는 재판 사건의 범위에서 큰 차이가 있다. 즉 중국 인민법원은 모든 유형의 분쟁, 특히 주요 정치 사건을 해결할 수 없다. 현행법에 따르면 인민법원은 유권자 자격에 관한 사건에 대해서만 재정할 권한이 있으며, 현행 헌법 체계에서는 선거 결과와 같은 민주 정치와 관련된 문제에 개입할 수 없

26 자세한 내용은 2008년 3월 10일 샤오양肖揚최고 인민법원장이 제11기 전국인민대표대회 제1차 회의에서 작성한 「최고인민법원 업무보고」 참조.

다. 또한 장기적으로 볼 때, 이러한 문제를 사법 경로를 통해 해결하는 것은 중국의 특수한 정치 제도에 비추어 볼 때 부적절하다. 중국은 '일부양원' 정권 구조인 인민대표대회제도를 채택하고 있으며, 재판기관이 국가 권력 체계에서 우위를 차지하고 있지 않기 때문에 이는 중대한 정치적 사건 성격의 분쟁을 해결할 권력과 능력이 없음을 의미한다. 국가의 정치체제와 국정에 따라 국가의 지도자 결정과 같은 중대한 정치 사건은 집권당의 주도하에 최고권력기관 및 기타 관련 구조를 통해 조정하는 방식으로만 해결할 수 있다.

(2) 법의 형성

맹자는 "법령만으로는 충분하지 않다"라고 말했다. 법원이 재판을 통해 법을 적용하는 것은 법의 이행을 보호하는 중요한 활동이며 법치를 달성하는 중요한 방법이다. 법을 적용하는 과정에서 법관은 기계적으로 법을 적용하는 것이 아니라 어느 정도 창의적으로 법을 적용하고 있다. 한편으로는 법률 언어의 탄력성으로 인해 법의 해석이 재판자의 중요한 업무가 되었고 법의 해석은 주관적인 능동성을 행사해야 하는 활동이다. 다른 한편으로는 법이 규범의 범위 내에서 특정 사건에 대한 적절한 규칙이 부족한 경우, 즉 법이 허점이 있을 때, 법 적용의 주체는 이를 보충하고 창의적인 활동을 수행해야 한다.[27]

외국의 경우 영미법계는 판례 제도를 시행하여 선례를 따르고 있으며, 선례에 규정이 없는 경우 새로운 판례를 만들어 법을 만든다. 대륙법계는 성문법 체계를 실행하고 있으며 전통적으로 법관은 법에 따라 엄격하게 사건을 판결하고 법의 규정을 초과하여 재판을 진행할 수 없으며, 법관의 법 해석 및 법의 허점을 보충할 수 있는 권한을 인정하지만, 일반적으로 법관의 조법造法을 허용하지 않는다. 다시 말하면, 영미법계에서 사건 재판은 선례가 되어 법의 중요한 원천이 될 수 있으며, 즉 법관이 법을 만들 수

---

27 자세한 법적 허점 보완 및 관련 내용에 관한 연구는 [독] 라렌츠, 『法學方法論』, 陳愛娥 역, 商務印書館, 2004, 249~278쪽, 286~300쪽을 참조.

있다. 대륙법계의 법관은 법의 창의적인 업무 적용을 수행하지만 개별 분쟁 사례의 해결에 국한되고, 구속력 있는 법을 생성할 수 없다. 따라서 법관은 법을 만들 수는 없지만 법의 혁신은 촉진할 수 있다.

지난 30년 동안 중국의 입법 업무는 탁월한 성과를 거두었고, 사회주의 특색을 가진 비교적 완전한 법률 체계를 형성했다. 그러나 앞서 언급한 바와 같이 정지된 법이 구체적인 사건에 적용되어야 법의 정신이 제대로 실현될 수 있다. 따라서 법원과 법관이 재판권을 행사해 사실을 인정하고, 이를 바탕으로 법을 적용한 분쟁해결이 중요한 의미가 있다. 또한 중국은 특정 사회적 전환기에 처해 있기 때문에 사회, 특히 민사 및 상사 분야에서 새로운 유형의 사건이 끊임없이 발생하고 있어 법원과 법관의 창조적 활동이 더욱 필요하다.

그러나 중국은 법관 조법造法에 동의하지 않는다. 사법 실천에서 법이 명확하게 정의되지 않은 상황이 발생하면 법관이 분쟁을 해결하기 위해 법을 창의적으로 적용해야 하는 대륙법계의 관행을 참조할 수 있다. 법의 지연성과 사회의 발전 사이의 모순으로 인해 법에 규정되지 않은 상황은 불가피하지만, 법관은 재판을 거부할 수 없다. 이러한 창의적 활동을 수행함에 있어서는 특정 규범체계의 기본원칙(예: 민사 영역에서의 신용 원칙) 또는 전체 법질서의 기본 가치와 원칙(예: 정의)을 따르지 않으면 법의 기본 정신에서 벗어나게 된다. 이러한 창의적 사건 재판은 재판하는 사건에만 직접적인 영향을 미치지만, 그 논리의 내용은 심사하는 사건을 초월하여 다른 사건에 간접적인 영향을 미칠 수 있다. 재판의 주장이 정확하면 향후 동일한 법적 문제에 대한 재판에 표준적인 사례를 제공한다. 이러한 간접적인 영향력은 특정 지역에서 개별 사건 재판이 축적되어 새로운 법의 생성에 점진적인 방식으로 작용한다. 중국의 민사 분야에서 많은 새로운 제도(예: 정신적 손해배상)의 확립은 이러한 사법 실천에서 비롯된 것이다.

이러한 창의적인 법의 적용은 전형적인 개별 사건의 재판을 통해 일부 공공 정책의 형성에 깊은 영향을 미칠 수 있다는 사실에도 반영된다. "현대 사회에서 법관의 자유재량권이 존재하기 때문에 법원의 정책 제정의 기능수행을 배제할 수 없다. 법관은 법에 명시적인 규정이 없을 때 법적 허점을 보충한다. 법률 규정이 불명확하거나 상충할 때 또는 구법舊法이 사회 현실에 뒤처질 때 사회정의, 형평성 이념, 법의 원칙에 따라 창의적인 해석을 하거나 새로운 판례를 창조한다. 그 판결은 이미 특정 사건의 범위를 넘어 분쟁과 관련된 사회문제의 해결 방향과 해결 방식에 파급효과를 일으켜 관련 분야의 정책 제정과 집행에 영향을 미친다."[28] 중국의 사법 실천에서 광둥성 쑨쯔강孫志剛 사건, 건설 분야의 일련의 '흑백 계약' 사건, 북경 쑹좡宋庄의 소산권小產權 사건과 같은 사례는 전형적인 사건의 재판이 정부 행위와 관련 정책에 직간접적인 영향을 미친다는 점을 강조한다.

중국 최고인민법원의 사법해석권은 법관의 조법造法과도 관련이 있다. 최고인민법원의 사법해석권은 중국 법원 체계에서의 특수한 권한이며, 사법해석은 각급 인민법원의 재판 근거로 중국 법률의 통일적 적용에 중대한 기여를 했다. 20세기 80년대 이후 최고인민법원이 단독 또는 참여하여 발표한 유효한 사법해석은 2,000여 건으로 인민대표대회 수십 건의 입법해석과 최고인민검찰원의 수백 건의 사법해석보다 훨씬 더 많은 양의 사법해석을 발표했다. 최고인민법원의 사법해석 권한은 중국 재판의 실천에 중요한 지도적 역할을 수행하여 법을 더 잘 시행하고 법의 적용을 통일하며 최고인민법원의 기능을 어느 정도 확장했다. 그러나 최고인민법원의 대규모 사법해석, 특히 일반화되고 추상적이며 유형화의 사법해석은 합법성 문제에 직면했다.[29] 학자들은 추상적인 사법해석이 법의 권한 부여 범위를 넘어서고, 또한 특정 사법해석은 기존 법률 내용을 타파하여 월권한 혐의도 있는 것으로 보인다.[30] 현재 입법과 사법 실천의 현황으로 볼 때, 최고법원이 일정 범위 내에서 창의적인 해석, 즉 추상적이고 규범적인 해석을 하여 법의 허점을 보충하고, 이러한 해석은 어느 정도 창조적 법률 적용의 특수한 방식으로 볼 수 있으며, 역사적, 현실적인 합리성을 가지고 있다. 그러나 '사법해석'은 구체적인 법 적용 문제에 대한 해석일 뿐 법률 정신이나 법률 조문과 충돌할 수 없다는 점, 즉 법률 해석이 법의 권위에 영향을 미칠 수 없다는 점도 인식해야 한다. 법

---

28 左衛民, 「法院制度功能之比較硏究」, 『現代法學』, 2001, 제1기.

29 구체적인 비판 내용은 張志銘, 『法律解釋操作分析』, 中國政法大學出版社, 1998, 258쪽 참조.

30 입법적 사법해석 또는 규범적, 추상적 사법해석에 관하여 본 절의 세번째 부분에서 설명한다.

의 권위가 없는 것은 법치의 금기이기 때문이다. 법이 사회생활의 수요를 충족 및 적응하지 못하는 경우, 사법기관은 법의 한계를 넘어 법률해석권을 무단으로 사용하여 법률을 수정하는 것이 아니라, 적시에 법률을 개정하도록 법률 제정 기관에 권고할 수 있으며 그렇게 할 수밖에 없다.

(3) 행정소송의 사건 수리 범위

권리의 보장과 권력의 제한은 현대 법치의 기본 목표이며, 행정소송의 사건 수리 범위는 법치 환경에서 사법기관이 보유한 행정행위에 대한 사법심사 권한의 규모와 관련이 있으며, 행정상대인이 자신에게 불리한 행정행위에 대해 사법절차를 통해 사법구제를 제공받을 수 있는 자원의 양과 관련되므로 행정소송의 주요 문제이다. 외국의 경우 전문행정법원의 설립이든 일반법원이든 행정소송제도의 존재는 국가행정기관의 행위, 규범성 문서가 공민의 정당한 권익을 침해하는 경우 사법기관이 개입하여 재판할 수 있음을 의미한다. 권력 차원에서 행정권에 대한 사법권의 제약을 반영한다. 행정소송의 핵심 문제는 일반적으로 구체적인 행정행위와 추상적 행정행위를 포함하는 사건 수리의 범위에 있다. 미국「연방행정절차법」제701 조는 사법심사의 범위를 규정하고 있으며, 법이 사법심사를 배제하거나 행정기관의 자유재량행위에 대해 사법심사를 할 수 없는 상황 외의 기타 행정행위는 사법심사의 대상이 된다. 사법심사를 할 수 없는 행위는 예외에 불과하며, 그 예외는 점점 줄어들고 있다. 행정행위는 원칙적으로 심사할 수 있는 행위로 가정되는데, 이를 '심사할 수 있는 가정'이라고 한다. 예외적인 경우를 제외하고 모든 행정행위는 법에 명시적인 규정이 없어도 사법심사의 대상이 된다.

중국의 행정소송은 민民이 관官을 상대로 하는 제도로서 인권보장, 권력 제한, 공평정의와 같은 기본 가치를 구현하고 있지만, 제도 창립 초기부터 선천적 결함이 있고, 10년 이상의 사법 실천에서 행정소송의 제도적 결함이 부각되었다. 그중 가장 중요한 것은 행정소송의 사건 수리 범위가 좁다는 점이다.「행정소송법」제2조와「중화인민공화국 행정소송법의 몇 가지 문제에 관한 최고인민법원의 해석」제1조는 중국에서 행정소송의 사건 수리 범위를 요약하여 규정하고 있다. "행정기관 또는 행정기관 직원의 특정 행정행위가 자신의 합법적인 권익을 침해했다고 생각하는 공민, 법인 또는 기타 조직은 이 법에 따라 인민법원에 소송을 제기할 권리를 가진다." "공민, 법인 또는 기타 조직이 국가 행정권한을 가진 기관, 조직 및 직원의 행정행위에 불복하고 법에 따라 법적 소송을 제기하는 경우 인민법원의 행정소송 수리의 범위에 속한다." 또한 사건을 수리해야 하는 행위와 수리하지 않는 행위를 추가로 열거했다. 이러한 규정은 중국에서 행정소송의 사건 수리 범위가 작고, 심사 대상이 공민의 인신권과 재산권을 침해하는 특정 행정행위로 한정되며, 행정행위의 합법성 여부만 심사할 수 있다는 점을 반영한다.

현행 사법 실천에 따르면, 법원은 행정 법규 및 규정에 대한 사법심사를 수행할 권한이 없다. 법원이 행정기관의 법규, 규정, 명령 또는 결정이 헌법, 법률 또는 기타 상위 행정 법규에 위배된다고 판단하더라도[31] 해당 제정 기관에 변경 또는 취소를 요청할 수 있을 뿐이다. 하지만 현실 생활에서는 여전히 위헌, 위법성 행정 법규가 다수 적용되고 있는 것은 사실이다. 「행정 재심사법」 제7조는 행정문서 심사의 공백을 열어두고 있지만, 엄격한 의미에서 행정심사의 범주에 속하며 사법기관과 연계되지 않고 제도적 구축이 부족하여 개선이 필요하다.

행정기관이 실시하는 정치적, 정책적 행위, 순수한 기술적 행위, 고도의 인성화 판단 등 법원 심사에 적합하지 않은 심사 외에 행정소송의 사건 수리 범위를 적절히 확대해야 하며, 추상적인 행정행위, 내부 행정행위를 사건 수리 범위에 포함하는 것을 고려할 수 있으며,[32] 특정 행정사건의 심리를 통해 사법권이 행정권에 대한 제약을 실현하고 행정상대인의 합법적 권익을 보호할 수 있다. 중국의 정치체제에서 중국의 행정기관, 사법기관은 인민대표대회에 의해 생성되고 인민대표대회에 책임지며, 국가권력체계에서 동일한 수준에 있으며, 권력 분업과 제약의 원리에 따라 인민법원은 일정한 추상적 행정행위를 사건 수리 범위에 포함할 수 있다. 그 구체적인 범위는 성, 부급 및

---

31 추상적인 행정행위에 대한 사법심사가 합헌성 판단과 관련될 경우 위헌심사 문제와 교차된다는 점에 유의해야 한다.

32 馬懷德,『行政訴訟範圍研究』, http://www.jcrb.com/zyw/n6/ca12505.htm, 2008년 2월 26일 참조.

이하 행정기관이 제정한 규칙, 기타 규범성 문서를 심사하고 사법 권력으로 행정권력을 제약하는 목적을 강화할 수 있다.

(4) 법원의 집행권

현재 중국 법률의 규정에 따르면 재판과 집행은 인민법원 업무의 일부이다. 민사집행의 어려움은 수년간 사법 실무에서의 난제이며 학계와 실무계에서는 민사 집행권의 성격 등을 놓고 치열한 논쟁을 벌여왔다. 실무계는 대부분 법원의 집행권을 인정을 전제로 집행 방법과 구조를 논의하고 개혁안을 제시하고 있다. 이론계의 일부 학자들은 법원의 집행권에 의문을 제기하고 있는데,[33] 주요 이유는 두 가지에 집중되어 있다. 첫째, 집행권의 성격은 행정권이고 법원은 재판기관이라는 점에서 충돌이 있으며, 둘째, 실용적인 관점에서 집행의 어려움을 해결하는 유일한 방법은 재판과 집행의 분리이며, 집행권은 사법행정부문 또는 공안기관에 부여되어야 한다는 주장이다.

우리는 법원이 집행권을 보류하고 보완해야 한다고 본다. "집행권의 성격에 따라 재판기관이 집행권을 가져서는 안 된다는 논증은 너무 단순하고 엄밀하지 않다."[34] 첫째, 성격에 따라 배치가 결정된다는 생각은 주로 삼권분립에 기초하지만, 집행 제도의 목적은 민사 권리의 실현, 이익의 균형, 법제의 통일유지에 있으며, 권력분립, 견제 및 균형과 필연적이고 직접적인 관련이 없다. 구조적 기능주의의 관점에서 볼 때 집행권은 재판기관에 귀속되는 것이 적절하다. 둘째, 국외 민사 집행권의 배치 방식도 자체의 특징이 있는데, 집행기관이 법원에 있거나, 일부만 법원에 있거나, 법원에 전혀 배치하지 않은 예가 있다.[35] 셋째, 집행권과 집행 체제는 효율성뿐만 아니라 공정성도 추구해

---

33 예를 들면 李明霞, 萬學忠,「建議執行工作交司法行政部門負責」,『法制日報』, 2003년 3월 16일; 賀衛方,『司法的理念與制度』, 中國政法大學出版社 1998; 陳瑞華,『問題與主義之間-刑事訴訟基本問題研究』, 中國人民大學出版社 2003; 邢克波,「試論 '審執分家' 的必要性」,『當代法學』2001년 6기; 劉葉靜,「執行體制改革芻議」,『法學雜誌』, 2000년 제1기 등이 있다.

34 童兆洪,「改革語境中的民事執行權配置理論」,『法制與社會發展』, 2005, 제2기.

35 외국 집행기관의 설치에는 크게 네 가지 유형이 있는데, 첫째는 법원 내 배치 유형이고, 구체적으로는 두 가지 유형으로 나뉜다. (1) 법관 집행 유형. 이 체제에서 집행 사무는 집행 법관이 담당하며 집행원은 독립적인 집행 지위가 없이 집행 법관의 지령에 따라 행동한다. 이탈리아, 스페인, 페루, 오스트리아, 중국

야 한다. 집행권은 집행재결권과 집행실시권으로 나눌 수 있는데, 이 중 집행재결권은 법원재판권과 유사성이 있다. 또한 행정기관에 집행권을 이양해도 집행의 어려움이 해소되는 것은 아니다. 집행 과정에서 재결할 사항이 생길 때 행정기관이 해결할 수 없을 뿐만 아니라 행정기관의 지방 보호주의가 법원보다 더 심각하다. 현재 중국 법원에도 지방 보호주의가 존재하지만, 행정기관에 비해 법원의 독립성은 분명하다. 따라서 집행 권한을 행정기관으로 이전하는 구상은 중국의 어려운 집행 문제를 해결하지 못할 수 있다.

따라서 법원의 지위 향상, 현실 존중, 당사자의 권익 보호에서 출발하여 집행권은 인민법원에 귀속되어야 한다. 그러나 동시에 집행의 어려움을 직시하고 사회 환경을 개선하며, 집행 체제를 보완하고 집행 행위를 규제하기 위한 통일된 민사강제집행법을 제정해야 한다. 2007년 새로 개정된 민사소송법에서는 집행의 어려움을 해결하기 위해 집행에 관한 규정을 개선했다. 그 외, 법원은 집행권에 포함된 재판권과 실시권의 이중적 속성을 이해하고, 법률에 따라 부여된 집행 권한을 더 잘 수행할 수 있도록 특정 기관 및 인력 배치에서 집행권을 실현해야 한다.

(5) 위헌 사법심사

헌법의 사법화와 위헌 심사 문제는 학계와 실무계의 공통 관심사이다. 여기서 두 가지 구체적인 질문이 포함되는데, 첫째, 법원이 헌법을 사건 판결의 근거로 삼을 수 있는가? 공민이 자신의 헌법적 권리와 관련하여 법원에 직접 소송을 제기할 수 있는가? 둘째, 법원이 법률 법규 등 규범성 문서의 합헌성을 심사할 수 있는가? 20세기 말

대만 등이 이 유형에 속한다. (2) 법원 집행관 집행형. 호주 연방이 대표적이다. 둘째는 행정기관 내 배치 방식이며, 구체적으로는 아래와 같다. (1) 사법행정관 집행 유형. 러시아, 미국, 영국, 캐나다 등 보통법 국가가 이에 해당한다. (2) 전문 행정기관 집행형. 스웨덴과 스위스가 대표적이다. 셋째는 아이슬란드와 같은 전문집행법원 배치 방식이다. 넷째는 독일, 일본, 프랑스 등을 포함한 혼합 배치 방식이다. 이 방식에서 집행기관은 집행법원과 집행관(또는 집행 관리, 집달執達 관리, 집달원, 일본에서도 후에 집행관이라고 함)을 포함한다. 집행관은 법원에서 독립된 집행기관으로서 전문직이다. 집행관은 채권자의 의뢰에 따라 채권자의 보수를 받고 독립적으로 채무자에 대한 강제집행을 할 수 있다. 高執辦,「國外執行機構概覽」,『人民司法』, 2001, 제3호 참조.

과 본세기 초 중국에서는 치위링齊玉苓 사건[36], 간쑤주취안甘肅酒泉 제품 품질 사건, 허난河南 종자 사건[37], 왕덩후이王登輝 사건[38] 등 헌법의 사법화와 관련된 많은 중요한 사례는 언론의 광범위한 관심을 불러일으켰고 학계와 실무계에서도 논의가 활발했다.

헌법은 다른 법률의 '모법母法'으로서 원칙성, 개요성, 추상성을 특징으로 한다.[39] 헌법의 해석은 헌법을 적용하는 과정에서 불가피한 단계이다. 따라서 위에서 언급한 두 가지 질문에 답하기 위해서는 사전 판단에 대한 분석, 즉 법원이 헌법을 해석할 권한이 있는지가 핵심이다. 헌법을 재판의 근거로 삼거나 사건 관련 규범성 문서의 합헌성을 심사하는 경우, 법원은 법을 적용하는 과정에서 필연적으로 관련 헌법 조항에 대한 해석을 할 수밖에 없고,[40] 그 해석이 판결 의견에 명문으로 구체화했는지와 관계없이 판결 결과에 이미 헌법 조항 해석에 대한 법원의 태도가 암묵적으로 나타나고 있다.

중국 헌법에 따르면 전국인민대표대회 상무위원회는 헌법을 해석하는 주요 기관이

---

36 치위링齊玉苓사건에 대한 최고인민법원의 사법적 회답은 중국 최초의 헌법 소송 사례로 꼽힌다. 2001년 8월 13일 최고인민법원은 「성명권 침해 수단으로 헌법에 의해 보호되는 공민 교육의 기본권 침해 행위가 민사책임을 져야 하는지에 대한 회답」을 공포하고 "사건의 사실에 따르면 천쇼치陳曉琪 등은 성명권을 침해하는 방법으로 치위링齊玉苓의 헌법에 따른 교육 기본권을 침해하고 구체적인 손해 결과를 초래했으며 그에 상응하는 민사 책임을 부담해야 한다"라고 지적했다. 이 회답은 원고의 교육권을 보호하기 위한 재판의 근거로 헌법을 사용했으며, 헌법을 특정 소송 사건에 도입하려고 시도했다.

37 대부분 논자는 '간쑤주취안甘肅酒泉지역 중급인민법원의 성인민대표대회 입법 폐지 사건'과 '허난河南 종자 사건'을 위헌 심사 또는 헌법 사법화 범위의 대표적인 사례로 간주한다. 사실 엄밀한 의미에서 이 두 사건에서 심사된 규범성 문서는 위헌이 아니라 전국 인민대표대회 상무위원회가 제정한 법률과 충돌하여 위법에 속한다. 첫 번째 사건에서 「간쑤성 제품품질 감독 및 관리에 관한 규정」과 관련된 일부 조항은 「중화인민공화국 제품품질법」의 범위를 벗어났고, 두 번째 사건에서 「허난성 농작물 종자 관리 규정」과 관련된 일부 조항은 「중화인민공화국 종자법」과 충돌한다.

38 2007년 1월 2일 농민공 왕덩후이王登輝가 퇴근하던 중 교통사고를 당하자, 소속사인 광저우시 산수이식품유한회사는 왕덩후이가 '직원의 무단 외박 금지' 규정을 위반했다며 병원비 지급을 거부했다. 왕덩후이가 노동 중재를 신청한 후 노동부문은 그를 산업재해로 인정했는데, 오히려 회사에 의해 피고석에 올랐다. 광저우시 황푸구黃埔區 법원은 공민의 인신자유권, 거주자유권에 대한 헌법 규정을 과감히 적용해 회사의 직원 외박 금지가 헌법 정신에 위배된다고 판결했다. 결국 황푸구 법원은 황푸구 노동과 사회보장국이 내린 [2007] 90호 「산재 인정 결정서」를 유지하고 광저우시 산수이식품유한회사의 소송 청구를 기각했다. 王健, 「中國憲法自由權第一案」, 『民主與法制』, 2008, 제9기 참조.

39 추상성은 중국 헌법에만 있는 것이 아니다. 세계 대부분 국가의 헌법은 추상적이고 구체적이지 않다. 王振民, 『中國違憲審査制度』, 中國政法大學出版社, 2004, 178쪽 참조.

40 위헌심사의 주요 방식 중 하나가 헌법 해석이고 위헌심사기구는 헌법해석권을 가져야 한다. 王振民, 『中國違憲審査制度』, 中國政法大學出版社, 2004, 108~109쪽 참조.

며, 법원은 헌법을 해석할 권한이 없다. 「헌법」 제67조는 "전국인민대표대회 상무위원회는 아래와 같은 직권을 행사한다. 一 헌법을 해석하고 헌법 시행을 감독하며…… 七 국무원이 제정한 헌법, 법률에 모순되는 행정 법규, 결정 및 명령을 철회하고, 八 성, 자치구, 직할시 국가권력기관이 제정한 헌법, 법률 및 행정 법규에 모순되는 지방 법규 및 결의를 철회한다.……"라고 규정하고 있다. 「입법법立法法」 제88조는 "법률, 행정법규, 지방성 법규, 자치조례, 단행 조례, 규정을 변경하거나 취소할 수 있는 권한은 아래와 같다. (1) 전국인민대표대회는 상무위원회가 제정한 부적절한 법률을 변경하거나 취소할 수 있고, 전국인민대표대회 상무위원회가 승인한 헌법 혹은 본법 제66조 제2항 규정을 위배한 자치조례, 단행 조례를 철회할 수 있다. (2) 전국인민대표대회 상무위원회는 헌법과 법률에 저촉되는 행정 법규를 철회할 권리가 있고, 헌법, 법률과 행정 법규에 저촉되는 지방성 법규를 철회할 권리가 있으며, 성, 자치구, 직할시의 인민대표대회 상무위원회가 비준한 헌법과 위배한 내용, 본법 제66조 제2항에 규정을 위배한 자치조례와 단행 조례를 철회할 권리가 있다.……"라고 규정하고 있다. 제90조는 "국무원, 중앙군사위원회, 최고인민법원, 최고인민검찰원과 각 성, 자치구, 직할시 인민대표대회 상무위원회는 행정법규, 지방법규, 자치조례, 단행조례가 헌법 또는 법률에 저촉된다고 판단하는 경우, 전국인민대표대회 상무위원회에 서면으로 심사 요구를 할 수 있으며, 상무위원회 업무기구는 관련 전문위원회에 송부하여 심사 및 의견을 제기한다. 전항 규정 이외의 기타 국가기관과 사회단체, 기업사업조직 및 공민은 행정 법규, 지방 법규, 자치조례 및 단행 조례가 헌법 또는 법률에 저촉된다고 판단되는 경우, 전국인민대표대회 상무위원회에 서면으로 심사를 건의할 수 있으며, 상무위원회 업무기구에서 검토하고, 필요한 경우 관련 전문위원회에 보내 심사 및 의견을 제기한다"라고 규정하고 있다. 또한 중국에는 항상 법규 조문에 대한 등록 심사제도가 있어 등록 시 등록기관은 이러한 법규에 대한 부수적인 검토를 실시하고, 위헌이 발견되면 제정기관이 주도적으로 시정하도록 요구한다. 따라서 중국의 위헌 심사는 사전 심사와 사후 심사 두 가지이다. 등록제도는 사전 심사에 속한다. 사후 심사를 개시하는 방법은 두 가지가 있다. 첫째, 국무원, 중앙군사위원회, 최고인민법원, 최고인민검찰원 및 각 성, 자치구 및 직할시의 인민대표 대회 상임위원회가 특정 규범 문서에 대해 전국인민대표대회 상무위원회에 심사를 요청하는 경우, 둘째, 기타 국가기관, 사회단체, 기업사업조직, 공민이 특정 규범성 문서와 관련하여 전국인민대표대회 상무위원회에 심사 제안을 하는 경우이다.[41] 이에 따라 현행법상 각급 인민법원은 사건을 심리할 때 사건과 관련된 법률과 규정이 위헌일 가능성이 있다고 판단되면 최고인민법원에 보고하고 최고인민법원은 전국인민대표대회 상무위원회에 심사를 요청해야 한다. 그러나 지금까지 전국인민대표대회 상무위원회는 별도의 전문 위헌심사기구를 설치하지 않았기 때문에 전국인민대표대회 상무위원회가 위헌성 심사를 활발하게 진행하지 못하고 실효성이 거의 없는 실정이다. 따라서 인민대표대회 상임위원회 산하에 헌법심사위원회를 설치하여 위헌 심사를 강화할 것을 제안한다.

요약하면, 헌법을 사법화하면 헌법 해석권 문제에서 모순이 발생하고, 이 모순 때문에 헌법의 사법화 자체가 위헌이 될 수 있다. 더 깊은 수준에서 살펴보면, 법원의 헌법해석권과 위헌심사권이 없는 것은 중국의 정치체제에 의해 결정된다. 앞서 언급했듯이 중국의 정치체제는 인민대표대회제도며, 전국인민대표대회가 최고 권력 기관이고 인민법원은 인민대표대회에 의해 생성되고 이에 책임진다. 권력 지위 측면에서 볼 때 전자가 후자보다 우월한 것이지 동등한 것이 아니다. 법원이 헌법을 해석하거나 법률의 합헌성을 심사하면 권력기관의 권한과 헌법적 지위를 직접적으로 침해한다. 이는 중국 정치 제도와 양립할 수 없다. 이에 따르면 중국에서 위헌 사법심사 제도의 도입은 적절하지 않다.

---

41 공민이 위헌심사를 제기한 대표적인 사례는 2003년 '세 명의 법학 박사가 심사를 요청한 「수용송환방법」 사건'이다. 쑨쯔강孫志剛 사건 이후, 세 명의 법학박사는 전국인민대표대회 상무위원회에 「도시유랑구걸인원 수용송환방법」에 대해 위헌심사를 실시할 것을 건의했고, 국무원은 2003년 6월 관련 문제를 검토해 「도시생활에서 의지할 곳이 없는 유랑구걸인원 구조관리방법」을 공포하고 「도시유랑구걸인원 수용송환방법」을 폐지했다. 위헌 논란이 되었던 법규를 법규제정기관이 스스로 폐지함으로써 위헌 사유가 소멸되고 위헌 심사절차는 결국 개시되지 않았다.

2. 법원제도

이 절에서는 주로 법원 체계 내부의 관련 제도를 연구한다. 현재 사회 대중의 사법 수요 증가와 법원 사법 능력의 상대적 부족이라는 모순 하에, 중국 재판 업무가 직면한 뿌리 깊은 모순과 현실적 어려움을 해결하기 위해, 법원제도를 개혁하고 개선하여 법원제도의 기본 기능과 사회적 가치를 충분히 실현하도록 촉진해야 한다.

1) 상하급법원 지도와 감독 관계의 규범화

「헌법」 제127조는 "최고인민법원은 지방 각급 인민법원과 전문 인민법원의 재판 업무를 감독하고, 상급인민법원은 하급인민법원의 재판 업무를 감독한다"라고 규정하고 있다. 따라서 상급인민법원과 하급인민법원 사이에는 감독과 피감독 관계이다. 중국 법원의 수직적 조직 구조는 대륙법계 국가와 유사하게 뚜렷한 계층적 특징을 띠고 있으며, 하급법원에 대한 상급법원의 통제는 더욱 엄격하여 계층 구조 자체가 상급과 하급 간의 위계적 의미를 내포하고 있다. 사법 실천의 관점에서 볼 때, '감독'의 의미에 대한 모호한 정의로 인해 제도의 설계와 실제 운영 사이에는 큰 차이가 있으며, 감독의 범위는 종종 하급법원의 심리 활동에 대한 상급법원의 직접적인 개입 및 지도까지 확대된다. 하급법원에 대한 상급법원의 현성顯性 통제는 상소심上訴審과 재판 감독 절차이며, 이 외에도 재판 실천에서 하급법원이 상급법원에 사건을 요청하고 보고하는 제도가 있어 상하급법원 간의 관계를 이화異化한다. 현재 사법 제도의 개선이 필요한 상황에서 하급법원에 대한 상급법원의 일반적인 입지를 연구하고, 이론적 논란과 통념상의 많은 오해를 명확히 하고, 법률적용에 대한 통일된 조정 체제를 구축하고, 사건요청제도의 폐지 및 사건지도제도의 구축과 개선 등을 통해 하급법원에 대한 상급법원의 지도, 감독의 절차와 규칙을 개선하여, 진정으로 각자 독립적이고, 각자의 책임을 다하는 심급審級 독립 관계를 형성할 뿐만 아니라, 상급법원이 하급법원에 대한 감독과 지도 기능을 충분히 발휘할 수 있도록 보장해야 한다. 이러한 내용은 인민법원이 시급히 연구하고 해결해야 하는 중요한 과제가 되고 있다.

(1) 법률 적용을 위한 통일된 조정 구조 구축

모든 법치국가에서 법의 권위를 확립하기 위해서는 통일적으로 적용되는 법과 법의 통일적 적용이 필수적이다. 특히 경제 전환과 변화의 과정에서 사법의 통일성은 경제 질서의 안정성을 보장하고 안정감을 확립하는 중요한 요소이다. 입법 차원의 법제 통일 문제에 대해서는 오래전부터 공감대를 형성해 왔으나 법의 통일적 적용에 대한 체계적인 연구와 충분한 관심이 부족한 실정이다. 사법 영역에서 법의 통일적 적용 원칙은 법관이 사법권을 행사할 때 동일한 사건에 동일한 법률을 적용해야 한다는 원칙으로 나타난다. 그러나 실제로는 법 적용 기준의 다양화, 세분화, 임의화 등으로 인해 법의 권위가 다양한 정도로 약화하고 있다. 특히 형사 재판 분야에서 양형 편차는 전 세계적으로 보편적인 현상으로, 대륙법계와 영미법계 국가는 구체적인 양형 기준에 점점 더 많은 관심을 기울이고 있으며, 미국 연방양형지침위원회는 「양형지침」을 제정하여 감금 등급표를 법관의 양형 지도 참고기준으로 설정해 유사한 범죄에 대하여 지나치게 현격한 형벌의 적용을 피한다. 최근 몇 년 동안 중국의 일부 지방법원은 특정 지역 내에서 법의 일관된 적용을 보장하기 위해, 법의 범위 내에서 구조적 탐색을 했지만, 체계적이고 과학적인 이론적 지도가 부족하여 이러한 구조가 기능을 충분히 발휘하기 어렵다.

최근 몇 년 동안 중국 각지의 법원은 현지 상황에 따라 상하급법원 간의 법률 적용을 위한 통일된 조정 구조를 적극적으로 모색하여 확실한 효과를 얻었다. 중국은 기존 구조의 기능을 충분히 활용하고 단점을 개혁하며 다른 국가 또는 지역의 유용한 경험을 활용하고 새로운 실천적인 구조를 지속해서 탐색해야 한다.

1. 심급審級 감독의 중요한 역할을 충분히 발휘한다. 중국이나 다른 나라에서도 상소 제도는 하급법원 재판의 오류를 바로잡고 법의 적용 기준을 통일하는 기본 방법이다. 이 제도는 1심 당사자에게 재심의 기회를 제공할 뿐만 아니라 하급법원의 판결을

심사함으로써 관할 구역 내 법 적용의 통일성을 최대한 보장한다. 상급법원은 2심 및 재심 심리절차를 규범화하고, 2심 및 재심 재판문서의 논리를 강화하며, 특히 환송 재심 또는 재판 변경 사건에 대한 논리에 주의를 기울여 상하급법원 법관 사이의 법률 적용에 대한 이해를 통일해야 한다.

2. 통일된 양형 기준을 마련하고 공정한 양형을 위해 노력한다. 현재 중국은 아직 객관적이고 통일된 양형 규정이 부족하고 법관이 큰 재량권을 가지고 있으며 사고, 능력, 경험, 상황, 성격, 법률 이해 등의 차이로 인해 양형에 편차가 생기는 경우가 많다. 최고인민법원은 시스템 과학, 정보 기술 및 인공 지능 분야의 현대 연구 결과를 도입하고 기존 사법 관행과 결합하여 기존 법의 틀 내에서 유죄와 양형 상황을 엄격하게 구분하고 대다수의 법률인이 수용할 수 있는 비교적 통일되고 현실적인 양형 기준을 공식화해야 한다. 첫째, 법에 따라 양형 기준을 결정하고, 둘째, 범죄 상황 등 양형 요소를 정확하게 파악하여 양형 상황에서의 자수, 공로, 자백 태도, 반성 표현 등을 세분화하고, 셋째, 주형과 부가형의 균형을 이루어야 한다. 물론 지방법원은 치안 상황과 범죄와의 전쟁의 필요성에 비추어 더 현실적으로 만들기 위해 해당 지역 양형 기준을 적시에 조정할 수 있다. 동시에 판결문의 논리를 강화해야 한다. 법관은 판결문에 양형에서 의미 있는 사실과 상황을 언급하고 자신의 관점을 진술하며, 이유를 충분히 설명하여 양형의 투명성을 높여야 한다.

3. 법 적용에 있어 소통과 교류의 구조를 개선한다. 어떤 의미에서 법 적용을 위한 소통 구조의 생명력과 영향의 정도는 재판종단에 달려 있다. 법 적용 과정에서 재판 정보를 가장 먼저 인식하고 논의 후 형성된 공감대가 재판자에게 전달할 수 없다면 의미가 없기 때문이다. 따라서 재판 실무와 재판 일선에서 재판 정보를 발굴할 수 있는 구조를 구축할 필요가 있다. 구체적으로 첫째, 사건 품질 검사를 개선하고, 재판 업무 경험을 요약하고, 재판 업무 정보를 교류하고, 재판 실행 상황을 분석하고, 새로운 법률 적용 문제를 연구하고, 새로운 유형 또는 어려운 사건의 심리를 논의한다. 둘째, 재판 변경 및 환송 재심 통보제도를 구축하고, 법 적용이 통일되지 않은 문제를 분석하고, 상급법원은 2심 절차와 재심절차를 통해 내린 재판에 대한 하급법원의 의견과 건

의를 듣고 맞춤형 지도 의견을 제시한다. 셋째, 재판 정보의 보고제도를 구축한다. 재판 업무 라인을 중심으로 하급법원 재판위원회는 관할 구역 내에서 발생하는 법 적용의 통일성 관련 문제를 수집하여 상급법원에 정기적으로 보고한다.

(2) 사건지시 및 지시요청제도 폐지

사건지시 및 지시요청제도란 사건 심리과정에서 상급법원이 사건의 실체적 처리나 절차적 문제에 대해 주도적으로 지시하거나 하급법원이 구두 또는 서면으로 상급법원에 지시를 요청하고 상급법원이 답변하는 제도이다. 중국에서는 입법에 사건지시 및 요청제도에 대한 명확한 규정이 없으나, 이 제도는 오래전부터 시행되어 왔으며 법원의 사건처리 방법 및 재판 관행으로 정착되었다. 객관적으로 이 제도는 과거 상당 기간 존재해 사법 실천에 일정한 역할을 해 왔으며, 그 존재에는 현실적인 이유가 있다. 첫째는 입법의 원인이다. 중국은 성문법이 주를 이루는 나라이며, 사건을 처리하는 과정에서 일부 법적 허점이나 모호함을 해결할 수 없는 경우 법관은 자유재량권을 행사하는 경우가 거의 없고 상급법원에 지시를 요청하는 경향이 있다. 둘째는 사법체제의 원인이다. 상급법원의 하급법원 재판 업무에 대한 감독은 특정 사건의 지시를 통해 이뤄지는 경우가 많고 2심 종심권終審權을 가지고 있다. 따라서 관점과 처리 의견은 자연스럽게 권위성이 있고 상하급법원 사이에 사실상의 권위구조가 형성된다. 하급법원은 처리하기 어려운 사건에 부딪혔을 때 타당성을 확보하기 위해 상급법원에 지시를 요청하고 권위적 지도를 판결의 기초로 삼는 경향이 있다. 셋째는 법원 내부의 관리 구조 원인이다. 법관의 업적평가에서 재판 변경과 환송률은 법관 업무의 우열優劣을 판정하는 근거이다. 담당 인원의 상벌, 승진, 수입과 직결되는 경우가 많은데, 이러한 이해관계 구조로 하급법원 법관은 자신이 맡은 사건의 환송, 재판 변경을 우려하여, 자신의 견해와 의견을 인정받을 수 있도록 상급법원에 사건처리에 대한 지시를 자주 요청하여, 사건이 상소 후 환송되거나 재판 변경되어 자신에게 불리해지는 국면을 방지한다. 넷째, 사법 환경의 외부 원인이다. 현재의 법적 환경에서는 재판 업무에 대한 다양한 권력의 개입이 객관적으로 존재한다. 이러한 개입이 법에 따른 사건처리에 영향을 미치고 하급법원이 직접 대처할 수 없는 경우, 상급법원은 종종 사건에 직접 개입하거나 하급법원의 요청에 답하여 권력 개입을 배제하거나 해소한다.

실천적 효과의 관점에서 볼 때 사건지시 및 지시요청제도의 주요 가치는 오류를 수정하고 개별 사건의 공정성을 보장하는 기능에 있지만, 그 단점은 현대 사법의 논리와 원칙을 위반한다는 것이다.

첫째, 재판의 독립성 원칙에 위반된다. 사건지시, 지시요청제도는 본질적으로 상급법원이 법을 이해하고 적용할 수 있는 권력을 행사하고, 사건을 재판하는 법관 자신은 법을 해석하고 적용할 수는 없으며, 상급법원의 지시와 답변만으로 판결하면 된다. 둘째, 당사자의 소송권을 침해한다. 상급법원의 지시와 답변이 사실상 직접적으로 하급법원에서 심리하는 사건에 실질적인 영향을 미쳐 상소심 절차가 '허치虛置'로 된다. 셋째, 소송의 비효율성을 초래한다. 사건지시 및 지시요청제도는 법제도가 아니기 때문에 지시 및 답변 요청 기간 등 이에 적용되는 절차에 대한 명확한 법적 규정이 없어 심리절차가 적시에 종결되기 어려워 소송 효율성이 떨어진다. 넷째, 법관의 직업화 대오건설에 영향을 미친다. 전문법관은 직업의 내적 동기와 압력 의식, 사건의 재판 결과에 대한 자발적으로 책임을 질 수 있는 능력이 있어야 한다. 사건 재판 지시 및 지시요청제도는 1심 법관의 법률 해석 및 적용 과정에서 독립적인 사변과 판단 능력을 약화해 법의 본래 의지와 내적 정신을 깊이 들여다볼 필요가 없다. 동시에 법관은 사법적 위험을 줄이고 오류 비용을 줄이며 재판 책임을 피하기 위해, 다양한 방법을 사용하여 이러한 비사법적 해석 성격의 사건 회답을 얻는다.

실제로 드러난 사건지시 및 지시요청제도의 단점은 실제로 완전히 효과적이지 않으며, 개별 사건의 정의를 보장할 수 있지만 소송절차 구조의 기타 기능적 장애를 초래한다. 사법개혁 방안의 선택은 사건 지시요청제도를 탄생시킨 체제적 또는 구조적 원인을 근본적으로 개선할 수 있는지에 달려 있다. 기존의 체제적 원인을 근본적으로 개선하기 어려운 경우, 제도 내부의 공간을 확대하는 것이 개혁 비용을 줄이는 효과적인 방법이라고 생각한다. 사법개혁의 목표는 관할 제도 개선을 통한 사건 지시에 대한 소송화 개선이다. 하급법원 합의부는 사건 심리과정에서 사실 결정과 법 적용에 대해 확실한 재단권을 가지며, 상하급법원 간의 재판 업무상의 감독 관계는 법정 상소심 절차, 사형 재심사절차, 재심 절차를 통해서만 가능하다. 상급법원은 하급법원이 심리 중인 사건에 대해 영향력 있는 지시를 내릴 수 없으며 내려서는 안 된다. 보편적 법률 적용 의미를 가진 어려운 사건의 경우, 하급법원은 '상급법원에 대한 지시 요청'을 '상급법원에 대한 직접 심리 의뢰'로 변경하여 원래 사건 지시요청제도로 해결된 난제를 소송화로 해결해야 한다. 그러나 사법 관행의 오래된 관성이 해소되기까지는 시간이 걸리기 때문에 개혁 목표를 달성하는 것은 개혁 계획의 설계만큼 쉽지 않다. 이미 소송법에 존재하는 '관할권 이전' 제도로 사건 지시요청제도를 대체할 수 있으므로 궁극적으로 사건 지시요청제도를 폐지하는 목표를 달성할 수 있다. 관할권 이전에 관한 중국 3대 소송법의 규정에 따르면, 어렵고 복잡하거나 중대하다고 판단되는 1심 사건을 상급 인민법원으로 이송하여 재판하는 것은 기존 법률 조항의 측면에서 문제가 되지 않지만, 사건 지시요청제도를 완전히 폐지하기 위해서는 대체 제도와 관련된 여러 문제에 대해 심층적으로 연구하고 점진적으로 해결해야 한다. 따지고 보면 심급審級제도 개혁을 추진하고 제한된 3심 최종심 제도를 확립해야 하며, 관할권 이전에 관한 소송법의 규정에 따라 보편적 법률 적용의 의미가 있는 사건의 경우, 하급법원은 당사자의 신청 또는 직권에 의하여 상급법원의 심리를 요청할 수 있다. 상급법원은 심사 결과 조건이 충족된다고 판단되면 직접 심리할 수 있다. 따라서 최고인민법원은 적어도 이론적으로는 모든 사건에 대한 종심 관할권을 가지므로 각급 법원의 법 적용에 있어 어려운 문제를 파악하고 정당한 법적 절차를 통해 법 적용을 통일하는 기능을 수행할 수 있다. 위에서 언급한 제한된 3심 최종심 제도와 연계하여 문서조사령 제도도 구축되어야 한다. 당사자가 사건이 보편적 법률의 적용 의미에 관한 문제와 관련되어 있다고 판단하여 상급법원에 심사를 요청했으나 거부된 경우, 당사자는 최종 판결 후 최고법원에 문서조사령을 신청하여 최고인민법원에 사건을 심사할 것을 요청할 수 있으며, 사건 수리 여부에 대한 결정은 최고인민법원이 내린다. 최고인민법원은 사건이 보편적인 법률의 적용과 관련이 있다고 판단하는 경우 직접 심리할 수 있다. 문서조사령 심리 사건은 서면 심리 방식을 채택하고 심리 대상은 법적 문제로 제한된다.

(3) 사례지도제도의 구축 및 개선

일반이론은 대륙법계 국가를 성문법 국가로, 영미법계 국가를 판례법 국가로, 중국은 대륙법계 국가와 유사하게 성문법을 주로 하고 판례제도를 채택하지 않기 때문에 판례는 중국에서 법적 지위가 없다. 현재 최고법원은 판례제도가 아닌 '사례지도제도'를 사용하고 있으며, 그 표현이 정확하다고 생각한다. 판례제도는 보통법에서 생겨나고 성장했으며 체계적이고 독특한 법적 사고와 사법 기술을 가지고 있다. 이식은 이성적이어야 하며 이식된 법적 제도가 '활동적' 일 수 있는 여건을 조성해야 한다. 판례제도의 진수와 핵심은 '선례를 따른다'는 것인데 중국은 판례제도를 적용하기 위한 기본적인 전제 조건이 갖춰져 있지 않기 때문이다. 따라서 '선례에 따른다'라는 원칙이 없는 제도를 판례제도case system 또는 선례제도precedent system라고 부르기는 어렵다. 사례지도제도의 실행은 완전한 '판례'제도가 아닌 '사례'지도제도를 실행하고자 하는 사실을 표현한다. 동시에 '사례'는 과거에 오랫동안 사용되어 왔던 '참고'가 아닌 지도적 역할을 할 수 있는 지위로 격상된다. 사례지도제도는 '법관 조법造法'이 아니라 법에 따른 재판을 전제로 운영되는 법의 적용 활동이자 제도이다.

① 사례지도제도의 성격에 대한 정의

사례지도제도의 성격에 대해 현재 국내 학계에는 과도기적 성격과 절충적 성격의 두 가지 관점이 있다. 전자는 이 제도가 정식 명칭은 사례지도제도라고 하지만 형식이나 내용 면에서 중국의 기존 사례편찬제도나 영미법계의 전형적인 판례제도와는 매우 다른, 중국 특색의 판례제도를 지향하는 과도기적 성격의 제도라고 생각한다. 과도성이란 중국의 기존 사례편찬제도를 초월한 제도일 뿐만 아니라 앞으로 구축해야 할 중국 특색의 판례제도와는 일정한 격차가 있으며, 그 목적은 중국적 특성을 가진 판례제도로 점진적으로 전환하기 위한 기반을 마련하는 데 있다는 사실을 말한다. 후자는 사례지도제도의 시행이 절충적인 제도적 선택이라고 생각한다. 완전한 '판례' 지도제도가 아닌 '사례'지도제도를 시행하겠다는 의지를 표현하는 동시에 과거와는 달리 '사례'를 과거처럼 '참고' 역할만 하는 것이 아니라 법원의 재판을 '지도'할 수 있는 지위로 끌

어울려야 한다는 의미이기도 하다. 사례지도제도는 혁신적인 제도이지만 새로운 '조법' 제도는 아니며 본질적으로 여전히 법적 적용 활동이다. 따라서 사례지도제도는 보통법 국가의 판례법제도와는 달리 권력의 재분배에 기초한 조법제도가 아니라 기존 제도의 틀에서 제도혁신을 하는 것이며, 그 목적은 새로운 법규를 만들거나 지도 사례를 법의 원천으로 승격시키는 것이 아니다. 지도적 사례는 최고인민법원 또는 각 고등 인민법원이 재판 기능에 따라 적절한 절차를 거쳐 확립하고 적절한 형식으로 공포한 전형적이고 지도적 의미가 있는 법적 효력이 발생한 재판 사례이다. 재판 실무를 안내하고 방향을 제시하는 실질적인 영향력과 구체적이고 명확한 지도적 효과, 즉 후속 유사 사건의 재판에 대해 사실상 구속력을 갖는다.

② 사례지도제도의 표현 형태

영문에서는 판례와 사례를 모두 case로 표현한다. 국내 일부 학자들은 '사례'는 사건의 실례이고 '판례'는 판결의 실례이며, 양자 모두 법원이 판결한 사건의 실례이며, 실제로는 차이가 없다고 주장한다. 일반적인 의미에서 동일한 범주에 속하며 특정 사건에 대한 법원의 판단 결과이다. 차이점은 사례는 중국인이 중국 법원이 판결한 사건 실례의 호칭이며, 판례는 중국인이 서방(특히 보통법) 국가 법원이 판결한 사건의 실례에 대한 호칭이다. 이러한 구분의 이유는 '사례'는 사법 판결에 구속력이 없고 '판례'는 사법 판결에 구속력이 있다는 것을 보여주기 위해서이다. 판례와 사례가 구분되어야 한다고 주장하는 학자는 실제로 사례 문제에 대한 중국 최고인민법원의 독특한 태도를 강조하고 있다. 사례 편집은 법원 내부의 활동일 뿐이며 상급법원이 하급법원에 대해 재판 업무에 대한 지도를 수행하는 방식이며, 법률 적용을 통일하고 하급법원의 재판 업무를 지도하며 법학 이론을 풍부하게 발전시키는 것을 목적으로 한다. 동일 유형의 사건에 대해 유사하거나 동일한 재판을 하는 것은 법원의 의무가 아니다. 현재로서는 이 개념이 실제로 중국 사례지도제도의 현실적인 방향을 지배하고 있다.

번역의 관점에서 보면, 여기서 말하는 사례지도제도는 외국의 판례제도와는 표현상의 차이로 이해할 수 있지만 실질적으로 사례지도제도는 전형적인 판례제도와는 본질적인 차이가 있다. 사례지도제도는 완전히 새로운 제도로 외국의 관련 연구에서 완전히 상응하는 명확한 제도를 직접 찾을 수 없으며, 일부 국가 또는 지역의 판례제도에서만 관련 있는 것으로 보이는 요소를 찾을 수 있다. 영미법계 국가에서 판례법은 법관의 세심한 합리적 사고와 개인의 지혜와 양심을 결합한 매우 심오한 경험주의 철학에 기반을 두고 있으며, 현실 생활의 필요에 의해 생겨나고 발전하며, 현실의 법률관계와 충돌에서 법률정신, 법률원칙을 발견하여 법률 방법을 발전시키고 법률 자체를 개선한다. "법의 생명은 논리가 아니라 경험에 있다"라는 홀스 대법관의 말은 보통법 국가의 신앙을 명시하고 판례법 체계의 사상적 기원과 전통을 뒷받침한다. 제정법의 급증은 주요 법적 기원이라는 판례법의 위상이 흔들리는 것 같지만 그렇지 않다. 판례법의 깊은 영향으로 영미 제정법의 적용은 법관의 해석에 의해 제한되며, 법관이 이를 적용해야만 비로소 진정한 법이 되어 영미법계의 체계에 들어갈 수 있다. 그리고 법관은 제정법을 적용할 때 판례법 적용보다 더 엄격한 선례를 따르는 원칙을 적용하며, 제정법의 의미는 결국 법관이 판례법에 따라 결정한다. 법의 관념에서나 법의 발견과 적용에서 판례법은 영미법계의 가장 기본적이고 주요한 기원이며, 제정법은 두 번째 기원에 불과하다.

대륙법계 국가에서도 판례가 점점 더 중요한 역할을 하고 있는데, 「독일 민법전」이 백년이 넘도록 전반적인 변경이 없는 것은 판례의 역할이 크다. 독일 학자는 "「독일 민법전」의 전반적인 구조를 유지하는 것은 사법 판례의 공로이며, 이러한 판례는 민법전의 내용을 현대 사회의 요구에 적용하고 사회에서 생명력을 갖도록 중요하지만 종종 오해의 소지가 있는 역할을 한다. 이러한 발전의 결과로 「독일 민법전」 전체 분야가 특징이 선명한 법관으로 탈바꿈하여 더 이상 단일 법전 조문에서 실제 시행 중인 법을 쉽게 이해할 수 없게 되었다"라고 지적했다. 독일 재심사 제도의 확립은 대륙법계의 현대적 법률해석제도의 궁극적인 형성의 신호로 간주한다.[42] 프랑스에서는 상소 법정 법

42 郭華成, 『法律解釋比較硏究』, 中國人民大學出版社, 1993, 25~26쪽 참조.

관들이 점차 제정법의 해석권을 획득했다. "입법의 범위에 포함되지 않은 이례적인 특수 사건, 유연하고 변화가 많으며 논쟁의 여지가 있는 세부 사항, 입법자가 예견하려고 노력하더라도 해결할 수 없거나 경솔하게 처리하면 위험의 소지가 있는 모든 문제의 해결을 판례에 남겨두고 있다."[43] 프랑스의 행정법과 권리침해행위법칙은 주로 법원의 판례에 의해 발전되어 왔으며, 프랑스 학자 사반티외도 프랑스 민법전의 일부가 더 이상 성문법이 아니라 판례법이 되었다고 인정한다. 최고법원의 선례도 판례와 같은 강한 영향력을 가진 국가(지역)도 있다. 예를 들면, 독일 헌법법원, 포르투갈과 터키 최고법원의 판결은 하급법원에 구속력이 있고, 아르헨티나, 콜롬비아 최고법원의 헌법 관련 판결은 구속력이 있으며, 멕시코 최고법원의 헌법 문제와 기타 연방 문제에 관한 동일한 유형의 판결이 5개에 이르면 구속력이 있다. 중국 대만 '최고법원'이 발표한 판례는 하급법원에 구속력이 있고, 판례 변경에도 엄격한 절차가 있다. "최고법원의 재판은 법률상의 견해를 가지고 판례로 작성할 필요가 있다고 판단되는 사람은 원장, 재판장, 법관으로 구성된 민사부 회의, 형사부 회의 또는 민형사총회의 결의를 거쳐 사법원에 보고하여 심사받아야 한다." "최고법원의 각 법정이 사건을 심리할 때, 법률상의 견해와 관련하여 본 법정 또는 다른 법정의 판결 선례와 다른 경우, 원장은 사법원 원장이 소집하는 판례변경 회의를 거쳐 결정하도록 의뢰한다." 마카오에서는 법의 적용을 통일하기 위해 매년 여러 사례를 신중하게 선택하여 「사법 견해」를 편집하는데, 이러한 사법 견해는 사법적 구속력이 있는 법적 근원이 된다. 스웨덴, 네덜란드 등 대륙법계 국가들도 상황이 비슷하다.

대륙법계 국가의 구속력 있는 판례는 크게 두 가지 형태가 있는데, (1) 독일 최고법원이 사건을 처리를 통하여 민법전의 '선량한 풍습', '성실한 신용'과 같은 일반(탄력성 있는) 조항의 자유로운 해석을 통해 만들어진 판례와 같이 원 법전의 일부 규정을 해석하는 기초 위에서 창조한다. (2) 최고법원의 판례(예: 일본)를 통해 법률 규칙을 형성한다.

---

43 任强, 「判例法與制定法的運作與未來」, 珠海市非凡律師事務所編, 『判例在中國』, 法律出版社, 1999, 28~29쪽.

이는 영미법계 국가의 판례법에 가깝다. 엄밀한 의미에서 대륙법계 국가의 선례는 일반적으로 사실상의 구속력을 가지고 있고, 그 판례의 요지도 사실과 규칙의 관련성을 강조하는 것이 아니라 법률을 올바르게 해석하는 데 있지만, 법원의 전형적인 판례는 법률의 근원적 의미로서 점점 더 부각되고 있다.

인류가 20세기에 접어든 후 사회 변화와 과학 기술 발전으로 인한 도전에 직면한 후 두 가지 주요 법계는 모두 사법 실천에서 자족할 수 없는 상황을 보였다. 대륙법계는 주로 문자의 법전과 실제 생활 사이의 격차가 존재하며, 영미법계는 방대한 판례로 인한 법률직업자의 도전에 직면해 있다. 이 두 가지 법적 기원은 역사적으로 법률 발전의 요구사항에 적응해 왔으며, 최근 몇 년 동안 두 법계는 각자의 역사적 전통을 성공적으로 보존하면서 서로의 강점을 흡수하고 활용하여 단점을 보완해 왔다. 대륙법계는 법의 적응성을 높이기 위해 입법에 일련의 원칙성 조항을 규정하여 판례조정의 여지를 남겨 두었다. 영미법계의 상세한 판결 이유 전통도 대륙법계 국가의 재판 실천에 참고가 되고 있다.

③ 사례지도제도의 기능과 가치

중국에서 사례지도제도의 주요 기능은 사법 척도를 통일하는 것이다. 사례에는 다음과 같은 뚜렷한 특징이 있기 때문이다. 첫째, 적용범위가 넓다. 법에 결함이 있거나 허점이 있는 경우 사례지도제도를 구축하여 보완할 수 있으며, 이 제도는 조직법보다 행위법 분야에서 더 많은 공간을 차지한다. 둘째, 규칙의 구체성이다. 사례 지도의 핵심은 법률 규칙에 있지만 이러한 규칙은 제정법에서 정한 규칙보다 특정 문제에 대한 분석에 더 중점을 둔다. 셋째, 체계의 개방성이다. 사법실천은 지속해서 발전하고 사례제도도 지속해서 개방된다. 공정성, 평등성, 효율성, 안전성 등 법적 가치를 바탕으로 사례제도 규칙은 역사적 조건에 따라 발전한다. 넷째, 발전의 점진성이다. 사례지도제도는 법제도를 점진적으로 개선하여 사법재판의 실질적인 수요에 부응하고 있으며, 지속적인 축적과 개선의 특징을 보인다.

현재 사법 실천은 조문화된 사법해석이 필요할 뿐만 아니라, 현행법의 틀 내에서 제정법의 보충으로 규범적 사례지도제도를 확립하고 개선한다. 내용의 확실성을 높여 법 조문을 너무 포괄적이고 추상적으로 제정하여 법관이 적용에 곤란함을 느끼지 않도록 하고, 법의 조화성을 유지하고, 각 법원에서 법 규칙 적용의 통일성을 보호하여 법률의 권위성을 구현한다.

첫째, 지도성 사례의 성격은 성문법의 상대적 후진성을 보완할 수 있다. 최고인민법원과 각 고등 인민법원은 지도성 사례를 발표하여 하급법원에 대한 어려운 사건의 심리를 지도하며, 법정法定 재판 감독 책임을 실현한다. 중화 법계의 판례는 대부분 '파법破法'의 목적을 달성하기 위해 창설된다. 즉 현행 법률 규정을 돌파하여 통치자의 의사를 더욱 충분히 반영한다. 일부 학자는 중화 법계의 판례가 법제를 파괴하는 도구라고 생각한다. 이 관점은 편향되어 있다고 말할 수 있다. 입법과 '파법'은 모두 왕권을 위해 봉사하는 수단이고 정세의 변화에 따라 다른 선택을 한 것이다. 이는 통치자가 전통적으로 채택해 온 나라를 다스리는 계획과 책략이기 때문에 서방의 법치 전통이 중국보다 우월하다고 볼 수 없다.

둘째, 사례지도제도를 개선하고 표준화하면 사법공정을 촉진할 수 있다. 지도성 사례는 구속력이 없지만 발행 기관의 권위성과 지도성 사례 자체의 시범 역할에 따라 '동일 사건 동일 판결'을 촉진하고 '동일 사건 다른 판결'을 피할 수 있다. 사건의 직관성, 생동감, 실재성은 사람들의 법 이해에 대한 관심을 높이고 법의 추상화로 인한 지루함을 극복하며, 공민의 법의식을 제고하고, 사회대중이 이를 참조하여 재판활동을 판단하고 감독하는 데 도움이 된다. 당사자와 사회대중이 지도성 사례 재판의 요지에 부합하는 개별 사건 재판 결과에 대한 이해와 존중은 당사자가 판결을 받아들이고 소송을 취하하며, 효력을 발생한 법적 문서를 스스로 이행하여 사법재판의 사회적 공신력을 유지하는 데 도움이 된다.

셋째, 지도성 사례 자체가 법률문서의 모범이며, 그 시범역할을 통해 재판 이유를 논증할 때 법관의 법적 추리 의식을 강화하고, 사법 문서의 형식을 통일하는 동시에 재판문서의 수준을 종합적으로 향상할 수 있다. 사례 지도는 논리와 논증에 중점을 두어 법관의 판결을 일반적인 법적 사회여론에 배치하고 법적 규칙을 실천에서 명확화,

구체화 및 공정화한다.

넷째, 지도성 사례를 공개하여 집행 기준을 통일하고 사법 부패를 예방한다. 사건 상황이 같거나 유사한 사건에 대하여 법관이 재판의 요지가 다른 판결을 한 경우에는 재판 이유에 대하여 특별한 설명을 해야 하는데, 이는 그 자체로 법관의 자유재량권을 제약하는 것이다. 이는 보통법계 국가의 판례 제도와 큰 차이가 있다. 보통법계 법관은 판례의 창시자, 즉 법의 창시자로 법의 운영 과정에서 핵심적이고 주도적인 위치를 차지하고 있으며, 사회 각계각층의 존경과 예우를 받고 있다. 중국의 「헌법」은 법관이 아닌 인민법원이 독립적으로 재판권을 행사하도록 규정하고 있으며, 법관은 재판권을 행사하는 주요 구성원 중 하나이며, 지도성 사례를 발표하는 주체는 양급 법원의 법관이 아닌 최고인민법원과 고등인민법원이라고 규정하고 있다. 지도성 사례의 발표 목적은 법관으로 하여금 '동일 사건 동일 판결'을 하도록 안내하며, 이러한 관점에서 볼 때 우리가 구축하고자 하는 사례지도제도는 법관의 자유재량권을 확대하기 위한 것이 아니라 오히려 이를 제한하고 사법적 자의와 사법 부패를 방지하기 위한 것이다.

2) 재판조직과 재판 기구 개혁

법원이 사건을 재판하려면 특정 조직 형태를 통해 진행해야 하며, 법원을 대표하여 사건을 심리하고 재판하는 조직 형태가 바로 재판조직이다. 중국의 법정 재판조직 형태는 단독재판부, 합의부, 재판위원회가 있으며, 이는 중국 법원 내부 조직구조의 수직축을 구성한다. 현대 중국에서 법원 개혁이 심도 있게 진행됨에 따라 건전하고 과학적이며 합리적인 재판조직 체계를 구축하는 것은 중국 특색을 지닌 현대 법원제도 구축의 중요한 부분이 되었으며, 인민법원이 법에 따라 독립적으로 재판권을 행사하고 사법공정성과 효율성을 실현하는 기반을 형성했다.

(1) 재판위원회 제도개혁

재판위원회는 중국 사법 제도에서 중국 특색의 재판조직이다. 수년 동안 재판위원회는 재판 경험을 종합하고, 중대하고 어려운 사건을 해결하고, 사법 표준을 통일하고, 사건처리의 질을 보장하고, 사법공정성을 실현하고, 공정한 사법에 대한 불리한 사법환경의 간섭을 방지하는 데 중요한 역할을 했다. 그러나 중국 경제사회가 발전하고 사법개혁이 점차 심화함에 따라 현행 재판위원회 제도는 공정에 대한 요구와 현대 사법이념의 영향에 직면해 있으며, 제도는 더 이상 변화된 상황의 요구에 완전히 적응할 수 없다. 우리는 재판위원회 제도를 고수할 것인가, 아니면 제3의 길, 즉 개혁을 선택할 것인가?

① 재판위원회 제도의 확립 및 관점에 대한 논쟁

중국의 현행 재판위원회 제도는 중국의 역사적, 정치적, 관념 문화적 등 다양한 요인이 공동으로 작용한 결과이며, 신민주주의 혁명 시기 혁명근거지에 존재했던 재판위원회 제도에서 탄생했다. 신중국 성립 후 1954년 제1차 전국인민대표대회에서 제정한 「인민법원조직법」이 정식으로 공포되어 중국 각급 법원에 재판 업무의 집체지도조직으로서 재판위원회를 설치하고, 재판 경험을 정리하며, 중대하고 어려운 사건 및 기타 재판 업무 관련 문제를 논의하도록 규정하여 재판위원회의 직권이 더욱 확대되었다. 1955년 3월 10일, 최고인민법원 재판위원회 제1차 회의가 개최되어 최고인민법원 재판위원회 설립을 발표하고 재판위원회의 업무 제도를 구성했다. 그 후 전국 각급 인민법원은 잇따라 재판위원회를 설립했다. 이때부터 재판위원회는 법정 제도로 공식적으로 확립되었다.

그러나 재판방식의 개혁이 심화하고 사법 법칙에 대한 사람들의 이해가 더욱 강화됨에 따라 많은 학자와 실천자들이 이론체계, 운영 방식, 운영 과정, 운영환경 등에 대해 심도 있는 이론과 실증연구를 전개하여 크게 세 가지 관점을 형성하였다. 첫째, 폐지론이다. 재판위원회의 존재와 운영은 국제협약의 공정 원칙, 직접 심리원칙에 어긋나며 재판의 독립에 심각한 영향을 미치고 회피제도를 시행하기 어렵게 하며, '판자불심判者不審'의 경우 오류를 일으키기 쉽고, 책임 분산은 추궁에 불리하므로 폐지해야 한다는 것이다. 둘째는 존재론이다. 일부 학자들은 실증 조사를 통해 재판위원회 제도의 존재가 인민법원의 재판 업무와 사법공정성에 긍정적인 역할을 하고, 어려운 사건, 새로운 사건을 해결하는 데 도움이 되며, 관할 구역 내에서 구체적인 사법 관행을 통일하는 역할을 하며, 기타 법관의 사건처리 업무 수준을 높이는 데 긍정적인 역할을 하며, 외부 이익 주체의 부당한 개입에 대한 저항에 도움이 된다고 주장한다. 셋째는 개혁론이다. 현 단계에서 재판위원회가 여전히 존재할 현실적 필요성이 있으며 개혁을 통해 그 단점을 최소화해야 한다고 주장한다.

② 재판위원회 제도 개혁의 기본 구상

중국 사법 제도에서 생겨나 장기간 존재한 재판위원회 제도는 중국 사회 역사 및 기타 제도와 밀접한 관련이 있어 현재 폐지하는 것이 비현실적이지만, 반드시 개혁해야 한다. 재판위원회 제도의 개혁은 사법활동의 객관적인 규칙을 존중하고, 재판방식 개혁을 포함한 사법개혁의 구체적인 성과를 충분히 활용하며, 현재 사회 환경에 대한 충분한 고려를 바탕으로, 합의부가 법에 따라 독립적으로 재판할 수 있는 권한을 확보하고, 재판위원회의 재판업무 지도 기능의 역할을 확실히 추진하기 위해 노력하고, 법에 따라 공개, 공평, 공정한 사법 이념을 전반적으로 관철하며, 소송참여자의 소송 권리를 충분히 존중한다는 원칙에 따라 절차적, 계획적, 단계적 개혁을 전개해야 예상한 효과를 발휘할 수 있다.

(1) 사건 논의 및 결정에 관한 재판위원회의 기능을 제한한다. 재판위원회의 사건 논의 및 결정 기능에 의해 발생하는 주요 문제와 폐해를 해결하기 위해서는 절차상의 과학과 규범을 통해 재판위원회가 대량의 개별 사건에서 자유롭고, 재판 경험을 요약하는 데 주력해야 하며, 최고 재판조직으로서 재판 추세 예측, 재판 형세 분석, 재판 실천 지도, 사법개혁 추진의 기능을 발휘해야 한다.[44] 따라서 재판위원회의 사건 논의 및

44 關昇英,「審判委員會工作機制探索與完善」,『人民司法』, 2004, 제10기.

결정 기능의 영향력을 수용 가능한 작은 범위로 제한하여, 합의부의 재판 업무 적극성을 최대한 동원하고, 합의부가 진정으로 재판과 판결의 모든 책임을 지도록 하여 재판 방식 개혁의 성과를 더욱 촉진하고 공고히 한다. 간이절차에 따라 심리하는 사건을 재판위원회에 제출하여 논의 및 결정하는 현상을 단호히 근절하고, 간이절차에서 일반절차로 전환하도록 허가한 소수의 사건을 제외하고는 독임獨任 판사가 독립적으로 자신이 심리한 사건을 처리해야 하며, 사건을 재판위원회에 제출하여 논의 및 결정하는 것을 허용해서는 안 된다. 사건을 재판위원회에 제출하여 논의 및 결정하는 판단 기준은 법 적용에 관한 중대한 의견 차이가 합의부에서 발생하였는지, 합의부의 결정 형성이 불가능한지를 기준으로 한다. 중대하거나 어렵거나 복잡하다는 기준의 주관적 성격을 배제하고, 단순하고 과학적인 객관적 성격으로 기준의 운용성을 제고한다. 원장과 분임 원장이 사건을 재판위원회에 직접 제출해 토론할 수 있는 결정권을 없애고, 합의부가 사건의 심사권을 제출할 수 있도록 대체한다. 또한 재판위원회의 재판 업무 지도 기능도 강화해야 한다. 현재 재판 업무에 새로운 상황과 문제가 끊임없이 발생하고 있으며 다양한 새로운 유형의 분쟁이 등장하고 있다. 이런 상황에서 재판 경험을 적시에 총결하고, 재판 업무에서 근본적이고 거시적이며 전반적인 문제를 연구하고, 정확하고 권위 있는 사법해석, 재판위원회 회의기요 또는 결정 등을 작성하여 법원의 재판 업무를 효과적으로 지도할 필요가 있다. 전문적 사법해석, 재판위원회 회의기요 또는 결정 등 재판 업무지도의 적시성 측면의 부족을 보완하기 위해, 재판위원회의 사건 논의와 결정 기능이 유지되는 가까운 시일 내에 각급 법원의 재판위원회는 두 가지 기능의 역할을 의식적으로 결합하고, 사건의 토론을 통해 재판 규칙을 추상, 정제 및 총결하는 의식과 능력을 강화하고, 적시에 정확한 재판 업무 지도를 수행해야 한다.

(2) 재판위원회의 전문화 정도를 점진적으로 강화한다. 첫째, 전문 재판위원회의 설립이다. 중국의 형사, 민사, 행정사법 분야 영역에는 여러 공통된 법리가 있지만 각자의 특별한 원칙과 제도가 있고, 사법 실천에서 서로 다른 재판 분야와 관련된 법률과 사법해석의 내용이 복잡하여 재판위원회에 전문위원회 설치의 필요성이 있다. 최고인민법원의 「2차 5개년 개혁개요」에서 재판위원회 위원의 점진적인 전문화는 제도 개혁

의 중요한 내용이 되었다. 즉, 최고인민법원 재판위원회는 형사 전문위원회와 민사, 행정 전문위원회를 설치하고, 여건이 되는 고등 인민법원, 중급인민법원도 형사 전문위원회와 민사, 행정 전문위원회를 설치한다. 무엇보다도 재판위원회와 전문 재판위원회 간의 관계를 명확히 할 필요가 있다. 전문 재판위원회는 재판위원회의 전문적 하부기구로 분업과 협력이 있어 단순한 상하관계가 아니다. 재판위원회는 전문 재판위원회에 자신을 대표하여 사건을 직접 심리할 수 있는 권한을 위임하며, 일단 위임된 권한은 재판위원회의 개입을 받지 않도록 하여 전문 재판위원회가 독립적으로 사건을 심리할 수 있도록 한다. 전문 재판위원은 재판위원회에 제청한 사건에 대해 직접 토론 및 처리할 수 없으나, 재판위원회의 요구가 있을 경우 법 적용에 관한 서면 의견을 제출할 의무가 있다. 서면 의견은 전체 전문위원 과반수 이상의 다수 의견에 근거하여 작성되며, 재판위원회가 해당 사건을 결정하는 데 중요한 참고 자료가 된다. 이를 통해 전문 재판위원회가 법원 합의부와 재판위원회 사이의 또 다른 연결고리가 되는 단점을 방지할 수 있다. 둘째, 재판위원회 구성원의 전문화 기준을 엄격히 한다. 재판위원회의 구성원 구조를 개혁하여 과거 원장과 재판장만 재판위원회에 참가할 수 있었던 관행을 바꾸고, 경력과 자격이 풍부한 법관도 재판위원회에 참가할 수 있는 기회를 보장해야 한다. 동시에 원장과 재판장의 사건처리 제도를 확실하게 구현하여 사법 실천을 지도하는 재판위원회의 능력을 강화한다. 대부분 법원의 원장과 재판장은 엄선된 재판 업무의 중추라는 점을 배제하지는 않지만, 비지도직인 재판위원회 위원의 경쟁적 선발을 강화한다. 이러한 방식으로 재판 업무의 핵심 인력의 열정을 동원할 뿐만 아니라 재판위원회 기능의 절대적인 행정화 구조를 변경하는 데 도움이 된다. 물론 중국에서 재판위원회의 행정화 폐단은 인정하고 직시해야 할 현실로 이를 바꾸기 쉽지 않고, 이른바 비지도직 재판위원회 위원들이 경쟁적 선발 방식을 취하더라도 결과적으로 재판위원회의 행정화 구조의 주류적 특성을 바꾸기는 어려울 수 있다. 셋째, 각급 인민법원의 재판위원회 위원 수를 결정해야 한다. 각급 인민법원의 재판위원회는 홀수 형태로 구성해야 하며, 그중 기층법원은 7명 또는 9명, 중급 법원은 11명 또는 13명, 고등 법원은 15명 또는 17명, 최고 법원은 19명으로 구성하는 것이 적절하다. 넷째, 전문 재판위원회 구성원 선임에 대한 완비한 제도를 구축해야 한다. 각 전문 재판위원회는 일반적으로 7명 내외의 구성원으로 구성하되, 재판위원회와 마찬가지로 홀수 형태로 구성해야 하며, 관련 전문적 경력을 가진 재판위원회 위원과 특별히 선임된 재판 업무의 중추 인원으로 두 영역을 구성해야 한다.

(3) 업무절차와 실행 방식을 개혁하고 개선한다. 첫째, 재판위원회에 대한 합의부의 보고 형식과 주요 내용이다. 사건 담당자가 단독으로 재판위원회에 보고하는 사건만 청취하는 과거 관행을 변경하여, 합의부 전체 구성원이 모두 서류를 읽고, 각자가 심리 의견을 제시하며, 피고인을 직접 신문하거나 민사, 행정사건당사자에게 직접 문의한다. 중대하고, 어렵고, 복잡하거나 보편적인 법률 적용의 의미가 있는 사건에 대해서는 재판위원회 위원이 법정 재판[45]을 방청하는 제도를 실시하여 사건의 쟁점을 정확히 파악하고 사건을 종합적으로 이해하며 주관적인 판단을 효과적으로 피한다. 둘째, 최대한 회의제에서 심리제로 전환하여 심자불판審者不判, 판자불심判者不審의 문제를 해결하고, 재판위원회 위원이 단독으로 합의부를 구성하거나 다른 법관이 합의부에 참가하여 사건을 직접 심리할 것을 권장한다. 합의부 구성원이 아니지만 사건 결의에 참여하는 위원은 재판을 방청하거나 영상을 통해 방청할 수 있으며, 사건의 필요에 따라 재판위원회 토론 시 재판 실황을 방송할 수 있다. 재판위원회의 '심審'과 '판判'의 분리 방식을 가능한 한 변경하여 재판이 법정에서 직접적인 언어구현으로 사건의 사실을 규명하는 토대를 마련할 수 있도록 한다. 셋째, 재판위원회가 사건을 논의하는 과정은 개방성, 공평성, 공정성의 원칙을 관철해야 한다. 재판위원회 위원과 각 전문 재판위원회 구성원의 명단과 직무 공개를 심사업무 공개제도에 포함해 당사자의 소송권을 효과적으로 보호해야 한다. 재판위원회에서 민주적 의결 원칙을 명시적으로 구현해야 한다. 재판위원회의 표결 방식을 개혁하여, 재판위원회의 논의가 필요한 어렵고, 복잡하고,

---

45 조사에 따르면 응답자의 98%는 재판위원회 위원이 사건을 방청해야 한다고 주장하지만 시간부족으로 방청이 불가능하다고 답했다. 전문 재판위원회 설립, 사건 분류 관리, 각지에서 전임 재판위원회 위원의 확정으로 각 위원이 소수의 사건을 담당하게 하여 논의 대상 사건의 재판 전 과정을 방청할 수 있는 가능성을 제공했다.

사회적 영향이 큰 사건의 경우, 재판위원회는 토론 후 무기명 투표의 방식으로 다수의 의견에 따라 결정을 내린다.

(2) 재판조직의 독립적인 사건판결 책임제도 구축

중국 법률은 인민법원이 독립적으로 재판권을 행사하고 행정기관, 사회단체 또는 개인의 간섭을 받지 않는다고 명확하게 규정하고 있다. 그러나 독립재판의 원칙은 실제로 지켜지지 않고 있으며, 그 이유는 매우 복잡하며, 주로 인민법원의 내부와 외부에서 독립적인 판결을 보장하는 구조와 조건이 부족하기 때문이다. 내부적으로 재판조직의 독립적인 사건 판결을 위한 책임제도의 구축은 독립적인 재판 원칙을 제도화하기 위한 중요한 요구사항이다.

1. 재판권을 행사하는 재판조직의 범위를 엄격히 정의하고 명확히 하며, 재판조직의 독립성을 바탕으로 재판조직의 독립적인 사건 판결 기능을 강화해야 한다. 재판조직과 그 재판 직권을 명확히 하는 것은 사건판결의 독립책임제도를 확보하기 위한 전제 조건이며 독립적인 사건판결제도의 구현을 보장한다. 이에 따라 인민법원 내에서 합의부, 단독재판부, 재판위원회를 제외한 다른 어떤 조직도 독립적인 판결에 개입하는 것을 배제해야 한다. 그중 합의부는 여러 명의 법관 또는 법관과 기타 인원이 공동으로 구성된 법정에서 집체적으로 사건을 심리하는 재판조직 형태로 세계 모든 국가의 법원에서 가장 중요한 재판조직 형태이자 가장 광범위하게 적용되는 재판조직 형태이다.[46] 각국 법원 합의부의 성격, 구성, 재판 범위, 평의 절차 등에 큰 차이가 있다. 오랫동안 중국 법원의 합의부는 사건 재판 시 독립적인 지위를 갖추지 못하고 스스로 판결하고 재정할 수 있는 권한도 가지지 못했다. 이러한 상황을 변화시키기 위해서는 당사자의 증명책임을 강화하고 법정 심리기능과 합의부의 책임을 강화해야 한다. 합의부가 법에 따라 재판위원회에 제청하여 결정한 중대하고 난해한 사건을 제외하고 모든 사건

---

46 宋英輝, 郭成偉 주편,『當代司法體制研究』, 中國政法大學出版社, 2002, 119쪽.

은 합의부가 심리하고 재판하며, 원장과 재판장은 합의부의 결정을 개인적으로 변경할 수 없다.

2. 재판조직이 독립적으로 사건을 판결할 책임을 강화하기 위해 여러 가지 구체적인 제도를 마련해야 한다. 현재 재판 실천에 존재하는 문제, 특히 지역 보호주의와 재판의 불공정성은 재판의 독립성 부족과 관련이 있다. 따라서 재판의 독립성 보장은 중국 사법개혁 추진의 핵심이자 관건이다. 재판조직의 독립성을 확정하는 동시에 인민법원에 독립적인 판결 책임을 구현할 수 있는 관련 구조를 부여하고, 제도를 통해 독립적인 판결 원칙을 보장해야 한다.

첫째, 법관의 독립적인 사건 판결을 위한 개인 책임제, 특히 주심 법관 책임제를 확립한다. 구체적으로 세 가지 의미를 담고 있는데, 우선은 사건 책임의 주체는 특정된 것으로, 즉 단독재판부와 합의부 법관이다. 다음으로는 법관의 직권은 그가 맡은 사건의 심리와 재판이다. 사실이 명확하고 증거가 확실하며, 절차가 적법하고 적용 법률이 정확하며, 문서작성이 규범화 되도록 해야 한다. 마지막으로, 법관의 권력과 책임이 서로 통일되어 자신이 내린 재판에 대해 책임져야 한다. 법관 독립은 점차 국제사법 준칙이 되었으며 법관은 사법 독립의 주체로서 점점 더 많은 국가에서 인정받고 있다.

둘째, 사건의 절차적 분류 구조를 개선한다. 현재 증가하는 사건의 압력에 직면하여 인민법원은 사법 자원의 투입을 지속해서 증가하고, 소송 효율성을 높이기 위해 사법 자원의 최적 배분을 강조해야 하며, 사건의 절차적 분류 구조의 확립과 개선이 과학적 대응이다. 엄밀한 의미의 합의제는 여러 사람 참여, 평등 참여, 공동 의사결정 및 독립적인 의사결정을 강조하기 때문에 경제적 관점에서 볼 때 단독재판제에 비해 비효율적인 의사결정 방식이다. 이 때문에 법치가 발달한 국가에서는 합의제가 중대하고 어렵고 복잡한 사건의 심리로 한정되어 있고, 나머지 대부분의 분쟁해결은 각종 간이절차에 단독재판제를 적용해 해결하고 있다. 앞서 언급한 바와 같이 중국은 합의제를 적용한 사건 심리가 일반적이고 보편적인 원칙이지만, 단독재판제의 적용은 특별 규정이다. 그 결과 본래 충분하지 않은 사법자원이 합리적으로 배분되지 못하여 소송 효율성 문제가 대두되고 있다. 따라서 소송제도는 합의제 적용범위를 줄이고 적절한 절차

분류를 고려해야 한다. 실제로 합의제를 폭넓게 적용해야 한다는 현행 입법 규정과 달리 사법 실천에서 다양한 고려로 인해 많은 사건, 특히 조정을 통해 종결된 경우 일반적으로 간이절차를 적용하여 단독재판을 진행한다.

셋째, 원장과 재판장의 사건 심사 및 승인 권력을 단계적으로 폐지한다. 합의부와 원장, 재판장의 관계를 바로잡기 위해서는 원장, 재판장의 심사발급권 또는 심사책임권을 취소하고, 합의부의 재판활동에 대한 원장과 재판장의 관리권을 규범적, 합리적으로 제한해야 한다. 이는 사건처리의 효율성을 높이고, 합의부 사건 재결의 자주성과 독립성 보장에 매우 중요한 의의가 있다.

넷째, 합의부 내부의 평가와 추궁 구조를 개혁한다. 현 상황에서 현실적인 업무실적 평가구조와 책임추궁 평가구조를 구축해야 한다. 합의부가 재판권을 행사한 뒤 그에 상응하는 재판 책임을 져야 한다는 것은 문제의 두 가지 측면이다. 소위 법관 독립재판과 책임제란 법관이 전권을 가지고 사건을 심리하고 재판할 수 있는 권리를 누리는 동시에 자신의 잘못된 판결에 대해 전적으로 책임을 지는 재판업무제도를 말한다. 물론 구성원 개인의 기타 법률 및 기율 위반은 직접 책임자가 책임져야 하며, 재판장은 관리 책임을 지지 않는다.

또한 합의부에 대한 감독 및 제약 구조를 개선할 필요가 있다. 현재 합의부의 권한이 전례 없이 강화된 상황에서 합의부가 법에 따라 독립적으로 재판권을 행사하도록 보장하는 것은 소송이 어떠한 권력의 감독도 받지 않는다는 것을 의미하지 않으며, 감독이 되지 않는 권력은 필연적으로 부패하기 쉽다.

3) 법원 체제개혁

(1) 법원의 경비經費 보장 체제개혁

법원의 경비 보장과 보장의 방법은 사법의 독립과 공정, 법관의 청렴, 공정과 직결된다. 자금 관리의 주요 문제점은 아래와 같다. 첫째, 재판기관으로서 법원의 특성을 무시하고 지방 경비를 사용한다. 둘째, 많은 지방법원의 경비 보장이 충분하지 않으며 특히 중서부 지역 대부분의 중급 및 기층법원 자금은 법원 직원의 기본 임금만 보장할 수 있으며 사건처리 경비에는 여전히 큰 부족이 있다.[47] 실제로 이 부분의 자금 부족에 대해 법원은 여전히 직원 비용을 체납하고 기타 자금 지출을 점용하는 등의 방식을 채택하고 있다. 셋째, 2007년 4월 1일 시행된 새로운「소송비용 납부 방법」은 여러 측면에서 조정되었지만, 그에 따른 경비보장 조치가 아직 도입되지 않아 법원의 사건처리 업무 경비보장에 심각한 영향을 미치고 있다.[48] 감소된 경비 부분을 적시에 보충되지 않으면 많은 법원, 특히 기층법원의 재판, 집행이 제대로 작동하지 않을 것이다. 현 상황에서 한편으로는 법원의 사건처리 업무경비의 대부분이 소송비용 전환에서 비롯되는 상황을 최대한 전환해야 하며, 다른 한편으로는 새로운 사법 경비 보장 체제의 구축 및 형성을 가능한 한 빨리 촉진해야 한다.

중국의 기존 경비보장 체제의 형성과 문제점은 입법 원인뿐만 아니라 관리체제, 나아가 경제 원인도 있어 개혁이 필요하다. 외국의 경험에 비추어 볼 때, 각국은 자국의 전통과 관행에 따라 법원 경비보장 제도에 대해 서로 다른 설계를 채택했는데, 대체로 다음과 같은 방법이 있다. (1) 일본, 프랑스는 사법기관이 독립적으로 예산을 제안하고, 각급 법원의 자금은 모두 중앙정부가 부담하며, 행정기관은 정당한 사유에 따라 적절히 삭감할 권리가 있다. (2) 미국은 사법기관이 독립적으로 예산을 편성한 후 연방법원의 자금은 연방정부가 부담하고, 주 법원의 자금은 주정부가 부담하며 행정기관은 사법기관의 예산을 삭감할 권리가 없다. (3) 러시아는 법원이 독립적인 예산편성권과 예산집행권을 가지며, 전문 기관이 법원 경비를 관리하며, 각급 법원의 모든 경비는

---

47 통계에 따르면 2006년 말 현재 전국 각급 법원은 각급 재정 부문으로부터 사건처리 경비 32.42억 위안(예산 외 자금 4.55억 위안 포함)을 받았다. 실제 사건 처리의 경비 지출은 42.69억 위안으로, 실제 지출과 비교하면 2006년 재정경비는 법원 계통의 사건처리 업무경비를 보장하는데 13.84억이 부족하다. 실제 지출된 사건처리 업무경비의 32%를 차지한다. 최고인민법원의「중화인민공화국 법관법 집행 검사 상황'에 관한 특별 보고서」(2007) 데이터 참조.

48 새로운「소송비용 납부 방법」이 시행된 이후 각급 법원, 특히 기층법원의 실제 어려움에 대응하여, 2007년 말까지 국가 재정은 전국 법원에 30억 위안의 자금을 배정하여, 각급 법원의 소송비용 제도 개혁으로 인한 재정 공백을 보충하고 대다수의 기층법원 재판 업무의 정상적인 진행을 보장했다.

중앙정부가 책임지고, 사법 경비는 충분히 보장된다. (4) 사법기관의 예산은 줄이지 않는다. 예를 들어, 필리핀 헌법 제8조는 "사법부문은 재정적 자주권을 가지며 입법 부문이 사법부문에 대한 지출금은 전년도보다 감소할 수 없다"라고 규정하고 있다. (5) 파나마는 전체 국가 예산 또는 총수입에서 사법 예산이 차지하는 비율을 명확히 규정한다. 요컨대, 각국은 사법기관의 자금보장을 중시하고 있으며, 이를 사법의 독립과 공정성을 보장하기 위한 기초이자 전제조건으로 삼고 있다.

법원의 경비보장 문제를 해결하기 위해서는 현재의 법원 경비보장 체제를 개혁해야 한다. 원칙적으로 사법경비는 입법을 통해 행정경비에서 독립하고, 사법기관이 독립적으로 예산하고 재정에서 일괄적으로 지급하는 제도를 시행하여, 사법 경비보장과 동급 지방재정을 분리해야 한다. 중국의 광활한 지역, 성급 재정 간의 경제 상황의 차이, 현행 국가재정체제의 실제 상황을 고려할 때, 현재 중앙통일 예산 및 중앙재정 통일 교부 제도를 실행하는 것은 여전히 상당한 어려움이 있으며 현실성이 없다. 우리는 성급 이하 인민법원의 예산은 고등 인민법원에서 통일적으로 예산하고, 성급 재정에서 통일적으로 교부하는 제도를 점진적으로 시행할 수 있다고 생각한다. 즉, 각 성, 자치구, 직할시 고등 인민법원이 본 관할구역 내 각급 인민법원의 경비수요와 지출상황에 근거하여 예산을 제정하고(성급 재정, 계획 부문에 제출하여 심사하고 균형을 맞춤), 성급 인민대표대회에 보고하여 심의, 승인을 받는다. 현급 및 시급 재정은 본급 재정수입의 일정 비율에 따라 사법경비 지출 예산을 책정하여 성급 재정에 단계별로 송금해야 한다. 성급 재정은 법원 경비의 예산 기준에 따라 고등 인민법원에 통일적으로 교부하며, 고등 인민법원은 심사 기준에 따라 단계별로 하급 인민법원에 보낸다. 성급 관할구역 내 지역 간의 경제발전 차이를 고려할 때 상대적으로 낙후된 지역에 대한 인민법원의 경비 예산은 원래의 보장 수준 이상, 원래 성(자치구 및 직할시)의 평균 수준 이상으로 유지되어 해당 지역 법원 직원의 업무 의욕에 영향을 미치지 않아야 한다. 위에서 언급한 제도설계는 경제 발전 상황과 실제 수요에 따라 적절하게 조정될 수 있다. 성급 관할구역 내 각급 인민법원의 소송비용 수입, 벌금 및 몰수 수입 등은 성급 재정으로 통일적으로 전달되어야 하며, 성급 재정은 규정에 따라 고등 인민법원에 교부해야 하며, 고등

인민법원은 기준에 따라 단계별로 하급 인민법원에 보낸다. 물론 장기적으로 보면 전국 각급 인민법원의 경비는 통일된 중앙 예산으로 점진적으로 전환하여, 전국인민대표대회의 심의 및 승인을 받고 중앙 재정이 통일적으로 교부하고, 최고인민법원이 통일적으로 관리하는 방식으로 전환해야 한다. 현재 이러한 목표를 달성하는 데 여전히 상당한 어려움과 장애가 있지만, 문제를 직시하고 적극적으로 여건을 조성하며, 제도 혁신을 추진하여 이상적인 비전에 더욱 가까워져야 한다.

(2) 미성년자 재판 체제개혁을 적극 추진

현재 미성년자 사법 제도는 세계 대부분의 국가에서 사법 제도의 중요한 부분이 되었으며, 국제 사회에서도 「유엔 소년사법 최저한계 기준 규칙(북경 규칙)」으로 대표되는 소년사법 기본원리에 대한 공감대가 형성되었다. 미성년자 재판 체제개혁의 핵심은 전문 소년법원을 설립하려는 시도이며, 이는 미성년자 사법 제도 발전의 필연적인 결과이며, 현 단계 중국 사회발전의 현실적 요구와 미성년자 재판의 특수한 요구에도 부합된다.

중국에서 1992년 공포 및 시행된 「중화인민공화국 미성년자 보호법」에서 미성년자 형사사건을 처리하는 사법기관이 전문 기관을 설치하여 전문 인력을 배치할 수 있다고 처음으로 명시적으로 규정했으며, 더 나아가서 1999년 「미성년자 범죄 예방법」에서 인민법원이 미성년자 형사사건을 처리할 수 있는 소년법정을 설립할 수 있다고 명시적으로 규정하고, 처음으로 법률 조항에 소년법정의 명칭을 명시하여 소년법정의 입지와 입신立身의 기초를 다졌다. 2001년 상해시 고등 인민법원은 상해시 소년법원 시범 설립 문제에 대해 최고인민법원에 처음으로 요청보고서를 제출했는데, 이는 중국 사법 역사상 처음으로 소년법원이라는 개념이 등장한 것이다. 2003년 전국인민대표대회 내부 사법위원회는 미성년자보호법과 미성년자 범죄예방법에 대한 법집행 검사보고서에서 처음으로 설립 여건을 갖춘 대도시와 중급도시에서 소년법원 설립 시범사업을 실시할 것을 제안했고, 이를 계기로 중국 소년법원 시범사업이 시작되었다. 1984 년 12월 중국에서 최초의 소년법정이 설립된 이래 20년 동안 소년 사법 제도는 입법, 사법 및 이론 연구에서 큰 진전을 이루었으며, 일부 지역은 소년 법원 설립을 위한 이론적, 실천적 준비를 전문적으로 진행하여 풍부한 경험을 쌓아 소년법원 설립을 위한 견고한 기반을 마련했다. 소년법원 설립의 구체적인 구상과 관련하여, 우리는 일반적으로 중국에서 소년법원 설립 모델을 선택할 때 한편으로는 외국의 소년사법 제도 발전의 선진 경험을 활용하고 선진성과를 흡수하여, 중국 소년사법 제도의 발전이 세계의 발전 추세에 융합하도록 하고, 다른 한편으로는 중국의 실제 상황과 중국의 국가 상황에 비추어 소년법원을 설립하는 원칙을 고수하여 미성년자의 사법 보호를 새로운 수준으로 끌어올려야 한다.

외국의 경험에 비추어 볼 때, 전문적인 재판 기구의 설립과 합리적인 재판 자원의 배치는 재판기관이 이러한 사건을 효과적으로 해결할 수 있는 가장 좋은 경로라고 할 수 있다. 예를 들면 1899년부터 미국에서 설립된 소년 법정, 1908년 독일에서 설립된 소년법원, 1810년에 프랑스에서 설립된 소년법원, 1948년에 일본에서 설립된 가정재판소이다. 백년 이상의 외국 소년법원 발전 역사는 전문 소년법원 또는 소년법정의 설립이 소년 범죄를 예방하고 소년의 정당한 권익을 보호하는 데 긍정적인 영향을 미친다는 것을 증명한다. 소년사건의 처리는 재판지도 사상, 재판방식, 재판규칙 등에서 일반적인 유형의 사건과는 다른 특성이 있으며, 「유엔 소년사법 최저한계 기준 규칙(북경규칙)」과 「유엔 소년범죄 예방 준칙(리야드 준칙)」 등 일련의 국제문서의 요구사항과 중국의 「미성년자보호법」, 「형법」, 「민법」, 「혼인법」의 관련 규정에 따르면 소년 범죄자 처분에 있어 처벌경감, 사형 적용 불가 등 특별한 요구사항이 있으며, 외국에는 소년범죄의 오점을 취소하는 규정도 있다.

현재 소년재판 사법 제도의 완비 여부는 한 나라의 사회 진보와 법치화의 정도를 측정하는 중요한 지표가 되었다. 1899년 미국 일리노이주에 소년법원이 처음 설립된 이후 그 성공적인 경험은 많은 국가에 영향을 미쳤다. 백년 이래 세계 대부분의 국가, 예를 들면 이탈리아, 일본, 태국 등 국가는 자국 상황에 따라 특징이 선명한 소년 재판기관을 설립했으며, 소년법정의 설립은 소년사법재판에 대한 각국의 공통된 가치 지향을 반영한다. 유엔의 「북경 규칙」, 「리야드 준칙」, 「자유를 박탈당한 소년 보호 준칙」

및 기타 문서의 요구사항에 따라 중국의 소년사법 제도는 국제 규칙과 일치해야 한다. 특히 중국이 WTO에 가입한 이후 법제도의 국제화 추세가 더욱 명확해지고 있다. 이는 경제 일체화의 영향으로 각국의 법제도의 특징적인 내용이 더욱 일치해지기 때문이다. 현재 국제소년사법은 분산에서 집중하는 추세를 반영하고 있는데, 즉 종합적인 소년재판기관을 확립하고, 전문 소년법원을 설립하고, 독립적인 실체법과 절차법을 적용하는 것이다.

3. 법관제도[49]

중국의 법관제도는 1995년 「중화인민공화국 법관법」(이하 「법관법」)의 공포로 공식적으로 출범했다. 후속 발전과 개혁에서 법관 제도는 항상 관리의 지방화, 행정화의 비판을 수반했다. 이를 위해 재판 업무 법칙, 법원 업무 법칙, 인사관리 업무 법칙에 부합하는 법원 인사 분류체제를 구축하고, 법관 관리 선발구조, 격려구조, 감독구조, 보장구조를 강화하여 과학적이고 규범화된 법관 관리를 실현하는 것이 현재 법관제도 개혁의 주요 목표가 되었다. 이러한 목표의 추진과 실현은 필연코 법관 직업화 건설이라는 과제의 제안과 밀접한 관련이 있다.

---

49 중국의 사법 언어환경에서 법관제도 개혁과 검찰관제도 개혁은 자연적으로 밀접하게 연결되어 있으며, 양자는 직무수행 방식의 차이점을 제외하고는 임명 조건, 선발 관리, 급여 대우, 감독, 상벌 등의 방면에서 매우 유사하다. 지면의 한계로 이 책에서는 법관제도의 개혁과 발전에 대한 내용만 소개한다.

1) 법관 직업화와 내용 분석

(1) 법관 직업화의 의미

법관 직업은 법률직업의 일종이다. 법률직업legal profession은 법의 적용, 법적 서비스 업무를 전문으로 하는 특정 직업을 말한다. 법률직업인은 법관, 검사, 변호사를 포함한 법적 전문지식에 정통하고 실제로 법을 실천하고 적용하는 사람들이다. 그들은 양호한 법률 관련의 전문 교육을 받았고, 법을 능숙하게 다루는 능력과 기술을 가지고 있다. 이들은 강렬한 사회정의감과 공정성 신앙을 가진 집합체이며, 국가 법질서와 사회정의의 수호자이다. 사회 전반의 법치 상태는 그들의 업무와 노력에 크게 의존한다. 법률직업인은 외국에서 흔히 '법률인'으로 불린다.

법률직업에 대한 이해를 바탕으로, 법관 직업이란 국가가 설립하고 특정 절차와 기준에 따라 법률을 적용하며, 사건을 재판하여 범죄를 처벌하고 분쟁을 해결하며, 법적 수단을 통해 사회정의 실현의 보장을 목적으로 하는 사회직업을 말한다. 그러면 법관으로서 무엇을 의미하는가? 어느 미국 법관은 시적인 언어로 다음과 같이 썼다. "법관으로서 보수주의를 의미한다. 기존의 틀에 박힌 보수가 아니라 낙관적이고 역동적인 보수를 의미한다. 법관으로서 또한 자유주의를 의미한다. 냉소적이고 파괴적인 자유가 아니라 선구적이고 창조적인 자유를 의미한다. 법관으로서 이 모든 것, 그리고 그 이상을 의미하지만, 먼저 당신이 당신 자신이 되어야 한다는 것을 의미하며, 당신 자신이 되면 이 모든 것이 있다는 것을 확신하게 된다."[50]

앞서 언급했듯이 인류 역사의 긴 흐름에서 사법재판의 시작은 독립적인 직업이 아니라 각급 행정장관의 역할 중 하나이다. 사회의 발전과 함께 법관이라는 직업도 형성되고 발전했다. 이러한 발전은 일부 국가에서 비교적 일찍 형성되었는데, 예를 들어 1215년 영국의 「대헌장」은 사법과 왕권을 분리해야 한다는 사상을 구현했고,[51] 중국에

---

50 [미] 조지프 레두, 「作爲一名法官意味着什麼」, 李佳 역, 『法律適用』, 2001, 제3기.

51 1215년 영국 「자유대헌장」 제39조는 어떠한 자유인도 그와 동등한 사람이나 현지 법률에 근거한 합법

서는 1995년 「법관법」이 공포되면서 공식적으로 '법관'이라는 용어를 사용했다. 이 법에서 법관을 법에 따라 국가의 재판권을 행사하는 판사로 규정하고 있으며, 여기에는 각급 법원장, 부원장, 재판위원회 위원, 재판장, 부재판장, 판사 및 보조 판사를 포함한다. 이는 중국 현대 법관제도가 공식적으로 확립되었음을 의미한다. 중국의 법관 범주에는 원장, 부원장, 재판장, 부재판장, 판사 및 보조 판사 등이 포함된다. 법 제5조에는 법관의 직책에 대한 포괄적인 규정이 있다. "一 법에 따라 합의부의 재판에 참여하거나 사건을 단독으로 재판한다. 二 법에 규정된 기타 직책이다." 구체적으로 법관의 직책은 소송절차의 단계에 따라 재판 전 준비 단계의 직책, 법정 심리 단계의 직책, 재판단계의 직책으로 나눌 수 있다. 그 중 법관의 재판 전 준비 단계 직책은 주로 입안 심사, 당사자가 제기한 절차상의 신청과 동의動議(예를 들면, 민사소송에서 당사자가 제기한 관할권 이의, 제삼자 추가 소송참가 신청, 증거조사 신청 등), 재판 전 증거교환 주재, 법에 따른 관련 증거에 대한 조사, 수집, 검증, 양측 당사자의 재판 전 화해 주재 등이 포함된다. 법정 심리 단계에서의 직책은 주로 법정 심리 개시 및 종료, 법정 조사, 법정 변론 및 당사자 최후진술 주재, 법정 심리에서 즉시 해결되어야 하는 절차적 문제에 대한 결정(회피 신청, 심리연기신청, 당사자 법정 이탈 신청 등)이 포함되며, 재판단계에서의 주요 직책은 사건에 대한 재판이다.

현재 시장 경제가 확립되고 의법치국이 가속화됨에 따라 사람들의 법률 인식과 사법 제도에 대한 기대가 계속 높아지고 있으며, 중국의 법관 직업 계층은 점차 확립되고 발전하며, 법관과 법원은 사회에서 점점 더 중요한 역할을 하고 있다. 그러나 중국 법관의 전반적 소질이 상대적으로 낮고 법관에게 맡겨진 역사적 사명의 요구사항을 완전히 충족시키지 못하고 있다는 것은 명백한 사실이다. 마찬가지로 법관들은 현재 직권 행사에서 더 큰 압박과 위험에 직면해 있다. 법관의 직업적 압박과 위험은 법관 자

적인 판결 없이는 체포, 감금, 추방 또는 어떤 형태로든 소멸할 수 없다고 규정하고 있다. (No freeman shall be taken or imprisoned or disseised or exiled or in any way destroyed, nor will we go upon him nor send upon him, except by the lawful judgment of his peers or by the law of the land.)

신의 속성에서 비롯된다. 사법은 국가의 강압적인 힘을 사용하여 분쟁을 해결하고, 사회적 갈등을 해결하고, 사회관계를 조절하고, 사회 질서를 유지한다. 사회 집단이나 개체의 분쟁은 본질적으로 이익충돌이다. 갈등이 기타 수단으로는 해결할 수 없는 격렬한 정도로 발전하면 사법구제를 요청하고, 사법은 갈등의 소용돌이에 빠진다. 그러나 사법은 전능하지 않으며 모든 문제를 해결하는 데 완벽할 수 없고, 사법에 대한 대중의 이상적인 기대와 사법재판의 결과 사이에는 종종 격차가 있으며, 즉 사법은 모든 사람을 만족시킬 수는 없다. 따라서 사람들의 사법 평가 기준은 다르며, 사건당사자 및 기타 이해 당사자는 항상 개인적인 득실에서 재판의 결과를 측정하는 이익의 표준을 가지고 있으며, 일반 대중은 재판 결과에 대한 개인적인 이해관계가 없지만 대부분 사람이 법률에 익숙하지 않고 항상 도덕적 기준과 일반적 이론에 따라 시비를 논하고, 도덕적 기준과 법관이 고수하는 법적 기준이 일치하지 않을 때 자연스럽게 재판에 대한 부정적인 평가를 할 수 있다. 현행제도는 행정기관, 단체, 개인이 사법에 간섭할 수 있는 여지를 남겼다. 많은 사람이 법관이 처리하는 사건에 관심을 기울이는 것은 좋지만, 권한을 넘어선 사법에 대한 간섭은 법관이 압력에 굴복해 위법 재판의 결과를 초래할 수 있다. 사법의 공정성 유지에 대한 여론감독은 중요한 역할을 하지만, 이러한 민주적 감독이 남용되어 '여론 재판'이 되는 경우 부작용이 크며, 이러한 형태의 '민의民意'는 법관의 사법 양심을 왜곡시키고, 의식적으로 혹은 수동적으로 법의 틀에서 벗어나게 된다. 외적 요인으로 인한 사법의 불공정에 대한 책임은 법관에게만 있다. 특히 사법은 권력을 이용하여 권익의 충돌을 해결하기 때문에 권력과 권익의 거리가 너무 가깝고 법관 권력을 이용한 '지대추구' 행위가 편리하며, 당사자가 법관을 매수하기 쉽고, 권력과 돈의 거래로 실각할 위험이 크다. 현행 사법 제도의 결함은 법관의 직업적 위험을 더욱 악화시킨다.

이러한 문제와 어려움에 직면하여 법관의 직업화 건설을 대대적으로 강화하고[52] 법

52 2002년 7월 열린 전국 법원 대오 건설 업무회의에서 최고인민법원은 처음으로 '법관 직업화건설'의 총체적 목표를 명확히 제시했다. 이어 최고인민법원은 「법관 대오 직업화 건설 강화에 관한 몇 가지 의견」을

관의 자질을 향상하며, 법원의 관리 수준을 향상하고 법관의 직업위험을 예방 및 감소시키며, 민주적 법제 과정에서 법관의 역할을 발휘하여 정치적으로 확고하고 업무에 능숙하며, 풍격이 강하고 도덕적으로 고상하며, 청렴하고 인민을 만족시키는 법관 대오를 건설하려는 좋은 바람은 법관제도 개혁의 궁극적인 목표가 되어야 한다. 그렇다면 법관의 직업화란 무엇인가? 법관의 직업화란 법관의 비전문성과 불안정성에 대한 상대적인 개념으로, 법관은 국가의 재판권을 행사하는 전문 직업으로서 그에 상응하는 법적 자격을 갖춘 사람만이 종사할 수 있으며, 급여, 임직, 교육, 직무수행, 퇴직 등 관련 정책에 의해 그 직권의 행사를 보장하는 일련의 제도를 총칭한 것이다. 현재 법관의 직업화 건설을 촉진하는 돌파구는 기존 법원 인력의 분류관리, 즉 인민법원의 재판업무의 수요와 각 직책의 직업적 특성에 따라 법관, 재판 보조 인원, 사법행정 등 인원의 분류 관리를 실현하는 것이다. 법원 인력의 분류관리 업무는 주로 서기원書記員의 단독서열관리, 법관 보조원의 설치와 법관 관리가 포함되며, 법관 정원 확정과 법관 선발 등 세 가지 업무에 중점을 두고 있으며, 최종 목적은 법관, 재판 업무 보조 인원(법관 보조원), 재판 사무 보조 인원(서기원)의 양성良性 운영구조의 구축이다. 그래야만 과거 법원에 들어가면 법관이 되고 싶어 하고, 법관 임명을 인원 대우의 해결 수단으로 삼았던 법관의 대중화 관념을 바꿀 수 있으며, 점차 재판법칙에 부합하는 법관 관리모델을 구축하여 중국의 의법치국의 전략적 실행 과정을 지속해서 추진할 수 있다.

(2) 법관 직업화의 핵심 내용

① 법관의 직업의식

법관의 직업의식은 법관 직업에 대한 깊은 인식을 바탕으로 형성된 법관의 자아의식이다. 법관의 직업의식에서 법률 의식, 독립 의식, 공정 의식의 강조가 더욱 필요하

발표해 법관 직업화 건설을 향후 상당 기간 인민법원 대오건설의 주요 노선, 업무 중점, 발전 방향으로 삼았다.

다. 우선, 법관은 무엇보다도 먼저 법을 신앙해야 한다. 법관과 일반인의 차이점은 법관은 법을 더욱 믿어야 한다는 점이다. 법의 전문가로서 법관은 법을 제2의 생명으로 삼아야 한다. 법관 직업 종지宗旨에 있어서 일반 대중에게 봉사하는 목적을 추구하고, 법을 믿고, 정의의 마음을 가지고, 직무에 충실하고, 위험을 두려워하지 않고, 청렴 공정하며, 공평무사해야 한다. 법을 엄격히 준수하고, 일반 인민대중의 정당한 권익을 단호히 보호한다. 법치사회에서 법관 자신은 법을 신앙하고, 법을 알면서 법을 어겨서는 안 되며, 다른 사람이 법을 믿도록 노력해야 하며, 법집행에 있어서 법관은 수구주의자의 기개와 순도자의 기절을 가져야 하며, 부귀도 어지럽히지 못하고, 위세와 무력에도 굴복하지 않고, 가난과 천대에도 끄떡하지 않도록 해야 한다. 다음으로, 법관은 자신의 직권을 행사할 때 독립 의식을 가져야 한다. 이는 법관 직업화 건설이라는 주제의 의미이다. 법관 독립의식은 법관이 법에 봉사하고 법에 대해서만 책임을 진다는 의미이다. 법관의 이런 독립의식은 행정 관원의 복종 의식과는 크게 다르며, 나아가 검찰일체檢察一體를 수행하는 검찰관의 종속의식과도 크게 다르다. 마지막으로 공정 의식은 법관의 사법재판활동의 성격에 따라 결정되는 법관 직업의식의 중요한 내용이다. 재판은 일종의 분쟁해결구조로 법관은 재판권을 행사할 때 중립적이고 초연하며, 판결을 공정하게 해야 한다.

② 법관의 직업능력

법관의 직업 기능은 법관이 사회에서 발붙일 수 있는 근본이며, 법관 직업을 다른 직업과 구별하는 중요한 특징이다. 법관의 직업 기능에는 법률 이론에 대한 폭넓은 지식, 풍부한 사법 실천 경험, 재판활동 관리능력 등이 당연히 포함된다. 이는 법관이라는 직업 자체의 기본 요건일 뿐만 아니라 법치사회의 건설을 위한 필연적인 요구이기도 하다. 우선, 법관은 법률에 능통해야 한다. 법관은 특수한 직업 단체로서 법을 올바르게 적용하고 사회생활의 다양한 분쟁을 합리적으로 해결하는 것이 주요 임무이기 때문에 법관은 실체법에 정통해야 함은 물론 절차법에 대해서도 명확해야 하고 법을 올바르게 적용하는 방법도 알고 있어야 한다. 법을 적용하는 과정에서 법관은 추상적인 법 규범을 구체적인 사건 사실에 적용해야 하므로 법을 올바르게 해석하고 법의 허점을 메울 수 있어야 한다. 다음으로, 법관은 사회적 경험이 있어야 한다. 미국 근대의 유명한 미국 법관 코크Edeward Coke의 명언에 따르면, 법의 다양한 사건은 "자연 이성이 아닌 인간의 이성과 법적 판결에 의해 결정되며, 법은 예술이고 사람이 법에 대한 이해를 얻기 위해서는 오랜 기간의 학습과 실천이 필요하다"라고 했다.[53] 자연과학이나 사회과학의 여러 분야와 달리 법은 인간의 사회생활과 불가분의 관계에 있다. 사회생활의 경험이 없는 사람은 법적 분쟁에서 현명하고 공정한 판단을 내리기 어렵다.[54] 이는 사법 업무는 일반 업무에 비해 매우 특수하기 때문이다. 소송과정에서 사건의 사실에 대한 인정, 증거의 심사 판단, 적용 법률의 선택 등은 재판 주체의 재판 경험의 영향과 제한을 받지 않을 수 없다.[55] 그런 의미에서 영미법계는 법관 선임에 사용되는 '연장자 및 엘리트' 모델은 법률 업계의 전문적 요구에 부합된다. 마지막으로, 법관은 올바른 사고방식을 가져야 한다. 첫째, 양호한 법적 의식과 법에 따라 문제를 생각하는 습관이다. 법관은 법의 규정에 위배되는 모든 거래와 관행을 받아들일 수 없다. 둘째, 법관은 당사자의 서로 다른 의견을 경청하고 당사자로부터 최선의 해결책을 찾는 데 익숙해야 한다. 자신의 호오好惡를 기준으로 하지 않고 증거와 법률에 근거하여 사건을 재판한다. 셋째, 법관의 사고방식은 삼단논법의 추론을 기초로 해야 하며, 치밀한 사고를 통하여 규범과 사실을 교묘하게 결합하고, 법적 규칙을 능숙하게 활용하여 각종 분쟁을 해결함과 동시에 규범적 합리성 함의와 포괄적인 운영에 더 많은 관심을 가지며, 법조 뒤의 공통된 규칙과 지도 원리에 유의해야 한다.[56] 이렇게 법관은 사리를 종합적으로 분석하고 판단하는 능력이 있어야 사리가 명확하고, 법리가 투철하며, 논리가 엄밀하고, 현상을 통해 본질을 볼 수 있으며, 사건의 진상을 파악할 수 있어 최종적으로 공정한 재판 결과를 얻을 수 있다.

---

53 [미] 노넷 셀즈니크, 『轉變中的法律與社會』, 張志明 역, 中國政法大學出版社, 1994, 69쪽.
54 朱蘇力 외, 「關於司法改革的對話」, 『市場社會與公共秩序』, 삼련출판사, 1996, 164쪽.
55 蔡彦敏, 「論市場經濟形勢下民事訴訟結構的調整」, 『政法學刊』, 1994, 제3기.
56 季衛東, 「法律職業的定位-日本改造權力結構的實踐」, 『中國社會科學』, 1994, 제2기.

③ 법관의 직업도덕

법관 대오의 직업화 건설을 강화하려면 법관의 직업도덕 수준을 적극 향상해야 한다. 양호한 법관의 직업도덕 수준은 사법의 공신도를 높이고 사법의 권위를 확립하며 사법의 이미지를 유지하는 중요한 요소이다. 우리는 법관 직업도덕 준칙의 확립과 직업도덕 실행구조의 확립은 법치 건설이 어느 정도 발전한 후의 결과물이라고 생각한다. 직업도덕규범의 확립에는 법관 직업에 대한 사회적 기대가 포함되어 있기 때문에 사법권위에 대한 인민의 요구이다. 법관은 정의를 분배하는 과정에서 법적 전문적 자질뿐만 아니라 도덕적 자질도 매우 중요하다. 실제로 부패는 양호한 전문 훈련을 받은 법관도 똑같이 발생할 가능성이 높다. 중국 대만 학자 쓰상콴史尙寬 선생의 말처럼, "완벽한 재판독립 보장제도가 있고 철저한 법학 연구가 있지만, 만약 외부의 회유로 물욕에 속고, 붓끝을 놀려 법을 우롱하고, 사익을 위해 법을 어기면 오히려 그 법학 지식은 호랑이를 위해 날개를 펴고, 악인을 도와 악행을 저지르는 간악한 도구로 되기 때문에 법학의 수양은 필수적이지만 성품의 수양이 특히 중요하다"[57]라고 강조했다.

법관의 직업도덕은 주로 청렴하고 공정함에 있다. 법관은 사법권을 행사하는 주체이며 사법권이 사회복지의 총량을 늘릴 수는 없지만 국민의 생살여탈生殺與奪과 직결되는 사안이기도 하다. 또한 법관은 각종 분쟁에 직면해 있고, 분쟁 당사자들의 이해관계가 충돌하고 있어 재판 결과가 한쪽이 이득을 보면 다른 쪽은 손해를 보는 효과가 있다. 이런 상황에서 법관은 일반 시민의 도덕성 수준이 아니라 더 높은 직업윤리 표준을 믿고 이행해야 한다. 법관이 법에 따라 사건을 처리하고, 정직하고 공정하며, 공평무사公平無私하려면 법관 스스로가 청렴결백하며, 향응이나 뇌물을 받지 않고, 상업적 이권에 개입하지 않고, 향락의 추구하지 말아야 한다. 소위 '공평하면 명지明智가 생기고, 염결廉潔하면 위엄이 생긴다'라는 말처럼 법관의 도덕적 인격은 사법공정성을 뒷받침하는 기둥 중 하나이다. 고대 그리스 철학자 아리스토텔레스에 따르면 공정은 개인의 미덕이지만, 법관에게 있어 공정은 기본 자질이다. 공정은 법관이 항상 독립적인 지

57 史尚寬, 『憲法論叢』, 榮泰印書館, 1973, 336쪽.

위를 유지하도록 요구할 뿐만 아니라 소송당사자와 어떠한 이해관계도 맺어서는 안 되며, 개인의 취향이나 증오, 편견을 사법재판과정에 가져서도 안 된다. 법관은 법의 정의 가치를 충분히 이해하고 정의를 추구하는 양심과 품성을 가져야 한다.

동시에 법관으로서 사치스러운 생활방식을 추구할 것이 아니라 청렴과 소박함을 미덕으로 삼아야 한다. 미국 학자 존 누난은 법관은 소박한 생활방식을 추구해야 한다고 주장했다. 법관은 사회적 교제에서 어느 정도 '고독성'을 유지해야 한다. 법관이 친구가 많고 교류가 많으면 여러 면에서 대처해야 하기 때문에 다양한 인정이 얽힌 관계망에 빠질 수밖에 없다. 법관은 더욱이 사회의 다양한 사람들과 친하게 지내며 먹고 마시거나 유흥업소에 출입해서는 안 되며, 이러한 행위는 법관의 존엄과 공정한 이미지를 심각하게 손상하고, 다른 사람들에게 합리적인 의심을 불러일으킬 뿐만 아니라 다양한 정도로 법관의 공정한 법집행에 영향을 미친다.

④ 법관의 직업적 지위

법관은 분쟁을 해결하고 사회정의를 실현하는 숭고한 직업이기 때문에 그에 상응하는 사회적 지위를 누려야 한다. 전 세계적으로 법관은 사회적 존경을 받으며 생활고에 대한 걱정이 없도록 후한 대우를 받고 있다. 그래야 본업에 전념할 수 있다. 법관은 행정 관원과 매우 다르다. 행정기관과 관원은 행정권을 행사할 때 독립 자주성을 갖지 않는다. 모든 행정 관원은 행정관리를 수행할 때 행정주관의 명령이나 지휘에 따라야 하고, 하급 행정기관은 상급 행정기관의 지시를 받아야 하며, 행정관리 활동을 진행할 때 행정 관원은 대체 불가의 성격도 없다. 반대로, 법원과 법관의 성격은 전혀 다르다. 사법기관이든 법관 개인이든 재판활동에 종사할 때는 증거채택, 사실인정, 법률적용 등에서 독립성을 유지해야 하며, 재판기관 외부 또는 내부로부터 어떠한 압력이나 영향도 받지 않아야 한다. 사법재판활동은 법관의 독립 자주성을 강조하고, 독립된 사법재판 분야의 전문가가 아니면 사법의 불공평이 초래된다. 또한 재판자의 직업화가 이뤄져야 법관 특유의 직업적 전통이 형성될 수 있으며, 이러한 직업적 전통은 법관 계층이 외부의 간섭에 저항할 수 있는 용기와 능력을 갖추도록 하는 강력한 힘이 된다.

동시에 직업 안정성도 법관의 직업화를 위한 필수 조건이다. 법관이 종사하는 재판활동은 사회복지를 총체적으로 늘리지 못하고, 한쪽이 이득을 보면 다른 쪽은 손해를 보는 교정적 공정이다. 이 경우 재판활동은 한쪽 당사자의 이익을 저하하고 다른 쪽 당사자의 이익을 증가시켜 법적 공정을 달성하는 것이므로, 이익이 저하된 당사자는 불만을 가질 수밖에 없으며, 사회적으로 직업의 대립 면이 생긴다. 따라서 법관의 직업은 필연적으로 법적 보장을 받게 되는데, 즉 법관의 직업적 안정성이 요구되고 외적 요인에 의해 영향을 받지 않으며, 법관이 외적 압력 없이 법적 판단을 할 수 있도록 보장한다. 이와 관련하여 미국 학자는 "어떤 방식을 채택하든 법관은 기타 선거에 의한 공무원과는 다른 판단 기준에 따라 선발되며, 직무에 대한 책임 방식도 다르다. 법관이 어떤 사건이나 일련의 사건을 재판하는 방식에 대해 유권자 다수가 강력하게 반대한다는 이유로 법관을 해임하는 것은 허용될 수 없지만, 기타 선거에 의한 관원에게는 충분히 일어날 수 있는 일이다. 실제로 미국연방제도와 일부 주에서는 직업 법관이 종신직으로 근무한다. 선임된 법관은 중대한 직무상 위법 행위가 있는 경우를 제외하고는 해임될 수 없다. 미국 역사상 이런 일이 발생한 경우는 극히 드물다. 대중투표로 법관을 뽑는 주에서 법관 대다수가 재선에 성공해 사실상 직위의 안정성도 얻었다"[58]라고 지적했다. 이러한 안정성이 법관이 독립적으로 재판하고 외부 압력에 굴복하지 않도록 보장한다.

따라서 법률의 전문화 수준이 높아지는 사회에서 법관의 직업화 없이는 불가능하다. 이러한 의미에서 법관의 직업화는 법관 직업 법칙의 필연적인 요구이다. 법관의 직업화 건설에서 법관의 직업 지위는 반드시 강조되어야 한다. 법관의 직업 지위는 아래 내용이 포함된다. 첫째, 법관의 선임, 교육, 상벌, 직업도덕, 급여 대우, 해임과 같은 일련의 관리제도의 직업화를 실현하고, 법관이 법에 따라 독립적으로 재판권을 행사할 수 있도록 법관의 직업보장구조를 강화한다. 둘째, 법관법을 사회 각계에 널리 알려 법관 인재와 법관 직업의 특수성을 충분히 인식시키고, '누구나 법관이 될 수 있고, 누

58 [미] 해롤드 버만,『美國法律講話』, 陳若桓 역, 三聯書店, 1988, 21쪽 참조.

구나 사건을 심리할 수 있다'는 잘못된 개념을 효과적으로 바꾸고, 법관 직업 전문화에 대해 대중이 더욱 인정하고 존경하도록 하여, 법관법의 진정한 시행을 위한 유리한 사회적 여건을 조성한다. 셋째, 법관의 직업적 이미지를 확립한다. 즉 법관의 직업화 건설을 강화하여 법관에 대해 정치적으로 합격하고, 법에 충실하며, 업무에 능숙하고, 사법에 공정하고, 근면하고 헌신적이며, 청렴하고 자율적인 사회적 이미지를 확립하여 법원의 권위와 사회적 공신력을 높인다.

법관의 직업화 건설은 단번에 이룰 수 없는 장기적이고 체계적인 공정이라는 점을 지적해야 한다. 현재 법관의 전문화 추진과 발전은 여전히 많은 어려움과 도전에 직면해 있다. 먼저, 법관의 직업화 건설의 핵심 문제는 법원의 인사관리체제개혁과 국가 사법 제도 개혁을 포함하며, 이는 중앙 정부의 주도하에 질서 있게 수행되어야 한다. 다음으로, 법관의 직업화를 실현하기 위해서는 법관 직업이 우수한 법률 인재에게 충분히 매력적이어야 한다. 현재와 같이 법관의 급여가 낮고 업무 부담이 큰 상황에서는 이 문제를 해결하기가 어려울 것으로 우려된다. 그다음으로 법관의 직업화는 중국의 법률문화 전통의 뒷받침이 부족하며 사회의 더 많은 인정과 지원이 필요하다. 서방 법치 선진국의 경우 법관의 직업화는 법관의 전문화를 의미하며, 이에 수반되는 위험은 대중 이탈이다. 마지막으로 어떤 사물이든 양면성이 있듯이, 법관의 직업화도 절대화할 수 없다. 사법경로는 사회적 분쟁을 해결하는 가장 중요한 구조이지만 유일한 구조가 아니다. 따라서 사법은 현실사회를 떠나서는 안 되고, 법관의 직업화도 그 대중화를 고려하지 않을 수 없다. 중국 사법의 인민적 성격은 중국 법관이 직업화뿐만 아니라 대중화도 필요하며, 대중화는 중국 사법의 훌륭한 전통이다. 법관의 전문화만 추구하고 전통적인 대중화를 포기할 수는 없으며, 법관의 전문화와 대중화를 병행해야 한다. 외국에서도 사법 대중화 경험이 있는데 배심원 제도, 치안관 제도, 비非직업법관제도, 정식 사법절차에 중재 등 비소송구조를 도입하는 등 비직업인원이 사법 과정에 참여하거나 심지어 일부 사법권을 행사할 수 있도록 하는 제도가 있다. 이 부분은 진지하게 연구할 가치가 있다.

2) 법관선발제도 개혁

최근 몇 년 동안 법학 이론계와 사법계는 중국의 법관선발제도를 구축하는 방법에 대해 많은 연구와 탐구를 해왔다. 우리는 법관선발제도가 법관 직업화의 건설에 있어서 중요한 것은 법관 직업 진입의 임의성과 대중성을 배제하고, 법관 대오로 들어 가는 '입구'를 엄격히 하여 법관의 높은 자질을 보장한다는 데 의미가 있다고 본다. 동시에 법관 선발은 법원의 인사제도 개혁과 인원의 분류관리를 수행하는 데 중요한 내용 중 하나이다. 중국의 법관선발제도 구축은 세계 각국의 법관 선발에 대한 유용한 경험을 바탕으로, 현 단계 중국의 국가 상황에 부합한 중국 법관 선발의 기본 조건과 절차를 제시하고, 법관 선발 경로와 향후 발전 및 변화에 대한 분석을 수행하며, 중국 특색을 가진 법관선발제도 구축에 대한 연구와 탐색이 필요하다.

(1) 양대 법계의 법관선발제도 특징과 장단점

법관선발제도에 따라 재판제도, 사법의 풍격, 법관의 개성 특성, 사회적 지위에도 큰 영향을 미친다.

① 대륙법계

대륙법계에서 법관이 되는 일반적인 경로는 법학원 졸업생이 국가통일 사법시험에 응시하고, 시험에 합격한 후 직업화 전문 교육을 받고, 교육 합격자는 법관 자리가 비었을 때 초심初審 법원의 법관으로 임용된 후, 엄격한 승진 선발 제도를 통해 단계적으로 승진하는 것이 일반적이다.

특징: (1) 엄격한 사법시험과 전문화된 교육을 통해 법관은 소수의 엘리트만을 위한 직업이 되었으며, 대다수는 법관직에서 배제되었다. 법관은 취임 전에 목표에 맞는 전문 교육을 받기 때문에 신임 법관이 재판 업무에 적응하는 데 매우 유용하다. 표준화된 교육을 통해 대륙법계 법관은 동일한 견해를 공유하게 되고, 연속적 표준화된 시험을 통해 서로 다른 미래 법관의 생각이 통일되어 비슷한 재판 풍격을 가진 고도로

전문적인 법관 대오를 형성하는 데 유리하다. 이런 선발 체제는 법관 직업의 고도 전문화를 보장한다. 그러나 이러한 통일된 직업화 훈련은 또한 개척의식과 독립사상이 부족하고, 사고방식이 너무 교조적이며, 시야가 상대적으로 좁고 소심하며, 개성이 결여되어 있다. 이는 또한 대부분의 대륙법계 국가 법관들의 공통된 특징이다. (2) 대륙법계 국가 법관은 법률을 운용하여 재판할 때 반드시 입법 본래의 의도에 엄격히 충실히 해야 하며, 법률 규칙의 구속에서 벗어날 권리가 없으며, 판결 내용은 상대적으로 간단하고, 하급법원 및 해당 법원 이후의 유사 사건에 대한 판결에 구속력이 없으며, 보통 사람들이 관심을 끌 수 없는데, 이는 대륙법계가 성문법을 법률의 기원으로 삼은 것과 관련이 있다. 따라서 대륙법계 법관은 항상 엄격한 법집행자의 이미지이다. 메리먼이 말했듯이 대륙법계 국가의 법관은 "중요하고 기본적으로 비창조적 기능을 수행하는 문관이다.…… 민법 법관의 이름은 거의 잊혀지고 그 후임자들도 거의 무명으로 일하고 있다"[59]라고 주장했다. (3) 엄격한 승진제도를 시행하고 있으며 법관의 대우는 승진에 따라 점진적으로 올라간다. 이러한 승진제도의 장점은 법원의 등급이 법관의 자질에 상응하고, 고급법원 법관이 하급법원 법관의 업무를 충분히 이해할 수 있으며, 판결의 통일성이 보장되고, 법관에게 단계별 수준의 교육을 제공하고, 경쟁구조를 도입하여 고급 법원 법관의 명예심을 보장하는 것이 장점이다. 하지만, "관료화 사법 시스템 안에서 오래 살다 보니 개인의 승진으로 상사에 영합하고 인격 의식이 희박해지는 등 사상적 추세도 키운다"[60]라는 문제점도 있다. 대륙법계 국가에서 법관을 법원 이외의 사람 중에서 임명하는 경우가 매우 드물다. 법원 체제는 일반적인 문관 제도에 가깝고 법원의 위상과 법관의 역할도 영미법계 국가와는 비교할 수 없다.

59 [미] 메리 A. 그린턴, 마이크 W. 고든, 폴 G. 캐롤즈, 『比較法律傳統』, 米健, 賀衛方 외 역, 中國政法大學出版社, 1993, 74쪽.

60 史煥章 외, 「法官獨立審判探析」, 『政治與法律』, 1997, 제4기.

② 영미법계

영미법계에서 법관이 탄생하는 경로는 법학원 졸업생이 변호사 시험을 치르고, 합격한 사람은 변호사 직업에 종사하며, 변호사 업무에 상당한 자격을 갖춘 사람은 법원의 모든 수준에서 법관으로 선발될 수 있으며, 직급 승진 문제가 없다.

특징: (1) 법관의 선발은 개방적이다. 법관은 주로 변호사 중에서 선임되지만, 예외도 있다.[61] 주로 변호사 중에서 법관을 뽑기 때문에 영미법계 국가들은 초임 법관의 사법 경험과 인품에 더 신경을 쓴다. 법관 후보자는 오랜 경력의 변호사로, 능력과 품행이 동료와 법관의 공정한 평가를 받을 수 있다. 법관의 자질과 사회적 지위가 높아 사람들은 법관에 대한 신뢰와 존경심이 높다. (2) 법관은 독립성이 강하고 법을 만들 권리가 있다. 주로 변호사를 중심으로 한 개방적 법관 선발은 법관의 독립성이 상대적으로 강하고 사회 계층의 실제 상황에 익숙하며, 사건처리에 대한 풍부한 경험을 가지고 있다. 선발 요건과 절차가 까다로워 일단 법관으로 선출되면 자신감과 독립성이 강하며, 강한 명예심을 가지고 있으며 의존성이 적다. 물론 이는 법관에게 법을 만들 수 있는 권한을 부여하는 영미법계의 판례제와 관련이 있다. 영미법계 법관은 법을 적용하는 과정에서 법을 창조하고, 법관의 재결로 국가의 사법과 정치의 흐름을 바꿀 수 있기 때문에 "사회는 그런 제도를 만든 위대한 법관의 이름을 영원히 기억할 것이다"[62]라고 한다. (3) 법관의 대우待遇는 법원에 들어가자마자 결정되며 일반적으로 승진하지 않는다. 영국에서 법관은 구체적인 판례를 통해 법을 해석하고 법을 만드는 기능을 수행한다. 법관의 권한은 매우 크고 역할도 매우 중요하다. 법관은 높은 지위와 명망을 가지고 있기 때문에 법관 대열에 오른 자체가 영광이며 직업 경력에 대한 인정이다. 전 세계 모든 국가와 비슷하게 법관의 수입은 높지만, 훌륭한 출정 변호사보다 현

---

61 법학원을 졸업하지 않은 미국의 마지막 연방법관 H. Verle Payne은 1963년부터 1983년 사망할 때까지 뉴멕시코주에서 연방지역 법관으로 일했다. 관련 내용은 [美] 러셀 밀러,「美國法院法官管理的最新演進」, 陳海光 역,『法官職業化建設指導與硏究』, 人民法院出版社 2003, 87쪽 참조.

62 [미] 메리 A. 그린턴, 마이크 W. 고든, 폴 G. 캐롤즈,『比較法律傳統』, 米健, 賀衛方 외 역, 中國政法大學出版社, 1993, 75쪽.

저히 낮다. 따라서 법관 직위에 대한 열망은 주로 수입에 기인한 것이 아니다. 또한 고등법원 법관과 하급법원 법관의 급여 차이가 크지 않기 때문에 고등법원 법관도 하급법원 법관 중에서 선발하는 경우가 많지만, 소득 증대를 목적으로 승진을 추구하지 않는다.[63] 영국에서는 고등법원 법관은 법관직의 정점에 이르렀고, 이들 대부분은 상소법원이나 상원으로의 추가 승진에 큰 관심이 없다. 업무적으로는 차별이 있지만 명예나 경제적 이익 측면에서의 동기와 유혹이 작기 때문이다.[64] 영미법계의 직업 법관은 수가 적고 수준이 보편적으로 높으며, 사회적 공신력이 좋으나 업무 추진력이 부족하고 태만하며, 진취적이지 않고 효율성이 떨어지는 것도 이 제도의 단점이다.

(2) 중국 현행법관 선정 제도의 현황과 반성

2001년 개정된 「중화인민공화국 법관법」(이하 「법관법」)의 규정에 따르면 중국 법관 선발제도는 다음과 같은 결함과 부족한 점이 있다.

① 초임 법관의 자격 요건이 너무 낮다

「법관법」 제9조는 법관은 고등교육기관에서 법학전공 본과를 졸업하거나 고등교육기관에서 비非법학전공 본과를 졸업하고 법률에 대한 전문지식을 갖추어야 하며, 2년 이상 법률 업무에 종사한 사람, 그중 고등 인민법원과 최고인민법원의 법관은 3년 이상 법률 업무에 종사한 사람이어야 한다고 규정하고 있다. 법학석사, 박사학위 또는 비법학전공 전문 석사, 박사학위를 취득하여 법률 지식을 갖추고 1년 이상 법률 업무에 종사한 사람, 그중 고등법원, 최고인민법원 법관은 2년 이상 법률 업무에 종사한 사람이어야 한다. '법률 전문지식 구비'라는 것은 무엇을 의미하는가? 전국인민대표대회 법제업무위원회는 '법률 전문지식 구비'를 고등교육기관 비법학전공 본과 졸업으로 다음

63 [미] 메리 A. 그린턴, 마이크 W. 고든, 폴 G. 캐롤즈, 『比較法律傳統』, 米健, 賀衛方 외 역, 中國政法大學出版社, 1993 122쪽.

64 [독] 쯔바이게르트, 쾨츠, 『比較法總論』, 潘漢典, 米健 외 역, 貴州人民出版社, 1992, 348쪽.

상황 중 하나로 해석한다. (1) 고등교육기관 법률 전공 증서證書를 취득한다. (2) 고등교육기관에서 8개 이상의 법률전공 과목을 이수하거나, 고등교육기관 독학 학력 인정시험에서 8개 이상의 법률전공 단일 과목 수료증을 취득한다. (3) 국가 사법시험을 통과하고 '법률직업 자격증서'를 취득한다. (4) 2001년 이전 초임법관 전국 통일시험에 합격하여 '초임 판사, 보조 판사 시험합격증서' 취득, 초임검찰관 전국 통일시험에 응시하여 합격, 변호사 자격시험에 합격하여 '변호사 자격증'을 취득, 법률 업무에 5년 이상 종사한다. 법률 업무 경력은 어떻게 확정하는가? 전국인민대표대회 상무위원회 법제업무위원회는 '법률업무 종사'는 주로 국가 또는 지방의 입법업무, 재판, 검찰업무, 공안, 국가안전, 감옥관리, 노동교양 관리 업무, 변호사, 법률 교학 연구 업무, 당 정법위원회 및 정부부문의 법률업무를 포함한다. 소위 법률 전문지식과 법률업무 경력 규정은 형식에 치우쳐 있고, 객관적인 측정 기준이 없어 법적 자질을 갖추지 못한 사람들이 법원 계통에 진입할 수 있도록 편의를 제공하고, 법관의 임명 요건을 사실상 낮췄음을 알 수 있다. 또한, 「법관법」 제12조는 초임 법관은 엄격한 심사 방법을 채택하고, 재능과 덕을 겸비한 기준에 따라 통일적 사법시험에 합격해 법관 요건을 갖춘 사람 중에서 선발하도록 규정하고 있다. 인민법원의 원장과 부원장은 법관 또는 기타 법관 자격을 갖춘 사람 중에서 선정하여 추천하여야 한다. 인민법원의 원장과 부원장은 사법시험에 합격하지 않을 수 있고, 임직조건은 일반 법관보다 낮을 수도 있지만 법원의 지도적 직책을 맡고 있어 현행 법관선발제도의 또 다른 주요 단점이다.

② 법관 선발 기관은 지역적 특성이 강하다

중국 「법관법」에 따르면 최고인민법원장은 전국인민대표대회에서 선거 및 파면되고, 부원장, 재판위원회 위원, 재판장, 부재판장, 판사는 최고인민법원장이 전국인민대표대회 상무위원회에 제청하여 임면任免되며, 지방 각급 인민법원장은 지방 각급 인민대표대회에서 선거 및 파면되며, 부원장, 재판위원회 위원, 재판장, 부재판장과 판사는 본원 원장이 본급 인민대표대회 상무위원회에 제청하여 임면되고 인민법원의 보조 판사는 본원원장이 임면한다고 규정하고 있다. 헌법 체제에 따라 중국의 법관 임명 권한도 급 별로 행사되며, 전국 3,400여 개 각급 인민대표대회가 법관을 선거하고 임명하는 권한을 가지고 있다. 실제로 현재 중국에는 법관을 임명할 수 있는 세 가지 주요 권력 주체가 있는데, 그중 하나는 인민대표대회 상무위원회가 판사 이상 부법원장 이하 법관을 임명하고, 다른 하나는 법원장이 보조판사를 임명하는 것이다. 또한 철도, 임업 등 전문법원의 법관임명은 직무에 따라 성인민대표대회나 상급법원이 임명한다. 같은 재판권을 행사하는 법관이라도 임명하는 기관이 다르고 임명 기준의 차이가 크다는 것은 그만큼 불합리한 법관 임명 체제라는 것을 설명한다.

③ 법관 선발 절차는 행정적인 특징이 강하다

중국은 독립적인 법관 선발 절차가 없고 법관의 선발과 임명은 일반 공무원과 크게 다르지 않다. 주요 특징은 법관이 되기 위해서는 두 차례의 시험, 즉 국가통일 사법시험과 공무원 시험을 통과해야 한다는 점이다. 전자는 법률 직업 자격증을 취득하기 위한 것이고, 후자는 인사 부문에서 인정하는 공무원 신분을 취득해 법원에 들어가기 위한 것이다. 두 시험은 우선순위가 정해져 있지 않고, 사법시험에 합격한 후 공무원 시험에 응시할 수도 있고, 공무원 시험을 통해 법원에 먼저 입문한 후 사법시험에 응시할 수도 있으며, 사법시험에 합격하지 못하면 법관으로 임용될 자격이 없다. 실제로 법원에 들어간 일부 사람들은 국가 사법시험에 합격하지 못해 법관으로 근무하지 못하고 법원의 행정 편제를 점유하는 반면, 사법시험에 합격했지만 법원에 들어가지 못하는 현상이 있다. 동시에 중국의 법관 선발 기구는 모두 국가 조직인사부문이기 때문에 임원구성도 인사간부 위주로 구성되어 있고, 기본적으로 사회세력의 참여와 개입이 없어 법관 선발 절차의 중립성, 권위성, 공정성의 역할을 제한하고 있다. 법원 인사제도의 개혁과 법관선발제도의 확립으로 이 문제는 더욱 합리화되어야 한다.

(3) 중국 법관선발제도 개혁을 위한 건의

법관선발제도는 진정한 법률 지식, 법에 대한 신념 및 사회 정의감을 갖춘 법률 인재가 법관 대오에 진입할 수 있도록 보장해야 한다. 법관 승진제도는 법관이 업무에 대한 적극성과 열정을 충분히 동원할 수 있어야 하며, 법관 간의 양성적인 경쟁과 유동 구조가 형성되어 우수한 법관을 중용하고 승진할 수 있도록 해야 한다. 이러한 이해와 해외 선진 경험에 대한 학습을 바탕으로, 중국의 기존 헌법 체계를 고려하여, 중국의 법관 선발 및 승진제도의 재구축에는 최소한 다음과 같은 내용이 포함되어야 한다고 생각한다.

① 초임 법관의 자격 요건을 높인다

우선, 초임 법관은 「법관법」에 규정된 학력 요건, 일정한 법률 업무 경력, 국가 사법시험 합격, 임직 전 교육, 양호한 정치적 자질과 도덕적 품성을 갖춘 '5가지 기본조건'에 부합해야 한다는 점을 명확히 해야 한다. 다음으로, 인민법원 부원장이 되기 위해서는 사법시험에 합격해야 한다. 통일 사법시험을 통과하지 않고 법원장과 부원장을 임명하는 현행 관행은 공평 원칙에 위배되고 재판 업무의 일반 법칙에 부합하지 않는다. 재판 업무의 현실을 고려할 때, 과학적이고 엄격한 법관선발제도를 구축하는 차원에서 이러한 상황은 변화되어야 한다고 생각한다. 원장이 사법시험을 면제받을 수 있는 것은 중국 법관 임용에서 볼 때 원장은 선거제, 부원장 및 기타 법관은 임명제이다. 직책상 원장은 재판 외에도 관리 직무를 수행하고 민의民意의 위임을 받아 권력기관에 대해 책임지고 정무관의 기능을 겸하고 있기 때문이다. 외국에서도 원장의 임직 요구는 지도 능력을 강조해 일반 법관과는 다르다. 그러나 부원장은 다르다. 부원장의 직무는 재판 중심이기 때문에 부원장은 일반 법관보다 높은 수준의 법학 이론과 재판 경험, 직업도덕을 갖춘 뛰어난 법관이어야 한다. 따라서 부원장직에 직접 임용되는 비非법관은 「법관법」에 규정된 법관 요건을 충족하고, 반드시 국가통일 사법시험에 합격해야 하며, 이를 면제받을 수 없다고 생각한다. 마지막으로 중국의 법관 임직 나이를 높인다. 사회적 경험이 없는 사람은 법적 분쟁에 대해 현명하고 공정한 재판을 내리기 어렵다. 따라서 법관이 되기 위해서는 사회 경력과 경험이 풍부해야 한다. 세상사를 널리 통찰하는 것이 모두 학문이고, 인정에 통달하는 것이 바로 문장世事洞明皆學問, 人情練達即文章이라는 도리로, 사회에 대한 투철한 이해는 법관이 사건의 사실 본질을 파악하고 법을 더 잘 적용하는 데 도움이 된다. 영미법계에서 법관 선발을 '연상, 경험, 엘리트' 모델로 실행하는 것은 자체의 합리성을 가지고 있다. 중국 「법관법」은 만 23세가 되면 법관이 될 수 있고 심지어 중고등법원에서 재직할 수 있도록 규정하고 있다. 이러한 법관은 사회 경험과 사법 실천 경험이 어느 정도 부족할 수밖에 없고, 교과서적인 법률 상식만으로는 복잡한 사회관계를 다루기 어렵고, 탁월한 지혜로 소송사건을 공정하게 재판하기 어렵다. 중국의 전반적인 사회 상황과 각급 법원의 요구, 그리고 개인의 자연적 성장 과정을 고려하여, 최고법원의 법관은 40세 이상, 15년 이상의 실무 경력, 고등법원 법관은 35세 이상, 10년 이상의 실무 경력, 중급법원 법관은 30세 이상, 7년 이상의 실무 경력, 기층법원의 법관은 28세 이상, 5년 이상의 실무 경력으로 법관의 나이 요건을 적절하게 상향 조정할 것을 제안한다. 각급 법원 법관의 법률경력 연한에 대해 필요하고 엄격하게 제한한다면 법관의 자질 확보에 긍정적인 효과를 가져올 수 있을 것이다. 그렇지 않으면 상급법원 법관을 하급법원에서 선발해야 한다고 하더라도 경력 연한에 필요하고 엄격한 제한을 두지 않으면 의도한 목적을 달성할 수 없을 것이다.

② 법관 선발의 경로를 확대하고 사회에서 법관을 선발한다

중국 법관의 출처는 개방적이어야 한다. 소위 개방적이란 기본 조건과 법적 절차를 엄격히 준수하는 전제하에서 법관의 출처를 넓히고 선발 대상을 확대하는 것이다. 현재 중국 법관의 출처와 경로는 주로 내부 선발, 즉 법원 내부의 우수 인력 중에서 선임하고 하급법원의 법관 중에서 선임한다. 법관을 사회에서 선임하는 것이 법관 선발의 또 다른 중요한 통로가 되어야 한다고 본다. 사회의 우수한 법률 인재 중에서 법관을 공개 선발해 법원에 젊은 피를 과감히 수혈하는 것이 능력에 따른 법관 선발 요구에 가장 적합하다. 현재 중국의 법관 직업과 변호사, 그리고 법률 교육 및 연구를 전문으로 하는 법학 교수 사이에는 합리적인 유동 구조가 부족하지만, 이러한 법률직업 사이에는 또한 자연적인 연관성이 있다. 사회에서 법관을 선발하기 위한 경로를 구축하고 법률 직업 간의 유동 구조의 구축은 각자의 직업 발전에 도움이 될 뿐만 아니라 전

체 법률인 단체의 품격을 향상하며 궁극적으로 법치의 발전에 도움이 된다.

법원의 우수인력, 하급법원의 법관, 사회의 우수 법률 인재 중에서 선임하는 세 가지 법관 선발 경로를 명확히 하면서도 역동적인 발전의 개념을 강조해야 한다. 소위 역동적 발전이란 법관 임명에서 세 가지 경로의 비율이 변수가 된다는 것을 의미한다. 경제 및 사회의 발전, 시간의 추이, 외부 조건의 변화에 따라 이 세 가지 경로의 비율도 서로 다른 변화가 있을 것이다. 예를 들어, 국가 인사, 호적, 주택 제도의 개혁, 합리적인 직급 및 임금 제도의 확립, 기층법원의 근무 환경 개선, 기층 법관의 대우 향상으로 상급법원이 하급법원에서 법관을 선발하는 비율이 확대될 수 있다. 법관의 국가 내 정치적 지위, 사회적 지위, 복지 대우가 향상됨에 따라 법관의 직무가 사회적으로 권장되는 매력을 향상하고, 사회의 우수한 법률 인재 중에서 법관을 채용하는 비율이 증가할 것이다. 다만 여러 가지 외부 여건이 구비되지 않고 미숙한 상황에서 법원 내부에서의 법관 선발은 완전히 배제할 수는 없으며, 법원 내부의 우수한 재판 보조 인력은 법관의 예비군 역할을 할 수도 있다. 법관 선발의 세 가지 경로, 역동적인 발전은 신구 정책의 연결과 중국의 국가 상황을 고려하고 개혁의 실행 가능성을 고려한 것이다.

③ 중립적 지위를 가진 법관 선발위원회를 구성한다

현행 체제는 법관 관리의 행정화를 초래하고 심화하기 때문에 법관 선발 기구를 중국 권력기관에 설립하는 것이 유력하다. 중국 법관의 양적量的 수요, 선발위원회의 업무 전개를 고려하여 중앙 및 성급 고등법원의 차원에서 법관 선발위원회를 설치해야 한다고 생각한다. 위원회의 구성원은 동급 인민대표대회 상임위원회가 법관, 변호사, 법학 교수 등 중에서 임명하며, 그 업무수행 방식은 민주제이며 다수결의 원칙을 실시한다. 중앙 법관 선발위원회는 최고인민법원 법관과 각 고등법원 부원장 이상의 법관을 선발하고, 각 성급 법관의 선발과 승진위원회의 업무를 감독하는 책임을 진다. 성급 법관 선발위원회는 각 고등인민법원 부원장 이하 법관과 해당 지역 하급법원 법관의 선발을 책임진다. 법관선발위원회는 업무 과정에서 변호사협회 또는 법률 전문가로부터 후보자의 전문성, 업무수행, 인품, 능력 등 전반적인 자질에 대한 평가를 청취하고,

공청회 제도를 통해 후보자(적어도 중급 이상 법원에서 근무할 후보자)의 자격과 능력을 심사해야 한다. 이러한 절차로만 후보자의 전반적인 자질을 면밀히 검토할 수 있다. 현행 제도에서 법관 선발위원회의 선발 결과는 각급 권력기관에 제출하거나 추천하여 임명하되, 권력기관은 법관 선발위원회가 제출한 명단 외에 별도로 임명할 수 없다. 법관 선발위원회는 상설 사무소를 두고 일상 업무를 담당한다. 법관 선발 업무는 연 1회 실시하는 것을 원칙으로 한다.

④ 과학적인 법관 선발 절차를 수립한다

법관 직업의 특수한 요구사항을 고려하여 중국은 법관 임명관리와 일반공무원 관리 간의 관계를 바로잡고 전문적인 법관 선발 절차를 수립해야 한다. 법관 결원이 발생하면 직위의 필요에 따라 해당 조건을 결정하여 사회에 공포하고, 신청, 추천, 법관 선발위원회 평의를 거쳐 후보자 확정, 공시, 임직 교육을 하고 인민대표대회 상무위원회에 제청하여 임명한다. 법관 선발 절차는 공개, 공평, 공신公信의 원칙을 관철해 직업적 자질과 도덕적 수양이 우수한 사람이 법관으로 선발되도록 해야 하며, 법관이라는 직업의 존엄성과 명예감을 반영하고 사법의 권위성 확립에 도움이 될 수 있어야 한다고 생각한다.

제시해야 할 것은 개별 저명한 법학 전문가, 학자, 사회 유명 인사, 정부 고위 인사 및 당파 대표를 법관으로 직접 자격을 부여하거나 심지어 법관, 대법관으로 직접 임명하는 것은 소위 법제가 완비된 일부 국가를 포함하여 세계 각국에 존재하며, 이는 국가 운영에 필요한 것으로 크게 비난할 것이 없다. 그러나 법에 규정된 법관으로 임직하기 위한 조건, 선거 또는 임명의 법정 절차를 거쳐야 하는 등 관련 특례의 규정과 기본 요구가 있어야 한다. 이러한 문제는 중국 법관선발제도의 총체적 구상에 장애가 되어서는 안 된다.

3) 법관 직업보장 제도의 개혁

법관 보장제도는 서방 사회에서 처음 등장했으며, 주요 의미는 법관이 사법적 직책을 수행하는 과정에서 임직의 보장, 경제적 보장, 사법 면책권을 보장받고 이를 법관의 독립적인 재판 지위의 전제조건으로 삼아야 한다는 것이다. 오늘날 중국의 지속적인 법치화 추세에 따라 법관의 정당한 권익을 유지하고 법관 직업의 사회적 지위를 향상하며, 법관의 직업화 건설을 추진하기 위한 법관 보장제도의 중요성이 점점 더 주목받고 있다.

(1) 법관 보장제도 및 법에 따른 독립적인 재판권 행사

철학적, 사회학적 의미에서 사회생활의 모든 주체와 마찬가지로 법관은 한편으로는 사회통치 질서의 특정한 수호자이며, 다른 한편으로는 사회생활의 자연인이다. 전자는 법관의 사회 조직적 본질을 결정하고 후자는 법관 개성의 자연적 본질을 결정한다. 법관의 사회 조직적 본질과 개성의 자연적 본질은 법관이라는 특정 사회적 역할의 이중 인격 보유자를 구성한다. 특정 사회통치 질서의 유지인으로서 법관은 폭력을 두려워하지 않고, 간섭을 배제하고, 공정하게 법을 집행하며 독립적으로 직권을 행사해 재판의 직책을 수행하는 것이 바람직하다. 그러나 평범한 사회구성원으로서 법관의 행동은 사회의 여러 측면, 때로는 권위적인 측면의 영향을 받기 마련이다. 그래서 미국 학자 플랑크Thomas E. Plank는 사법 독립이란 '제도적 독립Institutional Independence'을 의미하며, 즉 법관의 종신제와 정년제, 고정적이고 충분한 수입, 임직 자격 요건, 제한된 사법 면책 등 일련의 제도에 의해 보장되고 구현되어야 한다고 주장한다. 어느 제도 하나라도 확보되지 않으면 사법 독립은 어렵다.[65]

법관임직보장제도의 역할은 다음과 같이 볼 수 있다. 첫째, 인민법원의 법에 따른

65 Thomas E. Plank, *The Essential Elements of Judicial Independence*, William Mary Bill of Rights Journal, 2001, Vol.5, P.10.

독립적 권한 행사에 도움이 된다. 인민법원이 법에 따라 독립적으로 권한을 행사할 수 있는지는 국가 법률의 통일과 권위를 유지하는 데 매우 중요하다. 그러나 재판기관의 재판기능은 법관의 법집행 활동에 의해 이뤄진다. 재판기관이 법에 따른 독립적 직권 행사는 사실상 법관이 법에 따른 독립적 직권 행사로 볼 수 있다. 따라서 법관임직보장제도의 시행은 법에 따른 사법기관의 독립적 직권 행사 보장에 매우 중요한 역할을 한다. 둘째, 법관이 권세를 두려워하지 않고 공평무사公平無私하게 법을 집행하는 데 도움이 된다. 법관은 좋은 평판과 찬사를 받을 수 있을 뿐만 아니라 비난과 폄하, 심지어 타격과 보복까지 초래할 수 있는 고위험 직업이다. 따라서 법관의 임직이 확실하고 충분한 법적 보장이 있어야만 다양한 방면의 사법 간섭을 막을 수 있고, 법관의 우려를 최소화하여 법집행에 과감하게 나설 수 있으며, 법집행 시 특정 조직이나 개인의 이익에 저촉되어 보복당할 염려가 없다. 셋째, 인재 유치와 법관의 안정에 도움이 된다. 법관의 직업에는 인재가 필요하며, 우수한 법률 인재가 법관으로 진출하기 위해서는 법관에게 일정한 지위와 대우가 보장되어야 한다. 넷째, 법관의 직권남용과 법을 알면서 고의로 법을 범하는 행위의 방지에 유리하다. 법관이 법에 명시된 금지 조항을 위반하지 않는 한 법의 보호를 받게 된다. 반면 법관이 직권을 남용하고 사익을 위해 법을 어기면 보호받지 못할 뿐만 아니라 법에 따라 제재를 받게 된다. 따라서 법관의 직업 보장제도는 한편으로는 법관을 보호하는 역할을 하고, 다른 한편으로는 법관을 제약하는 역할을 한다.

(2) 법관 보장제도에 관한 국외의 규정 및 분석

일반적으로 법관 보장제도는 법관의 직무보장, 법관의 물질적 대우 보장, 법관의 특권보장의 세 가지 측면을 포함한다.

① 법관의 직무보장

법관의 우려를 해소하고, 법에 따른 직권 수행에서 외부의 간섭을 받지 않도록 하기 위해 많은 국가에서는 법관의 직무보장을 규정하고 있다.

먼저, 법관 교체 불가제이다. 법관 임명과 관련하여 법관이 강력한 사회 세력의 영향력이나 억압에 맞서 법에 따라 행동할 수 있도록 보장하기 위해 대부분의 국가는 법관 종신임기제life tenure, 즉 법적인 사유와 법적 절차 없이 법관을 해임할 수 없다는 제도를 채택하고 있다. 그리고 이러한 사유와 절차에 관한 법률의 제한은 매우 엄격하다. 예를 들어, 법관은 일반적인 위법 행위로 탄핵 대상이 되지 않으며(법관은 신이 아닌 인간이기 때문), 사법 부패 또는 중대한 직무 유기 행위만이 법관에 대한 탄핵 절차를 개시할 수 있는 기본 사유가 된다. 영국에서 법관은 종신직으로 임명되며, 품행이 단정하다면 직위는 법에 따라 보호된다. 그러나 법관은 최대 10년의 임기로 임명되며 재임용될 수 있는 임기제도 있다. 종신제와 임기제 모두 '교체 불가 제도'를 실행한다. 즉 법관은 일단 임명되면 임의로 교체할 수 없으며, 법정 조건에 따라 탄핵, 해임, 전임 또는 조기 퇴직할 수 있다. 러시아 연방 헌법 제121조는 "법관은 해임할 수 없다. 법관의 권한 정지 또는 일시 정지는 연방법에 규정된 절차와 원칙을 준수해야 한다"라고 규정하고 있다.

다음으로, 법관 전임 및 중립제이다. 법관 전임제는 법관 직업에 종사하는 모든 사람은 한 가지 직업에만 종사할 수 있고 행정직, 의원, 기타 유급직(교육, 과학 연구 및 창작 업무 제외)을 포함한 다른 직업을 가질 수 없다. 일부 국가에서는 법관이 정당에 가입하거나 정치 활동을 할 수 없도록 규정하고 있다. 예를 들어, 일본 법원법 제52조는 "법관은 임기 내 아래와 같은 행위가 있어서는 안 된다. (1) 국회 또는 지방 공공단체의 의회 의원이 되거나 정치운동에 적극적으로 참여할 수 없으며, (2) 최고법원이 허용하는 경우를 제외하고 다른 보수를 받는 직무를 맡을 수 없고, (3) 사업을 경영하거나 기타 금전적 이익을 위한 업무 활동에 종사할 수 없다"라고 규정하고 있다.

마지막으로 법관 퇴직제의 실행이다. 퇴직제도가 존재하기 때문에 대부분의 외국 법률에서 법관 종신제를 채택하고 있다고 주장하지만, 실제 종신제는 법관이 법률에서 정한 사유를 제외하고는 일정 기간 직위에서 해임되지 않는다는 의미일 뿐, 법관이 영원히 재직해야 한다는 의미는 아니다. 법관은 노후 퇴직할 수 있지만 일정한 업무 기간의 제한이 있다. 미국 연방법원 법관이 10년 재직 후 70세에 퇴직하거나 15년 재직

후 65세에 퇴직하는 경우, 퇴직금은 전액으로 받을 수 있다. 특히 미국은 대륙법계 국가들과 달리 법정 나이에 도달하면 강제 퇴직하는 방식이 아니라 자발적 퇴직 제도를 채택하고 있어 정년 이후 퇴직 여부는 법관이 스스로 결정하며, 누구도 퇴직을 명령할 수 없으며, 퇴직 후 법관은 원로 법관Senior Judge으로 불리며, 여전히 사건을 선택하여 심리할 수 있으며, 법원은 일부 사건의 심리에 참여하도록 요청할 수 있다.[66]

② 법관의 경제적 보장

유엔총회「사법기관 독립에 관한 기본원칙」제7조는 "사법기관의 적절한 기능 수행을 위해 사법기관에 대한 충분한 자원 제공은 모든 회원국의 의무이다"라고 규정하고 있다. 실제로 법관의 경제적 보장은 보통 다음과 같은 내용이 포함된다. 우선, 법관의 고임금제이다. 많은 서방 국가에서는 법관이 안정적이고 풍요로운 삶을 살 수 있고 뇌물수수나 부정행위에 연루되지 않도록 하기 위해 법관에게 높은 급여를 지급해야 한다고 규정하고 있으며, 심지어 법관의 여비를 제한 없이 지급하도록 규정하고 있다. 연방 지방법원 법관의 2002년 세전 수입은 15만 달러, 상소법원 법관의 수입은 15.9만 달러이다. 최고법원 대법관의 연간 수입은 18.4만 달러(수석 대법관은 19.26만 달러)이다. 파산법관과 치안법관의 연 수입은 지방법원 법관보다 10% 정도 적다. 미국 노동부 통계에 따르면 1999년 미국 국민의 1인당 소득은 3.19만 달러이다.[67] 물론 연방 법관의 급여는 저명한 변호사의 급여만큼 높지 않으며, 특히 최근 몇 년 동안 법관 임금은 전문 변호사보다 훨씬 늦게 증가하고 있다. 뉴욕과 같은 일부 주요 도시에서는 연방 지방법원 법관의 연봉이 변호사의 절반에도 미치지 못한다.[68] 미국 법관들도 자신의 급여에 만족하지 못하고 의회에 급여를 인상해 달라는 소송을 제기했지만, 그 노력은 실패로 돌

66 [미] F.J. 클라인:『美國聯邦與州法院制度手册』, 劉慈忠 역, 法律出版社, 1988, 31쪽.

67 See *Survey of Judicial Salaries*, National Center for State Courts, Vol. 27, No. 1, at www.ncsconline.org, 2008-07-05.

68 See *Volker Commission Hears Testimony on Judges' Pay from Third Branch Leaders*, at www.uscourts. gov/news.html, describing September2002 testimony by Chief Justice William Rehnquist and Associate Justice Stephen Breyer and others.

아갔다.[69] 일본에서는 최고법원장의 급여가 내각 총리, 국회 양원 의장의 급여와 같고, 최고법원 대법관의 급여는 내각 부장의 급여와 같다.[70]

다음으로, 임금 소득을 줄이지 않는 제도이다. 대부분의 국가에서는 법관이 재직하는 동안에는 급여를 삭감할 수 없도록 규정하고 있다. 프랑스 법관법 제33조에 따르면 법원의 조직이나 관할 구역에 변경이 있는 경우 법관은 인사이동 또는 정직될 수 있지만, 인사이동 또는 정직 기간 원래의 급여를 지급해야 한다.

마지막으로, 높은 퇴직금 제도이다. 외국 법률은 일반적으로 법관이 퇴직 후 높은 퇴직금을 받도록 규정하고 있다. 그리고 높은 보수와 기타 대우는 법관이 물욕에 흔들리지 않고 돈에 현혹되지 않으며, 직무수행에 있어서 독립성을 유지하기 위한 필수 조건이자 기본 보장이 된다. 많은 나라에서 법관의 정년을 공무원의 정년보다 높게 정하고 있는데, 이는 법관이 재판 업무에 유능한 능력을 갖추기까지 경험을 축적하는 데 오랜 시간이 걸리고, 법관의 임용에 최저 연령 제한이 있으며, 법관이 된 사람, 특히 고위직의 경우 일반적으로 나이가 많다. 이는 어렵게 양성된 법관을 조기에 퇴직시키는 것은 재판 자원의 낭비라고 판단하기 때문이다.[71]

③ 법관의 특권 보장

법관의 특권 보장이란 법관이 사법재판 기능을 수행하는 과정에서 행한 행위와 발언에 대해 기소나 법적 추궁을 받지 않을 권리를 갖는 것으로, 법관은 재판기능 수행과 관련된 사무에 대해 법정에서 증언할 의무를 면제받는 특권을 갖는다. 법관은 행정 당국에 불리한 판결을 했거나 불쾌한 판결을 선고했다는 이유로 해임되지 않도록 해야 한다. 이 특권은 법관이 완전히 자율적이고 독립적으로 재판 기능을 수행하고, 합리적인 범위 내에서 내적 및 외적 자유를 갖도록 보장하는 것을 목표로 한다. 이러한 사법

---

69 Williams v. U. S., 535 U.S. (2002).

70 周道鸞 주편, 『學習中華人民共和國法官法資料彙編』, 人民法院出版社, 1995, 406~411쪽 참조.

71 위의 책, 411~412쪽 참조.

면책권 중 가장 중요한 것은 민사 기소에 대한 법관의 면책권judicial immunity from civil actions이다. 즉 법관이 재판에서 발언이나 행위에 대해 법적 책임을 지지 않도록 함으로써 걱정을 덜어주고, 법관으로 하여금 외부로부터의 영향(매우 작은 영향이라도)에서 벗어나 더 쉽게 '재판권의 독립적 행사'를 하는 것이다.[72] 물론 법관의 사법 면책권은 상대적이며 합리적인 한도를 유지해야 하며, 법관이 재판과정에서 행위가 신중하지 못하거나 기타 직무상 과실이 있으면 행정적, 민사적 또는 형사적 책임을 져야 한다.

(3) 중국 법관 보장 관련 규정 및 개선

중국「법관법」의 규정에 따르면 인민법관은 법에 따라 직책을 수행하고 법의 보호를 받으며, 법관은 법적 사유와 법적 절차를 거치지 않고 면직, 강직, 해고, 인사이동 또는 처분을 받지 않으며, 원장을 제외한 기타 법관의 임기는 현재 특별한 규정이 없으며, 법관은 노동 보수를 받고 보장 및 복지 혜택을 받을 권리가 있으며, 법관 퇴직 제도를 확립하고 법관 전임 제도 등을 시행한다. 그러나 비교해 보면 중국 법관 보장 제도의 법적 규정은 미비하고 구체적인 시행에는 갈 길이 멀다는 것을 알 수 있다. 우리는 중국의 법관 보장제도의 개선은 중국의 경제 발전 상황, 법관 대오의 현황, 공민의 인정 정도 및 현실적 타당성과 결합해야 한다고 생각한다. 완벽한 상상에 빠지면 화중지병畫中之餠일 수밖에 없다. 이러한 이해를 바탕으로 다음과 같은 개선안을 제시하고자 한다.

첫째, 법관의 물질적 보장 측면에서 법관 우대 급여 제도의 시행이다. 일부 학자들

72 법관의 면책특권은 제한적이고 조건부라는 점에 유의해야 한다. 즉 (1) 기소 면책 특권은 민사 책임에 한한다. (2) 법관의 권한 행사 범위 내여야 한다. (3) 권한 범위 내라 하더라도 법관의 악의, 부패, 위협적인 말이나 행동에 대해 신소, 항소를 제기할 수 있는 등 특정 조건이 있다. 법관이 사실을 알지 못해 권한을 넘어선 경우 책임을 묻지 않고, 당사자, 변호사, 증인이 법정 언행에 대해서도 법관은 책임지지 않는다. (4) 의회의 탄핵 절차에서 법관은 면책특권이 없다. 영국에서는 법관이 "완전히 독립적이다. 악의적인 행위라도 법집행 과정에서 그들이 하고 말한 모든 것에 대해 완전한 면책권을 누린다. 심지어 하급법원 법관이 월권을 해도 민사소송에서 면책권을 갖는다"라고 규정하고 있다. [영] 데이비 M. 워커,『牛津法律大辭典』, 光明日報出版社, 1989, 482쪽.

은 법관 고임금제를 실행해야 한다고 주장한다.[73] 우리는 중국이 현재 고임금제를 실시할 여건이 되지 않는다고 보고 있는데, 이는 먼저, 법관 대오가 방대하고 법원 계통 편제가 약 32만 명에 달하며, 고임금제를 실시하면 국가 재정 부담이 너무 커진다. 다음으로, 법관은 인사관리, 급여 대우 등의 측면에서 일부 행정 간부와 다름없으며, 공무원의 전반적인 급여 수준이 인상되지 않은 상황에서 법관의 대우를 일방적으로 높이는 것은 필연적으로 각 방면에서 저항에 부딪히게 된다. 마지막으로, 중국 법관의 전반적인 자질은 여전히 낮고 사회적 공신력이 높지 않으며, 법관의 고임금제는 사회 각계각층에서 받아들이기 어려울 것이다. 고임금은 청렴에 도움이 되지만 반드시 청렴을 실현하는 것은 아니라는 점을 지적해야 하며, 결국 법관은 종종 '편협한 자신의 이익을 초월한 모든 고려 사항'으로 간주하기 때문이다.[74] 중국의 일부 경제적으로 발전한 지역에서는 법관의 소득과 대우가 비교적 좋지만, 여전히 부패가 발생하고 있어 법관의 청렴성을 제고는 고소득에만 의존할 수 없음을 보여준다.

따라서 중국은 법관 우대 급여 제도를 시행해야 한다. 법관 우대 급여 제도의 내용은 영미법계 국가의 유용한 관행을 참고하여 법관에 대한 별도의 체계를 마련하고, 법관의 급여가 행정기관 일반 공무원의 급여보다 유리하도록 하며, 법관의 급여는 인상만 가능하고 인하할 수 없도록 하고, 퇴직을 신청하는 법관에 대해서는 일정 연한에 도달한 후, 예를 들어 20~30년 이상 법관으로 재직하면 퇴직 시 전액 유급으로 퇴직할 수 있도록 하는 것이다. 그래야 사법직책의 중요성과 법관 선발의 엄격성에 걸맞게 우수한 인재를 사법 계통으로 끌어들일 수 있다. 각급 법관 대우의 차이는 너무 커서는 안 된다. 고급 법관의 수가 적고 상대적으로 영향력이 큰 사건을 다루기 때문에 하급 법관보다 임금이 어느 정도 높은 것은 상식에 어긋나지 않는다. 그러나 상하급 법관의

---

73 일부 학자들은 사법의 독립성, 청렴성, 공정성을 보장하는 절박한 필요성에서 출발하여 외국에서 일반적으로 채택되는 법관의 고임금제도를 참고로 하는 것이 매우 필요하다고 생각한다. (1) 고임금제는 사법 대오의 반부패와 청렴성에 도움이 된다. (2) 고임금제는 인재를 흡수하고 법관 대오를 안정시키며 법관의 전반적인 자질을 향상하는 데 도움이 된다. (3) 고임금제는 법관이 자신의 직업을 소중히 여기고 직업정신을 배양하며 법을 엄격히 집행하고 공정한 재판을 하도록 촉진하는 데 도움이 된다.

74 [영] 로저 코트웰, 『法律社會學導論』, 潘大松 외 역, 華夏出版社, 1989, 262쪽.

급여 격차가 너무 크면 하급 법관이 승진을 목적으로 독립 정신이 상실되어 승진권을 가진 기관에 심리적으로 의존하는 결과를 초래할 수밖에 없다.

법관 우대 급여 제도의 시행은 두 가지 개념을 명확히 해야 한다 우선, '우대 급여'가 '고임금'이 아님을 명확히 하고 우대 급여의 정도를 정확하게 파악해야 한다. 우대 급여의 시행은 노동에 따른 분배 원칙을 반영해야 할 뿐만 아니라 국가의 경제 수준, 재정 지급 능력, 국민의 심리적 부담 능력도 고려해야 한다. 그러나 우대 급여 제도의 시행은 일반적인 임금 조정과는 다르며, 기존의 저임금 체계의 틀 내에서 미세 조정이 아니라 상대적으로 큰 폭의 인상이 이루어져야 한다. 다음으로, 우대 급여 제도의 시행이 긍정적인 결과를 가져올 수 있도록 하기 위해서는 우대급여와 엄벌의 결합이 핵심이다. 이 제도의 주요 목적 중 하나는 법관이 독립적으로 재판할 수 있는 여건을 조성하는 것이지만, 우대 급여를 받는다고 해서 자연스럽게 공정이 실현되는 것은 아니다. 따라서 법관 우대 급여 제도는 법관 재산 수입 신고 제도, 법관 징계 조례 등 엄격한 감독제도와 결합하여 빠른 시일 내에 수정 및 개선되어야 한다. 또한 법관이 위와 같은 혜택을 받기 위해서는 직무에 성실하고, 법집행에 공정하며, 법과 재판에 충실해야 하는 등 엄격한 근무 요건이 적용되어야 하며, 자진 사퇴, 해임 또는 직무 태만, 뇌물 수수 등의 법관은 위의 혜택을 받을 수 없도록 하고, 위법 행위에 대해 일반 국가직원보다 더 엄격한 법적 책임을 묻도록 해야 한다.

둘째, 법관 직위 보장 측면에서 법관 교체 불가제를 실현하는 것이 장기적인 목표가 되어야 하지만 당분간은 우승열패의 선발 제도를 시행해야 한다. 중국의 법관 수가 많고 법관 대오의 전반적인 자질이 높지 않은 현실을 감안할 때 중국은 당분간 임직 종신제를 시행하지 않고 이른바 '신참은 신참대로, 원로는 원로대로'라는 복선複線제 시행을 제안한다. 사법 시험을 치르지 않은 인원은 개선 및 교체 방법을 채택하여 인원 변동을 가속화하고, 법관의 전반적인 자질을 신속하게 향상하며, 국가시험에 합격한 인원에 대해서는 교육 및 보장 방법을 채택해야 한다. 교육이란 법관학원의 예비 법관 교육에 참여해 합격증을 받도록 하는 것이고, 보장은 엄격하게 선임된 법관에 대한 임직 보장이다. 현 단계에서는 경쟁, 평가 등 도태 구조를 통해 양질의 법관들이 두각을 나타내고, 자질이 낮거나 아예 법관 업무를 감당할 수 없는 사람들이 법관직에서 떠나거나 법원에서 다른 업무에 종사하도록 하는 것이 매우 필요하다. 이는 수년간 엄격한 법관 자격 제도의 부재로 인해 나타난 문제에 대한 일종의 구제 조치로 작용하기 때문이다. 그러나 법관 해임 절차를 엄격하게 설계할 필요가 있고, 법관 탄핵의 사유와 절차에 대한 법적 제도를 확립해야 한다. 이러한 제도의 원활한 시행을 통해 높은 자질을 갖춘 법관 대오를 구성하고 이를 바탕으로 법관 임직 종신제를 시행한다.

법관의 직무는 비교적 안정적으로 유지되어야 하며, 법적 규정 원인 외에 법관을 임의로 전출하거나 면직해서는 안 되며, 그렇지 않을 경우 법관 직업의 전문화 및 중립화에 불이익을 줄 수 있다. 현행 제도는 행정기관, 단체, 개인의 사법 개입에 여지를 남겨두고 있다. 여러 면에서 법관이 사건을 처리하는 것을 지켜보는 것은 좋지만, 권한을 넘어 사법에 간섭하면 법관이 압력에 굴복하여 불법적인 재판을 할 수 있다. 여론 감독은 사법공정성을 유지하는 데 중요한 역할을 하지만, 이런 민주적 감독이 남용되어 '여론 재판'으로 변질되면 부작용이 크며, 이런 형태의 '민의民意'는 법관의 사법 양심을 왜곡시키고 법관을 의식적으로 혹은 수동적으로 법에서 벗어나도록 한다. 외적 요인으로 인한 사법 불공정의 책임은 법관에게만 있다. 실천적 관점에서 많은 지방법원 법관은 행정지도자의 지시에 따라 현지 당사자들의 편을 들고 있는데, 주요 이유 중 하나는 법관의 신분 보장이 부족하기 때문이며, 만약 지방 지도자의 의견을 감히 거역한다면 전출, 강등, 면직될 가능성이 매우 높다. 법관 신분보장 제도가 제대로 갖춰지지 않으면 사법의 독립성과 공정성은 불가능하다. 완벽한 법관 선임제도를 전제로 하는 임직 종신제는 모든 법관 임직제도 중 가장 합리적일 수 있으며, 이는 중국 법관제도 개혁의 목표 중 하나이다.

셋째, 정년 보장 측면에서 법관의 정년 연장을 제안한다. 신중국 건국 이래 법관의 퇴직은 기본적으로 행정직원의 퇴직제도를 그대로 따르고 있는데, 즉 남자는 60세, 여자는 55세가 정년이다. 법관의 직업적 특성을 반영하는 퇴직 제도를 마련하기 위해 「법관법」 제40조는 "법관의 퇴직 제도는 재판 업무의 특성에 따라 국가가 별도로 정한다"라고 규정하고 있다. 이에 따라 법적 최초로 법관에 대한 퇴직 제도가 마련되었다.

이는 법관이 수행하는 재판 업무가 다른 국가기관의 업무와 다르다는 특징, 즉 재판은 심오한 법률 지식과 끊임없이 축적되는 풍부한 실천 경험이 모두 필요한 복합적인 노동이라는 점을 고려한 규정이다. 높은 자질과 경험을 갖춘 원로 판사는 그 자체로 사회의 자산이며, 중국에서는 원로 판사의 정년을 적절히 완화하거나 퇴직 후에도 특정 사건의 재판에 참여할 수 있도록 한다. 그러나 이러한 법관은 진정으로 양호한 도덕적 품질, 전문적 자질, 깊은 법학 수양, 풍부한 재판 실천 경험이 있어야 한다. 법관의 정년은 일반 공무원보다 길어야 한다. 앞서 언급한 바와 같이 오랜 사법 업무에서 얻은 경험과 경력은 법관 직업에서 소중한 자본이고, 법관 양성이 쉽지 않고, 법관은 비교적 늦은 나이에 법관 생활을 시작하기 때문에 충분히 업무를 수행할 수 있는 시기에 퇴직을 요구한다면 사법 자원의 낭비가 될 수밖에 없을 것이다. 따라서 법관은 건강상의 이유로 또는 일정한 상황에서 자발적 퇴직을 하는 경우를 제외하고는 65세에 퇴직해야 하며, 퇴직 후 급여 전액을 받아야 한다.

넷째, 법관의 사법 면책권 제도를 확립한다. 법관의 공정한 사건처리를 보장하고, 법을 엄정하게 집행하며, 보복과 부당한 대우를 방지하고, 직무 수행으로 인한 법관의 신변 및 기타 권리 침해를 방지하기 위해 입법을 통한 법관의 정당한 권익을 보호해야 한다. 법관은 민사 사법 면책권, 즉 법관 개인이 사법 업무를 수행할 때 부작위 또는 부당한 행위로 금전적 손해배상 민사책임에 대하여 면책하도록 규정하고, 동시에 법관 임명기관의 승인 없이 법관은 체포 또는 형사 기소를 받지 않도록 규정해야 한다.[75]

---

75 모자오쥔莫兆軍의 직무 유기 사건이 대표적이다. 2001년 9월 3일 원고 리자오싱李兆興은 차용증을 가지고 광둥성 시후이四會시 인민법원에 피고 장쿤스張坤石, 루췬팡陸群芳 부부에게 빌린 돈 1만 위안과 이자를 돌려달라고 소송을 제기했고, 이 사건은 광둥성 시후이시 법원 법관 모자오쥔이 단독 심판을 맡았다. 법정에서 피고는 차용증이 협박에 의해 작성된 것이라며 차용 사실을 부인했지만 증거를 제출하지 않았다. 이러한 이유로 9월 29일 법원은 두 피고인에게 원고 대출금 1만 위안과 이자를 상환하도록 판결했다. 선고 후 피고인은 항소하지 않았다. 사건 집행 과정에서 피고인 부부는 법원 입구에서 음독자살했다. 이 사건은 현지에서 큰 파장을 일으켰고, 법관이 성급한 판단을 내렸다며 여론이 들끓었다. 이후 시후이시 공안기관은 리자오싱이 기소를 위해 소지하고 있던 '차용증'이 실제로 리자오싱이 흉기를 들고 피고인 두 명을 협박해 작성한 것임을 밝혀냈다. 모자오쥔은 2002년 10월 22일 직무유기 혐의로 시후이시 검찰원에 체포됐다. 이후 자오칭肇慶시 중급인민법원과 광둥성 고등 인민법원의 심리를 거쳐 모자오쥔의 무죄를 선고했다.

이러한 중요한 내용은 아래와 같다. 법관 개인이 사건 사실인정에 대해 일반 법정에서 증언할 필요가 없고, 법관이 직무 수행으로 취득한 기밀 자료 및 사생활에 관련된 정보에 대해 비밀 유지의 의무가 있으며, 그러한 사항에 대해 법관의 증언을 요구할 수 없다. 임명기관의 승인 없이 법관을 체포, 구류할 수 없다. 법관의 재판과정에서의 행위, 언어, 문자 등은 민사 고발 대상이 되지 않으며, 법관 능력의 한계로 인해 사건 사실인정에 문제가 있는 경우, 사익을 위한 부정이 입증되지 않는 한 사법 면책권을 가져야 한다. 사법의 영향력이 사회의 모든 영역에 미치고, 사건이 많고 복잡해 재판의 오류를 완전히 피하기 어렵기 때문에 오심 사건의 처리에 대한 문책과 추궁의 위험은 모든 법관에게 피할 수 없는 현실이 되었다. 오심 사건으로 사건처리자가 책임을 져야 한다면 법관들은 단호한 법집행을 주저하게 될 것이다. 물론 이 제도에는 한계가 있다. 법관이 법관 징계위원회의 조사를 받으면 증언 면책권은 포기해야 한다.

6

중국 검찰제도

1. 중국 검찰기관의 성격

1) 신중국 검찰제도의 수립

신중국 검찰제도는 중화인민공화국의 탄생과 함께 수립된 새로운 형태의 사회주의 검찰제도이다. 역사적 이유로 소련의 검찰제도는 신중국의 검찰제도 수립에 깊은 영향을 미쳤다. 한편, 주로 레닌의 법적 감독 사상은 신중국 검찰제도의 설립을 위한 사상적 원천을 제공하고, 다른 한편으로는 신중국 검찰제도의 설립을 위한 직접적인 제도적 원본을 제공하여 현재 중국 검찰제도의 기본 틀을 구축했다.

레닌의 법적 감독 사상은 법제 사상의 중요한 부분이며 소련 사회주의의 실천과 법치 건설의 발전과 함께 점차 형성되었다. 10월 혁명의 승리 후, 레닌의 지도로 무산계급 독재 신정권은 내우외환으로 줄곧 불안정한 상태에 처해 있으며, 중앙의 정령과 법률이 효과적으로 시행될 수 없었기 때문에, 레닌은 법제의 중요성과 법제의 통일성을 매우 강조하고, 법의 통일과 정확한 시행을 통해 새로운 인민정권을 공고히 하고, 국가의 완전성과 통일성을 수호하려고 노력했다.

레닌은『이중 '지도' 법제에 대한 논의』의 글에서 "우리는 의심할 여지없이 무법무질서의 바다에 살고 있으며, 지방의 영향은 법치와 문명의 확립에 가장 심각한 장애물은 아니더라도 가장 심각한 장애물 중의 하나이다.…… 이런 장애물을 극복하지 않고는 문명 제도 유지와 창립이라는 것은 전혀 논할 수 없다.…… 법제는 루가성이 별도, 카잔성이 별도가 아니라 러시아 전체, 심지어 소비에트 연방 공화국 전체로 통일되어야 한다"[1]라고 썼다. 그렇다면 어떤 국가기관이 법체계의 통일성을 유지하고 법의 시행을 감독하는 역할을 전담해야 하는가? 이 문제에 대한 논란과 현실적 고려를 둘러싸고 레닌은 결국 검찰기관을 선택했다. 레닌의 지도 사상에 따라 소비에트 국가는 점차 국가체제를 조정하고, 법집행을 감독하는 기관을 분리하여 행정기관 및 재판

---

1 『列寧全集』 제43권, 人民出版社, 1987, 196, 325쪽.

기관에서 독립된 통일된 검찰기관을 설립했다. 레닌은 통일된 국가법률 감독기관을 설립하기 위해 처음으로 '검찰권'의 개념을 자세히 설명했다. "이 개념의 내용에는 형사범죄 및 민사 불법행위에 대한 감독뿐만 아니라 행정기관의 불법행위에 대한 감독, 즉 국가기관과 공직자의 법률 준수 여부를 감독하는 내용이 포함된다."[2] 레닌이 주장하는 검찰권은 형사, 민사, 행정에 대한 포괄적인 법적 감독으로 그 기능이 광범위하고 형사공소기능을 훨씬 초과했다. 사회주의 법제의 통일을 수호하는 근본원칙에서 출발하여 레닌은 검찰기관의 기본조직과 활동 원칙, 즉 검찰권과 행정권을 분리하고 검찰기관이 독립적으로 기능을 수행한다는 원칙도 확정했다. 레닌은 검찰권 행사를 위해 상명 하달식의 중앙 수직적 지도를 주장했다.

레닌의 의견에 따르면 1922년 5월 28일 제9차 러시아 중앙집행위원회가 채택한 「검찰감독조례」는 검찰기관의 직권을 다음과 같이 명시하고 있다. "(1) 범죄자에 대한 형사책임 및 위법 결의에 대한 항의의 방식으로 국가를 대표하여 모든 정권 기관, 경제기관, 사회단체, 개인 조직 및 개인의 행위가 적법한지 여부를 감독한다. (2) 범죄 적발에 대한 수사기관과 조사기관의 업무를 직접 감독하고, 국가 정치 보위국의 각 기관의 활동을 직접 감독한다. (3) 법정에서 공소를 지지한다. (4) 범인 구금이 정당한지를 감독한다." 이에 따라 전면적인 법적 감독을 실시하는 검찰감독제도가 구축되었다. 1936년 12월 소련은 처음으로 헌법에 소련 검찰총장이 정부 부문과 그 소속 기관, 공직 인원, 소련 공민이 법을 준수하는지에 대해 최고 감독을 실시한다고 명시했다. 소련 검찰기관은 소련법률의 정확하고 통일된 집행에 대한 최고 감독을 실시하는 기관으로 수직적 지도체제를 시행한다. 이때부터 검찰기관이 국가법률 감독기관인 사회주의 검찰제도의 모델이 확립되었다.

소련 모델의 검찰 감독제도는 두 가지 특징이 있는데, 하나는 검찰기관 감독을 '최고 감독'으로 하여 검찰 감독의 위상을 강조한다. 다른 하나는 일반 감독, 즉 기관, 단체 및 개인 행위의 합법성에 대한 보편적인 감독을 실시하고 기소, 항소 및 기타 방법

---

2 孫謙 주편, 『中國檢察制度論綱』, 人民出版社, 2000, 30쪽.

을 포함한 법적 수단을 채택하여 중앙 국가기관의 각부와 각 위원회, 지방 소비에트, 모든 기업, 집체 농장, 합작사合作社 및 기타 사회 조직이 발행한 결의, 명령, 문서가 헌법, 법률, 지방 국가기관의 결의에 부합하도록 보장하고, 소련 공민의 법집행을 보장한다.[3]

검찰기관의 법적 감독기능에 대한 레닌의 이론과 소련이 수행한 검찰제도의 건설은 신중국 검찰제도에 중대한 영향을 미쳤으며 주로 다음과 같이 반영된다. (1) 헌법 및 검찰원조직법은 검찰기관을 전문적인 법적 감독기관으로 확립하고, (2) 행정기관에서 독립된 조직기구를 설립하고, 검찰기관의 독립적인 검찰권 행사 원칙을 확립하고, (3) 검찰기관 내부에서의 집중적이고 통일된 활동 원칙을 확립하고, (4) 검찰기관에 광범위한 법적 감독권을 부여한다. 신중국의 검찰제도는 소련 모델을 참고로 하여 수립되었지만 그대로 모방한 것이 아니라 중국의 국체, 정체, 국정에서 출발해 신민주주의 및 사회주의 시대의 검찰업무에서 얻은 긍정적, 부정적 교훈을 종합하여 창의적으로 발전시켰다. 따라서 중국의 검찰제도는 구체적인 제도 설정에 있어 소련의 검찰모델과 많은 차이가 있다. (1) 검찰기관의 감독은 인민대표대회 제도하의 전문적인 법적 감독이다. 중국 헌법에 따르면 국가권력은 인민대표대회에 의해 통일적으로 행사한다. 인민대표대회 제도하에서 인민대표대회와 그 상무위원회는 최고 권력을 가지며 최고 감독기관이기도 하다. 검찰기관은 인민대표대회에서 생성되어 법적 감독기능을 전문적으로 수행하고 인민대표대회에 대해 책임진다. (2) 검찰기관은 일반적 감독기능을 가지고 있지 않으며, 법적 감독기능은 주로 소송 감독에 반영된다. 1949년 제1기 중국인민정치협상의회에서 통과된 「중앙인민정부조직법」, 1949년 12월 「최고인민검찰서 시행 조직조례」, 1951년 「최고 인민검찰서 잠정 조직조례」, 「각급 지방 인민검찰서 조직 통칙」 및 1978년 검찰기관 직권에 대한 헌법의 규정에 따라 검찰기관은 일반 감독직권, 즉 국가기관, 국가기관 직원 및 공민의 헌법 및 법률 준수 여부를 감독할 권한을

---

3 龍宗智, 「相對合理主義視角下的檢察機關審判監督問題」, 『四川大學學報』(哲學社會科學版), 2004년, 제2기.

가진다. 그러나 이 기간 검찰은 일반적 감독권을 실질적으로 행사하지 않았고, 1979년 「검찰원 조직법」과 1982년 「헌법」에서는 일반적 감독기능을 취소했으며, 검찰기관의 법적 감독기능은 주로 공안기관의 수사, 체포와 재판기관의 재판, 재결 집행의 합법성에 대한 감독으로 나타났다. (3) 중국 검찰기관은 수직적 지도체제를 시행하지 않고 있다. 검찰권의 독립적 행사를 보장하기 위해 소련의 검찰기관은 수직적 지도, 즉 검찰 권력이 검찰장에게 집중되어 있고, 하급 검찰장은 상급 검찰장에게 복종하며, 전국의 각급 검찰기관은 검찰총장의 지도하에 있으며, 검찰기관은 지방 검찰장과 소련 검찰총장에게만 복종한다. 중국은 각급 인민검찰원이 각급 인민대표대회에 책임을 지고 최고 인민검찰원은 지방 각급 인민검찰원과 전문 인민검찰원의 업무를 지도하며, 상급 인민검찰원은 하급 인민검찰원의 업무를 지도하는 구조를 시행하고 있다.

2) 검찰기관 성격에 관한 학설

유럽 대륙 제도가 창설된 이래로 법관과 경찰이라는 두 계곡 사이에 있는 '중간 계곡 지대'에 처한 검찰관은 정치적 태도가 분명한 양대 집단의 협공 아래 자신의 위치를 모색했다. 어떤 학자는 검찰관을 이상한 '반인 반말의 야수', 정체불명의 '트로이 목마'에 비유해 검찰관의 특이하고 어색한 위치를 표현하기도 했다.[4] 검찰기관은 탄생 시기부터 성격에 대한 귀속 문제는 많은 논란의 대상이 되어 왔다. 검찰기관의 성격에 대한 연구는 이론적 의의가 클 뿐만 아니라 중요한 응용應用 가치를 지니고 있다. 성격에 대한 다양한 정의는 검찰기관의 법적 지위 및 기능과 관련이 있고, 검찰기관의 건설 및 검찰권 행사 방식에도 직접적인 영향을 미치기 때문이다. 검찰기관의 성격에 관해서는 국내외 학자 사이에서도 많은 논쟁이 있으며, 국내외 검찰기관 성격에 대한 연구를 보면 크게 네 가지 주장이 있다.

---

4 林鈺雄, 『檢察官論』, 中國臺灣學林文化事業有限公司, 2000, 66쪽 참조.

(1) 행정권설

이러한 관점은 사법권, 즉 재판권을 전제로 하여 검찰기관은 행정기관에 속하고 검찰관을 행정관으로 보는데 그 이유는 크게 세 가지이다. 첫째, 검찰기관의 조직체계가 행정적 특성이 있다는 점이다. 검찰기관의 조직과 활동의 기본 원칙 중 하나는 '검찰 일원 체제', 즉 검찰기관의 상하 구조가 하나로 되는 것이다. 그 특징은 '계층적 구조'와 상급의 '지령권'이다. 각국 검찰기관은 일반적으로 행정기관을 모방한 계층적 구성을 시행하고 있으며, 상급 기관은 하급 기관에 대해, 상급 검찰관은 하급 검찰관에 대해 지휘와 감독을 하는 '지령권'이 있고, 하급은 복종할 의무가 있다. 이런 수직적 위계제와 상하급 지도 관계는 전형적인 행정 관계이며, 검찰기관의 행정성을 가장 두드러지게 보여주는 사례이다. 이와 함께 '검찰 일원 체제'는 상명하복의 행정적 속성이 뚜렷한 '직무수취職務收取'와 '직무전이職務轉移'제[5]를 포함하고 있다. 둘째, 검찰관의 행위 방식은 행정적 특성이 있다. 검찰기관의 주요 기능은 범죄 조사와 기소를 포함한 형사 소추로 법질서 유지를 위한 적극적이고 주동적인 행위이지 소극적이고 수동적인 재판 행위가 아니다. 반면 사법권은 '불고불리'의 원칙을 고수해 행사 방식에 소극적이고 수동적이다. 이러한 사법기관의 소극성과 수동성은 행정관리의 운영에서 행정성이 갖는 적극성, 자발성과 확연히 구별되므로, 검찰기관 행사의 주도성과 적극성은 사법기관보다는 행정기관이 갖는 특성을 보여준다.[6] 셋째, 헌정 체제의 권력 분담 방식으로 볼 때 검찰권은 보통 행정권으로 분류된다. 입법, 행정, 사법의 삼권분립과 상호제어는 서방 체제의 기본구조이다. 이 구조에서 검찰권은 입법도 아니고, 법에 따라 재판 기능을 하며 헌법적 독립성을 보장받는 사법도 아니며, 검찰관은 소송에서 정부의 '대변인'으로 간주하며, 제2권(행정)을 대표해 제3권(사법)을 감독, 제어하는 기관이다. 독일 학자 바이허Bycher는 국회 민주에서 정부는 입법, 사법 이외의 모든 국가권력 활동에 대해 책

---

5 직무수취란 상급이 하급 검찰관에 속하는 사건 및 사항을 직접 처리할 수 있는 권한을 가지며, 직무전이란 상급 검찰관이 하급 검찰관에 속하는 사건 및 사항을 법률에 특별한 제한이 없는 한 기타 하급검찰관에 이양할 수 있는 권한을 말한다.

6 陳衛東,「我國檢察權的反思與重構-以公訴權爲核心的分析」,『法學研究』, 2002, 제2기 참조.

임지고 있으며 검찰기관의 소추 활동은 행정 사항이며 행정이 국회에 대해 책임지는 항목이라고 주장했다.[7] 이러한 분류만이 사법 구조의 합리성과 국가 기본 기구의 '동구성同構性'을 실현할 수 있다.

이러한 견해를 가진 일부 국내 학자들은 검찰기관의 기본 기능은 공소이며, 검찰권은 본질적으로 주로 공소권으로 나타나며, 공소권을 기본 내용으로 하는 검찰권은 본질적 속성과 궁극적 의미에서 행정권에 속해야 한다고 주장한다. 따라서 중국 검찰관은 형사소송에서 국가를 대표해 공소기능을 수행하는 국가공무원 성격의 공소인으로 자리매김할 수밖에 없다. 그래야 소송 법칙의 기본 요구에 맞고, 국제기준에서 정한 '검찰관 직책은 사법기능과 분리되어야 한다'라는 정신에도 부합한다.[8]

(2) **사법권설**

이러한 견해를 가진 학자들은 헌법상 사법기관은 검찰원과 법원으로 구성되며, 검찰관과 법관은 '성격은 같지만 기능이 다르다'라며 검찰관과 법관 모두 헌법상 인신과 사무의 독립성을 보장받는다고 주장한다. 예를 들어, 독일 학자 괴르케는 검찰관은 법관은 아니지만 사법 영역에서 '법관과 같다'고 할 수 있는 중요한 기능을 수행한다고 주장한다.[9] 사법권설의 기본 논거는 검찰권과 재판권의 '근접도', 그리고 검찰관과 법관의 '근사성'이다. 사법권설의 가장 중요한 명분은 형사사법에 대한 행정의 부당한 간섭을 방지하는 것이다. 현대 검찰관제는 자산계급 혁명의 산물이기 때문에 '혁명의 후예'라는 평판을 가진 검찰관제가 통치권의 배타적 탄압 도구로의 활용을 방지하는 것이 제도 창설 이래의 기본 요구이다. 검찰기관이 행정기관에 속하고, 검찰관이 행정관인 경우, 직무를 수행할 때 행정지령의 제약을 받고 상급의 지휘에 따르며 최고행정관의 명령에 복종해야 한다. 형사소추는 법률의 요구에 의존하지 않고 권력자가 어떤 목

---

7 林鈺雄,「談檢察官之雙重定位」, 中國臺灣『刑事法雜誌』 제42권 제6기.

8 郝銀鍾,「檢察權質疑」,『中國人民大學學報』, 1999, 제3기; 陳衛東,「我國檢察權的反思與重構-以公訴權爲核心的分析」,『法學硏究』, 2002, 제2기 참조.

9 林鈺雄,『檢察官論』, 中國臺灣學林文化事業有限公司, 2000, 86쪽 참조.

적을 달성하기 위한 도구가 되는 것을 피하기 어렵다.[10]

중국에서 이러한 견해를 가진 학자는 헌법과 인민검찰원 조직법에 따라 중국의 검찰기관은 법적 감독기관이며 수사, 공소, 소송감독기능을 수행하고 있으며 서방의 많은 국가의 검찰 기능이 다르다고 주장한다. 중국에서 검찰기관은 완전하고 독립적인 기관 체계이며, 그 권한은 헌법과 권력 기관의 권한에서 비롯되며, 검찰기관, 재판기관, 행정기관은 각자 독립적인 지위를 가지고 있으며, 검찰기관과 재판기관은 병렬로 설치된 국가의 양대 사법기관이며, 검찰관의 지위와 직책은 법관과 유사하기 때문에 검찰관도 국가의 사법관으로 분류되어야 한다고 주장한다.[11]

(3) 이중 속성설

이런 견해를 가진 학자들은 검찰기관은 사법기관과 행정기관의 이중적 속성을 모두 갖고 있다고 주장한다. 일본 법무성 형사국이 펴낸 권위적인 「일본검찰강의」에 따르면 "검찰권은 한편으로는 법을 집행하는 기능이 있으므로 본질적으로 행정권이다. 그러나 한편으로는 공소권이 재판과 직접 관련되기 때문에 재판권과 같은 사법적 성격이다.…… 검찰관과 검찰청은 행정과 사법의 이중적 성격을 모두 가진 기관이기 때문에 조직과 기능에서도 행정, 사법 양쪽의 특징을 가지고 있다"[12]라고 설명하고 있다.

국내 일부 학자들은 검찰기관의 이중적 속성을 인정하면서도 법제도상 검찰권을 사법권으로, 검찰기관을 사법기관으로, 검찰관을 사법관으로 두는 것이 바람직하다고 주장한다.[13]

(4) 법적 감독기관설

검찰권이 사법권인지 행정권인지에 대한 논쟁은 '삼권분립'의 이념에 바탕을 둔 측

---

10 앞의 책, 88쪽 참조.

11 周士敏,「論我國檢察制度的法律定位」,『人民檢察』, 1999, 제1기 참조.

12 [일] 法務省刑事局編,『日本檢察講義』, 楊磊 외 역, 中國檢察出版社, 1990, 5~6쪽.

13 龍宗智,「論檢察權的性質與檢察機關的改革」,『法學』, 1999, 제10기 참조.

면이 크다는 것이 학자들의 시각이다. 중국의 정권 조직 형태는 '삼권분립'이라는 국가 구조와 근본적으로 다르다. 국가 권력 분류에서 검찰권은 사법권과 행정권 모두에 속하는 것으로 볼 수 없고, 오직 하나의 권력에만 귀속될 수 있다. 사실 검찰권은 행정권도 사법권도 아닌 독립된 국가권력인 법적 감독권이다.[14] 중국의 저명한 검찰 이론 연구 전문가인 왕귀이우王桂五는 검찰관의 법적 속성은 중국 헌법과 법률이 규정한 중국의 정체 구조, 검찰기관의 성격, 직권에 부합해야 하며 자신만의 특색을 가져야 한다고 지적했다. 신중국 건국 이후 중국은 새로운 정치 제도, 즉 인민대표대회제를 수립했고, 검찰권은 비교적 독립적이고 기본적인 국가권력으로 등장했다. 국가기구 체계에서 국가권력기관에 대해 책임지고 그 감독을 받으며 행정권, 사법권과 대등한 위치에 있어 검찰권이 행정권이나 사법권에 종속되는 서방 국가의 정권 구조와는 다르다. 또한 업무의 내용과 방식에서도 검찰은 사법, 행정과 명확히 구분되어 있다. 검찰기관이 행정기관의 결의, 명령, 조치의 합법성과 공무원 행위의 합법성에 대한 감독은 사법활동에 속하지 않을 뿐만 아니라 공소, 법적 기율 검사, 경제 검사, 수사 검사, 재판 감독, 감소監所 감독, 민사재판활동과 행정소송활동에 대한 감독은 모두 명백한 법적 감독 성격을 가지고 있다. 법적 감독이 각종 검찰 기능을 요약하고 검찰 기능을 일원화했기 때문에 검찰관은 사법관과 행정관을 포함한 다른 관직과 구별되며 독특한 법적 속성을 가지고 있다. 이러한 속성은 법적 감독이며 검찰관은 국가의 법률 감독 관원이어야 한다. 이러한 특성은 중국 검찰권의 성격과 기능, 중국의 정체 기구와 부합한다. 즉, 인민대표대회제도 하에서 행정과 사법에서 독립된 검찰권을 설정하고, 법이 규정한 범위와 절차에 따라 사법행위와 행정행위의 합법성을 감독한다.[15] 다른 학자들은 현행 헌법의 규정과 중국 역대 헌법 검찰기관의 법적 지위에서 출발하여 검찰기관은 법적 감독을 전문으로 하는 국가기관이며, 법적 감독의 성격은 헌법에 따라 부여되었으며, 검찰권

14 張智輝, 「論檢察權的性質」, 『檢察日報』, 2000년 3월 9일; 譚世貴, 『中國司法改革研究』, 法律出版社, 2000, 315쪽 참조.

15 王桂五, 「略論檢察官的法律屬性」, 『人民檢察』, 1989, 제9기 참조.

은 본질적으로 행정권, 사법권 또는 기타 권력이 아닌 법적 감독권이라고 주장한다.[16]

3) 비교법 관점에서 본 검찰기관의 성격

오늘날 세계 대부분의 서방 국가들은 삼권분립의 정치이론에 따라 자체 국가기구를 설립하고 있는데, 즉 의회가 입법권을 행사하고 정부가 행정권을 장악하며 법원이 사법권을 독점하고 삼자 간에 상호 제약을 통해 권력의 균형을 유지하고 있다. 이런 권력 배분 구도에서 검찰기관이 어떤 성격에 속하는지는 그 나라의 법적 전통, 정치체제, 법적 관념, 검찰의 설립 이유와 밀접한 관련이 있으며 서로 다른 형태를 보인다.

(1) 대륙법계 국가

① 대륙법계 검찰제도의 형성

일반적으로 대륙법계의 검찰제도는 프랑스에서 시작되었고 국왕 소송대리제도에서 발전한 것으로 알려져 있다. 프랑스는 13세기에 루이 9세가 사법개혁을 단행하여 대영주領主의 사법권을 국왕 법원의 관할 하에 두었고, 왕실의 수입인 벌금과 재산 몰수에 관한 모든 소송은 사적 기소가 허용되지 않고, 대신 국왕의 대리인이 제기하도록 하며 지방 관리들을 감독할 수 있는 권한을 부여했다. 13세기부터 프랑스 영주들은 자신의 세금 이익을 지키기 위해 '검찰관'을 통해 범죄자를 기소했다. 1670년 프랑스 국왕 루이 14세는 형사법률 칙령을 반포하여 최고재판기관에 검찰총장이라는 검찰관을 두고, 각급 법원 내에 검찰관을 두며 모든 형사사건을 수사하고 기소할 수 있는 권력을 가졌다. 1808년 「중죄심리법전」은 검찰원에 주동적 공소제기 권력을 부여해 국가 소추 제

16 韓大元, 劉松山, 「論我國檢察機關的憲法地位」, 『中國人民大學學報』, 2002, 제5기; 韓大元, 王曉濱, 「檢察機關的憲法地位不容置疑」, 『檢察日報』, 2006년 11월 20일 참조.

도를 확립했다. 1811년 1월 1일 발효된 「중죄심리법전」은 1808년 법전의 규정을 계승해 형사소송에서 예심(수사), 소추, 재판의 3대 기능 구도를 형성했다. 독일, 일본, 핀란드, 이탈리아, 러시아 및 전 프랑스 식민지의 일부 국가에서도 프랑스의 영향을 받아 대륙법 전통을 이어받고, 프랑스 검찰제도를 채택하거나 선택하여 대륙법계의 검찰제도를 형성했다.[17]

② 주요 대륙법계 국가 검찰기관의 성격

(1) 독일과 프랑스의 검찰기관은 행정기관에 속한다. 독일과 프랑스에서 검찰기관은 사법부에 예속되어 있고, 검찰관은 사법부장의 지도를 받는 사법부의 대표이다. 독일 검찰기관은 법원에 대응하여 설치되며 법원 체계에 포함된다. 연방검찰기구는 연방법원에 있으며, 연방 이하 검찰기관은 주 및 주 고등 검찰기관이 있는데 주 및 주 고등법원 내에 설치되어 있다. 지방법원의 형사재판활동은 주 법원에 설치된 검찰관이 담당한다.[18] 프랑스 검찰기관은 일반법원에 병존하고 있으며 프랑스 일반법원은 최고법원, 상소법원, 초급법원 등 3급으로 구성된다. 3급 법원에는 다음과 같이 각각 설치되어 있다. 최고 검찰장과 검찰관 여러 명, 상소법원 검찰장과 검찰장 보조 및 대리 검찰관 여러 명, 공화국 검찰관과 대리 검찰관 여러 명이 있다.[19]

(2) 이탈리아의 검찰기관은 사법기관에 속한다. 이탈리아 검찰기관의 조직 제도는 1946년 이탈리아 공화국 제도, 특히 1947년 이탈리아 헌법이 발효되면서 검찰기관의 사법기관 성격을 확립했다. 이탈리아 헌법이 설계한 사법 체계(제104~105조)에 따르면 검찰관은 사법기관이며 기타 국가 권력에서 독립되어 있다. 검찰관은 법관과 같은 독립성을 보장받고 임명된 후 법관과 검찰관 직위는 서로 전환될 수 있다. 검찰관은 고등 사법위원회가 임명하는데, 위원회는 헌법에 근거하여 설립된 자치형 사법 관리 기

---

17 張智輝, 「檢察制度的起源與發展」, 『檢察日報』2004년 2월 10일; 劉方, 『檢察制度史綱要』, 法律出版社, 2006, 33쪽 참조.

18 中國檢察考察團, 「德國的檢察制度」, 『人民檢察』,1994, 제11기 참조.

19 위의 책, 제12기 참조.

구로 사법 관원의 3분의 2와 의회 의원 3분의 1로 구성되며, 주석은 공화국의 대통령이다. 검찰관은 중대한 직무 유기가 있으면 기율 징계 절차를 거쳐 해임된다. 검찰관은 사법집행 기구의 대표가 아니기 때문에 검찰관이 기소하거나 기타 기관을 상대로 검찰 기능을 수행하는 경우 사법부 장관은 지령, 일반 또는 개별 명령을 내릴 권리가 없다. 각급 법원의 검찰장은 검찰기관의 책임자이지만 조직관리만 할 뿐 하급 검찰관에게는 계층적 권한이 없어 기소 정책 지령을 내릴 수 없다.[20]

(3) 러시아, 벨라루스, 헝가리의 검찰기관은 입법기관, 행정기관 및 사법기관에서 독립적으로 법적 감독기능을 수행하는 국가기관이다. 현행 러시아연방 헌법 및 사법체계법의 규정에 따르면 러시아연방 검찰기관은 입법 권력기관, 집행 권력기관 또는 사법 권력기관이 아니다. 이 기관은 삼권 체계로부터 독립되어 있으며 러시아 연방에서는 일종의 호법護法기관으로 알려진 특수한 국가기관이다.[21] 러시아 연방 검찰기관법은 검찰기관이 다양한 기능을 맡고 수행하도록 규정하고 있으며 아래와 같은 기능이 포함된다. (가) 감독기능이다. 감독기능에는 법률 집행에 대한 감독, 인권 및 공민권리 및 자유 상황에 대한 감독, 사법 경찰의 법률 집행에 대한 감독, 수사기관 및 초보 조사기관의 법률 집행 상황에 대한 감독, 형벌 및 기타 강제 조치를 집행하는 기관의 법률 집행에 대한 감독이 포함된다. (나) 법원의 사건 심리에 참여하는 기능이다. (다) 형사수사 기능이다. (라) 각종 호법 기관의 반 범죄 투쟁 기능을 조정한다. (마) 입법 기능을 개선하는 데 참여한다.[22] 벨라루스 헌법 제125조는 각 부와 내각에 예속된 기타 기관, 지방대표기관과 집행기관, 기업, 조직과 기관단체, 관원과 공민이 법률, 법령, 명령을 정확하게 집행하는지 감독하는 임무는 벨라루스 공화국 검찰총장과 그의 권한 아래에 배치된 검찰관에게 위임된다. 검찰기관은 범죄행위 수사 중의 법집행을 감독하고, 민사, 형사사건 및 행정위법 사건에 대한 법원의 판결이 법에 부합하는지 감독하며, 법

20 피터 J. P. 테이크 편저, 『歐盟成員國檢察機關的任務和權力』, 呂清, 馬鵬飛 역, 中國檢察出版社, 2007, 169~170쪽 참조.

21 劉向文, 「俄羅斯聯邦檢察制度管窺」, 『檢察日報』, 2008년 10월 21일 참조.

22 「俄羅斯聯邦檢察院組織法」, 周志放 역, 『中國刑事法雜誌』, 2002, 제6기.

률규정에 따라 예심을 진행하여 법원의 공소를 지지한다.[23] 헝가리 헌법 및「1972년 제5호 법률」규정에 따르면, 검찰기관은 의회의 단독 지도하에 있으며 검찰총장은 의회에 책임지며 검찰기관은 독립적이고 법률에 복종한다. 검찰기관은 법에 따라 수사권을 행사하고 사법절차에 참여하며, 형벌 집행의 합법성을 감독하는 동시에 정부 아래 각급 행정부문에서 공포한 법령과 결정의 집행, 관련 기구 및 비정부조직 설립 및 운영의 합법성을 감독할 권리가 있다.[24]

(2) 영미법계 국가

① 영미법계 검찰제도의 형성

영국은 일찍 검찰관이라는 관함을 확립했으며 영미법계 검찰제도의 발원지이기도 하다. 그러나 영국은 상당 기간 국가적으로 완전하고 독립적인 검찰제도를 갖추지 못했고 검찰기관의 기능도 극히 제한적이었다.[25] 영국은 1985년「범죄 기소법」을 통과시키고 이 법에 따라 왕립 검찰청을 설립하고 기소권을 경찰 부문에서 분리해 각급 검찰기관이 행사하도록 하는 등 현대적 검찰제도를 확립했다. 미국의 검찰제도는 형성 초기 영국 검찰제도의 영향을 받아 영국 식민지 시대에 검찰장과 검찰관을 중심으로 한 지방 검찰체계를 형성해 법원 재판에서 자문과 형사 기소를 담당했다. 독립전쟁 승리 후인 1789년 국회 제1차 회의에서 대통령이 연방검찰장을 임명할 수 있도록 하는 법안이 통과되었다. 이 권한에는 연방최고법원에서 심리하는 형사사건에 대한 공소제기, 연방정부가 한쪽 당사자가 될 수 있는 소송 참여, 연방 대통령 또는 각부 수장의 요청에 따라 관련 법률 문제에 대한 의견 제공 등이 포함된다. 같은 해「사법 조례」에 근거

---

23 벨라루스 헌법, http://wwww.law365.net/waiguofazhishi/7586_13.html, 2007년 12월 4일.

24 피터 J. P. 테이크 편저,『歐盟成員國檢察機關的任務和權力』, 呂清, 馬鵬飛 역, 中國檢察出版社, 2007, 136, 143~145쪽.

25 영국에서 검찰총장 직함은 1461년 중세기 국왕 대리인과 왕실 고위 변호사 직무에서 처음 나타났다. 1515년 부검찰총장도 설립하여 영국의 검찰제도가 형성되었다.

하여 지방검찰관의 모델에 따라 연방지방검찰관이 설치돼 연방정부가 관할해야 하는 불법 범죄행위의 기소를 담당한다. 그 이후로 미국의 검찰제도는 기본적으로 형성되었다. 18세기 말부터 20세기 70년대까지 일련의 사법 판례는 형사사건의 공소제기 문제에 있어서 검찰관의 재심의 불가 독자적 권한을 확인했다. 이와 함께 각급 검찰 기구 간의 직권 분담도 점점 더 명확해져 오늘날 미국의 '삼급 쌍궤雙軌, 상호 독립'의 검찰 체제가 형성되었다.[26]

② 영미법계 국가 검찰기관의 성격

영미법계 국가 검찰기관의 기능은 주로 공소기능에 국한되며 국가체제에서 행정기관에 속한다. 예를 들어 미국 검찰기관은 사법행정과 통합되어 있고, 연방 검찰총장은 연방 사법부 부장이다. 영국에서는 「1985년 범죄 기소법」에 따라 왕립검찰서가 설립되고 1996년 1월부터 공식 업무를 시작했다. 경찰서에서 이송한 형사사건을 적발하여 기소하는 정부 부문 소속이다. 왕립검찰서 최고 수장은 검찰장으로, 검찰총장이 임명하고 검찰총장의 감독하에 직책을 수행한다. 검찰총장은 통상 집권당 소속의 국회의원이며 보통 내각 구성원은 아니지만 장관급 지위를 누린다. 정부의 총 법률고문이자 영국변호사협회 회장이며, 하원에서 법률과 관련된 질문에 답변하고 변호사 총회 소집을 주재한다. 검찰총장은 왕립검찰서에 정치적 책임이 있다. 검찰장은 검찰총장을 통해 국회에 책임지고 검찰총장에게 연도 업무보고서를 제출하며 국회에서 토론과 표결을 거친다.[27]

---

26 何家弘, 「美國檢察制度的歷史研究」, 『法治論叢』1994년 제3기; 劉方, 『檢察制度史綱要』, 法律出版社, 2006, 68쪽 참조.

27 李洪朗, 「英國檢察制度評介」, 『法學評論』, 2000, 제1기 참조.

4) 중국 검찰기관은 사법기관이다

국가 검찰기관의 성격을 확인하기 위해서는 해당 국가의 국체, 정체, 헌정 제도 및 헌법과 법률에 따른 검찰기관의 권한 범위, 특성 및 시행 방법에 대한 규정을 종합적으로 분석해야 한다.

중국 헌법과 인민검찰원조직법의 규정에 따르면 인민검찰원은 국가의 법률감독기관이다. 이에 따라 일부 학자들은 검찰기관이 성격상 법적 감독기관에 속한다고 주장한다.[28] 그러나 국가기관의 분류측면에서 검찰기관은 중요한 사법기능을 담당하는 동시에 사법기관 건설의 일부 기본 요구를 따라야 하며, 검찰관은 사법관의 제도적 보장을 채택해야 하기 때문에 검찰기관은 국가체제에서 사법기관에 속해야 한다. 그 이유는 다음과 같다.

(1) 중국 검찰기관은 사법기관의 특징을 가지고 있다

① 직권 행사의 사법성

이 책의 제1장에서 언급했듯이, 사법이란 사건을 처리하는 소송활동이다. 따라서 검찰기관의 소송활동과 법적 감독 활동 모두 사법성을 가진다고 할 수 있다. 검찰기관 직권 행사의 사법성은 주로 다음 네 가지 측면에 반영된다.

(1) 심사 기소단계에서 검찰기관, 수사기관, 변호인 측은 작은 삼각 소송관계를 형성하며 검찰기관은 중립적인 판단과 재결의 역할을 한다. 심사 기소 과정에서 검찰기관은 수사 결과를 검토하는데, 한쪽은 소추를 요청한 수사기관과 범죄 혐의자의 상대인 피해자이고, 다른 한쪽은 소추의 대상 범죄 혐의자이다. 이러한 소송관계에서 검찰기관은 중간에서 심사하며 재결을 내리는 위치에 있다. 구체적으로 검찰기관은 수사기관의 수사 문서를 검토하고, 범죄 혐의자를 신문하고, 변호인의 의견을 듣고, 범죄

---

28 韓大元, 劉松山, 「論我國檢察機關的憲法地位」, 『中國人民大學學報』, 2002, 제5기 참조.

사실과 경위가 명확한지, 증거가 확실하고 충분한지, 범죄 성질과 죄명 인정이 정확한지, 범죄 누락 및 기타 형사책임을 물어야 할 사람이 있는지, 범죄 혐의자가 형사책임을 추궁해서는 안 되는 상황에 해당하는지 등을 규명하고, 객관적이고 공정한 입장에서 범죄 혐의자의 공소제기 여부를 심사 결정하는 동시에 검찰기관은 심사 기소 과정 중에 피해자의 의견을 청취하고 변호사를 포함한 피해자가 의뢰한 사람의 의견을 청취해야 한다. 중국「형사소송법」제145조는 피해자가 검찰원의 불기소 결정에 불복하여 상급 검찰원에 신소申訴하고 인민법원에 제소할 수 있는 제도를 규정하고 있다. 동시에 공안기관은 검찰기관이 기소하지 않은 사건에 대해서도 재심의, 재검토를 요청할 권리가 있다. 검찰기관은 심사 기소에서 수사기관, 범죄 혐의자의 사정과 피해자의 의견을 충분히 고려하고, 양측 당사자 의뢰인(변호사 포함)의 의견과 주장을 종합적으로 비교하고, 신중히 검토해 합리적이고 공정한 결정을 내려야 한다. 이는 사실상 심사 기소단계에서 작은 삼각 소송관계가 형성되는데, 한편으로 검찰기관은 수사기관의 기소 의견과 사건 문서를 심사해야 하고, 다른 한편으로 검찰기관은 범죄 혐의자를 신문하고, 피해자, 범죄 혐의자, 피해자 의뢰인의 의견을 듣고 기소 여부를 판단해야 한다. 따라서 검찰기관은 심사 기소에서 독립적인 사법적 판단의 성격을 더 많이 구현하고, 불기소 결정이 내려지면 상당 범위에서 형사소송절차의 진행을 종료하며, 사법기관의 역할을 한다고 볼 수 있다.

(2) 검찰기관은 불기소 측면에서 일정한 재량권을 가진다. 불기소 자유재량권 자체가 일종의 사법 처분권이다. 검찰기관의 형사소추 활동에서 범죄 혐의자의 행위가 법률이 정한 범죄 구성요건에 부합하지 않거나 범죄행위가 해당 범죄 혐의자가 아닌 경우, 범죄사실이 경미해 형을 선고할 필요가 없거나 형을 면제받을 수 있는 경우의 사건을 철회하거나 불기소 결정을 내릴 수 있다. 검찰기관이 이러한 권력을 가지고 있다는 사실은 일반적으로 법률 및 소송 법리에서 인정되고 있다. 검찰기관이 사건 철회와 불기소권을 갖는 이유는 첫째, 법관이 재판과 수사, 기소를 모두 담당하는 전능 법원이 되는 것을 피하기 위한 사법 분권 제도의 요구 때문이고, 둘째, 사법의 효율성을 위한 것이다. 여러 가지 실행과 다양한 선택에 직면한 형사소추기관의 경우, 간결한 절차,

일종의 '소극적 재결권'으로 일부 실행을 혐의 범위에서 '여과'하여 사건을 더 깊이 파고드는 데 주력할 수 있고, 상당한 조건을 갖춘 범죄 혐의자에 대한 효과적인 수사와 소송활동을 수행할 수 있다. 형사소송을 진행할 필요가 없는 사건에 대해서는 당사자의 권리를 신속하게 회복시켜 하루빨리 정상적인 사회관계에 복귀할 수 있도록 하는 것이 목적이므로 복잡한 절차의 설정에 반대하고 유죄 부결권의 일부를 소추기관에 이양하여 직접 행사할 수 있도록 해야 한다. 이런 '유죄 부결권'은 어떤 성격의 권력인가? 검찰기관이 무죄를 선고하고 형사처벌을 면제하거나 하지 않는 것은 일종의 '소극적 재판권'이라고 할 수 있으며 '소극적 재판권'은 명백한 사법 처분권이다.

(3) 검찰기관은 체포에 대해 심사하고 결정하며, 이는 검찰기관이 수사기관의 구금신청을 사법심사하는 것이다. 체포에 대한 사법심사라는 측면에서도 검찰관의 사법적 성격을 설명할 수 있다. 「세계인권선언」 제3조, 제9조, 「공민권리 및 정치권리에 관한 국제공약」 제9조 제1항은 모든 사람은 신체의 자유와 안전을 누리며, 누구도 법률이 정한 사유와 절차를 불문하고 체포 또는 구금될 수 없으며, 누구도 자유를 박탈당할 수 없다고 규정하고 있다.[29] 「공민권리 및 정치권리에 관한 국제공약」 제9조 제3항은 범죄 혐의로 체포 또는 구금된 사람은 즉시 재판관 또는 법에 따라 사법권의 행사 권한이 부여된 관원에게 인도되어야 하며, 합리적인 시간 내에 재판받거나 석방될 권리를 가진다고 규정하고 있다. 일반적으로 형사소송절차에서 체포에 대한 사법심사는 두 가지 요구사항을 가지고 있다. (1) '즉시 법관(재판관) 또는 기타 법에 따라 사법권 행사 권한이 부여된 관원에게 인도'될 권리가 있다. (2) '합리적인 기간 내에 재판받거나 석방'될 권리가 있다. 위의 규정에서 볼 수 있듯이 체포에 대한 사법심사는 법관 외에 법에 따라 사법권을 행사할 수 있는 관원을 포함하며, 유엔 경제사회이사회 인권위원회의 관련 해석에 따르면 '기타 관원'이 사법심사를 하기 위해서는 두 가지 조건이 필요하다. 하나는 법에 따라 권한이 부여된 경우, 즉 국가의 법에 따라 특정 관원이 이러한 권한을 누리도록 명시되어 있다. 중국 헌법 및 형사소송법에 따라 검찰기관은 체

---

29 北京大學法學院人權硏究中心編, 『國際人權文件選編』, 北京大學出版社, 2002, 第2~3, 19쪽.

포를 심사하고 승인할 권리가 있다. 다른 하나는 '사법 권력의 행사'이며 여기에서 사법권은 법관의 행사 외에도 특정 상황에서 다른 관원도 법에 따라 행사할 수 있음을 보여준다. '기타 법에 따라 사법권 행사 권한이 부여된 관원'이란 무엇을 의미하는가? 유럽인권법원은 여러 사건(예: Schiesser v. Switzerland 1979 및 Huher v. Switzerland 1990)에서 이 개념의 특성을 고려한 바 있다. 이러한 사건에서 유럽인권법원은 '관원'은 반드시 법관일 필요는 없지만 수감자의 권리를 보장하기에 충분한 사법적 속성을 보여줘야 한다고 판단했다. 무엇보다 행정부문과 관련 사건당사자로부터 독립해야 한다.[30] 중국의 검찰기관은 국가권력 기관에서 창설되고, 이에 대해 책임지고, 그 감독을 받으며, 행정기관에서 독립된 전문 국가기관으로서 권한 행사는 행정기관의 간섭을 받지 않는다. 검찰기관은 체포권과 공소권을 심사(결정)할 수 있는 권한을 가지고 있지만 두 권한은 부처별로 다른 검찰관이 행사하기 때문에 공소제기 검찰관과 체포 심사 검찰관이 동일 인물인 경우는 없다. 동시에 중국에서는 검찰기관, 공안기관, 국가안전기관이 법에 따라 각자의 검찰권과 수사권을 행사하고, 검찰기관은 법에 따라 공안기관의 수사활동에 대한 법적 감독을 실시하며, 공안기관은 수사 중 범죄 혐의자를 체포할 필요가 있을 때 검찰기관에 체포 승인 여부를 심사하도록 요청해야 하며, 이는 모든 사람이 '자기 법관이 될 수 없다'는 원칙에 부합되며, 행정성 수사권에 대한 사법심사와 제약의 정신을 구현한다. 따라서 검찰기관은 사법기관의 속성을 가지고 있다.

(4) 형사사법절차의 개혁에 따라 검찰기관은 일부 재판 및 처분 권한을 부여받았다. 많은 국가에서 심각하고 복잡한 사건의 급증과 재정적, 인적 제한으로 인해 위법사건의 수량과 법원 재판 속도 사이에 큰 격차가 있으며 범죄 예방의 목적과 법의 통일 적용의 목적을 완전히 달성할 수 없다. 이러한 상황에 직면하여 많은 국가에서 법원 외의 일부 기관에 특정 재판 및 처리 권한을 부여한다. 거의 모든 유럽 국가에서 어느 정도의 합의형 형사절차가 존재한다. 최근 이탈리아, 스페인 및 포르투갈의 형사소

---

30 [영] 클레어 오비, 로빈 화이트, 『歐洲人權法院原則與判例』(3판), 何志鵬 역, 北京大學出版社, 2006, 151~152쪽 참조.

송절차 개혁에서 완전히 새로운 절차가 도입되었다. 그중 형사사건을 법관이 전적으로 재판하는 것이 아니라 주로 검찰관이 실질적으로 처리한다. 이 절차는 주로 범죄자의 동의가 있는 재판 전 사건에 사용된다. 이탈리아와 스페인의 이러한 절차는 영미법계의 유죄 협상제와 유사하다. 이러한 합의형 절차에서 검찰관은 사건을 실질적으로 처리하고 법관은 형벌을 선고한다. 동시에 여러 유럽 국가에서 검찰기관은 공개 재판절차를 피하고 형사사건을 직접 처리할 권리가 있다. 이런 체계에서 범죄자는 일정한 금액을 지급하면 기소를 면제받을 수 있다. 벌금은 범죄자에게 특정 시간에 일정 금액을 국가재정에 내도록 요구하는 일방적인 결정이다. 예를 들어 벨기에는 최대 5년의 구금형이 부과될 수 있는 사건에 대해 검찰관이 기소 대신 벌금을 부과할 수 있다. 네덜란드에서는 최대 6년의 형이 부과될 수 있는 사건에 적용할 수 있다.[31]

② 직무수행의 객관적 의무성

국제적으로 통용되는 표현에서 검찰관의 객관적 의무란 형사소송활동에서 사건의 진상을 발견하기 위해 검찰관이 당사자의 입장이 아니라 객관적이고 공정한 입장에서 공정하게 증거를 수집하고 사건을 심사하는 소송활동의 진행을 말한다. 1990년 9월 7일 제8차 유엔 범죄예방 및 범죄자 대우 회의에서 채택된「검찰관의 역할에 관한 준칙」제12조, 제13조는 "검찰관은 항상 신속하고 공평하게 법에 따라 행동하며 인간의 존엄성을 존중하고 보호하며 인권을 수호하여 법정 소송절차와 형사사법 시스템의 원활한 기능을 보장해야 한다. 검찰관은 직책을 수행할 때 (a) 정치적, 사회적, 종교적, 인종적, 문화적, 성별 또는 기타 모든 형태의 차별을 피하고 공정하게 기능을 수행해야 한다. (b) 공공의 이익을 보장하고 객관적인 기준에 따라 행동하며 범죄 혐의자와 피해자의 입장을 적절히 고려하고 범죄 혐의자에게 유리하든 불리하든 관계없이 모든 관련 상황에 주의를 기울인다.……"[32]라고 명확히 규정하고 있다. 이는 세계적 범위내에서

---

31 피터 J.P. 테이크 편저,『歐盟成員國檢察機關的任務和權力』, 呂清, 馬鵬飛 역, 中國檢察出版社, 2007, 8쪽.
32 北京大學法學院人權硏究中心 편,『國際人權文件選編』, 北京大學出版社, 2002, 221쪽.

검찰관의 형사소송에서의 객관적 의무를 권장한 것이라고 할 수 있다.

검찰관 또는 검찰기관의 객관적 의무가 중국 법률에 명시적으로 규정되어 있지는 않지만, 객관적 의무와 같은 취지의 규정이 중국 법률 조항에 존재한다.「검찰관법」제8조는 검찰관은 다음과 같은 의무를 이행해야 한다고 규정하고 있다. 첫째, 헌법과 법률을 엄격히 준수하고, 둘째, 직책을 수행에서 사실에 근거하고, 법을 기준으로 삼아 공정하게 집행하고, 사익을 위해 법을 어겨서는 안 되며, 셋째, 국가 이익, 공공 이익을 보호하고, 자연인, 법인 및 기타 조직의 합법적인 권익을 수호하고, 넷째, 청렴하고 직무에 충실하며 기율을 준수하고 직업도덕을 엄수하며, 다섯째, 국가 기밀 및 검찰업무 기밀을 유지하고, 여섯째, 법률과 일반 대중의 감독을 받아야 한다. 이는 일반 당사자와 달리 검찰관은 형사소송에서 독립적인 이해관계를 갖지 않으며, 법과 정의의 수호가 검찰관의 천직임을 보여준다. 중국「형사소송법」은 이에 대해 매우 명확하게 규정하고 있다. 이 법의 제43조는 "판사, 검사, 수사관은 법적 절차에 따라 범죄 혐의자, 피고인의 유죄 또는 무죄와 범죄 상황을 확인할 수 있는 모든 종류의 증거를 수집해야 한다"라고 규정하고 있다. 이는 검찰관이 법관과 마찬가지로 범죄 혐의자와 피고인에게 불리한 증거뿐만 아니라 범죄 혐의자와 피고인에게 유리한 법정 증거수집에도 주의를 기울여야 함을 보여준다. 또한 제139조와 제144조는 인민검찰원이 심사 기소 시 피해자와 대리인, 범죄 혐의자와 변호인의 의견을 청취하여 사건을 충분히 이해하고 객관적이고 공정하게 공소제기 여부를 결정하도록 규정하고 있다. 또한 인민검찰원의 공소장은 사실에 충실해야 하며 고의로 사실을 은폐한 경우 법적 책임을 져야 한다고 규정하고 있다. 이는 중국 법률이 검찰관의 객관적 의무를 중시하고 있음을 말해준다. 실제로 검찰기관은 피고인이나 피해자의 이익을 위해 항소하거나 피고인의 이익을 위해 기소하지 않거나 법에 따라 수사기관의 불법행위를 추궁하는 사례가 적지 않다.[33]

---

33 사례 1: 장쑤성 타이싱泰興시에서 수천 위안 이상의 절도 사건이 발생했으며 다이렁량戴仍良 등 6명의 범죄 혐의자가 모두 '유죄'를 자백했다. 그러나 사건을 검토한 왕청王成 검찰관이 자발적으로 사건 발생지를 찾아가 증거를 확인한 결과 냉각관은 모 업체의 '폐기물'이었고, 폐기물 수거로 생계를 유지하는 범죄 혐의자 6명은 주관적으로 잘못이 없는 것으로 나타났다. 이에 따라 검찰기관은 공안기관에 사건 철회

③ 조직체계의 독립성

사법 독립은 현대 법치의 가장 기본적인 원칙으로 삼권분립 체제에서 일반적으로 법관의 독립을 말하며, 법관의 지위는 재판의 독립을 유지할 수 있어야 하며, 입법, 행정 및 기타 방면의 부당한 간섭과 지배를 받지 않아야 하며, 사법권의 지위를 높여 입법권, 행정권과 병립할 수 있도록 하고 균형을 이루어야 한다. 검찰관의 경우 사법 관원이든 행정 관원이든 객관적으로 일정한 사법기능을 수행하기 때문에 검찰관(검찰기관)의 독립성은 어느 정도 확립되고 유지되어야 한다. 국제 검찰관연합회는 1999년 「검찰관의 기본 의무와 권리에 대한 직업 기준」을 제정해 제2조 제1항에는 "검찰관의 자유재량권 사용은 특수사법권으로 간주하는 경우 독립적으로 행사하고 정치적 간섭을 배제해야 한다"라고 검찰관의 독립성을 명시했다. 검찰관의 독립성은 주로 검찰관이 기소, 불기소 등 사법적 성격의 권한을 행사할 때 적용되는 원칙이며, 검찰관의 순수한 행정권한이나 사무에는 적용되지 않는다. 일부 서방 국가에서는 일반적으로 검찰기관의 독립이 경찰 수사권에서의 검찰권 분리를 의미하지만, 오스트리아와 같은 일부

를 요청했고, 공안기관은 상황을 추가로 확인하고 검찰기관의 의견을 청취하고 다이렁량戴仍良 등 6명을 석방했다.

사례 2: 2003년 4월 초 톈진天津시에서 피고인 고모씨는 다른 두 피고와 함께 가택 침입 강도를 저질렀고, 강제로 묶인 여주인의 방에 홀로 진입한 고모씨는 저항에도 불구하고 피해자를 강제로 간음하려 폭력적으로 행동했다. 피해자가 애걸하고 마침내 피고가 현장을 떠났다. 사건 수사 후 피고인은 강간 범죄 사실을 끝까지 자백하지 않았다. 심사 기소 단계에서 검사는 많은 조사와 증거수집을 하고 피해자 모자의 여러 차례 진술을 통해 핵심 증거를 검토했다. 관련 세부 사항에 대해 같은 사건의 다른 두 피고인을 중점적으로 신문한 결과, 고모씨는 강간 실행의 시기와 조건을 갖추었다고 확정했다. 공소제기 후 피고인은 명백한 사실 앞에서도 여전히 부인했고, 1심 법원은 증거 불충분을 이유로 강간죄를 인정하지 않았다. 법원 판결 후 주관 검찰관은 항소하지 않으면 범죄자를 방임하고 피해자의 정당한 권익을 충분히 보호하지 못해 법적 효과도 떨어진다고 주장하며 사건 사실을 면밀히 검토했다. 결국 상급 검찰기관은 주관 검찰관의 항소 의견을 지지했고, 2심 법원도 법에 따라 고모씨의 강간 범죄 사실을 인정해 판결을 뒤집었다.

사례 3: 2003년 9월 7일 범죄 혐의자 탄치이譚七一는 피해자 탄모씨의 집 앞에 도착하여 권투 등의 수단으로 탄모씨를 사망에 이르게 했다. 사건은 쩐쟝鎭江시 검찰원에 송치되었다. 세심한 검찰관은 조사를 통해 탄치이는 사건 이전에 많은 비정상적인 움직임이 있었다는 것을 발견했다. 이에 검찰관은 장쑤성 정신질환 사법감정위원회에 탄치이의 사법감정을 의뢰했고, 탄치이는 범행 당시 전간 발작기에 있었고 책임질 능력이 없다는 결론을 내렸으며, 다른 증거와 일치했다. 분명히 탄치이는 고의 살인 범죄에 해당하지 않았다. 이에 따라 쩐쟝시 검찰원은 사건을 수사기관으로 돌려보내 사건을 철회하고 고의 살인 사건으로의 잘못된 판단을 피했다.

국가에서는 검찰권의 독립이 정부로부터의 검찰기관 독립을 의미하기도 한다. 검찰권과 수사권 분리보다 검찰권과 재판권이 분리되는 것이 중요하다는 의견도 있다. 요약하면, 검찰기관의 독립성은 검찰권과 행정권이 분리된다는 의미이기도 하지만 형사소송에서 검찰권과 수사권, 재판권의 분리와 함께 검찰관은 검찰 조직 내에서 적절한 독립성을 유지해야 한다는 의미이기도 하다. 검찰기관 독립성의 의미는 복잡하지만 두 가지 핵심 요소로 요약할 수 있는데, 하나는 검찰기관의 의사결정은 정치적 영향과 부당한 간섭을 배제하고 독립적이고 자율적으로 이루어져야 하며, 다른 하나는 검찰기관의 기소권은 형사절차에서 수사 및 재판 기능과 분리되어야 한다는 것이다. 이로부터 중국에서 검찰기관이 독립적이라고 주장한다. 이는 다음 세 가지 측면에서 나타난다.

(1) 검찰기관은 행정기관에서 독립되어 있다. 중국 「헌법」 131조는 인민검찰원이 법에 따라 독립적으로 검찰권을 행사하고 어떠한 행정기관, 사회단체, 개인의 간섭도 받지 않는다고 규정하고 있다. 제133조는 최고인민검찰원이 전국인민대표대회와 전국인민대표대회 상무위원회(국가권력기관)에 대해 책임진다고 규정하고 있다. 지방 인민검찰원은 자체를 창출한 국가권력기관과 상급검찰원에 대해 책임진다. 「헌법」 제3장 제7절 '국가기구'에서는 법원과 검찰기관을 병렬하고 행정기관과 대등한 위치에 놓아 중국의 '일부 양원'의 정체구조를 형성했다. 이러한 정치체제 구조하에서 검찰기관은 조직체계 상 행정기관에서 독립되어 검찰권을 행사할 때 법에 따라 독립적으로 행사하며 행정기관의 간섭을 받지 않는다. 물론 중국의 검찰 독립은 분권적 의미의 검찰 독립도 아니고, 검찰권 자체가 어떠한 권력의 제약을 받지 않는 것도 아니며, 법정 국가기관, 공공단체와 개인에서의 독립을 의미하며, 검찰기관은 권한을 행사할 때 법에만 복종하는 권력 행사 의미의 권력 독립이다.

(2) 형사소송에서 검찰기관은 재판기관과 수사기관에서 독립되어 있다. 중국 형사소송법은 검찰기관, 재판기관, 수사기관의 직권을 명확히 구분하고 있다. 「형사소송법」 제3조는 형사사건의 수사, 구금, 체포집행, 예심은 공안기관이 담당한다고 규정하고 있다. 인민검찰원은 검찰, 체포 승인, 검찰기관이 직접 수리한 사건의 수사 및 공소제기를 책임진다. 재판은 인민법원이 책임진다. 법률에 특별한 규정이 있는 경우를 제외하

고 다른 기관, 단체 및 개인은 이러한 권한을 행사할 권리가 없다. 「형사소송법」 제7조는 검찰기관과 법원, 형사사건의 수사를 주로 담당하는 공안기관 간의 형사소송에서의 관계를 명확히 규정하고 있다. 이 규정에 따라 인민법원, 인민검찰원, 공안기관은 분공책임, 상호협조, 상호제약의 원칙에 따라 형사소송활동을 하여 정확하고 효과적인 법률 집행을 보장한다.

(3) 검찰관은 검찰 조직 내에서도 일정한 독립성을 유지하고 있다. 검찰관의 독립성은 법관의 독립성과는 다르지만 검찰제도가 발전함에 따라 사건을 처리함에 있어 검찰관의 독립성은 점점 더 강조되고 있다. 「검찰관법」 제3조는 검찰관은 헌법과 법률을 충실히 이행하고 인민을 위해 성실히 기여해야 한다고 규정하고 있으며, 제4조는 검찰관이 법에 따라 직책을 수행하고 법의 보호를 받는다고 규정하고 있다. 현재 검찰기관은 사건처리에서 주소主訴검찰관제도를 시행하고 있는데, 목적은 검찰관의 독립성을 보장하고, 사실에 근거하고, 법에 따르고, 헌법과 법률에 충실하고, 인민에 대해 책임을 져야 한다는 직업적 요구와 법에 따라 독립적으로 사건을 처리하도록 하기 위한 것이다.

④ 검찰관 직업의 법률성

막스 웨버는 법적 직업의 전문화는 현대 국가 사법기관과 다른 사회 조직 간의 가장 큰 차이점이자 가장 중요한 특징이라고 지적한 바가 있다. 검찰관 직업의 법률성은 직업이 법적 전문성을 갖는 것을 말하며, 검찰관은 전문적인 법적 교육과 훈련을 받은 전문 법률 지식을 가진 사람이어야 하며, 직업은 일반적인 행정성, 기술성 업무가 아닌 법적 관점에서 전문 법적 활동을 종사하는 직업이다. 「검찰관법」 제6조의 규정에 따르면 검찰관의 직책은 (1) 법률에 따라 법적 감독 업무를 수행하고, (2) 국가를 대표하여 공소하고, (3) 법률 규정에 따라 인민검찰원이 직접 수리한 범죄 사건을 조사하고, (4) 법에 규정된 기타 직책을 수행한다. 공소 활동은 법의 올바른 적용을 목적으로 하며, 기타 감독기능과 감독 활동은 '법제 수호'의 성격을 더욱 명확히 하고 있으므로 중국의 검찰 활동은 적어도 법적 형식에서 두드러진 법률성을 가지고 있다. 검찰관법에 의한 검찰관의 임직 조건으로 볼 때 검찰관은 고등교육기관에서 법학 교육을 받았거나 법에 대한 전문지식을 보유하고 일정 기간의 실무 경력이 있는 사람이어야 한다.[34] 취임 후 국가는 검찰관에 대한 이론교육과 업무교육을 계획적으로 실시하여야 한다. 교육 기간 검찰관의 학습 성적과 평가는 임용 및 승진에 관한 기준 중 하나로 활용된다.

(2) 중국의 검찰기관은 법률과 중요 문서에 근거한 사법기관이다

1. 중국 헌법과 법률은 검찰권을 보장하여 검찰기관의 사법적 지위를 위한 조건과 근거를 제공한다.

중국 헌법과 법률에 따르면 중국 검찰기관은 특별한 법적 지위를 가지고 있으며, 이는 주로 세 가지 측면에서 나타난다. 첫째, 법률 감독기능을 수행하고 법률 감독기관으로 법적으로 인정된다. 이러한 감독은 일반적인 감독은 아니지만, 검찰기관이 법원의 재판활동과 일부 행정기관의 행정 활동을 감독하는 기능은 검찰기관의 사법화를 더욱 강화한다. 법리적으로 사법은 공민의 권리를 보호하는 최후의 방어선이며 행정을 심사하고 제한하는 역할을 하기 때문이다. 검찰기관이 행정기관이면 재판과 행정에 대한 감독은 법리적으로 성립하기 어렵기 때문에 헌법은 인민검찰원과 인민법원을 '국가기구'의 같은 조항에 두고 규정하고 있다. 둘째, 조직체계와 권한 행사의 독립성을 보장하기 위해 검찰조직법이 제정되고, 검찰기관은 다른 대부분의 국가의 상황과는 달리 행정계통에서 제도적으로 분리되어 비교적 독립된 또 하나의 국가권력기관이다. 따라서 중국에서 검찰기관의 사법기관 지위는 기능적, 체제적 근거가 있다. 셋째, 법에 따른 검찰관의 보장과 법관의 보장에 실질적인 차이가 없다. 즉, 임명과 해임의 조건 및 절차, 권력행사의 법적 보장, 검찰관의 신분보장에 있어서 검찰관과 법관은 실질적인

---

34 「검찰관법」 제10조는 "검찰관이 되기 위해서는 다음과 같은 요건을 갖추어야 한다.…… 六 고등교육기관 법학전공 졸업 또는 고등교육기관 비법학전공을 졸업하고 법적 전문지식을 가지고 2년 이상 근무하거나, 법학전공 학사학위를 취득하여 1년 이상 근무한 경우, 법학 전공 석사학위, 법학 전공 박사 학위를 취득한 자는 상기 근무연한의 제한을 받지 않는다. 이 법 시행 전 검찰관이 전항 제六호에 규정된 조건을 갖추지 못한 경우 교육을 받고 규정된 기한 내에 이 법에 규정된 조건을 충족해야 하며 구체적인 조치는 최고인민검찰원이 제정한다."

차이가 없으며, 이러한 일관성은 검찰권과 사법권을 동일하게 사법권으로 분류하는 주된 근거이다.

2. 중국공산당 제15차, 제16차, 제17차 전국대표대회 보고에서 사법체제개혁에 대한 논의는 검찰기관의 사법화 지위에 대한 이론적 근거를 제공했다.

중국공산당 제15차, 제16차 전국대표대회 보고에서 '정치체제개혁과 민주법제 건설'에 관한 부분은 모두 "사법기관이 법에 따라 독립적이고 공정하게 재판권과 검찰권을 행사하도록 제도적으로 보장한다"라고 제안했다. 즉, 검찰권과 재판권을 사법권의 외연으로 삼아 검찰기관과 법원을 함께 사법기관으로 확정한 것이다. 중국공산당 제17차 전국대표대회 보고는 더 앞서 사법 제도 개혁을 '정치건설과 정치체제개혁'의 특별 부분으로 삼고 "사회주의 사법 제도는 사회 전체의 공평과 정의를 보장해야 한다. 공정한 사법과 엄격한 법집행의 요구에 따라 사법기관의 기관 설립, 직권 분할, 관리 제도를 개선하고 명확한 권리와 책임, 상호 협력, 상호 제한 및 효율적인 운영을 위한 사법체제를 더욱 개선해야 한다"라고 제기했다. 또한 2006년 중국공산당 중앙위원회는「인민법원과 인민검찰원의 업무를 더욱 강화하기 위한 결정」을 내렸고, 이 결정은 인민검찰원을 사법기관으로 명시했다. 제17차 전국대표대회는 검찰기관이 사법기관에 속한다는 일관된 입장을 견지하고 '사회주의 민주정치를 확고히 발전시킨다'는 부분에서 중국 사법체제의 개혁과 발전 방향에 대해 "사법체제개혁을 심화시키고, 사법 직권의 배치를 최적화하고, 사법행위를 규범화하며, 공정하고 효율적이며 권위 있는 사회주의 사법 제도를 건설하고, 재판기관과 검찰기관이 법에 따라 독립적으로 공정하게 재판권과 검찰권을 행사하도록 보장한다"라고 지적했다. 이는 검찰제도와 법원제도가 공동으로 중국 사법 제도의 핵심 부분을 구성하고 있으며 검찰기관과 인민법원이 모두 사법행위와 사법권을 행사할 수 있는 기관임을 다시 한번 증명한다. 이런 언급은 당의 정책 형식으로 나왔지만, 집권당의 정책은 국가 법률, 법규의 가장 핵심적인 내용이다.

중국에서는 당의 정책과 법이 본질적으로 일치한다.[35] 따라서 현재 중국의 검찰기관과 법원을 사법기관으로 통합하는 체제는 계속 유지될 것이며 사법기관 운영의 요구사항에 따라 조직 체계와 체제 보장을 더욱 개선할 것이다.

일부 학자들은 국가의 사법기관이 법에 따라 국가의 사법권을 행사한다고 지적하고 있는데, 일반적으로 사법기관으로 인정하는 기준은 세 가지가 있다. 첫째, 법적 기준, 즉 국가가 사법기관의 범위를 법적 형태로 규정하는 것이고, 둘째, 관습적 기준이며, 역사 발전에서 일부 국가기관이 사법기관의 성격을 가지고 사법권을 행사하거나 사법기능을 수행하고 있는 한 사법기관이며, 셋째는 기능 기준으로, 일부 국가기관은 법률상 또는 관습상 그 성격을 명확히 하지 않았지만, 그 역할과 그 활동이 미치는 효과는 사법기관과 매우 유사하거나 동일한 경우 사법기관으로 간주한다. 중국 검찰기관의 기능적 관점에서 볼 때 검찰기관은 소송의 당사자가 아니라 사법권을 행사하는 국가기관으로서, 법을 적용해 사건을 처리하고, 일부분은 최종성 의미의 처분(사건 취소, 불기소)을 하고, 대부분은 검찰기관에서 수사 및 기소하여 형사 책임을 추궁하기 위해 법원에 넘겨진다. 따라서 이론적으로 집권당과 국가기관의 문서, 사회의 일상생활에서 검찰기관이 수행하는 역할 및 대중의 인식에서 검찰기관은 사법기관으로 간주하고 검찰권은 사법권의 유기적인 부분으로 간주한다.

2. 중국 검찰기관의 기능

검찰기관의 기능은 일정 기간 검찰기관이 법에 따라 검찰권[36]을 행사하는 과정에서 맡은 직책과 역할을 말한다. 세계적으로 볼 때 각국의 검찰기관은 자국의 정치체제

35 孫國華, 王立峰, 「依法治國與改革和完善黨的領導方式和執政方式-以政策與法律關係爲中心的考察」, 『政治學硏究』, 2002, 제4기.

36 검찰기관이 행사하는 권한을 어떻게 이론적으로 요약할지에 대해서는 여전히 논란이 있지만 연구와 논리의 편의상 법이 부여한 검찰기관이 행사할 수 있는 권력을 검찰권이라고 부른다.

에서 법적 지위와 성격, 법치의 전통과 현실의 역사적 과제에 따라 기능이 다르고 법률이 부여한 직권도 다르다. 이 부분에서는 먼저 중국 검찰기관의 직권을 기술한 다음 이를 바탕으로 중국 검찰기관의 기능을 분석하고, 마지막으로 중국 검찰권 배치에 대한 개선 의견을 제시한다.

1) 중국 검찰기관 직권 개술

헌법, 인민검찰원 조직법, 검찰관법, 형사소송법 등 법률의 규정에 따라 중국 검찰기관은 다음과 같은 직권을 가진다.

1. 반역사건, 국가 분단, 그리고 국가 정책, 법률 및 정령의 통일적 이행을 심각하게 훼손하는 중대 범죄 사건의 경우 검찰권을 행사한다.

반역사건, 분단국가, 그리고 국가 정책, 법률, 정령의 통일적 시행을 심각하게 훼손하는 중대 범죄는 통상 발생하는 일반 형사 범죄나 직무범죄 사건이 아니라 특정한 정치적 조건에서 당과 국가의 중요한 권력을 절취하려는 자가 반역을 음모한 특별히 중대한 범죄 사건이다. 1980년 11월 최고인민검찰원은 특별검찰청을 구성해 린뱌오林彪, 장칭江青 반혁명 집단 사건의 주범 10명을 체포, 기소, 법정에 출두시켜 공소를 지원한 것은 법의 규정에 따라 수행된 검찰 활동이다. 검찰기관이 이러한 사건에 대해 검찰권을 행사하는 것은 중국 검찰기관의 인민민주독재의 성격을 충분히 보여준다. 그러나 이러한 권한은 우발적이고 특정적이며 특히 중대한 사건이어서 검찰기관의 통상적인 직권은 아니다.

2. 직접 수리한 국가직원이 직권으로 행한 범죄 사건에 대해 수사를 진행한다.

「형사소송법」 제18조 제2항은 “횡령 뇌물 범죄, 국가직원의 독직 범죄, 국가기관직원이 직권을 이용하여 실시한 불법 구금, 고문에 의한 자백 강요, 보복 모해, 불법 수색으로 인한 공민의 인신권 침해 범죄 및 공민의 민주적 권리 침해 범죄는 인민검찰원이 입안하여 수사한다. 국가기관직원이 직권을 이용한 기타 중대한 범죄는 인민검찰원이 직접 수리할 필요가 있는 경우 성급 이상 인민검찰원의 결정을 거쳐 인민검찰원이 사건을 입안해 수사할 수 있다"라고 규정하고 있다. 이에 따라 인민검찰원은 다음과 같은 사건을 입안해 수사할 권리가 있다.

(1) 횡령 뇌물 사건. 중국에서는 횡령, 공적 자금 전용, 뇌물수수, 뇌물공여, 뇌물 중재, 거액 재산출처 불명, 해외예금 은닉, 국유재산 부정처분, 몰수 재산 부정처분 등이 이에 해당한다.

(2) 국가직원의 독직 범죄 사건. 독직 범죄는 국가기관 직원이 직권을 남용하거나 직무태만하거나 사익을 위해 직권을 남용하여 직책의 공정성, 청렴성, 성실성을 위반하고 국가기관의 정상적인 기능을 방해하며, 국가와 공공의 이익을 심각하게 해치는 범죄 범주를 말한다. 관련된 사건 형태가 매우 광범위하며 23개 범죄 종류가 포함된다.

(3) 국가직원이 직권을 이용하여 공민의 인신 권리와 민주 권리를 침해한 범죄 사건. 불법 구금, 불법 수사, 고문에 의한 자백 강요, 폭력에 의한 증거 확보, 체벌, 감독 대상자에 대한 학대, 보복 모해, 선거 파괴 행위 등이 이에 해당한다.

(4) 국가직원의 직권 범죄에 대한 검찰기관의 단속을 강화하기 위해 중국 법은 또한 위의 세 가지 범주의 사건 외에 국가직원이 직권을 이용하여 진행한 중대한 범죄행위에 대해 성급 인민검찰원의 승인을 받아 소추할 수 있도록 검찰기관에 권한을 부여했다.

위에 언급된 사건을 수사할 때 인민검찰원은 범죄 혐의자를 구속 소환, 구류, 주거감시, 체포, 범죄 혐의자를 신문하고 증인과 피해자에 대한 문의를 할 수 있으며, 범죄와 관련된 장소, 물품, 시신, 신체를 조사 및 검사하고, 물증, 서증을 수색, 압수할 수 있으며, 기타 특별 조사 업무 및 강압 조치를 취할 수 있다.

3. 공안기관, 국가안전기관 및 기타 수사기관이 수사하는 사건을 심사하여 체포, 기소 또는 불기소를 결정하고, 수사기관의 수사활동이 적법한지를 감독한다.

「헌법」 제37조는 "모든 공민은 인민검찰원의 승인 또는 결정이나 인민법원의 결정에 의하지 않고는 공안기관에 의해 체포되지 않는다"라고 규정하고 있다. 따라서 공안기관, 검찰기관은 수사 중인 사건에서 범죄 혐의자 또는 피고인에 대해 체포 조치를 취할 경우, 수사기관 또는 해당 부문은 관련 자료를 인민검찰원에 제출하여 체포 승인을 받아야 한다. 인민검찰원 체포 승인 심사 부문은 심사를 진행한 후 체포 승인 여부를 결정할 권한이 있다.

수사기관의 수사활동에 대한 검찰기관의 감독은 주로 입안 감독 및 수사 감독으로 반영된다. 입안 감독이란 인민검찰원이 공안기관 입안 활동에 대한 적법성 감독을 말한다. 「형사소송법」 제87조의 규정에 따르면 인민검찰원이 공안기관이 입안 수사해야 할 사건에 대하여 입안 수사하지 않았다고 판단하거나, 피해자가 공안기관이 입안 수사해야 할 사건에 대하여 입안 수사하지 않았다고 판단하여 인민검찰원에 이의를 제출한 경우, 인민검찰원은 공안기관에 이유를 설명하도록 요구할 권리가 있다. 인민검찰원이 공안기관의 입안하지 않는 사유가 성립될 수 없다고 판단하여 공안기관에 입안하도록 통보할 경우, 공안기관은 통지받은 후 사건을 입안해야 한다. 수사 감독이란 인민검찰원은 수사기관이 체포 승인을 요청하고 이송 기소 사건을 심사할 때 수사활동에 대한 합법성 감독을 의미한다. 사법 실천에서 검찰기관이 수사기관에 대한 수사 감독은 주로 다음과 같다. (1) 인민검찰원은 체포 및 기소를 심사하는 과정에서 수사기관이 수색, 압수, 범죄 혐의자 신문, 증인 문의, 현장 조사, 검사 및 감정 등 수사활동에서 위법 상황을 발견하면 수사기관에 시정 조치를 취할 것을 통보할 권리가 있으며, 수사기관은 즉시 시정하고 법률 위반에 관한 시정 사실을 인민검찰원에 통보해야 한다. (2) 수사인원이 수사활동 과정에서 고문을 통해 자백을 강요하거나 폭력을 행사하여 증거를 취득하는 등의 행위가 범죄에 해당하는 경우, 검찰기관은 관련 책임자에 대해 입안 수사를 해야 한다.

통계에 따르면 2006년 중국 검찰기관은 수사기관이 입안을 해야 하지만 입안하지 않은 16,662건의 사건을 입안하도록 촉구했다. 체포해야 하지만 체포를 신청하지 않고, 기소해야 하지만 이송 기소를 하지 않은 사건에 대해 14,858명을 추가로 체포하고 10,703명을 추가 기소했다. 동시에 수사기관의 불법 행위 및 형사 수단을 사용하여 민사 경제분쟁에 개입하는 행위 등 입안해서는 안 되는 입안 사건에 대해 수사기관에 4,569건을 취하하도록 촉구했다. 체포 요건이 충족되지 않은 96,382명에 대해 체포 불승인 결정을 내렸고, 법에 따라 형사 책임을 추궁해서는 안 되는 경우 또는 증거가 불충분한 7,204명에 대해 불기소 결정을 내렸다. 수사활동 중 불법행위에 대해 11,368건의 시정 의견을 제기했다.[37]

4. 형사사건에 대한 공소를 제기하고 공소를 지지하며, 인민법원의 형사판결 및 재정의 정확성과 재판활동의 합법성을 감독한다.

중국에서 자소自訴사건은 인민법원이 직접 수리하고, 형사사건은 모두 인민검찰원이 공소를 제기한다. 공소권은 인민검찰원이 국가를 대표하여 통일적으로 행사하며, 다른 어떤 기관, 단체, 조직은 행사할 권리가 없다. 공소권에는 기소결정, 불기소, 기소변경 및 항소 제기 등이 포함된다.

형사재판활동에서 인민검찰원은 재판기관의 형사재판활동이 규정된 소송절차를 위반했는지를 감독하고, 오류가 발견된 판결과 재정을 감독하는 중요한 기능도 가지고 있다. 인민검찰원이 공소를 지지하기 위해 법정에 출석한 경우, 재판과정에서 법관이 피고인 또는 피해자의 소송 권리를 박탈하거나 법관이 회피해야 하지만 회피하지 않은 경우 인민검찰원은 법정 심리가 끝난 후 인민법원에 시정 의견을 제출할 권리가 있다. 1심 재판이 끝난 후 인민검찰원은 인민법원의 판결과 재정이 사실과 다르다고 판단하는 경우, 법적 절차에 따라 2심 법원에 항소를 제기할 수 있다. 이미 효력이 발생한 판결 및 재정에 대해 인민검찰원은 법원이 사실 판단 또는 법 적용에 명백한 오류가 있고 판결을 변경할 필요가 있다고 인정하는 경우, 재판 감독 절차에 따라 법원에 항소를 제기하고 법원에 재심을 요청할 권리가 있다. 법원은 검찰원의 항소 청구를 기각할 수 없으며 사건을 다시 심리해야 한다.

5. 감옥, 구치소 등 집행기관의 형벌 집행 활동의 합법성을 감독한다.

인민검찰원의 기능은 두 가지로, 한편으로는 생명형, 자유형, 재산형을 포함한 형사판결과 재정의 형벌 집행에서 합법성, 정확성, 엄숙성을 감독하고, 위법 사항이 발견되

---

37 新華網, 「兩會授權報道:最高人民檢察院工作報告」, http://news.xinhuanet.com / politics / 2007-03 / 21 / content _ 5876244 _ 1.htm, 2007년 11월 8일.

면 집행기관에 시정하도록 통지할 권리가 있다. 예를 들어, 법원은 사형 집행을 교부하기 전에 동급 인민검찰원에 통지하여 현장 감독 직원을 파견하도록 통지해야 한다. 검찰원은 인민법원의 감형 및 가석방 재정이 부당하다고 판단하면 서면으로 시정 의견을 제출할 권리가 있으며, 법원은 시정 의견을 받은 후 1개월 이내에 합의부를 다시 구성하여 심리하고 최종 재정을 해야 한다. 다른 한편으로는 구치소 및 감옥의 감독과 개조 업무의 합법성에 대한 감독이다. 「형사소송법」 제215조는 잠정 옥외 집행을 허가한 기관은 허가 결정의 사본을 인민검찰원에 보내야 한다고 규정하고 있다. 인민검찰원은 잠정 옥외 집행 결정이 부당하다고 판단되는 경우 서면 의견을 제출할 권리가 있으며 관련 기관은 즉시 원래의 결정을 재검토해야 한다. 보도에 따르면 2006년 전국 검찰기관은 위법 감형, 가석방, 잠정 옥외 집행에 대해 2,846건의 시정 의견을 제출한 것으로 알려졌다. 최고인민검찰원은 일부 지역에서 옥외 집행 범인 관리에 대한 특별검사를 조직하고 수행하여 6,074명의 옥외 집행 범인에 대해 관리가 허술한 문제를 감독 및 시정하고, 더 이상 옥외 집행 자격이 없는 범인 207명에 대해 관련 부서에 수감집행을 촉구했다.[38]

6. 인민법원의 민사재판활동에 대한 법적 감독을 행사하고, 이미 효력이 발생한 인민법원의 판결 및 재정이 법률 및 법규의 규정을 위반한 사실이 발견되면 법에 따라 항소를 제기한다.

「민사소송법」 제14조는 “인민검찰원은 민사재판활동에 대한 법적 감독을 실시할 권리가 있다”라고 규정하고 있다. 「민사소송법」 제185조는 “최고인민검찰원은 법적 효력이 발생한 각급 인민법원의 판결이나 재정, 또는 상급 인민검찰원이 법적 효력이 발생한 하급 인민법원의 판결이나 재정에 대해 다음과 같은 상황이 존재한다고 판단한 경우 재판 감독 절차에 따라 항소를 제기한다. 원판결 또는 재정의 사실관계를 판단하기 위한 주요 증거가 불충분한 경우, 원판결 또는 재정의 법 적용에 중대한 오류가 있

38 新華網, 「兩會授權報道:最高人民檢察院工作報告」, http://news.xinhuanet.com / politics / 2007-03 / 21 / content _ 5876244 _ 1.htm, 2007년 11월 8일.

는 경우, 인민법원이 법적 절차를 위반하여 사건의 올바른 판단 또는 재정에 영향을 미칠 수 있는 경우, 판사가 사건 심리에서 횡령, 수뢰, 사리에 의한 불법행위, 위법 재판행위가 있는 경우이다"라고 규정하고 있다. 따라서 검찰기관이 민사사건에 대해 법에 따라 항소를 제기하는 것은 법적 감독권 행사에서 중요한 부분이다.

7. 행정소송에 대한 법적 감독을 행사하며, 이미 효력이 발생한 인민법원의 판결 및 재정이 법률 및 법규의 규정을 위반한 사실이 발견되면 법에 따라 항소를 제기한다.

「행정소송법」 제10조, 제64조의 규정에 따라 인민검찰원은 행정소송에 대한 법적 감독을 실시할 권리가 있다. 인민검찰원은 법적 효력이 발생한 인민법원의 판결과 재정에 대해 법률 및 법규의 규정을 위반한 사실이 발견된 경우 재판 감독 절차에 따라 항소할 권리가 있다. 즉, 최고인민검찰원이 법적 효력이 발생한 각급 인민법원의 판결이나 재정 또는 상급 인민검찰원이 법적 효력이 발생한 하급 인민법원의 판결이나 재정에 대해 다음과 같은 상황이 존재한다고 판단한 경우, 재판 감독 절차에 따라 항소를 제기한다. 원판결 또는 재정의 사실관계를 판단하기 위한 주요 증거가 불충분한 경우, 원판결 또는 재정의 법 적용에 중대한 오류가 있는 경우, 인민법원이 법적 절차를 위반하여 사건의 올바른 판단 또는 재정에 영향을 미칠 수 있는 경우, 판사가 사건 심리에서 횡령, 수뢰, 사리에 의한 불법행위, 위법 재판 행위가 있는 경우가 포함된다.

8. 사법과 밀접하게 관련된 행정관리 활동을 감독한다.

이와 관련하여 주로 노동교양기관의 활동에 대한 법적 감독을 실시하는 것으로 나타나고 있다. 노동교양은 중국이 특정 불법행위나 경미한 범죄행위에 대해 형사책임을 묻기에는 부족한 사람에 대해 채택한 강제적인 교육 개조의 행정조치이다. 1957년 8월 전국인민대표대회 상무위원회가 「노동교양 문제에 관한 국무원의 결정」을 승인하여 노동교양제도를 확립한 이래, 이 제도는 사회 치안의 유지, 사회정치안정, 인민의 생명과 재산의 안전을 보호하는 데 중요한 역할을 하고 있다. 노동교양제도는 노동교양 대상자의 신체의 자유를 제한하는 강제적이고 엄격한 행정조치이기 때문에 인민검찰원의 법적 감독을 받아야 한다. 이를 위해 1979년 제5기 전국인민대표대회 상무위원회 제12차 회의에서 비준된「노동교양에 관한 국무원 보충 규정」제5조는 "인민검찰원은 노동교양기관의 활동을 감독한다"라고 규정하고 있다. 이는 검찰기관에 노동교양기관의 노동교양조치 적용에 대한 법적 감독 직권을 명시적으로 부여한 것이다.

인민검찰원의 노동교양기관 활동에 대한 감독은 주로 노동교양기관이 노동교양 조치를 적용할 때「노동교양 문제에 관한 국무원의 결정」과「노동교양에 관한 국무원 보충 규정」등 일련의 노동교양 관련 법규, 지침, 정책을 엄격히 집행하고 있는지를 감독한다. 노동교양관리위원회가 심사, 결정한 노동교양이 법적 요건과 법적 절차에 적합한지, 노동교양인원에 대한 노동교양장소의 수용, 교육관리, 노동교양 조치의 변경 및 해제 등 관련사항이 법적 요건, 절차 및 관련 지침, 정책에 적합한지를 감독하고, 노동교양활동의 적법성을 보장하고, 노동교양인원의 합법적 권익을 보호하는 내용을 담고 있다. 인민검찰원은 노동교양기관의 활동이 법률 위반 상항이 있는 경우 시정 의견을 적시에 제출해야 한다.

2) 검찰기관의 기능 분석

「헌법」제129조와「인민검찰원 조직법」제1조는 모두 중화인민공화국 인민검찰원이 국가의 법적 감독기관이라고 규정하고 있으나, 수행하는 구체적인 기능에 대해서는 크게 세 가지 견해가 있다. 첫째 관점은 중국 검찰기관은 법적 감독기관으로서 당연히 법적 감독기능을 수행하며, 직무범죄 수사권, 체포권의 심사 승인, 공소권, 형사소송, 민사소송, 행정소송활동에 대한 감독권, 기타 법률이 부여한 권한은 모두 법적 감독기능의 구현이라는 견해이다.[39] 둘째 관점은 중국 검찰기관의 성격과 지위가 검찰기관

39 학자들이 요약한 직권은 명칭에 따라 '사권설四權說', '오권설五權說', '육권설六權說'이 있지만 내용적으로는 거의 일치한다. 구체적인 내용은 謝鵬程,「檢察權的結構」,『人民檢察』, 1999, 제5기; 孫謙 주편,『中國檢察論綱』, 人民出版社, 2004, 128~129쪽; 石少俠,『檢察權論』, 中國檢察出版社, 2006, 111~130쪽 참조.

이 총체적으로 법적 감독기능을 수행한다는 것이며, 구체적인 직권의 기본 방향은 법적 감독기능에 속하지만, 공소권 등 일부 권한은 법적 감독에 속하지 않는다는 견해이다.[40] 셋째 관점은 검찰기관의 기능이 공소라는 것이다.[41]

헌법적 차원에서 검찰기관이 행사하는 모든 기능은 법적 감독기능이며, 법치의 통일적 이행을 보장하기 위한 것으로서 넓은 의미의 법적 감독기능에 해당한다고 볼 수 있다. 그러나 검찰기관의 법적 기능을 면밀히 분석해 보면, 이러한 넓은 의미의 법적 감독기능을 소추 기능과 좁은 의미의 법적 감독기능으로 구분하는 것이 더 과학적이고 합리적이라는 것을 어렵지 않게 발견할 수 있다. 그중 검찰기관의 공소 및 수사는 소추 기능에 속하며, 체포, 입안감독, 수사감독, 재판감독, 집행감독 및 일부 사법행정기관의 활동에 대한 감독은 좁은 의미에서의 법적 감독기능에 속한다. 이 두 가지 기능은 서로 분리되고 모순될 뿐만 아니라 서로 연결되고 통합된다.

(1) 소추 기능

① 공소

공소란 일반적으로 형사 공소를 말하며, 이는 검찰기관이 범죄 혐의자에 대해 소송을 제기하고, 법원이 법에 따라 죄를 결정하고 형을 선고하도록 요구하는 활동이다. 검찰제도의 발생, 현대 각국의 검찰기관의 기능 발휘와 직권의 배치, 검찰기관의 성격에 비추어 볼 때, 검찰기관이 어떤 성격에 속하고, 어떤 중요한 권리를 행사하고, 아무리 중요한 역할을 하고 있더라도 공소는 검찰기능의 핵심 기능이자 상징적 업무이다. 이 기본 기능에서 벗어나면 검찰기관은 존재의 기반과 발전의 방향을 잃게 된다.

여러 국가 검찰기관의 제도 설계 차이와 관계없이 사법 시스템에서 시행하는 기능은 주로 공소를 통해 실현되며 그 표현은 아래와 같다. 첫째, 현대 형사사법의 합리적

---

40 張宏思, 「人民檢察院基本訴訟角色定位論」, 『法學』, 1997, 제9기.
41 陳衛東, 「我國檢察權的反思與重構-以公訴權爲核心的分析」, 『法學研究』, 2002, 제2기.

인 틀을 유지하고 사법공정을 실현한다. 현대 국가에서 당사자주의 소송 모델, 직권 소송 모델, 또는 양자를 겸비한 혼합식 소송 모델 모두 공소와 재판 분리, 공소와 변호 평등, 재판 중립, 불고불리의 소송 원칙을 확립했으며, 이러한 원칙의 확립과 보장은 공소기능이 재판 기능에서 분리되고 전문 국가기관이 공소기능을 행사하여 실현된다. 청정부는 1906년 대리사大理寺를 대리원大理院으로 개편하여, 산하에 각급 재판청을 설치하여 재판을 전담하게 하고, 각급 재판청 내에서 재판기관에 공소를 제기하는 전문 기관인 검찰국을 설치하여 중국의 검찰제도를 확립함으로써 형식적으로 현대적 형사 소송의 틀을 갖추게 되었다. 둘째, 국가와 사회의 이익을 보호한다. 현대사회에서 형사 범죄가 침해하는 합법적 이익은 광범위하다는 특징을 가지고 있으며, 특히 비교적 심각한 형사 범죄는 관련 개인의 이익뿐만 아니라 국가와 사회의 이익을 침해한다. 또한 범죄의 기소가 날로 복잡해지고, 공민 개인이 보통 담당하기 어렵고, 동시에 형사 기소, 항소는 객관적인 냉정을 필요로 하며, 범죄의 경중, 사회적 영향, 피해자의 이익 및 범죄자 자신의 이익 등 다방면의 상황을 종합적으로 고려하여 공정한 입장에서 통일된 기준에 따라 기소 또는 불기소, 항소 또는 불항소를 결정하기 때문에 검찰기관의 공소권 행사는 피해자가 자체로 기소해야 하는 폐단을 피하는 동시에 객관적인 입장에서 국가, 사회, 피해자의 이익을 보호할 수 있다. 셋째, 사법권의 견제와 균형을 실현한다. 중국의 「형사소송법」은 공안기관, 인민법원, 인민검찰원이 분공하여 책임을 지고 서로 협력하며 서로를 제약하는 관계라고 규정하고 있다. 법관과 경찰 사이에 있는 검찰기관이 법원의 재판권을 감독하고, 공안기관의 수사권을 제한하고 남용을 방지하는 주요 방법은 재판 전 단계의 심사 기소 활동, 재판단계의 공소 활동, 항소 활동을 통해 실현된다.

검찰기관은 사법 체계에서 주로 공소기능을 통해 역할을 수행하기 때문에 검찰 업무에서 공소 업무의 비율이 가장 높다. 예로 들면 북경시 하이뎬海淀구 인민검찰원은 1999년부터 2003년까지 총 16,482명의 각종 형사 범죄 혐의자의 체포를 승인하고 17,226명에 대해 공소를 제기했으며, 253명에 대한 225건의 횡령 및 뇌물 사건, 24명에 대한 24건의 국가기관 직원의 독직 및 권익 침범 사건에 대한 입안 수사를 개시하는 등 검찰원의 주요 검찰업무에서 공소 업무는 사건 수량과 총 사건 관련자 수량에서 모두 검찰업무 중 1위를 차지했다. 전국 검찰기관의 업무 상황도 마찬가지이다. 2007년「최고인민검찰원 업무보고」에서 제공된 통계에 따르면, 2006년 전국 검찰기관은 각종 범죄 혐의자 891,620명에 대한 체포를 승인하고 999,086명에 대해 공소를 제기했으며, 횡령 뇌물 사건, 독직 및 권익 침범 사건 등 직무범죄 사건과 관련하여 40,041명에 대한 33,668건의 사건을 입안 수사했으며, 민사재판 및 행정소송감독을 강화하고, 당사자가 인민법원에 대한 효력발생 재판 불복 신소를 신속하게 수리하고 심사하여 12,669건의 민사 및 행정 항소를 제기하고 5,949건의 재심 검찰 건의를 제출했다.[42]

공소권은 세계 대부분 국가에서 검찰기관이 독점적으로 누리는 일종의 국가권력이며 검찰기관의 상징적 권한이다. 일반적으로 중국의 공소권에는 다음과 같은 권한이 포함된다.

첫째는 공소제기권이다. 공소제기권은 수사가 완료된 사건에 대해 검찰기관이 심사 후 기소 요건이 충족되고, 피고인에게 법률에 따라 형사책임을 물을 필요가 있다고 판단한 경우 범죄 피의자를 법원에 송치하여 재판을 받도록 결정하는 검찰기관의 권한을 말한다. 대부분의 현대 국가에서는 국가 소추주의가 시행되고 있으며, 공소를 제기하는 권리는 검찰기관의 주요 권한이다.「형사소송법」제136조, 제141조의 규정에 따르면 공소가 필요한 모든 사건은 인민검찰원에서 심사하여 결정한다. 인민검찰원은 범죄 혐의자의 범죄사실이 밝혀졌고, 증거가 확실하고 충분하다고 판단하며, 법에 따라 형사책임을 추궁해야 하는 경우 기소 결정을 내리고 재판관할의 규정에 따라 인민법원에 공소를 제기한다.

둘째는 불기소권이다. 불기소권 결정은 검찰기관의 기소 재량권의 표현이다. 불기소권은 검찰기관이 사건을 심사한 후 기소 요건을 갖추지 못하거나 공소를 제기하기

---

42 新華網,「兩會授權報道:最高人民檢察院工作報告」, http://news.xinhuanet.com / politics / 2007-03 / 21 / content _ 5876244 _ 1.htm, 2007년 11월 8일.

에 적합하지 않다고 판단할 경우 사건을 법원에 넘겨 재판을 하지 않고, 소송을 종결할 수 있는 권한을 말한다. 중국에서는「형사소송법」제15조, 제140조 제2항, 제142조의 규정에 의하여 검찰의 불기소를 법정法定 불기소, 작정酌定 불기소, 증거 부족 불기소 세 가지로 구분하고 있다.

셋째는 공소 지원권이다. 공소 지원권이란 공소기관이 공소를 제기한 후 법정 심리에 참여하도록 인원을 파견하고, 법정 조사와 법정 변론을 통해 자신의 공소 주장을 입증하는 증거를 제시하며, 법관이 자신의 소송 주장을 받아들이도록 설득하는 검찰기관의 소추 권력과 직책을 말한다. 검찰기관이 공소를 제기하면 간이절차를 제외하고는 공소의 권력을 수행하기 위해 통상적으로 법원에 인원을 파견하여 출석한다.「형사소송법」제153조는 인민법원이 공소 사건을 재판할 때 인민검찰원은 공소를 지원하기 위해 법원에 인원을 파견해야 한다고 규정하고 있지만, 같은 법 제175조의 규정에 따라 간이절차를 적용하는 경우 인민검찰원은 법원에 인원을 파견하지 않을 수 있다.

넷째, 기소 변경 권한이다. 기소 변경 권한은 검찰기관이 공소제기 후 사건의 사실관계가 변경된 경우 공소 주장을 변경, 철회 또는 추가할 수 있는 권한을 말한다.[43] 중국 형사소송법은 기소 변경에 대한 직접적인 규정이 없지만 사법해석에 반영되어 있다. 최고인민검찰원의「인민검찰원 형사소송규칙」제351조는 인민법원이 판결을 선고하기 전에 인민검찰원은…… 범죄사실이 존재하지 않거나 범죄사실이 피고인의 행위가 아니거나 피고인에게 형사책임을 묻지 않아야 한다고 인정된 경우 기소 취하를 요구할 수 있다고 규정하고 있다. 최고인민법원의「중화인민공화국 형사소송법집행에 관한 몇 가지 문제에 관한 해석」제177조는 판결 선고 전에 인민검찰원이 기소 취하를 요구하는 경우 인민법원은 인민검찰원의 기소 취하 사유를 심사하고 허용 여부를 재정해야 한다고 규정하고 있다.

다섯째는 항소권이다. 항소는 검찰기관이 법원의 판결 또는 재정에 확실한 잘못이 있다고 인정되는 경우, 법에 따라 재판기관에 다시 심사하고 시정할 것을 요청하는 소

---

43 張穹 주편,『公訴問題硏究』, 中國人民公安大學出版社, 2000, 92쪽.

송행위를 말한다. 항소는 통상 1심 재판 효력이 발생하지 않은 경우와 효력이 발생한 재판에 대한 항소로 나뉜다.[44] 검찰기관이 효력이 발생한 판결에 대한 항소는 법적 감독기능의 구현에 해당하지만, 1심 재판 효력이 발생하지 않은 경우의 항소는 두 측면에서 관찰해야 한다. 1심 판결 효력이 발생하지 않은 경우, 항소가 피고인에게 유리한지의 기준에 따라 피고인에게 유리한 항소와 불리한 항소로 나눌 수 있다. 피고인에게 불리한 항소에 따라 시작된 2심 절차는 1심 절차와 비교하면 세 가지 면에서 동일하며 첫째, 검찰의 역할은 변하지 않는다. 정성적 오류에 근거하든 부적절한 양형에 근거하든 검찰기관은 여전히 피고인의 범죄를 고발하는 역할을 수행한다. 둘째, 검찰기관과 피상소인의 공소와 변호의 대립 지위는 변하지 않았으며, 양측은 여전히 유죄판결 및 양형에 관한 쟁점을 둘러싸고 소송활동을 전개해야 한다. 셋째, 공소와 변호 양측의 의견을 청취하고 판결을 내리는 법관의 중심적 역할은 변하지 않았다. 2심 재판에서 검찰, 변호인, 재판으로 형성된 삼자 관계의 소송구조는 변경되지 않았기 때문에 2심에서의 검찰기관의 항소 활동은 국가의 형벌권을 실현하기 위한 1심 공소 활동의 계속으로 판단된다. 피고인에게 유리한 항소의 경우 검찰기관이 항소권을 행사하는 목적은 범죄를 기소하거나 처벌하기 위한 것이 아니라 법의 올바른 시행을 보장하기 위한 것이며, 검찰기관이 상대하는 대상은 피고인이 아니라 1심 법원의 판결이기 때문에 검찰기관과 피고인은 공소와 변호의 대립 관계가 없으므로 이러한 항소는 검찰기관의 법적 감독기능 수행에 해당한다.

여섯째는 민사 및 행정 공소권의 확대이다. 검찰기관의 역사적 기원에서 볼 수 있듯이, 공익을 지키고 사권의 한계를 보완하는 것이 인간이 검찰기관을 설립하는 주요 목적 중 하나임을 알 수 있다. 검찰기관의 공소기능이 발전함에 따라 전통적인 형사소송 분야를 돌파하고 민사 및 행정소송 분야로 영역을 확장하기 시작했으며, 그중 가장 주목할 만한 것은 민사 및 행정공소제도의 출현이다.

민사공소제도는 검찰기관이 법률이 위임한 조건에서 국가와 사회의 이익을 수호하

44 陳光中, 徐靜村 주편, 『刑事訴訟法學』, 中國政法大學出版社, 1999, 376쪽.

거나 공공질서를 수호하기 위해 일정한 범위의 민사사건에 대해 국가를 대표하여 공소를 제기하는 제도를 말한다. 사회경제가 발전함에 따라 시장의 결함이 점점 더 두드러지고 정부는 자유경쟁과 경제민주주의를 보호하기 위해 시장 관계에 직접 참여하거나 개입하여 정부가 민사 관계의 주체가 되는 전통적인 민사 관계와 구별되는 사회적 관계를 형성했다. 이러한 관계는 개별 민사 주체의 이익에 영향을 미칠 뿐만 아니라 사회공공 경제이익, 심지어 사회 질서의 안정에도 더 큰 영향을 미친다. 이러한 사회적 관계의 침해는 개별 주체가 소송을 제기하는 것만으로는 사회의 공공 이익을 효과적으로 보호할 수 없는 경우가 많기 때문에 민사공소제도가 생겨났다. 대륙법계와 영미법계의 민사공소제도 시행을 보면 검찰기관은 혼인 가족사건, 파산 사건, 정부 또는 공익에 관한 사건, 세무 관련사건, 환경오염 등으로 인한 침해 사건, 기타 취약계층 보호 또는 공익 보호에 관한 사건에 대하여 당사자 또는 공익대표자의 명의로 소송을 제기하여 관련 당사자의 이익을 보호할 수 있다.

행정공소는 국가 또는 사회이익과 관련되고 공익 성격의 사건에 대해 행정상대인이 없는 경우, 행정상대인이 소송을 제기할 용기, 의사, 여건이 없는 경우, 검찰기관이 법에 따라 국가를 대신하여 관련 행정사건을 법원에 제출하여 재판하는 제도를 말한다. 정부의 역할이 '야간 경비'에서 관리자로 전환됨에 따라 행정권력은 점차 사회 모든 측면에 침투한다. 행정사무의 특성상 행정권력은 재량성, 능동성, 광범위성 등의 특징을 가지고 있다. 다른 권한에 비해 남용될 위험이 높기 때문에 행정권에 대한 제한이 필수적이며, 행정소송은 여러 가지 방법 중 가장 효과적인 행정권 제한 수단으로 여겨지고 있다. 그러나 국가나 사회의 이익과 관련된 일부 행정사건의 경우, 피해를 본 행정상대인의 힘이 약하여 소송을 제기할 용기, 의사, 여건이 없는 상황이 종종 발생하여 국가와 사회의 이익을 보호하고 행정권을 견제하는 목적을 달성하지 못하는 경우가 있다. 19세기 말 독일 바이에른주가 행정법원에 검찰관을 설치해 정부의 위법행위에 대

해 법원에 행정소송을 제기하기 시작하면서 행정공소의 시작이 되었다.[45]

중국은 아직 민사공소와 행정공소제도를 확립하지 않았지만 심각한 체제 전환, 구조조정, 사회변혁의 역사적 시기로 인해 공익과 취약계층의 권익을 효과적으로 보호할 수 없는 문제가 점점 더 부각되고 있다. 이러한 상황에 직면하여 많은 지방 검찰기관은 공익과 취약계층의 권익을 보호하기 위해 민사 원고 또는 행정 원고로서 법원에 공익 소송을 제기했다. 1997년 허난성 팡청현方城縣의 최초의 민사 공익소송이 성공한 이래[46] 헤이룽장성, 산둥성, 허베이성, 허난성, 산시성, 구이저우성, 저장성, 상해시, 장시성, 푸젠성, 충칭시 등 성시가 공익소송에 적극적으로 참여하여 지금까지 검찰기관이 수백 건의 공익소송 사건을 제기하고 참여했으며, 비교적 풍부한 실무 경험을 축적하고 민사 및 행정 공소의 발전을 위해 유용한 탐색을 했다.[47] 실천적 발전과 사회의 요구에 직면하여 최고인민검찰원도 이에 부응했다. 2005년 8월 24일 최고인민검찰원 제10기 검찰위원회 제38차 회의에서 「검찰개혁 심화에 관한 최고인민검찰원의 3년 실시 의견」이 논의되고 통과되었으며, 실시 의견에 따르면 민사, 행정 공소제도의 탐색을 이 기간 개혁 과제의 하나로 명확히 했다.

② 수사

수사는 특정 사건에서 범죄 사실을 확인하고 범죄 혐의자를 체포하기 위해 법에 따

45 馬貴翔, 李劍, 「公訴權概念的形成與啓示」, 陳光中, 江偉 주편, 『訴訟法論叢』(제11권), 法律出版社, 2006, 33쪽.

46 1997년 5월 허난성 팡청현方城縣 검찰기관은 소송을 제기했다. 피고 팡청현 공상국과 두쑤진獨樹鎮 동촌2조 탕웨이둥湯衛東이 국유재산, 토지관리부서의 승인 없이 공상소 부동산을 매매하여 국유재산 일부를 유실시켜 「성진城鎭 국유토지사용권 매출 및 양도에 관한 잠정 조례」 제46조와 「기업 국유재산 등록 관리 방법」 규정을 위반한 사건에 관해 팡청현 인민법원에 기소하여 양측 당사자의 부동산 매매계약을 무효로 판결할 것을 청구했고, 법원은 심리를 거쳐 검찰기관의 소송 청구를 지지했다. 2002년 이래 난양시南陽市는 국유재산 유실 56건, 환경오염 12건, 독점 9건 등 총 79건의 공익소송을 제기했으며, 1997년 이래 허난성 검찰기관은 500건 이상의 공익소송을 전개해 국가를 위해 2.7억 위안의 경제적 손실을 만회했다.

47 '檢察機關參與公益訴訟研究'課題組, 「檢察機關提起公益訴訟的法律地位和方式比較研究」, 『政治與法律』, 2004, 제2기.

라 검찰기관이 수행하는 특별 조사 작업 및 관련 강제 조치의 사용을 의미한다.

앞서 언급한 바와 같이 중국의 검찰기관은 국가직원이 직무와 관련한 범죄에 대해 입안하여 수사를 개시할 수 있는 권한이 있다. 증거가 불충분하여 추가 조사가 필요한 사건에 대하여 자체적으로 수사를 진행할 수 있다. 법이 검찰기관에 위와 같은 수사권을 부여한 이유는 주로 다음 세 가지 측면에서 그 합리성과 정당성이 있다고 생각한다.

(1) 수사는 기소를 위한 준비이자 전제조건이다. "수사는 검찰관이 공소를 제기하거나 공소를 실행할 목적으로 범인과 증거를 조사하는 절차"[48]이다. 형사절차에서 기소와 수사의 관계는 매우 밀접하다. 범죄행위와 범죄행위자의 은폐성, 도피성, 보복성 때문에 형사소송 공소인의 공소 활동이 법정 공소에 국한될 수 없고, 전문 기관의 전문수사가 필수적이기 때문에 수사가 형사소송의 출발점이 된다. 수사의 필요성 측면에서 볼 때, 수사는 처음부터 기소와 상호 의존적이고 통합적으로 이루어졌다. 수사는 공소를 제기하기 위한 준비 절차로 이러한 관계의 위치는 봉건적 규문식 소송이든 자산계급 탄핵주의 소송이든 수천 년의 발전 과정에도 불구하고 여전히 크게 변하지 않았다. 봉건적 규문제도 하에서 범죄를 추궁하기 위해서는 범죄의 조사 판명이 필수적이었고, 수사는 기소를 위한 준비이자 전제 조건이다. 재판기관이 수사와 소추의 권한을 모두 가지고 있었기 때문에 수사, 기소, 재판 사이에 엄격한 절차적 구분이 없었다. 자산계급의 권력 장악 초기에 소송구조에 큰 변화가 있었는데, 기소권과 재판권을 명확히 구분해 검찰기관과 법원이 담당하도록 규정하고, 기소와 재판의 관계를 불고불리의 관계로 규정함으로써 근대 소송의 기본 틀이 마련되었다. 검찰관은 규문식 소송을 개조하기 위해 공소기능을 담당하도록 만들어진 이상, 그 논리적인 결론으로 검찰관은 당연히 수사 기능도 담당하고 법정 수사권의 한 주체가 되어야 한다. 이러한 이유로 검찰기관이 수사권을 가지는 것은 중국만의 창제가 아니다. 많은 나라, 특히 대륙법계 국가에서 검찰기관은 경찰기관의 수사를 지휘할 수 있는 권한을 가지며, 경찰의 수

---

48 陳樸生, 『刑事訴訟法實務』, 中國臺灣海天印刷廠有限公司, 1987, 267쪽.

사활동을 감독할 권리가 있다.[49]

(2) 공소 사건의 경우 검찰관은 광범위한 공소재량권을 가진다. 범죄 혐의자에게 유리한 사실과 불리한 사실을 모두 고려하여 범죄의 경중과 상황을 면밀히 조사하지 않으면 검찰관이 적절한 결정을 내릴 것이라고 보장하기 어렵다. 동시에 검찰제도는 기소권과 재판권의 분리를 전제로 하여 공소 활동을 주된 형태로 하고, 국가법률의 통일적 집행을 수호하는 것이 취지이기 때문에, 검찰관은 사실관계의 확인과 증거에 기초하여 사건 사실과 법의 적용을 공정하게 판단하고 기소 여부를 결정할 책임이 있다. 공소 사건은 범죄의 복잡성과 은폐성으로 인해 필요한 증거를 수집하고, 특별 수사활동을 통해 사건의 사실관계를 확인하고 범죄 혐의자를 체포해야 하며, 이를 바탕으로 공소제기 여부를 결정할 수 있다. 공소권의 확대는 필연적으로 공소기능을 보다 충분히 수행하기 위해 어느 정도의 수사권 부여를 법률로 규정할 필요가 있다. 이러한 고려를 바탕으로 「형사소송법」 제140조 제2항은 인민검찰원이 사건을 심사하고 보완 수사가 필요한 경우 공안기관에 환송하여 보완 수사를 요구하거나 자체적으로 수사를 할 수 있다고 규정했다.

(3) 검찰기관이 직무범죄 수사권을 행사하는 것은 중국의 직무범죄 단속 수요에 부합한다. 직무 관련 범죄는 지능적이고 은밀하며 전문적인 수단이 상대적으로 강하고 범죄의 주체가 국가직원 또는 국가기관 직원이며 사회적 지위가 높고, 복잡한 사회관계를 가지고 있으며, 사건처리에서 저항이 크기 때문에 객관적으로 독립성이 강하고 전문화

---

49 독일에서는 「형사소송법」 제160조 제1항에 따라 검찰기관이 범죄혐의가 있다는 사실을 알게 되면 사실관계를 조사할 책임이 있다. 제161조 제1항에 따르면 검찰관 또는 경찰에 수사를 요구할 수 있다. 프랑스에서는 「형사소송법」 제12조, 제41조, 제42조에 따라 사법경찰은 초보적 조사와 수사과정에서 검찰관의 지휘를 받는다. 공화국 검찰관은 범죄 행위를 발견하고 기소하는 데 필요한 조치를 발동하거나 시행할 권리가 있다. 이를 위해 관할 범위 내의 사법경찰이나 기타 관련 기관을 지휘할 수 있다. 일본에서는 「일본 형사소송법」 제191조, 제193조, 제194조에 따라 검찰관이 필요하다고 인정하는 경우 자체로 범죄를 수사할 수 있다. 검찰 사무관은 검찰관의 지휘하에 수사해야 한다. 검찰관은 관할구역 내 수사에 관하여 사법경찰에 대하여 필요한 일반적인 지시를 할 수 있으며, 수사 협조를 요청하여 사법경찰에 대하여 필요한 일반적인 지휘를 할 수 있으며, 검찰관은 자체 수사의 경우 필요에 따라 사법경찰을 지휘하여 수사를 보조하게 할 수 있다. 위의 세 가지 상황에서 사법경찰은 검찰관의 지시나 지휘에 따라야 한다.

정도가 높은 국가기관이 직무범죄 수사권을 행사하고, 정치적 보장과 지적 지원을 제공해야 한다. 중국은 '일부 양원' 정치체제를 시행하고 있고, 검찰기관과 법원, 행정기관은 평등한 지위와 독립적인 법적 지위를 가지고 있으며, 검찰기관은 형사소송에서 공소기능을 전담하고 있으며, 정치적 독립성과 기능적 전문성으로 인해 당연히 직무범죄 단속의 주력이 되고 직무범죄 수사권을 독점하고 있다.

(2) 좁은 의미에서 법적 감독기능(또는 구체적 법적 감독기능)

① 좁은 의미에서 법적 감독기능의 구체적인 구현

헌법과 인민검찰원 조직법의 규정에 따르면, 검찰기관의 법적 감독기능은 주로 다섯 가지 영역에서 구현된다. 첫째, 형사사건 입건에 대한 감독이다. 둘째, 수사활동에 대한 감독, 이는 주로 체포권 및 기소 심사를 통해 실현된다. 셋째, 재판활동 및 재판결과에 대한 감독, 주로 법원에 보내는「위법 시정 통지서」,「검찰 건의」및 2심 항소, 재판 감독 절차 제기, 사형 재심사절차 개입을 통해 실현된다. 넷째, 재판집행 상황에 대한 감독으로 형사분야에서 형벌 집행 장소에 대한 감독이다. 다섯째, 사법과 밀접한 행정관리 활동의 감독으로 주로 검찰기관이 노동교양기관에 대해 위법 시정 의견을 제시하고 감독한다. 이러한 활동에서 발생할 수 있는 위법 상황에 대한 감독은 검찰기관의 중요한 기능이다.

② 좁은 의미에서 법적 감독기능의 필요성

법적 감독기능은 검찰기관의 소추 기능과 보완되는 검찰기관이 전적으로 담당하는 기능이다. 기타 국가기관도 어느 정도의 감독기능을 행사하지만, 검찰기관의 기능을 대체할 수는 없다. 첫째, 검찰기관의 법적 감독과 인민대표대회의 감독은 동일하지 않다. 인민대표대회제도에서 국가권력기관은 일정한 감독권을 가지고 있지만, 주요 책임은 국가 입법권을 행사하는 것이며 인민대표대회 감독은 일종의 권력 감독일 뿐이다. 헌법에서 규정한 인민대표대회와 그 상임위원회의 직권으로 볼 때 인민대표대회의 감독은 주로 권한감독, 인사감독, 업무감독, 재정감독, 질의감독 등 5가지 영역의 감독이다. 이러한 세부 사항에서 인민대표대회의 감독은 일반적으로 헌법과 법률 시행의 주요 문제에 초점을 맞추고 거시적 수준과 권력 원천의 관점에서 감독하지만, 법률 시행의 특정 문제에 대해서는 감독하지 않는다는 것을 쉽게 알 수 있다. 인민대표대회의 감독에는 일부 특정 사건이 포함될 수 있지만 이러한 개별 사건에 대해 인민대표대회는 구체적으로 다룰 수 없다. 인민대표대회의 권력 감독과 달리 검찰기관의 법적 감독은 국가의 국정 방침과 관련이 없고, 거시적 의사 결정의 성격이 없는 특정 사건이나 행위에 대해 감독한다. 둘째, 좁은 의미에서 검찰기관의 법적 감독은 행정감찰 부문의 감독과 다르다. 행정감찰 부문은 전문 감독권을 행사하는 기관이지만 감독 범위는 정치 기율 집행에 국한되어 있으며, 각급 행정기관에 종속되어 있고 독립적인 법적 지위를 가지고 있지 않다. 검찰기관은 좁은 의미의 법적 감독기능을 행사하여 법률이 시행하는 모든 측면에서 법 준수, 법집행 및 법 적용에 대한 법적 감독을 진행하고, 검찰권을 사용하여 심각한 위법 행위를 소추하고, 부당한 사법재판의 시정을 촉구하여 사법 공정성을 보장한다. 셋째, 검찰기관의 감독은 여론 감독, 당의 감독 및 대중 감독과 같은 일반적인 의미의 감독과는 다르다. 실제로 언론은 법집행 기관의 업무와 특정 사건에 대한 보도를 통해 법집행 활동의 문제를 공개할 수 있지만, 언론의 관점에 따라 사법기관이 사건을 처리하도록 요구할 수는 없으며, 당 조직은 각급 당위원회와 당의 기율검사위원회의 업무를 통해 당원을 감독할 수 있다. 인민대중은 비판권을 행사하여 감독 역할을 할 수 있지만, 이러한 유형의 감독 주체는 법이 부여한 감독 권한이 없으며 확립된 법적 효과를 발휘할 수 없다.

③ 좁은 의미에서 역외域外 검찰기관의 법적 감독기능

사실, 검찰기관이 공소권 외에 법적 감독기능을 수행하는 것은 중국만의 독특한 현상이 아니다. 검찰제도가 발전함에 따라 검찰기관의 법적 감독기능은 점차 발전하여 일부 국가의 검찰기관이 수행하는 법적 감독기능은 소송영역에 국한되고, 일부 국가는 소송의 범위를 넘어 국가기관과 그 직원을 감독한다.

프랑스에서 검찰기관은 형사소송에서 수사, 기소, 공소 지원, 형사재판의 집행 지휘 등 기능 수행 외에도 다음 사항에 대해 광범위한 감독을 수행한다. "(1) 사법 보조 인원에 대한 감독, (2) 서기원에 대한 감독 및 검찰, (3) 사법구제 제도 시행에 대한 감독, (4) 호정戶政 관원에 대한 감독, (5) 사교육기관에 대한 감독, (6) 공립 정신병원에 대한 감독, (7) 커피전문점, 호텔 등 특수영업 개설 자격에 대한 심사, (8) 신문, 잡지 등 정기간행물에 대한 심사 등이다."[50] 포르투갈에서도 검찰기관이 광범위한 감독기능이 있으며, 「포르투갈 검찰청 조직법」은 검찰기관의 권한을 다음과 같이 규정하고 있다. "……7. 사법 관원들의 업무를 감독하고, 자신의 권한 내에서 법정의 독립을 수호하고, 사법기능이 헌법과 법률에 따라 수행되도록 감독한다. …… 9. 법에 따라 사법기능을 감독하는 경우 헌법 법원 조직법의 규정에 따라 헌법 법원에 상소를 제기할 수 있다. 10. 상규常規 법률의 합헌성을 감독한다. 공화국 검찰장은 헌법 법원에 모든 위헌 규정에 대한 선포를 요청할 수 있다.……"[51]

러시아에서는 삼권분립의 원칙으로 정치체제가 확립되어 있지만 헌법이나 연방 검찰조직법은 검찰기관의 법적 감독기능을 해제하지 않고 있다. 「러시아 연방 검찰조직법」 제1, 2조는 러시아연방검찰원이 러시아 연방의 명의로 연방의 영역 내에서 연방 헌법의 준수와 현행 연방법집행을 감독한다고 규정하고 있다. 법의 존엄과 통일된 시행을 수호하고 법치를 강화하며 공민의 인권과 자유를 보호하고 법에 따라 사회와 국가의 이익을 수호한다.[52] 러시아연방검찰원은 주로 다음과 같은 사항과 인원을 통해 감독을 실시한다. (1) 연방의 각 부, 국가 위원회 및 국, 연방의 기타 권력 집행 기관과 대표(입법) 기관, 연방 주체의 집행 기관, 지방 자치 기관, 군사 지휘 기관, 검찰기관 및 그 공직 인원, 기업과 사업 조직 관리 기관과 지도자에 대해 법집행 감독을 실시하고, 법적 결정이 적법한지를 감독한다. (2) 연방의 각 부, 국가 위원회 및 국, 연방의 기타 권력 집행 기관, 대표(입법) 기관, 러시아 연방 주체의 집행 기관, 지방 자치 기관, 군

---

50 王然冀,『當代中國檢察學』, 法律出版社, 1989, 70쪽.
51 「葡萄牙'檢察署組織法'簡介」,『人民檢察』, 1996, 제4기.
52 「俄羅斯聯邦檢察院組織法」, 周志放 역,『中國刑事法雜誌』, 2002, 제6기.

사지휘기관, 검찰기관 및 이러한 기관의 공직 인원, 기업 및 사업 조직의 관리 기관 및 지도자에 대한 법률 준수 여부를 감독한다. (3) 수사, 예심 및 사전 수사활동에 대한 법집행 감독을 실시하고 민사재판에 대한 법집행 감독을 실시한다. (4) 법원이 결정한 처벌 및 강제 조치를 집행하는 행정기관, 구금 장소의 행정기관에 대한 법집행 감독을 실시한다.[53]

헝가리에서는 검찰관의 감독 집행 임무가 헌법에 명시되어 있다. 검찰관의 법에 따른 감독 집행 대상에는 형사 법원의 최종 판결 및 자유를 제한하는 강압적 조치뿐만 아니라 이민 절차와 관련된 구류 명령, 이민 귀화국에서 결정한 지역 여관 강제 구금 명령, 사후 정착, 금전 미납 행정사건과 관련된 구금 등이 포함된다.[54]

독일, 이탈리아에서는 법이 검찰기관에 일반 감독기능을 부여하지 않았지만, 형사소송에서 검찰기관은 경찰의 수사행위를 통제하고 형벌 집행을 감독하는 등의 활동을 통해 소송 감독기능이 있다. 예를 들어 독일「형사소송 법전」110조 b 제1항은 비밀수사관의 파견은 검찰원의 동의가 있어야 허용된다고 규정하고 있다. 지연되면 위험하고 검찰원의 결정을 제때 받지 못할 경우 지체 없이 그 결정을 얻어야 하며, 검찰원이 3일 이내에 동의하지 않을 경우 조치를 중단해야 한다.[55] 독일「형사소송법」제451조에 따르면 형벌의 집행은 일반적으로 공소검찰관이 담당하지만, 감금형과 관련된 집행 사무의 결정은 형벌 집행부가 내린다. 다만, 검찰기관은 형벌 집행부로부터 감금의 조건, 가석방, 가석방 또는 집행유예의 취소, 가석방 또는 집행유예 기간 중 범죄자의 법 준수 여부의 상황에 대한 통지를 받을 권리가 있다. 이 밖에 독일「형사소송법」제458조에 따르면 검찰관은 1심 법정이 내린 집행 결정에 불복할 경우 이의를 제기할 권리가 있다.[56] 이탈리아에서는 마약 범죄의 경우 특별 사건 수사를 담당하는 경찰관이 범죄

---

53 「俄羅斯聯邦檢察院組織法」, 周志放 역, 『中國刑事法雜誌』, 2002, 제6기.

54 피터 J.P. 테이크 편저, 『歐盟成員國檢察機關的任務和權力』, 呂清, 馬鵬飛 역, 中國檢察出版社, 2007, 150쪽.

55 『德國刑事訴訟法典』, 李昌珂 역, 中國政法大學出版社, 1995, 38쪽.

56 『德國刑事訴訟法典』, 李昌珂 역, 中國政法大學出版社 1995, 173쪽.

를 확인하고 증거를 수집하기 위해 마약 구매를 결정할 수 있지만, 즉시 검찰관에게 통보해야 한다. 경찰관은 중요한 증거를 수집하고 범인을 찾기 위해 필요한 경우 체포, 수색 또는 압수의 연장을 결정할 수 있다. 이 경우 24시간 이내에 검찰관에게 통보해야 한다. 또한 경찰은 아동 대상 성범죄 사건에서 특별 수사 방법을 사용하려면 먼저 검찰관의 동의를 얻어야 한다.[57]

3) 소추 기능과 좁은 의미에서 법적 감독기능의 관계

검찰기관은 국가의 법적 감독기관으로서 헌법이 부여한 지위를 가지고 있으며, 검찰기관은 소추 기능과 좁은 의미의 법적 감독기능을 행사함으로써 자체 임무를 수행한다. 이 '두 가지 기능'을 어떻게 다룰 것인가는 검찰 이론 연구에서 매우 중요한 과제가 되고 있다. 우리는 소추 기능과 좁은 의미의 법적 감독기능이 각자 역할을 수행할 수 있는 공간을 가지고 있고 각자 독립적인 가치를 가지고 있으며, 검찰기관의 분리할 수 없는 두 가지 기능이며, 넓은 의미의 법적 감독기능에 속한다고 주장한다. 그러나 동시에 소추와 좁은 의미의 법적 감독 사이에 모순과 차이가 있기 때문에 직권 배분과 제도 설계에서 양자를 분리와 병렬로 배치해야 한다.

(1) 소추 기능과 좁은 의미의 법적 감독기능 역할 차이

일부 학자들이 말했듯이, 국가의 법치 건설 유지라는 관점에서 검찰기관의 소추 기능과 법적 감독기능은 모두 법의 통일성을 유지하고 법의 실행을 감독하는 역할을 한다.[58] 그러나 전반적으로 보면 두 기능은 서로 다른 역할을 한다. 형사소송활동에서 소추 기능을 담당하는 검찰기관이 행사하는 권한에는 심사 기소권, 불기소 결정권, 기소

---

57 피터 J.P. 테이크 편저, 『歐盟成員國檢察機關的任務和權力』, 呂清, 馬鵬飛 역, 中國檢察出版社, 2007, 169쪽.

58 張智輝, 「論公訴權的法治意義-兼論檢察權的性質」, 『人民檢察』, 2003, 제8기.

결정권, 공소제기권, 공소권 지원을 위한 법정 출석권, 법정 입증, 대질권, 변론권, 이의제기권, 항소권 등을 포함한다. 사실 수사권과 공소권은 형벌권의 실현과 형사소송의 발전을 위해 자연히 발생한 권한으로, 이를 행사하는 기관이 누가 되더라도 그 본질은 변하지 않는다. 소추는 범죄행위를 추궁하여 범죄에 대한 법원의 처벌 결정을 요청하는 것이지 소송감독이 아닌 것을 알 수 있다. 중국 검찰기관의 감독 권한은 일종의 일반적인 법률 감독이 아니라 주로 소송활동에서 수행되는 감독이며 이를 사법 감독 또는 소송 감독이라고 한다. 일반 감독은 모든 국가기관, 기업, 사업단위 및 공민 행위의 합법성 감독을 말하며 정부가 발행한 규범성 법률문서에 대한 감독도 포함된다. 중국 헌법과 법률은 검찰기관에 이런 권한을 부여하지 않았고, '일부 양원' 정치 구도에서 검찰기관이 법원이나 행정기관보다 높은 법적 지위를 부여받지 못했기 때문에 이를 행사할 능력도 없다. 따라서 중국 검찰기관의 감독권은 주로 사법 감독이나 소송 감독으로 나타난다. 검찰기관의 감독기능 수행 경로는 주로 체포 승인, 기소 심사, 항소 등 소송활동을 통해 이뤄지기 때문에, 일부 사람들은 소추 기능과 소송법률감독기능을 혼동하여 서로를 구별하지 않거나 대체한다. 실제로 검찰기관이 각기 다른 직권을 행사하는 목적이 무엇인지 명확히 구분해야 한다. 소송활동의 명칭이 같다고 하더라도 그 목적이 다르고 그 안에 구현된 기능이 동일하지 않기 때문이다. 예를 들어 범죄를 추궁하는 목적에 기초한 항소는 법적 감독에 기초한 항소와는 달리 전자는 공소권 행사의 표현이고 후자는 법적 감독권 행사의 표현이다.

(2) 소추 기능과 좁은 의미의 법적 감독기능의 수행 지도 원칙 차이

독일의 저명한 형사소송법 교수인 요아힘 헤르만 교수는 검찰원 지위에 관한 원칙을 기소 원칙, 공소 원칙, 직권 원칙, 재량 원칙, 객관성 원칙 등 다섯 가지로 나누어 설명했다.[59] 중국 학자들은 아직 소추 기능 수행의 지도 원칙에 대해 합의에 도달하지 못했지만, 학자들의 연구를 요약하면 합법성과 합리성의 원칙이 소추 기능을 수행하는

59 『德國刑事訴訟法典』, 李昌珂 역, 中國政法大學出版社, 1995, 14~16쪽.

데 있어 검찰기관을 지도하는 일반적인 원칙이 되어야 한다고 주장한다. 이른바 합법성의 원칙은 검찰기관이 공소권과 수사권을 행사할 때 실체법을 정확히 적용하고 절차법을 엄격히 준수하며, 법에 따라 사건을 엄격하게 처리하고 법적 권위를 확립해야 한다. 합리성 원칙이란 검찰기관이 공소권과 수사권을 행사하는 과정에서 공익의 필요에 따라 또는 피해자, 피고인의 이익을 평등하게 보호하는 상황에서 자유재량권을 사용하여 피고인에 대해 공소를 제기하거나 공소를 제기하지 않거나 형사사건을 취하하는 등의 방식으로 인권 보호 및 범죄 통제의 목표를 달성한다. 이 두 가지 원칙에 따라 검찰기관이 자유재량권의 범위 내에서 사건을 처리할 때는 범죄 통제, 인권보장, 소송 공정과 소송 효율 등 여러 가치 사이에서 어떻게 균형을 맞출 것인가를 더 많이 고려해야 한다. 그리고 법적 감독기능 수행에서 검찰기관의 지도 원칙은 법의 통일성 원칙의 수호, 즉 소송과정에서 나타난 불법 행위에 대하여 검찰기관이 시정해야 하며, 집행 과정에서 법의 올바른 시행을 보장해야 하며 그렇지 않을 경우 검찰기관의 직무 유기에 속한다. 검찰기관은 법적 감독기능을 수행할 때 수사기관, 재판기관 및 형벌 집행 부문의 법 준수 여부와 위법 행위의 시정에 중점을 둔다. 따라서 소추 기능의 수행을 지도하는 원칙과 법적 감독기능의 수행을 지도하는 원칙은 서로 다르다는 것을 알 수 있다.

(3) 소추 기능과 좁은 의미 법적 감독기능의 혼동으로 검찰관의 역할 충돌은 스스로 조정하기 어렵다

1. 형사소송구조에서 볼 때, 소추의 기능과 좁은 의미에서의 법적 감독의 기능은 모순되고 상반되는 측면이 있다. 어떤 소송 모델을 채택하든 합리적인 형사소송구조에서 공소와 변호 평등, 공소와 재판 분리, 법관 중립의 원칙을 따라야 재판의 공정성을 담보할 수 있다. 그리고 검찰기관은 국가의 막강한 권력을 배경으로 하기 때문에 사회적 자원의 장악, 지력, 재력, 물적 자원이 피고인 측보다 훨씬 강하고 이는 사실상 불평등한 상태에 있다. 검찰기관은 한편으로는 공소인으로서 피고인과 동등한 지위에 있고, 다른 한편으로는 재판활동의 감독자라는 이중적 기능을 가진다면 법적으로 당사자의 지위를 넘어 공소와 변호의 평등한 구조가 바뀌게 된다. 법관의 경우 검찰기관은

국가를 대표하여 범죄를 소추하는 동시에 법률감독자로서 국가를 대표하여 법관, 법원의 재판 행위를 감독하기 때문에 검찰기관의 항소를 피하기 위해 재판에서 검찰기관에 대한 편파적인 심리를 갖게 될 수 있고 법관의 중립성이 훼손될 수 있다.

2. 소송 역할의 관점에서 볼 때, 소추 기능과 좁은 의미의 법적 감독기능 사이에는 일정한 대립이 있다. 소추 기능과 법적 감독기능을 행사하는 목적, 방식, 원칙이 다르기 때문에 검찰기관의 역할도 다르다. 형사 소추자로서 검찰기관은 범죄 수사와 소추 활동에 최대한 주동적이고 적극적으로 참여하여 피고인이 법에 따라 처벌을 받음으로써 범죄를 예방하고 국가와 사회공공의 이익을 보호하는 목적을 달성하도록 노력해야 한다. 반면에 법적 감독자의 역할은 검찰기관이 사회정의를 실현하기 위해 가능한 한 초연超然함과 중립성을 유지하도록 요구한다. 이처럼 상충하고 모순되는 두 가지 소송 역할이 동시에 검찰관 한 사람에게 부여되면 검찰관은 균형을 유지하기 어렵다.

3. 소송 심리의 관점에서 볼 때, 검찰관이 소추 기능과 좁은 의미의 법적 감독을 수행할 때 현실적인 충돌이 있다. 형사소송과정에서 검찰기관과 공안기관은 승소 추구의 측면에서 내재적으로 목적이 일치하며, 이러한 공동이익의 현실환경에서 검찰기관의 행동 환경은 공안기관을 이익공동체로 간주하게 되고, 이러한 관점에서 검찰기관은 심리적으로 공안기관을 한 가족으로 간주하게 된다. 자기 가족을 감독하면 진퇴양난에 처할 수밖에 없다. 또한, 검찰기관의 법정 재판과정에서의 행동 환경을 살펴보면, 공소권 행사로 인해 검찰관의 행동 환경은 다음과 같다. 자신의 위치는 공소 측에 있고, 자신의 공소 요구가 법관의 인정을 받으려는 심리적으로 명확하고 능동적이며 긍정적인 경향이 있다. 감독권을 행사하는 검찰관의 행동 환경은 다음과 같다. 재판, 공소, 변호에 초연하고 소송 사항과 관련이 없으며, 재판과정에서 위법행위를 감독하고 시정을 촉구하여 객관성과 공정성을 실현하고, 심리적으로는 상응하게 중립적이고 초연함을 유지해야 한다. 분명히 이 두 가지 행동 환경과 심리는 모순되고 조정하기 어렵다.

"가로로 보면 산맥, 세로로 보면 봉우리니, 멀고 가깝고, 높고 낮음에 따라 그 모습 제각각이어라." 소추와 법적 감독의 관계에 대해서는 다양한 각도에서 분석하면 결론이 달라질 수 있다. 그러나 사회 변혁 시기에 탄생하여 세상과 함께 끊임없이 발전하고 변화하는 검찰기관의 경우, 그 기능을 소추 또는 법적 감독으로 단일하게 분류하면 사회 발전과 법제 건설의 요구를 충족시킬 수 없다. 검찰기관의 기능은 주로 구체적인 직권 행사를 통해 이루어지며, 그 직권 행사 상황에 대한 분석을 통해 소추 기능의 수행이 객관적으로 법적 감독역할을 한다고 판단되며, 법적 감독기능은 소추 기능의 수행 과정을 관통하며, 양자는 검찰기관의 법제도 통일의 수호와 인권 보호를 위한 각종 소송활동에서 통일된다.

4) 중국 검찰기관의 직권 배치 개선에 관한 사고

위에서 언급한 중국 검찰기관의 사법기관 성격에 관한 위치 및 기능분석을 바탕으로 현행 검찰기관의 직권 배치에 대해 다음과 같은 제안을 한다.

(1) 공소권 확대

지금까지 중국 검찰기관의 공소권은 법률상 여전히 형사사건으로 제한되어 있다. 그러나 중국 정치 및 경제체제개혁이 심화함에 따라 광범위한 문제를 수반하고 중대한 영향을 미치는 일부 민사분쟁 및 행정 분쟁에 대해 누구도 기소하지 않는 문제가 점점 더 두드러지고 있으며, 특히 국유 자산의 침탈, 국유 기업의 합법적 권익 침해 및 환경오염의 공해 사건의 경우 누구도 소송을 통해 방어하지 않는 것이 가장 대표적인 사례이다. 따라서 서방 국가의 민사 및 행정공소제도에 관한 입법 및 실천을 참고하여 중국의 민사 및 행정공소제도의 수립을 제안한다.

① 민사 및 행정공소제도 구축

(1) 서방 국가의 민사 및 행정공소제도의 실천과 시사점은 아래와 같다. 대륙법계 국가의 민사공소제도는 프랑스에 처음 설립되었다. 1806년 프랑스 「민사소송법」은 검찰관이 기소 또는 기타 방법을 통해 "나라의 평화에 관한 소송, 관청의 소송, 관청의 토지, 읍과 공사公舍에 관한 소송, 가난한 사람들의 불공정 증여에 관한 소송"과 같은 민

사사건에 개입할 수 있다고 규정하고 있다.[60] 법 제421조는 검찰원이 주요 당사자로서 소송을 진행하거나 종속 당사자로서 소송에 참가할 수 있으며, 법이 정한 바에 따라 검찰원이 대중을 대표한다고 규정하고 있다. 제422조는 법률이 특별히 규정한 상황에 대하여 검찰원이 직권으로 소송을 진행할 수 있다고 규정하고 있다. 제423조는 법에 특별한 규정이 있는 경우를 제외하고 사실상 공공에 대한 방해로 소송이 필요할 경우, 검찰원이 공공의 질서를 유지하기 위하여 소송을 제기할 수 있도록 규정하고 있다. 제425조는 다음과 같은 사건은 검찰원이 사건의 종속 당사자로서 통지를 받아야 한다고 규정하고 있다. 친자관계, 미성년자 감호 배치, 성인 감호 설정 및 변경사건, 현행 소추 절차 중지, 채무 집단 확인 절차, 개인파산 절차 또는 기타 제재, 법인에 관한 경우 재판 정리 또는 재산 청산절차, 재판 청산과 재판 재정비 절차 및 회사책임자의 금전적 책임에 관한 사건, 기타(1981년 5월 12일 제81-500호) 법령에 따라 검찰원이 의견을 제시하도록 요구되는 모든 사건이 포함된다.

독일과 일본에서는 '공익 대리인' 제도, 즉, 검찰관이 공익의 대표자로서 국가와 사회의 공익을 수호하고 공익과 관련된 민사사건을 공소할 수 있는 권한을 갖는 제도가 확립되어 있다. 예를 들어 「독일 민사소송 법전」은 혼인무효, 고용노동, 금치산禁治産 등 사건에 대해 검찰기관이 소송을 제기하고 참여할 수 있는 권한을 규정하고 있다. 「일본 민사소송법」은 검찰기관이 민사소송을 제기할 수 있는 사건의 범위가 혼인 사건, 입양 사건, 친자 사건 등이 포함된다고 규정하고 있다. 「독일 행정법원법」 제35조, 제36조 및 제64조에 따라 각 고등행정법원과 행정법정에는 주 정부 법규에 규정된 준칙에 따라, 일반 또는 특정 사건에서 주 또는 주 기관을 대표할 수 있는 권한을 부여받은 한 명의 공익 대리인을 각각 설치한다. 연방행정법원에는 한 명의 검찰장이 있으며, 검찰관은 공익을 위해 기율검찰 재판부와 군사재판부의 사건을 제외하고 연방행정법원의 모든 소송에 참여할 수 있다. 검찰관은 소송참여인의 자격으로 소송에 참여한다. 소송에 참여한 검찰관은 행정법원의 판결이 공익에 반하는 경우 원고 또는 피고의 동

60 馬貴翔, 李劍, 「公訴權概念的形成與啓示」, 陳光中, 江偉 주편, 『訴訟法論叢』(제11권), 法律出版社, 2006, 32쪽.

의 여부와 관계없이 상소하여 변경을 요구할 수 있다.[61]

영국에서는 법에 따라 검찰장만이 민사소송을 제기할 수 있는 권한이 있다. 검찰장은 다음 두 가지 방식으로 민사소송을 제기한다. 첫째, 왕실의 권익과 관련된 민사사건의 경우이다. 영국의 법 전통에 따르면 왕실과 관련된 민사사건은 왕실 구성원이 법정에 출석하지 않고 검찰장이 대표로 민사소송을 제기한다. 둘째, 공익 또는 공공의 권리를 방해하는 행위에 대해 검찰장은 법원에 제지 혹은 강제적으로 공공 의무의 이행을 청구할 권리가 있다. 이는 공법의 이름으로 사적 권리를 보호하기 위한 소송의 한 유형으로, 일반적으로 어떤 사람이 금지령이나 선고령을 요구하거나 두 가지 종류의 구제를 모두 요청할 때 어떤 종류의 범죄를 중지하기 위해 검찰장이 제기한다. 이러한 사건은 일반적으로 관련된 사람이 많고 검찰장은 당사자의 신청에 따라 자신의 이름으로 공소를 제기할 수 있으며, 검찰장은 공권력이 침해될 수 있거나 침해되고 있음을 발견한 경우 직권으로 민사 또는 행정공소를 제기할 수 있다.[62]

미국에서는 검찰관이 정부를 대표하고 정부를 대신하여 소송 권리를 행사한다. 정부 이익 또는 공익과 관련된 민사사건의 경우 정부와 대중의 이익을 보호하기 위해 소송을 제기하고 참여할 권리가 있다. 예를 들어「미국법전」제28권 제547조에 따르면 미국 연방 검찰기관은 다음과 같은 경우에 기소권을 갖는다. ① 민사사건이 연방 이익과 관련된 경우 검찰관은 연방정부를 변호하기 위해 민사소송을 제기할 수 있다. ② 조세와 관련하여 검찰관은 법정에 출두하여 세무관을 변호할 수 있다. ③ 연방정부의 토지 징용으로 인한 민사소송에서 검찰관은 소송을 제기하고 법정에 출석하여 연방 이익을 위해 변호할 수 있다. ④ 사기 수법으로 위로금 및 퇴직금을 받은 사건과 관련하여 검찰관은 연방을 대신하여 보상금 청구 소송을 제기할 수 있다. ⑤ 정부의 토지소유권 확인과 관련된 민사소송에서 검찰관은 정부를 대신하여 민사소송을 제기할 수 있다. ⑥ 검찰관은 반트러스트법 위반으로 인한 모든 분쟁에 대해 소송을 제기할 수 있

---

61 [독] 핀터너,『德國普通行政法』, 朱林 역, 中國政法大學出版社, 1999, 266~277쪽 참조.

62 鄧思清,「論檢察機關的民事公訴權」,『法商研究』, 2004, 제5기 참조.

다. ⑦ '국민 은행법'과 관련된 분쟁에서 연방의 이익이나 연방 관원과 관련되면 검찰관은 소송을 제기하고 참여할 권리가 있다.[63] 미국 환경 보호법, 대기오염 방지 규정, 수질오염 방지 규정, 항만 및 하천 오염 방지 규정, 소음 통제 규정, 위험물 운송 조례 등 규정은 검찰관에게 관련 소송을 제기할 수 있는 권한을 부여하고 있다.[64]

위에서 언급한 각국 검찰기관의 민사 및 행정 공소권 실행을 통해 최소한 다음과 같은 시사점을 얻을 수 있다. 첫째, 검찰기관에 민사 및 행정 공소권을 부여하면 개인, 법원, 행정부문 등 일반적 소송 주체가 민사 및 행정소송을 제기하는 방식에서 존재하는 한계를 보완하고 약자의 합법적 권익을 보호하며, 사회의 공익을 보호하고 사회 경제 질서의 건강한 발전을 촉진하는 데 도움을 줄 수 있다. 둘째, 검찰기관이 제기하는 민사 및 행정 공소의 범위는 국가마다 다르지만 국가 이익과 사회의 공익에 국한된다. 셋째, 검찰기관은 당사자 신분으로 소송에 참여하지만, 일반적인 민사소송의 당사자와는 다르며 보통 수사권은 누리지만 소송권의 실체적 권력을 처분할 수 없다.

(2) 중국의 민사 및 행정공소제도 구축에 관한 초보적 구상

첫째, 민사 및 행정 공소제기에서 검찰기관의 지위를 확립한다. 「인민검찰원 조직법」, 「민사소송법」 및 「행정소송법」의 관련 조항에서 검찰원에 민사 및 행정공소를 제기할 수 있는 권한을 명확히 부여하고 검찰기관의 소송 지위를 명확히 해야 한다. 검찰기관은 국가 또는 원原 당사자의 명의와 민사 공소인, 행정 공소인의 신분으로 소송에 참여해야 한다는 것이 우리의 주장이다.

둘째, 민사 및 행정 공소 사건의 범위를 설정한다. 중국의 실제 상황에 비추어, 그리고 외국의 관련 입법 및 실천을 참조하여 민사 및 행정 공소 사건의 범위는 다음을 포함할 수 있다. ① 국가와 공익에 손해를 미치는 사건, ② 환경오염 등 공익을 해치는 공해 사건, ③ 독점, 중대한 사기, 토지, 조세 등 사회주의 경제질서를 파괴하는 사건,

---

63 邵世星, 「論我國民事訴訟檢察監督的立法完善」, 孫謙, 劉立憲 주편, 『檢察論叢』(제1권), 法律出版社, 2000, 366쪽 참조.

64 鄧思清, 「論檢察機關的民事公訴權」, 『法商研究』, 2004, 제5기.

④ 미성년자, 노인, 여성의 합법적 권익에 관련된 사건(검찰기관의 개입은 당사자의 권한 부여 또는 그 법정대리인의 권한 부여를 전제로 함), ⑤기타 검찰원이 민사 또는 행정 공익소송을 제기해야 하는 사건이 포함된다.

셋째, 검찰기관에 조사권을 부여한다. 검찰기관에 대한 조사권 부여 이유는 세 가지가 있다. 우선, 민사 및 행정 공소 사건의 복잡성에 기인한다. 검찰기관이 제기하는 민사 및 행정 공소 사건은 국가와 사회공익에 관련된 사건으로, 일반적으로 복잡하고 증거수집이 어렵기 때문에 국가와 사회 공공의 이익을 효과적으로 보호하기 위해 검찰기관에 민사 및 행정사건에 대한 조사권이 부여되어야 한다. 다음으로, 이는 검찰기관의 성격에 따라 결정된다. 검찰기관은 중국의 사법기관으로서 사법기관의 권위를 수호하고 민사 및 행정 공소권의 남용을 방지하기 위하여 검찰기관에 조사권을 부여해야 한다. 마지막으로, 검찰기관의 조사권은 공소권에서 비롯된다. 전문에서 수사권은 형사사건과 관련된 공소권의 연장선에 있다고 설명한 바가 있다. 민사 및 행정 공소권은 새로운 형세와 새로운 시기에서 검찰기관 공소권의 확장이므로 민사 및 행정 공소 사건에서 검찰기관에 일정한 조사권을 부여하는 것도 논리적으로 타당하다.

넷째, 법은 검찰기관의 민사 및 행정 공소권을 제한하고 감독해야 한다. 공권력은 본질적으로 확장성이 있기 때문에 이를 견제하지 않으면 남용될 수밖에 없다. 「검찰관법」과 오심 사건 추궁 책임제에 따라 검찰관의 불법 및 직무 유기에 대한 처벌 강화 외에도 기타 소송절차를 통해 감독 및 제약을 강화할 수 있다. 예를 들어, 자체 수사사건 관할에 관한 형사소송법의 관련 조항을 참조하여, 법에 명확히 규정되지 않은 민사 공소권 제기 사건의 경우, 검찰기관이 필요하다고 판단하면 성급 인민검찰원의 승인 또는 결정을 거친 후 제기할 수 있다.

다섯째, 검찰기관은 일반적으로 소송비용을 면제받는다. 검찰기관은 공익의 대표자로서 국가의 이익과 사회의 공익을 보호하는 민사 및 행정 기소를 제기하며, 이는 '공무 집행'의 일부이므로 소송비용 지급의 대상이 되어서는 안 된다. 검찰기관이 승소한 경우에는 패소자가 소송비용을 부담하도록 법원이 판결할 수 있고, 검찰기관이 패소한 경우에는 국가가 소송비용을 부담할 수 있다. 검찰기관은 소송에 필요한 비용만 부담한다.

② 심사 및 기소에 관한 검찰기관의 자유재량권 확대

많은 국가에서 중대하고 복잡한 사건의 급증과 재정 및 인적 자원의 제약으로 인해 위법 사건 수와 법원의 재판 속도 사이에 큰 격차가 발생하여 범죄 예방과 법의 통일적 적용이라는 목적을 충분히 달성할 수 없는 상황이 발생하고 있다. 이러한 상황에 직면하여 많은 국가에서 검찰기관의 기소에 대한 더 큰 재량권을 부여하고 있으며, 일부 국가에서는 판결 및 처분에 대한 일정 수준의 권한을 부여하기도 한다. 예를 들어 독일 검찰기관은 경범죄에 대해 불기소 권한 외에도 일반 형사사건에 대해 피고인이 유죄 인정 태도가 좋고, 벌금 납부, 사회봉사, 피해자에게 손해배상, 공공복지시설이나 국고에 일정 금액을 납부, 기타 공익적 교부를 하는 경우 불기소 처분을 내릴 수 있다. 일본에서는 경범죄 사건과 사회적 피해가 가벼운 사건에 주로 적용되는 '기소유예' 제도가 범죄를 예방하고 소송 효율성을 높이는 데 긍정적인 의미가 있다. 이탈리아, 스페인, 포르투갈에서 최근 형사절차 개혁을 통해 합의형 형사절차를 도입하고 있다. 이 절차에서는 형사사건이 법관에 의해 전적으로 재판되지 않고 주로 검찰관이 실질적으로 처리한다. 이 절차는 범죄자의 동의를 얻어 재판 전 사건을 처리하는 데 주로 쓰인다. 이탈리아와 스페인의 이러한 절차는 영미법계의 유죄협상제와 유사하다. 이런 합의형 절차에서 검찰관은 사건을 실질적으로 처리하고 법관은 형을 선고한다. 동시에 여러 유럽 국가에서 검찰기관은 형사사건을 직접 처리하고 공개 재판절차를 피할 권리가 있다. 이러한 체계에서 범죄자는 일정 금액을 지급하면 기소를 피할 수 있다. 벌금은 검찰관이 범죄자에게 특정 시간에 일정 금액을 국고에 내도록 요구하는 일방적인 결정이다. 예를 들어 벨기에에서는 최대 5년의 징역형이 부과될 수 있는 사안에 대해 검찰관이 기소를 대신하여 벌금을 부과할 수 있다. 네덜란드에서는 최대 6년의 징역형이 선

고될 수 있는 사건에 대해 적용할 수 있다.[65]

검찰기관에 기소 재량권을 부여하는 목적은 주로 사법 자원의 낭비를 줄이고 국가 재정 부담을 줄이며 제한된 인적, 물적, 재정적 자원을 더 심각한 범죄를 억제하는 데 투자하도록 하며, 동시에 형벌 개별화의 형벌 이념과 범죄자의 사회 복귀를 촉진하는 형사 정책의 구현에 도움이 된다. 중국「형사소송법」에 의해 확립된 불기소 제도는 검찰기관에 일정한 불기소 재량권을 부여하고 있으며, 이는 각국 검찰기관의 공소권 발전 추세에 부합한다. 그러나 입법기관은 불기소처분의 남용을 우려하여 검찰기관에 일정한 자유재량권을 부여하는 한편, 불기소처분권 행사의 범위에 대하여 매우 엄격한 제한을 가하고 있는데, 이는 두 가지 측면에서 나타난다. 첫째, 불기소처분이 적용되는 사건의 범위가 지나치게 협소하고, 둘째, 피해자의 기소를 이유로 불기소처분의 실체적 효력뿐만 아니라 절차적 효력도 종료되거나 흔들릴 수 있다. 이러한 제한은 검찰기관의 재량권 남용을 어느 정도 억제하는 데는 도움이 되지만, 검찰기관이 이해利害 균형을 고려하여 내린 판단이 피해자의 기소로 의미를 상실하게 되어 자유재량권이 실효적인 역할을 할 여지를 잃게 되는 단점도 매우 명백하다. 따라서 사건의 심사 및 기소에 있어서 자유재량권의 적용범위와 적용 절차의 확대는 검찰기관 직권 조정의 목표가 되어야 하며, 이를 통해 검찰기관의 공소권이 형사 추궁의 이익에 부합되고 소송 공정성과 소송 효율성의 통일을 달성할 수 있다.

(2) 직무범죄 수사권의 최적화

직무범죄는 지능적이고 은밀성이 높은 직무 관련 범죄이다. 일반 범죄 수사와 비교하면 사건은 보통 스스로 노출되지 않으며, 수사 경로는 일반적으로 '사람에 따른 사건 조사'이며, 물증이 적고 구두 증거와 서증의 지위가 두드러지고, 범죄 혐의자의 수사 방어 능력이 강하고, 외부 간섭이 크고, 증거의 수집, 고정의 어려움이 있는 특징이 있

---

65 피터 J.P. 테이크 편저,『歐盟成員國檢察機關的任務和權力』, 呂清, 馬鵬飛 역, 中國檢察出版社, 2007, 8쪽 참조.

다. 그러나 중국 법률은 직무범죄 수사의 특수성을 해결하기 위한 상응하는 특별 조치를 제공하지 않아 직무범죄 수사 모델의 개선을 방해하고 반부패의 강도에 영향을 미치고 있다. 직무범죄 수사 능력을 향상하고 직무범죄 수사의 특수한 수요를 충족시키기 위해서는 검찰기관의 직무범죄 수사권이 최적화되어야 한다.

1. 입법 측면에서 검찰기관의 사건 수리 단계에서의 감시 기능을 강화하고, 직무범죄 사건 범위를 확대하고, 검찰기관이 직무범죄에 대한 정보 및 소식을 효과적으로 수집할 수 있는 수단을 확대한다. 중점은 검찰기관과 기율 검사, 행정법집행, 경제관리 등 부문의 상황 및 정보연계 시스템을 구축, 개선하고 검찰기관에 상응하는 감독, 처리 권한을 부여한다.

2. 입법 측면에서 검찰기관이 직무범죄에 대한 정보를 발견하고 수집하기 위해 비밀수사 조치 및 관련 기술적 수사 기법을 행사할 수 있도록 법적으로 허용한다. 중국이 잇따라 가입을 승인한 유엔「초국가적 조직범죄 방지 공약」과「반부패 공약」은 부패 범죄 수사에 특별 수사 수단의 사용을 허용하고 있다. 예를 들면,「반부패 공약」제5조 4항에서 "법은 부패 범죄의 수사활동을 위해 적절한 수단을 규정해야 한다. 이러한 수단은 엄중한 사건의 경우 비밀수사 및 통신 감청이 포함될 수 있다"라고 규정하고 있다. 제50조 제1항은 "각 체약국은 부패를 효과적으로 퇴치하기 위하여 자국의 법제도의 기본원칙이 허용하는 범위 내에서 자국의 법률이 규정한 조건에 따라 능력 범위 내에서 필요한 조처를 할 수 있으며, 관할기관이 영역 내에서 상황에 따라 제압 상태에서의 교부, 적절하다고 판단되는 경우에는 전화나 기타 감시 형식, 특공 요원 행동 등의 특수 수사 수단을 사용할 수 있도록 허용하고, 법원이 그러한 수단으로 확보된 증거를 인정할 수 있도록 허용해야 한다"라고 규정하고 있다. 그러나 중국의 상황은 입법에서 검찰기관의 특별 수사 조치 및 관련 기술적 수단의 시행에 대한 명확한 규정이 없지만 실제로는 다양한 정도로 사용되고 있으며, 절차에 대한 규정이 부족하고 시행 과정에 대한 계획이 부족하며, 시행 결과에 대한 심사가 부족하여 국제 공약에 명시된 기준과는 거리가 멀다. 따라서 중국은 상기 국제 공약에서 규정하고 있는 특별 수사 조치 및 수사 지원 조치와 관련하여 자국의 현실에 맞게 형사소송법 및 특별 입법에 따라 점진적으로 제정하고 개선해 나갈

필요가 있다.

3. 강제 조치의 적용 절차를 개선한다. 직무범죄의 경우 증거 확보의 어려움, 범죄 입증에서 구두 증거의 중요성, 수사에서의 강제 조치의 역할 및 사법 실무의 실제 상황을 고려하여 입법 측면에서 강제 조치의 적용 절차를 개선한다. 직무범죄 사건의 수사 및 처리에서 현행 구금 소환, 주거 감시, 형사 구류 등 세 가지 강압적 조치를 개혁하고 개선하는 데 중점을 둔다.

(3) 재판 전 절차에서 검찰기관의 법적 감독기능 개선

영미법계와 대륙법계 국가의 형사법률 규정과 사법 실천의 관점에서 보면, 공소, 변호, 재판이 참여하는 삼각 소송구조가 존재한다. 그중에서도 공소와 재판 사이의 법적 관계는 법관이 수사행위에 대한 심사 및 승인 구조, 즉, 체포, 수색, 압수, 구금 등 수사 조치를 행사하기 위해 사법 경찰 또는 검찰관은 법관 또는 법원에 신청하고, 후자는 사법심사절차를 개시하고 법적 조건을 충족한 상황에서 허가령을 발급하면 수사가 진행될 수 있다. 변호와 공소의 관계는 변호사가 묵비권과 같이 법에 따라 피의자에게 부여된 일련의 방어권을 사용하여 수사권에 맞설 수 있다는 사실에서 나타나고, 변호와 재판의 관계는 범죄 혐의자가 인신보호령 발급을 신청하는 등 부적절한 수사행위에 대해 법관에게 신소할 수 있다는 사실에서 나타난다. 법관의 체포 허가 영장 발부는 이러한 심사 메커니즘과 수사 구조하에서 이루어진다. 삼각 수사 구조에 맞물려 서방 국가들은 보통 일반형사재판법원 외에 별도의 법원 또는 법관 체계를 두고 있으며, 이들은 수사기관의 수사행위 또는 강압적 조치의 합법성과 적절성을 구체적으로 검토하는 역할을 담당한다. 이 직무를 수행하는 법관은 전문 사법심사자로 국가별로 '치안 법관', '예심 법관' 또는 '수사 법관'이라고 하며 일반적으로 치안 법원, 예심 법원 또는 간이 법원에 소속되어 있다. 중국 검찰기관은 재판 전 절차에서 소추 기능과 법적 감독기능을 모두 수행하므로 검찰권 배분에 있어서 한편으로는 검찰기관의 사법기관 성격, 법적 감독기능을 고려하여 공안기관의 수사권에 대한 사법 통제를 강화한다. 따라서 재판 전 절차가 수사기관, 범죄 혐의자와 그 변호인, 검찰기관으로 구성된 소송관계를 형성한다. 다른 한편으로 검찰기관은 직무범죄에 대한 수사권을 가지고 있고, 공안기관이 송치한 사건에 대한 체포 승인 권한을 가지고 있다. 외부의 감독 제약이 부족하기 때문에 체포 승인권을 조정해야 한다.

1. 검찰기관의 체포 승인권에 관한 문제이다. 검찰기관의 체포 승인권이 사법 규칙과 국제 공약의 관련 조항에 부합하는지에 대해서는 많은 논쟁이 있다. 중국의 현행 법치 체제에서 검찰기관의 체포 승인권 행사는 권력에 대한 견제와 균형 및 권리보장의 요구사항을 반영하는 동시에 중국의 국정에도 부합한다고 생각한다. 그러나 검찰기관의 자체 수사 및 자체 체포에 대한 감독 부족, 체포 과정에서의 권리 구제 부족 및 장기 구금의 심각성 등 현행 체포 승인 제도로 인해 국제인권공약, 특히 「유엔 공민권리와 정치권리에 관한 공약」과 큰 격차가 존재하기 때문에 검찰기관의 체포 승인권을 보유하는 동시에 절차적 측면에서 검찰기관의 체포 승인권에 대해 일정한 규제를 해야 한다. 첫째, 검찰기관의 자체 수사 사건의 경우 법원이 일괄적으로 체포 승인을 한다. 이는 한편으로는 검찰기관의 수사권에 대한 법원의 제약을 강화하고, 다른 한편으로는 중국 헌법과 형사소송법에 의한 인민법원의 체포권 결정의 발전이기도 하다. 둘째, 피체포자, 법정대리인 또는 가까운 친척이 인민검찰원의 체포 결정에 불복하는 경우 체포의 적법성 및 구금 장기화에 대해 체포를 승인한 인민검찰원과 동급 인민법원에 신소할 수 있다. 인민법원은 체포 결정에 불복하는 신소에 대해 청문회를 열고 인민검찰원, 피체포자, 법정대리인, 변호인의 의견을 들어야 한다. 신소가 성립되면 원래의 체포 결정을 취소하고 체포자를 석방해야 한다.[66]

2. 공안기관의 수사 조치에 대한 검찰기관의 감독과 제약을 강화한다. 중국의 현행 형사소송법 및 사법해석에 따르면, 소추 대상자의 재산을 제한하고 처분하는 수색 및 압류는 수사기관이 자체적으로 결정하게 되어 있으며 사법기관의 승인을 필요로 하지 않는다. 형사소송법은 수사, 압류의 범위를 비교적 넓게 규정하고 있고, 적용 조건에 대한 규정은 실제 운용성이 약하고, 집행 절차에 대한 규정은 지나치게 허술하다. 실제

---

66 陳光中, 『中華人民共和國 刑事訴訟法再修改專家建議稿與論證』, 中國法制出版社, 2006 386~387쪽 참조.

로 공안기관이 수사, 압류 등 강제조치를 적용할 때 자의적이고, 국민의 재산권, 사생활을 침해하는 경우가 종종 발생하고 있다. 따라서 재판 전 절차에서 검찰기관이 수사기관에 대한 감독기능을 충분히 발휘하고, 재산에 대한 수사와 압류는 검찰원의 승인이나 결정이 있어야 한다는 점을 절차적으로 명확히 해야 한다.[67]

(4) 재판 감독 범위와 방식의 조정

1. 형사 재판 감독을 개선한다. 형사소송에 있어서 검찰기관은 소추 기능과 법적 감독기능을 동시에 수행하며, 양자는 일정한 모순과 상충이 있기 때문에 소추 기능과 재판 감독기능은 분리하여 병렬적으로 수행해야 한다고 생각한다. 검찰기관의 형사 재판 감독에 관하여 적어도 다음 두 가지 조정이 이루어져야 한다고 생각한다. (1) 검찰기관의 법정 내 감독을 취소한다. 1심, 2심, 재심 절차 모두 소송절차에 해당하며, 검찰기관의 기소와 항소는 법원, 당사자와 소송 관계를 형성하는데, 이때의 검찰관은 국가 공소인의 신분이다. 합리적인 소송구조를 구축하기 위해서는 검찰기관의 법정 내 감독 권한을 취소해야 한다. (2) 검찰기관의 재심절차 제기 권한을 제한한다. 재심절차의 주요 목적은 한편은 당사자의 권리를 구제하고 사회적 형평성을 유지하는 것이고, 다른 한편으로는 잘못된 판결을 바로잡고 사법의 공정성을 유지하는 것이다. 그러나 재심절차의 빈번한 개시는 한편으로는 판결의 기판력既判力을 흔들고 사법권위를 약화하며, 다른 한편으로는 사법 자원의 낭비와 소송의 비효율성을 초래할 수 있다. 따라서 검찰기관이 재심절차를 개시할 수 있는 사건의 범위, 증거 기준, 절차 등을 엄격하게 제한해야 한다.

2. 민사, 행정 재판의 감독을 개선한다. 법원이 심리하는 사건 중 민사, 행정사건의 총건수는 형사사건의 6배이며, 현재 사법 불공정 및 사법 부패 사건도 주로 민사, 행정사건에서 발생한다. 따라서 민사 및 행정소송에 대한 감독을 강화하는 것은 중요한 현

---

67 陳光中,「刑事訴訟中檢察權的合理配置」,『人民檢察』, 2005, 제7기 참조.

실적 의의가 있을 뿐만 아니라 검찰기관이 법적 감독기능을 발휘하기 위한 요구사항이기도 하다. 현재 세 가지 측면이 시급히 개선되어야 한다. (1) 검찰기관의 감독 수단을 개선하고 인민법원의 재심사건 심리절차를 규범화한다. 인민검찰원에 사건 문서를 열람할 수 있는 권리와 적절한 조사권을 부여하고, 항소 사건의 경우 항소 기관의 동급 인민법원에서 심리하고 인민법원의 사건 재심 기한을 합리적으로 결정한다. (2) 민사, 행정소송의 감독방식을 개선할 필요가 있다. 재심을 통해 시정할 수 없는 인민법원의 불법 재정에 대해 검찰기관은 인민법원에 시정 의견을 제출할 수 있다. 인민법원은 시정 의견을 접수한 후 사건 또는 관련 문제를 검토하고 답변해야 한다. (3) 민사, 행정 판결의 집행에 대한 감독을 강화한다.

(5) 형벌 집행에 대한 감독 강화

추가형 집행의 감독 부재, 감형, 가석방, 잠정 옥외 집행에서의 감독 부재, 감독 경찰의 직무범죄 조사 및 처리에 대한 불충분한 감독 등의 문제는 검찰기관의 형벌 집행 분야에서 법적 감독 부실의 집중적인 표현이다. 이는 또한 검찰기관에 필요한 감독 수단이 부족하기 때문에 형벌 집행 감독 영역에서의 권한이 강화되어야 한다. 예를 들어 감형, 가석방, 옥외 집행 등 법원의 판결과 재정에 대해 감독권을 가져야 하며, 법원은 위와 같은 재정을 내릴 때 재정서 사본을 검찰기관에 송부하고, 검찰기관은 이에 대하여 항의할 수 있는 권리를 가지며, 법원은 항의가 있을 때는 재심사해야 한다.[68]

(6) 노동교양기관의 활동에 대한 법적 감독을 개선한다.[69]

「노동교양 시행 방법」, 「노동교양 시행 방법에 관한 보충 규정」 또는 최고인민검찰원이 공포한 「인민검찰원 노동교양 검찰업무 시행 방법」등 현행 노동교양 법규는 모두

---

68 蔡定劍, 「司法改革中檢察職能的轉變」, 『政治與法律』, 1999, 제1기 참조.

69 「위법행위 교육교정법違法行爲教育矯正法」이 추진되는 등 중국은 노동교양제도에 대한 개혁이 진행 중이다. 새로운 법률이 제정되고 있으므로 본 장에서 이 문제에 대한 논의는 기존 규정을 바탕으로 하고 있음을 밝힌다.

인민검찰원이 노동교양 활동의 합법성을 감독하도록 규정하고 있으나 감독의 범위, 절차, 수단에 대한 명확한 시행 세칙과 제도적 보장이 없어 검찰기관이 노동교양기관 활동에 대한 감독이 미흡하다. 이는 주로 다음과 같은 측면에서 나타난다. 첫째, 감독 범위가 좁다. 검찰기관은 노동교양 활동에 대한 집행 감독과 일부 절차에 대한 신소 심사에 제한되며, 노동교양 보고 제청, 심사 승인, 재심사와 같은 중요한 측면을 감독할 방법이 없다. 규정에 따르면 노동교양은 성자치구, 직할시, 대중도시의 노동교양 관리위원회에서 심사하고 결정해야 하지만, 실제로는 노교위와 공안기관이 공동으로 업무를 보며 노동교양의 보고, 심사승인, 재심사는 사실상 공안기관의 권력이 되고 있다. 노동교양의 적용 여부를 결정하는 전체 과정에 대한 효과적인 감독과 제약이 부족하여 노동교양 적용의 자의성이 크고 노동교양을 남용하는 현상이 수시로 발생하고 있다.[70] 둘째, 감독 절차가 혼란스럽다. 예를 들어, 노동교양 심사 승인기관은 시급 수준의 노동교양 관리위원회이며, 기층 인민검찰원이 직접 시정 의견을 제출하는 것은 행정 수준이나 소속 측면에서 적절하지 않다. 기층 인민검찰원이 상급 인민검찰원에 요청하여 동급 공안기관에 시정 의견을 제출하는 항소 절차를 참조할지는 실제 관행에서 아주 다르다. 일부 지역에서는 사건이 발생한 해당 지역의 공안기관에 시정 의견을 제출하고, 일부는 해당 노동교양 심사 승인기관에 시정 의견을 제출한다. 셋째, 감독 수단이 부족하고 무력하다. 인민검찰원은 노동교양 검찰업무에서 노동교양기관이 개선해야 할 문제, 일반 기율 위반, 위법 행위, 심지어 심각한 기율 위반 및 위법 행위를 발견해도 구두 또는 서면의 검찰 권고밖에 할 수 없다. 이에 따라 노동교양 검찰 감독을 어느 정도 무력화시키고 유명무실하게 된다. 예를 들어, 인민검찰원의 감소監所검찰 감독부문은 노동교양 인원이 노동교양에 불복하여 해당 심사 승인기관에 신소하여 기각된

---

70 2003년 4월 21일 북경만보北京晚報는 "우한 택시 관리에 새로운 규칙, 손님을 상대로 한 번 바가지를 씌우면 구속되고 두 번 재범하면 일률적으로 노동교양한다"라는 기사를 보도했다. 이 글에 따르면 우한 택시업계에서 손님을 상대로 바가지 씌우기가 기승을 부리고 있다면서 이를 하루빨리 억제하기 위해 앞으로 상황의 심각성에 따라 한 번 발견되면 15일 동안 구류되고, 두 번 경찰에 처리되면 일률적인 노동교양을 보낸다고 우한 경찰 관계자는 밝혔다. 류저우시柳州市 개인 기사 허초우何超는 교통관리법규 위반으로 운전면허증이 압수된 기간 두 차례 무면허 운전을 한 원인으로 1년간 노동교양 처분을 받았다.

후 다시 인민검찰원에 신소한 경우 해당 심사 승인기관에 시정을 요청할 수 있다. 해당 심사 승인기관이 시정하지 않을 경우 상급 인민검찰원에 보고하고, 상급 인민검찰원은 시정 의견이 정확하다고 판단되면 동급 공안 부문에 시정을 제출해야 한다. 주관부문이 여전히 시정하지 않으면 검찰원은 속수무책이다.[71] 이와 관련하여, 우리는 노동교양의 올바른 이행을 보장하기 위해 가능한 한 빨리 입법하고, 현행 심사 승인 제도를 개혁하여 검찰 감독에 대한 세부 조항을 제정하고, 노동교양에 대한 검찰 감독의 범위를 노동교양 전 과정으로 명확히 확대하고, 검찰기관의 사건 수리, 심사, 감독 실행에 이르는 일련의 절차를 규범화하고, 검찰기관 감독의 실효성을 규정해야 한다고 생각한다. 동시에 노동교양기관의 활동을 감독하는 기능을 효과적으로 수행하기 위해 검찰 자원 배분에 있어 특별 부서를 설치하고 인력을 배치해야 한다.

3. 검찰기관의 지도체제

검찰기관의 지도체제는 상하급 검찰기관 간의 관계와 검찰기관과 검찰기관의 관원을 임명 또는 해임하고, 업무를 지휘 및 지도할 권한을 가진 국가기관 간의 조직적 관계를 말한다. 검찰기관의 지도체제는 검찰 권력의 효과적인 행사를 위한 조직적 보장이다. 본 절에서는 중국 검찰기관의 지도체제 방식과 중국 검찰기관 지도체제의 개혁과 개선에 대해서 논의한다.

---

71 姚建龍,「完善勞教制度法律監督機制芻議」,『中國司法』, 2000, 제4기.

1) 검찰기관 지도체제 형식

(1) 중국 검찰기관 지도체제의 형식

① 중국 검찰기관 지도체제의 형성

신중국 건국 이후 중국 검찰기관의 지도체제는 여러 차례 변화를 겪었다. 1949년 12월 공포된「중앙인민정부 최고인민검찰서 시행 조직조례」는 "전국 각급 검찰서는 독립적으로 직권을 행사하고 지방기관의 간섭을 받지 않으며, 최고인민검찰서의 지휘에만 복종한다"라고 규정했다. 이는 중국 검찰기관의 수직적 지도체제 구축 원칙이 확립됐다. 그러나 검찰기관의 이런 수직적 지도체제는 그 당시 실제로 작동하지 않았다.

신중국 건국 초기에는 수많은 일들을 다시 시작해야 했고 물질적 조건이 매우 부족했으며, 당시 최고인민검찰서는 아무것도 없는 상황에서 간부 배치, 근무 조건 등 모든 준비는 지방에 의존해야 했기 때문에 수직적 지도체제를 구현하여 각급 지방 검찰기관을 신속하게 설립하기에 어려웠다. 이러한 상황에서 1년이 지난 후 국가는 검찰기관의 지도체제를 개혁하지 않을 수 없었다. 1951년 9월 중앙인민정부위원회에서 채택된「각급 지방 인민검찰서 조직 통칙」은 "각급 지방 인민검찰서는 상급 인민검찰서의 지도를 받는다"라고 규정하고, 동시에 "동급 인민정부의 구성 부분이며 동급 인민정부위원회의 지도를 받는다"라고 규정했다. 이는 검찰기관의 이중지도체제의 시작이었다.

그러나 다양한 민주개혁이 완료된 후 1953년부터 중국은 경제적으로 큰 발전의 시기에 접어들었다. 경제 발전의 요구에 부응하기 위해 중공 중앙과 중앙인민정부는 중앙의 집중적 통일 지도를 더욱 강화하기로 했으며 동시에 사회주의 법제를 점진적으로 개선하는 과제를 제시했다. 법제의 통일을 지키고 중앙의 집중적 통일 지도를 보장하기 위해서 검찰기관의 수직적 지도체제로의 복원이 필요했다. 이를 위해 1954년 9월 제1차 전국인민대표대회 제1차 회의에서 채택된「헌법」과「인민검찰원

조직법」에 모두 이에 상응하는 규정을 제정했다. 1954년「헌법」제83조는 "지방 각급 인민검찰원은 독립적으로 직권을 행사하며 지방 국가기관의 간섭을 받지 않는다"라고 규정했다.

당시「인민검찰원 조직법」제6조는 "각급 지방 인민검찰원과 특별 인민검찰원은 상급 인민검찰원의 지도하에 업무를 수행하며, 모두 최고인민검찰원의 통일된 지도하에 업무를 수행한다"라고 규정했다. 이 규정에 따라 각급 지방 인민검찰원은 본급 인민정부의 지도나 본급 국가권력기관의 지도를 받지 않고, 오직 상급 검찰원과 최고인민검찰원의 지도만을 받도록 하여 검찰기관의 수직적 지도체계를 복원했다. 그러나 20세기 60년대 중반 발생한 '문화대혁명'의 잘못된 영향으로 검찰기관이 해제되었고, 1975년「헌법」은 검찰기관의 직권을 각급 공안기관이 행사하도록 규정했다. 이 모든 것이 중국 검찰제도의 구축에 심각한 충격을 주었다.

1976년 10월 '문화대혁명'이 끝나고 정상을 회복하면서 검찰기관은 다시 태어났다. 1978년 3월에 개최된 제5기 전국인민대표대회 제1차 회의는 수정된「중화인민공화국 헌법」을 채택했다. 이 법은 1954년「헌법」에 의해 확립된 상하급 검찰기관 간의 수직적 지도체제를 변경하고, 지방 검찰기관이 독립적으로 기능을 행사하고 기타 지방 국가기관의 간섭을 받지 않는다는 1954년「헌법」조항도 취소했다. "지방 각급 인민검찰원은 본급 인민대표대회에 책임지고 업무를 보고한다." "상급 인민검찰원은 하급 인민검찰원의 검찰업무를 감독한다"라고 규정하여 상급 검찰원의 감독과 지방 권력기관의 지도를 결합한 지도체제를 채택했다. 이러한 지도체제는 법적 감독기관으로서 검찰기관의 성격에 부합하지 않고, 검찰기관 업무의 집중적 특징에도 적합하지 않으며, 검찰기관이 법에 따라 검찰권을 행사하는 데 도움이 되지 않아 현실적으로 시행할 수 없었다. 이를 위해 1년 뒤인 1979년 7월 열린 제5기 전국인민대표대회 제2차 회의에서 검찰기관 지도체제를 개혁하고 검찰기관 상하급 간 감독 관계를 다시 지도관계로 바꾸었다.

1982년 12월 4일 제5기 전국인민대표대회 제5차 회의에서「헌법」이 통과되었는데, 헌법은 1979년 전국인민대표대회의 검찰기관 지도체제 개정을 승인했다. "최고인민검찰원은 지방 각급 인민검찰원과 전문 인민검찰원의 업무를 지도하고, 상급 인민검찰원은 하급 인민검찰원의 업무를 지도한다." "지방 각급 인민검찰원은 자체를 발원한 국가권력기관과 상급 인민검찰원에 책임진다." 그로부터 지방 각급 인민검찰원은 한편으로는 상급 인민검찰원과 최고인민검찰원의 지도를 받고, 다른 한편으로는 본급 국가권력기관의 감독을 받는다. 이 제도적 형식은 「헌법」에 의해 확인되었으며 지금까지 계속 사용하고 있다.

② 중국 검찰기관 지도체제의 구체적인 내용

(1) 조직 체계상으로는 상급이 하급을 지휘하는 지도체제를 실행한다. 즉, 최고인민검찰원이 각급 지방 인민검찰원 및 전문 인민검찰원을 지도하고, 상급 인민검찰원이 하급 인민검찰원의 업무를 지도하는 지도체제다. 업무상 상급 인민검찰원은 지시, 보고제도,[72] 지령시정제도,[73] 사건조회제도,[74] 사건교부제도,[75] 검사지도제도,[76] 조직협조

72 사법 실무에서 법률에 명시적인 규정이 없거나 범죄와 비범죄의 경계가 불분명하고 사건의 성격을 판단하기 어려운 경우, 또는 사건 처리에 큰 저항과 어려움이 있고 하급 검찰원이 실제로 문제를 해결할 수 없는 경우, 상급 검찰원에 지시를 요청할 수 있다.

73 즉, 최고인민검찰원은 지방 각급 인민검찰원, 상급 인민검찰원은 하급 인민검찰원의 입안, 수사 종결, 기소, 기소 면제, 불기소 및 사건 취하 결정 등에 사실상의 오류가 발견되면 하급 인민검찰원에 시정하도록 지시한다.

74 즉, 부패와 뇌물 수수와의 전쟁에 대한 저항에 대응하기 위하여 최고인민검찰원과 성급 인민검찰원은 하급 검찰원의 사건 처리를 적극적으로 지원하고, 현지에서 사건 수사 및 처리에 어려움이 있는 경우 상급 검찰원에 의뢰하고, 상급 검찰원이 여전히 어려움이 있는 경우 두 개 급을 뛰어 최종 최고인민검찰원이 처리한다.

75 즉, 상급 검찰원은 자신이 수사 및 처리하는 사건을 하급 검찰원에 넘겨 수사, 기소를 할 수 있고 고소, 신소를 수리할 수 있으며, 최고인민검찰원은 각급 인민검찰원이 내린 결정 혹은 이미 발효된 인민법원의 형사판결이나 재정에 대하여 오류가 있을 가능성이 있다고 판단하는 경우, 하급 인민검찰원에 수사를 지시할 수 있다.

76 즉, 사건의 수리 및 입안 수사는 사건 발생지 또는 피고인이 소재한 현(시, 구) 인민검찰원이 책임진다. 분(시) 검찰원은 중대 사건 처리에 대한 검사 지도를 책임지고, 특히 중대한 사건에 대한 수사 및 기소에 참여한다. 성, 자치구, 직할시 인민검찰원은 특히 중대하거나 어려운 사건에 대한 검찰지도를 실시하고, 일부 사건의 수사 및 기소에 직접 참여한다. 최고인민검찰원은 사건이 복잡하고 특히 중대하거나 홍콩, 마카오, 대만 및 외국인 범죄와 관련된 일부 사건을 선별하여 검사 및 지도하거나 일부 사건의 수사 및 기소 업무에 참여한다.

제도,[77] 등록제도 등을 통해 하급 인민검찰원에 대한 지도력을 실현한다. 행정관리 측면에서 최고인민검찰원과 성급 인민검찰원은 인원 편제의 지정을 통해 본급 권력기관에 제청하여 하급 인민검찰원의 검찰장, 부검찰장, 검사위원회 위원을 교체하고, 하급 인민검찰원의 자금을 보조하는 방식으로 지도력을 실현할 수 있다. 또한 최고인민검찰원이 하급 인민검찰원을 지도할 수 있는 특유의 권한은 주로 사법해석권이며, 검찰업무와 관련하여 법을 구체적으로 어떻게 적용해야 하는지에 대한 최고인민검찰원의 해석은 전국 모든 수준의 인민검찰원에 구속력을 갖는다.

(2) 인민검찰원 내부에서는 검찰장의 통일된 지도와 검찰위원회의 집단적 지도력을 결합한 지도체제를 시행한다. 검찰장은 검찰기관의 수장으로 검찰기관의 업무에 대한 조직지도권, 결정권, 임면권, 임면 제청권, 대표권 등의 권력을 가지며 전반적인 지도 책임을 진다. 검찰위원회는 민주 집중제를 실행하며 검찰장의 주재하에 중대한 사건 및 기타 문제에 대해 논의하고 결정한다. 중대한 사건과 문제에 대한 구체적 범위를 법으로 제한하고 있지 않으므로, 검찰장의 권한은 대외적으로 기관을 대표하는 형식적 권한을 제외하고는 조직 지도권, 결정권, 임면권, 임면 제청권 등은 검찰위원회의 결정에 의해 제약을 받을 수 있다. 검찰위원회의 결정은 모두 검찰장의 지도하에 집행된다.

(3) 외부 관계 측면에서 검찰기관은 행정기관과 인민법원에서 독립적이지만 인민대표대회와 당의 지도를 받아야 한다. 중국에서 모든 권력은 인민에게 있으며, 인민이 국가 권력을 행사하는 기관은 전국인민대표대회와 지방 각급 인민대표대회이다. 검찰기관은 인민대표대회에서 발원되고, 인민대표대회에 책임지며, 인민대표대회의 감독을 받는다. 국가권력기관과 검찰기관의 핵심 관계는 감독관계이다. 인민대표대회의 감독 경로는 주로 설립권, 임명권, 감독권, 승인권, 인사 임면권, 중대 문제 결정권, 시찰

---

77 즉, 여러 현 또는 도시 여러 구와 관련된 사건의 경우, 필요한 경우 분(시) 검찰원이 수사 및 기소 업무의 조정을 조직하고, 여러 지방(시)과 관련된 중대하고 특히 중대한 사건은 필요한 경우 성, 자치구, 직할시 인민검찰원이 수사 및 기소 업무의 조정을 조직하고, 여러 성, 자치구 및 직할시와 관련된 특히 중대한 사건은 필요한 경우 최고인민검찰원이 수사 및 기소 업무의 조정을 조직한다.

권, 질의권, 특정문제 조사권과 같은 권력의 행사를 통해 검찰기관과 검찰업무를 감독한다.

검찰기관에 대한 당의 지도는 인민민주독재 국가 정권에 대한 당의 지도적 구성 부분이며, 검찰기관이 법에 따라 독립적이고 공정하게 검찰권을 행사하는 정치적 보장이며, 중국 특색 사회주의 검찰제도의 중요한 내용이다. 당이 검찰기관과 검찰업무를 지도하는 주요 내용은 정치 지도, 사상 지도, 조직 지도이다. 당이 검찰기관과 검찰업무를 지도하는 기본 방식은 첫째, 각급 당위원회가 본급 인민검찰원의 당조직을 지도하고 당조직을 통해 당의 정치, 사상, 조직의 지도력을 실현한다. 각급 당위원회는 상급 인민검찰원의 협조하에 본급 인민검찰원 검찰장과 부검찰장 후보를 심사하고 결정한다. 둘째, 각급 검찰기관에 존재하는 당위원회, 당 총지부, 당 지부, 당 소조, 당원을 통해 대중 속으로 들어가 당의 정책과 주장을 선전하고 업무에서 당의 방침과 정책을 관철하는 데 앞장선다.

(2) 외국 검찰기관 지도체제의 주요 유형[78]

① 행정기관에 종속되지 않는 수직 지도체제

이러한 지도체계의 주요 특징은 상급 검찰기관이 하급 검찰기관을 지도하고, 최고 검찰기관이 각급 검찰기관을 지도하며, 검찰기관은 정부 및 지방정부의 지도에 종속되지 않고, 최고 수준의 국가지도기관에 대해서만 책임을 진다는 점이다. 영국과 러시아를 예로 들어 보면, 영국은 1985년 「범죄 기소법」에 따라 전국에 독립적이고 완전한 검찰기관을 설립했다. 중앙에는 검찰총장과 왕립검찰원이 있으며, 모든 검찰관은 국가 시스템의 관원으로 하향식 책임제를 시행하고 있으며, 산하에 각급 왕립검찰원이 있다. 검찰기관은 지방정부에 대해 책임지지 않고 경찰 시스템에 종속되지 않으며 하향

---

78 龍宗智, 『檢察制度教程』, 法律出版社, 2002, 142~144쪽 참조.

식 수직적 지도를 실행하고 통일적으로 공소권을 행사한다. 또한 검찰기관의 독립된 편제를 수호하여 행정기관과 지방정부에 종속되지 않고, 검찰권의 독립적 행사를 실현하기 위해 영국 검찰 시스템은 재정적 독립성을 구현하고 있으며, 검찰기관의 자금은 독립적으로 예산이 편성되고 있다. 또한 영국 왕립검찰원은 전문 행정과 재무를 담당하는 행정장관을 두었다. 이를 통해 검찰기관은 행정기관과 지방 당국의 통제와 영향력에서 완전히 자유로워졌다. 영국 검찰장 및 그 지도하의 검찰기관은 정부로부터 독립되어 있으며, 행정기관과 사법기관은 검찰기관의 결정에 어떠한 영향력도 행사할 수 없다. 검찰기관은 검찰총장을 통해 의회에 책임지지만 의회는 검찰기관이 어떻게 효율적으로 작동하는지 관심을 가질 뿐 구체적인 결정에 대해서는 관여할 수 없다.[79]

1999년 2월 10일 개정된「러시아연방검찰원 조직법」규정에 따르면 러시아연방검찰원은 연방의 통일 집중된 기관체계이다. 러시아 연방 영토에서는 러시아연방검찰원 통일 체계에서 독립된 검찰원의 존재와 활동이 허용되지 않는다. 검찰기관은 연방 국가권력기관, 러시아 연방 주체의 국가권력기관, 지방자치기관 및 사회 연합체에서 독립된 권한을 행사하며, 현행 법률을 엄격히 준수하고 러시아 연방 영토에서 법적 권한을 행사한다. 러시아연방검찰원의 활동 원칙은 하급 검찰원이 상급 검찰원과 러시아 연방 검찰총장에게 복종하는 것을 원칙으로 한다. 이를 위해 조직법은 러시아 연방 주체 검찰장의 임직은 러시아 연방 검찰총장과 러시아 연방 주체 국가권력기관과 협의해 결정하도록 명시하고 있다. 러시아 연방 주체 검찰장은 러시아 연방 검찰총장의 지휘를 받고 업무를 보고해야 한다. 이들의 해임 또한 러시아 연방 검찰총장이 결정한다. 시, 구 검찰원의 검찰장과 전문 검찰원의 검찰장 직무의 임면은 러시아 연방 검찰총장이 결정한다. 이들은 상급 검찰장과 러시아 연방 검찰총장의 지휘에 복종하고 업무를 보고해야 한다. 검찰기관의 검찰원과 수사원은 국가권력기관과 지방자치기관이 조직하는 선거기관이나 기타 기관에 참가할 수 없다. 검찰 직원은 정치적 목적을 가진 사

79 피터 J.P. 테이크 편저,『歐盟成員國檢察機關的任務和權力』, 呂淸, 馬鵬飛 역, 中國檢察出版社, 2007, 59~60쪽 참조.

회연합조직이나 그 활동에 참여할 수 없다. 검찰장의 지도적 지위를 확보하기 위해 조직법은 러시아 연방 검찰총장이 러시아 연방 총검찰원을 지도하고, 러시아 연방 주체 검찰원과 동급 군사 검찰원 및 기타 전문 검찰원은 해당 검찰장이 지도하고, 시, 구 검찰장 및 동급 군사 검찰장과 기타 전문 검찰원 검찰장은 해당 검찰원을 지도하도록 명시하고 있다. 검찰장의 지도권을 보장하기 위해 조직법은 각급 검찰장의 지도 책임을 명확히 규정하고 있다. 러시아 연방 검찰총장은 러시아연방검찰원 시스템을 지도하고 검찰기관의 직원이 직책을 더 잘 수행할 수 있도록 필요한 명령, 지시를 내리고, 조례 및 업무 세칙을 공포하여 러시아연방검찰원 시스템의 조직 활동을 조정하고, 위에서 언급한 직원의 물질적 및 사회적 보장을 실현한다. 러시아 연방 검찰총장은 분배된 편제 및 급여 기금 예산의 범위 내에서 러시아 총검찰원의 인원 편제와 기구 설립을 결정하고, 분원 기구의 권한을 규정하고, 하급 검찰기관의 인원 편제 및 기구 설립을 결정한다. 러시아 연방 검찰총장은 러시아 연방 검찰 시스템의 과학 연구 및 교육 기관의 소장(원장)과 그 부직을 임면한다. 러시아 연방 검찰총장은 본 연방법에 규정된 검찰기관의 임무 완성에 대한 책임이 있다. 러시아 연방 주체 검찰장 및 동급 검찰장은 러시아 연방 현행법과 러시아 연방 검찰총장의 지시에 따라 부하 직원에게 필요한 집행 명령을 내린다. 러시아 연방 검찰총장이 확정한 인원 편제와 급여 기금 액수의 범위 내에서 본원과 하급 검찰원의 정원 및 기구를 조정할 수 있다. 여러 구로 분할된 시 검찰장은 구 검찰원 및 동급 검찰원을 지도하고, 상급 검찰장에게 본 기관과 부속 검찰원의 인원 및 기관, 간부 배치의 조정을 제기한다.[80]

② 행정기관에 일정한 종속성을 갖는 수직적 지도체제

이러한 체제는 두 가지로 나눌 수 있다. 첫째, 검찰기관 내부에 상하급 사이의 지도와 지휘 관계가 있고, 둘째, 최고검찰기관과 그 상급 행정기관 간에는 감독 및 특정 상

80 「俄羅斯聯邦檢察院組織法」, 周志放 역, 『中國刑事法雜誌』, 2002, 제6기.

황에서 결합한 지휘 관계가 있다. 일본은 이러한 체제의 대표적 국가이다. 일본 검찰청법의 규정에 따르면 전국에 최고검찰청, 고등검찰청, 지방검찰청, 구 검찰청 등 4급 검찰청이 설치되어 있다. 검찰청은 검찰관이 수행하는 사무를 총괄하는 관서로 구체적인 검찰 직권을 행사하지 않는다. 검찰 직권은 검찰관에 의해 독립적으로 행사되며, 독립적으로 검찰권을 행사하는 모든 검찰관은 검찰총장, 검찰장, 검사檢事장, 상급 검찰관의 지휘 감독권을 통해 전국적으로 통일된 위계적 조직체계를 형성하여 검찰업무를 전체적으로 처리한다. 검찰기관은 법무부 소속 밖의 독립된 시스템이지만 법무부 장관의 총체적인 지도와 감독을 받는다. 법무부 장관은 검찰총장에 대한 지휘를 통해 검찰기관을 지도, 감독하는 역할을 한다.[81]

③ 이중 지도식 감독체제

이러한 체제는 검찰기관이 동급 국가권력기관이나 정부의 지도와 감독을 받아야 하고, 또한 상급 검찰기관의 지도도 받아야 하는 것이 특징이다. 프랑스와 독일의 예를 들면, 프랑스, 독일 검찰기관은 모두 법원 시스템 안에 있지만 검찰관과 법관은 상대적으로 독립된 계열이다. 사법부장은 검찰기관의 수장이고, 검찰관은 사법부의 대표로서 사법부장의 지도를 받는다. 이들은 여러 등급으로 분류되어 상급법원의 검찰관이 해당 하급 검찰관에게 명령이나 지시를 내릴 수 있다는 점에서 검찰관의 신분을 행정 관원과 비슷하게 만들었다. 이와 함께 정부의 대표로서 검찰관은 국가 사법 정책의 집행을 위해 중요한 사정과 중대한 사항이 있으면 적시에 사법부장에게 보고해야 한다. 또한 사법부장은 법집행의 전반적인 균형을 보장하기 위해 개별 특수 상황에 대해서도 구체적인 지시를 내린다. 검찰관이 기소해야 할 범죄를 기소하지 않은 경우에는 검찰관에게 기소를 지시할 수 있으나, 검찰관이 기소하기로 한 사건에 대해서는 검찰관에게 불

81 宋英輝, 孫長永, 劉新魁 등,『外國刑事訴訟法』, 法律出版社, 2006, 582~583쪽 참조; [일] 田口守一,『刑事訴訟法』, 劉迪 역, 法律出版社, 2000, 105쪽 참조.

기소처분을 지시할 수 없다.[82]

④ 다원화 체제

이 체제는 미국이 대표적이다. 미국의 검찰기관은 연방과 주 수준에서 설립되며 서로 종속되지 않는다. 연방 사법부장 즉 검찰총장은 여러 관할 구역에 파견되어 직무를 수행하는 연방 검찰관에 대해 일부 지휘권이 있지만, 지방 검찰관에 대한 지휘 권한은 없다. 지방 주, 시와 진鎭급 검찰관 사무소는 분리되어 있고, 검찰관은 일반 선거 또는 임명 방식으로 구성되며, 지역 유권자 또는 임명 기관에 대해 책임지지만 일반적으로 지방 행정 당국 또는 의회와 종속관계가 없다.[83] 검찰기관의 독립적인 검찰권 행사를 보장하기 위해 연방, 주, 시와 진은 별도의 예산, 의회의 승인 및 특별 재정 보장 제도를 통해 검찰기관의 경비를 조달한다.

2) 검찰 일체화의 합리성

중국과 양대 법계 대표적인 국가의 법률 규정과 실천으로 볼 때 각국 검찰기관은 지도체제에 각자 특색이 있지만, 기본적으로 검찰 일체화를 시행하고 있다. 소위 검찰 일체화는 검찰기관의 조직 구조를 결정하고, 검찰관의 직무 수행을 지도하기 위한 중요한 원칙이다. 그 기본적 의미는 각급 검찰기관은 상하급 지도적 관계에 따라 유기적으로 통일된 전체를 구성하고, 검찰관은 위계적 관계에서 상급 검찰관의 지시와 명령에 따라 직무를 수행한다. 이 원칙에 따라 검찰권 행사는 반드시 전체의 통일성을 유지해야 하며, 모든 검찰기관을 하나의 운명공동체로 간주한다. 검찰 일체화는 검찰권

---

82 피터 J.P. 테이크 편저, 『歐盟成員國檢察機關的任務和權力』, 呂清, 馬鵬飛 역, 中國檢察出版社, 2007, 104, 118쪽 참조.

83 孫謙 주편, 『中國檢察制度論綱』, 人民出版社, 2004, 103쪽 참조.

운영의 내재적 법칙을 반영하고 검찰권을 운용할 때 반드시 따라야 할 기본 원리이며 검찰기관 지도체제 구축의 이론과 실천의 근간이다.

(1) 검찰기관의 정상적 기능 수행을 보장하기 위한 필연적 요구이다

① 외부 간섭을 배제하는 데 도움이 된다

국가권력의 구성 부분인 검찰권 운영의 가장 중요한 목표는 형벌 법규의 구체적 실현을 추구하는 것이다. 검찰권 행사의 잘못을 방지하고, 국가 의지를 올바르게 반영하며, 검찰 기능을 전체적으로 더욱 효율적으로 수행하기 위해서는 검찰관의 조직화가 필수적이며, 검찰권 행사는 전체적으로 통일되어야 한다. 이를 위해 독립 기관으로서 검찰관 개개인을 통합한 조직체, 즉 검찰관의 모든 활동을 통합하는 방식을 채택할 필요가 있다.[84] 검찰기관은 기소, 불기소, 체포 심사에서 정확한 사실관계를 파악하고 법을 정확하게 적용해야 한다. 그 자체가 하나의 이익분할, 사법적 판단의 과정이다. 공소 및 체포 심사 외에도 검찰기관의 법적 감독 대상은 특수성을 가지고 있다. 이러한 특수성은 감독 대상이 국가의 권력기관과 공직자로서 권력과 영향력을 가지고 있고, 검찰과 대립할 뿐만 아니라 검찰권을 방해하고 약화할 수 있는 자연적 능력을 갖추고 있다는 사실에서 나타난다. 특히 중국에서는 권력구조가 계층적 종속 설정을 선호하고 감독 권력의 배치에 의존하여 상호작용이 일어나기 쉬운 구조이다. 따라서 검찰이 공정하고, 간섭과 압력에서 벗어날 수 있도록 검찰기관 조직의 일체성을 보장할 필요가 있다.

② 잘못된 결정을 제때 바로잡는 데 도움이 된다

검찰기관은 공소기능을 수행하고, 기소, 불기소, 공소 지원 등 여러 소송활동을 책

84 萬毅, 「論檢察權的定位-兼論我國檢察機構改革」, 『南京師範大學學報』, 2004, 제1기 참조.

임진다. 검찰기관은 재판활동에서 소송주체와 심급제도로 구성된 입체적 제약 구조가 없으며, 관련 결정의 정확성은 상급 검찰기관 또는 상급 검사관의 감독에 의해 보장된다. 상급 검찰기관과 상급 검찰관이 가지고 있는 감독, 지휘권은 하급 검찰기관이나 하급 검찰관의 잘못된 결정을 제때 바로잡을 수 있게 한다.

③ 효율성 향상에 유리하다

검찰기관은 직무범죄 수사의 중책을 맡고 있으며 수사활동은 통일되고 조율된 조치를 해야 하며, 수사를 원활하게 하기 위해 때로는 사건을 상급 검찰기관에 제출하거나 동급의 다른 검찰기관에 이송하여 수사해야 한다. 수사활동에서 각급 검찰기관이 원활하게 조정, 협조하고 수사 임무를 공동으로 수행하기 위해서는 상하급 지도 관계를 바로잡고, 수사활동을 효율적이고 고품질적으로 진행해야 하며, 이는 일체화된 조직 체제로 보장되어야 한다.

(2) 검찰기관은 독립성을 반드시 확보해야 한다

검찰 일체화 원칙은 검찰기관이 통합된 전체로서 기타 행정권, 입법권 등 권력 주체 및 일반 비권력 주체에서 독립할 것을 요구하며, 검찰기관 독립성과 검찰 일체화 원칙의 기타 요구사항과 긴밀히 결합하고, 기타 요구사항의 실현을 확실히 보장한다. 검찰 일체화는 주로 인원의 대체성, 행동의 조화성, 명령의 복종성 등의 특징으로 나타나고, 이런 특징들이 함께 검찰관의 총체성을 이루고 있는데, 검찰기관이 전체적인 독립성을 갖지 못하면 상충하는 명령이 검찰기관에 내려질 때 검찰기관은 어떻게 해야 할지 방향을 잡지 못하고, 이에 따라 검찰권 행사가 혼란에 빠질 수 있다. 따라서 검찰기관의 독립성은 일체화의 중요한 요소이다.

(3) 검찰 일체화 원칙은 소송 법칙에 부합한다

검찰 일체화 원칙은 검찰기관과 재판기관의 매우 다른 조직적 특성을 보여주는 것으로 소송 법칙에 의해 결정된다. 재판기관은 주로 법정 심리의 방식으로 조사를 하고, 소송 양측의 의견을 청취하여 사건의 객관적 진실을 규명하고 그에 상응하는 재결을 한다. 이러한 재결은 국가가 공식적으로 인정하는 최종 재결이다. 최종 재결권을 장악한 법원의 경우 사건에 관련된 사람과 사안을 충분히 이해해야 하며, 이를 위해서는 사건 관련 증거에 대한 직접적 감수를 포괄적이고 객관적으로 획득해야 사건의 진실에 부합하는 재결을 보장할 수 있으며, 한쪽만을 중용하거나 눈을 감고 귀를 막으며, 산만하고 단편적인 사건 파악을 통해서는 실질적인 정의를 실현하기 어렵기 때문에 세계 각국의 재판활동은 직접 심리 및 직접 증거수집의 원칙을 따른다. 검찰기관은 소송에서 공소기능을 담당하고 사건에 대한 최종 재결을 하지 않으며, 재판기관의 각 심급審級 간 상대적 독립성을 유지하여 심급 설정의 형식화를 피해야 하는 제한이 없다. 따라서 소송에서 재판절차 개시 및 공소 지원을 담당하는 검찰관은 법관이 수행하는 소송 임무와 달리 직접 심리와 직접 증거수집 원칙에 구애받지 않고, 중간에 사람을 바꾸어도 일반적으로 사건의 정확한 재결에 영향을 미치지 않기 때문에 재판절차를 바꿀 필요가 없다. 반대로 법관이 교체되면 재판절차를 새롭게 바꿔야 한다. 물론 검찰관은 공소 업무를 성공적으로 수행하기 위해 사건을 숙지해야 하며, 사건 및 관련 증거를 파악하기 위해 중간에 검찰관을 교체하면 심리를 연기할 수 있다. 검찰 일체화의 원칙은 이처럼 재판활동의 지속에 지장을 주지 않는 선에서 서로의 직책 이행을 대신할 수 있는 근거를 제공한다. 레닌의 법적 감독 이론에서 검찰권의 독립적 행사를 보장하기 위해 검찰기관이 위계적 수직 지도체제를 가져야 한다고 제안했다. 검찰기관은 전문화된 법적 감독기관이며, 검찰 일체화의 실행과 그 기능은 서로 부합한다.

(4) 검찰 일체화는 검찰권 운영의 법칙에 부합한다

국가별로 검찰제도가 완전히 동일하지는 않지만, 검찰기관은 일반적으로 상급이 하급을 지도하는 조직체계를 구현하고 비교적 독립적인 전체를 형성하며 일체화 구조에 따라 운영된다. 이는 검찰기관이 특수한 국가기관이고, 국가권력의 구조에서 행정권의 일부이든 독립된 국가권력이든 검찰권은 그 자체로 기타 국가권력과는 다른 특수성을 가지고 있기 때문이다. 이러한 특수성은 국가 법률의 통일적 집행을 보장하기 위해 외부의 방해를 배제하고 법률의 규정에 따라 엄격하게 직권을 행사해야 하며, 따라서 조직 체계의 고도 통일성과 법집행 규범의 고도 일관성을 유지해야 한다는 사실에 있다. 검찰 일체화는 이러한 통일성의 제도적 보장이다. 검찰 일체화는 검찰업무의 기본 법칙을 반영하며 검찰기관이 검찰권을 완전하고 올바르게 행사할 수 있도록 하는 제도적 보장이다.

3) 중국 검찰기관 지도체제의 문제점

현행 검찰조직 체계에서 지도체제는 '상급 검찰원에 의한 지도와 인민대표대회에 의한 감독'이라는 이중지도체제를 구현하고 있으며, 상급 검찰원은 주로 업무의 실행을 통해 하급 검찰원에 대한 지도를 실현하고, 각급 인민대표대회는 인사 임면, 감독 실시 등을 통해 동급 검찰원에 대한 지도를 실현하며, 각급 지방 당위원회도 간부 관리를 통해 각급 지방 검찰원의 조직 지도를 실현한다. 모든 수준의 검찰기관은 행정구와 중복되는 방식으로 설치되고 인원 관리 및 물질적 보장은 급에 따라 책임지며, 지방 당국의 권한 하에 있다. 이러한 조직 체계는 설계 초기 당시 실제 상황에 부합할 수 있지만, 사회주의 시장경제체제가 확립되고 의법치국의 기본 전략이 계속 발전함에 따라 제도적 설계의 결함과 검찰기관의 독립적이고 공정한 검찰권 행사에 대한 당과 국가의 요구에 대한 적응력이 부족하다는 문제점도 두드러지고 있다. 이는 주로 세 가지 영역에서 반영된다.

(1) 검찰권의 지방화는 검찰기관의 독립적 검찰권 행사를 제약한다

중국은 오래전부터 인사 지도는 지방에서 조직하고, 상급 검찰원은 업무 지도를 책임지는 지도체제를 실시해 왔으나, 검찰기관 인원의 임면, 재정 보장은 주로 지방에서 담당하기 때문에 사실상 지방지도 위주의 체제가 형성되었다. 많은 지방의 당정黨政 지도자들은 지방 검찰기관의 조직 지도와 물질적 보장을 통해 검찰업무에 지속적으로 영향을 미치고 침투하며, 상급 검찰원의 업무 지도권을 약화하고 검찰의 법집행이 지방 정권을 위해 봉사하는 현황을 형성했다. 검찰기관이 법적 감독을 진행할 때, 특히 직무 범죄 사건을 처리할 때의 예를 들면, 지방관리 간부에 대한 초기 조사, 입안 조사 또는 강제조치를 취하기 전에 많은 지방 당위원회에서는 검찰기관이 당위원회에 보고하는 제도를 시행하도록 규정하고 있으며, 심지어 당위원회 상무위원회에서 논의하여 사건의 성격, 범죄 구성 여부 등에 대해 '공통의 인식'을 달성한다. 지방 검찰기관은 조직관리체제 등의 요인으로 인해 지방의 당정 지도 의견에 따라 행동할 수밖에 없다. 이러한 상황은 각 지역에 다양한 정도로 존재하며 법에 따른 검찰권의 독립적인 행사를 제한하고 있다.[85]

(2) 하급 검찰기관에 대한 상급 검찰기관의 지도력이 단절되고 검찰기관의 독립성을 훼손한다

현행 헌법과 검찰원 조직법은 상급 검찰원의 지도 범위, 조건, 방식, 절차 등에 대한 명확한 규정이 없고 특히 절차적, 제약적 감독구조가 없다. 지도체제가 통일되지 않고 강제력이 없어 검찰기관의 상하 지도 관계가 자의적이다. 더 중요한 것은 간부 관리 시스템에서 인원 관리와 업무 관리가 분리되어 하급 검찰기관의 지도에 대한 상급기관의 조직적 보장이 부족하다. 현행 검찰원조직법은 지방 각급 인민검찰원 검찰장의 임면은 동급 인민대표대회 선거를 거친 뒤, 상급 인민검찰원 검찰장이 동급 인민대표대회에 제청하여 승인받도록 검찰기관 상하급 지도관계의 조직 건설에 일정한 법적 보장을 제공하고 있지만, 전체 검찰지도체제의 간부관리 규정을 보면 이러한 관리체제는 큰 한계를 가지고 있음을 알 수 있다. 즉, 상급 검찰장은 사실상 하급 검찰원 검찰장을 '협조 관리'할 뿐 부검찰장, 검찰위원회 구성원 및 기타 검찰관 등에 대해서는 아무런 관리 권한이 없다는 점을 알 수 있다. 실제로 상급 검찰기관의 '협조 관리'는 결정적인

85 林世雄, 「檢察機關組織體系及其重構」, 『西南政法大學學報』, 2007, 제2기 참조.

역할을 하지 않는다. 상급 검찰원과 지방 당위원회의 의견이 일치하지 않을 경우 대부분 지방 당위원회의 의견이 주를 이룬다. 지방 당정 부문이 행정 방식에 따라 검찰관을 관리하고 검찰업무는 상급 검찰기관이 책임지며, 인원 관리와 업무 관리가 서로 단절된 관리체제는 검찰기관의 독립성을 심각하게 훼손한다.

(3) 검찰기관의 경비가 보장되지 않아, 검찰 기능의 발휘와 검찰 사업의 발전에 영향을 미친다

중국 검찰기관은 발전 과정에서 항상 사건처리의 경비 부족, 경비 보장 부족, 지방 경제 발전의 통제를 받고 있는 한계에 직면해 있다. 분급分級 재정과 '부엌을 나누어 밥을 먹는다分竈吃飯'는 재정은 중국 재정관리체제의 특징이며 검찰기관도 이 체제에 따라 자금 문제를 해결한다.

그러나 지방 정부의 업무 중점과 지역 경제 발전의 불균형 등의 요인으로 인해 검찰기관의 자금이 심각하게 부족하고, 사업 발전과 자금 부족의 모순이 점점 더 명확하고 두드러지고 있다. 경제적으로 독립해야 검찰 일체화의 조직 체계를 보장할 수 있다. 검찰기관, 특히 기층 검찰기관의 교통수단, 물자 장비 등이 상당히 낙후되어 검찰기관의 사건처리 경비, 교육훈련 경비, 사무경비, 기술 장비, 기본 건설 경비를 보장하기 어렵고 일부 지역에서는 정상적인 행정경비, 임금조차 보장할 수 없다. 자료에 따르면, 전국 검찰 경비 부족액은 40% 이상이다.[86] 2000년 8월 현재 전국 현급 검찰기관의 임금체불 건수는 1,590건으로 전체 현급 검찰원 수의 53.88%를 차지한다.[87] 이런 상황을 감안할 때 검찰 경비 증가는 지방 각급 검찰장 개인의 활동력, 검찰기관과 재정 등 관련 부문과의 관계에 따라 달라질 수 있다. 동시에 검찰 경비의 정상적인 공급이 심각하게 부족하여 많은 곳에서 여전히 몰수한 돈贓款을 비례적으로 반환하는 방법으로 보충하고 있으며, '황량皇糧을 먹는 것'과 '수지收支 두 갈래'의 정책이 완전히 이행되지

86 最高人民檢察院,「關於檢察系統工資發放和中央財政補助專款落實情況的通報」.
87 위의 책.

않아 검찰의 법집행이 경제적 이익에 의해 추진되는 현상이 수시로 발생하여 검찰기관의 공정한 법집행에 불확실성을 높이고, 검찰권 지역화 변화를 위한 환경을 조성하고 있다.

4) 중국 검찰기관 지도체제의 개혁과 보완

현재 중국 검찰기관의 성격이나 중국 경제와 사회 발전의 객관적인 수요 측면에서 볼 때 중국 검찰기관은 검찰 일체화의 요구에 따라 중국의 현행 지도체제를 개혁하고 보완할 것을 시급히 요구한다. 즉, 이중지도체제를 수직 지도체제로 전환할 것을 요구한다. 국가 최고검찰기관은 전국인민대표대회에서 발원되어야 하며 전국인민대표대회와 그 상무위원회의 감독을 받고 지방 각급 검찰기관의 업무를 지도한다. 이러한 지도에는 업무의 조직, 인사, 경비 및 장비와 같은 다양한 분야의 직접적인 지도가 포함된다. 지방 각급 검찰기관은 독립적인 검찰권을 행사하고 다른 지방기관과 개인의 간섭과 구속을 받지 않으며 상급 검찰기관과 최고검찰기관의 지도만 받아들여야 한다.

검찰기관의 수직적 지도체제를 실시하고 지방 각급 검찰기관의 검찰장은 상급 검찰기관이 추천하며, 상급 인민대표대회 상무위원회에 보고하여 승인 및 임명되고 전국인민대표대회 상무위원회에 보고하여 등록한다. 지방 각급 검찰기관이 필요로 하는 인력과 업무비용은 중앙재정에서 통일적으로 지출하고 전용하여 경비문제로 지방에 제약받는 폐단을 피해야 한다. 동시에 검찰대오의 건설을 엄격히 해야 한다. 지방 각급 검찰기관의 인력 편제는 상급 검찰기관의 승인을 받아야 하며, 전문 검찰인원의 경우 엄격한 법정기준시험에 따라 채용하여 검찰기관의 자질과 전문 수준을 높여야 한다. 그러나 중국은 면적이 광대하며 각 지역의 정치와 경제 발전이 매우 불균형하다. 현재 상황에서는 중앙부터 기층 검찰기관까지 수직 지도체제의 시행에는 일정한 어려움이 있다. 우리는 단계적 개혁을 고려할 수 있다고 생각하며 먼저 성급 이하 검찰기관의 수직 지도체제를 시행하고, 시기가 성숙하면 전체 계통의 체계적인 수직 지도체제를 시행할 수 있다. 지방에서 가장 높은 수준의 행정 구역으로서 성은 일정한 권위성과 집중성을 가지고 있기 때문이다. 또한 검찰지도체제의 개혁은 헌법과 법률의 개정과 관련되어 있어 일정한 과정이 필요하지만, 경제 및 사회 발전의 객관적인 상황은 검찰기관의 지도체제 개선을 시급히 요구한다. 따라서 여건이 비교적 성숙한 일부 성에서 시범사업을 먼저 실시할 수 있다. 성 이하 검찰기관은 인사, 재정, 업무 등의 측면에서 모두 성급 검찰기관이 통일적으로 지도하는 체제를 시행하고, 여건이 성숙하면 검찰기관의 현행 이중 지도체제를 수직 지도체제로 바꾸는 것을 고려할 수 있다.

7

중국 수사제도

형사수사는 전체 형사소송활동에서 독립적인 소송단계를 구성하며, 수사 기능은 기소 기능 및 재판 기능과 분리되어 있으면서 동시에 병행된다. 따라서 수사제도는 전체 형사사법 제도에서 매우 중요한 위치를 차지하고 있으며, 범죄 처벌과 인권보장에서 중요한 역할을 한다. 현대 사법 이념으로 중국 수사제도의 기본 이론 문제를 재검토하고 오랫동안 불분명한 특정 개념을 명확히 하며, 중국 입법과 실천에서 이미 확정된 일부 제도와 관행을 이론적으로 해석하고 반성하며, 관련 국가 부서에 과학적이고 합리적이며 현대 법치 정신을 가진 개혁 제안을 제공한다. 이는 중국 법치 건설을 개선하고 중국 수사 체제의 공정성과 효율성 보장에 중대한 이론과 실천적 의의가 있다.

1. 중국 수사기관의 성격과 수사권의 속성

1) 수사기관의 성격

수사기관은 국가가 부여한 수사권을 가지고 법적 절차에 따라 수사하며, 수사 결과에 대해 자체적으로 이송 기소, 사건 취하 등의 처리 결정을 내리는 기관이다. 중국에서 수사기관에는 공안기관, 검찰기관, 국가안전기관, 군대 보위 부문, 감옥, 세관 총서가 포함된다. 각 기관의 형성 과정과 기능 분담은 기관의 특성과 법적 성격을 반영한다.

(1) 수사기관의 특징

중국 수사기관의 특징은 다음 두 가지 측면에서 나타난다. 첫째, 수사기관의 설립은 법정法定성을 가진다. 즉 세계 모든 국가의 수사기관은 법에 따라 명확하게 규정되어 있다. 국가의 전문기관은 모두 수사기관이 아니다.[1] 중국에서 수사기관은 국가 최

1 중국 학자들은 형사소송에서 공권력을 행사하는 국가기관을 표현하기 위해 '국가 전문기관'을 사용하는 습관이 있기 때문에 이 책에서도 이 습관을 채택하고 있다.

고 권력기관인 전국인민대표대회와 그 상임위원회에서만 권한을 부여받을 수 있으며, 다른 기관, 정당 또는 사회단체는 수사 주체의 범위를 축소하거나 확대할 권한이 없다. 국가의 수사기관 설립은 주로 국가전문기관의 성격, 기능, 임무에 기초하고 각종 형사사건의 발생 수량, 범죄 수단의 직업화, 전문화 정도 등을 고려한다. 특히 수사활동이 강제적이고 특정적이기 때문에 수사기관을 설립할 때 각국은 수사권을 가진 기관 자체가 수사권을 행사할 수 있는 능력이 있는지를 매우 중요하게 고려한다는 점을 강조할 필요가 있다. '수사권을 행사할 능력이 있다'는 것은 사건의 사실관계에 대한 조사를 완성할 수 있고 범죄의 증거를 수집, 검증하여 범죄 혐의자를 체포할 수 있는 능력이 있으며, 수사활동에 있어 다른 전문 기관의 제약과 감독을 받을 수 있다는 의미이다. 따라서 수사기관은 임의로 설립하거나 수사 주체의 범위를 임의로 확대할 수 없다.

일부 학자들은 당사자주의 재판 모델의 요건에 따라 사립 탐정 및 민간 감정기관도 수사 주체로 간주해야 하며, 영미법계 국가에서도 이들을 수사주체로 취급하고 있다고 제안하고 있다. 수사기관과 수사 주체는 서로 다른 개념으로 혼동할 수 없다고 본다. 수사 주체는 수사활동에 참여하고 수사단계에서 특정 소송 권리(권력)를 누리는 기관, 단체 및 개인을 말한다. 여기에는 국가 전문 수사기관과 개인 명의로 사건 조사 활동을 수행하는 개인 또는 민간기관도 포함된다. 서방 일부 국가에서는 수사단계에서 사설탐정이 수사 및 증거수집 활동에 개입하여 당사자 일방이 자신에게 유리한 증거 확보를 법적으로 허용하며, 소송 참여자의 범위를 실질적으로 확장했지만, 수사기관은 아니다. 수사주체와 수사기관은 포괄적 관계이며 수사기관은 수사주체의 중요한 부분이다. 수사기관은 국가가 부여한 수사권을 행사할 권리가 있을 뿐만 아니라 수사과정의 계속 또는 종료를 결정할 권리도 있다. 다른 기관, 단체 및 개인은 증거를 조사하고 수집할 권리와 특정 소송 권리를 가지고 있지만, 이러한 권리는 국가적 강제성이 없고 수사권이 아니며, 동시에 이러한 주체는 형사사건에 대한 개시권 및 처리권이 없다. 따라서 수사기관은 국가 전문기관이며, 다른 어떠한 당파, 단체, 민간기구, 개인도 이런 특성을 갖지 않는다.

둘째, 수사기관의 활동 범위를 형사소송의 수사단계로 한정하는 것도 수사기관과 군사기관, 행정기관, 공소기관, 재판기관의 근본적인 차이점이다. 중국에서 수사기관은 형사사건을 입안하여 조사하고, 범죄 사실을 확인하고, 범죄 증거를 수집하고, 범죄 혐의자를 압수하고, 사건을 공소기관에 이송할지를 결정할 책임이 있다. 수사기관의 활동은 소송 특성을 가지며, 수사기관은 형사소송에서 특정 임무를 수행하며, 수사 권한 역시 특정 소송목적에 맞게 부여된다.

따라서 수사기관은 수사권의 존재를 전제조건으로 하며, 수사권의 유무는 국가기관이 수사기관인지 아닌지를 판단하는 기준이 된다. 마찬가지로 재판권은 국가기관이 법원인지 아닌지를 판단하는 유일한 지표이다. 전문적 권력이 부여된 국가기관이 그 권력에 상응하는 특정 명칭을 갖고 있다는 것을 보여 준다. 결국 권력과 그 권력을 행사하는 주체에 해당하는 구체적인 명칭은 역사의 흐름 속에서 점차 형성되고 사람들이 자연스럽게 받아들인 확립된 사실이다. 따라서 국가기관의 주요 기능과 권력의 종류는 종종 그 명칭에서 나타난다. 그러나 권력의 종류(분류)와 권력의 속성은 같은 개념이 아니기 때문에 국가기관의 성격이 권력의 속성에 의해 결정된다고 볼 수 없다.

수사기관의 이 두 가지 특징은 권력 주체와 권력 내용의 불가분 관계를 명확히 드러낼 뿐만 아니라, 수사기관의 성격이 수사권의 속성에 의해 결정된다는 오해를 불러일으키기 쉽다. 이는 또한 수사기관의 성격에 대한 사람들의 이견異見의 주요 원인이라고 판단하며 이 책에서는 이 문제를 좀 더 깊이 있게 살펴보고자 한다.

(2) 수사기관의 법적 성격

수사기관의 성격에 대해 중국에서는 오랫동안 세 가지 견해가 형성되어 왔다. '행정기관설', '사법기관설'[2], '이중성격설'이다. 이러한 차이는 주로 수사권의 속성에 대한 서로 다른 이해에서 비롯되며, 많은 학자는 수사권의 속성이 수사기관의 성격을 결정한다고 생각한다. 따라서 수사권의 속성에 대한 인식이 다르면 수사기관의 성격에 대한

2 浦興祖 주편, 『當代中國政治制度』, 上海人民出版社, 1990, 271쪽.

견해도 달라질 수밖에 없다. 우리는 수사기관과 수사권은 수사제도의 두 가지 기본 요소이지만, 수사기관의 생성은 수사권 부여를 전제로 하며 수사권이 없는 기관은 수사기관이라고 할 수 없다고 본다. 그러나 이는 수사권의 속성이 수사기관의 성격을 결정한다는 것을 의미하지 않으며, 반대로 수사기관의 성격도 수사권의 속성에 영향을 미치지 않는다.

어떤 학자는 사법기관을 인정하는 기준은 크게 세 가지가 있다고 주장한다. 첫째, 국가가 사법기관의 범위를 법률로 규정하는 법정 기준이고, 둘째, 과거의 역사적 발전에서 일부 국가기관이 사법기관의 성격의 사법기능을 행사하거나 수행하여 사법기관으로 보는 관습적 기준, 셋째, 역할 및 활동이 미치는 효과가 사법기관과 매우 유사하거나 심지어 다를 바 없어 사법기관으로 간주하는 기능적 기준이다.[3] 이를 국가기관의 성격을 판단하는 기준으로 보면 오랫동안 사람들의 의식이나 공식 문서 및 보고서에서 공안기관, 검찰원, 법원 세 기관을 '사법기관'으로 지칭하는 것이 관례였으며 이는 위의 둘째 기준과 정확히 일치한다는 것을 알 수 있다. 그러나 이러한 판단 기준에는 문제가 있다. 1996년 형사소송법이 개정되면서 많은 사람이 중국의 공안기관이 '사법기관'이라는 관점에 의문을 제기하고 있기 때문이다. 동시에 공식 문서와 보도에서 공안기관, 검찰원, 법원의 세 기관을 공안사법기관으로 통일적 명칭이 변경되었으며, 이는 관련 국가 부문이 공안기관의 성격에 대한 새로운 이해를 나타내는 변화이다. 분명히 '관습'이 국가기관의 성격을 결정하는 기준으로 사용된다면 일관성 없는 결론이 나올 수밖에 없으며 판단 기준이 정당화될 수 없다.

우리는 수사기관의 성격은 수사권의 속성이 아니라 수사권을 가진 국가기관이 행사하는 기본직권의 성격에 따라 결정되며, 국가권력기관 내에서 처한 위치에 따라 결정된다고 본다. 모든 국가가 완전한 권력 분립을 엄격하게 실행하는 것은 아니며, 어떤 국가기관도 한 가지 성격의 국가 권력만 행사하는 것은 아니기 때문이다. 예를 들어

3 熊先覺,『中國司法制度新論』, 中國法制出版社, 1999, 24쪽 참조.

"영국은 삼권분립제도가 엄격히 실행된 적이 없으며 행정기관이 행정권만 행사한 적이 없다"라고 할 수 있다.[4] 중국도 마찬가지로 공안기관은 행정기관이지만 행정관리와 형사수사의 두 가지 성격의 권력을 모두 행사할 뿐만 아니라 군사적 기능과 비상사태 대응기능도 가지고 있다. 따라서 단순히 국가기관이 행사하는 권력의 성격만을 기준으로 기관의 성격을 판단할 수는 없다.

즉, 중국의 수사기관 설립 현황을 살펴보면, 현재 법률에 의해 설립된 6개의 수사기관 중 국가안전기관을 제외하고는 수사 기능을 독립적이고 전문으로 하는 국가기관이 아니며, 수사권을 보유한 기관은 국가 입법기관의 권한 배분을 통해 법적 지위가 결정되고 동시에 그에 상응하는 직책과 권한을 부여받았다. 예를 들어 중국 「헌법」은 검찰기관을 국가의 법적 감독기관으로 규정하고 있으며, 이를 위해 최고검찰원에 사법해석권도 부여하고 있다. 이러한 기본 권한에 근거하여, 형사소송법은 또한 검찰기관에 국가직원의 직무범죄 사건에 대한 수사권을 부여함과 동시에 검찰기관이 중국에서 유일하게 공소권을 갖는 기관이라고 규정하고 있다. 따라서 검찰기관은 법적 감독권과 함께 사법해석권, 수사권, 공소권도 가지고 있다. 검찰기관이 수사권을 행사할 때 수사기관이라고 하고, 공소권을 행사할 때 공소기관으로 간주하는 명칭은 특정 권력을 행사할 때 권력 주체와 권력 행사의 일관성을 나타낼 뿐이다. 그러나 기관의 기본 성격은 고정된 것이다. 검찰기관의 성격은 사법기관의 성격으로 고정되어 있고, 검찰기관이 수사권을 행사한다고 해서 그 기관의 성격이 변경될 수 없다.

중국 「헌법」과 「형사소송법」의 규정에 따라 공안기관은 한편으로는 사회 질서를 유지하고 국가 안정과 정치적 안정을 수호할 책임이 있으며, 다른 한편으로는 위법과 범죄 활동을 예방, 억제 및 수사하는 중요한 임무를 맡고 있다. 즉, 형사소송의 맥락에서 공안기관은 수사 기능을 수행하고 수사권을 행사한다. 그러나 공안기관의 법적 지위를 보면 공안기관은 국무원에 종속되어 있으며, 사회 치안 질서의 유지를 기본 직책으로

---

4 王名揚, 『英國行政法』, 中國政法大學出版社, 1987, 98쪽.

삼고 있다. 이는 공안기관이 수사권을 가지고 있지만 기본 성격은 여전히 행정기관의 성격임을 보여준다.

국가안전기관의 경우 원래 공안기관이 주관하던 간첩, 특무사건의 수사를 담당한다. 전국인민대표대회 상무위원회는 1983년 9월 2일 「공안기관의 수사, 구류, 예심 및 체포집행에 관한 국가안전기관의 권한 행사에 관한 결정」(이하 「국가안전기관의 결정」)을 채택하여 국가안전기관의 직권, 즉 국가안전기관이 헌법과 법률이 규정한 공안기관의 수사, 구류, 예심 및 체포집행의 직권을 행사할 수 있음을 명확히 했다. 중국이 수사 기능을 전문으로 하는 국가기관을 신설해 수사기관의 범위를 확대한 것은 이번이 처음이다. 이는 국가안전기관의 성격이 공안기관이자 국가 행정기관임을 보여준다.

해방군은 건군 이래 군인의 범죄 사건을 줄곧 군 보위 부문이 책임지고 수사해 왔다. 그러나 형사소송법에는 군 보위 부문이 어떤 권한을 행사할 수 있는지, 점차 늘어나는 군과 지방 관련 사건에 대해서 사건의 관할권 문제를 어떻게 해결할 것인지에 대한 명확한 규정이 형사소송법에 명시되어 있지 않아 구체적인 사건 수사의 어려움을 겪을 수밖에 없다. 특히 중국 법제 건설의 강화에 따라 사람들이 법에 대한 인식이 높아지고, 유엔 평화유지 부대 참여 등 군대의 대외 교류와 국제 협력이 빈번해짐에 따라 군 보위 부문의 직권은 입법을 통해 시급히 확정해야 할 필요성이 제기되고 있다. 1993년 전국인민대표대회 상무위원회는 「중국 인민해방군 보위 부문이 군 내부에서 발생한 형사사건에 대해 공안기관의 수사, 구류, 예심 및 체포집행의 직권을 행사하는 결정」(이하 「군보수사권의 결정」)을 통과시켜 군 보위 부문이 군 내부에서 발생한 형사사건에 대해 헌법과 법률이 규정한 공안기관의 수사, 구류, 예심 및 체포집행의 권한을 행사할 수 있도록 했다. 실제로 중국에서 이미 존재하는 군의 수사 기능 행사를 법적으로 확인하고 이를 법적 규범에 통합한 것이다. 군 보위 부문은 수사권을 가지고 있지만, 적재積載 주체는 여전히 군사기관이며 다른 성격의 국가기관으로 변경할 수 없다.

1994년 12월 29일 전국인민대표대회 상무위원회가 채택한 「감옥법」 제60조는 "감옥 내에서 범죄자가 행한 범죄 사건은 감옥에서 수사한다. 수사가 완료되면 기소 또는 기소 면제에 대한 의견서를 작성하여 사건 문서 자료 및 증거와 함께 인민검찰원에 이송한다"라고 규정하고 있다. 이 규정을 보면 감옥에 수사권이 있다고 해서 감옥을 수사기관으로 간주해서는 안 된다. 「감옥법」 제2조는 "감옥은 형 집행을 위한 국가기관이다"라고 명시하고 있다. 또한 제10조는 "국무원 사법행정부문은 전국의 감옥 업무를 책임진다"라고 규정하고 있다. 따라서 감옥은 여전히 사법행정기관 소속이다.

마찬가지로 2000년 개정된 「세관법」 제4조는 국가가 세관 총서에 밀수 범죄를 전문적으로 수사하는 공안 기구를 설치한다고 규정하고 있으며, 동시에 「세관법」 제2조는 "중화인민공화국 세관은 국가의 출입국(이하 출입국) 감독 관리기관이다. 세관은 본법과 기타 관련 법률, 행정 법규에 따라 출입국 운송수단, 화물, 수하물, 우편물 및 기타 물품(이하 출입국 운송수단, 화물, 물품이라 한다)을 관리 감독하고, 관세 및 기타 세금, 수수료를 징수하고 밀수를 수사하며, 세관 통계를 작성하고 기타 세관 업무를 처리한다"라고 규정하고 있다. 이는 법이 세관 총서에 행정관리권을 부여함과 동시에 밀수 범죄에 대한 수사권을 부여하고 있음을 보여준다. 세관 총서의 기본 성격은 여전히 국가 행정기관이며 밀수 범죄에 대한 수사권은 세관 총서가 행사하는 또 다른 제한된 국가 권력일뿐이다.

요컨대, 중국 수사기관 성격의 판단은 단순히 수사권의 속성을 기준으로 할 수도 없고, 적재 주체가 가진 다양한 이질적 권력을 정성적 근거로 삼을 수도 없다. 수사권의 속성만으로 적재 주체의 성격을 결정하는 경우, 특정 국가기관에 여러 성격의 권력이 공존하면 수사기관의 성격과 적재 주체 기관의 성격이 일치하지 않고, 심지어 하나의 기관이 여러 성격을 갖는 결과가 발생하게 될 것이다. 중국 6대 수사기관의 현황을 보면 자체의 적재 주체뿐만 아니라 각 적재 주체는 '여러 권력'을 가지고 있다. 따라서 수사기관의 법적 성격을 결정하는 유일한 기준은 적재 주체의 기본적 기능 성격이다. 구체적으로 수사 기능을 가진 공안기관, 검찰원, 국가안전기관, 군 보위 부문, 감옥, 세관 총서 밀수단속국緝私局은 모두 수사기관이라고 하지만, 법적 성격이 다르다. 그중 공안기관, 국가안전기관, 세관 총서 밀수단속국은 행정기관 성격, 검찰기관은 사법기관 성격, 군 보위 부문은 군사적 성격, 감옥은 사법 행정 성격이다.

2) 수사권의 속성

위 문제와 관련하여 수사권의 속성에 대한 논의가 있다. 수사권의 속성에 대한 논쟁은 오랜 역사가 있으며 여전히 정립되지 않았다. 중국에서는 현재 크게 세 가지 견해가 있다. 첫 번째는 수사권이 행정권에 속한다는 것이다. 이 견해를 가진 학자들은 일반적으로 수사권의 원천 및 행정권과 수사권의 외부적 특성을 양자 간의 성격 구분의 이유로 본다.[5] 구체적인 이유는 다음과 같다. 먼저, 수사권의 원천이라는 관점에서 보면, 수사권의 생성은 대부분 행정권에서 비롯되며, 이는 재판권, 검찰권 등 국가권력과의 차이점이기도 하다. 예를 들어, 공안기관의 수사권은 경찰권의 점진적인 확장의 결과로 경찰의 행정관리권에서 분리되어 독립되었다. 또 다른 예는 세관 총서의 밀수 단속 수사권도 행정권에서 파생되었으므로 그 성격도 행정권에 속해야 한다는 것이다. 재판권과 검찰권은 행정권에서 분리되어 독립된 것이 아니라 입법기관이 사법기관에 대한 권한 부여에서 직접 유래한 것이므로 재판권과 검찰권은 행정권에 속하지 않고 사법권에 속해야 한다. 다음으로, 수사권의 적용은 '집행권'의 특성을 나타내며, '집행권'은 행정권의 상징적인 특징이다. 또한 중국에서 수사권을 행사하는 주체는 대부분 행정기관이라는 사실과 맞물려 수사권이 행정권에 속한다는 주장에 대다수 사람이 동의하게 된다. 두 번째는 수사권이 재판권, 검찰권과 함께 사법권에 속하며 국가 권력의 중요한 부분이라는 견해이다.[6] 세 번째는 수사권의 특수한 지위와 기능으로 인해 수사권은 본질적으로 행정권이지만 사법권의 특징도 가지고 있다고 보는 견해이다.[7] 최근 일부 학자들은 수사 감독구조를 강화하기 위해 수사권 감독을 몽테스키외의 권력 분립 및 견제와 균형 이론을 적용해야 한다고 제안한다. 즉, 수사권을 수사 실행권과 수사 감독권으로 나눈다. 수사 감독권을 사법기관에 위임하며, 이러한 경우 수사는 행정

---

5 陳永生,『偵查程序原理論』, 中國人民公安大學出版社, 2003, 27쪽 참조.

6 王國樞 주편,『刑事訴訟法學』, 北京大學出版社, 2003, 183쪽 참조.

7 謝佑平, 萬毅,『刑事偵查制度原理』, 中國人民公安大學出版社, 2003, 160쪽 참조.

과 사법의 이중적 속성을 구현한다.

이론상 혼란은 필연적으로 실천의 운영에 영향을 미치며, 중국의 실천에서는 수사권과 행정권이 혼용되는 경우가 많다. 과거 중국의 수사 관행에서 구류, 체포 대신 수용심사의 실행이 대표적인 예이다. 수용심사는 국무원에서 공포한 행정관리 권력이지만, 수사활동은 형사사법활동으로 양자는 완전히 다른 성격의 두 가지 법집행 활동이다. 법집행자는 행정권과 수사권의 관계를 명확히 하지 않았기 때문에 수사활동과 행정법집행 과정에서 행정권과 수사권의 혼용과 남용이 수시로 발생하고 있으며, 현재도 조사권, 유치권, 압류권, 구류권의 남용과 혼용이 여전히 존재한다. 이와 관련하여 수사권의 속성을 이론적으로 명확히 할 필요가 매우 크다고 생각한다.

(1) 수사권의 개념과 특징

수사권이란 무엇인가? 국내 학계에서는 다양한 견해가 있다. 일부 학자들은 수사권을 '수사행위를 수행할 수 있는 권력'을 의미한다고 주장한다.[8] 일부 학자들은 중국「헌법」,「형사소송법」및「인민경찰법」의 규정에 따라 형사수사에 있어 경찰의 권력은 주로 수사권과 형사 강제 조치권의 두 가지 측면으로 구성된다고 주장한다.[9] 따라서 수사권은 경찰기관이 형사수사를 수행하고 형사 강압 조치를 취할 수 있는 권한을 의미한다. 어떤 학자는 수사권의 내용과 운용을 정의하면서 수사권은 국가 수사기관과 수사인원이 수사목적을 달성하기 위해 법률이 정한 수사절차에 따라 특정 수사 수단을 사용하여 수사활동을 수행할 수 있는 권력이라고 주장한다. 내용상으로는 사건 수사권과 수사 감시권의 두 가지 수준으로 나눌 수 있다.[10] 현재 중국 학계에서 비교적 통용되는 정의는 아래와 같다. 수사권은 법정 수사 주체가 수사 목적을 달성하기 위해 법정 수사절차에 따라 법정 조치와 방법을 사용하여 수사활동을 수행하고 감독할 수 있

8 汪建成,『衝突與平衡-刑事程序理論的新視角』, 北京大學出版社, 2006, 226쪽.
9 高文英,『警察行政法探究』, 群衆出版社, 2004, 14쪽 참조.
10 宮萬路,「論偵查監控權主體的確立及其權能劃分」,『中國刑事法雜誌』, 1999, 제5기 참조.

는 권한이다. 수사권은 수사활동 실시권과 수사활동 감독권의 두 가지 측면을 포함한다. 이런 권력은 거시적 측면도 있고 미시적 측면도 있다. 크게는 법에 따라 국가 수사권의 분배, 사건 수사 기능의 관할, 특별 수사 조치의 사용이 있고 작게는 감사勘査권, 문의권, 신문권, 수사권, 입안권 등이 있다.[11]

수사권에 대한 사람들의 이해에는 실제로 큰 차이가 있음을 알 수 있다. 이러한 상황은 학자마다 서로 다른 언어환경 또는 법에 대한 서로 다른 이해와 관련이 있지만, 주로 수사권의 속성에 대한 사람들의 서로 다른 인식과 직접적 연관이 있다. 예를 들어, 첫 번째 관점은 수사권을 수사행위를 할 수 있는 권력으로 극히 간단하게 정의하고 있으며, 수사권이 모든 수사행위의 집합체라는 점을 강조하는 데 중점을 두고 있다. 이는 저자가 각주에서도 분명히 밝히고 있다. 두 번째 관점은 정반대의 관점으로, 수사권과 형사 강제 조치권이 함께 형사수사권을 구성한다고 주장한다. 이 견해는 「형사소송법」 제82조에 대한 서로 다른 이해를 기반으로 한 것이다. 과거 한동안 대표적이었던 이 견해는 최근 몇 년 동안 거의 볼 수 없다. 세 번째와 네 번째 관점은 분명히 시대적 특징을 띠고 있다. 이는 수사권이 행정권의 특성이 있다는 점을 점차 인식했을 뿐만 아니라 국가권력이 모두 법치화의 궤도에 올려져야 한다는 점을 인식하고, 수사권 분해를 통해 수사 감독권(감시권)을 다른 주체에 넘겨 행사해야 한다는 점을 보여준다.

우리는 권력의 견제와 균형이라는 설계 이념에 동의하지만, 동시에 수사권의 의미를 완전한 의미로 이해해야 한다고 주장한다. '완전한 의미'란 수사권을 형사소송의 환경에 놓고, 소송의 관점과 수사절차의 전 과정의 맥락에서 검토하고 해석해야 하며, 그래야만 수사권에 소송화 권력 특징이 포함되어 있음을 명확히 알 수 있다. 중국에서 수사권이란 수사기관이 수사절차 전반에 걸쳐 행사하는 권한을 말하며, 구체적으로 첫째, 수사절차 개시권, 둘째, 형사사건 수사권, 셋째, 수사 진행 결정권 등 세 가지 측면

11 鄒明理, 「偵查立法若干問題研究」, 郝宏奎 편, 『偵查論壇』(제1권), 中國人民公安大學出版社, 2002, 232쪽 참조.

으로 나타난다.

우선 개시권 측면에서 중국「형사소송법」은 형사사건에 수사가 필요한지는 수사기관이 결정하도록 규정하고 있다. 수사기관이 입안 결정을 내려야 수사절차가 개시될 수 있다. 반대로 수사기관이 입안하지 않기로 하면 다른 기관이나 개인은 법에 별도로 규정되어 있지 않는 한 독자적으로 수사절차를 개시할 권리가 없다. 예를 들어「형사소송법」제87조는 "인민검찰원이 공안기관이 입안하여 수사해야 할 사건을 입안하여 수사하지 않았다고 판단하거나, 피해자가 공안기관이 입안하여 수사해야 할 사건을 입안하여 수사하지 않았다고 판단하여 인민검찰원에 제출하는 경우, 인민검찰원은 공안기관에 입안하지 않은 이유를 설명하도록 요구해야 한다. 인민검찰원은 공안기관이 입안하지 않은 이유가 성립할 수 없다고 판단하는 경우 공안기관에 입안 통지를 하고, 공안기관은 통지받은 후 입안해야 한다"라고 규정하고 있다. 엄밀한 의미에서 이 규정은 인민검찰원이 공안기관의 수사절차 개시 여부에 대한 건의권만 있고 인민검찰원은 여전히 직접 사건을 입안하여 수사할 권리가 없음을 보여준다.

다음으로, 수사 권한의 관점에서 볼 때 수사기관만이 수사권을 행사할 수 있다. 이는 세계 모든 국가의 일반적인 규칙이다. 중국에서는 수사기관이 관할하는 사건의 성격과 기능 분담에 의하여 법에 따라 수사기관에 부여된 수사 권한도 다양하다. 그중 공안기관이 가장 광범위한 수사권을 가지고 있다. 권한에 대한 제한은 수사권 남용을 방지하는 효과적인 방법이며, 동시에 수사기관을 엄격히 제한하여 수사기관의 확대를 방지하는 것도 수사권 남용을 통제하는 중요한 방법이다.

수사 후의 형사사건은 일반적으로 수사기관이 자체적으로 결정하고 처리한다. 물론 중국처럼 수사와 기소단계를 이처럼 명확하게 구분하지 않고 수사와 기소 절차를 하나로 통합하는 국가도 있다. 그러나 이러한 국가의 검찰기관은 모두 수사기관이며, 동시에 수사를 지휘하고 주도하는 역할을 하며 수사 결과에 대해 결정권을 가지고 있

다.[12]

요컨대 수사의 개시권, 조사권, 결정권은 모두 소송절차의 특성에 따라 규범화되어 있으며, 소송이 적용되는 법적 환경이지만, 수사권을 행사하는 주체가 행정기관의 관리 방식을 유지하고 있다. 따라서 중국의 수사권 행사 방식에서 볼 때 행정적 특징이 강한 것이 사실이며, 실제로 수사인원이 행정 심사 방법에 더 많은 관심을 기울이고 형사소송법 관련 규정을 무시하는 기이한 현상도 나타나고 있다. 그러나 이런 현상이 수사권이 곧 행정권이라는 이유가 될 수는 없다. 반대로 이러한 현상은 입법자와 관리자가 큰 관심을 가져야 하는데, 입법자와 실제 부문이 수사권을 행정권으로 간주하기 때문에 수사권을 행사하는 주체의 자유재량권이 너무 크고 수사권에 대한 사법적 제약과 감독이 약한 원인이다.

수사권을 더욱 명확히 이해하기 위해 수사권의 외적 특성으로 분석해 볼 수도 있다.

1. 수사권은 국가 헌법과 법률에 따라 부여된다. 수사권 부여는 주로 각국의 헌법, 형사소송법, 경찰법, 판례 및 기타 단일 법률, 법규 등 규범적 법률문서에서 찾아볼 수 있다. 중국에서는 수사권 부여 및 권력의 종류가 주로 「형사소송법」과 「인민경찰법」에 규정되어 있다.[13]

2. 수사권은 국가 법률이 위임한 수사 주체가 수사과정에서 행사한다. 수사권은 국가가 법률을 통해 특정 국가기관에 부여하여 수사활동에서 행사하며, 다른 기관, 단체 또는 개인은 수사권을 행사할 권리가 없다. 특정 시간과 공간 내에서의 수사권 행사는 한편으로는 해당 기관의 모든 직원이 수사권을 행사할 수 있다는 의미가 아니며, 다른 한편으로는 수사 주체가 언제 어디서나 수사권을 행사할 수 있는 것은 아니라는 의미이다. 수사권은 임의로 양도, 교체, 포기할 수 없고 수사활동 수행 시 수사인원만이 행사할 수 있다. 오직 이렇게 해야만 대외적으로 수사권의 존엄성과 독립성, 대내적으로 수

---

12 대륙법계에서 프랑스, 독일 및 중국 대만 지역은 모두 '경찰 검사 일체화'의 수사 모델을 실행한다.

13 중국 「헌법」 제135조는 형사사건을 처리하는 데 있어 공안기관, 검찰원, 법원 3개 기관의 상호관계를 규정하고 있지만, 어느 국가기관에 대해서도 수사권을 명시적으로 부여하지 않고 있다. 수사권은 전적으로 전국인민대표대회와 그 상무위원회가 「형사소송법」 및 관련 보충 규정의 입법 형식으로 부여한다.

사권의 완전성과 통일성을 확보할 수 있고, 수사행위의 법적 엄숙성을 보장할 수 있다.

3. 수사권은 국가 강제성을 가지고 있다. 수사권은 일반적으로 강제수사와 임의수사의 두 가지로 나눌 수 있다. 당사자의 동의를 얻어 행하는 모든 수사행위는 임의수사이며, 수사인원은 임의수사 적용 과정에서 다른 기관이나 주관 부문의 심사나 승인을 받지 않고도 스스로 결정할 수 있다. 강제수사 행위의 경우 수사인원은 행사 전에 특정 기관 및 부문의 심사 또는 승인을 받아야 하며, 강제성의 정도는 심사 승인의 정도와 정비례해야 한다.

4. 수사권은 단일 권력이 아니라 일련의 권력으로 구성된 유기체이다. 먼저, 소송과정의 관점에서 수사권은 수사절차 개시권, 형사사건 수사권, 수사 진행 결정권의 세 가지 측면을 포함한다. 다음으로, 권리행사 절차상 수사권은 신청권, 심사권, 결정권, 집행권으로 나눌 수 있다. 중국에서 대부분 수사의 신청권, 심사권, 결정권, 집행권은 수사기관이 자체적으로 결정하고 처리한다. 마지막으로, 수사권의 종류로는 범죄 혐의자 신문, 증인과 피해자 문의, 범죄와 관련된 장소, 물품, 신체, 사체에 대한 검증, 검사, 수사 시험試驗, 범인 또는 범죄증거를 은닉할 우려가 있는 사람의 신체, 물품, 주소 및 기타 관련 장소의 수색, 물증, 서증 압수, 감정, 수배 등이 포함된다. 동시에 법에 따라 구금 소환, 보석, 주거 감시, 구류, 체포 등 형사 강제 조치와 필요한 경우의 특정 기술수사 조치를 포함한다. 이러한 구체적인 권능의 대부분은 신체적 강제성을 가지고 있다. 이는 수사권은 하나의 권력이 아니라 서로 다른 차원의 권력 집합체가 공동으로 구성된 일련의 권력이라는 것을 보여준다.

5. 수사 권한은 관할 사건의 성격에 따라 결정된다. 인권 보호의 필요성 때문에 강제수사가 적용되는 모든 사건은 필요성을 원칙으로 한다. 예를 들어 중국 검찰기관은 수사권을 가지고 있지만 횡령, 뇌물수수, 국가기관 직원의 독직 범죄 수사를 전담하기 때문에 형사 구류권을 행사할 때 형사소송법은 '범죄를 실행한 후 자살을 시도하거나 도주하거나 도주 중인 자'와 '증거를 인멸, 위조하거나 공모할 우려가 있는 자'에 대해서만 구류권을 적용하고 있다.

수사권의 행사는 관련 법률 규정에 근거해야 하며, 수사인원의 수사권 행사는 국가를 대표하고 국가의 의지를 구현한다. 수사권은 형사사건의 처리에만 적용되며 민사분쟁이나 치안 관리 사건의 문제를 처리하거나 해결하기 위해 남용할 수 없다. 수사권의 외연과 의미를 종합적으로 분석한 결과 수사권의 속성은 수사기관의 성격에 의해 결정되지 않으며 독립적인 가치 공간을 가지고 있음을 알 수 있다.

(2) 수사권의 속성

프랑스 사상가 몽테스키외가 명저『법의 정신』에서 국가권력을 입법권, 행정권, 사법권으로 명확히 구분한 후 각종 공권력의 속성에 대한 후세의 분석은 그 틀을 벗어나지 못했다. 비록 세계 각국은 정치체제에서 삼권분립과 의행합일議行合一의 구분이 있지만 입법권, 행정권과 사법권은 모두 현실 생활에 객관적으로 존재한다. 어떤 학자가 말했듯이, 입법권, 행정권, 사법권은 한 국가의 공권력을 구성하는 전부는 아니지만, 공권력의 가장 기본적인 형태이다.[14] 따라서 현재 학계에서도 수사권의 정성적 문제는 행정권과 사법권 사이에서 방황하고 있다. 다년간 일부 학자는 수사권이 행정권에 속한다고 주장하고 다음과 같은 측면에서 논증했다.

우선, 수사권과 사법권 개시의 방식으로 볼 때, 수사권은 주동성을 구현하고, 행정권의 적극적 개입과 주동적 추궁의 행사 원칙을 관철하며,[15] 사법권은 불고불리의 수동성의 원칙이다. 다음으로, 수사권과 사법권의 운영 과정을 보면 수사권은 사법권의 중립성이 아니라 범죄를 소추하는 경향이 있다. 수사권 개시의 전제는 범죄사실의 존재를 가정한다. 따라서 수사권은 운영 과정에서 범죄를 소추하는 경향이 있지만 사법권은 운영 과정에서 중립적인 태도를 유지해야 한다고 강조한다. 그다음으로, 수사권과 사법권의 결과 측면에서 보면 수사권은 '집행권'의 특성이 있고, 사법권은 '판단권'의 특성이 있다. 수사권은 범죄 혐의자의 유죄를 확정하는 효력이 없을 뿐만 아니라 수사기관이 행한 절차적 행위도 궁극적으로 사법권의 심사를 받게 된다. 따라서 수사행위

---

14 胡建淼 주편,『公權力研究』, 浙江大學出版社 2005, 서문 참조.

15 謝佑平, 萬毅,『刑事偵查制度原理』, 中國人民公安大學出版社, 2003, 160쪽 참조.

는 일종의 집행권을 구현하고 사법재판활동은 일종의 '종결성'을 가져야 하며, 법원의 재판이 발효한 후 명확한 법적 규정 외에 사건의 재심 절차를 시작할 수 없다. '종결성'은 사법재판활동이 종결 단계에서 '분쟁 정지'의 효과를 갖기 위한 요구사항이다.[16] 마지막으로, 수사권과 사법권 적용 주체의 조직 관리 형식을 보면 수사권은 행정권의 조직 방식을 취한다. 수사권의 내부 구조 요소를 보면 수사기관은 모두 행정성 조직 관리 모델을 시행하고, 상명하종上命下從, 상하일체上下一體의 조직원칙과 업무구조를 실시하는데 이는 전형적인 행정관리 모델이다.[17] 반면 사법권은 심급審級의 독립성을 강조하며, 사법기관의 상하급 관계는 완전한 독립적 관계로 최고법원과 기층법원 사이에도 존재한다.[18] 관련 결정이나 재판할 때 수사기관은 수장 책임제, 사법기관은 합의제를 강조한다. 이는 수사권이 곧 행정권이라는 결론으로 이어진다.

현재 중국의 수사권 운영 방식으로 볼 때 수사권 행사는 행정권의 일부 특성을 반영한다고 본다. 그러나 이는 수사권이 행정권에 속하거나 수사권이 행정적 성격을 갖는다고 볼 수 없다. 원천적으로 중국에서는 수사권의 행사가 행정관리의 조직적 방식을 채택하고 있기 때문에 중국의 입법자와 실제 부문은 수사권을 행정권으로 취급하고 있으며, 한편으로는 수사기관과 수사인원에게 과도한 자유재량권을 부여하고 다른 한편으로는 수사권에 대한 사법적 제약과 감독을 소홀히 하고 있다. 이는 중국의 수사권 입법과 시행에 많은 문제가 있는 중요한 원인이라고 볼 수 있다.

사실상 수사권의 속성은 적재 주체가 위치한 국가기관의 법적 성격에 의해 결정되지 않으며, 일부 특성만으로 행정권과 단순히 비교할 수도 없다. 수사권과 행정권은 행사 주체, 적용 대상, 사용 방식, 법적 결과 등에서 뚜렷한 차이를 보이고, 행정권과 사법권의 본질적 특징, 수사권이 처한 법적 환경, 구비한 기능, 관련 규범성 법적 문서의 위치 등 측면에서도 살펴볼 수 있다. 고찰을 통해 수사권은 본질적으로 사법적 성격이

---

16 陳瑞華, 「司法權的性質」, 『法學硏究』, 2000, 제5기 참조.

17 謝佑平, 萬毅, 『刑事偵查制度原理』, 中國人民公安大學出版社, 2003, 161쪽 참조.

18 陳瑞華, 「司法權的性質」, 『法學硏究』 2005년 제5기 참조.

더 강하다는 것을 알 수 있다.

1. 수사권은 사법권의 본질적인 특성이 더욱 강하다. 수사권의 속성과 관련하여, 수사권의 본질적 특성이 행정권인지, 아니면 사법권인지에 대한 논쟁이 중심을 이루고 있다. 행정권과 관련하여 국내외 학자 사이에 서로 다른 이해가 있지만,[19] 몽테스키외의 최초 행정권 정의, 블랙의 권위적 해석, '오권헌법五權憲法' 범위 내에서 쑨중산孫中山의 정의, 근현대 중국 학자들의 이해에 이르기까지 행정권은 행정주체가 법을 집행하고 행정 사무를 관리하는 권력으로 이해하는 것이 행정권에 대한 가장 전형적인 해석이다. 행정권의 본질은 집행권executive power에 있다. 미국 학자 윌러비는 "행정은 정부 조직에서 행정기관이 관할하는 사물이다"라고 주장한다.[20] 굿노는 행정과 정치의 관계에 대해 "정치는 국가 의지의 표현이며, 행정은 국가 의지의 집행이다." "행정은 정책을 집행한다"라고 주장하며, 행정은 "정부 관원이 정부 기능을 추진하는 활동이다"라고 설명했다.[21] 이는 행정의 '집행' 특성을 보여준다. 저명한 학자 테일러와 파욜은 각각 유명한 저서 『과학적 관리 원리』(1911)와 『공업관리와 일반관리』(1916)에서 행정의 '관리' 특성을 더 자세히 설명하고 논의했다. 이들의 기본 사상은 기업 활동 중 계획, 조직, 인사, 지휘와 관련된 행정적 활동을 다른 업무적 활동과 구분하고, 전자를 중심으로 (행정)관리 직책을 설정했다. 현대적 의미의 국가 행정기관은 위의 사상에 기초하여 구축되었으므로 국가 행정관리기관이라고 한다. 국가가 통치 의지에 근거하여 헌법 및 관련 조직법의 규정에 따라 설립하고, 법률에 따라 국가의 행정권을 누리고 행사하며, 국가의 각종 행정 사무를 조직, 관리, 감독, 지휘하는 책임을 진 국가기관을 말한다.

사법권의 핵심은 '판단'이다. 학자 쑨완성孫萬勝은 사법권 분야에서 판단권이 갖는 의미를 다음과 같이 본다. 법적 규칙과 법적 원칙의 제약을 받는 임의적이고 수시로

19 胡建淼 주편, 『公權力研究』, 浙江大學出版社, 2005, 194쪽 참조. 저자는 여섯 가지 서로 다른 설명을 열거했다.

20 [미] 윌러비, 『行政學原理』, 1928년 영어판, 1쪽, http://zf.ycu.jx.cn/jpkc/gg/kcjs.htm. 2008년 10월 25일.

21 [미] 굿노, 『政治與行政』, 王元 역, 華夏出版社, 1987, 12쪽.

변하는 발상이 아니며, 실제 사건과 적용된 법을 바탕으로 옳고 그름, 합법과 불법, 진실과 거짓 등을 판별하고 선택하며, 그 기초 위에서 사건에 적합하고 공정한 결정을 내리는데, 이러한 결정의 효력은 법관의 개인 의사가 아닌 법에서 비롯된다.[22] 따라서 권리행사 과정의 관점에서 사법재판은 사법권을 행사하는 기관, 조직 또는 개인이 신청자가 제출한 소송사건에 대해 사전에 발급된 법적 규칙과 원칙에 따라 법적 구속력을 갖는 재결 결론을 내려 분쟁 당사자들이 이미 발생한 이해 분쟁을 권위 있는 방식으로 해결하는 활동이다.[23]

사법활동은 운영 과정에서 그 표현 내용이 서로 다르다. 민사소송, 행정소송에서 분쟁해결을 위한 사법 과정은 법원의 재판활동으로만 나타난다. 형사 분쟁해결에는 비교적 복잡한 절차가 필요하기 때문에 법원만으로는 사건의 사실인정, 범죄 성격, 유죄 및 양형 확정 등 일련의 소송활동을 감당할 수 없다. 형사소송의 재판 전 활동은 재판의 전제이자 기초이다. 공소 사건의 경우 수사권과 공소권은 재판권의 연장이자 재판권 실현을 위한 전제적 권력으로 수사권과 기소권의 개시, 행사가 없으면 재판활동의 개시 및 완성이 없다. 수사권은 범죄 증거를 수집하고 범죄 혐의자를 찾아내 공소제기에 대비하기 위한 것으로 공소권, 재판권과 함께 사법의 '판단' 임무를 수행하는 넓은 의미의 형사사법권을 구성한다.

2. 수사권의 가치지향은 기소권 및 재판권과 일치한다. 형사소송활동이 추구하는 가치지향은 정의를 우선시하고 효율성을 고려하며, 형사소송의 모든 단계에서 공정을 최우선으로 고려해야 한다. 수사활동에서 적시성이 강조되더라도 수사권이 국민의 인신권, 자유권, 재산권, 프라이버시 등 기본적 인권과 충돌하는 경우에는 공정을 우선시해야 하고, 유죄 증거수집을 위해 적법절차를 무시할 수 없다. 반면, 행정권은 고도의 효율성을 목표로 삼고 있으며, 관리 효율성 수준은 행정권이 어느 정도 역할을 수행하는지를 나타내는 중요한 지표가 되고 있다. 따라서 수사권 행사의 절차는 효율성을 고려

---

22 孫萬勝, 『司法權的法理之維』, 法律出版社, 2002, 8쪽 참조.
23 陳瑞華, 「司法權的性質」, 『法學研究』, 2005, 제5기 참조.

하면서도 공정성을 우선시하는 원칙에 기초하여 설계되어야 한다.

3. 수사권을 행사하는 주체는 사법인원의 범주에 포함되어 있다. 수사권을 행사하는 주체는 세계 각국에 따라 다르지만, 경찰기관이 가장 광범위한 수사권을 갖고 있다. 각국 경찰이 행사하는 형사수사 권한을 보면 여러 나라나 지역에서는 형사수사 권한을 전담하는 경찰을 사법경찰 또는 형사경찰이라고 부른다. 경찰의 기능은 형사사법 시스템의 운영(범인의 체포, 수사, 재판, 감옥 집행 또는 집행유예, 가석방 등)과 밀접한 관련이 있기 때문에 외국 형사소송법 관련 규정 및 실천에서 경찰 유형에 따른 직권 분담으로 경찰을 치안경찰과 사법경찰로 구분하는 경우가 많다. 치안경찰은 사회질서 유지의 중책을 맡아 행정권을 행사하고, 사법경찰은 형사수사의 기능을 전담해 형사수사권을 행사하는 등 그 업무는 형사사법의 영역에 속한다. 영국, 프랑스, 독일, 포르투갈과 중국의 홍콩, 마카오 지역 등이 포함된다. 미국 학자들은 종종 경찰의 형사수사 기능을 형사사법에 포함한다. 미국에서는 흔히 법집행(경찰, 치안법관, 집행관), 사법(법관, 검찰관, 변호사), 범죄 교정(교도관, 집행 유예관, 보석관) 등 세 부문이 형사사법의 '시스템'을 구성한다고 본다. 이 책의 저자는 경찰의 형사수사 기능을 행정의 범주에 우선 넣으면서도 경찰의 형사사법 기능을 인정하고 있다. 일본, 중국 대만 등의 입법에서도 경찰기관의 형사 직권은 사법 보조력에 해당한다고 명시적으로 규정하고 있다. 중국 형사경찰의 임무는 사회 치안을 유지하고 행정관리 기능을 수행하는 것이 아니라 범죄를 추궁하고 형사소송에서의 수사 기능을 수행한다. 각국은 형사수사를 담당하는 경찰을 사법인원으로 취급하고 수사행위를 사법 성격의 행위로 간주하고 있다.

4. 수사권 적용의 법적 근거는 형사사법과 관련된 법률문서다. 행정권의 법적 근거는 행정법, 행정처벌법, 행정허가법, 치안관리처벌법 등 일련의 행정법률과 법규이다. 수사기관 및 수사권의 권한 분담에 관한 법률 규정은 주로 헌법, 관련 부문법, 사법해석 및 각종 관련 법규에서 볼 수 있다.

우선, 중국 「헌법」 제135조는 "인민법원, 인민검찰원, 공안기관은 형사사건을 처리할 때 책임을 분담하고 서로 협력하며 서로 제약하여 정확하고 효과적인 법률 집행을 보장해야 한다"라고 규정하고 있다. 이는 입법자가 공안기관의 형사사건처리 활동과 검찰원, 법원의 형사소송활동을 유기적으로 통합하고 있음을 명확히 보여주고 있다. 공안기관의 수사활동과 내부 행정 활동은 분리되어 행정법집행과 형사사법이라는 두 가지 다른 성격의 법치 궤도가 포함된다.

다음으로, 중국「형사소송법」제17조는 "중화인민공화국이 체결하거나 가입한 국제 조약 또는 호혜의 원칙에 따라 중국 사법기관과 외국 사법기관은 서로 형사사법의 협조를 요청할 수 있다"라고 규정하고 있다. 중국의 관련 입법 및 국제 조약에 따르면 공안기관, 검찰원, 법원 세 기관은 형사사건을 처리하는 과정에서 다른 국가의 관련 기관에 사법 지원을 요청할 수 있다.[24] 이러한 관점에서 보면 공안기관이 수행하는 수사 기능은 사법 기능의 일부이다.

그다음으로, 중국「형법」제94조는 "본법에서 말하는 사법인원은 수사, 검찰, 재판, 감독 직책을 담당하는 직원을 말한다"라고 규정하고 있다. 이를 통해 입법자는 이미 수사인원을 사법인원의 일부로 간주하고 있음을 알 수 있다.

마지막으로, 중국의「미성년자보호법」,「공안기관 조직관리 조례」(이하 '조례'),「사법감정관리 문제에 관한 결정」(이하「감정 결정」) 등 법률문서에서도 공안기관 내부에서 행사되는 형사수사 기능을 사법 성격으로 정의하고 있다.

(1) 2006년 12월 29일 제10기 전국인민대표대회 상무위원회 제25차 회의에서 수정된「미성년자보호법」제5장의 표제는 '사법보호'이며, 그중 제50조는 "공안기관, 인민검찰원, 인민법원 및 사법행정부문은 법에 따라 직무를 수행하고 사법활동에서 미성년자의 합법적인 권익을 보호해야 한다"라고 규정하고 있다.

(2) 2007년 1월 1일 중국이 공식적으로 시행한「조례」제2조도 "공안기관은 인민민주독재의 중요한 도구이며 인민경찰은 무장 성격의 국가 치안 행정력과 형사사법력으로 법에 따라 위법 범죄행위를 예방, 제지, 처벌하고 인민을 보호하며, 경제사회 발전에 봉사하며, 국가안전을 수호하고 사회 치안 질서를 수호하는 책임을 진다"라고 규정

---

24 공안기관은 대부분의 형사사건의 수사업무를 담당하며, 사람들은 종종 수사기관의 대명사로 사용하는데, 이는 동일한 수사기능을 가지고 수사권을 행사하는 기타 수사기관도 의미한다.

하고 있다. 이는 공안기관이 행정기관의 성격을 가지고 있지만 행사하는 권력에서 볼 때 행정권과 사법적 성격의 수사권을 모두 가지고 있으며, 법에 따라 불법 범죄를 예방, 제지, 처벌하는 공안기관 내부의 직책은 형사사법력이라는 것을 분명히 보여준다. 이는 공안기관과 공안 경찰을 일반 행정기관 및 공무원과 구별하는 주요 특징이기도 하다. 「조례」는 공안기관이 일반 행정기관과 다른 관리제도를 시행할 수 있는 법적 근거를 제공한다.

(3) 2005년 2월 28일 전국인민대표대회 상무위원회가 채택한 「감정 결정」 제1조는 "사법 감정은 소송활동에서 감정인이 과학기술 또는 전문지식을 이용하여 소송과 관련된 전문성 문제를 감별, 판단하고 감정 의견을 제공하는 활동을 말한다"라고 규정하고 있다. 제7조는 또 "수사기관이 수사업무의 필요에 따라 설립한 감정 기구는 사회에서 사법 감정 업무를 위탁받아서는 안 된다"라고 규정하고 있다. 이러한 조항은 입법자가 소송활동에서의 감정을 사법 감정으로 간주하고 있으며, 수사기관의 감정은 소송의 수사단계에서 이루어지므로 사법 감정의 범위에 포함된다는 것을 보여준다.

또한 중국의 「행정소송법」도 형사사법행위를 소송 대상이 아닌 것으로 간주하여 구체적인 행정행위에서 제외했다. 최고인민법원의 「행정소송법 사법해석」(이하 '해석') 제1조 제2항의 규정에 따르면 '형사사법행위'란 형사소송법의 명시적 규정에 따라 공안 및 국가안전기관이 수행하는 행위를 의미한다. 일부 국가는 이를 행정행위에 포함해 다른 행정행위와 마찬가지로 사법심사를 받도록 하고 있지만, 중국의 사법해석은 행정소송의 범위에서 제외하고 있다. 「형사소송법」은 배재성 규정을 두고 있을 뿐 아니라 형사사법행위에 대한 감독권을 검찰기관에 부여하고 있다. 「해석」의 규정에 따르면 어떤 행위가 형사사법행위인지 행정행위인지의 판단은 주로 해당 행위가 형사소송법에서 명시적으로 권한을 부여한 행위인지에 따라 달라진다.

사법해석에서 '형사사법행위'와 관련하여 많은 학자는 '행정행위'와의 차이점과 구체적 행정행위에서 제외된 이유에 대해 더 구체적인 논증을 했다.

'형사사법행위'와 '행정행위'의 개념을 구별하는 방법에 대해 일부 학자들은 견해는 아래와 같다. 첫째, 중국에서 현재 '형사사법행위'의 주체는 공안기관, 검찰기관, 국가안전기관, 세관, 군 보위 부문, 감옥에 국한되어 있다. 둘째, 수행하는 행위는 형사소송법에서 명시적으로 부여한 행위이다. 그러나 조사, 유치, 몰수 등의 행정행위는 형사소송법에서 명시적으로 부여한 행위가 아니므로 형사사법행위의 범위에 속하지 않는다. 셋째, 이러한 행위는 형사소송법이 부여한 목적에 따라 실행하는 행위이다. 이는 형사소송법상 국가안전기관, 공안기관 등에 부여한 권한 행위에서 상당 부분은 이러한 기관이 일반적인 행정기능을 행사할 때 실행할 수 있는 구류, 압류, 동결 등의 행위이기 때문이다. 이러한 행위가 형사사법행위인지 행정행위인지에 대한 판단기준은 주로 위에서 언급한 기관이 이러한 행위를 시행할 때의 목적에 달려 있다. 범죄 증거를 수집해 범죄 사실을 밝히려는 목적이라면 형사사법행위로 간주해야 한다. 반대로 행정관리의 목적이라면 행정행위로 이해해야 한다.[25]

행정소송의 사건 수리 범위에서 '형사사법행위'를 제외하는 실질적인 이유에 대해 일부 교과서는 다음과 같은 견해를 제시하고 있다. 첫째, 중국의 현행 사법체제에 따르면 형사수사 등의 행위는 사법행위로 간주하며 관습상 일반 행정행위로 취급되지 않는다. 둘째, 중국 형사소송법은 형사수사행위 등 형사사법행위를 감독할 수 있는 권한을 검찰기관에 부여했다. 예를 들어 「형사소송법」 제76조는 "인민검찰원은 체포에 대한 심사 및 승인 과정에서 공안기관의 수사활동에 위법 상황이 발견되면 공안기관에 상황을 시정하도록 하고 공안기관은 인민검찰원에 시정 사실을 통보해야 한다"라고 규정하고 있다. 「형사소송법」 제224조는 "인민검찰원은 집행기관의 형벌 집행 활동이 적법한지를 감독한다. 위법 사항이 발견되면 집행기관에 통보하여 시정해야 한다"라고 규정하고 있다. 셋째, 중국 「국가배상법」의 규정에 따라 형사수사 등 형사사법행위에서 위법 행위로 인해 피해가 발생한 경우 피해자는 국가배상법의 규정에 따라 구제를 받을 수 있다.[26] 요컨대, 행정소송법의 배제성 규칙은 중국 행정법에서 수사권을 사법 성격의 권력으로 간주함을 증명할 수 있다.

---

25 姜明安 주편, 『行政法與行政訴訟法』, 北京大學出版社, 高等教育出版社 1999, 484쪽 참조.

26 위의 책, 484쪽 참조.

5. 유엔의 관련 법률문서는 수사기관의 수사행위를 사법행위로 정의한다. 유엔「소년사법 최소한도 기준 규칙」(『북경 규칙』) 제11조에 규정된 '관찰 보호 방법'과 제13조에 규정된 '재판 전 구류'의 내용은 경찰의 형사수사행위를 직접 목표로 하고 있다. 위의 논증에서 볼 수 있듯이 역사적 관점과 기능적 관점, 외국 이론계와 법적 규정 모두 중국의 수사권이 사법적 속성을 가지고 있으며 각국의 형사사법 범주에 포함되었음을 보여준다.

6. 영국과 미국의 일부 학자도 점차 수사권의 사법적 특성을 인식하고 있다. 일반적으로 대륙법계의 학자들은 수사권의 사법적 속성에 더욱 찬성하는 것으로 알려져 있다. 영미법계의 대부분 학자는 수사권을 행정권으로 간주한다. 실제로 영미 일부 학자는 행정행위를 연구할 때 처음에는 형사소추행위를 행정행위로 간주하고 광범위한 자유재량권을 부여했다. 이후 인권보장에 대한 의식이 지속해서 높아짐에 따라 일부 학자는 경찰의 수사행위가 사법 성격의 행정행위에 속해야 하며 반드시 사법 통제를 받아야 한다는 점을 인식했다.

수사권은 형사절차에 적용되므로 더 이상 순수한 행정행위가 아니다. 이 점에 관하여 영국의 행정법학자 N.호크는 일찍이 행정기관이 행사하는 권한은 6가지로 나눌 수 있다고 주장했는데,[27] 그중 형사 통제는 바로 형사소추 권력이다. 이러한 권력이 '용납할 수 없는 폭력'이 되는 것을 방지하기 위해 영국 의회는 성문법이 배제되지 않거나 특별한 사정이 없으면 행정행위는 자연 공정의 원칙에 따라야 한다는 절차적 제한을 가했다.[28] 그러나 순수한 행정적 성격의 행위에는 적용되지 않는다. 형사소추의 권

---

27 행정기관이 행사하는 6가지 유형의 권한은 행정기관의 주도적 행동, 허가증 발급, 재정 통제, 계약 통제, 형사 통제 및 기율 통제가 포함된다. 王明揚,『英國行政法』, 中國政法大學出版社, 1987, 105~106쪽 참조.

28 자연공정원칙은 영국 왕립법원이 하급법원과 행정기관에 대해 감독권을 행사할 때 권력을 공정하게 행사하도록 요구하는 원칙이다. 자연공정원칙은 사법절차 규칙으로서 자신의 역사적 특성을 보존한다. 즉 사법 성격의 행정행위에만 적용된다는 것이다. 자연공정원칙이 영국 행정법상의 지위는 미국 헌법상 정당한 법적 절차와 같다. 실체적 법규가 아니라 행정기관의 활동을 지배하는 절차적 규칙이며 최소한도의 공정 원칙이다. 적용 범위가 매우 넓기 때문에 자연공정원칙이라고 불린다. 영국 의회는 법에 절차적 규정이 없거나 충분한 규정이 없는 경우 행정기관은 절차적 제약을 받지 않고 최소한의 공정 절차 규칙조차 지킬 필요가 없다고 주장할 수 없다. 따라서 이 원칙이 행정 절차에 적용된다. 王明揚,『英國行政法』,

력을 순수한 행정적 행위로 볼 경우 자연 공정의 원칙이 적용될 수 없다. 초기 영국 법원은 행정기관이 긴급 조치(예: 경찰이 범인 추적)를 취해야 하는 행위는 순수한 행정행위이며 행정기관의 사법행위 또는 준사법행위가 아니라고 주장했다. 따라서 자연 공정의 원칙이 적용되지 않는다.[29]

미국 행정법학자도 이에 대해 동일하게 이해를 하고 있다. 최초 그들은 경찰의 수사행위, 외교 및 국방, 군대의 내부 관리, 국가 안전 및 소추 행위는 행정기관의 절대 자유재량권 행사에 속하며, 이러한 권한은 사법심사에 적합하지 않으며 사법심사를 제외하는 자유재량권의 결과라고 믿었다.[30]

20세기 60년대 이후 자연공정원칙의 적용범위가 점차 확대되었다. 영미 국가는 행정기관의 자유재량권 행사가 공민권리에 가장 큰 영향을 미치는 행위라는 점을 점차 인식하게 되었고, 이러한 배경에서 자연공정원칙이 절차적 측면에서 가장 준수되어야 할 필요가 있다는 점을 알게 되었다. 그 후 영국법원은 공민의 권리에 부정적인 영향을 미치는 행정기관의 결정은 사법 행위로 간주한다고 확인했다. 이 원칙에 따라 경찰의 수사행위도 자연공정원칙의 적용범위 내에 포함되었다.

7. 수사권에 대한 감독은 주로 사법 통제에 의존한다. 효과적인 감독 구조가 없으면 어떤 권력도 제대로 작동할 수 없다. 그러나 사법권이 수사권과 행정권을 견제하고 감독하는 방식은 현저히 다르다. 수사활동에서는 주로 사법 통제, 특히 사전 및 사후 감독에 의존한다. 법치주의 국가에서 이는 일반적으로 사법 영장주의와 이와 관련된 사법구제 제도로 나타난다. 사법심사 원칙에 따라 행정관리 활동에서 행정권의 행사는 사법심사의 대상이 되지만, 사법권 개입 방식은 사후 감독에 불과하며, 행정상대인은 행정권의 효율적인 운영의 요구에 따라야 하며, 관련 행정행위에 불복할 경우 사후에 행정소송을 제기할 수 있다.

中國政法大學出版社, 1987, 152~157, 251쪽 참조.

29 王明揚, 『英國行政法』, 中國政法大學出版社, 1987, 157쪽 참조.

30 소추권력을 행사하는 행정기관의 결정은 미국 법원에서 거의 심사되지 않지만 이러한 문제에 대한 판례는 일관되지 않았다. 王明揚, 美國行政法(하), 中國政法大學出版社, 1994, 615~616쪽 참조.

2. 중국 수사기관 설치와 권력 배분의 이성적 검토

수사기관과 수사권의 관계를 깊이 연구할 때 사람들은 다음과 같은 걱정과 우려를 금할 수 없다. 수사기관이 많이 설치되고 수사권을 행사하는 주체가 많을수록 범죄에 대한 대응은 더욱 강력해질 것이다. 그러나 수사권을 행사하는 기관이 많을수록 수사권이 남용될 우려도 커지고 수사권 남용을 통제하기 위한 어려움도 커질 것이다. 따라서 국가마다 수사기관의 설립과 권력 배치에 매우 신중한 태도를 취하고 있다. 중국 수사기관의 설립과 권력 배분을 살펴보면, 전반적으로 기존의 배치방식은 이미 중국의 국가 상황과 현실적 요구를 고려했고, 장기적인 운영 과정에서 사람들이 점차 수용하고 이해하고 있으며, 심지어 중국 수사기관의 설립과 권력 배분에 대해 의문을 제기하는 사람도 거의 없다. 그러나 우리는 중국 수사기관의 설치와 권력 배분에 여전히 일정한 문제가 있으며, 그중 일부는 실제로 공권력을 남용하고 심각한 인권 침해를 초래하는 주요 원인이라고 생각한다. 따라서 중국 수사기관의 설치와 권력 배치에 대한 심도 있는 고찰과 분석이 필요하다.

1) 수사기관의 설치와 권력 배분의 특징

수사기관은 수사권을 전담하는 기관이고, 수사권은 국가의 형벌권 실현을 목적으로 하는 국가권력이며, 수사권의 행사는 공민의 기본권을 제한하고 박탈하는 대가를 따르게 된다. 따라서 각국 입법기구는 수사기관의 설립과 권력의 배치를 매우 중요시하고 있다. 수사기관에 대한 국가의 설치와 권력 배분의 상황은 형사소송 모델과 밀접한 관련이 있다. 한 국가의 수사기관 설치와 권력 배분 상황은 국가가 어떤 형사소송 모델을 선택하고, 어떤 소송이념을 믿고 주장하는지 직접적으로 나타낼 수 있으며, 이는 중국 수사기관의 발전 역사에서 확인할 수 있다.

(1) 수사기관의 확립과 발전 과정

중국 수사기관의 확립은 크게 세 단계를 거쳤다.

첫 번째 단계는 1949년 신중국 건국부터 1966년 '문화대혁명'까지 유일한 수사기관은 공안기관과 검찰기관뿐이었다. 반혁명 및 기타 형사사건은 공안기관에서 수사를 책임지고 검찰기관은 직무범죄에 대한 수사를 담당했다.

신중국 초기 중국은 형사소송법전을 제정하지 않았지만 국가는 일련의 조례, 인민법원 조직법, 인민검찰원 조직법 등 법적 문서를 통해 공안기관과 검찰기관이 각각 수사권을 행사하도록 명시했다. 예를 들어, 1949년「중앙인민정부 최고인민검찰서 시행조직조례」제3조 제1항 제3호는 검찰기관이 "형사사건을 수사하고 공소한다"라고 규정했다. 그러나 1950년 10월부터 시작된 반혁명 운동 탄압에서는 반혁명 사건과 다른 형사사건도 공안기관이 수사했다.

1954년의 두 개 조직법과 한 개 조례[31]에서는 형사소송의 원칙과 제도에 대하여 국가의 재판권, 검찰권, 수사권, 그리고 공민에 대한 체포, 구류 등의 강제조치를 할 수 있는 권리는 인민법원, 인민검찰원, 공안기관이 헌법과 법률의 규정에 따라 각각 행사할 수 있으며 기타 어떠한 기관, 단체, 개인도 행사할 권리가 없다고 명시하고 있다. 동시에 형사소송에서 세 기관의 책임분담, 상호협조, 상호제약 등의 권력관계를 구체적으로 규정했다. 권력의 배분과 제약의 구체적인 규정은 아래와 같다. (1) 형사사건의 수사는 공안기관 또는 인민검찰원이 진행하고, (2) 수사 종결 후 피고인에게 형사책임을 추궁할 필요가 있다고 판단되는 경우 인민검찰원이 인민법원에 공소를 제기하고, (3) 어떠한 공민의 체포에 대해서도 인민법원의 결정을 제외하고는 반드시 인민검찰원의 승인을 받아야 하며, (4) 인민검찰원은 공안기관 수사활동의 합법 여부를 감독하고, 공안기관은 인민검찰원이 수행한 체포 불승인 결정 또는 불기소 결정에 대해 잘못이 있다고 판단할 경우 의견을 제시하거나 고소할 권리가 있다. 이러한 규정은 후에 중국

---

31 「중화인민공화국 인민법원 조직법」,「중화인민공화국 인민검찰원 조직법」및「중화인민공화국 체포 구류 조례」이다.

형사소송법전에 채택되었다.

두 번째 단계는 1966년 '문화대혁명'부터 1979년「형사소송법」제정 전까지 수사기관은 한때 군대의 통제 속에서 '혁명위원회'로 대체되었다. 문화대혁명 기간 린뱌우林彪와 '사인방' 반혁명 집단은 당의 권력을 탈취하기 위하여 한편으로 '공안기관, 검찰원, 법원을 철저히 박살' 냈고 중국 공안 시스템이 심각하게 파괴되었다. 1968년 1월 정법기관은 군대가 관리했고, 1973년 군대 관리가 폐지된 후 '혁명위원회'로 대체했다. 다른 한편으로 소위 '군중群衆 독재'를 대대적으로 행하여 어떤 단위를 불문하고 특별 사건 전담반을 설치할 수 있으며, 누구든지 수사 수단을 마음대로 이용하여 '군중식' 수사 운동을 할 수 있다. 많은 간부와 대중의 생명, 재산과 신체의 자유가 보장되지 않아 한때 사회 치안 질서가 혼란에 빠졌다.

세 번째 단계는 1979년부터 1996년까지 중국의 수사기관이 2개에서 5개로 확대되었다. '문화대혁명'의 교훈에 비추어 1979년에 공포된「형사소송법」제3조는 공안기관과 인민검찰원만이 수사권을 가질 수 있고 다른 기관, 단체 또는 개인은 수사권을 행사할 수 없음을 분명히 했다. 이 같은 설정은 수사기관 및 수사권 배분에 대한 입법자의 신중한 태도를 보여준다. 또 13조는 "횡령죄, 공민의 민주 권리 침해죄, 독직죄 및 인민검찰원이 직접 처리할 필요가 있다고 판단한 기타 사건은 인민검찰원이 입안하고 공소제기 여부를 결정한다"라고 규정하고 있다. 중국이 일관되게 지켜온 기능과 직권이 '서로 일치'하는 배치 원칙을 구체적으로 표현한 것이다.

1983년부터 중국 수사기관의 범위가 점차 확대되었다. 먼저 국가는 국가안전기관을 설립했다. 1983년 9월 2일「국가안전기관 결정」은 "국가안전기관은 헌법과 법률이 규정한 공안기관의 수사, 구류, 예심, 체포 집행의 직권을 행사할 수 있다"라고 규정하여, 기존에 공안기관이 담당하던 간첩 및 특무 사건에 대한 수사 업무를 국가안전기관에 이전했다. 중국이 전문 수사기관을 설치하는 방식으로 수사 주체를 확대한 것은 이번이 처음이다.

그 후 1993년「군보軍保 수사권 결정」이 발표되어 군대 내에서 발생하는 형사사건에 대해 헌법과 법률에 규정된 공안기관의 수사, 구류, 예심, 체포 집행의 직권을 군대 보위 부문에서 행사할 수 있도록 명시했다. 실제로 이 규정은 중국의 기존 수사 주체를 규범화된 법치의 궤도에 끌어들여 수사권 행사 주체의 합법성 문제에 대한 국가의 관심이 높아지고 있음을 보여주었다. 1994년 12월 29일 전국인민대표대회 상무위원회는 "범죄자가 감옥 내에서 행한 범죄 사건은 감옥에서 수사한다"라는 내용의 「감옥법」을 채택하여 수사 주체의 범위를 재차 넓혔다. 1996년 「형사소송법」이 개정되면서 전국인민대표대회는 전국인대 상무위원회가 확대한 3개의 수사기관을 「형사소송법」에 통합했다.

이 세 단계에서 알 수 있듯이 중국 수사기관 수량은 꾸준히 증가했으며, 이는 중국 사회 치안 상황의 발전과 직접적인 관련이 있다. 2000년 수정된 「세관법」 제4조에서 국가는 세관 총서에 밀수 범죄를 전문적으로 수사하는 공안 기구를 설치하고, 밀수 범죄 사건의 수사, 구류, 체포 집행, 예심을 책임지는 밀수 전담 경찰을 배치한다고 규정하고 있다. 밀수 범죄를 수사하는 세관 공안기관은 형사소송법 규정에 따라 수사, 구류, 체포 집행, 예심 직책을 수행한다. 이에 따라 중국 수사기관의 수는 6개로 늘어났다. 6개 수사기관의 사건 범위, 수사 권한은 서로 다르며 모두 부분적 형사사건에 대해서만 수사 권한을 가지고 있다는 점에 유의할 필요가 있다.

(2) 수사기관 설치 및 권력 배분의 특성

위의 역사적 고찰을 통해 최고 입법기관이 수사기관의 설립과 권력 배분을 매우 중요시하며, 매우 신중하게 처리하고 있음을 알 수 있다. 중국에서 수사기관의 설립과 권력 배분은 다음과 같은 특징이 있다. 첫째, 수사기관은 국가 최고권력기구인 전국인민대표대회와 그 상무위원회가 헌법과 기본법의 형식을 통해 수립하고, 다른 어떤 기관이나 정당도 수사 주체의 범위를 축소하거나 확대할 권리가 없다. 둘째, 수사기관은 헌법과 기본법이 권한을 부여한 국가 전문기관으로 구성되며, 기타 정당, 사회단체, 기업 및 사업체단위, 민간기구는 수사기관이 될 수 없다. 셋째, 수사기관은 '분산형'과 '상감象嵌식' 설정 방식을 채택하고 있으며, 수사기관의 수는 사회치안 상황이 발전함에 따라 변화한다. '분산식'이란 라는 용어는 수사권이 단일 국가기관에 일률적으로 위임되지 않고 서로 다른 기능을 가진 여러 국가기관에 위임되어 있다는 사실을 의미한다. 이는 또한 서방 대륙법계 일부 국가들과 수사권 배분의 차이점이기도 하다. 프랑스의 경우 예심 법관, 검찰관, 경찰이 동시에 수사권을 갖고 있는데, 이 중 경찰은 독립적으로 수사할 권력이 없다. 독일은 검찰관과 경찰이 공동으로 수사 주체를 구성하는데, 검찰관은 수사 지휘권을 갖고 경찰은 보조적 수사 권한에 불과하다. 이른바 '상감식'이란 국가행정기관 내에 공안기관을 설치하여 일정 범위 내에서 공안경찰 업무 활동을 전문으로 하고 산업내 형사사건을 수사하며, 이를 '산업 공안'이라고 한다. 이러한 설정은 수사권을 행사하는 주체의 범위를 객관적으로 확대한 것이다. 넷째, 각 수사기관이 관할하는 형사사건의 범위가 다르다. 즉 중국의 6개 수사기관은 각자의 기능에 해당하는 형사사건의 일부만을 수사하는 임무를 맡고 있으며, 수사권 분담은 주로 전문기관의 성격, 직책 및 임무와 형사사건의 성격이 '서로 일치'하는지를 기준으로 하고 있으며, 이러한 구분은 형사사건의 적시 수사 및 해결에 도움이 될 뿐만 아니라 수사 자원 절약에도 유리하다.

2) 수사기관의 설치 및 권력 배분의 정당성, 합리성 탐구

오랫동안 이론계의 국가 권력 배분의 기본 이론과 기본 원칙에 대한 심층적 연구가 충분하지 않아 지금까지 국가 권력 배분의 정당성과 합리성, 그리고 어떤 기본 이론과 원칙을 따라야 하는지에 대한 완전한 이론 체계를 형성하지 못했다. 따라서 중국 수사기관의 배치 모델이 형성되고, 국가 상황에 부합하는 일부 '분산형' 및 '상감식'방식의 수사권 배치모델이 장기간의 실무 과정에서 이루어졌고, 헌법과 법률의 형태로 확립되었지만, 이러한 배치 모델의 정당성과 합리성은 여전히 이론적으로 입증되어야 하며, 이를 바탕으로 중국 수사기관의 설립과 권력 배분 현황을 이성적으로 검토할 수 있다.

(1) 수사기관의 설치 및 권력 배분은 정당성의 원칙에 부합해야 한다

'정당성'은 수사기관의 설치와 권력 배분이 국가권력 배치의 기본원칙을 따라야 하고 수사권 주체의 기본요건을 충족해야 함을 의미하며, 이는 구체적으로 다음과 같이 나타난다.

첫째, 국가 기본 권력은 국가 최고 권력기관의 직접 수여를 원칙으로 한다. 현대 국가의 기본 권력에는 입법권, 사법권, 행정권, 군사권, 감독권 등이 포함된다. 이러한 권력은 국가 최고 권력기관이 직접 부여해야 하며, 다른 어떤 권력기관이나 조직도 권한을 넘어 독자적으로 부여할 수 없다. 중국「입법법」제7조에서도 관련 규정을 두고 있다. 수사권은 국가 권력의 중요한 구성 부분이며 기본법률에서 최고입법기관에 의해 정의되어야 한다. "국가의 최고행정기관, 최고 사법기관 및 지방 입법기관은 이를 분배할 권한이 없다. 즉, 수사권의 주체와 수사권의 범위는 형사소송법에서 명시되어야 한다. 법에 따라 정해진 수사 권력 주체는 비非입법기관이 변경하거나 일반화할 수 없다."[32]

둘째, 국가 기본 권력 배치는 호환성의 원칙, 즉 '충돌적 권력'이 없어야 한다. '충돌적 권력'은 권력 주체에게 부여된 다양한 권력이 상호 배타적이고 호환되지 않는다. 예를 들어 재판권과 수사권은 국가의 기본 권력이지만 형사소송활동에서 역할이 다르고 기능이 다르다. 재판권은 행사자가 중립적인 입장에서 소송에 참여하고 사건의 옳고 그름에 대해 최종적인 재판을 하도록 요구한다. 수사권은 행사자에게 사건의 진상을 규명하고 범죄 혐의자에게 형사책임을 추궁하여 공소 준비를 하도록 한다. 분명히 두 가지 권력은 어느 국가기관에 동시에 부여될 수 없으며, 이는 심판원과 선수의 의무를 동시에 결합할 수 없는 것과 같다. 따라서 수사기관은 수사권을 행사하는 한편, 입법기관은 수사권과 상충하는 권한을 부여해서는 안 된다.

셋째, 국가의 기본 권력은 국가기관에 부여되는 것을 원칙으로 한다. '국가기관'이

---

32 鄒明理,「偵查立法若干問題研究」, 郝宏奎 주편,『偵查論壇』(제1권), 中國人民公安大學出版社, 2002, 232쪽 참조.

란 국가의 관리와 국가의 특정 권력을 행사하는 기관을 말한다. 국가권력기관, 검찰기관, 행정기관, 사법기관, 군사기관 등이다. 구체적으로 수사권에 관해서는 어떤 국가전문기관이 수사권을 행사할 수 있는지에 대한 법리적 논증이 없지만, 우리는 다음과 같은 두 가지 상황을 배제해야 한다고 생각한다. 우선, 국가 입법권을 행사하는 기관은 수사권을 가질 수 없다. 이는 중국의 권력기관, 즉 입법기관이 국가기관 체계에서 가장 높은 위치에 있고 국가행정기관, 재판기관, 검찰기관 등과 분권 및 견제와 균형의 관계가 아니다. 다음으로, 국가전문기관의 내부 업무 부서는 수사기관으로 나타나서는 안 된다. 수사권 배분이 국가권력과 공민권의 균형과 직결되고 수사권은 명백한 폭력성과 침해성이 있으며, 공민권의 제한과 박탈을 대가로 행사되는 경우가 많아 군사권 다음으로 폭력성이 강하기 때문이다. 따라서 수사권의 배분은 기관의 기능, 수사 능력과 일치해야 한다.

(2) 수사기관의 설치 및 권력 배분은 합리성의 요구에 부합해야 한다

수사기관의 설립과 권한 배분의 합리성에 관해서는 각국 모두 통일되고 참조할 만한 기준이 없다. 자국의 입법 요구와 정당성의 원칙에 위배되지 않는 전제하에 수사기관의 설립과 수사권 배분은 국가 상황에 비추어 합리적으로 이루어져야 한다. 그러나 수사기관이 너무 많으면 수사권 남용의 가능성이 커지고, 이를 통제하기 위한 어려움도 커지게 된다. 따라서 '합리성'의 판단은 수사기관의 설치 및 권력 배분의 필요성, 수사활동의 편의성, 수사자원 이용의 효율성 등을 기준으로 판단하며, 이 세 가지 기준은 상호 연관되며 불가분의 관계에 있다는 점을 강조해야 한다. '편의성'과 '효율성'은 모두 '필요성'을 전제 조건으로 삼아야 한다. '필요성'은 수사기관이 '합리성'을 설정하기 위한 기본 조건이다. 이를 바탕으로 '편의성'과 '효율성'을 살펴봐야 실질적인 의미가 있다.

① 수사기관의 설치 및 권력 배분의 필요성

수사기관의 설립과 권력 배분이 합리적인지를 검토할 때 가장 먼저 살펴봐야 하는 것은 기관의 설립과 권력 배분의 필요성이다. 중국에서 수사기관의 설립과 권력 배분의 '필요성'을 결정하는 요소는 주로 설립 당시의 역사적 배경, 사회 치안 환경, 국가전문기관의 권력 배분 상황 등이다. 각국의 수사기관 설립과 발전의 역사적 진화 과정을 보면 모두 소수에서 다수, 일반에서 전문화되는 과정을 거쳤음을 알 수 있다. 대다수의 국가에서 수사권은 처음에는 경찰기관에 부여하고 모든 형사사건은 경찰이 수사를 담당했다. 사회 과학기술의 수준이 급격히 향상됨에 따라 범죄 주체, 범죄 수단, 범죄 유형 전문화 및 직업화의 특성이 점점 더 두드러지고 범죄자들이 과학적 지식을 사용하여 범죄를 행하는 사례가 급증했다. 국가의 수사력과 급증하는 범죄 사건 사이에 심각한 불균형이 발생했을 뿐만 아니라 경찰의 수사 능력만으로는 갈수록 복잡해지는 전문화, 직업화 범죄 상황에 대처할 수 없다. 이를 위해 각국은 특정 유형의 사건을 상대로 수사를 전담하는 직업적이고 전문적 수준의 수사기관을 잇달아 추가 설립했다. 수사기관의 설립과 권력 배분은 해당 국가의 범죄 발전 상황과 밀접한 관련이 있으며, 범죄의 수량과 전문화 정도는 수사기관의 설립과 권력 배분을 결정하는 중요한 기준임을 알 수 있다.

② 수사활동의 편의성

여기서 '편의성'이란 형사사건에 대한 수사기관의 관할 범위와 기능적 권한이 본질적 속성과 기본적 직책에 부합해야 함을 말한다. 실제로 중국의 6대 수사기관의 설립과 권한 배분은 편의성이라는 특징을 잘 나타내고 있다. 각 기관은 각자의 기능에 해당하는 형사사건 수사임무의 일부만 담당하며, 수사권 배분은 전문 기관의 성격, 직책 및 업무와 형사사건의 성격이 '서로 일치'하는지를 기준으로 하며, 형사사건의 적시 수사에도 도움이 될 뿐만 아니라 수사자원 절약에도 도움이 된다. 예를 들어 "횡령죄, 공민 인신권 침해, 민주 권리 침해, 독직죄 및 인민검찰원이 직접 처리할 필요가 있다고 판단한 기타 사건은 인민검찰원이 입건하고 공소제기 여부를 결정한다"라고 규정하고 있다. 이는 중국이 일관되게 지켜온 기능과 직권의 '서로 일치' 배치 원칙을 구체적으로 표현한 것이다. 또한 중국의 '산업 공안'의 설정과 아래에 언급된 공안기관의 내부 수사권 재분배도 현상도 수사 편의성을 설립의 중요한 요소로 삼고 있다.

③ 수사 자원 이용의 효율성

여러 국가의 수사 자원을 살펴보면 수사 자원의 확대는 범죄의 수량과 유형의 증가에 정비례한다는 것을 알 수 있다. 중국의 현재 사회치안 상황을 보면 수사력은 계속 확대되는 추세이다. 그러나 양자의 발전 속도는 일치하지 않으며 수사 자원의 발전은 국가 정치, 경제, 법치 환경, 심지어 국제 여론에 의해 영향을 받고 제한된다. 따라서 한정된 수사 자원을 최대한 활용하여 증가하는 범죄 수요에 대처하는 것은 각국의 권력 배치 기관 앞에 놓인 어려운 문제이다. 중국에서는 국가 입법기관이 공안기관에 대부분의 형사사건 수사업무를 위임하고, 형사소송법에서 공안기관 내 어떤 부서가 수사권을 행사할 수 있는지 더 이상 규정하지 않고 있다. 따라서 복잡한 형사 범죄에 대처하기 위해 공안기관은 필연적으로 수사권의 재분배를 통해 기존 경찰력을 최대한 활용하고 점차 수사력을 확충해야 한다. 객관적으로 볼 때 이러한 관행은 사회 갈등을 적시에 완화하고 범죄에 적극적으로 대처하는 데 긍정적인 역할을 한다. 그러나 중복 수사와 '전체 경찰 수사'로 인해 수사의 질을 보장할 수 없을 뿐만 아니라 수사권 통제가 극도로 어려워져 권익 침범 사건이 빈번하게 발생하고, 경찰과 대중의 관계가 긴장되는 등 상황이 이미 관련 기관의 높은 관심을 불러일으켰다. 공안기관 내에서 수사권을 합리적으로 배분하는 문제는 공안기관이 시급히 해결해야 할 문제이다.

(3) 수사기관 설립 및 권력 배분의 정당성 및 합리성에 대한 실천적 검토

1. 감옥을 수사기관으로 이용하는 것은 권력 배치의 정당성 원칙에 위배된다.

중국 수사기관의 설치로 볼 때 국무원 산하 공안부, 국가안전부, 세관 총서, 사법부 내 감옥관리국은 모두 수사권을 가지고 있는다. 그러나 이러한 기관이 모두 같은 수준의 국가전문기관은 아니며, 그중 공안부, 국가안전부, 세관 총서, 사법부는 1급 국가행정기관 또는 사법행정기관이며 감옥관리국은 사법행정기관의 업무 부문에 속한다. 「감옥법」 제2조는 "감옥은 국가의 형벌 집행기관이다"라고 규정하고 있다. 이는 감옥이 형벌 집행을 위한 국가기관일 뿐이라는 의미이다. 입법기관이 감옥의 업무와 기능의 성격에 따라 그 업무에 적합한 기관과 인력을 구성하고 형벌 집행의 임무 수행에 상응하는 적절한 권한을 부여한 것이다. 알려진 바와 같이 수사권은 형벌 집행권보다 훨씬 높은 수준의 권한이며, 수사권의 적용 강도와 범위는 형벌 집행권보다 크다. 수사권 배분의 정당성 원칙에 따라 국가의 기본 권력은 국가기관에 부여되는 것을 원칙으로 하며, 전문화된 국가기관 내 업무부서가 수사기관으로 등장하는 것은 적절하지 않다. 기관 내부에 수사 수요가 있다고 해서 수사권을 준다면 두 가지 문제가 생길 수밖에 없다. 첫째, 수사가 필요한 모든 부문(은행, 세무, 공상, 환경보호 등)에 수사권을 부여할 수 있으며, 중국은 '모든 국민이 경찰', '모든 국민이 수사관'이 되는 상황이 발생하고 수사 권한이 난립하게 될 것이다. 둘째, 수사 능력이 없는 기관이 부여된 수사권을 행사할 때 권력을 부적절하게 사용하거나 충분히 행사할 수 없는 상황이 발생할 수밖에 없다. 실제로 감옥 내 수사는 다음과 같은 문제에 직면해 있다. (1) 감옥 내외 행위자가 공동으로 범죄를 저지른 사건의 경우 감옥 내 수사의 관할권이 제한된다. 내외 공모 절도, 탈옥 조직, 사회 범죄자와 감옥 수감자의 비밀 마약 범죄, 관계자의 도주범 비호, 은닉 등의 범죄 사건에 대해 감옥은 감옥 외의 관련자를 조사할 권리가 없다. (2) 수사 권한은 사회적 차원이나 감옥 외 공간으로 확장될 수 없다. 형사소송법에 규정된 수사, 압수, 조사, 검사 등의 조치는 감옥 외 관련자, 사건, 물건, 장소 등으로 확장될 수 없으며, 동시에 감옥 외 관련자를 강제로 입건할 수 없으며, 부정 금품이나 재물을 강제로 추징할 수 없다. (3) 감옥 내 수사 권한 규정은 지나치게 원칙적이다. 형사소송법은 감옥에 '법의 관련 규정을 적용'할 수 있는 수사권을 상징적으로 부여했을 뿐 구체적인 운영 규정이 없다. 사법부는 1997년 11월 17일 「감옥 내 수사 업무에 관한 규정」을 발표했지만, 수사활동의 절차적 측면을 거의 다루지 않았고 구체적이지 않다. (4) 감옥 내 수사활동은 중시되지 않는다. 감옥 행정 체제, 감옥 수사 구조, 장관의 의지, 자금 투입 등의 요인으로 전국 각지의 감옥 기구 설치가 통일되지 않고, 감옥 수사 경찰의 편제가 불안정하며, 기술 장비가 낙후되어 있고 일부 지도자는 감옥 수사를 감옥 행정 관리로 취급하기도 한다. 문제의 근원은 감옥이 자기 능력을 넘어선 기능을 맡았다는 데 있다고 볼 수 있다.

실제로 감옥 내 범죄는 국가 세무, 공상, 은행, 위생, 환경보호 등 부문 내 형사사건과 본질적으로 다르지 않다고 본다. 입법기관이 감옥에 수사권을 부여한 것은 '경찰 의식'에 비롯된다. 즉 「감옥법」 제12조에 "감옥의 관리자는 인민경찰이다"라고 규정되어 있어 사법 행정력으로 간주하며, 감옥 관리 업무를 책임지고 국가를 대신하여 형벌을 집행한다. 따라서 '감옥 경찰은 경찰'이고 '경찰은 수사할 수 있다'라는 사고방식으로 감옥 경찰에 대한 수사권 부여는 당연한 일로 되었다. 실제로 이러한 인식은 공안기관 내 수사 권한의 재분배에서 더욱 분명하게 드러난다. (이 주제는 아래에서 설명하며 여기서는 반복하지 않는다)

우리는 감옥에 대한 수사권 부여는 부적절하다고 생각한다. 감옥 내 범죄 발생 건수가 많고 수사기구 설치가 실질적으로 필요하다면, 사법부 내에 수사업무 전문인력으로 구성된 특별 수사기구를 설치하고 입법기관이 수사 권한을 명확히 규정해야 한다.

2. 검찰기관이 지나치게 광범위한 수사권을 갖는 것은 권력 배치의 기본 원칙에 어긋난다.

검찰기관이 '기동 수사권'을 누리거나 '경찰 및 검찰 일체화' 수사 방식의 채택은 적절하지 않다. 중국에서는 인민검찰원이 '기동 수사권'을 가져야 하는지에 대해 격렬한 논쟁이 이어지고 있다. 특히 최근에는 경찰과 검찰이 분리된 중국의 현행 수사 모델을 '경찰 및 검찰 일체화' 수사 모델로 변경하여 검찰기관이 수사의 지도자이자 지휘자로서 수사의 모든 책임을 맡도록 하자는 제안도 나오고 있다. 사실, 이러한 제안의 본질은 입법기관이 검찰기관에 완전한 수사권을 부여하기를 희망하면서 중국 검찰기관이 완전한 수사권을 가지는 것에 대한 합리성과 필요성을 주장하는 것이다.

(1) '기동 수사권'의 취소는 단점보다 장점이 더 많다. 중국이 제1부 「형사소송법」을 제정할 때부터 인민검찰원이 '기동 수사권'을 가져야 하는지에 대해서는 두 가지 의견이 있었다. 하나는 인민검찰원이 '기동 수사권'을 가져서는 안 되며 과도한 수사업무를 부담해서는 안 된다는 의견이고, 다른 하나는 인민검찰원이 국가의 법률 감독기관으로서 공안기관의 수사활동을 감독할 권리가 있고, 필요한 경우 검찰기관이 주동적으로 출격하여 직접 수사할 수 있다는 의견이다. 1979년 입법기관은 검찰기관의 기능과 수사 사건의 성격과 일치한다는 점을 고려하여 후자의 의견, 즉 검찰기관의 기능적 우

위를 충분히 활용하고 사법 자원을 절약하며 중복 수사를 피하기 위해 형사소송법 제13조 제2항에 "인민검찰원이 직접 수리할 필요가 있다고 판단하는 기타 사건은 인민검찰원이 입안하여 수사하고 공소제기 여부를 결정한다"라고 규정하고 있다. (약칭으로 '기동 수사권'이라 함) 따라서 중국은 법적으로 검찰기관이 기타 성격의 형사사건에 대해 자체적으로 수사 결정을 내릴 수 있는 권한을 부여했다.

이 조항은 검찰기관에 매우 유연한 '문호'를 열어 놓았을 뿐만 아니라 17년 동안 운영되는 과정에서 이 '문호'가 점점 더 넓어지면서 시행 과정에서 여러 가지 문제가 발생하고 심지어 법학계에서도 논란이 많은 입법 분쟁으로 발전했다. 이에 따라 1996년 「형사소송법」 개정 당시 입법부는 기존 규정을 폐지하고, 대신 국가기관 직원이 직권으로 실행한 기타 중대한 범죄 사건 중 인민검찰원이 직접 수리해야 할 경우 '성급 이상 인민검찰원의 결정'에 의해 '인민검찰원이 입건해 수사할 수 있다'라는 조항으로 대체했다. 기타 일반 형사사건은 공안기관이 수사하고 검찰기관이 심사하여 기소한다. 입법기관이 검찰기관에 '기동 수사권'을 부여하지 않은 것은 분명하다.

검찰기관에 '기동 수사권' 부여 여부에 대한 입법기관의 최종 결정은 수사기관 설립과 수사권 부여에 대한 국가의 신중한 태도를 보여주는 것이며, 장단점을 종합적으로 고려한 결과라고 생각한다. 검찰기관이 '기동 수사권'은 실천에서 사건을 개시하지 않고, 죄를 추궁하지 않고, 처벌로 형벌을 대체하는 등 문제를 해결하는 데 일정한 역할을 하는 것은 사실이지만, 검찰기관의 주업은 수사가 아니며 '기동 수사권' 부여로 인해 형사사건에 대한 관할 범위가 확대되고, '사건 이익'에 따라 필연적으로 제2의 수사기관이 될 수밖에 없다. 그 결과 법적 감독과 공소제기라는 중요한 임무에 집중할 수 없으며, 또한 직업화와 전문화된 범죄 사건을 수사할 능력이 없어 사건 수사 및 해결의 질에 직접적인 영향을 미치게 된다.

(2) 중국은 '경찰 및 검찰 일체화' 수사 모델을 채택해서는 안 된다. 최근 몇 년 동안 일부 학자들은 공안 형사수사 부문에 보편적으로 존재하는 증거의 질이 낮고 법적 절차가 미비한 문제를 해결하고, 공안기관의 수사권 행사에 대한 검찰기관의 감독을 강

화하기 위해 '경찰 및 검찰 일체화'[33] 모델의 채택을 제안했다. 우리는 '경찰 및 검찰 일체화' 수사 모델이 중국 국정에 적합하지 않다고 생각한다. 우선, '경찰 및 검찰 일체화'를 시행한 국가들은 사법 영장을 전제 조건으로 설정했으며, 이러한 방식으로 절차적으로 수사 권한에 대한 효과적인 제약을 보장할 수 있고, 시기적절하고 효과적인 사법 구제를 제공할 수 있다. 중국이 '경찰 및 검찰 일체화'를 선택할 경우, 마찬가지로 사법 영장을 전제 조건으로 설정할 수밖에 없으며, 이는 헌법에 규정된 검찰기관의 법적 감독기능과 충돌할 뿐만 아니라 중국 법원 내부 구조의 큰 조정이 필요하며, 현재 상황으로 볼 때 헌법의 관련 조항을 개정하거나 법원 구조를 개편하는 것은 현실적이지 않다. 다음으로, 중국 헌법은 검찰기관이 법적 감독기관임을 명확히 규정하고 있다. 따라서 검찰기관은 상대적으로 초연한 상태에 있어야 하며, 즉 수사 감독권을 행사할 때 감독을 받는 대상의 지위에 놓여서는 안 되고, 그렇지 않으면 불가피하게 스스로를 감독해야 하는 구조에 처하게 된다. 검찰기관이 자체적으로 수사하는 형사사건의 경우에도 외부 감독에서 내부 감독으로 전환되면 후자의 감독 활력이 크게 약화할 수밖에 없다. 1996년 개정된 중국의 「형사소송법」에서 검찰기관의 수사권을 제한하고 축소한 것도 바로 이러한 이유 때문이다.

요약하면, 첫째, 중국 검찰기관의 권능과 역할을 고려할 때 수사의 지도권, 지휘권 또는 '기동 수사권'은 적절하지 않다. 둘째, 중국의 사법환경과 소송 권력의 전반적인 배치에 비춰볼 때 '경찰 및 검찰 일체화'를 위한 조건도 갖추어져 있지 않다. 현재 중국의 법치 상황에 비추어 볼 때, 현상 유지, 즉 검찰기관이 직책과 관련된 일부 형사사건에 대해 수사권을 가지는 것은 최선의 선택이다.

3. '산업 공안' 설립의 정당성, 필요성 및 새로운 도전

가장 대표적인 '산업 공안'의 사례를 예로 들어 분석해 보겠다.

(1) 중국에서 '산업 공안'의 설립 상황과 그 원인은 아래와 같다. 정당성과 필요성을

---

33 陳衛東, 『程序正義之路』(제2권), 法律出版社, 2005, 49~55쪽 참조.

기준으로 중국 수사기관의 설립 현황을 살펴보면, 공안기관(수사기관) 외에 '산업 공안'을 다수 설립할 필요가 있었는지에 대한 의문이 제기된다. 소위 '산업 공안'은 중국 수사권 배치의 특징적인 모델인 '상감식' 설정 모델이다. 신중국 건국 이후 국무원의 승인을 거쳐 국가의 기타 행정기관에 4개의 '산업 공안'을 차례로 설립했다. 철도 공안기관, 교통 공안기관, 삼림 공안기관, 민간 항공 공안기관이다. 이를 '산업 경찰' 및 '산업 공안기관'이라고 부르는 것이 일반적이다. 이들은 일정 범위 내의 공안 경찰 업무 활동에 전문적으로 종사하고 산업 내 형사사건을 수사하며 중앙 공안기관의 파견 기구에 속한다. 산업 공안기관은 지도 관계에서 '계열과 영역의 결합, 영역을 주로 한다'라는 이중 지도 관리 체계에 따라 운영되며, 한편으로는 관련 업무부, 총국, 총서에서 인사, 물자 조달 업무를 장관하고, 다른 한편으로는 공안국이 업무와 훈련을 주관한다.

'산업 공안'이 등장한 이유는 크게 세 가지이다. 첫째, 신중국 성립 초기의 경제적 수요가 '산업 공안'이 나타난 역사적 원인이다. 신중국 성립 초기에 국가는 경제 회복과 발전에 필요한 원시 축적을 보장하기 위해 공업, 건축, 군사 원자재 및 교통 운송의 수요를 보장해야 했다. 둘째, 계획경제의 역사적 조건은 '산업 공안' 출현의 기초 조건이 되었다. 당시 중국은 계획 경제 시대였고 통일적 체제를 실행했다. 정부와 기업, 정부와 사무를 구분하지 않고, 부문별로 사회를 운영하며, 부문마다 '참새는 작지만, 오장은 모두 갖춘다'라는 작은 사회와 작은 시스템을 형성했다. 이러한 체제에서 부문이 공안을 운영하고 공안은 부문에 의존하는 상황이 발생했다. 셋째, 경찰력 부족은 '산업 경찰' 출현의 내재적 요인이다. '산업 경찰'의 형성은 중국의 경찰력 부족과 직결된다. '산업 경찰'은 시대의 산물이었고, 당시의 역사적 환경 속에서 그 필요성이 있었음을 알 수 있다.

(2) '산업 공안'이 직면한 어려움은 아래와 같다. 최근 몇 년 동안 국가의 경제체제 개혁이 더욱 심화하고, 중국이 WTO에 가입함에 따라 전통적인 계획 경제에 의해 형성된 철도, 민간 항공 및 국유 기업의 정기불분政企不分 독점 체제가 점차 붕괴하여 이에 의존하는 공안기관의 관리체제에 영향을 미치고 있다. 이중 관리체제는 계열과 영역관리의 분열을 초래하며, 자원을 통합하여 범죄를 효과적으로 단속할 수 없을 뿐만

아니라 누구도 관리할 수 있고 누구도 제대로 통제할 수 없는 상황을 초래한다. '산업 공안'의 기구 설정이 더 이상 중국의 시장 경제와 법치 건설의 요구사항을 충족하지 못한다는 사실 외에도 깊이 고려해야 할 또 다른 문제가 있다. 중국에서 공안부는 국무원의 승인을 받으면 실제 수요에 따라 국무원 소속 여러 기능 부문에 공안기관의 파출 기구를 설치하고, 법에 따라 수사권을 포함한 상응하는 공안 직권을 행사할 수 있다. 이는 수사권을 가진 국가기관을 '임명'할 권한이 있는 '전국인민대표대회'에 이어 국무원이 수사권을 부여할 수 있는 두 번째 승인 기관이 되었음을 의미한다. 이는 사실상 수사 주체를 확대하는 방식으로, 공안기관이 갖고 있던 수사 권한을 의도치 않게 외부로 확장한 것이다. 현재 사회의 기타 행정법집행 부문도 국가 입법기관에 자체 산업 내에서 '산업 공안' 설립을 요구하고 있다. 일부 행정기관은 이러한 요구가 어렵다면 차선책으로 공안기관과 공동으로 업계 내 형사사건을 조사하는 방안을 제안하기도 했다. 예를 들어, 중국 증권감독위원회, 국가세무기관, 도시건설관리 부문, 위생 계통의 행정법집행 기관 등이 있다.

우리가 보기에 '산업 공안'과 '연합 사건처리'는 모두 본질적으로 수사권을 연장하고 확대하는 방법, 경로이며, 이는 궁극적으로 수사권의 이화를 초래한다. 수사 주체의 수가 많을수록 수사권 행사의 이화에 대비하고 수사 주체의 지속적인 확대를 방지할 필요가 있다. 이를 엄격하게 제한하지 않고 수사 주체를 계속 확대할 수 있도록 허용한다면, 일단 수사권이 남용되면 국가권력의 공신력과 국민의 정당한 권익에 돌이킬 수 없는 심각한 결과를 초래하게 될 것이다. 사실 현재 중국에서 이미 나타나고 있는 수사권 이화, 법외 수사권, 수사권 시민화 등은 중국의 수사권 남용의 위험성을 보여주고 있다.

요약하면, 사회 발전의 필요성이나 국가기관 개혁의 관점에서 볼 때, '산업 경찰'의 존재 또는 폐지는 법치사회의 요구와 직접적으로 충돌한다. 우리에게 필요한 것은 경찰 사회가 아니라 법치사회다.

(3) '산업 공안'의 점진적인 폐지는 일반적인 추세이다. 전통적인 '산업 경찰' 체제의 개혁을 지연해서는 안 된다. 산업 경찰의 무분별한 설립, 기업에서의 공안, 검찰, 법원

의 설립은 정부와 기업의 분리 원칙을 위반하고, 필연적으로 행정부문 업무에서 수사권의 확장을 초래하며, 결국 행정과 사법이 서로 얽히고 섞여 혼동을 일으키다. 이는 사법공정을 직접적으로 방해하고 신성한 사법권을 일부 지방 이익과 산업 이익 추구의 존재로 전락한다. 따라서 공안, 검찰, 법원 기구와 기업의 철저한 분리는 현대 기업제도 확립을 위한 요구일 뿐만 아니라 사법체제개혁의 유일한 길이다.

1995년부터 「공안부의 기업 및 사업 단위 공안 기구 체제개혁 의견에 관한 국무원의 승인 및 전달 통지」, 「'기업 및 사업 단위 공안 기구 체제개혁 실시 방법'에 관한 공안부 발행 통지」에 따라 기업 및 사업 단위 내 공안 기구는 체제개혁에 착수하여 소속 관계를 변경하고, 지방 공안의 편제 서열에 포함하며, 원래의 공안 기구는 일률적으로 철회하고 공안 직권 행사를 중단한다. 이러한 개혁 조치를 통해 중국의 수사권은 분열에서 통합으로 나아가고 기능화, 전문화, 법치화의 길로 한 걸음 더 나아갈 수 있게 되었다.

우리는 인민경찰 유형에 관한 인민경찰법의 규정에 따라 '산업 경찰'을 공안부의 통일된 지도하에 두어야 한다고 제안한다. 공안부에 이미 대응 부문이 있는 '산업 공안'의 경우, 가능한 한 빨리 현행 체제를 변경하고, 산업 공안을 공안기관에 통합하고 점차 공안부 대응 부문의 관리로 복귀해야 한다. 그래야만 공안부의 통일된 수직적 지도를 구현하고 효과적인 업무 감독을 실현하며, 지방 공안국과 부, 위 및 산하 공안국이 분쟁 발생 시 책임을 서로 미루고, 조율이 쉽지 않은 단점을 피할 수 있다. 개혁 이후 여러 산업 공안국과 그 소속 단위는 기업에서 완전히 분리되어 지방 공안 기구의 직접적인 지휘를 받게 되고, 공안 경찰은 국가 행정 편제에 통합되고, 중앙재정이 필요한 비용을 부담하게 된다. 그래야 기업의 의지에 따르지 않고 사건을 처리할 수 있다.

4. 공안기관의 내부 수사권 재분배를 이성적으로 고려한다.

(1) 공안기관의 내부 수사권 재분배의 세 가지 형태는 아래와 같다. 중국의 「헌법」과 「형사소송법」은 모두 공안기관에 수사권을 명시적으로 부여하고 있다. 공안기관은 행정관리 기능도 가지고 있기 때문에 수사권과 행정관리권은 내부적으로 재분배되어야 행정관리 직권과 형사수사 직권을 행사하는 부문을 명확히 나눌 수 있다. 분배 결

과를 보면, 수사권 재분배는 세 가지 구체적인 형태를 취하고 있다.

첫째, 수사권을 독립적으로 행사하고 행정관리권을 갖지 않는 별도의 수사 부문을 설립하는 것이다. 이러한 부서는 단일 형사법집행 활동에 종사하며 관할 구역 내 형사사건의 입안 수사를 전문적으로 담당한다. 예를 들어 공안부 내부의 국내안전보위, 경제범죄수사 및 형사수사를 담당하는 부문을 대외적으로 통칭하여 형사수사 부문이라고 한다.

둘째, 원래는 행정관리권, 이후 공안부가 수사권을 부여한 '양권 공유' 기관이다. 1998년 공안부가 발행한 「공안부 형사사건 관할 분업 규정」 통지는 공안기관 내 각 관련 업무부서의 형사사건 관할 분업원칙에 대해 "형사사건을 관할하는 부서는 주로 국내안전보위, 경제범죄수사, 형사수사, 마약통제 부문이며 치안, 변방, 소방, 교통관리 부문은 해당 행정관리 직책과 관련된 일부 형사사건을 관할한다. 출입국관리, 공공 정보 네트워크 안전 감독, 행동 기술 및 정보통신 부문은 사건에 대한 관할권을 갖지 않지만, 기능 관리에서 발견된 범죄 단서를 관련 수사 부문에 신속하게 전달하여 입안 및 수사를 할 수 있도록 해야 하며, 수사 업무를 적극적으로 지원, 협력하고 기술 지원 및 서비스를 제공하여 공안기관 여러 업무 부서의 기능적 역할을 충분히 발휘하고 범죄 퇴치에 대한 전반적인 작전 능력을 향상해야 한다"[34]라고 명확히 규정하고 있다. 이에 따라 공안기관 내 많은 부서가 본래의 행정 기능에 더해 범죄 사건을 독립적으로 수사하는 임무를 맡게 되었다. 또한 2000년 공안부는 공안기관의 인터넷 감시 부문에 2000년에 개정된 「형법」에 추가된 범죄를 처리할 수 있도록 권한을 부여하는 통지를 발표했다. 2002년에는 국경 방해와 관련된 범죄 처리가 출입국 관리 부문에 배정되었다. 현재 상황에서 공안기관은 더 이상 형사사건처리를 위한 9개 부서에 국한되지 않고 '모든 경찰이 수사관'이라고 할 정도로 확장되었다.

셋째, 원래 공안기관의 파출 기구였던 공안파출소가 수사권을 부여받았다. 20세기

---

34 「公安部關於印發 '公安部刑事案件管轄分工規定' 的通知」, 1998년.

50년대 초, 파출소는 시, 현 공안국이 치안 업무 관리를 위한 파출기관이며, 호구 관리를 중심으로 하는 치안관리 업무를 주요 업무기능으로 하며 외부와 연계가 없다. 70년대 말에 이르러 중국의 치안 환경은 점차 악화하기 시작했다. 1980년대 초 3년간의 '엄격 단속 기간' 공안부는 파출소를 '다기능적이고 종합적이며 지역의 안전을 보장하는 전투 실체'로 건설할 것을 제안했다. 파출소는 사건을 수사하고 해결하는 기능을 담당하며 점차 수사권의 일부를 행사했다. 1988년 공안부가 발행한 「도시 공안파출소 업무 개혁에 관한 몇 가지 문제에 관한 의견」은 파출소가 관할 구역 내에서 발생하는 일반 형사사건을 수사하고 기타 중대 사건의 수사를 지원할 책임이 있다고 규정했다.

실제 상황을 보면, 각지의 정부 부문은 형사사건의 폭증에 따른 부담을 줄이기 위해 파출소를 사건 수사 및 해결의 최전선에 배치하여 사실상 3급 사건 해결 체제(즉, 일반 사건은 파출소, 중대 사건은 공안 분(현)국, 대형 범죄 사건은 시 및 지방 공안기관이 수사 및 해결)를 구축했다. 3급 사건 해결 체제에서 파출소는 형사사건 수사 임무의 80% 이상을 담당하며[35], 실제로 파출소는 형사수사의 주축이 되었다.

공안부는 1997년 열린 「전국 공안파출소 업무 회의」와 「전국 형사수사 업무 회의」에서 책임제의 확립과 시행을 핵심으로 하고, 파출소의 초점을 치안 예방 및 관리로 신속하게 조정할 것을 제안했다. 2005년 공안부는 파출소와 형사경찰의 분업 책임구조 및 협력 업무 구조를 제안하며, 파출소는 수사가 필요하지 않은 경미한 형사사건만 처리할 책임이 있다고 반복해서 강조했지만, 실제 운영에서는 여전히 파출소가 형사수사에 있어 유력한 역할을 하고 있다. 현재까지 공안기관 부문은 거의 '모든 경찰이 수사관'이라는 상황이 되었다.

(2) '모든 경찰이 수사관'이라는 현상에 대해 서로 다른 인식 차이가 있다.

첫 번째, 행정관리권과 형사수사권을 통합한 권력 배분 방식에 대한 논란. 이에 대한 실무 부문과 이론계의 인식과 이해는 크게 엇갈린다. 실무 부문에서는 중국의 기존

35 李六伶, 「公安派出所改革的理論與實踐」, 『政法學刊』, 1998, 제4기 참조.

공안 체제가 경찰력 자원의 통일적 지도와 배치가 용이하다는 의견이 지배적이다. 상대적으로 낮은 단위 비용으로 강력한 국가 세력을 형성하는 것은 현실적인 합리성을 가지고 있다. 특히 시기별 사회 치안의 안정성과 유형별 경찰력에 대한 수요가 변수인 상황에서 사회질서가 혼란스러운 시기에는 형사경찰, 치안경찰의 수요가 커질 수밖에 없다. 공안기관의 지도층은 내부 조직 내 다양한 유형의 경찰을 조정하고 재분배할 수 있는 권력이 있어야 한다. 또한 어떤 학자는 공안기관 내부에서 행정관리와 형사수사 사이에는 행위 주체의 동일성, 행위 목적의 일치성, 행위 강도의 국가성이 있는데, 즉 국가 강제력을 배경으로 하는 처리방식의 호환성이나 흡수성, 치안 위법행위와 형사 위법행위의 처리방식에서 연결성이나 흡수성의 관계가 있다고 보는 시각도 있다.

그러나 한 국가의 경찰기관이 '모든 경찰이 수사관'이 될 정도로 발전하면 대규모 권력 남용이 필연적으로 발생할 것이라는 이론계의 첨예한 반론이다. 실제로 그러한 상황은 이미 존재한다. 또한 치안경찰이 사건을 수사하고 해결하도록 하는 것은 사건 처리의 질과 효율성을 제대로 보장할 수 없다. 치안경찰은 형사수사에 대한 전문적인 훈련을 받지 않은 경우가 많고, 대부분의 경찰관은 형사수사에 필요한 법률, 증거, 수사 기술 등 전문화된 수준과 높은 심리적 자질을 갖추지 못하기 때문에 그 결과 필연적으로 권력 남용, 혼동 또는 오용이 발생할 수 있다. 예를 들어 일부 부문의 수사권을 남용한 치안, 민사분쟁해결, 불법 경제분쟁 개입, 행정처분으로 형사사건을 종결하는 '처벌로 형벌 대신' 및 '강등 처리' 등을 수행하면 경찰과 대중 사이의 긴장이 불가피하게 발생하고, 경찰의 법집행 과정에서 경찰과 공공연한 대치, 폭력적 항법, 집단적 대항 등의 사건이 발생한다. 그 결과 경찰 공복公僕의 사회적 이미지를 훼손하고, 경찰의 법집행 권위를 떨어뜨릴 뿐만 아니라 국가 법치, 민주 건설, 국가 정권의 공고화에 있어 무시할 수 없는 파괴력을 가져올 수 있다.

두 번째, 파출소의 수사권 행사 문제. 공안기관이 수사권 배분에서 파출소와 수사부문의 관계는 '끊으려야 끊을 수 없고 정리해도 여전히 어지럽다'는 모순을 이루고 있다. 파출소에서 근무하는 사람들은 당연히 파출소가 형사사건을 잘 처리할 뿐만 아니라 이러한 기능을 더 크고 강하게 만들고, 종합적인 기능을 발휘하여 지방의 안전을 효과적으로 유지해야 한다고 생각한다. 파출소가 수사권을 가지면서 다음과 같은 유리한 점이 있다. 우선, 파출소는 사람, 장소 및 상황에 익숙하다는 장점을 최대한 발휘하여 사건을 신속하게 수사하고 해결하고 사건 해결 비율을 높이며 합동 단속력을 형성하여 사반공배事半功倍의 효과를 얻을 수 있다. 다음으로, 파출소 경찰이 형사사건에 참여하거나 단독으로 수사 해결하면 경찰력 부족 문제를 완화할 수 있다. 그다음으로, 파출소는 사건 수사의 책임을 피할 수 없으며 이는 인민의 이익과 요구에도 부합한다. 공안기관 내에서 아무리 분업을 해도 대중은 가까운 곳을 피하고 형사수사 부문에 가서 사건을 신고하지 않을 것이다. 파출소가 사건 해결에 참여하지 않는 것은 공안기관의 성격과 요구에 부합하지 않는다. 사건 해결에는 본분本分의 내외 구분이 없어야 하며, 파출소 경찰은 형사사건에 참여하거나 단독으로 수사 해결해야 하며, 이는 공안 업무 발전의 필연적인 요구사항이다. 마지막으로 파출소가 사건 해결에 참여하면 내부 잠재력을 효과적으로 자극하고 주관 능동성을 충분히 발휘하여 파출소 사건처리의 질을 향상하고 경찰의 종합적 자질의 향상에 도움이 된다.

파출소의 독립적 사건 해결은 적절치 않다는 반론도 있다. 이유는 네 가지가 있다. 첫째, 파출소의 주요 업무는 치안 관리를 강화하고 통제와 예방를 하며, 효과적인 기층의 기초 업무를 통해 수사 및 사건 해결에 강력한 지원을 제공한다. 파출소가 본직의 업무를 내려놓고 사건 해결에 나서면 수많은 사건 앞에 지칠 수 있으며, 예방, 관리, 기초 업무를 진행할 시간이 없다. 이는 자신의 장점과 강점을 버리고 약점을 찾는 것과 같으며, 남의 '밭'을 가꾸고 자신의 '논'을 황폐화하는 꼴이 된다. 둘째, 파출소는 관할권의 지역적 제약을 받아 지역 간 이동성 범죄, 계열적 사건에 대해 포괄적으로 파악하고 체계적인 인식을 형성하지 못하며, 규칙을 제대로 보지 못하고, 요점을 파악하여 표적 타격을 가하지 못하며, 반대로 불분명 한 책임, 책임 회피 등 문제를 일으키기 쉽다. 셋째, 파출소는 경찰력이 부족하고 업무가 복잡하며, 사건 해결을 위한 전문 기술 수준과 장비가 없고, 전문 수사 능력이 낮고 법적 배경과 증거 의식이 강하지 않아 수사 업무의 수요를 충족시킬 수 없다. 넷째, 파출소가 사건 조사 및 해결의 주요 업무를 수행하도록 허용하면 수사권 행사에서 치안관리권과 형사수사권의 혼란과 남용이 발생할 가능성이 매우 높다.

(3) 공안기관 내부 수사권의 합리적인 배분을 위한 제안은 아래와 같다. 현재 상황으로 볼 때 한편으로 다양한 전문화 및 직업화 범죄 현상이 급증하고, 다른 한편으로는 행정관리권과 수사권의 교착 및 혼용 문제가 심각하다. 이러한 점을 고려하여, 우선, 구, 현 및 시급 이상의 공안기관에 다양한 전문화, 직업화 범죄에 대응할 수 있는 수사 부문을 점차 설립할 것을 제안한다. 다음으로, 공안파출소는 치안 방비 업무수행 외에도 관할 구역 내에서 여러 경미한 형사사건에 대한 수사 임무를 수행할 수 있도록 한다.

첫 번째, 가능한 공안기관 내부에서 수사권을 겸하는 행정관리 부문을 최소화하고, 공안부는 각종 전문화, 직업화 범죄에 대한 전문 형사수사 부문을 구성한다. 공안부가 수사권을 구체적으로 어느 부문에 배분할지에 대해서는 다음 요소를 고려해야 한다. 우선, 국가 권력 운영의 기본 법칙을 따라야 한다. 행정권과 수사권이 행사되는 환경, 적용 대상, 강제력의 정도, 적용되는 법적 규범이 다르기 때문에 권력을 배분할 때 서로 다른 특성의 권력이나 서로 다른 환경에서 운영되는 권력을 동시에 하나의 주체에 부여하는 것은 가능한 피해야 한다. 다음으로, 형사사건의 성격, 유형, 전문화 정도, 사건 발생 수량 등의 요인에 따라 형사수사의 구체적인 부문과 수사 인력을 배치하는 기능의 '서로 일치' 원칙에 부합해야 한다. 마지막으로, 수사기관의 업무 효율성 제고를 고려해야 하며, 수사권 배분은 수사활동의 적시성 요건에 따라 결정되는 업무 효율성 극대화 원칙에 따라 이루어져야 한다. 물론 권력을 배분할 때 업무의 효율성만 추구해서는 안 되며, 단순히 업무의 효율성을 고려하고 권력 남용의 위험을 고려하지 않는다면 단기적으로는 어느 한 방면의 목표를 충족시킬 수 있지만, 장기적인 이익으로 볼 때 권력 남용이 불가피하고 국민의 정당한 권익을 침해하는 현상이 발생하며, 그 결과는 필연적으로 국가 권력의 공신력을 훼손하고 공민권력과 국가권력의 대치 상황을 초래한다.

구체적인 설립 방안은 성, 자치구, 직할시 1급 이상의 공안기관이 직업화 범죄 사건의 발생률, 사건 해결 기술의 전문화 요구에 따라 단독 또는 대응 업무기관 산하에 형사수사, 국내안전보위(반사교, 반테러 겸), 경제범죄 수사(증권범죄수사 겸), 사이버범죄, 마약범죄, 세관(원래의 밀수범죄수사) 공안국 등 수사 부문을 설립한다. 이러한 부문의 인원은 수사권을 전담하며, 해당 업무기구의 행정관리 부문과 별도로 관리한다. 이는 수사권과 행정관리권의 혼용을 피할 수 있을 뿐만 아니라 직업화 및 전문화된 범죄를 수사하는 실제 수요를 충족시킬 수 있다.

두 번째, 중국 헌법과 각급 인민정부 조직법의 규정에 따르면 공안파출소는 1급 공안기관이 아니며 1급 행정기관도 아니다. 시, 현 공안국 또는 현 1급 공안기관에 해당하는 파출 기구로 공안기관의 기층조직이다. 「인민경찰법」, 「공안파출소 조직조례」, 「공안파출소 업무 세칙」, 「치안관리처벌법」, 「도시 공안파출소 업무의 몇 가지 문제 개혁에 관한 공안부 의견」 등 법률, 법규의 규정에 따르면 파출소에 형사 강제조치를 독립적으로 행사할 수 있는 권한을 부여하지 않았다. 파출소는 공안기관의 최종 집행 기구로 사회 치안 관리의 최전선에 있으며, 사회와 가장 직접적, 전면적으로 접촉하고 대중과 연락하며, 구체적이고 수량이 많은 치안 관리 업무의 임무를 수행한다. 국가권력기관의 이 같은 설치 목적은 우선, 사회 안정의 수요 때문이다. 공안기관의 치안 행정관리가 사회 전체의 최종단, 최기층, 최전선에 있어야만 공안기관이 치안 상황을 적시에 파악하고 효과적으로 치안 방비와 위법 범죄 단속을 전개하여 사회 치안 질서의 정상적인 안정을 유지할 수 있다. 다음으로, 대중의 호적 신고, 상황 보고, 위법 범죄 적발 및 기타 사무를 처리할 수 있다.

비록 특정 시기에서 보면, 수사권의 파출소 부여는 공안기관의 형사경찰력 부족을 완화하고 범죄를 적시에 단속하며, 범죄의 효과적 억제에 중요한 역할을 한 것은 사실이지만, 중국이 이미 법치 건설의 새로운 시기로 나아가고, 국가 전체의 민주 의식과 현대 사회 법치 이념이 끊임없이 융합될 때, 더 이상 공리적, 근시안, 협소한 안목으로 실천 중의 관행을 심사, 평가해서는 안 된다. 그렇지 않으면 국가 법치 건설의 요구에 도달할 수 없을 뿐만 아니라, 실제 운영 과정에서 더 위법적이고 직권 남용의 행위를 초래하게 된다. 수사 부문의 전문적이고 기술적인 특성으로 볼 때 파출소의 인력배치는 수사 기능의 요구사항과 일치하지 않으며, 동시에 증거수집 및 사건처리 기한의 요구사항도 파출소가 적응하기 힘들다.

우리는 상급 행정기관의 업무지표를 완성하고 일정 기간, 일정 단계의 범죄율 감소를 달성하기 위해 기존의 국가권력 남용과 공민의 합법적 권익의 침해를 고려하지 않는 것은 당의 '16차'와 '17차' 보고서에서 제시한 사법개혁 목표와 부합하지 않는다고 생각한다. 동시에 권력 배치 원리의 관점에서 볼 때 장단점이 모두 존재할 때 '두 가지 이익 중 더 나은 것을 선택하고, 두 가지 폐해 중 덜한 것을 선택한다'라는 최적 선택 방안을 채택해야 한다. 따라서 파출소의 과도한 수사권에 대한 회수回收는 시급하다. 공안파출소는 치안 예방의 업무수행을 주선으로 관할구역 내에서 신속하고 편리한 장점을 충분히 활용하여 긴급 상황 아래 돌발 사건을 적시에 처리하고, 관할구역 내에서 발생한 형사사건의 수사에 협조함과 동시에 관할구역 내에서 발생한 가벼운 형사사건의 수사 임무를 적절하게 수행하여야 하며, 특히 조정을 통해 갈등을 적시에 해소하고 분쟁을 해결할 수 있는 형사사건의 경우 파출소에 인계하는 것도 공정성 보장을 전제로 한 효율성 원칙에 부합한다. 그러나 공안파출소는 강제조치(강제성 조치도 포함)를 독립적으로 행사할 권리가 없으며 형사사건을 검찰기관에 직접 이송할 수도 없다.

3. 소송 범위 내에서 수사권에 대한 통제

수사활동은 형사소송활동의 중요한 구성 부분이다. 수사권의 특수한 속성을 고려할 때 통제가 특히 중요하며, 이는 수사권 배치의 정당성과 합리성을 측정하는 중요한 변수이기도 하다. 사법의 공정성을 유지하고 범죄를 효과적으로 처벌하며 인권을 최대한 보호하기 위해 중국 「헌법」 129조는 검찰기관에 법적 감독 직권을 부여하고, 「형사소송법」은 검찰기관의 수사활동 감독권을 더욱 명확히 규정하고 있다. 동시에 「형사소송법」 제7조는 공안, 검찰, 법원 세 기관의 형사소송활동의 상호관계는 책임 분담, 상호 협조, 상호 제약을 통해 정확하고 효과적인 법집행을 보장한다고 규정하고 있는데, 이는 중국 특색의 사법 권력 내부의 제약 방식이다. 따라서 중국의 소송구조 내부에서 볼 때 검찰기관의 법적 감독을 주로 하고, 세 기관이 서로를 제한하고 보조하는 수사권 통제 구조가 초보적으로 형성되었다.

중국의 사법개혁이 계속 심화함에 따라, 특히 최근 몇 년 동안 최고인민검찰원은 수사활동 중 기한 초과 구금, 변호인 변호 곤란, 고문에 의한 자백 강요 등 대중의 반응이 강하고 언론의 큰 관심을 받는 문제에 대한 감독을 더욱 강화하고, 다양한 감독 조치를 시행하여 일정한 성과를 거두었다. 그러나 서방의 법치가 발달한 국가와 비교하면 입법과 실천 모두에서 수사권에 대한 제한과 감독이 상대적으로 약하고, 보편적으로 '협조 유여有餘, 제약 부족, 감독 무력'의 현상이 존재한다. 이러한 상황에서 법원의 중립적 특징과 인민검찰원의 법적 감독기능은 대다수의 공민과 법집행자들에게 높은 평가를 받고 있다. 사법의 권위와 사법의 공신력은 사람들로 하여금 권력에 대한 제약과 감독의 중책을 중국의 사법기관에 기대하게 한다. 우리는 과학적이고 합리적으로 서방의 권력 제한과 감독 경험을 거울삼아 자국의 국정에 따라, 소송 범위 내에서 검찰기관의 수사권에 대한 '감독 제재'를 더욱 강화하고, 세 기관의 권력 제약 관계를 조정하는 것이 중국의 수사권 통제 구조를 개선하는 효과적인 방법이라고 생각한다.

1) 수사권 통제의 이론과 실천적 근거

권력 통제는 권력 제약, 권력 감독 및 권력 견제와 균형을 총칭하는 용어이다. 서방 국가들은 권력을 통제하는 주요 방법으로 '권력 분립 및 견제와 균형' 원칙을 채택하고 있고, 중국은 권력의 제약과 감독을 중요한 통제 수단으로 삼고 있다. 본문은 제약, 감독, 견제와 균형이라는 용어를 분석할 의도가 없으므로 중국과 서방의 다양한 접근 방식을 포괄하기 위해 '통제'라는 용어를 선택했다. 수사권 통제는 이론적 토대가 깊고 오랜 실천 경험이 축적된 결과이며, 권력 통제는 권력 행사로 인한 불가피한 결과이다.

(1) 자유 보장 학설은 현대 권력 통제의 이론적 토대이다.

사람들은 제약과 감독에 대해 이야기하면 프랑스의 유명한 계몽사상가 몽테스키외의 명언을 인용하기를 좋아한다. “권력 있는 사람은 누구나 권력을 남용하기 쉽다. 이는 만고불변의 경험이다. 권력자의 권력 사용은 한계가 있을 때까지 멈추지 않는다.” 따라서 “권력 남용을 막으려면 권력으로 권력을 구속해야 한다”[36]라는 이론이다. 사실 몽테스키외의 이러한 주장은 자유주의 사상에서 비롯된 것이다. 자유주의 사상은 권력을 제약하고 감독하는 이론을 제시한 서방 자산계급 정치인과 사상가들의 이론적 초석이라고 할 수 있다. 그중에서도 로크와 몽테스키외는 후세에 큰 영향을 끼친 서방 자유주의 사상의 대표적 인물이다.

자유주의의 창시자인 로크는 자유는 인간이 누려야 하는 박탈할 수 없는 자연적 권리라고 주장한다. 그는 『사회계약론』의 이론에 따라 자유권을 보호하기 위해 정부 조치에 대한 예방 구조, 즉 법적 방어를 고안했다. 그의 견해에 따르면 정부의 자유 침해에 대한 첫 번째 방어선은 법치가 되어야 한다. 동시에 그는 계약 이론에 근거하여 사람들이 정치적 권력을 되찾기 위한 수단으로 무력을 사용할 수 있다는 점도 강조했다. 그는 이러한 혁명권을 정부의 자유 침해에 대한 최후의 방어선으로 삼았다.

몽테스키외는 로크의 자유에 대한 해석을 바탕으로 자유에 대한 더 많은 내용을 다루고 있다. 그는 자유 권력의 유지와 보호를 논의할 때 로크와는 다른 해법, 즉 권력과 자유 사이의 내재적 갈등에 대한 고찰에서 출발하여 ‘권력이 권력을 제약한다’라는 이론을 제시했다. 그는 절대 권력이 자유에 대한 가장 큰 침해라고 인식했다. 독재 권력과 자유의 충돌에 대한 분석을 바탕으로 몽테스키외는 국가 권력 수준의 실제 운영에 관심을 기울여 자유를 보장하기 위한 정치체제의 설계에 초점을 맞추면서 “법이 강제하지 않는 일을 누구에게도 강요하지 않고, 법이 허용하는 일을 누구에게도 금지하지 않는 정치체제를 가질 수 있다”[37]라고 말했다. 그의 자유 보장 학설이 정치체제에서 구현된 것은 유명한 삼권분립 학설로 삼권분립 사상은 서방 민주 헌정 발전에 큰 영향을 미쳤다. 자산계급 혁명 이후 서방 국가들은 정도의 차이는 있지만 권력 분립 및 견제

---

36 [프] 몽테스키외, 『論法的精神』(상), 張雁深 역, 商務印書館, 2005, 184쪽.
37 [프] 몽테스키외, 『論法的精神』(상), 張雁深 역, 商務印書館, 2005, 183쪽.

와 균형의 정치체제를 확립하고 권력 제약과 감독을 '법치' 구현의 중요한 상징으로 삼고 일련의 권력 제약과 감독 구조를 구축했다.

(2) 권력 행사의 천연적 결함은 권력 통제 구조의 발상지이다

권력 통제와 권력 행사가 상호 배타적인 이유는 무엇이며, 제약과 감독이 권력 행사의 필연적인 산물인 이유는 무엇인가? 이는 권력 행사에는 극복할 수 없는 두 가지 장애물이 있기 때문이다. 첫째, 권력 보유자가 국가의 모든 권력을 직접 행사하는 것은 불가능하며, 군주제에서도 모든 권력은 최고 통치자에게 속하지만, 최고 통치자가 전방위적으로 무소불위의 권력을 고려하는 것은 불가능하다. 따라서 권력의 분산과 다른 주체에 대한 권한 위임은 군주제에서 최고 통치자의 유일한 선택이다. 이러한 관리들이 최고 통치자에게 충성하고 그의 이익을 위해서만 일하도록 하기 위해 그들에 대한 통제, 즉 감독이 생겨났으며 이는 동서고금을 막론하고 예외가 아니었다. 둘째, 인간 본성에 내재한 '악惡', 즉 인성에 내재한 소극적 부작위의 타성惰性, 선입견적 편견, 기복이 심한 감정의 파동은 공권력의 도움으로 쉽게 확장될 수 있으며, 공권력은 쉽게 이화 되어 사회를 억압하는 힘이 될 수 있다. 따라서 사람들이 말하는 모든 권력은 잠재적으로 사람들에게 유익하거나 해를 끼치며, 창조하거나 타락시키는 양면성을 지니고 있으며, 이는 인간 본성에 내재한 '악'에서 비롯된다. 이런 결함은 자연스럽고, 사람들은 극복할 수도 뛰어넘을 수도 없다. 제도적 통제와 제약에 의존할 수밖에 없다. 덩샤오핑鄧小平의 말처럼 제도가 좋으면 나쁜 사람이 마음대로 날뛰지 못하게 하고, 제도가 나쁘면 좋은 사람이 충분히 좋은 일을 하지 못하게 하고 심지어 반대의 결과를 초래할 수도 있다. 완전한 제약 감독 제도는 나쁜 사람이 마음대로 날뛰지 못하게 하고, 좋은 사람이 반대로 가지 않고 충분히 좋은 일을 할 수 있도록 하는 제도이다.

(3) 수사의 특성상 수사권 통제가 필수적으로 된다

수사는 국가의 형벌권 행사를 보장하는 데 중요한 역할을 한다. 국가의 형벌권 실현은 궁극적으로 어떤 사람이 범죄 행위를 했다는 증거를 전제로 하며, 법원은 검찰과 변호인이 제출한 증거에 의존하여 유죄를 선고하고 형을 부과할 수 있다. 현대 사회에서 대부분 사건의 경우 수사의 효율성이 중요한 역할을 한다. 효과적인 수사 목표를 달성하기 위해서는 수사 경찰력, 기술 장비 및 인력의 자질 등 측면을 충족해야 할 뿐만 아니라 수사기관에 적시에 효과적으로 범죄를 수사하고 해결할 수 있는 권한이 부여되어야 한다.

첫째, 수사기관에 범죄 사건을 효과적으로 수사 및 해결할 수 있는 권한을 부여해야 한다. 형벌이 엄중하기 때문에 범죄자는 항상 범죄 증거를 인멸하고, 수사를 회피하려고 한다. 따라서 범죄를 정확하고 신속하게 파악하고, 범죄자를 법에 따라 심판과 재판을 받도록 하기 위해서는 수사 기능을 전문으로 하는 기관에 여러 종류의 수사권을 부여할 뿐만 아니라 필요한 경우 개인의 자유를 일시적으로 제한하거나 박탈하는 등의 강제 수사 권한도 부여할 필요가 있다.

둘째, 수사기관에 긴급하고 위험한 사건을 처리할 수 있는 특별한 권력을 부여해야 한다. 범죄행위는 개인이 통치 질서에 대해 공공연히 대항하는 격렬한 사회적 충돌이다. 따라서 범죄 행위의 수사는 매우 위험하고 긴급하다. 예를 들면, 범죄 활동 중단, 증거 인멸, 자살 등을 방지하기 위해 신속한 대응을 할 수 있는 강력한 수사권을 갖추어야 한다.

셋째, 수사권 행사는 비밀이 보장된 상태에서 이루어져야 하는 경우가 많다. 이러한 비밀성은 수사활동의 실질적인 필요성에서 비롯된다. 수사단계는 사건 해결을 위한 단서 찾기, 범죄 혐의자의 수색 및 체포 등 사건의 사실관계를 확인하고, 증거를 조사 및 확보하는 데 있어 중요한 단계이다. 그러나 이러한 비밀성은 수사권의 제한에 어려움을 초래하고, 수사권 행사 과정을 공개적으로 감독할 수 없게 만든다.

이러한 특수성으로 인해 수사권은 수사활동의 적시성과 효율성 요건을 충족하지만, 수사 제약과 감독에 어려움을 초래한다. 수사권 행사는 권력 남용을 어떻게 방지할 것인가, 정확성과 합법성을 어떻게 확보할 것인가, 절차적 공정성을 어떻게 확보할 것인가 하는 문제에 직면해 있다. 실제로 수사권 행사가 직면한 이러한 모순은 현대 세계 각국에서 보편적으로 존재한다. 따라서 수사권 행사의 규제와 제약을 목표로 하는 소송구조를 구축하여 피소추 위치에 있는 공민의 정당한 권익이 침해되지 않도록 하는 것이 현대 수사제도의 주요 과제가 되었다.

2) 서방 수사권 통제 구조의 유형 고찰

"권력에 대한 두려움과 경계심은 서방 사회에서 흔히 볼 수 있는 사고방식이며, 권력의 제한과 남용 방지는 서방 학술 연구의 확고한 목표가 되어 왔다."[38] 여러 국가의 현대 형사소송 제도에서 볼 수 있듯이 권력을 제한하고 권력 남용을 방지하기 위한 다양한 종류의 제약과 감독 구조가 있다. 그중 제약의 원천, 제약 주체와 수사기관의 관계에 따라 수사권 통제 모델은 다음 두 가지 유형으로 나눌 수 있다.

(1) 수사기관 내부의 통제 구조

이는 제약 주체와 제약 대상이 같은 기관에 있지만 서로 다른 부문에 있는 상황을 말한다. 표현 형식에서 보면 세 가지가 있다.

첫째, 수사기관 내부에서 수사권을 신청권, 심사승인권, 집행권으로 구분한다. 심사승인권은 해당 기관의 주관자(책임자, 지도자)가 행사하는 경우가 많고, 신청권과 집행권은 모두 동일한 주체에 의해 행사된다. 실제로 상급 주관 부문은 내부 감독이라고 할 수 있는 수사권에 대한 감독 책임을 지고 있으며, 내부제약의 범주에 속한다. 이러한 방식은 주로 일반 수사 방법을 대상으로 하며, 이는 수사 효율성을 높이는 데 도움이 될 뿐만 아니라 공민의 기본 인권을 침해하지 않는다. 따라서 이 방법은 개인의 자유를 제한하고 공민 재산과 연관되는 수사행위에 적용되지 않는다. 서방 경찰기관의 수사 담당 부문은 기본적으로 이런 방식을 채택하고 있다.

둘째, 수사기관 내부의 수사권은 수평적으로 세분되어, 유형類型별 경찰 또는 수사

---

38 周永坤,『規範權力-權力的法理研究』, 法律出版社, 2006, 215쪽.

단계별 서로 다른 인원이 행사한다. 예를 들어 영국, 독일, 이탈리아 등 국가경찰은 사법경찰(수사담당 경찰)Investiga Officers과 구금경찰Custody Officers로 구분된다. 전자는 피의자 신문, 체포 집행, 압수수색 등 구체적인 수사행위를 수행하고, 후자는 구속의 합법성을 보장하고, 구속 신청권과 집행권이 동일한 주체가 장악한 권력 남용을 방지하기 위해 구속의 전 과정을 기록하고, 조건이 구비되면 사건을 검찰기관으로 이송하여 기소하며, 구속된 범죄 혐의자의 기본권과 관련 복지 대우를 보호하는 역할을 담당하고 있다. 이러한 경찰은 구체적인 수사 업무를 수행하지 않고 구금 장소에 상주한다. 제약과 감독의 독립성을 확보하기 위해서는 수사 경찰보다 높은 직함의 경찰관이 임명되어야 한다고 법적으로 규정되어 있다. 이러한 제약 및 감독 구조는 주로 특정 구금 행위를 겨냥한 것임이 분명하다. 이는 권력 간의 상호 제약 관계를 반영하며 감독을 의미하기도 한다.

셋째, 독일, 한국, 중국 대만 등 경찰 및 검찰 일체화의 대륙법계 국가 및 지역에서는 수사권이 결정권과 집행권으로 분리되고, 검찰기관은 수사의 지도권과 지휘권을 가지며, 경찰기관은 검찰기관의 업무를 지원하고, 검찰기관의 결정을 집행한다. 이 모델은 검찰기관이 완전한 수사권을 가지며 '경찰 및 검찰 일체화'를 전제 조건으로 한다. 본질적으로 이 유형에서 검찰기관과 경찰기관은 하나의 공동체로 간주하며, 이들 사이의 분권은 권력의 제약 관계이지 감독 관계가 아니다.

전반적으로 위의 모델은 수사권의 과도한 집중을 방지하고, 수사권을 세분화하여 경찰 유형에 따라 별도로 행사하도록 하거나 상급자가 하급자를 감독하도록 함으로써 수사권의 통제 목적을 달성한다. 효율적이고 간단하며 구현하기 쉬운 것이 장점이다. 단점은 감독력이 약하고 투명성이 부족하다는 것이다. 따라서 내부 제약 및 감독 방식은 일반적으로 수사권의 강도가 약하고 적용 대상의 위험이 적으며 사건의 성격이 심각하지 않은 경우에 적합하다.

(2) 사법심사의 수사권 통제 구조

형사소송 환경에서 운영되는 수사권은 국가의 강제력이 뒷받침된다. 수사권의 소추 기능은 공민의 기본권을 침해하기 쉽기 때문에 운영 과정에서 수사권의 남용을 통제할 수 있고 소추 역할을 효과적으로 수행할 수 있는 감독구조를 설계할 필요가 있다. 서방 국가들은 사법재판권을 활용해 수사권을 통제하는 것이 가장 바람직하다고 보고 있다. 사법재판권은 중립성과 소극성의 특징을 가지고 있어 재결의 공정성을 보장할 뿐만 아니라 수사 중 적시성의 요구도 충족시킬 수 있다. 따라서 서방 국가의 형사소송에서는 첫째, 사전 사법 권한 부여제도, 둘째, 사중事中 인신보호령 제도, 셋째, 사후 불법증거배제 및 소송행위의 무효화 등의 방식으로 나타난다.

① 사전 사법 권한 부여제도

사법 권한 부여란 수사기관과 수사관이 수행하는 활동이 공민의 중요한 권리와 관련되면 소추 책임을 지지 않는 중립적인 기관의 권한 부여를 받아야 하며, 수사기관과 수사인원은 원칙적으로 현행범과 긴급상황을 제외하고는 강제 수단을 사용할 권리가 없다.[39] 권한 부여 여부는 특정 수사 권한의 강제력을 기준으로 한다. 예를 들어 일본은 수사를 강제 수사행위와 임의 수사행위로 구분한다. 강제 수사행위는 국민의 인적, 재산적, 사생활적 권리와 관련된 경우가 많기 때문에 수사기관이 감청, 수사, 압수 등 강제 수사행위나 체포 등 강제조치를 취해야 할 경우 중립적인 법관이나 법원에 사전 신청을 해야 하며, 관련 요건을 충족하고 승인을 받아야 수사기관이 위와 같은 활동을 할 수 있다. 현대 법치국가에서 사법 권한은 일반적으로 영장 원칙으로 나타난다. "소위 '영장warrant'이란 강제처분 재판을 기재한 재판서를 가리킨다. 영장주의라고도 번역되는 영장 원칙은 강제처분을 할 때 강제처분의 합법 여부에 관하여 법원 또는 법관이 판단하여 영장에 서명하여야 하며, 강제처분을 집행할 때는 원칙적으로 피처분자에게 그 영장을 제시하여야 한다."[40] 사법 권한 부여는 사전 통제 형식으로 수사권 행사를 감독한다.

---

39 陳衛東, 李奮飛,「論偵查權的司法控制」,『政法論壇』, 2000, 제6기 참조.
40 宋英輝, 吳宏耀,『刑事審判前程序研究』, 中國政法大學出版社, 2002, 39쪽.

② 사중 인신보호령 제도

소위 인신보호령이란 강제조치 시행 후 소송과정에서 범죄 혐의자, 피고인 및 그 변호인이 강제조치 적용에 불복할 경우 중립적인 사법기관에 심사를 요청해 수사행위가 위법 또는 무효임을 확인하고 자신의 합법적인 소송 권리를 보장받을 수 있도록 한다. 이는 사법 권한 부여와 크게 두 가지 점에서 다르다. 첫째, 사법 권한 부여는 일반적으로 수사기관이 관련 수사행위를 하기 전에 이루어지지만, 인신보호령은 '영장'을 집행하는 과정에서 이루어진다. 둘째, 사법 권한 부여는 수사기관이 관련 수사행위를 하기 위한 필수 절차이지만 인신보호령은 범죄 혐의자의 신청에 의존한다. 사법 권한 부여와 비교할 때 인신보호령 제도는 그 자체로 특별한 중요성을 가지고 있다. 이는 권리 침해를 방지하거나 보상하기 위한 소송에서의 사법구제 조치이다. 구제가 없으면 권리도 없고, 사법구제제도가 없다면 사법 권한 부여 제도도 백지화될 수밖에 없다. 국가마다 인신보호령 제도는 다양한 형태를 취하고 있다. 예를 들어, 미국에서는 구금령에 대한 구제 수단이 두 가지가 있다. 하나는 재심의 신청, 즉, 치안 법관이 발부한 구금령, 사건 1차 심사권 법원이나 연방 상소법원 법원의 법관이 발부한 구금령이 아닌 경우, 피 구류자는 사건 1차 심사권이 있는 법원에 취소 또는 변경을 신청할 권리가 있다. 다른 하나는 상소인데 구금령, 철회 요구 기각, 구금령 변경 신청의 재정 결정에 대해 구류자는 법에 따라 상소할 수 있으며, 상소법원은 구금에 대해 다시 심사 제기를 할 수 있다.[41] 일반적으로 각국은 강제성 수사행위에 대한 가소성可訴性을 인정하고, 강제 수사행위에 대한 사법구제 제도를 마련하고 있다.

③ 사후 불법증거배제와 소송행위 무효

이는 법관이 실행하는 사후 감독이다. 불법증거배제는 주로 영미법계의 증거규칙에서 비롯되며 현재 대부분의 국가에서 채택하고 있다. 이 규칙은 형사소송활동에서

41 孫長永, 高峰, 「刑事偵查中的司法令狀制度探析」, 孫長永 주편, 『現代偵查取證程序』, 中國檢察出版社, 2005, 258쪽.

관련 법률 규정을 위반하여 얻은 증거를 정성적 또는 양형의 근거로 사용해서는 안 된다는 의미이다. 구속, 신문, 수사, 압수, 검사, 도청 등 법적 절차를 위반해 얻은 증거는 배제하며, 증거로 사용할 수 없고 입증 효력도 없다. 이러한 규정의 결과는 본질적으로 수사행위를 부정하여 수사행위에 대한 사후 및 간접적 감독 역할을 한다.

서방의 수사권 통제 모델을 정리해 보면 세 가지 특징을 발견할 수 있다. 첫째, 서방의 수사권 통제는 주로 수사기관의 내부 감독과 법원의 외부 감독을 결합하는 방식으로 이루어지며, 둘째, 감독은 소송의 범위 안에서 이루어지며, 내부 감독이라 해도 경찰의 수사행위에 대한 검찰기관의 소송감독을 강조하고, 셋째, 감독은 모두 사법구제를 사법 보장의 마지막 장벽으로 둔다. 이러한 특징은 중국 수사권 통제 구조를 개선하는 데 중요한 참고 자료가 될 수 있다.

3) 중국 수사권 통제 모델의 현황과 반성

특정 역사적 배경과 법적 환경에서 중국의 수사권 통제 구조는 행정적 특징이 강하고 사법 통제의 강도와 방법이 부족하며 구체적으로 다음과 같은 측면에서 나타난다.

(1) 중국 수사권 통제 모델

1979년 공포된 중국 최초의 형사소송법전과 1996년 개정된 형사소송법전 모두 헌법에 의해 국가의 법적 감독기관으로 설립된 인민검찰원을 형사사법활동 통제 구조를 구축하기 위한 입법 근거로 사용하고 있다. 1996년 개정된 형사소송법은 공안기관의 수사권에 대한 검찰원의 감독을 더욱 강화했다. 현행「형사소송법」규정에서 알 수 있듯이 중국의 수사권 통제는 크게 세 가지 방식을 채택하고 있다.

첫째, 내부 감독이다. 이는 권력 주체의 수사권 남용, 오용, 혼용 및 부당한 수사권 적용을 기관 내부의 하향식 행정 수단을 통해 통제하는 효과적인 방법이다. 1980년부터 현재까지 내부통제 모델은 구체적으로 두 가지 형태로 나타난다. 하나는 수사기관이 행사하는 수사권 중 체포 결정권은 검찰기관이 행사하고, 기타 대다수 수사권은 내부 행정지도자의 '심사 승인' 구조를 통해 통제되고 제약되는데, 여기에는 검찰기관 자체의 수사행위도 포함되며, 이러한 형태는 '내부 심사 승인' 방식이라고 할 수 있다. 다른 하나는 '내부 심사' 구조를 통해 사건처리 인원의 정확한 사건처리를 촉구, 즉 검찰기관에 이송하여 기소하는 사건에 대해 공안기관 내부에서 최종 점검 절차를 마련하는 것이다. 이 절차는 주로 법제 부문을 통해 사건 문서에 절차, 증거, 법률 적용 등의 문제가 있는지를 검토하고, 문제가 발견되면 즉시 사건처리자에게 반환하여 보완 및 시정한다. 중국에서는 이 두 가지 방식이 수사권의 부당한 행사를 통제하는 주요 수단으로 사용되어 왔다.

둘째, 인민검찰원이 수사활동에 대한 사법 통제권을 행사한다. 확인된 사실에서 볼 때, 인민검찰원은 법적 감독기관으로서 수사권 통제는 주로 다음 6가지 측면에서 반영된다.

(1) 검찰기관은 공안기관의 입안권을 감독한다. 여러 원인으로 입안되어야 하지만 입안되지 않는 현상이 오랫동안 실제로 존재하여 특정 범죄자가 면책되고 피해자가 심리적 균형을 잃는 결과를 초래한다. 이러한 현상을 방지하기 위해 현행「형사소송법」은 인민검찰원이 공안기관의 입안에 대한 법적 감독을 시행할 수 있도록 권한을 부여하고 있다. 법 제87조는 "인민검찰원은 공안기관이 입안 수사해야 할 사건에 대하여 입안 수사하지 않았다고 판단하거나, 피해자가 공안기관이 입안 수사해야 할 사건에 대하여 입안 수사하지 않았다고 판단하여 인민검찰원에 이의를 제출한 경우, 인민검찰원은 공안기관에 이유를 설명하도록 요구할 권리가 있다. 인민검찰원은 공안기관이 입안하지 않는 사유가 성립될 수 없다고 판단하고 공안기관에 입안하도록 통지한 경우, 공안기관은 통지받은 후 사건을 입안해야 한다"라고 규정하고 있다.

(2) 인민검찰원은 체포 심사를 통해 공안기관의 구금권을 제한한다. 현행「형사소송법」제66조에 따르면 "공안기관은 범죄 혐의자의 체포를 요구할 때 체포 승인신청서를 작성하고 사건 조서 자료, 증거와 함께 동급 인민검찰원에 이송하여 심사 승인을 받아야 한다"라고 규정하고 있다. 인민검찰원은 사건을 심사한 후 체포 조건이 충족되

면 체포를 승인하는 결정을 내린다. 체포 조건이 충족되지 않으면 체포 불승인 결정을 내려야 한다. 중국에서는 검찰기관이 사법기관이기 때문에 학계에서는 이 조항을 중국에서 사법권이 수사권을 직접 통제하는 유일한 표현으로 간주하며 중국의 '영장주의'로 간주한다.

(3) 검찰기관은 공안기관의 범죄 혐의자 또는 피고인 구금 활동을 감독할 권한이 있다. 1996년 개정된 「형사소송법」은 체포 집행에 대한 감독을 강화하여 검찰기관이 체포에 대한 승인 또는 불승인 시 공안기관은 즉시 체포하거나 석방하고 집행 상황을 검찰기관에 즉시 통보하도록 규정하고 있다. 또한 검찰기관에는 구금 기한 초과 문제에 대한 검찰 감독을 담당하는 감소監所 검찰 부문이 있다.

(4) 검찰기관은 수사를 위한 구금 기간의 연장에 대한 결정권을 가진다. 공안기관은 구금 기간 만료일까지 결론을 내릴 수 없는 복잡한 사건의 경우 「구금 기간 연장 승인 요청 의견서」를 작성하여 현급 이상 공안기관 책임자의 승인을 받고, 만료 7일 전 동급 인민검찰원에 송부하여 다음 단계의 상급 인민검찰원에 전달해 승인받아야 한다.

(5) 검찰기관은 불법 수사행위에 대해 시정 의견을 제기할 권리가 있다. 현행 「형사소송법」 제76조는 "인민검찰원은 체포를 심사 승인하는 업무 과정에서 공안기관의 수사활동에 위법 사항이 발견되면 공안기관에 시정을 통지하고, 공안기관은 시정 상황을 인민검찰원에 통지해야 한다"라고 규정하고 있다.

(6) 검찰관 주재소는 구금 장소에 대한 감독권을 행사한다. 검찰관 '주재소 감독'이란 검찰기관이 구치소에 주재 인원을 파견하여 사무실을 배치하고, 구치소의 수사활동 적법성을 검사한다. 「공안기관의 형사사건처리 절차에 관한 규정」 제145조에 따르면 "구류 또는 체포된 범죄 혐의자와 피고인은 즉시 구치소에 구금되어야 한다"라고 규정하고 있다. 범죄 혐의자가 구금된 후 수사기관의 신문 활동은 피의자가 구금된 장소, 즉 구치소에서 진행하게 되어 있다. 이는 수사기관이 지정한 장소 또는 수사기관 사무공간에서의 신문 활동이 아니라 구금 기관의 감독하에 신문 활동을 하는 것으로 이론적으로는 고문을 통한 자백 강요의 관행이 어느 정도 줄어들었다. 그러나 공안기관 구치소와 공안기관 형사사건 수사 부문은 같은 공안기관에 소속되어 있고 「구치소 업무

관리 조례」에 따르면 구치소 담당자는 잔여 범죄에 대한 심층 수사권을 가지고 있기 때문에 구금 과정은 수사활동의 연장선으로 간주한다. 그 결과 객관적으로 구류, 체포 집행권과 수감, 구금권이 결합하는 상황이 되고 있다. 실제로 사건의 20~30%를 구치소에서 해결하고 있다. 이러한 이유로 「구치소 조례」 제8조는 "구치소의 감독 관리 활동은 인민검찰원의 법적 감독을 받는다"라고 규정하고 있다. 제41조는 "구치소는 직원을 교육하여 법을 엄격히 집행하고 기율을 엄격히 준수하며, 감독관리 활동 상황을 인민검찰원에 보고해야 한다"라고 명시하고 있다. 제42조는 "구치소는 위법 상황에 관한 인민검찰원의 시정 의견을 진지하게 연구하고 신속하게 처리해야 하며, 그 처리 결과를 인민검찰원에 통보해야 한다"라고 규정하고 있다. 실제로 이러한 조항은 수사기관(구치소)에 대한 검찰기관의 법적 감독기능을 강화하기 위한 것이다.

셋째, 법원은 재판활동을 통해 수사행위에 대한 사후 사법 통제를 실시한다. 법원은 재판활동을 통해 수사과정의 위법 문제, 특히 수사과정에서 수사인원의 고문에 의한 자백 강요, 불법 수사, 불법 구금, 구금 기간 초과 등 심각한 위법행위 사실이 확인되면 불법적으로 취득한 증거를 배제할 수 있는 권한을 가지며, 유죄판결의 근거로 삼지 않거나 검찰기관의 추가 수사 신청에 동의해야 한다.

위에서 설명한 세 가지 형태의 통제에서 알 수 있듯이 입법자가 수사권 통제를 위해 채택한 원칙은 수사기관에 의한 자기 감독을 기본으로 하고, 검찰기관에 의한 감독을 보조적으로 하며, 법원에 의한 사후 통제를 보충적으로 한다.

(2) 중국의 수사권 통제 모델에 대한 반성

오랫동안 수사권 행사 과정에서 남용 및 오용 현상이 수시로 발생하고 일부 문제는 관련 부서의 여러 차례 명령에도 불구하고 여전히 근절되지 못하고 있으며, 기존 통제 구조가 설정과 운영 측면에서 모두 문제가 있음을 보여준다. 이는 중국의 입법 이념, 이론적 기반 및 역사적 관성과 직접적 관련이 있다.

첫째, 중국의 수사권 통제 모델은 몽테스키외의 '삼권분립' 이론을 부정하고 거부하는 기초위에서 구축되었다. 위에서 언급한 수사권 통제 설정 현황의 검토에서 알 수 있듯이 입법자는 자산계급 분권 및 견제와 균형 이론을 비판할 때 사회주의 국가의 권력 분업 및 제약 사이의 관계는 제대로 다루지 않았음을 알 수 있다. 사실 삼권분립제도는 '권력으로 권력을 제약한다'는 법치 이념의 표현일 뿐이다.

그러나 중국 입법자는 주로 행정적 수단을 통해 수사권을 통제하고 사법적 수단을 보완으로 하는 방식을 선택했다. 우리가 보기에 이러한 입법 이념에는 심각한 시대적 배경이 있다. 우선, 역사적으로 보면 이천 년 이상 중국에서 가장 효과적인 관리 방식은 행정 집권이며, 대부분의 사법활동도 행정관리를 통해 제약된다. 이는 중국에서 효과적인 통치의 주요 수단이자 국민에게 가장 수용할 수 있는 관리 이념으로, 국민은 '국정', '특색'으로 요약한다. 다음으로, 법집행 기관, 특히 수사기관의 경우 효율적이고 빠르고 간단하며 구현하기 쉬운 작업 환경이 더 필요하며 '내부 감독' 모델은 이 조건을 충족할 수 있다. 마지막으로, 현재의 법치주의 상황을 보면 법의 우위 개념을 육성하고 사법권위 개념을 확립하며 의법치국의 환경을 조성하는 것은 결코 빠른 시일 내에 실현되는 것이 아니라 긴 과정이 필요하다. 따라서 입법자가 수사기관이 주로 자체적으로 감독하고, 검찰기관의 감독을 보조적으로, 법원의 사후 통제를 보완적으로 하는 방식을 택한 것도 어쩔 수 없는 조치임을 알 수 있다. 문제는 중국의 법치 건설이 새로운 역사시기에 접어들면서 국가 전체의 민주적 의식과 법치 의식이 지속해서 향상되고, 현대 소송이념이 중국의 일부 전통 의식과 직접적으로 충돌하고 있으며, 현재 일부 법적 규정은 이미 새로운 시대의 법치 환경의 요구에 적응할 수 없다는 점이다. 따라서 우리는 관념을 새롭게 바꾸고 현대 사법 이념으로 중국의 수사권 통제 모델을 재검토하고 개선해야 한다.

둘째, '내부 감독'의 구체적인 설정의 관점에서 볼 때, 일부 규정은 정당한 절차의 기본 요구사항을 위반하기 때문에 실제 시행 시 권력 주체가 너무 자의적으로 권한을 행사하고 권리보장이 너무 부족하며 감독 구조가 너무 약하다.

1. 수사기관의 '내부 감독' 구조가 불투명하고 비공개적이어서 수사권 행사가 자의적으로 이루어지고 있다. 구체적으로 세 가지 측면에서 나타난다.

먼저, '내부 심사 승인권'이 갈등을 완화하고 어려운 사건을 해결하는 '만병통치약'이

됐다는 점이다. 일부 특수사건(특수 배경, 사회적 파장이 큰 사건, 지도부가 위임한 사건)의 경우 '내부 심사 승인'의 비공개와 불투명성이 '암묵적 운영'의 제도적 여건을 조성하고 있어 '내부 심사 승인' 제도는 자의적인 수사권을 행사하는 온상이라고 할 수 있다.

다음으로, 공안 법제 부문의 '내부 심사' 제도가 때때로 엄격하게 통제되지 않는다. 이 제도는 원래 사건문서의 '수출'을 엄격히 통제하고 사건문서의 품질을 향상하기 위한 조치이다. 그러나 사건처리기관에서 심사(평가)구조, 오심 사건 추궁 구조 등 일련의 행정관리수단을 시행하기 때문에 실제 운영 시 일부 법제 부문의 심사 인원은 사건문서의 증거수집 자료에 문제가 있거나, 증거수집 수단이 위법 혐의가 있거나, 구금 기간이 초과했거나, 구금 조건의 위법 등 문제가 발견되었음에도 불구하고 사정을 봐주거나 편의성을 위해 엄격히 통제하지 못하고 때때로 무단 변경을 한다.

마지막으로, 구금권의 취소 또는 변경은 전적으로 수사기관의 자율적 감독에 의존한다. 「형사소송법」 제73조는 "공안, 검찰, 법원은 범죄 혐의자 또는 피고인에 대한 강제조치가 부당하다고 인정되는 경우에는 즉시 취소하거나 변경하여야 한다"라고 규정하고 있다. 수사기관과 사법기관의 자율성 감독만으로는 감독기능을 제대로 행사하기 어렵고, 특히 적시에 발견하고 적시에 시정하기가 더욱 어렵다. 또한 실무에서 볼 수 있듯이 억울한 유죄 판결이 시정되는 상황은 대부분 실제 범죄인이 발견되어 명백한 사실이 드러난 후 어쩔 수 없이 오심 사건을 바로잡는 경우가 많은데, 이때 피해자는 너무 길고, 너무 오랜 인격적 침해를 받았다.

따라서 입법자가 수사기관의 자율적 '내부 감독'에 지나치게 의존하는 동시에 감독 절차의 투명성이 결여하고 있다고 볼 수 있다. 수사기관 내부에서도 내부 관리 구조를 강화하고 있음에도 불구하고, 아직 심각한 결과를 초래하지 않은 일부 '이해할 수 있는', '사정이 있는', '보편적으로 존재'하는 수사 위법 행위의 경우, 관련 부문의 지도자는 '그럭저럭', '눈감아 주기'라는 접근 방식을 채택하고 있다.

2. 검찰기관이 수사권[42]에 대한 유연성 감독과 감독 부재로 인해 수사권 통제의 유

---

42 여기서 언급된 수사권은 검찰기관의 자체 수사권이 포함되지 않는다.

효성이 부족하다. 감독권의 유효성은 크게 세 가지 요소에 달려 있다. 첫째 요소는 감독 정보의 획득 및 전송, 즉 감독 주체가 다양한 수단을 통해 감독 대상에서 필요한 다양한 정보를 얻는 것이다. 정보의 양과 질은 감독의 질과 효과를 직접적으로 결정한다. 따라서 감독 구조는 먼저 감독 정보에 대한 원활한 접근을 요구한다. 감독 정보가 원활하고 시기적절하며 정확하게 감독 주체에 도달하는 것은 권력 감독 유효성 평가의 중요한 지표이다. 둘째 요소는 감독 주체가 제안한 '감독 권고'(보통 '유연성 감독'이라 함)는 감독 주체가 감독 사항에 관해 피감독자에게 제시한 시정, 수정, 변경 또는 이미 시행한 행위 또는 앞으로 시행할 행위에 대해 철회 또는 취소할 것을 요구하는 감독 주체의 다양한 요청으로 이는 감독 활동의 핵심 요소이다. 피감독자가 감독기구의 요구사항에 따라 이미 시행했거나 시행하려는 행위를 효과적으로 시정, 철회 또는 취소하면 감독 목적이 달성되고 감독 활동이 종결되며 이는 효과적인 감독으로 간주한다. 그러나 감독 권고가 피감독자의 저항에 부딪힐 때 감독은 다음 단계, 즉 감독자가 법에 따라 피감독자에 대한 강제적 처리 또는 제재(보통 강성 감독이라고 함)를 수행해야 하며 이는 유효성의 셋째 요소이다. '강성 감독'은 '권력이 권력에 대한 감독'의 경우에만 존재하며 '권력이 권력에 대한 감독'의 경우 앞의 두 가지 요소만 있으면 된다. 따라서 감독 주체의 강제력 있는 감독 제재권 유무는 권력 감독의 유효성을 평가하는 또 다른 중요한 지표이며, 이러한 감독 제재권이 없는 감독은 분명 무기력하고 형식적일 것이다.

중국「형사소송법」규정에서 볼 때, 우선, 입법자는 검찰기관이 공안기관에 대한 입안 감독만을 규정한 반면, 입안해서는 안 되지만 입안한 사건에 대한 감독은 감독 정보를 획득하고 전달하는 경로가 없기 때문에 감독 부재로 이어진다. 이는 검찰기관의 입안 감독권이 불완전해질 수밖에 없으며, 따라서 입안 감독기능을 약화한다. 입안은 형사 소추의 시작을 의미하며 그 후에는 법에 따라 수사, 기소, 재판 등 일련의 소송활동이 진행된다. 따라서 입안은 엄숙한 소송행위다.「형사소송법」제15조에 규정된 6가지 경우를 제외하고 범죄사실이 발생하여 형사책임을 물을 필요가 있는 경우에는「형사소송법」규정에 따라 입안하여야 한다. 그러나 실무에서 수사기관이 어떤 목적으로 사건을 입안해서는 안 되는 사건을 입안해 시민의 정당한 권익을 침해하는 상황이 발생하고 있다. 「형사소송법」은 이에 대해 검찰기관이 감독권을 행사하도록 규정하고 있지 않고 어떠한 감독 경로도 열어놓지 않아 검찰기관은 입안해서는 안 되는 사건의 입안 상황에 대해서는 감독할 방법이 없다.

다음으로, 수사기관의 기타 불법행위에 대해 검찰기관이 효과적으로 감독하기 어렵다. 예를 들어 검찰기관은 수사 종결로 이송된 사건만 감독할 수 있고 수사기관이 자진 철회한 사건은 감독할 수 없다. 고소, 신소, 고발 정보는 사후 감독만 할 수 있고, 사중事中의 주동적 감독권은 없다. 「형사소송법」에 따르면 수사기관은 위법 통지서를 발송하는 형태로만 감독할 수 있으며, 수사기관은 시정 상황을 검찰기관에 통보해야 하는데 이는 권고권과 알권리에 해당해 효과적인 감독 역할을 하기 어렵다.

마지막으로, 검찰관의 '주재소 감독'은 유명무실하다. 검찰관의 '주재소 감독'의 감독 방식은 구치소 내 법과 기율을 어기는 상황을 어느 정도 억제하는 효과가 있지만, 「구치소 조례」 관련 규정을 보면 주재소 검찰관에게 주어지는 감독권은 제대로 적용되지 않고 있다. 예를 들어 「구치소 조례」 제8조는 "구치소의 감독 관리 활동은 인민검찰원의 법적 감독을 받는다"라고 규정하고 있다. 제42조는 "구치소는 위법 상황에 대한 인민검찰원의 시정 의견을 진지하게 연구하고 신속하게 처리해야 하며, 그 처리 결과를 인민검찰원에 통보해야 한다"라고 규정하고 있다. 검찰관의 감독 권한은 발견된 위법 문제에 대해 시정 의견을 제시하고 더 이상의 '강성 감독' 권한이 없음을 알 수 있다. 실제 운영의 관점에서 볼 때, 한편으로는 일부 주재소 검찰관은 문제를 발견했지만 다양한 고려 사항으로 인해 중대한 문제는 사소한 것으로 하고, 사소한 문제는 끝난 것으로 치고, 시간을 끌 수 있으면 끄는 경향이 있다. 다른 한편으로는 개별 공안기관 구치소 인원들도 '주재소 감독' 제도에 거부감을 느끼고 있으며, 특히 '주재소 감독'이 구체적인 감독 행위를 할 때 적극 협조하지 않는다.

3. 검찰기관의 자체 수사권 감독에 의문이 제기되고 있다. 검찰기관이 법적 감독 위치에 있기 때문에 입법기관은 횡령 및 뇌물, 독직, 국가기관 직원이 직권을 이용한 공민 인신 권리 침해, 민주적 권리 침해 등 범죄 사건과 성급 이상 인민검찰원이 결정한 국가기관 직원이 직권으로 행한 기타 주요 범죄 사건을 검찰기관이 직접 수리하고

수사하는 것이 합리적이라고 생각한다. 따라서 일부 학자들은 검찰기관이 가지고 있는 자체 수사권이 본질적으로 법적 감독권의 당연한 도리라고 믿고 있으며, 일부 학자들은 이를 법적 감독권의 연장된 권력으로 간주하기도 한다. 총괄적으로 말해서, 법적 감독권과 자체 수사권 사이에는 충돌이 없고, 심판원이 동시에 운동선수를 겸하는 경우가 아니다.

그러나 많은 학자는 이러한 권력 배분 방식이 필연적으로 두 가지 문제를 초래한다고 의문을 제기하고 있다. 첫째, 검찰기관의 자체 수사권과 법적 감독권이 직접적으로 충돌한다. 권력 배분의 합리성으로 볼 때 동일 주체가 법적 성격이 호환되지 않는 두 권력을 동시에 행사할 수는 없다. 법적 감독권은 수사권 밖에 있을 뿐만 아니라 그 권력과 지위는 수사권(자체 수사권 포함) 위에 있다. 법적 감독권과 수사권은 병렬 관계도, 포용 관계도 아님을 알 수 있다. 따라서 이러한 권한을 배치할 때 권력 간의 비호환성을 최대한 피해야 한다. '비호환'이란 서로 다른 성격의 권력을 동시에 행사할 때 '불공정 행사'의 결과가 나오면 서로 호환되지 않는다는 뜻이다. 동시에 행사할 수 없는 두 권력을 한 권력 주체에게 동시에 부여하면 그 결과 권력 주체는 한 권력만 행사하고 다른 권력은 포기할 수밖에 없고, 이익을 극대화하는 자연법칙에 따르면 권력 주체는 이익이 적거나 자신에게 불리한 권력을 포기할 수밖에 없다. 분명히 실무적 관점에서 볼 때, 검찰기관은 한편으로는 자체 수사권을 충분히 행사해 왔고, 다른 한편으로는 수사행위와 관련하여 공안기관과 같은 강도로 자체 수사권을 감독하는 체제를 구축하지 않고 검찰기관의 '자체 감독'에 전적으로 의존해 왔다. 둘째, 검찰기관이 '자체 감독' 구조에 전적으로 의존하는 것은 '권력 제약'이라는 기본 기준에 위배된다. 검찰기관을 주체로 하는 직무범죄 수사활동과 공안기관을 주체로 하는 일반범죄 수사활동은 수사 권한에 있어 실질적인 차이가 없다. 「형사소송법」 제131조 및 제132조의 규정에 따라 검찰기관은 수사활동 과정에서 수색, 압수, 검사, 신문 등의 수사 조치뿐만 아니라 체포, 구류, 보석 등의 강제적 조치(이러한 강제적 조치의 적용에 일정한 제한이 있음)도 취할 수 있으며, 그 수사행위도 매우 강한 행위 목적을 가지고 있다. 이러한 권한을 행사하는 과정에서 검찰기관은 범죄 혐의자는 물론 외부인의 인신과 재산권을 침해할 수도 있다.

그러나 입법자는 검찰기관을 지나치게 신뢰하고 검찰기관이 자체 수사권을 감독하기 위해 '자체 감독' 방법을 채택하도록 허용하고 있다. '내부 관리'에 의존하는 이러한 권력 통제 방식은 특정 내부 관리 문제만 해결할 수 있으며, 공권력과 사적 권리 간의 갈등을 해결하는 이러한 방식은 설득력, 신복력이 없을 뿐만 아니라 '자기 사건의 법관이 되지 않는다'는 자연법칙에도 위배된다. 감독권의 본질적 특성상 감독자는 사건 자체의 이익과 무관하게 공정한 위치에 있어야 하며, 이는 현대 법치의 기본 요구 중의 하나이다.

입법 취지를 거슬러 올라가 보면, 1996년「형사소송법」개정 당시 인민검찰원이 직접 수리하여 자체 수사를 할 수 있는 사건의 범위는 국가직원이 행한 몇 가지 특정 범죄로 제한되었고, '기동 수사권'은 폐지되었다. 이는 입법기관이 검찰기관에 부여한 수사권은 해당 법적 감독 직권과 상응하며, 이 권한 부여는 '합리성' 요건을 충족하며, 동시에 검찰기관의 법적 감독 지위로 인해 '자체 수사권'에 대한 외부 감독 부족 현상이 객관적으로 발생한다는 것을 보여준다. 자체 수사 사건을 처리하는 과정에 위법과 기율을 위반하는 문제, 특히 사건이 복잡하고 사회적으로 큰 영향을 미치는 사건의 경우 내부 감독만으로 소송행위의 합법성을 보장하는 것은 매우 우려스러운 현상이다.

4. 구금 기한에 대한 사법심사가 부족하다. 법에 규정된 예외 조항을 남용하고 구금 기한을 임의로 연장하는 것은 실제로 흔히 볼 수 있는 현상이다. 현행「형사소송법」은 법정 구금 기한과 예외적 구금 기한을 모두 명시하고 있으며, 1996년 개정된「형사소송법」은 구류와 체포 기한을 구분하여 구류는 최대 37일(제69조), 체포 후 최대 7개월(제124-128조)까지 연장할 수 있도록 구류와 체포의 법정 구금 기간을 규정하고 있다. 예외적인 상황이 발생할 경우, 법은 불확정 구금 기한도 규정하고 있다.

서방 일부 국가의 형사소송법에서 일반 범죄 혐의자의 재판 전 구금의 최장 기한은 프랑스의 경우 4개월, 구금 연장 기간이 4개월을 초과할 수 없고 총 8개월이며, 독일은 6개월, 구금 연장 기간은 12개월을 초과할 수 없으며, 일본은 최대 2개월 25일이다. 반면, 중국에서는 범죄 혐의자 수사 구금의 최장 기한에 제한이 없으며, 구류 37일과 체포 7개월을 기준으로 계산하면 총 8개월 이상이다. 또한 수사 구금과 기소 심사 구금

두 가지를 합치면 법정 구금 기간은 최대 15개월에 달할 수 있다.

위의 분석을 통해 개정된 「형사소송법」에서 수사 구금 기한 규정의 '탄력성 기간'이 너무 많고 누적 구금 기한이 너무 길다는 것을 알 수 있다. 또한 새로운 범죄 발견에 따른 재산정에는 상한선은 없다. 더 심각한 것은 현재의 법률 및 관련 부문 규정으로 볼 때 구금 기간 연장에 대한 엄격한 심사 감독 구조가 부족하다. 이는 구금권 남용과 구금 기한의 자의적 연장에 대한 잠재적 위험과 조건을 조성할 뿐만 아니라 인권 침해의 가능성을 크게 높이고 있다.

5. 피구금자가 구금에 이의를 제기하고 국가 배상을 신청할 수 있는 경로가 원활하지 않다. '구제가 없으면 권리도 없다'는 말이 있듯이, 사법구제 경로가 개방되어 있는지, 구제성 권리를 효과적으로 행사할 수 있는지는 한 국가의 법치 문명화와 민주화의 척도일 뿐만 아니라 '권력으로 권력을 감독'하는 효과적인 방법이기도 하다. 그러나 현행 「형사소송법」의 관련 조항을 살펴보면 이와 관련한 규정은 여전히 매우 미흡한 실정이다. 「형사소송법」 제75조 및 제96조 제1항은 관계자에게 '강제적 조치의 해제를 요구할 권리'와 '신소' 및 '고소'를 규정하고 있을 뿐, 구금의 합법성에 대한 질의 청구는 규정하지 않았고, 청구, 신소, 고소에 관한 구체적인 심사절차는 규정되어 있지 않다. 1995년 1월 1일 중국이 채택한 「국가배상법」의 적용범위, 적용 조건 및 시정 절차에 모두 일정한 문제점이 있다. 가장 큰 문제점은 규정이 구체적이지 않고 적용범위가 너무 좁아서 효과적인 제약 감독기능을 수행할 수 없다.

6. 인민법원과 인민검찰원이 수사기관에 대한 제약은 지연성과 일방성 특성이 강조된다. 인민법원과 인민검찰원이 수사기관에 대한 제약은 본질적으로 사법권과 기소권이 수사권에 부과하는 제약으로 나타난다. 중국의 현행 법률 규정에 따르면 인민법원과 인민검찰원은 재판활동을 통해 수사활동의 적법성에 대한 사후 심사만 수행할 수 있으며 사전 또는 사중의 사법심사를 수행할 권한이 없다. 예를 들어, 「인민검찰원 형사소송규칙」 제380조는 "인민검찰원은 법에 따라 공안기관의 수사활동의 합법성을 감독한다"라고 규정하고 있지만, 신문 활동에 대한 구체적인 개입에 대한 규정이 없기 때문에 이러한 감독은 일종의 사후 감독에 그치고 있다.

공안기관과 인민검찰원의 상호 제약의 구체적인 표현은 기능 분담을 기반으로 서로를 제한하여 권력 남용을 방지하고 소송절차의 합법성을 보장하는 것이다. 「형사소송법」 제70조에 따르면 공안기관은 인민검찰원의 체포 불허가 결정에 대해 잘못이 있다고 판단될 경우 재심의를 요청할 수 있지만 구속된 사람은 즉시 석방해야 한다. 의견이 받아들여지지 않을 경우 상급 인민검찰원에 재심의를 요청할 수 있다. 상급 인민검찰원은 즉시 검토하여 변경 여부를 결정하고 하급 인민검찰원과 공안기관에 통보하여 집행하도록 한다. 「형사소송법」 제144조는 공안기관이 이송한 사건에 대해 인민검찰원이 기소하지 않기로 결정한 경우 불기소 결정서를 공안기관에 송달해야 한다고 규정하고 있다. 공안기관은 불기소 결정이 잘못이 있다고 판단할 경우 재심의를 요청할 수 있고, 의견이 받아들여지지 않을 경우 상급 인민검찰원에 재심의를 요청할 수 있으며, 이러한 제약은 분명히 일방적인 특성이 있다. 요약하면, 중국 수사권 통제 구조의 주요 문제점은 약한 감독, 약한 구속, 약한 구제이다.

4) 소송 범위 안에서 수사권 통제의 개선

중국에서 수사권 통제를 개선하는 방법과 경로는 다양하다. 이 장에서는 소송 영역에서 수사권 통제를 개선하기 위한 구조를 탐색하는 데 중점을 둔다. '소송 분야' 내 수사권 통제 구조의 개선을 강조하는 이유는 두 가지가 있다. 첫째, 검찰기관의 자체 수사권에 대한 외부 감독 구조가 부족하지 않다는 일부 주장은 다음과 같다. "검찰기관은 외부 감독 구조가 부족하지 않다. 정당 감독, 인민대표대회 감독, 법원의 사법 감독, 변호사 감독, 여론 감독 등은 검찰권에 대한 강력한 외부 감독 체계를 구성하고 있다."[43] 이러한 감독 방법은 외부 감독에 속하지만, 넓은 의미의 감독에 속하며, 그중 일부 감독은 법적 수단을 통해 이루어지지 않고 당과 정부, 대중 및 언론의 참여 등에 의존한

43 關英彥, 「檢察偵查權若干問題探討」, 『中國檢察官』, 2006, 제1기.

다. 이러한 감독 방법은 모두 일정한 사회적 효과가 있지만 법적 감독보다 권위성과 최종성이 훨씬 낮다. 둘째, 중국의 수사단계에서 아직 소송의 기본 틀이 구축되지 않아 수사권 적용의 적법성과 합리성에 의문이 제기될 경우 사법구제 통로가 없고, 특히 수사권 행사의 정당성에 대한 사법 감독과 평가를 사전에 받기 어렵다. 따라서 중국의 수사권 통제 구조를 개선하려면 이념을 새롭게 하고 관점을 전환해야 한다. 즉, 행정관리 수단에 대한 과도한 의존에서 소송 기능의 역할을 충분히 발휘해 수사권을 통제해야 한다. 구체적인 경로는 소송의 범위 내에서 소송 권력의 재조정을 통해 수사권 통제의 유효성을 강화해야 한다.

(1) '분산적 권한 부여'를 견지한다는 전제하에, 수사기관에 대한 인민검찰원 감독의 유효성을 제고한다

'분산적 권한 부여'란 수사권을 여러 국가기관에 각각 부여함을 의미한다. 중국에서 검찰기관과 공안기관은 각각 다른 유형의 형사사건을 관할하고 검찰기관은 모든 수사기관의 법집행에 대한 법적 감독을 담당한다. 따라서 중국의 현재 상황으로 볼 때 '분산적 권한 부여'의 수사권 배치 모델은 국정에 부합한다. 관건은 검찰기관의 법적 감독 역할을 충분히 발휘하고 수사권에 대한 검찰권과 재판권의 효과적인 통제를 강화하는 것이다. 우리는 다음과 같은 경로와 방법을 통해 수사권에 대한 효과적인 통제를 더욱 강화하고 향상할 수 있다고 생각한다. 즉, 인민검찰원 수사 감독 부문에 사건 입안 등록권, 심사 승인권, 재심사권, 사건 취하권, 오류 시정권을 부여한다.

첫째, 등록 제도를 구축한다. 공안기관은 사건 입안, 수사 종결, 사건 철회 시 검찰기관에 송부하여 사건 등록을 해야 한다. 이렇게 함으로써 한편으로 공안기관의 사건 입안, 종결, 철회 활동에 대한 인민검찰원의 감독을 강화하고, 다른 한편으로 검찰기관은 발견된 문제에 적시에 대응하여 피해를 최소화할 수 있다. 예를 들어 공안기관에 대한 인민검찰원의 제한된 입건 감독 범위, 좁은 정보 경로 등의 부족을 개선하기 위해 다음과 같은 조치를 취할 수 있다. 하나는 공안기관에 모든 입안과 불입안 상황을 인터넷을 통해 매일 검찰기관에 송부하여 등록할 것을 요구하며, 실제로 검찰기관의 공안기관 입안 감독 범위를 확대한다. 공안기관의 입안 여부 결정은 국가 소추권 개시 여부뿐만 아니라 해당 국민의 정당한 권익에도 큰 영향을 미치므로 인민검찰원의 감독 범위에 포함할 필요가 있기 때문이다. 현행법상 입안 결정은 소홀히 하고 불입안 결정에만 초점을 맞추는 것은 불합리하다. 공안기관이 입안해서는 안 되는 사건을 입안하거나 심지어 입안권을 남용하고 불법적으로 경제분쟁에 개입하는 것을 방지하고 시정하기 위해 입법은 인민검찰원에 사건 입안 결정에 대한 감독권을 명확하게 부여해야 한다. 검찰기관이 입안에 대한 감독 기준 및 운영 방식에 대해서는 현행법상 불입안 결정 감독에 관한 관련 규정을 참고하여 다음과 같이 보완 및 수정할 수 있다. 인민검찰원이 공안기관이 입안하여 수사하지 말아야 할 사건을 입안하여 수사한다고 판단하거나, 범죄 혐의자가 공안기관이 입안하여 수사하지 말아야 할 사건을 입안하여 수사한다고 판단하여 인민검찰원에 제출하는 경우 인민검찰원은 공안기관에 입안 이유를 설명하도록 요구해야 한다. 인민검찰원은 공안기관의 입안 이유가 성립될 수 없다고 판단하는 경우 공안기관에 사건 철회를 통지하고, 공안기관은 통지받은 즉시 사건을 철회해야 한다. 다른 하나는 행정사건처리에 대한 정보 공유 플랫폼을 구축하고 입안 감독을 위한 정보 경로를 확장하는 것이다. 정보 경로는 인민검찰원이 입안 감독권을 행사하기 위한 기초이자 전제조건이며, 다양하고 원활한 정보 경로는 인민검찰원이 입안 감독 역할을 충분히 발휘하도록 보장하는 중요한 조건이다. 실무에서 공안행정 법집행기관의 '처벌로 형벌을 대체'하는 현상이 두드러진 문제에 대해 인민검찰원이 '처벌로 형벌을 대체'하는 공안기관의 위법 불입안 결정 행위를 즉시 발견하고 시정할 수 있도록 여건이 허락하는 곳에 행정사건처리 정보 공유 플랫폼을 구축할 것을 권고한다.

둘째, 영미법계의 사법 영장주의를 참고해 검찰기관 위주의 심사 승인 제도를 확립해야 한다. 구체적인 개혁 조치는 인민검찰원의 기존 체포 승인권을 유지하면서 구류 연기권, 영장 수색, 비밀수사 등 공민의 자유와 중대한 사생활에 관한 수사 조치에 검찰기관의 심사 승인권, 결정권을 확대한다. 즉 수사기관이 위에서 언급한 수사권을 행사할 때 검찰기관에 보고하여 심사 승인을 받아야 한다.

셋째, 공안기관의 사건 철회에 대한 인민검찰원의 감독을 증가한다. 사건 철회는 효력 상 소송의 종결을 의미하며 국가의 소추권 행사 포기를 의미할 뿐만 아니라 피해자는 물론 대중의 이익에도 부정적인 영향을 미친다. 공안기관이 사건을 철회하는 행위에 대해 현행법은 어떠한 외부 제한 구조도 규정하지 않아 사건의 불법 철회의 예방과 시정에 도움이 되지 않는다. 따라서 공안기관의 사건 철회 결정에 대한 감독권을 인민검찰원에 부여할 필요가 있다고 본다. 절차상 불입안 감독에 관한 현행법의 규정을 참고할 수 있는데, 즉 입법을 통해 인민검찰원은 공안기관이 철회해서는 안 되는 사건에 대해 사건을 철회했다고 판단하거나 피해자가 공안기관이 철회해서는 안 되는 사건에 대해 사건을 철회했다고 판단하여 인민검찰원에 제출한 경우 인민검찰원은 공안기관에 사건 철회 이유를 설명하도록 요구해야 한다. 인민검찰원은 공안기관의 사건 철회 이유가 성립될 수 없다고 판단하는 경우 공안기관에 통지하여 수사를 재개하도록 하고 공안기관은 통지받은 후 수사를 재개해야 한다.

넷째, 검찰기관의 수사 감독 중 오류 시정 구조를 개선해야 한다. 수사 감독은 수사 전과 수사 중의 동시 감독 구조를 확립해야 할 뿐만 아니라 더 중요한 것은 위법행위를 적시에 시정하고 오류를 바로잡는 구조를 개선하여, 공민의 합법적 권리를 적시에 보호하고, 법의 존엄성을 유지하는 소송 목적을 실제로 달성해야 한다. 수사 중의 위법행위 시정은 항상 중국 수사 감독에서 약한 고리이며, 수사 중의 위법행위를 시정하기 위해서는 입법을 통해 수사 위법행위에 대한 처벌 규정을 세분화해야 한다. 내용은 아래와 같다. (1) 범죄에 해당하는 경우 검찰기관은 입안하고 법에 따라 형사책임을 추궁한다. (2) 검찰기관은 일반적인 불법 행위에 대해 시정 의견을 제시한다. 수사기관이 불복할 경우 동급 인민검찰원에 재심의를 신청할 수 있고, 필요한 경우 상급 인민검찰원에 재심리를 신청할 수 있으며, 상급 검찰원은 하급 검찰원의 의견이 정확하다고 판단할 경우 동급 수사기관에 통보하여 하급 수사기관에 시정하도록 촉구하며, 상급 검찰원은 하급 검찰원의 의견이 잘못되었다고 판단할 경우 상급 검찰원은 하급 검찰원에 통보하여 위법 시정통지서를 철회 및 수정하고 동급 수사기관에 통보해야 한다. (3) 검찰기관에 직무집행 수사인원에 대한 처분권을 부여한다. 예를 들면 수사인원에 대한 사건 수사권의 정지 또는 변경, 법을 위반한 수사인원에 대한 징계 건의, 검찰기관의 위법 시정통지 이행을 거부하는 수사인원에 대한 경고, 진행 중인 위법 수사행위 종결 결정, 위법으로 체포된 범죄 혐의자의 석방, 수사인원의 위법 행위로 인해 피해자에게 손실이 발생한 경우 피해자에게 보상하고, 공안기관에 위법 수사 및 후속 처리에 대한 서면 보고서 제출 요구 등이 있다.

(2) 검찰기관의 자체 수사권에 대한 내부 감독을 강화하는 동시에 외부의 소송 감독 구조를 더욱 강화해야 한다

검찰기관의 자체 수사권에 대한 감독 문제를 해결하는 방법에 대해 현재 세 가지 제안이 있는데, 첫 번째 제안은 인민검찰원의 자체 수사권을 유지하면서 검찰기관의 내부감독 제약체계를 강화하고 개선하는 것이 더 현실적인 방법이라는 것이다. 이러한 견해를 가진 학자는 "검찰이론과 제도를 재건하지 않으면 외부 감독기관으로 국가의 전문 법적 감독기관에 대한 외부 감독을 수행할 수 없으며, 그렇지 않으면 '누가 감독자를 감독할 것인가'의 순환에 빠지게 되어 이론과 실무의 혼란을 초래할 것이다. 또한 중국의 현재 국가 상황과 사법 환경하에서는 건전하게 작동하는 사법심사 구조를 구축할 수 있는 시기와 조건이 성숙하지 않다. 따라서 검찰기관의 건전한 내부 제약 구조의 구축은 여전히 자체 수사 사건에 대한 검찰기관의 감독 제약 체계를 강화하고 개선하는 주요 방법의 하나이다"라고 주장한다.[44] 두 번째 제안은 대부분의 서방 국가와 완전히 일치한 것으로, 모든 수사권은 '사법 영장'을 통해 인민법원이 통제하고, 수사활동에서 공민의 인신 권리, 재산 권리 및 중요한 사생활권과 관련된 수사행위에 대해 사전에 '사법심사'를 진행한다. 구치소에 대한 독립적인 사법 감독 구조를 구현하고, 사후 사법구제 절차에 대한 동시 설계가 포함된다. 이런 설계 하에 검찰기관의 자체 수사권은 계속 유지될 수 있다. 세 번째 제안은 인민법원이 인민검찰원의 자체 수사 사건의 체포 승인권에 대해서만 '사법심사'를 실시하고, 인민검찰원의 기타 수사행위는 주로

---

44 李飛, 趙寧,「檢察機關自偵案件監督制約體系探討」, http://www.shjcy.gov.cn/jclljy/t20051018_0731.htm, 2005년 10월 21일.

내부의 감독 강화 및 개선을 통해 이루어지도록 한다.

첫 번째 제안은 인민검찰원의 주장일 뿐만 아니라 최근 몇 년 동안 최고인민검찰원이 수행하는 사법개혁의 중요한 요소이기도 하다. 최고인민검찰원이 새로 도입한 인민 감독원 제도와 자체 수사 사건의 등록 심사 제도 등은 내부 감독 구조를 강화하기 위한 구체적인 조치이며 실제로 일정한 성과를 거두었다. 그러나 권력의 소유자가 자율성과 자각성, 자체 내부의 제약 구조만으로는 권력의 부패와 남용을 근본적으로 억제할 수 없다는 것은 역사적 경험을 통해 일찍 증명되었다. 따라서 내부 감독만으로는 자체 수사권 남용을 막을 수 있는 최선의 방안이 아니라고 본다. 두 번째 제안은 가장 철저한 개혁 모델이다. 그러나 이런 모델을 채택하려면 그에 맞는 사법적 환경이 필요하며, 이러한 개혁은 중국의 정치체제와 직접적으로 관련되어 있다. 현재 중국의 발전 단계에서 법치 환경과 체제 구조는 해당 요구사항을 충족하지 못한다. 따라서 제안의 실시는 현실적인 가능성이 없다.

우리는 세 번째 제안이 바람직하다고 생각하며 구체적인 개혁안은 검찰기관의 자체 조사 사건에 대한 내부 감독 구조를 개선함과 동시에 외부 소송 감독 구조를 점진적으로 강화한다. 구체적인 구상은 다음과 같다.

첫째, 내부 감독 구조를 더욱 개선하여 자체 수사권에 대한 효과적인 감독을 강화한다.

(1) 검찰기관 내부의 분담 관할을 명확히 구분해야 한다. 1979년「형사소송법」시행 초기 인민검찰원은 직접 수리한 사건에 대해 자체 조사, 자체 체포, 자체 기소하는 '처음부터 끝까지 책임진다'는 관행은 사건처리의 질에 영향을 미쳤다. 검찰기관은 신속하게 단점을 발견하고 내부적으로 자체 수사 사건을 수사, 체포, 기소로 분리하여 3개 부서로 나누어 진행하였으며, 사법 실천에서 효과적인 감독 제약의 방법임을 입증했다.[45] 현 단계에서 일부 지역은 사건 신고, 입안, 강제 조치 실행 등 단계에서 비교적 독립적인 사건처리 부문을 설립했으며, 서로 소속되지 않고 검찰장에게 직접 책임지며

---

45 鐵戈,「檢察機關內部制約機制研究」,『國家檢察官學院學報』, 1999, 제1기 참조.

분쟁이 발생하면 검찰장의 결정을 요청한다. 이러한 방법은 절차가 다소 번거롭지만 명확한 기능과 책임의 분담과 강력한 권력 제약이 있다.

(2) 검찰기관의 자체 수사 사건에 대한 내부 수평적 제약 구조를 강화한다. 검찰기관 내부에 고소 및 신소 사건을 전담하는 부문을 설치하고 내부 및 외부(기타 소송기관 및 공민 개인 포함)의 고소, 고발, 신소 사건을 독립적으로 수리 및 심사한다.

(3) 하급 인민검찰원의 수사 업무에 대한 상급 인민검찰원의 지도와 감독을 강화한다. 상급 인민검찰원은 하급 검찰기관의 재심의, 재심리 결정에 관한 불복 사건을 접수할 뿐만 아니라, 중대하고 중요한 사건의 수사 및 처리에 있어 하급 인민검찰원에 대한 사례별 지도를 강화하고, 기층 인민검찰원이 중대 사건처리 등 중요한 결정은 반드시 상급 인민검찰원에 송부하여 등록하며, 상급 인민검찰원은 이를 심사하여 잘못된 결정을 적시에 발견하고 시정하도록 해야 한다.

둘째, 외부 소송 감독 구조를 점진적으로 강화한다.

(1) 검찰기관이 수사과정에서 행사하는 체포권에 대한 감독 구조를 개혁한다. 구체적인 방안에는 두 가지 선택이 있는데, 하나는 체포 승인권을 인민법원에 위임한다. 이는 현재 대부분의 중국 학자가 주장하는 견해이지만 헌법 개정이나 해석의 문제가 있다. 「헌법」 제37조 제2항은 "모든 공민은 인민검찰원의 승인, 결정 또는 인민법원의 결정에 의해 공안기관이 집행하지 않고는 체포되지 않는다"라고 규정하고 있다. 이에 따라 인민법원은 체포 결정권만 가지고 체포 승인권은 없다. 따라서 이 방안이 채택되면 헌법을 개정하거나 헌법적 해석을 해야 하며 그렇지 않으면 위헌 소지가 있다. 다른 하나는 인민검찰원이 여전히 체포권을 행사하지만, 피체포인과 그 변호인 또는 가까운 친척이 인민검찰원의 체포 결정에 불복할 경우 동급 인민법원에 신소를 제기할 수 있다. 인민법원은 인민검찰원, 피체포인, 법정대리인, 변호인의 의견을 듣기 위해 신소에 대한 청문회를 개최해야 한다. 청문회가 끝난 후 인민법원은 상황에 따라 체포를 유지하거나 철회하는 결정을 내려야 한다. 우리는 이런 방안이 실현 가능성이 크다고 생각한다.

(2) 수사과정에서 검찰기관이 행사하는 비밀 수사 수단 및 기타 공민의 주요 권익

과 관련된 감독 구조를 개혁한다. 「유엔반부패공약」 제50조 제1항에 따르면 특별수사, 기술 수사 수단의 세 가지 주요 방법이 명확히 제시되어 있다. 첫째, 통제 상황에서의 교부, 둘째, 특공 요원 행동, 셋째, 전자 또는 기타 감시 형식이다. 특수 수사 수단과 기술 수사 수단이 장물 증거와 범죄 혐의자 색출에 매우 효과적이며 마약범죄, 부패 범죄, 조직범죄, 조직폭력배 범죄 등 은폐성이 강한 형사사건을 수사하는 중요한 방법임이 실천으로 입증됐다. 동시에 이런 종류의 수사 방법은 양날의 검으로 범죄를 효과적으로 단속하는 동시에 무고한 사람들을 쉽게 다치게 할 수 있다. 따라서 중국 법률은 검찰기관에 이러한 권력을 부여한 후에는 통제 구조를 보완해야 한다. 사전, 사중, 사후의 3단계 예방 구조를 구축해야 한다. 먼저, 적용 가능한 합법성과 합리성에 따라 사전의 내부 심사 구조를 구축한다. 즉 사건처리기관이 상급 검찰기관에 신청하고 상급 검찰기관의 책임자가 심사 승인을 결정한다. 다음으로, 당사자와 그 변호인 또는 가까운 친척이 인민검찰원이 행한 비밀수사행위가 합법적 권익을 침해했다고 판단하는 경우, 소송의 모든 단계에서 상급 검찰기관 또는 동급 인민법원에 신소를 제기할 수 있다. 마지막으로, 법정의 재판절차를 통해 비밀수사의 정당성을 심사한다. 재판과정에서 검찰기관의 비밀수사가 국민의 합법적 권익을 심각하게 침해한 것으로 판명되면 인민법원은 이를 통해 취득한 증거를 불법 증거로 재정할 수 있으며 유죄판결의 근거로 삼을 수 없다.

(3) 구금 기능의 전환 및 구금 재심사 제도를 구축한다

우리는 다음과 같은 두 가지 측면에서 구금 장소 내부의 인권 침해 현상을 효과적으로 억제할 수 있다고 믿는다.

첫째, 교도관의 구금 기능을 전환한다. 현재 대부분의 학자는 수사권과 구금권을 분리하여 범죄 혐의자와 피고인을 수사기관의 구금에서 벗어나게 하는 것이 수사권 남용을 방지하기 위한 효과적인 조치라고 주장한다. 구금을 집행하는 기관은 법에 따라 특별 권한을 부여받고 구금 관리권을 전담하며 동시에 수사 기능을 수행할 수 없다.

현재 중국의 상황을 고려할 때 이러한 조건은 아직 충족되지 않는다. 공안기관이 구금 집행기관으로 유지하는 것이 현실적이다. 그러나 구금 집행을 담당하는 경찰은 조직관리 체계에서 업무기능까지 비교적 독립적이어야 하며, 그 직책은 범죄 혐의자를 감시하고 합법적 권익이 침해되지 않도록 보장하는 것뿐이어야 한다. 범죄 혐의자 또는 피고인을 신문해야 하는 경우 사건처리자는 구금관리기관에 요청해야 하며, 구금관리기관은 신문에 부합하는 조건에서 즉시 조치를 취해야 한다. 신문은 구금 장소에서 이루어져야 하며, 신문 장소와 신문 시간은 구금기관이 감독하여 신문 주체와 범죄 혐의자를 분리할 수 있도록 인위적 장벽을 설치할 수 있다. 동시에 수사기관은 구금기관의 동의 없이 범죄 혐의자와 피고인을 구금 장소 밖으로 이동할 수 없고, 임의로 신문 시간을 연장할 수 없으며, 이러한 조치는 고문에 의한 자백 강요와 기타 인권 침해의 발생을 크게 줄일 수 있다.

둘째, 구금 재심사 제도를 구축한다. 독일 등 대륙법계 국가의 구금 제도에 관한 규정을 참고하여 중국에서 재심사 신청 및 직권 재심사 제도를 구축한다. 즉 미결 구금기간 피구금자가 구금에 이의가 있는 경우 구금 후 1개월 이내에 구치소에 구금 재심사 신청을 할 수 있으며, 구치소는 7일 이내에 재심사 결과를 구금자에게 통지해야 한다. 피구금자가 재검사 결과에 여전히 불복하는 경우, 재심사 통지를 받은 날로부터 7일 이내에 검찰기관에 직권 재심사를 신청할 수 있으며, 검찰기관 수사 감독 부문은 피구금자 및 변호사를 신문하고, 수사인원을 문의하고 수사문서를 열람하며, 필요한 경우 수사기관, 피구금자의 공청회를 조직하여 구금 유지 또는 구금 철회 결정을 내릴 수 있다.

8

중국 변호사제도

1. 변호사제도 개론

1) 중국 변호사제도의 성격과 진화

(1) 중국 변호사제도의 성격

변호사제도는 국가가 확립한 변호사의 성격, 자격 및 업무수행, 업무 범위, 권리 및 의무, 업무수행에 따른 책임, 변호사 관리 등 규범 체계에 관한 사법 제도이다. 변호사 제도가 사법 제도의 구성 부분인지에 대해 국내 학자들은 여전히 서로 다른 의견을 가지고 있다. 일부 학자는 변호사제도가 사법 제도의 범주에 속하지 않으며, 국가 사법 제도와 어느 정도 관련이 있지만 사법 제도의 구성 요소는 아니라고 주장한다.

우리는 변호사제도가 사법 제도의 중요한 구성 부분이라고 주장한다. 개론에서 언급한 바와 같이 사법은 소송이고, 사법활동은 소송활동이며, 사법 제도는 사법기관의 조직 제도 및 사법기관과 기타 관련 기관 조직이 법에 따라 수행하거나 참여하는 소송활동 제도의 총칭이다. 제도의 기원에서 볼 때 변호사는 소송활동에 참여하고 당사자의 소송 권리를 보장하기 위해 생겨난 것이다. 변호사의 업무에서 소송 및 비소송 업무를 포함하지만, 핵심은 소송 업무이며 소송활동을 떠나면 변호사의 직업 활동이라고 할 수 없다. 실제로 소송활동의 원활한 진행을 보장하기 위해 많은 국가에서 변호사제도를 사법 제도의 유기적인 구성 부분으로 간주하고 있다. 독일 연방「변호사법」제1조에 따르면 변호사는 독립적인 사법기관Organ der Rechtspflege이다.[1] 미국의「변호사 직업 행위 시범 규칙」제1조는 변호사는 의뢰인의 대리인, 사법 제도의 일원, 사법의 질에 특별한 책임을 지는 공민이라고 규정하고 있다. 이러한 규정은 모두 사법 제도에서 변호사제도의 특수한 지위를 반영한다.

---

1 물론 그렇다고 해서 변호사가 법원과 같은 관서官署기관이라는 뜻은 아니다. 변호사의 지위를 법관, 검찰관과 동등한 지위로 끌어올리고, 변호사가 법정에서 사법재판에 기여하며, 자문업무는 사법의 일부라는 큰 틀이다. 법치국가에서 변호사, 법관, 당사자 3명과 사법 제도의 관계는 정鼎에 달린 세 발과 같이 삼자三者 병립의 관계이다. 姜世明,『律師民事責任論』, 元照出版公司, 2004, 41~42쪽 및 서문 참조.

변호사는 당사자에게 법률 서비스를 제공할 뿐만 아니라 국가 법률의 존엄성을 유지해야 한다. 변호사제도는 현대 사법 제도와 법치사회의 기본 요구사항을 구현한다. 국가 사법기관의 설립 목적은 국가 법률의 정확하고 전면적인 시행을 보장하는 것이다. 변호사제도는 국가 사법 제도의 설립 취지와 완전히 일치하며 법의 존엄성을 유지하고 법의 올바른 시행을 촉진하며 인권을 보호하며 사법공정을 실현한다. 소송 분야에서 변호사는 조사 및 증거 확보권, 변호권 등 법률이 부여한 업무수행권을 가지고 있으며, 이러한 권리를 행사하는 과정은 관련 당사자의 합법적 권익을 보호할 뿐만 아니라 국가 사법기관을 보조해 사실을 규명하고 법률을 올바르게 적용하며 국가 사법의 공정을 촉진하는 과정이기도 하다. 비소송 영역에서 변호사는 자신의 법률 전문지식을 이용하여 당사자를 위해 다양한 법률 업무를 완성하며, 이 과정은 당사자의 합법적 이익을 보호하고 현실 생활에서 국가 법률의 효과적인 시행을 촉진하는 유기적 통합으로 나타난다. 변호사는 업무수행 과정에서 한편으로는 당사자의 대리인으로 당사자의 합법적 이익 실현을 도와주고, 동시에 변호사는 법률 전문가로서 업무수행 과정에서 법률에 대한 책임을 져야 한다. 변호사가 국가 법률의 올바른 시행과 당사자의 합법적인 권익 보호를 유기적으로 결합할 수 없으면 변호사의 업무수행은 올바른 방향에서 벗어나게 된다.[2] 따라서 '변호사제도는 중국 특색 사회주의 사법 제도의 중요한 구성 부분'이라고 할 수 있다.[3]

(2) 중국 변호사제도의 진화

역사적으로 전통 중국 사회에서 송사訟師들은 법률 사무, 소송사무와 관련된 활동을 하고 있지만, 전통 중국 사회 자체는 서방 현대국가와 유사한 형성 과정이 존재하지 않고, 봉건 정부는 법적 직업을 발전시킬 역사적, 제도적 필요성이 없기 때문에 중국 송사訟師는 서방 변호사업과 유사한 고도로 분화된 자치단체로 발전할 기회가 없

2 李本森, 許身健,『律師職業道德與執業基本規範』, 北京大學出版社, 2007, 1쪽.
3 2016년 중국공산당 중앙판공청과 국무원 판공청이 발표한 「변호사 제도 개혁 심화에 관한 의견」 참조.

었다.

청나라 말기에 중국에서 현대적 의미의 변호사가 등장했고, '변호사'라는 용어가 정식으로 법에 등장한 것은 1906년「대청 형사 민사소송법」에서 나타났다.[4] 신해혁명 후 난징南京 임시정부는 중국 최초의 변호사법 초안을 작성했다. 1912년 북양 정부는「변호사 잠정 장정章程」및 관련 법률을 공포하여 변호사제도를 공식적으로 확립했다. 중화인민공화국이 건국된 후 새로운 변호사제도가 확립되었다. '문화대혁명' 기간 변호사제도는 완전히 퇴출당했다. '문화대혁명'이 끝난 후 국가의 법률 생태계가 정상화되고 사법 제도의 일부인 변호사제도가 다시 정착되기 시작했다. 개혁개방 이후 중국은 전환기에 접어들면서 변호사제도가 매우 빠르게 발전했다. 1996년 제8기 전국인민대표대회 상무위원회는「중화인민공화국 변호사법」을 채택했다. 과도기 사회의 급속한 변화와 함께 변호사제도 개혁은 계속 심화하고 있으며 변호사법의 일부 조항은 분명히 변호사제도 발전의 요구를 충족시킬 수 없었다. 수년간의 입법적 논증과 토론을 거쳐 2007년 제10차 전국인민대표대회 상무위원회는「변호사법」을 개정하고 공포했으며, 그 공포와 시행은 변호사제도의 추가 개선 및 강화에 도움이 되었다. 2008년 10월 제6차 전국 변호사협회 회장은 업무보고에서 현재 중국의 개업 변호사는 총 14만 명에 달하고, 1.4만여 개의 변호사 사무소가 있다고 밝혔다. 3년 동안 전국의 변호사는 약 120만 건의 형사소송을 처리했으며, 약 324만 건의 민상民商사 소송, 약 17만 건의 행정소송, 약 245만 건의 각종 비소송 법률 서비스 제공, 약 1,415만 건의 법률 자문을 사회에 제공하여 경제와 사회가 전체적으로 조화롭고 지속 가능한 발전을 촉진하는 데 기여했다.[5]

중국의 변호사 발전을 살펴보면 중국의 변호사 대오는 급속한 발전에도 불구하고 변호사 수는 여전히 전반적으로 부족하고 지역 분포가 불균형하고 불합리하다는 것을

4 王國良 외,『中外律師制度比較硏究』, 江西人民出版社, 2003, 1~2쪽.

5 徐盈雁,「우리나라의 업무 수행 변호사 총수는 14만 명에 달하며 3년 동안 461만 건의 각종 소송 사건을 처리했다」,『檢察日報』, 2008년 10월 26일.

알 수 있다. 법관, 검찰관을 포함한 직업 법률가 단체의 전체 구성에서 변호사가 차지하는 비율은 1/5 정도에 불과하다.[6] 이러한 변호사 수량과 법관 수량의 역전된 비율은 직업 변호사의 법률서비스가 부족한 상황을 초래하며 변호사 업계의 발전은 더욱 가속화되어야 한다. 또한 변호사 분포도 불균형하다. 사법부 통계에 따르면 중서부 지역에는 변호사가 심각하게 부족하다. 일부 학자들은 최근 몇 년 동안 변호사의 유동성이 증가하여 법률 서비스 자원이 소수의 대도시로 지속해서 집중되어 사무소가 불균형하게 분포하는 집중화 추세를 형성하고 있다고 지적했다. 전국 변호사협회에 따르면 변호사의 22%, 사무소의 18%가 북경, 상해, 광저우 등 3대 도시에 자리 잡고 있다.[7] 그러나 이에 비해 아직 변호사가 없는 현은 206개나 된다. 이러한 상황의 형성은 현재까지 중국 변호사제도의 발전 동기와 원동력이 여전히 주로 경제적 수요라는 사실을 반영하며, 이는 법적 직업 위기를 반영하는 동시에 변호사가 상업화에 과도하게 집중하고 변호사의 직업 정신을 뒷전으로 미룬 결과이다. 중국 변호사제도 발전의 총체적 방향에 대하여 학계는 건의는 다음과 같다. 개인 권리보호의 요구에 부응하고, 사법개혁이 심화함에 따라 직업 법률가 단체의 내부 배치를 조정하여, 재판방식 개혁, 법관과 검찰관의 재편성 및 제도개혁의 작업과 협동할 필요가 있으며, 사법관 전업轉業과 부문 간 인사 교류 등 다양한 합리적인 조치를 통해 변호사의 수량과 전체 구성에서의 비율을 대폭 증가시키고 개인 사무소 설립을 추진하여 법률서비스 기구의 분포를 확대하고, 전문 분야의 분업을 개선하며, 대형 종합 변호사 사무소의 국제경쟁력을 강화한다.[8]

---

6 李衛東,「讓律師邁上新臺階」,『律師文摘』, 2006, 제1집.

7 李衛東,「觀察律師界的生態, 思考法治國的前景」, http://jwdfyfz.cn/blog/jwd/index.aspx?blogid=261038, 2008년 5월 26일.

8 李衛東,「讓律師邁上新臺階」,『律師文摘』, 2006, 제1집.

2) 변호사 직업의 위치

변호사 직업의 위치는 변호사제도의 핵심 문제이다. 이는 변호사 관리체제, 변호사 서비스 수수료 체제, 변호사 광고, 사무소의 조직 형태 및 관리 모델 등 일련의 문제를 사실상 결정하기 때문이다. 변호사제도가 성숙한 사회에서 변호사의 직업 위치는 다음과 같은 세 가지 기본 측면을 포함한다. 첫째, 변호사는 중간적 입장에 있으며 서로 다른 의뢰인에서 기술적 업무를 위임받는다. 둘째, 이러한 기술적 법률 서비스를 제공시 변호사는 의뢰인에게 책임을 다하고, 의뢰인을 구출하기 위해 최선을 다하고, 모든 세속적인 우려를 배제하고, 위험과 희생을 두려워하지 말아야 한다. 셋째, 변호사는 여전히 원칙과 인격적 독립을 견지해야 하며, 어떤 의뢰인이라도 자신의 영혼과 합법적인 정의를 배반하지 않아야 한다. 물론 변호사의 직업 위치는 위의 세 가지 측면을 실현하기 위해 어느 정도 객관적인 조건이 필요하며, 막스 웨버가 지적했듯이 소송 제도의 합리화가 높은 수준에 도달한 후 변호사는 사건당사자에게 법정 출석 준비, 증명 및 추론, 설득력 있는 변호와 같은 기술적 서비스를 제공하는 데 전념할 수 있다. 또한 정치적 또는 사회적 이유로 직업적 위험이 크다고 가정하면 변호사가 고객에 대한 충성심은 떨어질 수밖에 없다. 특히 시장경쟁이 격화되고 경영 효율을 유지하기 위해 생존에 너무 집착하는 변호사도 있어 장기적으로 가면 직업윤리가 크게 추락할 수 있다.[9]

중국 변호사의 직업 위치 변화는 신중국 건국 이후 중국 사회의 급격한 변화를 반영하고 있으며, 중국 변호사 법규에서 변호사의 개념에 대한 정의는 이 급변하는 과정을 반영하고 있다. 1980년에 시행된「변호사 잠정 조례」제1조는 "변호사는 국가의 법률 종사자로서 그 임무는 국가기관, 기업사업 단위, 사회단체, 인민 공사, 공민에게 법률적 도움을 제공하여 법의 올바른 시행을 수호하고 국가와 집체의 이익과 공민의 합법적 권익을 수호한다"라고 규정하고 있다. 이 개념에서 규정한 변호사는 세 가지 의

---

9 李衛東, 변호사 역할을 어떻게 정의하는가? 변호사 적록 창간 5주년을 맞아 쓴 글, http://jwd.fyfz.cn/blog/jwd/index.aspx?blogid=156659, 2008년 5월 26일.

미가 있다. 먼저, 변호사는 법률 종사자이고, 다음으로, 변호사는 국가법률종사자며, 마지막으로, 변호사는 국가법률종사자로서 사법행정기관의 내부 편제 인원이다. 「변호사 잠정 조례」의 변호사의 정의는 다음과 같은 문제점을 가지고 있다. 첫째, 변호사의 성격을 국가법률종사자로 정의하여 변호사가 사회에 법률서비스를 제공하는 직업 특성을 구현하기 어렵고, 변호사와 공안, 검찰, 법원 기관의 직원과 구별하는 데 도움이 되지 않으며, 둘째, 변호사의 성격을 국가의 법률 종사자로 정의하면 변호사 대오의 급속한 발전에 도움이 되지 않으며, 셋째, 변호사의 성격을 국가법률종사자로 정의하면 변호사 관리체제의 추가 개선에 도움이 되지 않으며, 넷째, 변호사의 성격을 국가의 법률 종사자로 정의하면 외국 변호사 업계와의 교류에도 도움이 되지 않는다.

1996년에 실행된 「변호사법」 제2조는 "이 법에서 말하는 변호사는 법에 따라 변호사 업무수행 자격증을 취득하고 사회에 법률 서비스를 제공하는 업무수행 인원을 말한다"라고 규정하고 있다. 학계에서는 이 규정이 어느 정도 진보적 의의가 있다고 보고 있는데, 우선, 변호사 성격의 재정의는 중국 법률 서비스시장의 현실적 국가 상황에 부합하고, 다음으로, 변호사 성격의 재정의는 당시 변호사제도 개혁의 성과를 구현하는 데 도움이 되며, 마지막으로, 변호사 성격의 재정의는 변호사 업계의 본질적 특성에 따라 변호사 업계의 발전 궤도를 설계하는 데 도움이 된다.

2007년 개정된 「변호사법」 제2조에 따르면 변호사는 법에 따라 변호사 업무수행 자격증을 취득하고, 위탁 또는 지정을 받아 당사자에게 법률 서비스를 제공하는 업무수행 인원을 말한다. 이 법은 변호사 직업의 위치를 '당사자에게 법률 서비스를 제공하는 업무수행 인원'으로 표현했다. 변호사는 이전의 '국가법률종사자'에서 '사회를 위해 서비스를 제공하는 전문 법률종사자'로 바뀌었고, 마지막으로 '당사자에게 법률 서비스를 제공하는 업무수행 인원'으로 자리매김했다. 이 발전의 맥락은 '국가 본위-사회 본위-의뢰인 본위'의 전환과정이자 끊임없이 '탈행정화'되어 변호사제도의 본질적 위치로 나아가는 과정으로, 변호사제도가 서로 다른 단계에서 중요시되는 다양한 측면을 차례로 보여주고 있다. 「변호사법」 제2조는 변호사가 당사자의 합법적 권익 보호, 사회 정의 수호, 법률의 올바른 시행 유지의 세 가지 기능을 수행하도록 요구하고 있다. 그러나 현행 「변호사법」은 변호사를 "당사자에게 법률 서비스를 제공한다"라고 규정함에 따라 변호사 업무의 초점이 변호사와 당사자 간의 관계, 즉 변호사의 위치가 당사자 본위로 이동하고 있다. 막스 웨버는 "변호사는 당사자와 직접 접촉하고 불안정한 사회적 평가에 의존하는 개인 개업자의 속성을 지니고 있기 때문에 힘없는 자를 대변하고 법적 평등을 수호하는 경향이 있다"라고 지적한 바가 있다. 즉, 변호사가 당사자를 우선시할 때 비로소 보수적 편견을 극복하고 시대적 요구에 부응하며 사회발전을 추진할 수 있다.[10]

3) 변호사 직업의 속성

변호사 직업의 속성 문제도 변호사제도와 관련된 중요한 문제이다. 일부 학자들은 1997년 「변호사법」의 가장 큰 약점이 변호사의 직업 속성 문제에 관한 위치 설정에 있다고 주장한다. "변호사 직업의 속성에 대한 문제의 부재는 변호사 직업의 기능을 충분히 발휘하는 데 영향을 미친다. 동시에 변호사 직업의 건전한 발전에도 영향을 미친다."[11] 새로 개정된 「변호사법」은 변호사 직업 위치에 대해 '당사자에게 법률 서비스를 제공하는 업무수행 인원'으로 규정하고 있으며, 실제로 이 규정은 공식적으로 변호사 업무수행을 '국가법률종사자' 및 '사회법률종사자'의 한계에서 벗어나 자유직업으로 만든 것이다. 자유직업은 특별한 직업 자격 또는 창의적 재능을 바탕으로 의뢰인 또는 대중에게 개인적이고 책임감이 있으며, 전문적이고 독립적인 고품질 서비스 제공을 내용으로 하는 직업이다. 독일법의 전통에 따르면 자유직업은 상업에 속하지 않기 때문에 상법전商法典 의미에서의 상인이 될 수 없고, 무한회사, 양합兩合 회사, 유한책임회사

---

10 季衛東, 『律師的重新定位與職業倫理』, 『中國律師』, 2008, 1호.
11 司莉, 『律師職業屬性論』, 中國政法大學出版社, 2006, 6쪽.

및 주식회사의 법적 형태를 취할 수 없으며, 동업의 형식으로만 가능하다.[12] 독일 학자는 자유직업의 구체적인 의미에 대해 광범위하게 논의했으며, 일부 독일 학자는 "자유직업자는 기업 경영자와 구별되는 전체적 특성을 가진 직업 단체이며, 핵심 가치와 관련이 있고 공익적으로 중요한 활동을 하며, 당사자와의 신뢰 관계를 기반으로 하며, 대부분의 직업 종사자는 법적 지령에 구속되지 않지만 경제적 독립성을 가지고 있다"라고 주장한다. 1995년 독일 자유직업 협회는 자유직업을 "특수 직업 자격에 기초하여 개인이 책임지고, 전문적이고 독립적인 정신 및 사상을 제공하며, 의뢰인과 대중의 이익을 고려하고, 업무수행은 국가 입법 또는 직업 자치 단체가 제정한 직업 법규에 의해 구속되며, 이러한 직업법은 전문성 자질의 지속적 발전을 확보하고 자유 업자와 의뢰인 간의 신뢰 관계를 보장하기 위해 설립되었다"[13]라고 정의했다. 변호사의 사회적 속성상 서방에서는 '자유직업자'로 규정하는 경우가 많다. 독일「변호사법」제2조는 "변호사는 자유직업자이다"라고 규정하고 있다. 서방 국가에서는 주로 다음과 같은 이유로 변호사를 자유직업자로 정의한다. (1) 급여를 받는 국가법률종사자와 검찰관 등 기타 공직자의 비교할 경우 변호사는 재야在野 및 민간 자유직업자이며, (2) 변호사 직업은 시간적, 공간적으로 상당한 자유 지배의 여지를 가지고 있다. 변호사는 자신의 근무시간과 근무 공간을 선택할 수 있다.[14] 현행 변호사법은 실제로 변호사 직업을 자유직업자로 규정하고 있으며, 위에서 언급한 자유직업의 정의에서 볼 때 변호사 직업은 자주성, 직업성, 적당한 상업성의 세 가지 속성을 가져야 한다.

(1) 자주성

직업 사회학의 초기 이론에서 두드러진 문제점은 직업적 특성을 일반화하여 열거한 것이다. 1970년대에 학자들은 직업의 독특한 개념과 이론적 명제를 제기하기 시작

---

12 邵建東,『德國法學教育的改革與律師職業』, 中國政法大學出版社, 2004, 174-175쪽.
13 姜世明,『律師民事責任論』, 元照出版公司, 2004, 32쪽.
14 王進喜 외 주편,『律師職業行爲規則概論』, 國家行政學院出版社, 2002, 13쪽.

했는데, 그중 중요한 개념은 프레드릭슨과 존슨의 이론에서 유래한 '직업적 자주성'이다. 전자는 직업과 다른 업종을 구분하는 유일한 기준이 '자주성 사실', 즉 업무에 대한 합법적 통제를 가진 상태이며, 직업은 그 직업 업무에 종사하는 정확한 내용과 효과적인 방법을 결정하는 배타적 권한을 얻었을 때 확고한 지위를 갖는다고 주장한다. 즉, 한 사람의 직업 수행 자격을 결정하는 주요 기준은 외부 주체가 아닌 직업 단체 자체이다. 후자는 자주성의 이론을 더욱 보완하여 직업통제는 정식 지식에 대한 제도화 과정이며, 이 제도화된 지식은 직업 권력(푸코의 의미에서 확산적 권력)의 최종 원천이고 자주성의 유일한 기초라고 주장한다. 외부 주체(국가, 의뢰인 등)가 직업적 업무의 기술적 측면에 영향을 미치지 못하도록 하는 차원에서 자주성은 외부 영향의 한계를 내포하고 있다.[15] 법률 직업에 자주성이 필요한 세 가지 이유가 있다. 첫째, 다른 직업과 달리 권력 갈등 및 이익 경쟁과 밀접하게 연관된 학문에 의존하고 있기 때문이다. 법학은 도덕 및 정치와 자연스럽게 연결되어 있기 때문에 가치의 침입을 피할 수 없으며 형식성, 확실성, 공정성 측면에서 위기에 처해 있는 것으로 보인다. 따라서 법적 직업에서 특히 자치를 강조하는 것은 불가피하다. 둘째, 자치는 법률 직업의 본질적 요구이며 자치는 직업의 영혼적 요소이다. 셋째, 법률 직업 공동체의 자주성은 구성원 개체가 자주성을 갖고 '인격 독립'과 '의지의 자유'를 유지할 수 있도록 한다. 변호사의 경우, 자치성을 수호하면 이익에 좌우되거나 의뢰인의 명령에만 따르는 것을 방지할 수 있다.[16]

변호사 직업의 위치 관점에서 볼 때 변호사 직업의 근본적인 속성은 자주성이다. 물론 법적 직업마다 자주성의 특성이 있는데, 예를 들어 법관 직업의 자주성의 경우 핵심 내용은 가장 높은 수준의 직업적 자주성인 사법 독립이다. 변호사의 자주성에 관한 권위 있는 논술은 로버트 고든 스탠퍼드대학교 교수가 1988년『보스턴 법학 평론』에 기고한 장편 논문 '변호사 자주론The Independence of Lawyers'이며, 이 글은 당시 큰

---

15 劉思達,「職業自主性與國家干預: 西方職業社會學述評」,『社會學研究』, 2006, 제1기.

16 李學堯,『法律職業主義』, 中國政法大學出版社, 2007, 166~169쪽.

영향을 미쳤다.[17] 고든 교수는 변호사의 직업적 자주성에는 다음 세 가지 측면이 포함된다고 주장한다. 첫째, 협회의 집단적 독립성이다. 이러한 직업적 자주성은 변호사협회가 외부의 간섭 없이 자유롭게 자신의 사무를 관리할 수 있음을 의미한다. 둘째, 업무와 조건을 통제한다. 사회학자가 보기에 변호사의 직업 자주성은 업무와 조건을 통제하기 위한 것이다. 시카고학파는 업무의 합법성 통제가 자주성의 근본이라고 주장한다.[18] 이상적인 변호사의 직업 자주성은 의뢰인과 사건을 자유롭게 대리하고 승소 전략을 선택할 수 있다. 변호사는 업무에 있어서 자기 결정 영역을 갖는다는 특징만 있는 것은 아니다. 의뢰인은 사건의 실체적 처리를 결정할 권리가 있지만, 이러한 처리 결정은 변호사의 영향을 받는다. 또한 법원이나 정부의 간섭을 받지 않고 사건을 처리할 수 있다. 셋째, 정치 직업 자주성이다. 변호사의 정치 직업 자주성은 변호사가 직업적으로 자주적인 계층 또는 자치적인 사회 세력임을 의미한다. 여기에는 두 가지 핵심 요소, 즉 자유 변호라는 개념과 공직자로서 변호사 개념이 있다. 전자는 변호사가 외부 간섭, 특히 국가 관원의 간섭에서 의뢰인의 이익을 수호해야 함을 의미한다. 후자는 의뢰인으로부터의 직업적 자주성을 의미한다. 전통적으로 변호사도 법정의 일원Officer of the Court이기 때문에 변호사도 공공 서비스에 대한 의무를 수행할 책임이 있으므로 변호사가 제공하는 서비스는 유료이지만 의뢰인이 구매한 충성도는 제한적이며 변호

---

17 1994년 저우루자周璐嘉 등 역자들은 이 책을 『변호사 독립론-변호사는 당사자로부터 독립한다』라는 제목으로 중국 정법대학교 출판사에서 출판했다. 여기에서 Independence라는 단어를 어떻게 이해해야 하는지에 대한 흥미로운 질문이 발생한다. 블레이크 법률 사전의 해석은 The State or Quality of Being Independent이며, 이 사전은 Independent라는 용어를 상대방의 통제나 영향을 받지 않으며, 다른 실체와 종속 관계가 없으며(다른 실체는 일반적으로 규모가 크다), 종속되거나 부속되지 않는다고 해석했다. 따라서 Independence라는 용어를 '독립'으로 번역하는 것도 일부 맥락에서 타당하다. 1983년 몬트리올에서 열린 세계 사법 독립대회에서 「사법 독립 세계선언」(또는 「세계 사법 독립선언」)(Universal Declaration on the Independence of Justice)이 채택되었다. 선언문은 서문과 국제법관, 국내법관, 변호사, 배심원, 참심원 다섯 부분으로 구성됐다. 그러나 중국의 맥락에서 사법 제도에서 말하는 독립은 사법 독립, 다시 말해 재판독립 및 검찰독립을 의미하며, 중국 사법 제도의 맥락에서 독립은 변호사의 독립을 포괄하지 않으므로 모호성을 피하기 위해 The Independence of Lawyers에서 Independence라는 용어를 '자주'로 번역하는 것이 타당하다.

18 劉思達, 「職業自主性與國家干預: 西方職業社會學述評」, 『社會學硏究』, 2006, 제1기.

사의 인격과 정치적 신념을 살 수 없다.[19] 변호사 직업의 자주성은 법관, 검찰관의 독립성과는 다른 특징을 갖고 있다. 변호사 직업의 자주성은 변호사 직업의 근본적인 속성이다. “절대적 독립성은 변호사가 모든 측면에서 자신의 임무를 수행하기 위한 필수 전제 조건이며, 특히 개인적인 이해관계나 외부 압력에서 비롯된 것으로 인식되는 어떠한 외부 영향에서도 자유로워야 한다. 법집행의 관점에서 볼 때 변호사의 독립성은 법원의 독립성만큼 중요하다. 독립성은 업무가 분쟁해결이든 자문 제공이든 똑같이 중요하다.”[20] 변호사의 사회적 속성에 대해 서방 국가에서는 변호사를 ‘자유직업자’로 정의한다. 변호사가 자유직업자라는 사실은 근본적으로 변호사 자주성의 외형적 표현이다.[21]

변호사의 자주성은 풍부한 의미가 있는데, 주로 변호사가 업무 활동에 종사할 때 상대적 독립성과 간섭을 받지 않는다는 것이다. 구체적으로 다음과 같은 측면에서 나타난다.

① 변호사는 정부로부터 자주적이다

변호사 자주성의 중요한 상징은 정부의 통제로부터 변호사 직업이 자주적이라는 데 있다. 우리는 변호사가 사회정의를 실현하고 인권을 보장하는 데 중요한 역할을 한다고 강조한다. 만약 변호사가 정부에 종속되어 정부의 지시에 따라야 한다면 어떻게 인권을 보장하고 정부의 권한을 제한하는 책임을 질 수 있겠는가? 변호사 직업은 업무수행 활동 중 직업 행동 규범의 허용 범위 내에서 사상, 행동, 책임의 직업적 자주를 가지고 있으며, 그 구체적인 수행 업무 활동은 특정 조직, 특정 정치 조직, 정부 입장에 의해 좌우되지 않으며, 특정 시기의 정책, 정치적 이익의 영향을 받지 않으며, 사실 및 법률을 존중하는 정신에 따라 직업적 자주로 직업 판단 및 업무수행 활동에 종사

19 李學堯,『法律職業主義』, 中國政法大學出版社, 2007, 162~166쪽.
20 李本森,『中國律師業發展問題研究』, 吉林人民出版社, 2001, 31쪽.
21 王進喜 외 주편,『律師職業行爲規則概論』, 國家行政學院出版社, 2002, 13쪽.

한다.[22] 법관과 검찰관은 국가권력기관의 구성원이지만, 변호사는 민간 영역에서 활동하며 국가 법률생활의 미비점을 비판하고 조언한다. 이는 국가체제 안에 있는 법관 및 검찰관이 할 수 없는 일이다. 또한 행정기관의 행정권 남용은 국민의 이익을 해치게 되는데, 변호사는 정부로부터 직업적 자주성을 보장받기 때문에 권력을 남용하는 행정기관에 맞서 당사자의 입장을 대변할 수 있다.

물론 정부로부터 변호사의 자주성이 보장된다고 해서 정부가 변호사의 업무에 대해 방관하고 변호사가 알아서 하도록 방치한다는 의미는 아니다. 현대 국가에서 정부는 시장 질서의 조정자 역할을 한다. 법률 서비스에서 정부는 지나친 상업화를 막기 위해 상업화 법률 서비스를 규제한다. 정부 개입 조치는 때때로 소위 시장 수익성을 고려하지 않는다. 예를 들어 정부가 법적 지원사업을 추진하고 형사법 분야에 공익 변호인을 두는 등 시장원칙과 전혀 다른 공익원칙을 채택하고 있으며, 이러한 조치는 변호사의 상업화 정도에 제한을 두어 변호사의 전반적인 이미지를 유지한다. 정부로부터의 변호사 직업적 자주성은 일반 도덕과 상충하는 '의뢰인에 대한 비밀 유지'라는 직업윤리 준수 또한 변호사와 의뢰인 간의 신뢰 관계 구축을 위한 필수 전제조건이다.[23]

② 변호사는 사법기관으로부터 독립적이다

최근 몇 년 동안 법학계는 법률 직업 공동체에 대한 연구를 수행하고 있으며, 이러한 연구는 일반적으로 다음과 같은 관점을 인정한다. "법률 직업 공동체는 법관, 검찰관, 변호사 및 법학자 등으로 구성된 법률 직업 단체이며, 이 단체는 법률 지식의 배경, 직업훈련 방법, 사유 습관 및 직업이익이 일치하기 때문에 단체 구성원이 사상적으로 결합하여, 특유의 직업 사고방식, 추리 방식 및 판별 기술을 형성하고, 공통의 법률언어권(더 나아가 법률문화 형성)을 통해 서로 소통할 수 있으며, 공동체의 의미와 규범을 공유함으로써 구성원 간 직업윤리 준칙에 대한 공감대를 형성하게 되며, 개별 구성원은

22 司莉,『律師職業屬性論』, 中國政法大學出版社, 2006,159~160쪽.

23 EvanA. Davis, *The Meaning of Professional Independence*, 103 Colum. L. Rev. 1281(2003).

인격과 가치관이 다르지만, 법률사업과 법치 목표에 대한 동일시, 참여와 헌신을 통해 결국 목표, 정신, 감정적 유대감으로 법률사업 공동체를 형성한다."[24]

변호사와 법관 및 검찰관은 위와 같은 공통된 특성을 가진 동일한 직업 공동체에 속해 있으나 이러한 견해는 변호사가 올바른 재판을 촉진하고 '법질서'의 실현에 기여하는 기능을 수행한다는 점만 강조하고 있다. 변호사를 사법기관으로 규정하고 있는 독일 변호사법은 변호사의 지위를 높여 법관, 검찰관과 동등한 지위 부여를 목표로 하고 있지만, 그렇다고 해서 변호사가 반드시 공무원이 되어야 한다는 의미가 아니다. 법관과 같은 법률 직업이지만 변호사는 사법기관의 부속 부분이 아니다. 변호사는 일종의 중간적이고 독립적인 입장에서 소송에 참여하는 특수한 직업이라는 점을 이해해야 한다.[25]

"법정에서 변호사와 법관은 서로 다른 위치에 있고 역할이 다르지만, 공정한 판결을 내리는 데 있어 상호 보완적인 관계이다. (형사재판에서) 변호사의 역할은 법과 판례를 이용하여 무죄 또는 경범죄의 증거를 제시하여 법원이 당사자에게 유리한 판단을 하도록 설득하고, 법관은 법정 심문을 통해 사건에 적용되는 판례와 법률을 확인한다. 양자는 사법의 공평성과 공정성 유지를 위하여 각자의 기여를 하기 때문에 같은 길이라고 할 수 있다."[26] 사법 제도에서 변호사의 역할은 사법기능의 실현에 협력하는 것이며, 그렇다고 해서 변호사가 사법기관에서 자주적이지 않다는 뜻이 아니다.

③ 변호사는 당사자로부터 자주적이다

변호사 직업윤리의 핵심 내용은 당사자 중심으로 최대한 합법적인 범위 내에서 의뢰인의 이익을 극대화한다. 이러한 유일한 당사자의 이익 지향은 변호사학 분야에서 '당파성黨派性 충성의 원칙'이라고 하며, 이러한 원칙의 지배하에 변호사는 당사자의 이익과 상충하는 행위를 금지하고 있으며, 변호사가 사회공익을 명분으로 당사자의 이익

24 張文顯 외 주편, 『司法改革報告: 法律職業共同體研究』, 法律出版社, 2003, 167~168쪽.
25 [일] 谷口安平, 『程序的正義與訴訟』, 王亞新, 劉榮軍 역, 中國政法大學出版社, 1996, 80쪽.
26 張富強 주편, 『香港律師制度與實務』, 法律出版社, 1999, 326쪽.

을 해치는 것도 반대한다. 그렇다고 해서 변호사가 당사자의 '총잡이'가 되어 당사자에게 순종만 하는 것은 아니며 실제로 변호사의 직업은 당사자로부터 자주적이다. "변호사가 제공하는 서비스와 기술은 의뢰인에게 판매하지만, 그들의 정치적 신념은 비매품이다.…… 변호사의 직업적 인격의 일부는 공익사업에 봉사해야 하므로 당사자가 금전으로 살 수 있는 충성은 한계가 있다."[27] 즉, 변호사는 당사자 중심의 당파성 충성심을 지키는 동시에 공익적 의무를 준수해야 하며, 후자는 당사자로부터 변호사의 자주성을 결정하는 요소이다.

당사자로부터의 자주성을 확보하기 위해 변호사는 자신의 직업적 판단 기준을 유지하고 의뢰인과의 이익 상충을 피해야 한다. 예를 들어, 중국 홍콩의 관련 변호사법에 따르면 변호사는 "항상 직업적 독립성을 유지하고 사실과 법률에 충실해야 하며, 당사자의 최선 이익을 위해 헌신해야 하며, 당사자와 이해 상충의 위치에 놓여서는 안 되며, 당사자의 의지에 의해 자기 판단력이 좌우되거나 절대 복종을 허용해서는 안 되며, 더욱이 어떤 이익이나 당사자의 이익을 위해 법률, 법령 및 변호사 업무수행 행위규범을 위반해서는 안 된다"[28]라고 명시하고 있다.

④ 변호사는 자신의 종교적 신념, 정치적 이념 및 개인적 감정에서 자주적이다

변호사 자주성의 마지막 표현은 변호사가 업무를 수행할 때 자신의 종교적 신념, 정치적 이념, 개인적 감정 및 경제적 이익과 같은 요소의 영향에서 자주적이어야 한다. 변호사는 업무수행에서 사실과 법률에서 출발하여 위에서 언급한 개인적 요소의 구속을 배제하고 자신의 개인적 판단에 영향을 미치지 않도록 해야 한다. 변호사는 당사자와 위탁관계를 맺기 전에 사건의 성격을 미리 고려하여 위탁관계가 성립될 경우 자신의 종교적 신념, 정치적 이념과 극단적으로 충돌하는지를 평가하여야 하며, 변호사가 이러한 요인으로 인해 자기 내면에 극단적인 충돌이 발생하여 자신의 직업 판단 및 업

---

27 R. W. Gordon, *The In dependent of Lawyers*, 68 Boston U. L. Rev. 1 (1988).
28 張富強 주편, 『香港律師制度與實務』, 法律出版社, 1999, 319쪽.

무수행 수준에 영향을 미친다고 느끼면 해당 변호사는 당사자와 위탁관계를 맺지 말아야 한다. 변호사가 이런 요소를 사전에 평가해 직업 판단이나 업무수행 수준에 영향을 미치지 않는다면 의뢰 관계를 맺은 뒤 이러한 개인적 요인의 영향을 제거하는 데 총력을 기울여야 한다. 이 문제를 논의하면서 중국 대만의 한 학자는 다음과 같은 예를 들었다. 변호사 갑은 독실한 기독교인이고 을은 파산한 사업가이며 불교 스승의 도움을 구한다. 스승은 을의 파산 원인이 윤회輪廻 요인에서 비롯된 것이며 을의 가족은 집을 떠나지 말고 49일 동안 소식素食하고 예불해야 한다고 말한다. 따라서 을은 초등학교에 다니는 딸도 집에 가두고 예불하자 강제 의무 교육조례 위반으로 체포되었고 을은 갑을 변호사로 선임하여 변호했으며, 을의 변호 이유는 그에게 인과윤회因果輪廻의 종교적 신념을 가지고 있기 때문이라는 것이다. 변호사 갑의 기독교 신앙에는 윤회 관념이 없지만 을의 의뢰를 수락한 이후에는 윤회 관념을 이해하고 의뢰인을 중심으로 변호해야 하며 을의 종교적 신념은 법관의 범행동기에 관한 판단과 양형의 근거로 작용한다.[29]

(2) 직업성

변호사 직업은 특별한 종류의 자유직업이기 때문에 변호사 직업은 자유직업이 가지고 있는 중요한 속성인 직업성을 가지고 있다. 여기에서 먼저 직업이 무엇인지 명확히 할 필요가 있다. 미국의 법학자 로스코 파운드는 직업을 '공공 서비스의 정신으로, 후천적으로 습득한 기술의 재능을 공통 직업으로 추구하는 단체'로 정의했으며, 이는 직업의 본질을 명확히 포착한 것으로 간주한다.[30] 영어에서 직업profession이란 본원本源에서 성명professing 또는 선서professing라는 행위와 사실을 가리키는 말로, 직업 종사자들이 어떤 일에 대해 다른 사람보다 다양한 지식을 가지고 있으며, 특히 의뢰인의

---

29 王惠光,『法律倫理學講義』, 2007년 저자 자체 출판, 34~35쪽.

30 Roscoe Pound, *The Lawyer from Antiquity to Modern Times*, Minnesota: West Publishing Co. 1953, P.20.

일에 대해 의뢰인 본인보다 더 많은 지식을 가지고 있다는 주장을 의미한다.[31] 이러한 고도로 전문화된 어려운 지식은 종종 과학적 연구와 논리적 분석을 통해 얻은 추상적 원칙으로 구성되며, 사회가 지속해서 운영되기 위한 필요조건이다.[32] 또한 직업 종사자는 업무에 이타적인 동기를 부여해야 하며, 그들의 직업 활동은 서비스 개념과 고객의 이익을 강조하는 직업 윤리에 의해 제한된다.

외국 학자들은 '직업'이 다음과 같은 세 가지 주요 특징을 가져야 한다고 주장한다. (1) 실용적인 기술에만 만족하는 장인 전문가와 달리 난해한 이론에 기반한 전문 기술을 가진다. (2) 사익을 추구하는 상업이나 영업business과 달리 공중을 위해 봉사하는 목적을 가진다. 다른 직업과 마찬가지로 자유직업도 경제 수입이 필요하거나 더 높은 수입이 필요하지만, 높은 수입은 주된 목적이 아니라 부차적인 결과일 뿐이다. 근본적인 가치는 공공 서비스 정신이다. (3) 일반 '업무occupation'와 구별하기 위해 자격 인정, 기율 징계 및 신분 보장과 같은 일련의 규칙과 제도를 갖춘 일종의 자치 단체를 형성한다.[33] 요컨대 일반 업무와 비교할 때 직업의 주요 특징은 전문성, 공공성, 자치성이다.[34]

변호사 직업이 속한 법률 직업의 핵심 특징은 공공 서비스이며 공정과 공공복지는 공공 서비스의 목표이자 직업의 이상理想이다. 미국 변호사협회는 유명한 보고서에서 직업변호사를 '공정과 공공복지를 촉진하는 사명감, 의뢰인과 공중을 위한 서비스 정신으로, 후천적으로 습득한 기술의 재능을 추구하는 법률 전문가'로 정의하고 있다.[35] 변

---

31 Everett C. Hughes, *On Work, Race, and the Sociological Imagination*, L. A. Coser ed. . Chicago: University of Chicago Press, 1994, Part I.

32 Howard S. Becker, "*The Nature of a Profession*" in Education for the Professions, Chicago: National Society for the Study of Education,1962. (Reprin ted in Sociological Work, Chicago: Aldine, 1970) 劉思達,「職業自主性與國家干預:西方職業社會學述評」,『社會學研究』, 2006, 제1기에서 인용.

33 李衛東,『法治秩序的建構』, 中國政法大學出版社, 1999, 198쪽.

34 Roscoe Pound, *The Lawyer from Antiquity to Modern Times*, Minnesota: West Publishing Co.1953, P.20.

35 R. W. Gordon, *The Independent of Lawyers*, 68 Boston U. L. Rev.1 (1988).

호사 집단은 일반 업무occupation나 전문가specialist와 다른 특수하고 전문화된 직업이다. 변호사 직업에 대한 고찰을 통해 우리는 변호사 단체의 직업성이 다음과 같은 측면에서 나타난다고 생각한다.

1. 전문 직업 훈련 및 직업 능력, 즉 직업 활동에 참여하기 전에 장기간의 교육, 훈련 또는 견습 기간을 거쳐야 하며, 변호사는 업무수행 전에 법학원의 장기적이고 체계적인 학습 및 전문 훈련을 통해 업무수행에 필요한 전문지식과 기술을 습득해야 한다. 변호사가 습득한 전문지식과 기술은 법률 분야의 전문지식과 기술이며 이러한 지식과 기술의 습득은 체계적인 훈련과 교육을 받아야 한다. 직업인으로서 최소한의 직무능력을 갖추어야 하며, 변호사의 업무수행은 법률에 규정된 조건, 즉 해당 업무수행 능력, 법률상의 대리 능력, 엄격한 지식과 기술 조건을 충족해야 한다. 세계 각국은 변호사 업계에 종사하는 사람들이 기본적인 대리 능력을 갖추도록 보장하기 위해 다양한 효과적인 조치를 제정했다. 중국에서 변호사 개업에는 사법행정기관에서 발급한 변호사 업무수행 자격증이 있어야 한다. 중국이 구축한 국가 통일 사법시험제도와 변호사 예비실습 제도, 변호사 예비 집중 훈련 제도, 변호사 계속 교육제도 등은 변호사가 상당한 대리 능력을 갖추도록 하는 중요한 보장이다.

2. 사회적 명성이 높다. 변호사 단체는 특수 전문 직업 단체로서 일반인이 익숙하지 않고 이해하지 못하는 희소 지식과 기술을 장악하고 있으며, 그 전문 능력은 사회에서 인정받고 사회에서 높은 명성을 누리고 있다. 유럽과 미국, 특히 미국에서는 변호사가 의사와 못지않게 높은 사회적 명성을 가지고 있으며, 일본에서는 변호사가 특히 존경받고 있다. 미국의 사회학자들은 종종 소위 직업적 명성에 대한 사회 조사를 실시하는데, 그들은 의사에서 신문 판매업자에 이르기까지 약 500개의 직업의 명성 순위를 나열하며 가장 높은 점수는 100이고 가장 낮은 점수는 0이다. 조사 결과 의사, 변호사, 치과의사, 대학교수가 가장 명성이 높은 직업으로 나타났다.[36]

3. 직업행위규칙을 통해 구성원을 엄격하게 통제한다. 변호사 직업행위규칙은 변

---

36 [미] 셰퍼, 『社會學與生活』, 劉鶴群 외 역, 世界圖書出版公司, 2008, 254쪽.

호사 업무수행 활동을 조정하고 법률 서비스의 질을 보장하는 중요한 역할을 하며, 변호사 직업행위규칙이 등장한 주요 이유는 변호사 직업의 자율성이다. 변호사 업무 활동은 범위가 넓고, 변호사의 업무수행 권리 중 상당수는 다른 직업에서 찾아볼 수 없으며, 의뢰인 이익에 대한 변호사의 충성심 요건은 변호사가 자신의 권리를 최대한 활용하도록 촉진한다. 그러나 법치사회에서 영리 활동은 한계가 없는 것은 아니며, 변호사의 업무 활동에도 제한이 필요하다. 변호사의 독립성과 자치성은 변호사의 업무와 경영활동에 대한 행정권력의 직접적인 간섭을 최소화하고, 자치적 특징을 가지고 있는 변호사 업계 협회가 변호사 업계에 대한 관리를 책임져야 함을 의미한다. 즉, 변호사 직업의 독립성은 변호사 관리에서 정부의 행정 개입을 최소화해야 한다. 이는 또한 변호사에 대한 제약이 변호사 내부의 자치를 통해 더 많이 이루어져야 함을 결정한다. 따라서 모든 변호사는 변호사의 직업 행위 규칙을 준수할 책임이 있다. 변호사의 자치성은 변호사의 독립성을 보장하며, 자치성의 실효성을 위해서 자율성의 강화가 필요하다고 할 수 있다. 이러한 방식으로 변호사 업계 협회가 제정한 특정 형태의 규범을 통해 변호사 업계의 자율성을 강화할 필요성이 있다.

4. 공공 서비스와 밀접하게 연결되어 있다. 변호사의 직업 가치는 상호의존의 두 가지 측면을 포함한다. 즉, 법에 따라 당사자의 최대 이익을 보호하고, 사회공정을 수호하며 법의 올바른 시행을 유지한다. 법률 직업의 핵심 특징은 공공 서비스이며, 공정과 공공복지는 공공 서비스의 목표이자 직업의 이상이다. "변호사, 의사, 목사 등 직업을 수행하는 사람들에게 가장 근본적인 가치는 대중 서비스 정신이며, 직업적 의무의 내용에서 특히 이타주의와 윤리성을 강조한다."[37] 변호사의 업무는 사회공익성 측면이 있는데, 즉 변호사의 사회적 기능은 자신의 직업적 이익의 극대화를 일방적으로 추구하기보다는 공공의 권익을 보호하는 변호사의 가치를 실현하는 데 있다.

5. 단체로서 상당한 수준의 자치권, 즉 직업상의 자주성을 가지고 있다. 변호사 직

37 季衛東, 『法治秩序的建構』, 中國政法大學出版社, 1999, 240쪽.

업의 자주적 지위는 변호사가 업무수행 활동에서 독립적으로 변호 또는 대리를 수행하고 직업적 자주성으로 의견이나 제안을 제시한다. 사건과 관련된 모든 전문적 문제에 대한 변호사의 판단은 사실에 의한 자신의 파악과 법에 대한 이해에서 비롯되며, 전적으로 자신의 의지에 의존하여 독립적으로 이루어지며, 변호사는 자신이 이러한 판단의 정확성에 대해 책임을 진다. 변호사는 당사자의 대리인이지만 그 이익이나 입장이 당사자와 완전히 대등한 것은 아니다. 또한 변호사의 직업적 자주성을 유지하기 위해 여러 국가에서 변호사의 업무수행에 대한 금지 규정이 있는데, 즉 어떤 경우에는 변호사가 업무를 수행할 수 없거나 특정 업무를 처리할 수 없다.[38]

6. 의뢰인과 밀접하게 접촉하여 특별한 신뢰 관계를 형성한다. 변호사가 의뢰인의 요구에 따라 제공하는 서비스는 인간의 건강, 자유, 정신, 경제적 복지, 심지어 생명 등과 관련된다. 의뢰인은 적절한 법률 지식 배경이 부족하고, 변호사의 직업적 능력과 직업도덕에 대한 신뢰로 자신이 해결해야 할 법적 문제를 변호사에게 맡기고 있으며, 의뢰인과 변호사 관계는 특별한 신뢰 관계이다.

(3) 적당한 상업성

현재 법학계에서는 변호사 직업이 상업적인지에 대한 논쟁이 있지만, 변호사 직업의 상업적 성격에 대한 단순한 부정은 설득력이 없으며 일부 현상에 대한 합리적인 설명을 제공하지 못하고 있다. 법률 직업주의는 개인적 이익의 동기를 넘어 정의의 개념을 강조하지만, 변호사는 보수報酬 문제를 고려하지 않고는 생존할 수 없으며 법률 사무소는 수익성 문제를 고려하지 않고는 유지될 수 없다. 공공 서비스를 직업정신의 주요 기반 중 하나로 고려해야 하지만, 유일한 기반은 아니며 보수 또한 하나의 기반이라는 점에 유의해야 한다. 변호사라는 직업은 자유직업의 특징이 있기 때문에 변호사는 적절한 보수를 받아 생활의 안정성을 확보해야 하며, 이는 변호사의 자주성을 지키

38 司莉, 『律師職業屬性論』, 中國政法大學出版社, 2006, 157~159쪽.

기 위한 전제조건이기도 하다. 변호사가 자신의 생계를 보장할 수 있는 경제적 수단이 부족하면 의뢰인에게 종속될 수 있기 때문이다. 직업정신과 우수한 상업 경영은 모순되지 않는다. 변호사가 의뢰인에게 제공하는 서비스와 법률 업무 결과물을 효과적으로 관리하지 못하고, 회사의 수익을 창출하지 못한다면 진정한 직업정신이라고 할 수 없다. 전문가로서 금전적 창출을 의미한다면 법률 직업의 상업적 특성과 직업정신은 양립할 수 없는 것이 아니라 서로를 보완해야 한다. 그렇다고 금전이 변호사의 유일한 동기가 되거나 끝없는 탐욕이 직업정신의 개념에 포함된다는 말은 아니다. 실제로 직업정신이라는 개념은 변호사가 공공 서비스 제공을 포함한 특별한 책임에 대해 공정한 금전적 보상과 기타 혜택도 받는 것을 의미한다. 법률직업의 오랜 전통에 비추어 볼 때, 오직 변호사의 소위 '공공 서비스 책임'에 대한 언급은 적합하지 않다. 같은 의미에서 법의 상업적 측면의 직업정신을 논할 때 변호사의 직업적 책임과 보수를 받을 권리를 혼동하는 것도 적합하지 않다. 변호사 직업을 상업적 또는 직업적, 즉 둘 중 하나로의 취급은 역사적으로, 이론적으로, 실무적으로 불가능하다. 따라서 변호사의 상업성은 현실에 부합한다.

그러나 직업의 상업적 특성이 변호사가 이윤을 추구하는 상인과 동등하다는 의미가 아니다. 서방의 전통에 따르면 전문적 학습과 사명감이 필요한 변호사와 같은 자유직업의 정의는 모든 것을 화폐로 평가되는 시장경제 원리와 맞지 않는다. 자유직업도 다른 직업과 마찬가지로 경제 수입, 더 나아가 높은 수입이 필요하다. 그래야 재정적 압박에서 벗어나 공익을 위해 헌신할 수 있지만 높은 수입은 주된 목적이 아니라 부수적인 결과일 뿐이다. 변호사나 의사와 같은 직업의 가장 근본적인 가치는 공공을 위해 봉사한다는 정신이다. 우리가 반대하는 것은 변호사가 탐욕스럽고 이익 지향적이며 금전을 최우선 가치로 삼는 것이다.

일부 학자들은 수익성이 높은 법률서비스 시장이 존재하면 필연적으로 영리를 목적으로 하는 변호사 직업이 생겨나고 상업성 직업이 된다고 생각한다. 그러나 사회질서 등 가치를 실현하는 법의 기능은 법률 직업(전체를 지칭)이 법의 목적 실현을 최우선 목표로 삼아야 하므로 자치적인 변호사 직업은 법률 목적의 실현과 직업의 장기적이고 지속적인 이익을 위해 직업의 경영성에 필요한 제한을 가해야 한다. 영미법계 역사에서 볼 때, 법률 직업에 대한 설명은 항상 상업과 대조적으로 이루어졌다. 즉, 직업의 특성을 식별하는 데 있어 가장 중요한 특징은 이타 정신이고 상업은 직업의 참조물이라는 오랜 전통이 있다. 전통적으로 상업은 직업으로 간주하지 않았다. 직업과 차별화되는 최우선 특징은 상인의 동기이다. 경제 이론에 따르면 상인은 이기적인 존재이며, 상인의 주된 동기는 자신의 이익을 극대화한다. 이타정신의 결여도 상업과 직업을 구분할 수 있다. 재일 학자 지웨이둥季衛東은 "변호사는 전문지식과 사명감이 필요한 자유직업이다. 자유직업으로서 당연히 수익을 창출해야 하지만 고소득을 올리는 것은 목적이 아니라 부수적인 결과이다. 변호사, 의사, 목사 등 직업의 근본 가치는 공공을 위해 봉사하는 정신이다"[39]라고 지적했다.

따라서 변호사 직업의 상업성 또는 경영성은 전통적 관념에서의 상업성 기업 또는 상업 행위 사이에는 차이가 있다. 이러한 구별을 인정해야만 변호사 직업의 상업성을 일정한 범위와 일정한 수준 이내로 통제할 수 있다. 변호사의 유료 서비스는 다른 상품 거래 및 기타 서비스의 유료 특성과 유사한 것처럼 보이지만 매우 다르다. 변호사 직업에서의 영리 행위는 영리를 목적으로 하는 일반적인 상업 행위와 구별되어야 하며, 이러한 구별의 표현, 또는 구별의 이유는 다음과 같이 나타난다. 먼저, 변호사는 법률의 취지를 실현하는 데 책임이 있다. 변호사는 법률 직업의 중요한 부분이자 법제도의 매개체이며 법과 법제도의 책임 또는 가치는 결국 그 매개체를 통해 달성된다. 이런 직업적 역할은 변호사에게 법률 직업의 책임을 우선시하도록 요구한다. 이러한 직업적 특성은 변호사의 직업적 행위와 상업적 행위의 근본적인 차이이다. 다음으로, 변호사 직업의 영리는 일정한 한계를 유지해야 하며 직업의 이념과 일치해야 한다.[40] 따라서 변호사 직업의 상업성은 그에 따라 제한되어야 하며, 다시 말해 변호사 직업의 상업성은 적절해야 한다.

---

39 季衛東, 『法治秩序的建構』, 中國政法大學出版社, 1999, 240쪽.

40 司莉, 『律師職業屬性論』, 中國政法大學出版社, 2006, 172~174쪽.

변호사라는 직업의 적당한 상업성을 파악하면 다음과 같은 질문을 명확히 하는 데 도움이 된다. 변호사는 언제 업무수행으로 돈을 벌 수 있는가? 직업 정신이 경영 활동에 부과하는 제한은 무엇인가? 일부 제한은 명백하다. 변호사는 합리적인 수수료를 청구해야 하고, 변호사는 고객의 자금과 자신의 계좌를 구분해야 하며, 변호사는 공공사업에 관심을 가져야 하고, 변호사는 의뢰인을 부추겨 소송을 제기할 수 없으며, 변호사는 자신의 상업적 이익이 자율적인 직업적 판단과 충돌할 경우 의뢰인과의 대리관계를 해지해야 한다. 또한 '상업주의'나 시장원리라고 해서 도덕적 타락이나 '이익만 추구'한다고 생각하고, 법률 서비스의 시장화가 가져온 결과는 변호사의 직업윤리 상실이라고 추론할 수 있는데, 관련 연구와 실천에 따르면 시장 원리가 일반화되면 변호사 수가 증가하고 의뢰인이 선택할 수 있는 범위가 넓어질 수 있다. 경쟁 구조에 따라 변호사는 서비스의 질을 향상하고 직업 의무를 더욱 엄격하게 이행한다.[41]

변호사 직업의 적절한 상업성은 직업성과 공존해야 하며, 다시 말해 변호사 직업이 상업성을 표준으로 삼아서는 안 된다는 점을 지적해야 한다. 사법 실천에서 일부 업자들은 변호사업을 상업으로 간주하고 "상인은 영리를 기반으로 한다. 사실 변호사도 이익을 근본으로 삼는다. 비록 변호사 자신이 인정하지 않지만……, 시장경제, 그것이 가져온 변화 중 하나가 변호사 업무의 상품화인데, 이는 시대 발전의 필연적인 추세이다"라고 인식하고 있다. 그러나 이러한 해석은 변호사 직업을 직업이 아닌 상업으로 보는 변호사 직업가치에 대한 잘못된 해석이다. 전국변호사협회 리다찐李大進 부회장은 어느 글에서 "변호사 직업은 영리를 목적으로 하지 않는다. 이는 직업 속성 중 하나이며, 사회봉사는 변호사 직업의 천직이라는 것을 모르는 사람이 없다.…… 과도한 '상업화'를 극복하고 억제하는 전제 조건은 법률인으로서 변호사의 직업 이념과 업무수행 자질을 가지며, 변호사 직업의 가치관에서 변호사의 책임감, 사명감, 직업 인지감, 규칙의식과 자부심을 명확히 해야 한다. '금은을 나누고, 영욕을 다투고, 좌석을 배열하고, 지

41 Anthony I. Ogus, *Rethinking Self-Regulation*, 15 Oxford Journal of Legal Studies 97 (1995).

반을 획정하고, 분열을 일으킨다'는 악명을 배척하고 차단해야 한다"라고 제기했다.[42]

최근 몇 년 동안 중국의 변호사 업계는 빠르게 발전하여 경제 발전과 법치 질서의 건설에 긍정적인 역할을 하고 있으며 그 성과는 현저하다. 그러나 몇 가지 심각한 문제도 나타나고 있어 주의해야 할 필요가 있다. 예를 들어 법률 서비스의 지나친 상업화와 과도한 경쟁으로 인해 직업윤리 기준이 저하되고, 사무소의 수입과 소득 간의 큰 격차로 인해 직업 공동체 개념이 형성되지 않는 등의 문제가 있다. 이러한 배경에서 일부 지역에서는 '검은 변호사'가 다시 등장하여 법률 서비스 시장에 대거 개입하고 있다. 기층 당사자가 무자격 직업단체의 업무수행자에게 도움을 요청하는 것은 과도한 변호사 보수와 같은 비용 문제 외에도 법률 직업의 신뢰가 무너지고 있음을 의미한다. 따라서 새로운 「변호사법」의 발표와 시행을 계기로 새로운 조건에서 사무소의 조직 형태, 업계 자치 구조, 변호사의 행위 방식 등에 대한 진지한 검토 및 개편을 통해 시대가 부여한 중요한 사명을 감당할 수 있도록 해야 한다.[43] 중국 변호사들은 서방 변호사가 전문가로서 누리는 시장 독점, 업계 자치 등의 특권과 이익, 중국 변호사의 합법적 권익 보호에 더 많은 관심을 기울이고 있으며, 공공 서비스 측면의 '직업' 및 이러한 직업적 특권을 얻기 위한 서방 변호사들의 대가와 노력을 무시하거나 심지어 이해하지 못하고 있다. 약자의 권익 수호를 자신의 임무로 하는 '권익 보호 변호사'도 실무에 많이 있지만 변호사의 직업 위치에 대한 변호사의 관점과 관련 사회조사 자료를 정리해 보면 중국 변호사들은 자신의 직업 위치에 대한 인식과 기대감은 '돈을 벌기 위한 법적 기술사'가 주류 관점이다. 이러한 이념 아래 변호사는 일반적으로 이 직업에 종사하는 주요 목적은 영리, 생계이며, 이러한 목적을 달성하기 위해 업무수행 과정에서 대중에 대해 과도한 책임과 의무를 져서는 안 되며 '공중에 대한 도덕이 없는 책임', '당파성 윤리'의 직업윤리를 따라야 한다고 생각한다. 대부분의 변호사는 '상업주의' 경제적 자유와 도덕이 없는 책임, '직업주의' 시장 독점과 자주적 상태, '국가주의' 사회적 지위와

---

42 李大進, 「過度的"商業化"傾向是形成律師文化的障礙」, 『律師文摘』, 2006, 제6기.

43 季衛東, 「律師的重新定位與職業倫理」, 『中國律師』, 2008, 제1기.

보장에 동의한다. 본질적으로 전형적인 기술성 직업주의 관점이다.[44] 최근 몇 년 동안 일부 학자들은 변호사가 법률 서비스에 대한 상업성 강조는 법률 직업의 전통적인 가치를 심각하게 훼손했다고 주장한다. 변호사 사무소가 시장, 경영, 효율성 및 수익성에 초점을 맞추는 것이 직업 정신의 기본 원리와 일치하지 않는다고 주장한다. 현재 국내 업계와 학계의 많은 사람들은 변호사의 '탈행정화'라는 전환 과정 이후 나타난 변호사의 과도한 상업화에 대해 우려하고 있다.

4) 변호사의 사명

(1) 당사자의 합법적 권익 보호

변호사가 당사자의 위임을 수락하고 당사자의 합법적 권익에 대한 보호는 변호사 제도의 중요한 기능이다. 변호사는 당사자의 대리인이며, 변호사의 업무는 당사자의 권한 부여가 필요하며, 변호사는 당사자의 권한 부여 범위 내에서 법률 서비스를 제공해야 한다. 당사자의 대리인으로서 변호사는 의뢰인에게 법적 권리와 의무를 명확히 해야 하며, 변호사는 자신의 전문 기술을 사용하여 특정 법률 행위를 통해 의뢰인의 합법적인 권익을 최대한 보호해야 한다. 이는 변호사의 가장 기본적인 직책이다. 고객의 합법적 권익에 대한 보호는 변호사의 최우선 사명이다. 국가의 변호사제도 설립은 사회에 법적 전문 지원경로와 구조를 제공한다. 변호사는 전문 법률 서비스를 통해 의뢰인의 합법적인 권익을 종합적으로 보호하며 당사자에게 자문, 대리 및 기타 활동을 제공한다. 당사자에게 있어서 변호사는 일종의 법률 지원자이자 통역자 역할을 한다. 한편으로 변호사는 법률 지식이 부족한 당사자가 법률의 요구에 따라 자신의 문제를 제기하고, 그에 따라 적절한 자료를 제출해 법원의 해결을 요청하고, 다른 한편으로 변호사는 당사자의 주장을 법정 표준 용어로 정확하게 번역할 수 있다. 현대 민사소송은

---

44 李學堯,『法律職業主義』, 中國政法大學出版社, 2007, 285~299쪽.

법에 따른 재판과 당사자 주도 원칙에 따르고, 법원의 재판은 종종 당사자가 제기한 소송 청구와 증거 자료를 한계로 하는데, 이러한 모델에서 변호사의 도움은 확실히 전제前提성 의미가 있다. 분쟁 사실에 대한 변호사의 조사 및 증거수집은 진실에 대한 접근과 판단을 위한 충분한 정보와 자료를 제공하는 데 도움이 되며, 생활 사실을 '법적 사실'로, 객관적 사실을 절차적 사실로 전환하는 것도 변호사의 특정 기술 작업에 의존한다.[45]

변호사와 의뢰인의 관계는 변호사의 직업행위규범의 핵심 내용이다. 변호사는 의뢰인의 법적 대리인으로서 의뢰인의 권익 보호가 가장 기본적인 직책이다. 의뢰인과 변호사의 관계는 변호사의 직업행위규칙에서 조정해야 하는 가장 중요한 관계 중의 하나이다. 변호사는 재판부, 의뢰인 이외의 제삼자 및 법제도에 상응하는 직책이 있지만 변호사의 가장 기본적인 직책은 의뢰인을 위한 것이다. 의뢰인과 변호사의 관계는 변호사 업무수행법의 핵심이다. 이러한 의뢰인을 위한 서비스 성격을 반영하기 위해 미국 변호사협회 쿠탁위원회는 「직업행위 시범규칙」을 제정하면서 일반적으로 말하는 '변호사-의뢰인 관계'를 의뢰인-변호사 관계로 수정하여 의뢰인의 중심적 위치를 강조했다.

지난 한 세기 동안 법률 직업은 많이 발전했다. 변호사와 의뢰인 관계도 마찬가지이다. 법률 서비스가 진화함에 따라 의뢰인도 필연적으로 변화했다. 해외의 일부 법률 교육자들은 법률 서비스에 대한 '의뢰인 중심주의' 접근 방식을 추진하는 개혁에 전념하고 있다. 『변호사와 의뢰인: 누가 결정을 내리는가?Lawyer and Client, Who is in charge』에서 아놀드 로젠탈Arnold Rosenthal은 변호사와 의뢰인 관계의 기초를 분석했다. 로젠탈은 법적 문제가 의뢰인에 속하기 때문에 이 관계에서 변호사의 주요 책임은 의뢰인 목표의 달성이라고 주장한다. 기본적인 대리 원칙은 의뢰인 중심주의의 이론적 기초를 구성한다. 변호사는 의뢰인 혹은 피대리인의 대리인이며, 변호사는 의뢰인

45 [일] 谷口安平, 『程序的正義與訴訟』, 王亞新, 劉榮軍 역, 中國政法大學出版社, 1996, 75쪽.

을 대신하여 행동할 수 있는 권한을 부여받았지만, 의뢰인의 지시를 준수해야 한다. 동시에 변호사의 전문지식과 기능을 고려할 때 전략과 책략에 대해 상당한 자유재량권을 갖는다. 이러한 유형의 대리에서 '결정권 행사'는 여전히 의뢰인이지만 변호사는 단순한 고용인이 아니다. 변호사와 의뢰인 사이의 권한 경계 모호성은 변호사의 도덕 규칙에 반영되어 있다. 의뢰인 중심 변호에는 변호사가 의뢰인의 목표를 달성하면 의뢰인도 만족한다는 의미가 내포되어 있다. 그리고 만족한 의뢰인은 변호사의 도움이 필요할 때 다시 찾아올 것이며, 다른 사람도 추천할 것이다. 의뢰인 중심주의 모델은 양측의 원활한 의사소통을 기반으로 하고 변호사의 직업적 책임과 일치하며, 법적 범위 안에서 의뢰인의 문제를 해결할 수 있는 최선의 기회를 제공한다. 또한 개방적이고 정직한 의사소통을 통해 의뢰인은 자신의 이익을 위한 변호사의 노력을 이해할 수 있다.

미국 변호사법 이론의 영향으로 의뢰인을 중심으로 하는 대리 이론은 중국 변호사의 실천에도 영향을 미쳤다. 좋은 변호사와 의사는 여전히 많은 공통점을 가지고 있으며 모두 서비스 대상을 중심에 둔다. 좋은 의사는 환자 중심이고 좋은 변호사는 의뢰인 중심이다. 변호사 업계의 경우 좋은 변호사는 의뢰인 중심의 이념을 믿어야 한다. 이념은 위탁 관계의 핵심이다. 변호사의 대리 업무는 의뢰인과 그 목표의 실현에 중점을 두고 있으며, 의뢰인 중심은 의뢰인의 자치권을 의미한다. 즉 스스로 대리인의 목표를 결정하고 변호사는 목표를 달성하기 위한 방법과 제안을 고객에게 제공한다. 다시 말하면, 의뢰인은 의사 결정에서 중요한 역할을 한다. 물론 상당수 변호사가 대리관계에서 의뢰인의 이익보다 자기의 이익을 우선시하고 금전, 명성 및 기타 이익을 추구하며 전문지식을 사용하여 의뢰인을 기만하는 일도 있다. 이때의 변호사는 의뢰인의 이익을 고려해야 할 의뢰인의 입장이 아니라 자신의 가치 체계에 따른 변호사이다. 실제로 진정으로 의뢰인을 중심으로 하는 변호사는 의뢰인과 효과적으로 소통해야 하며, 소통할 때 솔직하고 진실하며, 의뢰인을 동정하고 이해하며, 느낌과 요구를 이해하고, 충분한 소통과 협의를 거쳐 맞춤형 해결 방안을 제공하여 선택할 수 있도록 해야 한다.

의뢰인을 중심으로 하는 대리 이론의 근거는 변호사 속성의 위치, 즉 자유직업자의 사회적 역할 위치가 이론의 기초이다. 자유직업자는 의뢰인과 신뢰 관계를 형성한 차원에서 의뢰인에게 서비스를 제공한다. 이러한 사회적 역할 위치에서 변호사는 국가권력에서 독립되어 공민에게 법률 서비스를 제공하는 자유직업자로 자신의 정체성을 설정한다. 그들은 법의 기초는 개인의 존엄성 존중과 이성적 지도를 통한 개인의 자치능력이라고 생각한다. 변호사의 책임은 자신의 직업적 행동을 통해 이러한 개인의 존엄성과 이성적인 자치 상태를 보호하고, 모든 사람, 국가를 포함하여 임의로 공민의 신성한 권리를 침해하는 것을 방지한다. 이러한 자리매김은 인간의 가치가 모든 가치 중에서 가장 높으며, 개인의 이익을 희생하여 국가와 사회의 공동 가치를 포함한 다른 어떤 가치도 달성할 수 없다는 개인주의적 가치에 기초한다. 특정 소송에서 국가의 이익은 강력한 국가 기계로 보호되지만, 당사자의 자기 가치 보호는 변호사가 당사자에 대한 개인의 충성심에 의해서만 보호될 수 있다. 그들은 국가기관과 변호사 양측 또는 양측 당사자의 변호사가 각자 자신이 대표하는 이익을 위해 투쟁이 강렬할수록 그들이 대표하는 이익이 최대한 드러날 수 있다고 주장한다. 따라서 어느 당사자도 상대방의 이익을 고려할 필요가 없으며 상대방의 불이익은 상대방의 사회적 책임의 불완전한 이행으로 인한 것으로 개입하거나 고려할 필요가 없다. 이러한 사회적 역할 지정을 한 구절로 표현하면 당사자 이익 최대화를 추구하기 위한 개인주의 가치 요구이다. 어떤 의미에서 변호사를 당사자의 대표로 규정하는 것은 양자가 연합하여 공민의 자유와 합법적인 권익을 침해하는 권력자나 사회 주도적 계층들의 무분별한 침해에 저항할 수 있다는 인정이다. 변호사의 의뢰인 본위는 브로엄 훈작勳爵의 "변호사는 직책을 수행하면서 오직 한 사람, 즉 자신의 의뢰인만을 알아야 하며, 어떠한 대가를 치르더라도 위험을 감수하고, 의뢰인을 구하기 위한 모든 수단과 방법의 동원은 최우선 또는 유일한 의무이다"라는 주장과 같이 절대적일 필요는 없지만, 직무의 속성상 변호사는 의뢰인에게 충성해야 하며 당사자가 진정으로 신뢰하고 위임할 수 있는 '권리 수호자'가 되어야 한다.[46]

---

46 李衛 東, 「律師的重新定位與職業倫理」, 『中國律師』, 2008, 제1기.

(2) 사회정의 수호와 인권보장

사회정의 수호와 인권보장도 변호사제도의 중요한 기능이다. "변호사의 사명은 이론적으로 요약하면 인권, 헌정, 법치, 사회정의 등을 수호한다."[47] 현대 법치의 일원으로서 변호사는 공민의 권리를 보호하는 데 더욱 부각되고 있다. 인권은 이론일 뿐만 아니라 실천이기도 하며, 국가의 기본 제도일 뿐만 아니라 모든 공민의 개인 권리이기도 하다. 전반적인 인권 보호 제도는 개체의 보호를 통해 구현되고 실현되며 변호사의 역할은 더욱 뚜렷하다.[48] 변호사 직업은 각 나라의 인권 발전 과정에서 독특한 역할을 해왔다. 예를 들어, 일본에서는 "변호사제도가 창설된 이후 오늘날까지 백년 이상의 과정을 거쳤다. 이 과정은 변호사의 자치와 인권을 위한 투쟁의 과정이다.…… 오늘날 일본의 변호사는 정의의 실현은 변호사로부터 시작되었다고 자랑스럽게 말할 수 있다"[49]라고 한다.

현대사회에서 변호사는 사회정의와 공평을 유지하는 중요한 역할을 하고 있다. 많은 국가와 지역의 변호사법 관련 조항은 공공 서비스, 인권 보호, 사회정의 실현에서 변호사의 직업적 가치를 반영하고 있다. 중국 변호사법은 변호사의 사명을 "법의 올바른 시행을 수호하고 사회적 공평과 정의를 유지한다"라고 규정하고 있다. 중국 대만의「변호사법」제1조에서 "변호사는 인권 보호, 사회정의 실현, 민주적 법치 촉진을 사명으로 한다. 변호사는 전항의 사명을 바탕으로 직무를 성실히 수행하고 사회질서를 유지하며 법제도를 개선해야 한다"라고 규정하고 있다. 일본의「변호사법」제1조에서 "변호사는 기본 인권 보호, 사회정의 실현을 사명으로 한다. 변호사는 위의 사명에 따라 정직하게 직무를 수행하고 사회 질서 유지와 법제도 개선에 노력해야 한다"라고 명시하고 있다. 일본 변호사연합회는 변호사제도는 국가 사법체계의 일부이자 국가 주권의 중요한 구성 부분이며, 기본적인 인권을 수호하고 사회정의를 실현하는 숭고한 사회공

47 陳興良 주편,『法治的使命』, 法律出版社, 2001, 300쪽.
48 王麗,「律師是人權保護的實踐者」,『中國律師』, 2002, 제10기.
49 卓朝君,「淺論律師的地位與形象」,『律師世界』, 2002, 제12기.

익적 직업이라고 주장한다. 위 조항에서 알 수 있듯이, 앞서 언급한 국가와 지역의 변호사 관련 법률은 모두 '인권 보호와 사회정의 실현'을 변호사의 직업적 가치로 인식하고 있다는 점에서 공통점을 가지고 있다. 구체적으로 변호사의 직업적 가치는 의뢰인의 권리를 보호하고, 법률정책에 기여하며, 사법 목적을 실현하고, 궁극적으로 사회정의를 실현하는 데 있다. 미국 학자 고든은 "변호사의 서비스는 의뢰인에게 판매되지만, 변호사 직업의 인격의 일부는 반드시 공익에 기여해야 하므로 의뢰인이 구매할 수 있는 충성도는 제한적이다"라고 지적했다. 일본과 한국 등 동아시아 사법계가 지지하는 이념 중 하나는 변호사는 재야 법조法曹, 즉 민간의 사법인원이다. 따라서 변호사는 법관, 검찰관과 마찬가지로 공익과 사회정의에 대한 책임도 가지고 있어 '법정의 관원'이자 '정의의 수호자'이다. 요컨대 변호사의 직업적 가치의 핵심은 일본 사법 제도 개혁심의회 의견서에서 명시된 바와 같이, 변호사는 '의존할 수 있는 정의의 신장伸張자'로서 법정 내외를 막론하고 국민의 '신뢰할 수 있는 권리보호자'인 만큼 일반 업무 활동을 넘어 '공공적 공간'에서 사회정의를 실현해야 한다는 사회적 책임감을 가져야 한다.[50]

(3) 법의 올바른 시행 유지

오늘날 사회에서 변호사는 법의 올바른 시행을 촉진하고 사회정의와 공평을 유지하는 데 중요한 역할을 한다. "법제도의 총체적 책임과 법제도의 요소인 법률 직업의 책임, 즉 변호사의 책임은 적어도 어떤 가장 중요한 순간에 법제도의 전반적인 목표에 기여하며, 이는 변호사의 역할이 요구하는 바이다."[51] 중국「변호사법」은 변호사가 "법의 올바른 시행 유지와 의뢰인의 합법적인 권익 보호를 통일해야 한다"라고 강조한다. 중국의「변호사 업무수행 행위규범(시행)」에 규정된 변호사 업무수행 선서문에는 변호사가 "법의 올바른 시행을 보호하고 법의 존엄성을 수호하기 위해 노력한다"라고 규정하고 있다. 변호사제도는 국가 사법 제도의 일부이며, 변호사는 의뢰인에게 법률 서비

---

50 許身健,「律師職業價值的核心在於實現社會正義」,『中國律師』, 2007, 제4기.

51 [미] 버지니아 헤르더 외,『律師之道』, 袁嶽 역, 中國政法大學出版社, 1992, 13~14쪽.

스를 제공해야 할 뿐만 아니라 국가 법률의 존엄성을 유지해야 한다. 중국에서는 변호사를 법원, 검찰기관, 공안기관과 함께 법치 실행의 네 바퀴라고 하며 하나라도 부족해서는 안 되는 존재이다.

변호사제도는 현대 사법 제도와 법치사회의 기본 요구사항을 구현한다. 국가 사법기관의 설립 목적은 국가 법률의 정확하고 포괄적인 시행을 보장하는 것이다. 변호사제도는 국가 사법 제도의 설립 취지와 완전히 일치하며 법의 존엄성을 유지하고 법의 올바른 시행을 촉진하며 사법 정의를 실현한다. 변호사는 업무수행 과정에서 한편으로는 당사자의 대리인이 되어 당사자가 합법적 이익을 실현하도록 돕고, 동시에 변호사는 법률 전문가로서 업무 실행 과정에서 법률에 대한 책임을 져야 한다. 변호사가 법률의 올바른 시행과 당사자의 정당한 권익 보호를 유기적으로 결합할 수 없다면 변호사의 업무는 올바른 방향에서 벗어나게 될 것이다. 소송 분야에서 변호사는 조사 및 증거수집권, 변호권 등 법이 부여한 업무 실행권을 행사하는 과정은 당사자의 정당한 권익을 보호하는 과정일 뿐만 아니라 국가 사법기관을 보조하여 사실을 규명하고 법을 올바르게 적용하며, 국가 사법의 공정을 촉진하는 과정이다. 비소송 분야에서 변호사는 자신의 법률 전문지식을 활용하여 당사자를 위한 다양한 법률 실무를 완성하며, 이 과정은 마찬가지로 당사자의 합법적 이익을 보호하고, 현실 생활에서 국가 법률의 효과적인 시행을 촉진하는 유기적 통합으로 나타난다. 따라서 현대 사법체제에서 변호사의 핵심 가치는 재판활동의 협력과 분쟁 예방이나 소송을 위한 자문을 통해 '법의 실현과 집행'을 촉진하고 사회정의를 실현하는 데 있다.

소위 '법의 실현과 집행'의 촉진은 현대 사법체제에서 국민들도 변호사의 법률정책의 추진 역할을 기대한다는 의미이다. 그 이유는 변호사가 특정 사건을 다루거나 대리할 때 기존 법규가 당사자의 권익을 보장하기 어렵고, 입법의 부족이나 지연, 행정 체제의 경직성, 사법체제의 보수적이고 수동적인 상황에서 당사자의 이익이 훼손되는 상황을 바로잡기 어렵다는 것을 인식하고 있다. 경직된 행정관료 체제와 보수적이고 수동적인 사법재판 체제에서 활동하고 있는 변호사들 사이에서는 이런 사정에 대한 공감대가 적지 않다. 예를 들어, 미국 법정 영화 「공민 행동」에서 대기업이 주민들의 건강을 심각하게 해쳤음에도 불구하고 정부 기관은 무감각하고 변호사가 피나는 노력으로 수집한 증거를 제출한 후에 정부의 환경보호기관이 개입을 시작하게 된다. 변호사가 사법절차 초기에 난항을 겪은 원인은, 법원은 대기업이 재력을 이용해 피해자에게 불리하게 절차를 조작하는 것을 막을 수 없었기 때문이다. 따라서 비슷한 현실 상황에서 사회적 책임감을 가진 일부 변호사들은 구체적인 사건에 얽매이지 않고 현행법과 제도의 부재를 목표로 근본적 해결을 시도하고 있다. 현대사회 분쟁은 환경문제, 소비자 권익 보호 문제, 제품 품질 문제, 기타 특수문제로 인한 새로운 특성을 보이고 있다. 기업과 정부가 책임을 회피하고 잘못을 은폐하고 있으며, 피해자는 권리 실현에 어려움을 겪고 있다. 따라서 피해자를 위해 변호사들은 자발적으로 공익소송을 제기한다. 이러한 전형적인 공익소송은 변호사가 공리功利를 따지지 않고 피해자를 위해 권리를 주장하며 대기업에 선전포고하는 소송이다. 변호사는 일상의 입법, 사법 또는 행정의 부재를 확인하고, 적극적으로 피해자를 위해 대변하고, 효과적인 항쟁을 통해 해당 기관이 개혁하고 새로운 정책을 형성하며 사회정의를 실현하도록 촉진한다. 최근 몇 년 동안 변호사가 제기한 공익 소송은 드문 일이 아니다. 예를 들면 철도부를 상대로 두 명의 변호사가 공익 소송을 제기하는 등 법률정책의 추진에 있어 변호사의 적극적인 역할을 반영한다. 허베이성 변호사 쵸짠샹喬占祥은 철도부를 상대로 춘절 기간 승객 통제를 이유로 기차표 가격 인상에 대한 소송을 제기했다. 북경 변호사 하오진숭郝勁松도 철도부를 상대로 관련 소송을 제기하고, 식사 영수증의 제공 거부에 대한 소송을 제기했다. 이러한 사건은 국내 언론에 의해 광범위하게 보도되어 철도부에 큰 압박을 가했으며, 현재 철도부는 춘절 기간 더 이상 기차표 가격을 인상하지 않고, 동시에 열차의 식당에서 식사한 승객에게 영수증을 제공하기 시작했다. 두 변호사는 자기 행동으로 변호사제도의 이러한 기능을 분명하게 보여주었다.

2. 변호사 관리제도

변호사제도가 복원된 이래 30년 동안 변호사 관리는 '국가 법률 업무자'라는 초기의 '정부 운영, 정부 관리' 모델에서 '사법행정기관에 의한 행정관리와 변호사협회 업계 관리의 결합 관리체제'라는 '관민官民 결합'의 혼합 모델(일반적으로 '이중 결합' 관리 모델이라고 함)에 이르기까지 길지만 의미가 깊은 과정을 거쳤다. 변호사업계 관리 모델의 작은 발전이 중국 변호사 제도 문명화의 큰 진전이라는 자부심을 가질 수 있다. 그러나 어떤 제도라도 정식으로 수립되기 전에 항상 격렬하고 이성적 사변을 가진 이론적 논의를 거쳐야 한다. 변호사 관리제도를 구축하는 과정에서 중국 변호사 업계의 건실하고 건강한 성장을 촉진하고 불합리의 가능성을 최대한 피해야 한다. 오랫동안 형성된 전통에 대한 존중뿐만 아니라 현실에 입각하고 사실에 기초하는 배려와 미래를 향해 발전을 추구하는 용기가 필요하다.

1) 국외 변호사 관리 모델 참고

(1) 국외 변호사 관리 모델 및 분석

세계 각국의 변호사 관리 모델에는 크게 두 가지가 있다. 하나는 프랑스, 일본, 캐나다와 같이 단순히 변호사협회가 관리하고, 다른 하나는 영국, 미국, 독일과 같이 변호사협회가 변호사의 직업 자치를 보장하기 위해 변호사 관리를 행사하지만, 법원과 정부 등 부문의 감독 권한은 여전히 중요한 역할을 한다. 각국 변호사협회가 변호사 관리에서 어떤 위치에 있으며 어느 정도의 역할을 하는지는 표 8-1과 같다.

표 8-1 외국 변호사 관리 모델

	자격 수여	징계권 행사	관리 모델
미국	변호사협회, 법원	변호사협회, 법원	고도의 업계 자치

영국	변호사협회, 법원	변호사협회	고도의 업계 자치
캐나다	변호사협회	변호사협회	완전 업계 자치
독일	사법행정기관	변호사협회	업계 자치 위주
프랑스	변호사협회	변호사협회	완전 업계 자치
일본	변호사협회	변호사협회	완전 업계 자치

표 8-1에서 알 수 있듯이 프랑스, 일본, 캐나다의 변호사협회는 변호사 자격 부여 권한과 징계 권한을 모두 가지고 있으며, 완전한 업계 자치를 실천하고 있다. 캐나다에서 변호사의 관리는 자치 원칙을 충분히 구현하고 있다. 사법부는 변호사를 직접 관리하지 않으며 변호사 공회와 변호사협회에 변호사를 관리할 수 있는 권한을 부여하고 있다. 영국에서 변호사 관리는 변호사협회와 법원의 공동 운영으로 이루어진다. 변호사 관리에서 영국 법원의 직책은 다음과 같다. 변호사 자격 부여, 변호사 명부 보존, 변호사 업무수행 자격증 취소, 변호사에 대한 업무수행 임시정지 명령, 고발된 변호사를 조사하는 '비전문 관찰원' 임명 및 지시, 변호사 기율징계 법정 구성원의 임명 등을 담당한다. 미국의 변호사 관리는 영국에서 계승되었지만, 구체적인 권한에 있어서는 영국과 다르다. 변호사 자격증 발급 권한은 법원에 있으며, 변호사 개업 승인 업무의 대부분은 변호사협회에서 수행하지만 가장 중요한 관문은 법원에 있다. 변호사 자격증은 법원에서 발급하며, 변호사 자격을 취득한 사람은 주 법원에서 선서해야 한다. 법원은 변호사에게 징계를 가할 수 있는 권한을 가지고 있다. 독일 변호사협회는 '공법 법인'으로서 사법행정기관의 감독을 받는다. 변호사 자격 부여 여부는 주 사법행정기관이 결정한다. 변호사에 대한 징계 권한은 명예 법정이라고도 하는 징계 법정에서 행사한다. 프랑스에서는 변호사협회가 변호사의 자격을 승인하고, 업무 교육을 조직하고, 변호사 업계를 관리하며, 변호사에게 기율 징계 처분을 가하고 변호사 자격을 박탈할 수 있는 권한을 가지고 있다.[52]

위의 이중 또는 다중 관리 모델에서 정부는 법률을 제정하여 거시적 관리와 규범

52 石毅 주편, 『中外律師制度縱觀』, 群衆出版社, 2000, 329쪽.

을 실현한다. 즉, 정부는 변호사 업무 실행 조례, 변호사 업무 실행 규칙 및 기타 부속 법례와 변호사 조직 장정, 업무수행 지령, 업무수행 수칙 등을 제정하여 변호사 업무의 규범화된 관리를 촉진한다. 법원은 변호사를 법에 따라 감독한다. 법원은 변호사 자격 취득, 기율 위반 변호사 징계, 변호사 법규 제정 측면에서 감독권을 가지고 있다. 변호사협회는 변호사에 대한 업계 관리를 실행한다. 변호사협회는 업무 실행 수칙과 지령을 제정하고, 양호한 업무수행 기준을 수립 및 추진하며, 부적절한 업무 수행 행위를 단속하고 업무 실행에서의 분쟁을 해결한다. 이러한 관리모델의 장점은 한편으로는 변호사협회의 자주권을 보장하고, 다른 한편으로는 사법행정기관이나 법원은 국가기관으로서 국가를 대표하여 변호사에 대한 관리권을 행사한다. 이러한 권력은 공권력으로서 변호사협회의 사회적 권력과 매우 다르다. 강제성과 권위성이 강하고, 국가가 변호사 업계 전반에 대한 거시적 통제에 유리하며, 변호사 업계의 기형적인 발전을 방지하고, 독점적 이익 계층의 발생을 방지한다.

요약하면, 국가마다 역사적, 문화적 배경과 법치 전통이 다르기 때문에 구체적인 관리 모델도 다르다. 같은 대륙법계 국가나 영미법계 국가라도 변호사 관리에 차이가 있다. 이러한 국가 및 지역 변호사 관리의 특징은 다음과 같다.

먼저, 완전한 변호사 업계의 자치를 실행하는 국가도 사법행정기관의 주요 관리에서 변호사협회의 완전한 관리로 발전하는 과정을 거쳤다. 예를 들어, 일본은 초기에 변호사에 대한 국가의 통제가 매우 엄격하여 변호사를 지방법원 명부에 등록해야 했고, 변호사협회의 장정은 사법장관의 승인을 받아야 했으며, 변호사협회가 내린 징계 결의는 검찰관에게 보고해야 했다. 일본에서 변호사에 대한 징계권이 변호사협회에 귀속되고 변호사가 사법부의 감독 대상에서 제외되는 등 변호사 자치 원칙이 확립된 것은 1949년 새로운「변호사법」이 공포된 후이다.

다음으로, 이중 또는 다중 관리 모델에서도 지속해서 변호사협회의 관리를 강화하여 업계 자치를 위주로 하는 관리체제를 구축하고 있다. 예를 들어, 20세기 20년대 미국 변호사협회는 변호사 관리를 강화하기 위한 통합 추세가 있었다. 즉 자발적 가입에서 강제 가입으로 전환하여 변호사협회의 감독 관리 권한을 크게 증가했다.

그다음으로, 완전한 변호사 업계의 자치를 실행하는 국가와 고도의 변호사 업계 자치를 실행하는 국가 모두 자국의 법치 이념과 국정에 기초하고 있다. 일본의 경우 국가의 개입에서 벗어나 변호사의 독립성을 보장하기 위해 완전한 자주적 관리를 하고 있다. 미국은 권력 분립과 견제와 균형 사상이 변호사 관리체제에서 구현되었다. 즉, 변호사협회는 변호사를 감독 관리하고, 법원은 변호사협회를 감독 관리하며, 변호사협회는 다시 상소권, 선거권 등으로 법원을 감독한다.[53]

마지막으로 변호사 자치 혹은 고도의 자치를 실행하는 이유는 다른 많은 직업과 마찬가지로 변호사 업계 조직은 분산되어 운영되는 변호사업을 직업 내부의 연계와 교류 강화로 일종의 전체적인 힘을 형성하고, 사회에 대한 교섭력과 영향력을 강화하기 위한 것이다. 변호사의 직업 활동은 복잡한 현대 법치사회에서 고도로 전문화되어 있고, 변호사가 당사자, 법률제도에 대한 정비와 사회에 대한 책임은 변호사 업계가 자기 조직과 관리에서 높은 자치성과 자율성을 갖도록 한다.[54]

(2) 국외 변호사 징계권 행사

영국의 변호사는 사무 변호사와 출정 변호사의 구분이 있어 징계에도 차이가 있다. 사무 변호사에 대한 징계는 사무 변호사와 비법률인으로 구성된 징계재판소가 행사하며 통상 변호사협회가 조사한 후 징계재판소에 송치해 처리한다. 처벌받은 변호사는 징계에 불복할 경우 고등법원에 소송을 제기할 수 있고, 고등법원 결정에 불복할 경우 상소법원이나 상원에 상소할 수 있다. 출정 변호사에 대한 징계는 출정 변호사의 조직인 4대 변호사 공회가 진행한다. 1974년 영국은 4대 변호사 공회 위에 출정 변호사회를 설립해 출정 변호사의 직업도덕의 보장을 전담하는 한편, 출정 변호사 평의위원회 산하에 출정변호사 징계재판소를 설치해 징계 기능을 전담한다. 미국의 주 변호사협회

53 石毅 주편, 『中外律師制度縱觀』, 群衆出版社, 2000, 329쪽.

54 張志銘, 「當代中國的律師業-以民權爲基本尺度」, 夏勇 주편, 『走向權利時代-中國公民權利發展研究』, 中國政法大學出版社, 2000, 114쪽.

는 변호사 징계에 대해 선행 조사, 청문, 징계 건의 등만 담당하며 어떠한 징계를 내릴지는 법원이 결정한다. 독일의 변호사 징계권은 모두 변호사로 구성된 명예법원이 행사한다. 명예법원은 지역, 주, 연방법원의 3단계로 나뉜다. 지역 명예법원은 각 변호사협회 산하에 있으며, 법원의 구성원은 모두 변호사로 구성되며, 명예법원 법관을 맡는 변호사는 변호사협회가 추천하고 주 사법기관이 임명해야 한다. 주 변호사 명예법원은 각 주의 고등법원 내에 설치되어 변호사의 징계사건을 처리하는 상소심 법원으로, 구성원은 변호사와 전임 법관으로 구성되며 재판장은 변호사가 맡는다. 연방 변호사 법원은 연방법원 내에 있으며, 그 구성원은 연방법원장, 전직법관, 변호사로 구성된다. 이는 변호사 징계사건을 다루는 최종심 법원이다. 일본은 완전한 업계 자치를 통해 변호사 징계위원회가 변호사를 처벌하고, 징계를 받은 변호사는 징계 결정에 불복할 경우 도쿄 고등법원에 소송을 제기할 수 있다.

위의 영국, 미국, 프랑스, 독일, 일본의 변호사 징계권 귀속권을 보면 다음과 같은 사실을 알 수 있다.

첫째, 대부분의 국가에서 징계권은 변호사협회에 귀속되어 변호사 직업의 더 큰 자치를 보장한다. 미국은 형식적으로 각 주 최고법원에서 결정하지만, 실질적으로는 각 주 변호사협회에서 결정한다. 변호사 징계에 관한 사법행정기관의 개입은 최소한으로 줄인다.

둘째, 징계의 권위성과 공정성을 확보하고, 과도한 업계 이익의 추구나 구성원 이익의 침해를 방지하기 위한 법원의 감독권은 여전히 중요한 역할을 한다.

셋째, 대륙법계는 물론 영미법계 국가에서도 변호사협회가 징계를 내린 후 법원과 심급審級 연계가 존재한다. 즉 법원에 징계 처분에 대한 불복 소송을 제기할 수 있다. 독일 변호사협회는 '공법 법인' 소속이어서 변호사의 소송 제기는 행정소송에 해당하며, 프랑스와 일본도 행정법 판례를 보면 행정소송의 범위에 속한다.

2) 중국 현행 변호사 관리체제의 단점

(1) 중국 변호사의 관리 모델

중국 변호사 업계가 다시 복원되었을 때, 초기에는 사법행정기관에 의한 단일 관리 방식을 실행했다. 변호사제도 복원 초기의 이러한 관리체제는 변호사 대오의 빠른 복원과 발전, 변호사의 사회적 지위 및 대우 개선 등 면에서 긍정적인 역할을 했다. 그러나 경제체제개혁과 변호사 업무의 발전으로 현행 체제의 결함과 단점이 점차 드러나고 있으며 변호사 사업의 발전과 변호사 역할의 수행에 있어서 어느 정도 제한이 되고 있다. 1993년 사법부가 공포한「변호사 업무 개혁 심화에 관한 방안」은 중국의 국정과 변호사 업무 실태를 바탕으로 "사법행정기관의 행정관리와 변호사협회의 업계 관리가 결합된 관리체제를 구축하고, 일정 기간 시행 후 점차 사법행정기관의 거시적 관리 아래의 변호사협회 업계 관리체제로 나아간다"라는 방안을 제시했다. 1996년에 공포된「변호사법」은 '이중 결합'의 관리체제를 사법행정기관의 감독 및 지도와 변호사협회 업계 관리의 결합으로 명확히 규정했다.

이러한 관점에서 현행 '이중 결합'은 중국 특색에 부합하는 변호사 관리 체계로, 사법행정기관이 원래의 통제 영역에서 겸허한 품격 형성이 포함되고 변호사업계조직이 자율에서 자치로 나아가는 성숙한 특성을 내포하고 있다. 본질은 변호사라는 특정 사회단체에 대한 규제 권력이 공공영역에서의 재분배 과정이다. 최종 형태가 어떤지는 반드시 양측의 균형 결과에 달려 있다. 전국적인 상황으로 볼 때 중국 변호사협회는 변호사 업계가 발전함에 따라 자체적으로 발전한 상향식이 아니라 행정기관이 행정권력을 사용하여 설립하는 하향식이다. 변호사협회의 일부 지도자는 사법행정기관 출신이어서 변호사협회의 관리는 행정적 특징을 가지고 있다. 변호사협회의 관리는 실무경험이 부족하고 사회적 영향력이 약하며, 내부 결속력이 약하고 내부 조직 기구가 불완전하며, 운영 구조가 완벽하지 않고 관리 관념이 구식이며, 업계 내외부에서 변호사협회의 역할에 대한 인식의 한계성 및 업계의 관리 수준의 지역적 차이 등의 문제가 있다. 관리 자원, 정보, 권위성 등 여러 면에서 사법행정기관이 더 많은 장점을 가지고 있으며, 사법행정기관은 민주적 관리, 민주적 의사 결정 및 민주적 감독의 원칙에 따라 업계 관리의 내부 구조와 운영 구조를 개선하도록 지도하고 지원할 수 있다. 따라서 특정 단계에서 정부의 감독과 지도가 필요하다.

(2) 중국 변호사 관리체제의 결함

① 행정관리권이 강하고 변호사협회의 관리권이 약하다

중국의 조직과 실천 측면에서 사법행정기관의 기능은 다소 방대하고 사법행정관리 기능은 비교적 구체적이며, 자격 부여와 변호사에 대한 처벌권을 장악하고 있다. 중국 변호사협회는 여전히 변호사 관리체제에서 보조적인 위치에 있으며, 일부 지방 사법행정기관은 형식과 실질에 관계없이 지방 변호사협회의 업무를 주재하고 있다. 변호사협회 지도부의 조정, 기구 설치, 인력 교육, 직업 자격시험, 평가, 증서 발급, 상벌, 행정관리 배치 및 업무 지도 모두 사법행정관리 부문이 주관하고 있다. 정부가 강력하게 개입할 경우 변호사 직업에 간섭하는 경향이 있다는 단점이 있다. 사실 변호사 직업은 고도로 자치적이고 독립적인 직업이며, 그 기본 기능은 당사자를 돕고 법적으로 당사자의 부족한 점을 보완하여 법에 따라 당사자의 합법적인 권익을 보호하는 것이다. 중국에서 행정소송과 형사소송에서 일반 공민을 대표하는 변호사는 소송에서 특정 국가기관과 대립할 수 있다. 이러한 기관은 변호사의 소송활동에 직접 관여할 수 있는 것은 아니지만 변호사를 전문 관리하는 사법행정기관과 같은 국가행정기관 내에 있으며, 서로 동일한 큰 행정 목표의 적용을 받아야 한다. 따라서 소송의 공정성 측면에서 행정기관이 직접 관리하는 체제는 변호사가 독립적인 신분으로 소송의 공정성을 추구하는 데 영향을 미칠 수 있다.

② 새로운 「변호사법」에서 변호사 관리제도 관련 개정에 부족한 점이 있다

현행 중국 「변호사법」의 규정에 따르면 사법행정기관은 변호사를 처벌할 권리가 있고, 전국 변호사협회가 개정한 「변호사협회 회원규칙 위반 행위 처분규칙(시행)」에

따르면 변호사협회도 변호사를 처벌할 권리가 있으며, 전자는 보통 행정 처분이라고 하고 후자는 기율 처분이라고 한다. 실무 과정에서 통상 변호사협회가 변호사를 처벌하고 상황이 엄중한 경우 사법행정기관에 조사 및 처리를 요청한다. 그러나 중국 변호사협회의 처분 규칙은 변호사에게 처분에 대한 불복 구제 절차를 부여하지 않고 있다. 필자는 구제 조치가 없는 것은 불공평하다고 생각한다. 변호사협회는 변호사의 '대변인'이지만 일종의 권력을 행사하고 있고, 권력이라고 하면 제약되고 남용될 수 있다.

개정된「변호사법」은 변호사협회의 책임과 관련하여 변호사와 변호사 사무소에 대한 장려와 처벌, 업계 규범 및 징계 규칙을 제정하는 두 가지 중요한 책임을 변호사협회에 부여했다. 이러한 권한 부여는「변호사법」의 큰 혁신이지만, 동시에「변호사법」은 사법행정기관에 처벌권을 부여하고 있어 사법행정기관이 권한을 놓지 않으려 한다는 의미이다. 이는 중국에서 변호사제도 설립 초기, 변호사제도 회복 시기에 변호사는 공직자로 취급되어 사법행정기관이 전체적으로 관리해 왔고, 관본위官本位 사상을 가지고 있는 국가에서 사법행정기관은 권력과 경제적 이익을 위해 권한을 놓지 않으려고 한다.「변호사법」은 여전히 '새장' 체제에서 벗어나지 못하고 자율을 강조하며 자치를 회피하는 등 변호사 관리에 행정적 통제의 관념이 우세하다는 평가를 받고 있다. 양자의 권한으로 볼 때 사법행정부문은 변호사 관리에 대한 절대적 권한을 가지고 있고, 업계 관리를 하는 변호사협회의 역할은 제한적이며, 변호사의 권익 보호에 있어 변호사협회가 실질적인 역할을 할 수 없다.[55] 중국이 설정한 '사법기관의 거시적 관리 아래의 변호사 업계 관리'라는 목표는 매우 정확하다. 그러나 구체적인 기능 구분이 이 목표를 중심으로 진행되지 않거나 이 목표의 실현을 촉진할 수 없다는 것은 매우 유감스러운 일이다. 물론 개혁이 점진적이라는 것을 부정하지는 않지만, 관리체제에서 획기적인 변화가 없다면 변호사 업계는 제자리에 머물 수밖에 없다.

---

55 趙國君,「律師法修改的亮點與缺憾」,『南方週末』, 2007년 11월 1일.

3) 변호사협회의 자율에서 자치

2002년 5월, 제5차 전국 변호사대표대회는 다시 한번 '이중 결합' 관리체제의 정의를 규정했다. 즉, "이중 결합 관리는 사법행정기관의 거시적 관리를 핵심으로 하고 변호사협회의 업계관리를 주체로 하며, 변호사 사무소의 자율적 관리를 기초로 하고 정부의 거시적 통제 부문의 통제 관리를 보장으로 하는 관리체제를 말한다"[56]라고 설명했다. 중국 변호사 관리체제개혁의 과정을 보면 단일 행정관리에서 행정관리를 주로 하고 업계 관리를 보조로 하는 이중 결합의 관리 방식으로 발전했으며, 업계 관리를 주로 하고 사법행정기관의 관리를 보조로 하는 관리제도로의 이행은 변호사 업계 자치의 시작을 예고하고 있다. 변호사 업계의 관리를 주체로 한다는 것은 국가가 특정 사무의 관리자에서 감독자로의 변화를 의미하며, 입법으로 보면 입법자는 변호사 업계의 주요 사항을 규정하거나 확인하기만 하고, 변호사 업계의 모든 세부 사항을 규정할 필요는 없다.[57] 행정기관의 경우, 일부 권한을 점진적으로 변호사협회에 이양하여 변호사 자격시험, 변호사 연례 검사, 변호사의 기율 위반행위에 대한 처벌 등 구체적인 일상 사무에서 벗어나고, 많은 인적, 물적, 재정적 자원을 절약하며, '외부인'의 관리로 인해 발생하기 쉬운 비효율성과 관료화의 단점을 피할 수 있다. 따라서 변호사 관리에서 사법행정기관의 역할을 약화해 실제로 거시적 통제를 수행하고 변호사협회가 업계 관리 기능을 더 많이 수행하도록 해야 한다.

(1) 변호사협회의 성격

「변호사법」 제43조는 변호사협회를 사회단체 법인으로 규정하고 있으며, 사회단체 법인은 비정부 조직으로 중국에서 보통 사법인私法人으로 분류된다. 독일 등 대륙법계 국가와 중국 대만에서 업계 조직은 공법인에 속한다. 자치는 사실상 행정 분권, 행정주

---

56 李芳,「銳意求新, 再創輝煌-訪第五屆中華全國律師協會祕書賈午光」,『法律服務時報』, 2002년 5월 24일.
57 翁嶽生 주편,『行政法』, 中國法制出版社, 2002, 343쪽.

체 다원화의 결과이다. 전통적인 행정관리의 개념인 공공관리는 행정기관이 행사하지만, 공공수요가 증가함에 따라 많은 비정부조직이 공공행정 기능을 분담하고 있다. 일부 학자는 이를 '간접행정'이라고 부르며 정부의 부담을 줄이고 업무 효율을 높이며 정부 관리의 경직된 방식을 변화시켜 현대 행정관리 모델이 되고 있다. 중국 제14기 3중전회에서 시장경제체제가 확립된 후 업계 조직이 부흥하고, 이러한 배경하에서 변호사협회가 발전했으며, 과거 정부 부문이 행사했던 장정章程 제정권, 회비 강제 징수권, 기율 처분권 등 관리 기능을 행사하고 있다. 목적은 변호사 업계에 대한 행정 개입을 줄이고 변호사 업계의 발전을 촉진하며, 변호사협회가 공공행정을 분담하는 주체가 되는 것이다.

변호사협회가 행정주체라는 시각은 납득하기 어렵지만 이는 공공 관리의 사회화와 행정 분권, 행정주체 다원화의 결과이다. 전통적인 공공 관리에서 정부가 전능한 역할을 하고 사회 공공 업무를 총괄하는 방식은 효과가 이상적이지 않다. 20세기 70년대 이후 일부 서방 국가들은 강력한 행정 개혁을 시작했다. 공공 관리의 사회화 또는 공공 서비스의 시장화는 주요 내용 중 하나이다. 정부는 공공 관리에서 효율성을 중시하고 경쟁 구조를 도입하며, 시장 지향적이고, 권한을 위임하며, 참여 관리를 구현한다. 정부는 배의 방향을 잡고 노를 젓지 않는다. 방향을 잡는다는 의미는 정책을 수립하고, 촉매제 역할을 하며, 자금과 다양한 자원을 결합하고, 다른 사람이 문제를 해결할 수 있도록 한다. 노를 젓는다는 의미는 정부가 능숙하지 않은 직접 서비스를 의미하며, 구체적인 관리 과정에서 정부는 권한을 위임할 수는 있지만 직접 관여할 필요는 없으며, 관료 기관이 지역사회로 통제권을 이양하여 공민이 스스로 관리할 수 있도록 권한을 부여한다.[58]

58 汪玉凱,『公共管理與非政府組織』, 中共中央黨校出版社, 2003, 29~30쪽.

(2) 변호사협회의 업계 관리를 주로 하고 사법행정기관의 거시적 관리를 보조로 하는 원칙을 확립한다

변호사의 사명은 기본적인 인권 보호와 사회정의 실현이기 때문에 변호사는 국가 권력을 장악한 국가기관의 대립 면에서 일하는 경우가 많으며 특히 형사소송에서 두드러진다. 관련 기관이 변호사에 대한 부당한 개입을 방지하고 변호사의 자주적인 기능 행사를 보장하기 위해 업계 관리를 중점으로 하는 변호사 자치를 강조해야 한다. "변호사협회는 단순한 자율 조직이 되어서는 안 되며 자치적이어야 한다. 자율은 일종의 소극적 자유이며, 자치는 적극적이고 능동적으로 자기 개선의 뜻을 가지고 있으며, 이는 사회 법률 서비스 인력으로서 변호사의 특성과 일치한다."[59]

중국에서 기존의 '이중 결합' 변호사 관리체제가 이상적인 규제 관리 효과를 달성하지 못하고, 이상적인 변호사 규제 모델 구축 과정에서의 진보성도 학자들로부터 많은 비판과 도전을 받았지만,[60] 현재의 제도 구축 실천 단계에서 긍정적인 역할을 하고 있음을 부인할 수 없다. 물론 외국의 많은 실천은 변호사 업계의 충분한 자치가 변호사 업계의 건강한 발전 및 국제 법률 서비스 시장과의 원활한 연결을 보장하는 유일한 방법임을 증명했지만, 맥락을 모르고 흉내만 내는 성급한 행동이 '강남에는 귤나무, 강북에는 탱자나무'라는 난처한 상황이 제도의 이식 과정에 나타나지 않을 것이라고 보장할 수 없다. 따라서 기존의 '이중 결합' 관리의 틀 내에서 기존 제도의 보수적 결함을 피하고, 자치 요소를 최대한 늘리는 것이 제도 설계와 지혜를 구축하는 중요한 경로이다.

먼저, '이중 결합' 관리체제의 기초는 과거 사법행정기관이 독점하던 변호사 업계의 관리 권한을 변호사협회가 점차적으로 맡는다는 인식에 있다. 이는 현대 변호사 업계 관리제도 이론 발전의 불가피한 추세일 뿐만 아니라 중국의 기존 제도 범위내에서의 현실적 요구이다. 변호사 업계 관리제도의 과학적 건설을 강화하고 역사적 상황의 추

---

59 趙國君, 「律師法修改的亮點與缺憾」, 『南方週末』, 2007년 11월 1일.

60 주로 변호사협회를 유일한 주체로 하는 변호사 업계 자치의 이상적인 모델에 대한 학자들의 부러움과 호소에서 나타난다.

세에 반하는 것을 허용해서는 안 된다. 따라서 사법행정기관의 변호사 업계 관리는 원래의 부적절한 관리, 통제되지 않는 관리에서 점차 철수함에 따라 거시적이고 간접적이며 비고정적 경향을 보이며, 변호사 업계 협회와의 분권의 길은 더욱 확고해질 수밖에 없다.

다음으로, '이중 결합' 모델의 내부 권력 경계를 분명히 한다. 사법행정기관의 행정분권은 분명히 거스를 수 없는 발전의 흐름이지만, 이러한 목표를 달성하는 방법은 여전히 과학적이고 명확한 경로 선택이 필요하다. 그중 사법행정기관의 행정관리와 변호사협회의 업계관리 사이의 경계를 정하는 것이 가장 중요하다. 기존 변호사 업계의 규제 권력 체계의 구성 측면에서 볼 때 자격 심사권, 변호사 업계 규칙 제정권, 변호사 징계권은 가장 중요한 부분이다. 이러한 권력의 성격만 놓고 보면 앞의 두 가지는 수익성授益性, 후자는 침익성侵益性을 더 많이 드러낸다. 중국은 독일의 변호사 관리 모델을 참고할 수 있으며, 직업 자격 부여는 사법행정기관, 징계권은 변호사협회, 즉 사법통일 시험 등록, 채점, 채용 등 업무, 법률 직업 자격 수여, 변호사 자격증 발급은 여전히 사법행정기관이 관할하며, 국가는 변호사의 총량을 거시적으로 통제한다. 사법행정기관의 행정 처벌권은 취소하며, 처벌권은 변호사협회가 단독으로 행사한다. 중국의 「행정처벌법」 제8조는 "행정처벌의 종류: 一 경고…… 七 법률, 행정 법규에 규정된 기타 행정처벌이다"라고 규정하고 있다. 제17조는 "법률, 법규에 의해 권한을 부여받은 공공업무를 관리하는 기능을 가진 조직은 권한 범위 내에서 행정처벌을 부과할 수 있다"라고 규정하고 있다. 따라서 변호사법은 변호사협회가 행정 처벌권을 행사하고 변호사나 변호사 사무소를 징계할 수 있도록 권한을 부여할 수 있다.

마지막으로, 권력의 유효적 제약을 명확히 한다. 현존의 정치철학의 개념에 따르면 권력의 적절한 행사를 보장하기 위한 핵심은 권력이 다수에 의해 누리는지가 아니라 그 행사 과정에서 제약받는지에 있다. 따라서 행정권력 분립의 개념을 명확히 규정하고 내부적으로 명확한 권력 분립을 통해 이를 보완한다고 하더라도, 변호사 관리의 권력 행사에서 정당한 절차적 이념이 관철되지 않고, 관련 권력 운용의 결과에 대해 적시에 필요한 구제 경로를 제공할 수 없다면, 그러한 변호사 관리제도의 확립은 여전히 설립 목적을 실현할 수 없을 것이다. 「행정처벌법」의 규정에 따르면 행정기관을 제외하고 법률, 법규에 의해 권한이 부여된 공공업무 관리 기능을 가진 조직은 법정 권한 부여 범위 내에서 행정처벌을 시행할 수 있다. 따라서 변호사협회의 처벌권은 행정처벌이고, 처벌을 받은 변호사나 변호사 사무소는 처벌에 불복할 경우 행정소송을 제기할 수 있다.

3. 형사소송에서 변호사 변호와 소송대리제도

중국의 정치, 경제, 사회의 발전과 법제의 개선으로 변호사 업무는 기존의 전통적인 소송 변호 및 대리에서 비소송 법률 업무로 확장되었다. 비소송 영역에서 변호사는 법률 자문, 계약서 작성 대행, 법률 의견서를 제공할 뿐만 아니라 신용 조사, 협상 등에도 참여한다. 요컨대 변호사는 소송과 비소송 분야에서 무시할 수 없는 역할을 한다. 그러나 형사소송에서 변호사 변호 및 대리제도는 문제가 두드러져 구체적으로 다룰 필요가 있다.

1) 형사소송에서의 변호사 변호 및 대리제도의 세계적 추세

(1) 변호사 변호의 헌법화와 형사소송 대리 강화

변호권 확대는 형사소송 분야에서 인권보장이 강화되고 있음을 보여주는 사례 중 하나이다. 서방의 법치국가는 피소추인의 변호권 및 변호사 변호 취득권을 헌법 원칙으로 격상하고 형사소송의 지도 이념이자 최고 준칙으로 삼고 있다.

① 피소추인의 변호권은 서방 법치국가의 헌법에서 중요한 원칙 중의 하나이다

많은 국가에서 피소추인의 변호권 보장을 헌법 원칙으로 삼고 있다. 예를 들어, 형

사사건에서 변호사를 선임할 권리는 미국 수정「헌법」제6조에 포함되어 있는데 "모든 형사절차에서 피의자는…… 변호인의 조력을 받을 권리를 가진다"라고 명시하고 있다. 이탈리아「헌법」제24조는 "변호는 소송절차의 모든 단계와 모든 상황에서 파괴할 수 없는 권리이다. 빈곤한 사람이 모든 법정에서 기소하고 답변할 수 있는 가능성은 특별 제도에 의해 보장되어야 한다"라고 명시되어 있다. 일부 국가에서는 피고인에게 이러한 권리를 부여하지 않거나 보장하지 않으면 헌법 권리에 대한 중대한 침해가 되며, 그 결과 피고인에 대한 유죄판결이 자동으로 취소된다. 미국 대법원은 1932년 피고인에게 변호사의 조력을 받을 권리가 당사자주의 사법 제도의 '기본' 권리라고 선고했다.

헌법은 국가권력과 공민 권력의 관계를 조정하는 근본적인 법적 규범이며, 그 본질은 공민 권력과 국가권력의 대립과 통합에 있다. 민주 헌정의 상징 중 하나는 국민의 권리를 규정하고 보장하며, 국가 권력을 부여하고 통제한다. 헌법의 실현에서 가장 근본적인 상징은 공민 권력과 국가권력의 선한 조화를 이루는 것이다. 양자의 관계에서 공민 권력이 첫 번째, 국가권력이 두 번째이며, 공민 권력과 국가권력의 균형을 이루기 위해 노력해야 한다. 따라서 국가권력의 취득은 합법화되어야 하며, 정당한 절차가 없는 권력 부여는 국가권력을 생성할 수 없으며, 공민권리에 의해 제약되어야 하며, 국가권력이 행사하는 자유재량은 공민의 권리를 침해하지 않아야 하며, 궁극적으로 국가권력의 국민 환원을 실현해야 한다.[61] 형사소송법은 헌법과 가장 밀접한 관련이 있으며, 서방의 법학 전통에서 형사소송법은 '동적動的 헌법'으로 간주한다. 형사소송은 공민의 자유, 재산, 심지어 생명을 제한, 박탈하고 모든 공민의 기본권과 관련되어 있기 때문에 일부 국가에서는 피소추인의 많은 권리를 헌법적 권리로 확립하고 있다. 예를 들어, 미국「헌법」수정안(일반적으로「권리법안」이라고 함)의 전前 10개 조항에는 피소추인의 10여개의 권리를 헌법상의 권리로 규정했다. 캐나다가 1982년 발표한「자유와 권리 대헌장」도 헌법의 일부로 많은 피소추인의 권리를 규정하고 있다. 피소추인의 변호

61 呂繼東,「憲法:權利和權力」,『人民法院報』, 2002년 11월 25일 참조.

권리 획득 원칙은 피소추인의 인권을 수호하고 국가권력의 남용을 제한하는 의미에서 헌법정신과 부합한다. 따라서 피소추인이 변호를 받을 권리는 여러 국가에서 인정하는 헌법 원칙이 되었으며 사회제도, 이데올로기, 전통적 법률문화의 경계와 장벽을 넘어 각국의 형사소송법에 보편적으로 확립되어 있다.[62]

변호사의 조력은 변호권의 중요한 내용이다. 전문 변호인의 피소추인 대리는 당사자주의 소송절차의 기초이자 피소추인의 기타 권리를 보호하는 도구이다.[63] 제2차 세계대전 이후 서방 자본주의 국가에서 정의 실현 운동이 일어난 지금까지 다섯 차례의 개혁을 거쳤는데, 개혁 내용은 주로 가난한 사람들을 위한 법률 지원, 민사 사법절차 개혁, 대리 소송, 공익 소송 및 기타 소송 제도의 추진 등이 있다. 서방 법치국가는 헌법을 개정하거나 법률을 제정하여 법률 지원권을 확립했다. 1946년 일본「헌법」제34조는 "누구든지 그 이유를 직접 통지받지 못하고 변호인의 조력을 받을 권리를 직접 부여받지 못할 때는 구류 또는 구금되지 않는다"라고 규정하고 있다. 제37조 제3항은 "형사피고인은 어떤 상황에서도 자격을 갖춘 변호인을 선임할 수 있다. 피고인이 스스로 변호인을 선임할 수 없는 경우에는 국가가 변호인을 제공한다"라고 규정하고 있다. 일본「헌법」의 관련 규정이 선진 자본주의 국가에서는 늦게 나타났지만 가장 포괄적이고 전형적이라고 할 수 있다.

② 헌법 원칙의 지도하에 변호사의 기능이 지속해서 강화된다

전통적인 헌법 정신은 '권력에 의한 권력 제약'이며, 제2차 세계 대전 이후 민주 정치의 발전 및 전통적인 헌법 모델의 단점에 대한 반성과 함께 서방 국가는 권력의 제약에 있어 세 가지 새로운 권력제약 이론모델, 즉 '권리에 의한 권력 제약', '절차에 의한 권력 제약', '사회에 의한 권력 제약'이 나타났다. '권리에 의한 권력 제약'은 법치를 통한 공민의 권리 실현과 개체의 권리 존중을 통한 취약 계층의 보호를 강조한다. 후

62 熊秋紅,『轉變中的刑事訴訟法學』, 北京大學出版社, 2004, 27쪽.

63 [미] 낸시 프랭크 외,『美國刑事法院訴訟程序』, 陳衛東, 徐美君 역, 中國人民大學出版社, 2002, 65쪽.

에 등장한 세 번째 이론적 모델은 시민 사회가 국가 권력의 과도한 확장을 억제하는 역할을 하지만, 이 역할은 국가에 대한 반항이 아니라 국가와 시민 사회의 이원적 구조에서 균형을 유지하는 데 있다.[64] 형사소송에서 변호사의 기능은 이 세 가지 모델을 실현하는 데 가장 적합한 형태이다.

그 이유 중 하나는 변호사의 변호가 '권리에 의한 권력 제약' 기능을 충분히 발휘할 수 있기 때문이다. 범죄 혐의자나 피고인은 형사절차법상 방어권을 갖고 있지만, 통상 적절하고 효과적인 방어에 나설 능력이 부족한 경우가 많다. 한편으로 범죄 혐의자 또는 피고인은 형사 실체법 및 형사절차법에 대한 지식이 부족하여 경찰 또는 검찰관의 형사수사 또는 공소에 있어서 불리한 자료의 요점을 이해할 수 없고, 수사 또는 공소의 초점에 대응하여 자신에게 유리한 자료를 제시하기 어렵다. 다른 한편으로 구금된 후 자유를 상실하는 데 따른 흥분, 두려움, 후회, 분노, 좌절, 절망 등 감정이 이미 상당히 약한 방어 능력을 크게 저하해 공소 사실에 대해 냉정하고 이성적으로 판단하여 적절하고 효과적인 방어를 수행하기 어렵다. 변호사는 법률업무에 종사하는 전문가로서 전문지식이 있을 뿐만 아니라 법률적 관점에서 문제를 사고하는 능력이 있고 구체적인 사건을 법적 규범과 적절하게 연관시킬 수 있다. 변호사는 또한 변론의 전문가로 구체적 사건 상황에 따라 의뢰인에게 유리한 주장과 증거 자료를 구성하고 논리적으로 엄격하고 완전한 방식으로 변론을 수행할 수 있다. 따라서 범죄 혐의자 또는 피고인을 보호하고 방어 능력을 강화하여 검찰관의 공격 능력에 최대한 대등할 수 있도록 하기 위해서는 변호 설치가 필요하다.[65] 변호사는 피소추인의 대변자일 뿐만 아니라 기본권의 보호자라고 할 수 있다.

다른 하나는 변호사의 참여는 절차적 권력 억제를 가능하게 한다. 변호사의 소송 참여는 공소와 변호 사이의 균형을 유지하는 데 도움이 된다. 형사소송에서 공소와 변호는 균형을 잃기 쉬우며, 평등 무장을 달성하기 위해서는 변호 측의 역량을 키울 필

---

64 陳德順, 謝倩, 「西方憲政發展的主要趨勢」, 『雲南行政學院學報』2007년 제6기.

65 林山田, 『刑事程序法』, 中國臺灣五南圖書出版公司, 2001, 190~192쪽.

요가 있다. 변호사의 참여는 변호 역량 강화의 주요 측면이며, 변호사의 변호 참여를 통해 절차의 공정성을 실현하고 권력을 효과적으로 억제할 수 있다.

형사소송 대리는 서방 국가의 헌법 원칙은 아니지만 형사 피해자 권익 보장의 강화는 세계 각국에서 공감대가 형성되고 있다. 20세기 60년대부터 80년대 중반까지 각국은 입법을 통해 피해자 보호를 강화했다. 미국은 1982년 「피해자 및 증인 보호법」을 제정했고, 이후 많은 주에서도 이 법을 모델로 피해자와 증인 보호법을 제정했다. 프랑스는 1977년 「형사소송 법전」 제4권 '특별 절차'에서 제14편을 추가해 형사 피해자에 대한 국가보상제도를 확립하고, 1981년, 1983년, 1985년은 1977년 법전을 개정, 보완했다.[66] 형사소송 대리는 피해자 권리를 효과적으로 보장할 뿐만 아니라 피고인의 권리와 피해자 권리의 균형적 보장을 실현하기 위한 중요한 조건이다.

(2) 형사소송에서의 변호사 변호 및 대리의 국제표준화

피고인의 변호권 획득 원칙 및 형사 피해자의 합법적 권익 보호 원칙은 세계 각국의 법률에서 보편적으로 인정되어 각국의 형사사법 제도 변혁의 초점이 되었고, 유엔에서도 이를 유엔의 계통적 인권 활동의 기본 원칙 중 하나로 규정하고 있으며, 일련의 국제 문서[67]에 규정하여 많은 국가에서 자국 법률 개정 시 참고와 근거가 되고 있다.

형사변호제도에 관한 유엔의 사법 준칙은 대체로 아래 내용을 포함하고 있다. 피고인은 자체 변호권과 변호사를 선임하여 조력을 받을 권리를 가지며, 각국은 피고인의 변호권을 보장하는 절차와 구조를 제정하여 변호인 선임과 빈곤층을 위한 법적 지원을 하며, 피고인의 변호사 조기 선정, 피고인과 변호사의 연락, 면회할 권리, 피고인에 대

---

66 陳光中, [캐] 다니엘 프레폰테인 주편, 『聯合國刑事司法準則與中國刑事法制』, 法律出版社, 1998, 241쪽.

67 예를 들면, 1948년 「세계인권선언」, 1957년 「수감자 대우 최소한도 기준 규칙」, 1966년 「공민 권리와 정치 권리 국제공약」, 1984년 「사형수 권리보호에 관한 보장조치」, 1985년 「소년사법 최소한도 기준 규칙(북경 규칙), 1985년 11월 29일 결의 통과된 40, 34호 「범죄 및 권력남용 피해자에 대한 공리 취득을 위한 기본원칙 선언」, 1988년 「일체의 구류나 감금을 당한 모든 사람을 보호하는 원칙」, 1990년 「변호사의 역할에 관한 기본원칙」 등이다.

한 변호사의 효과적인 변호를 보장한다.[68] 이러한 준칙은 「공민권리와 정치권리에 관한 국제공약」에 의해 확립된 관련 원칙 및 제도에 대해 더 명확하고 구체적인 규정을 만들어, 변호사의 변호를 새로운 수준으로 끌어올렸다. 유엔 문서의 변호 관련 내용에서 피소추인의 변호권은 자체 변호에서 변호사 변호로, 일반 변호에서 효과적인 변호로 지속해서 강화되고 있음을 알 수 있다. 1990년 「변호사 역할의 기본 원칙」은 다음과 같은 여러 측면에서 피고인이 변호사의 효과적인 변호를 받을 수 있도록 보장하는 조치를 규정했다. 첫째는 변호사의 자격과 교육에 대한 요구사항으로 변호사 전문 조직이 변호사의 교육과 훈련을 책임지고, 둘째는 변호사의 권리의 강화, 일부는 변호사의 업무수행 편의를 위한 권리이고 일부는 변호사의 신변권 보장을 위한 권리이며, 셋째는 변호사의 변호 단계를 확장하여 가능한 한 빨리 형사소송에 참여하도록 하고, 넷째는 변호사 의무와 책임을 규정하고 변호사가 직업도덕을 준수해야 한다고 강조한다. 또한 일부 유엔 문서는 사형선고를 받을 가능성이 있는 사람에 대한 특별 보호와 사건에 연루된 청소년을 위한 특별 보호를 포함해 특정 소추 대상에 대해 형사변호에서 특별 보호를 부여한다.

형사 피해자의 합법적 권익 보호는 형사사법의 공정성과 사회 안정과도 관련이 있다. 유엔총회가 1985년 통과한 「범죄와 권력 남용 피해자에 대한 공리 취득을 위한 기본원칙 선언」(이하 선언)은 유엔 문서 형태로 범죄 피해자 보장의 기본 원칙을 집중 규정하고 있다. 범죄 피해자 보장에 관한 「선언」의 규정은 (1) 공리 및 공평한 대우 획득, (2) 배상, (3) 보상, (4) 지원 등 네 부분으로 구성되었다. 피해자는 신속하고 공평하며 편리한 구제를 받을 수 있어야 할 뿐 아니라 관련 정보를 알고 소송에 참여하며, 관련 주장을 제기할 수 있는 권리를 가지며, 형사소송 대리는 피해자의 권리 실현을 보장한다.

---

68 陳光中, [캐] 다니엘 프레폰테인 주편, 『聯合國刑事司法準則與中國刑事法制』, 法律出版社, 1998, 212~213쪽.

(3) 형사소송에서 변호사의 변호와 대리의 확대

현대 국가는 자국의 헌법을 근거로 유엔의 공약을 참고하여 변호사 변호 및 대리 제도를 점진적으로 개선하고 있다. 각국의 변호와 대리의 발전은 다음과 같은 변화를 보이고 있는데, 변호사 변호는 시간적으로 재판 전과 재판 후로 확장되고, 변호의 내용은 실체적 변호에서 절차적 변호로 확장되며, 피해자의 권익에 대한 관심이 높아짐에 따라 변호사의 형사소송 대리권도 지속해서 강화되고 있다.

① 변호사의 변호는 재판단계부터 재판 전후의 모든 주요 단계로 확장된다

모든 국가에서 변호사의 변호는 재판단계에서 수사단계로 확장되는 발전을 거쳤다. '변호사'의 원형은 고대 로마에 등장했으며 그 역할은 주로 법정 토론에서 수행되었다. 그 시대에는 재판 전 소송활동은 물론 변호 활동도 없었기 때문이다. 재판 전 절차가 지속해서 발전하고 인권 보호에 대한 인식이 높아짐에 따라 변호사의 변호는 점차 재판에서 재판 전으로 이동했다. 그 이유는 다음과 같다. 첫째, 수사활동이 소송의 범위에 포함되었다. 최초 경찰의 수사활동은 행정행위로 간주하여 소송 분야에 포함되지 않았다. 소송 실천이 발전함에 따라 20세기 중후반부터 각국은 점차 경찰 수사활동을 형사소송 운영에 통합하여 수사단계를 재판의 준비 절차로 취급했다. "형사소송절차는 광범위한 개념이다. 경찰 수사를 시작으로 형사소송의 모든 분야를 포괄한다. 따라서 공소제기부터 시작되는 실제 소추에만 국한되지 않는다."[69] 서방 국가들은 '소송'의 형태로 수사절차를 구축해 왔으며, 수사과정에서 범죄 혐의자, 피고인이 변호사의 도움을 받을 수 있는 권리가 보편적으로 확립되었고, 변호사의 수사 참여 범위가 점차 확대되었다. 둘째, 수사가 후속 절차에 미치는 영향이다. 수사절차는 형사소송절차의 기초이자 출발점인데, 기초가 튼튼하지 않으면 형사소송절차 전체가 흔들릴 수 있다. 수사단계는 범죄 혐의자를 색출하고 증거를 수집하는 단계로 대부분의 증거가 이 단계에서 만들어지기 때문에 이 단계에서 증거가 확인되면 후속의 심사와 기소, 재판에 큰

69 [미] 피터 하이, 『美國法律概論』, 沈宗靈 역, 北京大學出版社, 1983, 265쪽.

영향을 미친다. 변호사가 수사에 개입하면 선입견을 피하고 수사의 질을 향상하기 위한 제약 구조를 형성할 수 있다. 셋째, 인권보장에 대한 인식 강화이다. 수사단계는 강제력이 가장 많이 사용되는 단계이며, 수사의 비공개성과 함께 사건처리 요원이 사건을 해결하려는 의지가 강하고, 합법이라는 명분 아래 공민의 기본 인권을 침해하는 현상이 빈번하게 발생하고 있다. 제2차 세계대전 이후 법치국가는 인권보장에 점점 더 많은 관심을 기울이고 있으며, 어떤 공민도 불가침의 권리가 있고 어떤 국가기관도 공익을 수호한다는 명목으로 공민의 권리를 마음대로 침해할 수 없음을 강조한다. 따라서 많은 국가는 수사절차에서 변호사의 참여를 허용하고, 수사활동의 합법성을 감독하고 제한하여 피소추인의 합법적 권리를 보호한다. 이탈리아의 형사소송법은 혐의자 조사, 수색, 압수, 혐의자와 증인 또는 공동 혐의자 간의 대질 조사, 인신 조사, 응급 상황에서의 검증, 우편물 조사 시에도 변호사의 출석을 허용하고 있다. 미국에서는 1930년 이후 변호사의 역할이 양형, 가석방 취소, 상소 등 재판 후의 절차로 확대되었는데, 이러한 중요한 단계에서 변호인의 조언과 경고가 피고인의 권리와 전체 운명에 실질적인 영향을 미치기 때문이다.

요컨대, 헌법의 정신에 따라 변호 제도는 근대에서 현대에 이르는 변화를 완성했다. 일본 학자가 지적한 바와 같이 변호권의 실현 시기는 '초기'였고, 적용범위는 '광범위'했으며, 법체계의 위상은 '높다'고 할 수 있으며, 이는 변호권의 확장을 의미한다고 할 수 있다.[70] 이러한 확장은 넓이와 깊이의 조합이다. 피고인과 변호사의 변호 활동은 소송과정 전반에 걸쳐 존재하며, 법과 관련 행동 규범을 준수하는 한 피소추인과 변호사는 법이 허용하는 범위 내에서 모든 변호 활동을 할 수 있다.

② 변호사 변호의 내용은 실체적 변호에서 절차적 변호로 확장한다

실체적 변호는 가장 원시적인 형사변호의 형태로 피고인과 그 변호인이 검찰의 유죄 주장에 대해 재판자에게 자신의 무죄 또는 경범죄에 관한 변호를 말하며, 이는 검

70 [일] 西原春夫 주편,『日本刑事法的形成與特色』, 李海東 외 역, 中國法律出版社, 1997, 433쪽.

찰의 유죄 주장을 약화하거나 심지어 뒤집는 것을 목적으로 한다. 실체적 변호는 실체적 재판과 함께 생성되며 실체적 재판에서 수행되는 변호 활동은 일반적으로 실체적 변호의 범주에 속한다. 따라서 피고인과 그 변호인이 1심 절차에서 진행한 무죄 변호 또는 경범죄 변호, 상소심 절차에서 상급법원에 원래의 유죄 재결을 뒤집을 것을 요구하는 변호, 재심절차에서 피고인의 유죄 재결을 뒤집기 위한 변호 활동은 모두 실체적 변호의 성격을 갖는다.[71] 절차적 변호는 형사변호에서 관련 부서의 수사, 기소, 재판활동 절차가 위법했거나 피고인의 정당한 권익을 침해했다는 이유로 이루어지는 변호를 말한다. 예를 들어, 변호인은 수사, 기소, 재판에서 직권 기관이 위법 행위를 실행했다고 주장하며, 이에 따라 사건을 취소하거나 소송절차를 다시 진행할 것을 요구한다. 또 다른 예는 변호인이 검찰이 제시한 증거가 배제되어야 하는 불법 증거이며 유죄 판결을 내리기 위한 증거로 사용되어서는 안 된다고 제안한다. 절차적 변호는 형사소송절차에서 특정 수사행위, 공소행위 또는 재판 행위가 법적 효력을 상실하게 하여 궁극적으로 피소추인에 유리한 결과를 가져오게 한다. 소송과정에서 범죄 혐의자 및 피고인이 합법적이고 공정하게 대우받을 수 있도록 보장하고, 소송과정에서 수사인원이 권한을 남용하여 범죄 혐의자 및 피고인의 정당한 권익 침해를 방지하기 위한 제약 및 감독을 목적으로 한다. 앞서 언급했듯이 과거에는 변호인의 역할이 재판단계에 국한되어 있다. 변호가 재판에서 재판 전 단계로 넘어가면서 변호의 내용은 더 이상 사실과 증거에 국한되지 않고 절차적 위법까지 확장되었다.

절차적 변호는 절차적 제재로 보장되어야 하며, 서방 국가들은 비교적 완전한 절차적 제재 제도를 구축했다. 절차적 제재는 위법자에 대한 징벌적 효과와 피해자에 대한 권리의 구제 효과가 있다. 법이 당사자에게 부여한 변호권과 대리권이 백지 한 장에 불과하지 않게 하려면 당사자에게 권리를 구제할 방법을 제공해야 한다. 형사소송에서 피소추인 및 피해자의 권익이 침해당할 경우, 예를 들면, 변호권, 대리권이 박탈당하거

71 陳瑞華, 『問題與主義之間』, 中國人民大學出版社, 2003, 148쪽.

나 위임한 변호사가 권리를 행사할 때 제한을 받는 경우 법관에게 제기할 수 있으며, 법관은 불법증거배제, 소송행위 무효 선고, 기소 철회 선고, 구금 해제 등 방식을 통해 경찰, 검찰관, 법관이 위법행위에 상응하는 결과를 부담하게 한다.

③ 형사소송 대리를 강화한다

공소가 사소私訴를 대체하면서 소송에서 피해자의 역할은 점차 줄어들었고, 20세기 중반 이후 각국은 피해자 권리보호 운동을 시작했으며, 형사절차는 피고인의 권리보장 중심에서 점차 피해자와 피고인 권리보장에 균형을 맞추는 방향으로 전환되었다. 미국, 독일 등과 같이 피해자 보호 특별법을 제정한 국가도 있고, 프랑스, 러시아 등과 같이 형사소송법에 피해자 보호 조항을 추가한 국가도 있다. 이러한 법과 법조는 피해자의 권리를 보호하기 위한 일련의 제도를 확립했다. 여러 국가의 형사절차에서 피해자를 점차 중요시함에 따라 형사소송 대리제도는 점점 더 정교해지고 있다. 러시아 「연방 형사소송법」 제45조는 피해자의 대리인이 그들의 피대리인과 동일한 소송 권리를 갖는다고 규정하고 있다. 독일의 1994년 새로 개정된 「형사소송법전」 제5편 '피해자 참여 절차'에 '피해자의 기타 권리'를 추가했다. 이 장에서는 신청에 따라 피해자에게 자신과 관련된 재판절차의 결론을 통지하고, 정당한 사유가 있는 경우 변호사가 피해자를 위해 사건 문서를 열람할 수 있으며, 피해자가 변호사를 보조인 또는 대리인으로 위촉할 수 있으며, 피해자가 법원 또는 검찰원의 문의를 받을 때 변호사의 입장이 허용되며, 일정한 조건에서 피해자는 법원에 신청하여 변호사를 보조인으로 임시 지정할 수 있다고 규정하고 있다. 피해자의 권익 보장이 강화됨에 따라 각국의 형사소송 대리제도도 지속해서 강화되고 피해자의 범죄 고소 및 배상받을 권리를 보장하고 있다.

(4) 형사소송에서 변호사의 변호와 대리의 유효화

변호제도나 형사소송 대리제도 모두 유권有權에서 실효성으로 발전하는 과정을 거쳤다. 법치국가에서 변호사의 역할을 인식한 각국은 효과적인 변호와 대리를 위해 다음과 같은 조치를 취하고 있다.

① 법률지원제도를 구축하고 개선한다

법치국가는 법률지원제도를 확립해 피소추인에서 피해자로 지원대상을 확대했다. 피소추인이나 피해자가 가난으로 인해 변호사를 선임할 수 없다면 재판은 공정할 수 없다. 미국에는 형사사건의 당사자를 위해 법률 지원을 제공하는 관선 변호인이 있다. 초기에 대법원은 모든 연방 및 주의 중범죄 사건에서 변호사를 선임하도록 요구했으며, 점차 구금형 선고가 가능한 모든 경범죄 사건에서 변호사의 조력을 받도록 발전했다. 1972년 Argersinger v. Hamlin 사건에서 연방대법원은 '변호사의 대리가 있어야 감금된다'는 원칙을 확립했다. 따라서 미국에서는 '변호사의 조력을 받을 권리'가 실제 감금되는 모든 범죄에 적용된다. 독일, 일본 등 국가에서도 피소추인에 대한 변호권을 보장하기 위해 법률지원제도를 구축했으며, 피고인은 변호인의 변호가 있어야만 법정 재판활동이 합법적이고 유효하다고 규정했다. 독일「형사소송법전」제140조 제1항은 다음과 같은 경우, 즉 주 고등법원 또는 주 법원에서 1심 재판을 받는 경우, 피고인이 중범죄로 기소된 경우, 절차적으로 업무수행이 금지될 수 있는 경우에는 변호인이 소송에 반드시 참여해야 한다고 규정하고 있다. 제2항은 기타 상황에서 사건이 중대하거나 사실관계 또는 법률 상황이 복잡하여 변호인의 참여가 필요하다고 인정되는 경우, 또는 피고인이 스스로 변호할 능력이 없다고 인정되는 경우에는 재판장은 신청 또는 직권으로 변호인을 지정할 수 있다고 규정하고 있다. 일본「형사소송법」제289조 제1항은 "재판에 사형, 무기 또는 최고형이 3년을 초과하는 징역 감금형이 적용되는 사건에서 변호인이 없으면 재판을 개시할 수 없다"라고 규정하고 있다. 법률지원제도의 확립은 단순한 피소추인의 보호보다 더 중요한 가치, 즉 정의의 실현을 위한 것이다.

② 변호사의 소송 권리를 개선하고 확대한다

법에 따라 부여된 피소추인과 피해자의 권리는 변호사의 도움을 받아야만 효과적으로 행사되고 실현될 수 있으며, 각국은 변호사에게 소송 권리를 부여함으로써 효과적인 변호와 대리를 실현한다. 법치국가에서 변호사는 회견권과 열람권을 가질 뿐만 아니라 입장권, 검찰과 대등한 조사권, 증언 거부권, 언론 면책권도 누린다. 각국은 변호사와 범죄 혐의자, 피고인의 단독, 적시 회견 및 충분한 교류를 보장하기 위해 많은 규정을 만들었다. 독일「형사소송법」제136조는 최초 신문 과정에서 피소추인에게 신문 전을 포함하여 언제든지 자신이 선택한 변호인과 상담할 수 있는 권리가 있음을 알려야 한다고 규정하고 있다. 제148조는 피소추인이 자유롭게 움직일 수 없는 경우에도 서면 또는 구두로 변호인과 의사소통을 할 수 있다고 규정하고 있다.「형법」제129조 a 항의 소송사건이 아니면 변호사와 범죄 혐의자와의 대화 감시, 서신 압수 및 감시, 변호사 수사, 격리 유리 설치의 대상이 되지 않는다. 영국의「1984년 경찰과 형사 증거법」수칙 C에서 '당사자에 대한 경찰의 구류, 대응 및 신문에 관한 집행 수칙'에 따르면 피구류자의 법률 자문 권리 행사는 이 규정의 부록 B의 규정에 따라서만 지연될 수 있다고 규정하고 있다. 피구류자가 법률 자문 취득을 요청할 때마다(부록 B가 적용되지 않는 한)[72] 구금 담당관은 법적 조언의 제공이 지연되지 않도록 보장해야 한다. 대부분의 국가는 변호사가 검찰 측 증거를 열람할 권리 또는 증거 개시의 권리, 검찰 측 증인에게 질문할 권리를 포함한 기소 증거에 관한 대질 권리, 당사자에게 유리한 증인을 법정에 출두하여 증언할 권리를 규정하고 있다. 또한 각국은 변호사의 도덕적 자질과 업무 수준을 향상하고 변호사의 업무수행에서 독립성과 개인 안전을 보장하기 위해 적절한 조치를 하고 있다.

72 체포할 수 있는 중대한 범죄로 경찰서에 구류되어 있지만 아직 기소되지 않았고, 경장 또는 그 직급 이상의 관원이 변호사의 접근이 중대한 체포 가능한 범죄와 관련된 증거를 방해하거나 파괴할 수 있다고 믿을 만한 합리적인 근거가 있거나, 다른 사람에게 방해 또는 신체적 위해를 초래할 수 있거나, 범죄에 연루된 것으로 의심되지만 아직 체포되지 않은 혐의자에게 경각심을 주거나, 범죄로 손실된 재산의 환수를 방해할 수 있는 경우가 있을 때 권리 행사가 지연될 수 있다.

2) 중국 형사소송에서의 변호사 변호와 대리제도의 개혁과 개선

(1) 변호사 변호제도의 폐단과 개혁

변호사제도는 국가의 민주와 법치 발전의 중요한 상징이다. 최근 몇 년 동안 중국의 변호사 수량이 증가하고 변호사의 지위가 향상되었지만, 중국의 헌법, 형사소송법, 변호사법 등 변호사제도 규정에 관한 법률은 여전히 일부 단점이 있다. 예를 들면, 변호사의 권리가 제한되고 변호사의 업무수행에 이상적인 환경을 조성하지 못하고 있다. 변호사는 형사변호 업무에서 종종 방해받고 때때로 수감되기도 한다. 또한 변호와 관련된 유엔인권공약의 규정이 효과적으로 이행되지 않고 있다. 새로 개정된「변호사법」은 변호사제도를 개선하는 데 한 걸음 나아갔지만, 실제 수요와는 여전히 거리가 멀다. 따라서 중국 변호사 변호제도 개혁은 헌법 정신에 따라 국제인권공약의 변호 관련 규정을 표준으로 삼고 중국의 실제 상황을 고려해 개혁을 추진해야 한다.

① 중국 헌법에는 변호원칙에 관한 규정이 아직 미흡하다

중국에서 피고인의 변호 받을 권리는 형사소송법의 기본 원칙일 뿐만 아니라 중요한 헌법 원칙이기도 하다. 중국「헌법」제125조는 "인민법원은 법률에 규정된 특별한 경우를 제외하고 공개적으로 사건을 심리한다. 피고인은 변호를 받을 권리가 있다"라고 규정하고 있다. 그러나 이 조항에는 단점이 있다. 한편으로 헌법은 피고인이 재판단계에서 변호를 받을 권리가 있다고 규정하고 있는데, 이는 변호사가 재판단계에서만 변호할 수 있다는 의미로 잘못 해석되기 쉽다. 다른 한편으로 피소추인이 변호사의 도움과 법적 지원을 어떻게 받을 수 있는지 헌법은 명시하지 않았다. 변호인의 조력권은 피소추인 변호권의 중요한 내용이며, 법적 지원권은 피소추인이 변호사의 변호를 받을 수 있는 유력한 보장이지만 헌법에 결여되어 있어 피소추인의 변호권을 효과적으로 보장하는 데 도움이 되지 않는다. 따라서 헌법상의 변호권 규정을 시급히 개선할 필요가 있다.

② 재판 전후의 일부 단계에서 변호사의 역할은 제한적이다

위에서 언급한 바와 같이 법치국가 변호의 발전 추세는 '전후 확장'이지만 중국 변호사의 변호는 주로 1심과 2심 절차에서 이루어지며 다른 단계는 거의 다루지 않는다.

첫째, 수사단계에서 변호인의 지위가 불분명하고 변호사의 역할이 제한적이다. 「형사소송법」 제96조는 범죄 혐의자가 수사기관의 최초 신문을 받거나 강제조치를 취한 날부터 변호사를 선임해 법률 자문을 제공하고 신소, 고소를 대리할 수 있다고 규정하고 있다. 범죄 혐의자가 체포되면 변호사를 선임해 보석 신청을 할 수 있다. 위임된 변호사는 수사기관에서 범죄 혐의자의 범죄 혐의를 확인할 권리가 있으며, 구금 중인 범죄 혐의자를 만나 사건의 상황을 파악할 수 있다. 제75조는 범죄 혐의자가 위임한 변호사는 사건을 담당한 수사기관의 강제조치가 법정기한을 초과하면 강제조치 해제를 요청할 권리가 있다고 규정하고 있다. 이는 수사단계에서 변호사가 소송에 개입할 수 있음을 시사하지만, 수사단계에서 변호사가 어떤 소송 참여자에 해당하는지 명시하지 않고 있다. 또한 「형사소송법」 제33조는 공소 사건의 경우 사건이 이송 심사 기소된 날부터 범죄 혐의자는 변호인을 선임할 권리가 있다고 규정하고 있다. 자소自訴 사건의 경우 피고인은 수시로 변호인을 선임할 권리가 있다. 이 규정은 사실상 공소 사건에서 변호사 참여는 변호인 신분이 아님을 보여준다. 따라서 수사단계에서 변호사의 변호인 지위를 명확히 할 필요가 있다.

둘째, 변호사는 사형 사건의 재심의 절차에 개입할 수 없다. 사형 판결은 인간의 생명을 박탈하는 가장 중한 형벌로 변호사의 참여가 매우 중요하다. 중국 사형 재심의 절차의 폐쇄적이고 비밀스러운 성격은 변호사의 기능을 제한하고 있으며, 전체 소송과정에서 변호사의 도움을 받을 수 있도록 하는 「공민권리와 정치권리 공약」의 규정과도 거리가 있다. 따라서 사형 재심의 절차는 변호사에게 이 단계에서의 회견권, 열람권, 증거 조사권 등 권리를 부여하고, 절차에서 판사가 피고인과 변호인의 의견을 청취할 수 있도록 개혁해야 한다.

③ 변호사의 절차적 변호는 소홀히 하기 쉽다

중국 법률은 절차적 변호에 대해 명확한 규정을 두고 있지 않다. 개정된「변호사법」제31조는 "변호사가 변호인으로 활동하는 경우 사실과 법률에 따라 범죄 혐의자 또는 피고인의 무죄, 경범죄 또는 형사책임 경감에 관한 자료와 의견을 제시하고 범죄 혐의자 또는 피고인의 합법적인 권익을 보호해야 한다"라고 규정하고 있는데, 이는 원래 변호사법보다 개선되었지만, 변호사의 절차적 변호에 관한 문제는 명확하지 않다. 사법 실천에서 절차적 위법 행위가 지속해서 발생하고 있으며, 변호사도 절차적 측면에서 변호 의견을 제시하고 있지만 중국 형사소송에는 절차적 제재제도가 없어 변호 효과가 크지 않다.

④ 변호사 회견의 어려움은 형사소송의 고질병이 되고 있다

회견권은 변호사가 피소추인을 만나 교류할 수 있는 권리로 피소추인의 권리이자 변호사의 권리이다. 중국의 현행「형사소송법」은 변호사의 수사단계에서의 회견권을 규정하고 있지만, 사법 실무에서 법에 따른 변호인 회견권은 공안, 검찰, 법원 기관의 '시혜施惠'적 권리가 되어 변호사가 범죄 혐의자를 회견하려면 관련 기관에 신청해야 하고, 회견 신청이 지연되거나 거부되는 경우가 많으며, 회견이 허가되더라도 관련 기관은 회견 횟수, 시간, 장소, 방식은 물론 대화 내용에도 제한을 가하는 경우가 많다. 2007년 10월 28일 개정된「변호사법」은 변호사의 회견권을 충분히 보장하는 데 큰 진전을 이루었으며, 회견 시기를「형사소송법」에 규정된 수사기관의 범죄 혐의자 최초 신문 후에서 수사기관의 범죄 혐의자 최초 신문 시로 앞당겨 변호사는 허가받지 않고도 변호사 자격증, 변호사 사무소 증명과 위탁서 또는 법률지원 서한 등을 근거로 범죄 혐의자, 피고인을 만나 사건을 파악할 권리가 있으며, 변호사와 범죄 혐의자 또는 피고인의 만남은 감청 대상이 아니라는 점을 강조했다. 안타깝게도 이 규정이 제대로 시행되지 않아 변호사들은 여전히 '옛날 모습', '3증'을 가지고 있어도 만날 수 없다고 생각한다. 이러한 곤경을 바꾸기 위해서는 관련 법률을 더욱 개선해야 할 뿐만 아니라 관련 기관의 사고방식도 바뀌어야 한다.

⑤ 변호사의 열람권은 여전히 형식적이다

변호사는 사건의 사실관계를 완전히 이해해야만 효과적인 변호를 수행할 수 있다. 회견이 어렵기 때문에 변호사의 열람권은 특히 중요하다. 그러나 실제로 중국 변호사의 열람권에는 여러 가지 제약이 따른다. 첫째,「형사소송법」규정에 따라 변호사는 심사 기소 및 재판단계에서 해당 사건 문서를 열람할 수 있지만, 심사 기소단계에서는 소송문서와 기술적인 감정 자료만 볼 수 있다. 그러나 사법 실무에서는 이러한 자료조차도 변호사가 접근할 수 없는 경우가 많다. 둘째, 관련 기관이 변호사의 문서 열람을 위해 제공하는 지원은 매우 제한적이다. 일부 검찰원이나 법원은 변호사가 문서를 열람할 수 있는 공간을 제공하지 않는 경우가 많으며, 일부 기관은 변호사의 사건 문서 자료의 복사를 허용하지 않는다. 셋째, 변호사가 문서를 열람할 수 있는 시간이 보장되지 않는다. 요컨대, 중국에서 열람권에 관한 규정과 실제 운영은 '조기 접근', '편의성' 및 '완전 열람'에 대한 국제 공약의 요구사항을 충족하지 못하고 있다. 개정된「변호사법」은 변호사의 열람권 범위를 확대하고, 기존의 소송문서, 기술적 감정자료에 한정된 열람을 '사건 관련 소송문서 및 사건 문서 자료'로 확대함과 동시에 변호사가 사건 관련 자료를 복사할 수 있도록 규정했다.「형사소송법」재개정 시 변호사의 열람 기간과 범위를 확대해 변호사에게 심사 기소단계에서 전체 열람권과 수사단계에서 규정한 열람권을 부여해야 한다.

⑥ 변호사의 조사 및 증거수집권이 한계에 부딪혔다

변호사의 충분한 증거 확보는 재판 전 절차에서 방어를 위한 필수 요건이자 이후 판결에 실질적 영향을 미치기 위한 전제 조건이다. 중국 변호인 조사 및 증거수집권에는 다음과 같은 문제점이 있다. 첫째, 변호사는 수사단계에서 조사 및 증거수집권이 없다. 둘째, 변호사의 조사 및 증거수집권이 부당하게 제한된다. 셋째, 피해자 또는 가까운 친척, 피해자가 제공한 증인을 조사하는 경우 '이중 허가'를 받아야 한다. 피해자 측의 동의와 인민검찰원 또는 인민법원의 허가를 받아야 한다. 넷째, 변호사는 조사 및 증거수집 과정에서 '증인의 허위 증언 유도', '증언 방해죄' 또는 '비호죄庇護罪'로 분류되어 투옥되는 경우도 있다. 개정된「변호사법」은 변호사의 수사 및 증거수집권을 강화했는데, 첫째, 변호사가 피해자 또는 가까운 친척, 피해자가 제공한 증인에 대한 조사 및 증거수집은 인민검찰원 또는 인민법원의 허가를 받아야 한다는 규정을 폐지했다. 둘째, 변호사의 조사 및 증거수집은 관련 단위와 개인의 동의가 필요 없다는 것을 분명히 했다. 셋째, 변호사가 인민법원과 인민검찰원에 증거수집을 신청하거나 증인에게 출두하여 증언하도록 통지할 수 있는 강제 증거수집 규정이 추가되어 변호사가 인민법원과 인민검찰원의 강제력을 이용하여 관련 증거를 확보할 수 있다.「형사소송법」개정도「변호사법」의 규정을 참고해 변호사에 대한 조사 및 증거수집권의 제한을 취소하고, 수사단계에서 변호사에게 조사 및 증거수집권을 부여하며, 각종 '사전 동의'를 전제로 하는 제한을 취소하고, 법원이 증거조사령, 증인 법정 출석령을 공포하는 제도를 구축한다. 즉 변호사의 조사 및 증거수집에 지장이 있으면 법원에 증거조사령, 증인 법정 출석령을 신청하면 법원은 원칙적으로 발부해야 하며, 변호사가 영장을 소지하고 조사 및 증거수집을 할 때에도 조사 대상자 또는 증인이 여전히 불응할 때는 법원이 직접 증거를 조사 수집하고, 증인을 법정에 출석하여 증언하도록 소환해야 한다.

⑦ 변호사는 법정에서 증거를 제시하거나 대질하기 어렵다[73]

형사소송활동에서 변호사는 검찰의 공소를 효과적으로 반박하고 강력한 변호를 위해 특정 증거를 법원에 제출한다. 중국에서도 증인의 증언을 판결의 근거로 삼기 위해서는 법정에서 검찰과 변호인 양측의 신문과 대질을 받도록 법으로 규정하고 있다. 그러나 변호사는 충분히 증거를 제시하거나 대질하기 어렵다. 그 이유는 다음과 같다. 하나는, 위에서 언급한 변호사에 대한 조사권 제한은 다른 형태로 당사자의 증거 제시권을 어느 정도 박탈하고, 다른 하나는 사법 실천에서 증인이 대부분 불출석 증언을

73 변호사는 업무 수행 중에서 보석을 받기가 어렵고, 법정에서 변론하고 발언하기가 어려우며, 변호사의 정확한 의견을 채택하기가 어렵고, 법정 출석 통지 및 합법적 권익의 보장이 어렵고, 피소추인과 변호사 자신의 권익을 보호하기가 어렵다는 등이 있다. 그러나 지면의 한계로 인해 더 이상 자세히 쓰지 않는다.

하고, 일부 법원은 변호사의 질문을 크게 제한하고 방해하여 변호사가 충분한 증거 제시와 대질을 할 수 없게 만든다. 변호사의 증거 제시권과 대질권을 확보하기 위해서는 증인 법정 출석 보호제도, 보상제도, 불출석 제재제도를 마련해야 한다.

⑧ 변호사 업무수행은 위험에 처해 있다

최근 몇 년 동안 변호사가 위증죄로 형사책임을 지는 사례가 종종 발생하고 있는데,[74] 사람들은 변호사의 형사변호를 목숨을 건 줄타기라고 표현하며, 일부 변호사는 '형사변호를 얘기하면 얼굴색이 변한다'라는 정도이다. 일부 변호사는 형사사건을 처리할 엄두를 내지 못하거나 형사사건을 처리하더라도 위험을 피하고자 조사와 증거수집을 하지 않아 형사변호의 질이 떨어지고 형사변호 업무가 지지부진하다. 개정된「변호사법」제37조는 "변호사의 업무수행에서 인신권은 불가침의 원칙에 따라 보장된다. 변호사는 법정에서 행하는 대리 및 변호 의견에 대해 법적 책임을 지지 않는다"라고 규정하고 있다. 그러나 면책특권을 변호사의 법정 언론에 한정하는 것은 한계가 있다. 변호사가 완전한 자주성과 독립성을 가지고 자신의 직무를 수행하고 당사자에게 두려움 없이 법률 자문을 제공할 수 있도록 보장하는 것이 면책특권의 의의라고 생각한다. 따라서 변호사 업무수행에서의 면책권 강화가 바람직하며, 면책권은 법정 변론에만 국한되어서는 안 되며, 면책 언론에는 법정 언론과 법정 외 사건처리 과정에서의 언론이 포함되어야 한다. 변호사 대리 소송 사건, 비소송 대리 사건에서의 언론도 포함되어야 한다. 예를 들면, 신소申訴서 대필이다. 변호사가 직무 수행 과정에서의 발표한 언론은 법적 추궁을 받지 않아야 한다.

요컨대, 형사 변호에서 변호사의 긍정적인 역할을 수행하려면 한편으로는 관련 인원들이 관념을 바꾸고 변호사에 대한 편견을 없애야 하며, 다른 한편으로는 변호사의 변호 제도와 관련 부설 제도를 개혁하고 개선해야 한다. 물론 중국의 변호사제도를 개

74 통계에 따르면 전국 변호사협회에 접수된 권익 보호 사건에서 변호사가 연루된 범죄 중 증거방해죄와 위증죄가 80%를 차지한다.

선하는 것은 체계적인 과정이며 단번에 이룰 수는 없다.

(2) 변호사 형사소송 대리제도의 문제점 및 개선

1996년 개정된 「형사소송법」은 형사소송 대리제도를 처음 확립했고, 사법부가 공포한 「법률지원조례」도 법률지원대상을 피해자로 확대했지만, 법률은 피해자와 변호사에게 지위에 상응하는 권리를 부여하지 않아 실제 형사소송에서 대리 변호사의 역할이 충분히 발휘되지 않고 있다.

① 형사소송에서 대리 변호사의 지위

형사소송에서 중국 대리 변호사의 지위는 아직 명확하지 않아 대리 변호사와 관련된 권리의 실현에 심각한 영향을 미치고 있다. 전통적인 견해는 변호사가 사실과 법률에 따라 독립적으로 대리 의견을 제시하고 피대리인의 이익을 보호하지만, 대리의 본질적 속성에 따르면 대리 변호사는 피대리인에게 종속된 소송참여인으로 독립 자주적인 소송 지위를 갖지 않으며, 피대리인의 명의로 피대리인의 권한 부여 범위 내에서 그 의사에 따라 활동하며, 대리행위로 인한 결과는 피대리인이 부담한다. 변호사의 형사소송대리가 독립적인 소송 지위를 가지는 관건은 사건의 실체적 문제에 대한 피대리인의 처분권 유무에 달려 있다고 생각한다. 공소 사건의 경우 피고인의 유죄 확정 및 형량에 대한 처분권이 피해자에게 없으므로 대리인은 피대리인에게 구속되지 않으며 변호인과 같은 독립된 소송 지위를 가진다. 자소 사건 및 부수적 민사소송에서는 자소인과 부수적 민사소송의 당사자가 사건의 실체적 문제에 대하여 처분권을 가지며, 대리인도 피대리인의 권한 부여 범위 내에서만 활동할 수 있기 때문에 독립적인 소송 지위를 갖지 못한다.[75]

75 李寶嶽 주편, 『律師參與辯護、代理存在問題及對策』, 中國政法大學出版社, 2006, 383쪽.

② 형사소송 대리 변호사의 형사소송 개입 시기

「형사소송법」 제40조는 "공소 사건의 피해자 및 그 법정대리인 또는 가까운 친척, 부속 민사소송당사자 및 그 법정대리인은 사건 이송심사 기소일로부터 소송대리인을 선임할 권리가 있다. 자소 사건의 자소인과 그 법정대리인, 부속 민사소송당사자 및 그 법정대리인은 언제든지 소송대리인을 선임할 권리가 있다"라고 규정하고 있다. 이를 보면 공소 사건 피해자의 변호사는 심사 기소단계에서만 형사소송에 개입할 수 있고, 입안, 수사단계에서는 피해자가 변호사를 선임할 수 없다. 우리는 이 규정이 적절하지 않다고 생각한다. 「형사소송법」은 입안단계에서 피해자가 공안기관의 불입안에 대해 검찰기관에 감독을 요청할 권리가 있고, 수사단계에서 보완 감정 및 재감정을 신청할 권리가 있다고 규정하고 있지만, 피해자는 법률 지식 부족, 시간 제약 등 다양한 이유로 이러한 권리 행사는 변호사에게 의존해야 한다. 또한 피해자와 그 변호사는 모두 공소 측에 속하며, 변호사의 빠른 개입은 공소 측의 힘을 강화하여 사법기관이 적시 조사, 수집 및 증거를 확보하고 수사의 질을 향상할 수 있도록 지원할 수 있다.

③ 대리 변호사의 사건 문서 열람과 조사 및 증거수집

사건 문서의 열람과 조사 및 증거의 수집은 변호사의 기본 직책이며, 피소추인 변호사, 피해자 또는 자소인의 변호사 모두 사건을 완전히 이해하기 위해 열람권과 조사 및 증거수집권을 가진다. 중국 「형사소송법」에는 대리 변호사의 권리에 대한 명확한 규정이 없지만, 관련 사법해석[76]에서 변호사의 열람권과 수사 및 증거수집권을 규정하고 있는데, 즉 변호사는 인민검찰원의 허가를 받고 사건의 소송문서, 기술적 감정자료를 열람, 발췌, 복사할 수 있다. 그러나 이 법은 대리 변호사의 열람권에 대해 부당한 제한을 두고 있다. 하나는 심사 및 기소단계에서 대리인의 열람은 인민검찰원의 허가를 받아야 하는데 이는 변호사의 열람권과 일치하지 않으며, 다른 하나는 심사 및 기

76 「'중화인민공화국 형사소송법' 집행의 여러 문제에 관한 최고인민법원의 해석」 제49조, 「인민검찰원 형사소송규칙」 제325조 참조.

소단계에서 대리 변호사는 소송문서와 기술 감정자료만 열람할 수 있다. 우리는 변호사가 피해자의 권익 보호 직책을 효과적으로 행사할 수 있도록 열람권 제한을 해제하고, 대리 변호사는 사건 수사가 완료된 후 사건 문서의 모든 자료를 열람할 수 있는 권한을 갖도록 규정해야 한다고 주장한다.

현재 대리 변호사의 증거 조사 및 수집 권리에 관한 조항은 변호인의 증거 조사 및 수집 권리에 관한 조항을 기계적으로 적용한 것이며 합리성이 부족하다. 예를 들면, 대리 변호사가 피해자 또는 가까운 친척을 상대로 증거를 조사하고 수집하려면 인민검찰원의 허가를 받아야 한다. 원래 법률에서 변호인이 피해자 및 그 가까운 친척 또는 피해자가 제공한 증인을 상대로 사건과 관련된 자료를 수집하는 경우 법원 또는 인민검찰원의 허가를 받아야 한다고 규정하고 있는데, 그 목적은 피해자 측의 정당한 권익이 변호인에 의해 침해되는 것을 방지하려는 취지였다. 피해자의 대리인이 소송에 참여하여 피해자 측의 손실 등 상황의 증거수집은 피해자의 이익을 침해하지 않을 뿐만 아니라 피해자의 이익을 효과적으로 보호할 수 있다. 우리는 대리 변호사의 피해자 조사 및 증거수집권에 관한 제한을 취소하고, 형사 부속 민사소송의 원고 대리 변호사에게 수사단계의 증거수집권을 부여해야 한다고 주장한다.

④ 법정에서 형사소송 대리 변호사와 공소인의 변론

공소 사건에서 피해자와 그 변호사는 공소인과 동일한 목표, 즉 사법공정의 실현은 일치하지만, 공소인은 국가와 사회의 이익을 대표하고, 피해자는 개인의 이익을 대표하며, 두 가지 이익의 주안점이 다르다. 공소인은 국가를 대표하여 피고인의 범죄행위를 공소제기하고, 범죄를 처벌하고, 국가와 사회의 이익을 보호하는 데 중점을 둔다. 대리 변호사는 피해자 및 공소인과 협력하여 형사 기소를 수행할 수 있도록 협조하고, 피해자 개인의 정당한 이익을 보호하는 데 중점을 두며, 때로는 국가 이익과 개인 이익이 충돌하기도 한다. 대리 변호사와 공소인이 재판 전에 소통하고 합의에 도달하기 위한 노력은 중요하지만, 법정 재판은 끊임없이 변화하며 양측의 의견이 일치하지 않는 경우 법관은 양측이 논쟁을 벌일 수 있도록 허용해야 한다. 이는 한편으로는 공소인의 범죄 제기를 감독하고, 공소인이 부당한 요인의 방해에 의해 소극적인 공소제기의 발생을 방지하는 데 도움이 되며, 다른 한편으로는 양측이 사건의 성격과 양형에 대해 논증하는 것은 법관이 사건에 대해 공정한 판결을 하는 데 도움이 된다.

지은이

천광중 陳光中

천광중 교수는 1930년 4월생으로 저장성 융자현永嘉縣 출신이다. 중국정법대학교 총장을 역임하고, 현재 중국정법대학교 종신교수, 박사과정 지도교수, 소송법학연구원 명예원장이다. 중국법학회 학술위원회 부주임, 중국법학회 형사소송법학연구회 명예회장, 국가철학사회과학기금 법학평의팀 부팀장, 교육부 사회과학위원회 위원 및 법학부 소집인 구성원, 최고인민법원 특별초청 자문위원, 최고인민검찰원 자문위원회 위원을 겸임하고 있다. 국무원 학위위원회 제2, 3, 4기 법학평의팀 구성원, 중국법학회 제3, 4기 부회장, 중국법학회 소송법학연구회 회장을 역임했다. 주요 연구 분야는 형사소송법, 증거법학, 사법 제도, 국제인권법학이다. 지금까지 총 45부의 저서, 교재(공저, 주편 포함), 190편의 논문(공저 포함)을 출판하였으며, 대표작으로는 『천광중 법학문집』,『유엔 형사사법준칙과 중국형사법제』,『중화인민공화국 형사소송법 개정 건의안과 논증』 등이 있다.

옮긴이

주경철 朱京哲

중국 동북사범대학교 학사, 국립목포대학교 석사, 박사를 졸업하고 현재 자싱대학교嘉興大學 외국어대학에 재직 중이다. 주요 역서로는『중국유통경제론』,『언어평가에서 구조방정식 모델링에 관한 연구와 활용』, 저서로는『국가와 브랜드 이미지』,『實在感과 온라인 學習效果에 관한 構造的 關係 硏究』 등이 있다.

박대석 朴大奭

국립목포대학교 교수를 역임하고 현재 국립목포대학교 명예교수로서 문화예술분야 사회적 연구에 관심을 갖고 있으며 중소기업과 사회적 기업 경영진단 활동에 참여하고 있다.

정란란 丁爛爛

중국해양대학교를 졸업하고 현재 자싱대학교嘉興大學 외국어대학에 재직 중이다. 주요 저서로는『15일 만에 끝내는 한국어』 등이 있다.

과제팀 주요구성원(성씨 획순)

왕하이옌汪海燕, 송잉후이宋英輝, 장젠웨이張建偉, 천쉐취안陳學權, 천하이광陳海光,
천구이밍陳桂明, 저우신周欣, 차이딩젠蔡定劍, 탄시구이譚世貴

중국학총서
17

중국 사법 제도의
기초 이론 문제 연구 (상)

초판 1쇄 발행 2025년 2월 5일

지은이 천광중陳光中 외
옮긴이 주경철朱京哲 · 박대석朴大奭 · 정란란丁爛爛

주간 조승연
편집 · 디자인 오경희 · 조정화 · 오성현
신나래 · 박선주 · 정성희
관리 박정대

펴낸이 홍종화
펴낸곳 민속원
창업 홍기원
출판등록 제1990-000045호.
주소 서울시 마포구 토정로 25길 41(대흥동 337-25)
전화 02) 804-3320, 805-3320, 806-3320(代)
팩스 02) 802-3346
이메일 minsokwon@naver.com
홈페이지 www.minsokwon.com

ISBN 978-89-285-2080-0 94820
S E T 978-89-285-1595-0